Über dieses Buch

Die Jugendbriefe an Emanuel Fehling sind ein Spiegelbild der geistigen Opposition der bürgerlichen intellektuellen Jugend am Ende des 19. Jahrhunderts. Dagegen läßt sich aus den Briefen an den Münchner Freundeskreis (Ludwig Klages, Karl Wolfskehl, Rolf von Hoerschelmann u. a.), dem Maler, Schriftsteller, Dichter, Gelehrte und Mitglieder der Studenten-Bohème sowie des liberalen Bürgertums angehören, die Vielseitigkeit Schwabings um 1900 ablesen.

In diesen Selbstzeugnissen meldet sich schon früh Fanny Reventlows Kritik an der Stellung der Frau in der damaligen Gesellschaft. Im brieflichen Ideenaustausch sucht sie nach Möglichkeiten einer realisierbaren Neuorientierung.

Die Tagebücher enden mit dem Jahr 1910. Eigene Aufzeichnungen über die Zeit bis zu ihrem Tode 1918 existieren nicht. Verstreut bei Freunden und Bekannten aber fanden sich Briefe, die als authentische und spontane Lebensäußerungen den Rahmen abstecken, in dem die Existenz Fanny Reventlows pendelt. Darin geht es um Krankheit und drückende Geldnot, ihren Kampf ums tägliche Brot bis zur Erschöpfung der physischen Kräfte, um Liebe, Freundschaft, Dichtkunst und Malerei.

Die Autorin

Franziska (eigentlich Fanny) Gräfin zu Reventlow wurde am 18. 5. 1871 in Husum geboren, sie starb am 25. 7. 1918 in Locarno. Sie war die hervorstechende Erscheinung der Münchner Bohème, schrieb Skizzen, Romane, lebendige Schilderungen des Münchner Lebens von 1900 bis zum Ersten Weltkrieg. Im Fischer Taschenbuch Verlag: Tagebücher 1895–1910 (Bd. 1702).

Franziska Gräfin zu Reventlow

Briefe 1890–1917

Herausgegeben von Else Reventlow

Mit einem Nachwort
von Wolfdietrich Rasch

Fischer Taschenbuch Verlag

Fischer Taschenbuch Verlag
Februar 1977
Ungekürzte Ausgabe
Umschlagentwurf: Jan Buchholz/Reni Hinsch

Fischer Taschenbuch Verlag GmbH, Frankfurt am Main
Lizenzausgabe mit freundlicher Genehmigung des
Albert Langen–Georg Müller Verlages GmbH, München/Wien
© 1975 Albert Langen–Georg Müller Verlag GmbH, München/Wien
Gesamtherstellung: Clausen & Bosse, Leck (Schleswig)
Printed in Germany
1794-1080-ISBN 3 436 02411 2

1928 waren im Verlag Albert Langen »Briefe der Gräfin Franziska zu Reventlow« erschienen. Sie ergänzten und verdeutlichten in mancher Hinsicht ihr 1925 ebenfalls bei Langen im Rahmen der »Gesammelten Werke« veröffentlichtes »Tagebuch«. Es endet mit der Eintragung vom 15. Oktober 1910 und ist nicht weitergeführt worden.

Die Neuausgabe im Verlag Langen Müller – »Tagebücher«, 1971; »Briefe«, 1975 – bringt die Originaltexte ungekürzt. Auf Auslassungen wie 46 bzw. 47 Jahre vorher zu Gunsten eines gestrafften, mehr auf das Wesentliche konzentrierten Textes sowie mit Rücksicht auf damals noch lebende Personen ist in den Tagebüchern und nun auch in den Briefen verzichtet worden. Hier sind Worte, die nicht mehr entziffert werden konnten, durch . . . . . . ersetzt. Wie in den Tagebüchern treten in den Briefen an Stelle der Pseudonyme die richtigen Namen. Alle ihre Träger weilen nicht mehr unter den Lebenden.

Soweit Franziska Reventlow ihre Briefe nicht datierte, wurden Ort, Tag und Jahr durch den Poststempel noch vorhandener Kuverts oder mit Hilfe des Inhalts der Briefe ermittelt.

Diese Daten sind in eckige Klammern gesetzt.

Eine starke Erweiterung erfuhren die Briefe an den Jugendfreund Emanuel Fehling, an Ludwig Klages und an Paul Stern. Neu hinzu kamen die Briefe an Michael Georg Conrad, Roderich Huch und Rolf von Hoerschelmann.

Den ungeliebten Vornamen Fanny hat die Briefschreiberin seit ihrer Flucht aus dem Elternhaus 1892 nicht mehr geführt. Sie nannte sich seither Franziska Reventlow.

München, November 1974

Die Herausgeberin

Die Herausgeberin schuldet Dank dem Archiv der Hansestadt Lübeck, dem Ludwig-Klages-Archiv in Marbach, der Monacensia-Handschriftensammlung der Stadtbibliothek München, Professor Dr. Johann Albrecht von Rantzau sowie dem Sohn der Franziska Gräfin zu Reventlow, Rolf Reventlow.

Im Lübecker Archiv fanden sich zahlreiche Hinweise auf Personen und Ereignisse in den Briefen an Emanuel Fehling.

Der Leiter des Klages-Archivs Hans Eggert Schröder ermöglichte die Wiedergabe aller dort vorhandenen Reventlow-Briefe an den Philosophen. Überdies vermittelte seine — Schröders — bedeutsame Klages-Biographie wertvolle Erkenntnisse über die Beziehungen der Gräfin zu dem Freund.

Die Briefe an Paul Stern, Michael Georg Conrad, Roderich Huch und Rolf von Hoerschelmann aus der Monacensia-Handschriftensammlung machte deren Leiter Richard Lemp der Herausgeberin zugänglich.

Wichtige Informationen und Materialien kamen von Professor von Rantzau und Rolf Reventlow.

Else Reventlow

INHALT

An Emanuel Fehling

1890 - 1891

Lieber Emanuel[1],
bis jetzt ist Ihr Ruf in unserem Hause noch sehr gut, also nur recht steif und vorsichtig — was nun die verabredete Korrespondenz betrifft, macht mir der Gedanke sehr viel Freude, mich auf diese Weise mit Ihnen zu unterhalten ...
Sehen Sie, für mich ist es sehr viel, oder vielmehr würde es sehr viel sein, eine gegenseitige Mitteilung von allem Möglichen zu erhalten. Ob es nun Apokryphen, Psalmen oder andere Lebensfragen sind, das ist mir bisher nie möglich gewesen. Wenn Sie nun also *keine* Bedenken tragen, die bis jetzt nur auf Landstraßen und in Zimmern begonnene Freundschaft fortzusetzen, vielleicht mit Rücksicht auf den Bruder, an den Sie sich angeschlossen haben, dann lassen Sie mich einige Worte so bekommen, daß ich dieselben Mittwoch auf der Post abholen kann, das ist die einzige ganz sichere Gelegenheit, wo ich allein zur Stadt gehe. Nun also größte Vorsicht, Diskretion Ehrensache! Kennen die Postleute Sie? Ist das nicht gefährlich?

[Lübeck, März 1890]
Ich möchte so gerne wissen, wie Sie darüber denken. Catty[2] hatte einmal ein Buch von Ihnen geliehen, »Das Recht der Frau«, die Ideen, die darin ausgeführt waren, fand ich ungemein vernünftig. Ich habe nie viel vom Verkehr mit jungen Mädchen gehabt, weil die meisten eben in dieser Unselbständigkeit befangen sind und überhaupt keine Individualität besitzen; ich habe ungefähr 20 Freundinnen, aber es wäre mir unmöglich, einer von ihnen nur halb so viel zu sagen, wie Ihnen. Der Austausch unter Freundinnen im allgemeinen besteht nur aus Geschichten von Leutnants, Liebe etc.
Ich kann Ihnen nicht sagen, wie mich das elendet. Der Gedanke, Lehrerin zu werden und andere Gedanken in die Jugend zu bringen, hat etwas ungemein Anziehendes.

---

[1] Johannes Emanuel Fehling (1873—1932), Oberprimaner am Catharineum in Lübeck, engster Jugendfreund Fanny Reventlows; Familie Fehling s. Anhang.
[2] Karl Graf zu Reventlow (Catty) (1874—1961), Bruder Fanny Reventlows, s. Anhang.

Es geht mir gewöhnlich schlecht, wenn ich solche Ansichten aussprechе, aber bei Ihnen kann ich wohl sogar hoffen, Sympathie zu finden.

Vielleicht finden Sie, daß ich im persönlichen Verkehr auch steif bin, es scheint mir oft selbst, als wenn ich gegen Sie schriftlich viel ungezwungener bin wie mündlich, das liegt eben daran, daß es mir so ungewohnt ist, meine innersten Gedanken auszusprechen, ich habe das Zeug mein Leben lang immer in mich selbst zurückdrängen müssen, weil ich niemandem genug traute; und ich kann nie das herausbringen, was ich meine und sagen möchte, wenigstens nicht so warm, wie ich es im Herzen fühle, aber es ist ein seliges Gefühl von Befreiung, sich endlich einmal frei und ganz gegen jemanden aussprechen zu können. Ihre Freundschaft ist ein unaussprechliches Glück für mich, ich sehe nun alles mit anderen Augen an, und sage nicht zuviel damit, daß Sie mich vor vollständiger Verzweiflung über mein elendes Dasein gerettet haben. Ich habe Ihnen schon gesagt, daß mir das Fortgehen nun sehr, sehr schwer wird; aber ich werde doch alles doppelt genießen, wenn ich es brieflich mit Ihnen teilen kann; ich fürchte nur, daß meine Briefe das Format von Akten annehmen werden.

Jetzt habe ich keine Zeit mehr, mein Schreiben hat auch schon eine unheimliche Länge.

Leben Sie wohl, ich freue mich so Sie zu sehen.

Ihre F.

[Lübeck, März 1890]

Ihr Gedicht, daß Sie mir mitteilen, hat mich so gefreut und mir sehr gefallen — ich weiß mich nicht anders wie mit diesem glatten Wort auszudrücken. Es spricht eine harmonische Empfindung daraus, ich hoffe sehr, daß Sie mir auch späterhin Ihre Dichtungen mitteilen werden, es ist ein großer Beweis von Ihrem Vertrauen, und es bringt einander so viel näher. —

Was Hoffmann anbetrifft, kenne ich ihn sehr oberflächlich — ein andermal mehr.

F.

Ein eventuelles Wiedersehen in Preetz[1] wäre himmlisch; wie es zu machen ist, muß die Zukunft lehren. Wäre ich dann noch auf Noer[2], so könnten wir uns in Kiel treffen; ich könnte unter dem Vorwande, einen bestimmten Tag bei Storms[3] verpflichtet zu sein, mich nach Gettorf fahren lassen etc. — Daß Sie *mir* schreiben so oft Sie wollen, dem steht nichts im Wege; die guten Leute ahnen ja nicht, wer mir schreibt, aber das Fortschicken meiner Briefe??? Das unabwendliche Programm für den Sommer ist also so: Mitte Mai bis dito Juni Mama ein paar Tage in Lübeck, Juni bis Mitte oder Ende Juli Noer, wenigstens zwei Monate Preetz, also September vierzehn Tage Kaltenhof[4], acht Tage Wulfshagen[5], also gleich Anfang November in Lübeck. Ich habe eben schon alles vorher eingefädelt, und nun ist es zu spät. Vielleicht ist es auch besser so; wir würden gewiß noch einmal entsetzlich hereinfallen; das Fortgehen von Zuhause ist für mich Befreiung von einem schweren lähmenden Druck, der mir freilich jetzt durch Sie sehr erleichtert wird. — Und ich werde ja alles, die Freiheit, das Ausruhen und alles Schöne, was dieses Sommer-Bummelleben mit sich führt, *doppelt* genießen, wenn ich es gleichsam mit Ihnen teile. Sehen Sie, es kommt mir vor, als ob die unstete Zerfahrenheit, die mir sonst eigen war, in Ruhe kommen könnte, als ob mein ganzes Sein nun durch Ihre Freundschaft einen Halt gewonnen hätte. —

---

[1] Preetz — dort Kloster Preetz, adliges Damenstift.

[2] Gut Noer im Besitz des Grafen Friedrich v. Noer, dessen Tochter Carmen 1894 den Grafen Ernst zu Rantzau (Bruder von Graf Brockdorff-Rantzau) heiratete, einen Vetter ersten Grades von Fanny Reventlow.

[3] Storms — Do (bzw. Dodo) Storm, Witwe des Dichters Theodor Storm, der mit Fanny R.'s Eltern eng befreundet war. Lucie und Dette Storm, beider Töchter.

[4] Gut Kaltenhof im Besitz des Grafen Georg Reventlow, durch Heiraten Verwandtschaft mit F. R.'s Eltern und damit mit ihr selbst.

[5] Gut Wulfshagen, Kirchspiel Gettorf, Kr. Eckernförde, im Besitz von Liane v. Qualen, geb. Gräfin zu Reventlow, Schwester von F. R.'s Vater Ludwig. Sie vererbte das Gut der Tochter ihres ältesten Bruders Arthur, Benedicte, Gräfin zu Reventlow, die F. R.'s Bruder Ludwig heiratete.

Verzeihen Sie, wenn ich mich schon wieder in Betrachtungen verliere, sie kommen wenigstens aus tiefstem Herzen.

Ob ich Sie wohl morgen sehen werde — ich werde jedenfalls auf dem Hinwege die Post berühren, wenn nur Catty mich nicht begleiten will.

Die Familienbegegnung war unvergleichlich, was der Greis[1] wohl zu unserer Konversation am Fenster gesagt hätte, wenn er uns ertappt hätte. Hoffentlich geht es Ihrer Mutter nun besser — daß ich bei derselben Gnade gefunden, ist mir sehr wohltuend; ich werde wohl aber schwerlich in Ihr Haus gelangen.

Ich ärgere mich jetzt, daß ich meine Reisepläne so eifrig betrieben habe, wenn ich vorher nur den Wunsch hatte, möglichst bald hier fortzukommen, so möchte ich jetzt viel lieber ruhig hier bleiben, um mit Ihnen möglichst viel zu verkehren; wie wird es mir fehlen, wenn ich Sie nicht persönlich sehen kann. — Wir müssen die Zeit hier noch ordentlich wahrnehmen. Wenn ich auf dem Lande bin, hat es ja auch mit dem Schreiben meinerseits einige Schwierigkeiten, natürlich fällt es auf, wenn ich postlagernd Briefe abschicke, es kann wenigstens leicht bemerkt werden, auf Kaltenhof gibt es einen Briefkasten aber sonst nicht. Da müssen Sie noch einen Ausweg finden?

Ich habe schon gedacht, die Briefe mit Adresse etc. zum Beispiel an die bewußte Kolonialwarenhändlerin zu schicken und sie zu bitten, dieselben dort einzustecken?

Übrigens habe ich die verräterische Absicht, im Sommer heimlich einen Abstecher nach Husum[2] zu machen, was gewaltig schwer ist. Sie müssen mir über Husum noch einige Ratschläge geben, ich glaube, es ist am besten, wenn ich mich nur auf die 2 Ehepaare beschränke, ursprünglich wollte ich noch 2 Freunde wiedersehen.

---

[1] Der Greis — F. R. spricht von ihrem Vater oft als dem ›Greis‹, beide Elternteile nennt sie mitunter ›die jungen Leute‹.

[2] Husum — F. R.'s Vater war nach der Einverleibung Schleswig-Holsteins in das Königreich Preußen nach dem Krieg von 1864 erster preußischer Landrat des Kreises Husum bis 1889. Die Familie siedelte dann nach Lübeck über und wohnte dort in der Moislinger Allee.

L. E.

Ihre lieben Worte taten mir unsagbar wohl. Es macht mich so glücklich zu fühlen, daß Sie mir glauben und daß ich an Sie glauben kann, und wir uns nun immer alles schreiben und sagen können, ich habe mich so danach gesehnt, nach solcher wahren Freundschaft und es kommt mir ganz wunderbar vor, das nun gefunden zu haben, was dem Leben doch erst Inhalt gibt.

Was Catty anbetrifft, so kann ich Ihnen seinen passenden Standpunkt erklären. Teils ist es wohl sein eigenes Gefühl, ein, wie ich glaube, sehr verkehrtes Anständigkeitsgefühl, das in unserer Familie leider sehr stark ausgeprägt ist, teils hängt es so zusammen: es ist Ihnen wohl nicht verborgen geblieben, daß ich mich zu Hause sehr schlecht stehe, besonders mit meiner Mutter. Sie kann mich nicht leiden, seit frühester Kindheit bin ich immer ein Stiefkind gewesen. Besonders ist sie in steter Angst, daß ich etwas tue, was sie nicht mögen. Dies bespricht sie immer mit Catty, also steht er gewissermaßen zwischen uns, was für ihn sehr unangenehm ist. Es ist ja nur gut und richtig, daß er es mit Mutter hält, nur sehen Sie, wird ihm sozusagen die Aufsicht über mich übertragen; wenn er also mit mir unter einer Decke spielte, so würde er die Eltern täuschen, und das will er nicht. —

Ich verdenke es ihm nicht, aber es tut mir oft sehr weh, C. und ich könnten so viel mehr voneinander haben. Sie können sich denken, wie grausam schwer diese häuslichen Verhältnisse sind, wenn man sich nach Liebe sehnt und immer zurückgestoßen wird; ich habe früher meine Mutter leidenschaftlich geliebt und förmlich danach gelechzt, von ihr geliebt oder wenigstens freundlich wie die anderen behandelt zu werden, aber allmählich hat sich das abgestumpft und erkaltet und es ist beinahe Krieg zwischen uns; sehr selten geht es gut miteinander und immer nur kurze Zeit.

Und mit meinem Vater kann ich zu absolut keinem Verständnis kommen, er *kann* ja auch nicht auf meiner Seite sein, dann würde es ja ganz toll. Sie können sich ja denken, wie schwer das ist. Alle Lebensfreude und Schwungkraft, oder wie soll ich's nennen, wird erdrückt und ich atme auf, wenn ich die Haustür hinter mir habe.

Lieber E.,

obgleich wir uns heute noch sehen werden, kann ich es doch nicht lassen einiges zu schreiben, was ich Ihnen zu sagen wohl nicht Gelegenheit finden werde. Eben, wie ich in der Wohnstube saß, hörte ich meine Mutter zum Greis sagen, »ich lasse mir durch Catty den jungen Fehling einladen«, ich hätte mich beinahe vergessen und meiner Freude Ausdruck gegeben, besann mich aber noch; habe mich dann leise abgeschoben, um Ihnen noch in Ruhe etwas zu schreiben.

Lieber E., ich bedauere jetzt nicht mehr, nach Lübeck gekommen zu sein — das Glück, was mir durch Ihre Freundschaft geworden ist, hätte ich ja doch nirgends gefunden und hätte immer so elend weitergelebt, während ich jetzt anfange, das Leben schön zu finden, nun ich alles mit Ihnen teilen kann und Sie mit mir. Wie glücklich sind Sie, daß Sie eine solche Mutter haben; ich habe Ihnen unser Verhältnis durchaus nicht übertrieben, was Mutterliebe ist, weiß ich kaum; ich habe sie fast *nie* gefühlt, nur Kälte. Im höchsten Fall ist es eine gleichgültige Freundlichkeit, die Uneingeweihte vielleicht täuschen kann. Es wäre *so* schön, wenn ich Ihre Mutter näher kennenlernte, es machte mich ganz wehmütig, was Sie darüber schreiben. Aber Ihr Haus mit sieben Söhnen wird gewiß sehr gefährlich für mich sein.

Mir wird eben alles, was das Leben verschönern kann, aller Verkehr mit Menschen, die ich mag, so erschwert, daß ich zuweilen ganz verzweifelt werde, das war schon in Husum so. Es heißt immer, man könne sich nicht so aufdrängen, besonders junge Mädchen bei älteren Leuten, und immer tausend kleinliche Rücksichten etc. Ich will lieber nicht lästern und damit aufs mündliche Gespräch warten.

Verzeihen Sie, wenn ich ziemlichen Blödsinn schreibe; meine Schwester redet immer aus der Nebenstube und ich kann mich nur mühsam konzentrieren. Nun zum weitern Inhalt Ihres Briefes. Ich werde Timmendorf mit meinen leiblichen Augen wohl nicht sehen. Daraus, daß Ihr Brief in verschiedenen Absätzen geschrieben war, schließe ich, daß unsere Gedanken sich zuweilen begegnet sind.

Wie schön muß das Konzert gewesen sein, obgleich gänzlich unmusikalisch, kann ich Ihnen doch nachfühlen, was Sie davon sagen; mich stören bei so etwas die Mitmenschen sehr, man wird durch sie immer sehr schnell wieder in die schnöde Wirklichkeit zurückversetzt. —

— $1/2$ 5. Der ganze Tag verging in greulicher Unruhe und Ungemütlichkeit; Mesmers zum Frühstück, wobei ich in entsetzlicher Zerstreutheit in dieselbe Tasse Tee und Schokolade durcheinandergoß und dergleichen mehr. Dann gingen C. und ich bis $1/2$ 4 und danach mußte ich meiner Tante »erzählen« — alles, was ich hasse. Besagte Tante ist die Schwester meiner Mutter, in demselben Geist erzogen, hat sich später etwas davon befreit, was aber nicht ganz gelungen ist. Ich muß bei ihr immer recht sittsam sein, dann ist sie aber auch gütig und gerecht und verzeiht alle Sünden.

nachmittags

Eben komme ich nach der so schmählich zerrissenen Zusammenkunft in der Marienkirche zurück, der Schrecken sitzt mir noch in den Gliedern; aber wir können dem Himmel danken, daß wir entronnen sind; ich freute mich sehr, Sie zu sehen, aber es war wie gewöhnlich sehr stürmisch und kurz und dann kommt man nie ordentlich zum Gespräch. Was hätte der Alte wohl gesagt, wenn er uns da gesehen hätte, und erst die Tante, das hätte einen guten Klatsch gegeben! Lasset uns also loben und singen: Gott schütze die Diaspora.

Sie müssen übrigens großes Dichtertalent haben, nach den beiden Beweisen, die Sie mir geliefert haben. — Hoffentlich bleibt es nicht bei diesen beiden. Ich bin neulich mit einer Hexameterpostkarte hereingefallen und mir ist seitdem der Gebrauch von Postkarten untersagt.

... Wie fangen wir es nur an, daß wir uns etwas häufiger sehen; gewöhnlich holt mich von der Zeichenstunde ein Besen ab, nun werde ich freilich bald allein zurückgehen, wenn es ganz hell ist. Vom Husumer Projekt werde ich Ihnen nächstens mitteilen. Leben Sie nun recht wohl.

Ihre F.

Sonnabend ist meiner Mutter Geburtstag, dazu kommen meine Schwester Agnes, eine Tante und ein Hausfreund, bei dieser Gelegenheit, wenn das Haus so voll ist, kann ich gewiß leicht einmal zur Post laufen und finde hoffentlich ein Lebenszeichen von Ihnen.

19. 4. 10¹/₂ Uhr [1890]

L. E.,

unter dem Vorwand großer Müdigkeit habe ich mich zurück-gezogen, und eben am Fenster eine der von Ihnen stammenden Zigaretten geraucht und dann Ihren Brief zum soundsovielten Male gelesen. Ich habe Ihnen so uneingehend darauf geantwor-tet, aber der heutige Tag war so wüst und verwirrt, daß es mir unmöglich war, zum ruhigen Nachdenken zu kommen.

Da kommen eben Mama, Goos, Agnes und Catty mit großem Radau die Treppe herauf, ich habe mich mit meinen Schreib-sachen ins Bett geflüchtet, weil sie dann das Licht nicht sehen können. — Wenn nichts dazwischen kommt, werden wir uns ja morgen vormittag am M. Tor sehen, aber wer weiß, mich be-seelt ein drückendes Gefühl von nahem Unheil. Sie haben sich vielleicht heute abend über meine Albernheit gewundert, aber mir war gar nicht lustig zu Mut, besonders weil Sie so elend und blaß aussahen und mir den Eindruck machten, als ob Sie etwas bedrückte; aber vielleicht geht es Ihnen auch zuweilen so, wenn ich mich ungemütlich und verwirrt fühle, dann werde ich albern und lustig, um die Unruhe zu betäuben; ich bin auch gewiß nicht vorsichtig gewesen, aber es war mir nicht möglich, ich ärgerte mich bei Tisch, daß ich neben Ihnen sitzend doch nicht comme il faut mit Ihnen sprechen konnte, und nach Tisch, daß ich nicht neben Ihnen sitzen konnte, dazu die bewußten Feuerblicke von Mama, die ich fortwährend fühlte — und es war doch so schön, daß Sie da waren! — Morgen früh werde ich wohl einen mächtigen Segen kriegen, aber das rührt mich nicht mehr.

Es schlägt schon 11 und ich werde stumpfsinnig, will Ihnen nur noch sagen, daß Sie sich nichts *Besseres* hätten ausdenken können, als mir Ihr Bild zu geben. Vielen, sehr vielen Dank dafür. Gute Nacht.

F., Sonntag, 20. 4. 90, ¹/₂ 8 Uhr

Lieber —

Für Ihren lieben Brief meinen allerherzlichsten Dank. Trotzdem ich Sie erst so kürzlich sah, treibt es mich doch schon wieder zum

Schreiben und Ihnen für denselben zu danken, ich werde Ihnen gewiß entsetzlich oft schreiben, es macht mich so glücklich — wenn in allen Widerwärtigkeiten, die mein tägliches Leben auf Schritt und Tritt mit sich bringt — immer zu denken, daß Sie mit mir fühlen, mich auf Ihre Briefe zu freuen und vor allem auf Ihre Gegenwart; wir haben diese letzte Zeit wirklich Glück gehabt. Catty scheint aber doch Gewissensbisse zu empfinden und meinte, es würde wohl nicht wieder gehen.

Wir kamen heut nachmittag noch glücklich zur rechten Zeit, aber in rasendem Galopp, der mir ganz recht war, weil mir Ihr Schreiben in der Tasche brannte. Nach jedem Male, wo wir uns alleine gesehen haben, kommt es mir vor, als ob ich Ihnen so unendlich viel zu sagen gehabt hätte, und nicht die Hälfte von dem herausgebracht hätte; wenn wir uns doch viel, viel öfter sehen könnten! Und es hat doch einen so viel größeren Reiz, daß niemand um unsere Freundschaft weiß, finden Sie das nicht auch? Ich kann es kaum begreifen, daß ich Ihnen etwas sein kann; es kommt mir vor, als ob ich Ihnen so furchtbar wenig geben könnte für das, was Sie mir geben. Mein Leben ist in diesen 8 Tagen zu einem ganz anderen geworden, ich hatte bis dahin immer das Gefühl, was mich zuweilen ganz verzweifelt machte, ganz allein zu stehen, immer überflüssig und sogar eine Last zu sein. Ich liebe die Einsamkeit und kümmere mich am liebsten recht wenig um meine Hausgenossen, aber ich sehnte mich unmenschlich nach einer fühlenden Seele, die ich nun in nie geahnter Weise in Ihnen gefunden habe.

Bitte halten Sie mich nicht für sentimental. Was würden die Mütter sagen, daß ich Ihnen so schreibe, Gott weiß, ich kann nicht anders.

Was das Leben so schön macht, kann nicht schlecht sein, weil — um mit Ibsen zu reden — die Menge mit den rohen Sinnen und den unedlen Augen es verurteilt? Wo bliebe denn die Wahrheit, in dieser verschrobenen Sittlichkeit ist ja doch kein Funken von Wahrheit und im Grunde ist sie überhaupt schlimmer wie gar keine. Mir wird ganz schlecht, wenn das Verhalten zwischen Herren und Damen zur Rede kommt, die bloßen Bezeichnungen sind zum Schaudern. Da wird einen zum Beispiel gelehrt, junge Mädchen müssen immer zurückhaltend, ja nicht zuvorkommend sein, damit die Herren sich keine Freiheiten herausnehmen und dergleichen Greuel mehr.

10 Uhr

Glücklich dem Familienkreise entronnen, will ich noch einen Augenblick weiterschreiben. Mir wurde der Vorwurf gemacht, ich sei diese Zeit so zerstreut, daß es gar nicht anginge »woran denkst Du eigentlich«! etc. Ich dachte grade an Sonnabend, wenn ich da nur fortkommen kann! Morgen reisen meine Tante und Schwester wieder ab.

Ich liege beinahe tot im Bett, und der Wind fährt wie toll durchs offene Fenster herein und kühlt mir den verworrenen Kopf, den die Anstrengung der letzten 8 Tage ganz verdreht hat. Sehen Sie, wenn man sich sehr Mühe gibt, alles recht zu machen und einem dann gesagt wird: »Du willst ja nur nicht«, dann verliert man Lust und Mut und alles geht schief. Zuletzt war ich ganz toll und vergaß alles und jedes.

In diesen Tagen habe ich »Die Frau vom Meer« und die »Wildente« von Ibsen[1] gelesen. Kennen Sie es? Sonderbar ist es im höchsten Grade. Ich verdanke Ibsen sehr viel, seine Ideen und seine Menschen sind begeisternd und man hat so das Gefühl, als ob er einem klar sagt, was man unklar gefühlt hat.

Ich will Ihnen gern die Dramen leihen, der eine Band ist mir allerdings beim Umzug verloren gegangen, ich hatte immer eine große Liebe für ihn, habe ihn immer in Husum bei meinem Morgenspaziergang gelesen, wenn ich mit unseren Hunden über unsere Wiesen ging und mich gelegentlich über den Wall hinüber mit Ferdinand Tönnies[2] unterhielt. Catty hat Ihnen gewiß von

---

[1] Henrik Ibsen — norwegischer Dramatiker (1828—1906), Dramen, mit denen sich F. R. beschäftigte, u. a.: »Das Fest auf Solhaug«, »Komödie der Liebe«, »Kronprätendenten«, »Brand«, »Peer Gynt«, »Nora oder Ein Puppenheim«, »EinVolksfeind«, »Die Wildente«, »Die Frau vom Meer«, »Hedda Gabler«. Ein Kreis junger Leute in Lübeck hatte sich im »Ibsenclub« zusammengeschlossen. Man las heimlich die gesellschaftskritischen Dramen Ibsens, daneben auch andere skandinavische Autoren und Nietzsches »Zarathustra«.

[2] Ferdinand Tönnies — Professor an der Universität Kiel, Soziologe und Philosoph, befreundet mit den Geschwistern Fanny und Karl (Catty) R.

diesem erzählt. Er bewundert ihn sehr, Ludwig, Agnes und ich ebenfalls — er ist aber ein Verderber der Jugend und Freidenker.

L., Montag [21. 4. 90]

Lieber —

Ihr Herbstgedicht versetzte mich in meine Heimat zurück, es war mir, als ob ich auf unserer Wiese unter den alten Eichen ginge und die Krähen in den Bäumen schreien hörte.

Ich spreche mit niemand darüber, aber ich vergehe zuweilen fast vor Heimweh, wenn ich von Husum höre oder auch selbst spreche, dreht sich alles in mir um.

Ich habe mich als Kind in meinem innerlich einsamen und an Liebe sehr leeren Dasein so an alles derartige, ich meine an die ganze Heimat und deren Natur etc. angeklammert, daß es mir beinahe dies ersetzte, was mir fehlte; es war mir schwer, einen Tag fort zu sein, ich möchte es beinah einen Verkehr mit den Geistern der Heimat nennen.

Seit 1886, wo ich nach Altenburg[1] kam, bin ich meist fort gewesen, ich wurde eben ins Exil geschickt. Was mich noch heute erbittert, ist, daß das letzte halbe Jahr, wo mein zweiter Bruder auf der Schule war und zugleich der älteste als Referendar zu Hause war, daß ich dieses halbe Jahr nach Wulfshagen geschickt wurde, »um nicht zu wild mit den Brüdern zu sein«. Das können Sie mir gewiß nachfühlen; ich kam dann aber, ehe Ernst fortging, zurück und sah ihn kaum mehr.

Montag 1 Uhr

Die ganze Familie ist aus, und ich freue mich, einmal ganz ungestört und allein im Hause zu sein; ich bin diese Tage tief in Ungnade, aber es ist mir jetzt ganz einerlei, ich ertrage es mit vollkommener Ruhe und denke im stillen — beinah triumphierend — das Beste könnt ihr mir doch nicht nehmen.

Montagabend 8 Uhr

Die Lampe findet mich schon wieder am Schreibtisch. Heute nachmittag wurde meine Sehnsucht sehr groß. Um dieselbe zu besänftigen oder zu betäuben, ging ich, ein geliehenes Buch als

---

[1] Altenburg — in dem dortigen freiadligen Magdalenenstift (Erziehungsheim) lebte F. R. 1886/87 und mußte es wegen aufsässigen Betragens verlassen.

Vorwand benutzend, zu Pastor Bernhard[1], traf ihn in seinem Garten und unterhielt mich ungefähr eine Stunde mit ihm, während die Pastete in der Küche mit unglaublichem Geschrei sich mit ihren Untergebenen krakeelte.

Ich besprach mit ihm meine Malschulpläne, auf die er sehr nett einging; im Falle die Sache bei den Greisen zur ernstlichen Erwägung kommt, kann er dieselben vielleicht etwas beeinflussen, da er mit Papa sehr befreundet ist. Ich werde nun alle Hebel in Bewegung setzen, um diesen Plan zu verwirklichen. Sie werden mir gewiß beistimmen; denken Sie sich meine Existenz, wie sie von nächstem Ostern an hier sein würde. Sie und Catty fort, alleine in dieser erdrückenden Häuslichkeit. Dagegen, wenn ich nach Karlsruhe — dort ist nämlich eine Malerinnenschule — käme, Freiheit, die Arbeit und Ausbildung, nach der ich mich wahnsinnig sehne.

10 Uhr abends

Tee und Familiensitzung glücklich zu Ende, entsetzlich müde. Morgen geht meine Mutter um 4 Uhr nach Niendorf und Catty wahrscheinlich mit dem Greis zu Manhards[2], wenn das Schicksal sie dann doch hierher führte, dann könnte ich Sie in meine Höhle einführen! Unsere heutige Schmuggelei mit dem Brief war doch zu schön.

Dienstag, 22. 4.

Eben sagt Catty zu mir, Sie kämen gegen 3 Uhr her, ich will die Gelegenheit nicht vorüber gehen lassen, Ihnen schon heute wieder meine Zeilen zuzustellen und Ihnen folgenden Vorschlag zu machen. Könnten Sie Catty nicht dazu bewegen, Sonntag wieder einen Cousinengang zu machen. Dann sind wahrscheinlich Ernst und Ludwig hier, jedenfalls der letztere, so daß ich nicht mit meinem Vater zu gehen brauche, Catty und ich könnten dann um 1/2 1 Uhr bei Ihnen unseren Besuch machen und dann vorangehen, vielleicht ist das Burgtor noch sicherer? Dann könnten wir vielleicht alle vier in den bewußten Garten gehen und uns

---

[1] Pastor Bernhard war ein enger Freund von F. R.'s Eltern; Spitzname seiner Frau: Pastete.

[2] Dr. Julius Manhard, Autor des »Katechismus der Moral und Politik«; seine Frau: Julie M.; seine Tochter Natalie ist eine enge Freundin F. R.'s.

dort aufhalten, sonst ist ja immer die schreckliche Möglichkeit, dem Greis zu begegnen! Sie können Catty gewiß bereden, mir erklärte er, es ginge nicht wieder.

Ob ich Sonnabend komme, hängt hauptsächlich davon ab, ob wir um 4 oder 5 essen, wahrscheinlich geht es, ich freue mich sehr darauf, *kurz* wird die Zeit freilich sein.

Zu meinem *größten* Schrecken erfuhr ich heute morgen, daß meine Tante aus Mecklenburg Anfang Mai kommen will und ich dann mit ihr nach ihrer wüsten Behausung reisen soll. Ich bin ganz unglücklich darüber, und bliebe *jetzt* so viel lieber hier. Wenn ich dort bin, werden wir wohl höchstens einmal die Woche voneinander hören können und das ist eine traurige Aussicht.

Ihre Cousine nimmt es doch nicht übel, wenn wir, sowie etwas Bekanntes kommt, weglaufen? Catty hat sich über Auguste Cossel[1] neulich zum Tode erschrocken.

Eben höre ich Sie mit C. kommen. Leben Sie wohl.

Ihre F.

Tiefgeknickt, daß es nicht ging, will ich meinen Brief nun noch heute einstecken; ich wollte ihn erst in den Ofen spedieren, da er mir beim Durchlesen kaum abschickenswert schien, sei es aber dennoch! Sie müssen sich nicht wundern, wenn meine Briefe oft sehr verwirrt und sehr schlecht geschrieben sind, ich schreibe immer neben einer offenen Schieblade, wo alles hineinfliegt, wenn ich jemand heraufkommen höre, und das ist sehr häufig der Fall. Ich sehne mich mächtig nach etwas von Ihnen und setze meine Hoffnung auf den Gang zur Zeichenstunde.

Haben Sie sich über mein Zögern vorhin geärgert, es war mir zu ängstlich wegen Catty. Hoffentlich ist es nicht auch Ihre Ansicht, daß junge Mädchen zurückhaltend sein müssen? Was sollten Sie sonst von mir denken?

Ich werde mich heute abend ins Studium der Kunstgeschichte vergraben; sehr philiströs nicht wahr? Aber sehr gesund. »Nora« und »Volksfeind« finde ich begeisternd — mir ist, seit ich Ibsen kennengelernt habe, eine neue Welt aufgegangen von Wahrheit und Freiheit; ich möchte ins Leben hinaus und für diese Ideen

---

[1] Auguste von Cossel (Melone), Tochter des Kammerherrn Hans Detloff v. C.

leben und wirken; aber bei diesem Zuhauseleben sind mir ja
die Flügel beschnitten. Kann ich den vorhin erwähnten Wunsch
nicht erreichen, so will ich das Lehrerinnenexamen machen.
Nun muß ich zum Futter stürzen.
Mit herzlichem Gruß

immer Ihre F.

L., 23. 4. 1890

Mein lieber Emanuel,
eben zurückgekommen, d. h. aller guten Sitte und vielen Blicken
zum Trotz zurückgerannt und glücklich noch zur rechten Zeit.
Gott sei Dank, daß wir so vorsichtig waren, denn mein Vater
ist ausgegangen und zwar in die Stadt.
Vor mir steht die Hyanzinthe von Ihnen und Ihr Bild —
Es tut mir so unsagbar leid, daß Sie um 5 umsonst auf mich
gewartet haben. Ich ging mit Ihrem Brief nach dem Dom und
las ihn dort. Derselbe beschäftigte mich während der Zeichenstunde so sehr, daß es mir unmöglich war, irgend etwas anderes
zu denken; ich nahm mir vor, Ihnen sofort zu schreiben. — Ich
kann Ihnen nicht sagen, *wie* ich mich freute, als ich Ihren Schritt
hörte und Sie kamen, haben Sie Dank dafür. — Daß Ihre düstere
Stimmung von Ihnen gewichen ist, erleichtert mein Herz unendlich, ich kann Ihnen nicht sagen, wie dasselbe durch Ihren
Brief bedrückt wurde. Sie sagen mir in letzterem, ich solle Sie
auslachen — wie können Sie mir so etwas zutrauen?
Wenn Sie unglücklich oder gar verzweifelt sind, wird mich *nur*
der — leider ohnmächtige — Wunsch beseelen, Ihnen auf irgendeine Weise zu helfen oder wenigstens die Last mit Ihnen zu
tragen; sagen oder schreiben Sie mir, was Sie wollen, könnte es
Ihnen in ähnlichen Fällen, ich will nicht sagen ein Trost, nur
vielleicht ein angenehmer Gedanke sein, seien Sie versichert,
daß meine ganze Seele bei Ihnen ist und mit Ihnen fühlt.

24. April 7 Uhr

Beim Erwachen fiel mein erster Blick auf die Blumen von Ihnen,
was mich zum schleunigen Abschütteln des Schlafes bewog, um
Ihnen noch ein paar Worte zu schreiben. Bis Sonnabend ist
noch so lange hin, ich werde suchen, mir die Zeit durch großen

Fleiß zu verkürzen, Sonnabendmorgen werde ich mich nett in die Wohnstube setzen — für mich der schrecklichste Ort des Hauses — und mit Feuereifer nähen, um eine günstige Stimmung hervorzurufen. Ich komme dann so früh wie irgend möglich.

Es wäre so nett, wenn Sie meine Brüder kennenlernten! Ernst erwarten wir jetzt täglich, ich habe ihn seit dem Herbst, wo wir in dem Garten einer Klosterdame Äpfel stahlen, nicht gesehen und freue mich natürlich ungeheuer; Ludwig sehe ich mit gemischten Gefühlen entgegen, weil zwischen uns schriftliche Differenzen stattgefunden haben. Er ist der rührendste Bruder, den es gibt, er hat früher die selbe Stellung im Hause gehabt wie ich und daher verstehen wir uns sehr gut. —

Sonnabend [26. April 1890]

... Heute sitze ich schon um ³/₄ 6 am Fenster, um Ihnen noch ein paar Worte zu schreiben und es dann nachher einzustecken. Diese frühe Morgenzeit ist doch das Schönste, was es gibt und ein großer Zeitgewinn.

Was ist neulich aus Ihrem Aufsatz geworden? Catty seiner litt an großem Blödsinn, ich weiß nicht, ob absichtlich oder unabsichtlich. Wie wäre es nett, wenn ich mit Ihren Cousinen Gutschow[1] in Verkehr treten könnte; aber ich denke mit Schrecken an den Fall Abraham und verschiedene ähnliche, wo die Vorurteile meiner Eltern mich in eine wahrhaft verzweifelte Lage gebracht haben. — Wenn Anna Abraham[2] in den Leseabend kommt, werde ich vielleicht noch die Genugtuung haben, dieselbe in unserem Hause zu sehen. Sie werden auch von ihr entzückt sein und C. wird Ersatz für Irma finden. Sowie ich Nachricht über meine Abreise habe, will ich sie Ihnen schnell mitteilen. Im Winter werden wir uns gewiß oft im Theater, nach dem Eis etc. sehen.

Nun leben Sie wohl, mein lieber Emanuel, verzeihen Sie die entsetzliche Länge meines Schreibens sowie die schlechte Schrift, ich werde mich bemühen, Ihnen zu Ehren meine Hand etwas zu verbessern.

---

[1] Else, Grethe und Mieze Gutschow, Cousinen von Emanuel Fehling.

[2] Anne (bzw. Anna) Abraham — eine Bekannte, für die Catty schwärmt.

Wenn ich irgend kann, werde ich dann am Montag etwas vor 5 beim Heiligen Geist sein und hoffen, daß es Ihnen paßt.

Ihre Fanny

Ich kämpfe einen schweren Kampf mit mir selbst um Husum. Ist es nicht *zu* leichtsinnig, alle Aussichten auf Ostern so aufs Spiel zu setzen? Aber das Heimweh ist so unsinnig schwer und von diesem Plan habe ich das ganze Jahr gelebt?

L., 26. April 90, ½ 11 Uhr

Lieber E.

Endlich ist der *ersehnte* ruhige Augenblick da, ich konnte nicht eher zum Schreiben kommen und habe doch die ganze Zeit *nur* an Sie gedacht. Die Stunde bei Manhards war eine wahre Tortur; ich trieb mich ganz wie im Traum mit ihnen im Garten herum und wußte kaum was ich sagte, vertrödelte mich zuletzt noch und mußte den Rückweg in einer halben Stunde zu Fuß machen, kam dann noch eben vor 5 an, wurde mit mäßiger Gnade empfangen, die im Lauf des Abends in das Gegenteil umschlug.

Um 7 kam Ludwig und so ging der ganze Abend hin. Meine Gedanken sind immer bei Ihnen gewesen und bei unserm heutigen Zusammensein. Was ich Ihnen gesagt habe, werde ich unverbrüchlich halten, ich werde Ihnen immer vertrauen und *nie* an Ihnen irre werden, was Sie auch immer tun mögen.

Sie meinen, daß meine Lage durch das Bewußtsein der Schuldlosigkeit gemildert werden müßte. Halten Sie mich nur nicht für besser als ich bin, ich sündige *sehr viel* gegen meine Eltern; aber freilich haben Sie insofern recht, als ich das Gefühl habe, daß sie an meinem Leben schwer gesündigt haben; es hätte ein ganz anderes sein können; aber der Gedanke hat etwas so Verzweifelndes, so gewissermaßen durch andrer Schuld sein Leben zu verfehlen, ich möchte sagen zertreten lassen. Wenn ich nicht den maßlosen Leichtsinn, den Sie an Catty kennen, und an uns anderen auch bald kennen würden, besäße, so daß ich, so wie ich aus dem Bereich meiner Eltern, besonders meiner Mutter bin, alles in den Wind schlagen kann — dann müßte ich längst verrückt sein. Ich habe mir als Kind immer eingebildet, nicht das rechte Kind meiner Eltern zu sein —, weil ich nicht begreifen konnte, daß Mama mich so behandelte. — Die stammelnden Verse schreibe ich Ihnen nur her, um Ihnen ein Bild meiner gewöhnlichen Stimmung zu geben.

> Wandle ich einsam über die Heide,
> Wenn der Wind vom Meere herüberstreicht
> Rings um mich her ein totes Schweigen,
> Kein Leben, so weit das Auge reicht.
> Da erwachen in mir der Kindheit Tage,
> Ich gedenke der düstern freudlosen Zeit,
> Aufs Neue erwacht im Herzen Klage,
> Des einsamen Kindes einsames Leid.
> Zurückgestoßen vom Mutterherzen
> Mit kalter Hand und nie geliebt,
> Von unverstandenen sehnenden Schmerzen
> Die kaum erwachende Brust durchbebt.
> Das ungestillte Sehnen nach Liebe,
> Es regt sich wieder so weh und bang,
> Weiter und weiter mit müden Schritten
> Geh ich die einsame Heide entlang.

— Sie sagten von sich, daß es schlimmer wäre, schlechter, als man geglaubt würde, zu sein, ferner, daß Sie charakterlos wären; ich kann ja freilich nicht darüber urteilen, da ich so wenig von Ihren Lebensverhältnissen weiß, denke aber, daß es doch eher möglich sein muß, *gut zu sein*, wenn man eben für gut gehalten und demnach behandelt wird, als wenn es immer in Worten und Blicken heißt, Du bist ja doch verloren und unbrauchbar — welche Ansicht meine Mutter auch fremden Leuten gegenüber wie z. B. bei Julie Manhard ausspricht.

Doch nun für heute Gute Nacht. Meine Augen wollen nicht mehr, und es ist mir bedenklich kalt, ich liege nämlich schon im Bett und das Fenster ist offen. Die Uhr ist gleich 12.

Aus Cattys Stube dringen schauerliche Töne herüber.

27. 4. 10 Uhr

Was übrigens Catty und Anna betrifft, so fürchte ich und das würde mir leidtun, daß C. einer großen Enttäuschung entgegengeht. Er kennt sie nicht sehr viel, freilich mehr wie ich, und ich glaube, daß ihre Gefühle für ihn nicht über treue Schwesterliebe hinausgehen. Seine Antragsidee ist allerdings ziemlich unsinnig. Er 17, sie 19 Jahre alt. Die beiderseitigen Eltern würden dazwischen treten und den Verkehr zwischen ihnen abschneiden. Ich fände viel richtiger, wenn er sich mit ihr verständigte und sie dann warteten, jeder seinen Weg weiterginge, bis er eben zu etwas gekommen wäre. Er würde auch eine etwaige Enttäuschung leichter jetzt wie später überwinden, im entgegengesetzten Fall mit mehr Zuversicht und Mut in die Zukunft sehen. Glauben Sie nicht, daß seine Idee, bei der Philosophie zu bleiben, sehr verkehrt ist; C. würde ganz unbrauchbar und verrückt werden, die Offizierskarriere wäre ihm viel gesünder.

C. besteht darauf, daß wir schon vor 12 den vielbesprochenen Besuch bei Ihnen machen, was mir durchaus nicht paßt; am Ende treffen wir Sie gar nicht, und ich hatte so darauf gehofft, Sie heute zu sehen und für den Brief entschädigt zu werden, den Sie mir so grausam vorenthielten. Ich bin heute in einer ganz miserablen Stimmung und werde wohl den ganzen Tag im stumpfsinnigen Brüten hinbringen, was nicht zu den Seltenheiten gehört. Der Morgen ist natürlich unter wüsten Reibereien hingegangen.

Ludwig soll jetzt allen Ernstes mit meinem Vater über meine Pläne reden, aber die Hoffnung ist doch gleich null; wenn ich daran denke, daß Sie nächstes Jahr fortgehen, Catty auch, schauderhaft —

Ihnen gegenüber überkommt mich immer ein Gefühl von Unreife und Unbeholfenheit, ich weiß es nicht anders auszudrücken, wenn ich meine Briefe durchlese, bin ich jedes Mal in großem Zweifel, ob ich sie vernichten oder abschicken soll; ob ich Ihnen nicht zu oft und zu viel von mir selbst schreibe. Es ist doch greulich, daß man immer am meisten an sich denkt, von sich redet etc., und durch diese elende Brille alles ansieht; und es ist doch nicht anders möglich, wenn man ein Selbst sein will. Von jungen Mädchen findet man es ja allerdings entsetzlich, wenn sie das sein wollen; sie dürfen überhaupt nichts sein, im besten Falle eine Wohnstubendekoration oder ein brauchbares Haustier, von tausend lächerlichen Vorurteilen eingeengt, die geistige Ausbildung wird vollständig vernachlässigt, möglichst gehemmt. Zuletzt werden sie dann an einen netten Mann verheiratet und versumpfen vollständig in Haushalt und dergleichen.

Ich muß mich jetzt zum Schluß begeben. Das Hinuntergehen ist mir immer eine Überwindung, ich hause außer den Mahlzeiten und dem Ausgehen fast ausschließlich oben; um circa 1/2 9 muß ich mit dem Greis gehen; bis dahin mache ich krampfhafte Versuche unter Schelten von Mama, Quieken von Bello und vielen anderen Geräuschen, ein italienisches Buch zu lesen. Sie sehen, ich will mit meinen Kenntnissen renommieren. Nun leben Sie wohl, lieber E., verzeihen Sie mir die vertrauliche Anrede.

Ihre F.

L., 28. 4., 11 Uhr morgens

Lieber —

eben mit einem Auftrage zu Mesmers[1] geschickt, wurde mir von diesen in freundlich verweisenden Worten mitgeteilt, daß Auguste Cossel (?) (ich weiß nicht wie man dieses Tier schreibt) dort erzählt hat, sie sei uns vorm Mühlentor mit einem Schüler und einer jungen Dame begegnet, wir hätten sie aber wie gewöhnlich nicht erkannt. — Wie soll man nun verhüten, daß es vor die jungen Leute kommt, Mesmers wollen schweigen, aber wenn das oben erwähnte Monstrum es weitererzählt?? Wenn es herauskommt, müssen wir einfach leugnen, ist das nicht am zweckmäßigsten? Wir wollen es aber lieber nicht an Catty erzählen, nicht wahr?

Daß wir Sie gestern nicht zu Hause trafen, war sehr schade. Wie uns gesagt wurde, Sie seien mit Ihrem Vater im Holz, überfiel mich gleich eine Ahnung, daß wir Ihnen begegnen würden, ich hatte einen Brief an Sie in der Tasche; aber da ich ihn nicht anbringen konnte, wanderte er in den Briefkasten. — Wir machten einen fast dreistündigen, schrecklich öden Gang; ich dachte daran, wieviel schöner der vorige Nachmittag war. Nachher saß ich bei Ludwig — er wohnt zwischen C. und mir — rauchten zusammen und verhandelten unsere beiderseitige Zukunft; ich denke, Sie werden sich mit mir freuen, L. und ich haben beschlossen, daß ich bis Ostern aushalten soll, dann will er eine

[1] Familie Mesmer von Saldern gehörte das Gut Schlierensee bei Preetz; Tochter der Familie: Anni M.

Änderung bewerkstelligen, was er mir bestimmt zugesagt hat. Nun habe ich doch die Aussicht, aus diesem Elend herauszukommen, das Gespenst meiner zertretenen Kinder- und Jugendzeit abzuschütteln und zu leben.

Unser häuslicher Himmel ist schwer verdüstert durch ein überraschendes Ereignis. Mich betrifft es nicht direkt und bin ich durch mein Wort zum Stillschweigen gebunden, ich werde es Ihnen erst später mitteilen können. Den Eltern gegenüber heuchele ich vollkommene Unwissenheit. Einen Sturmabend wie den gestrigen habe ich noch nie erlebt, ich wurde zu Bett geschickt, weil ich nichts wissen sollte; setzte mich in Ludwigs Stube und rauchte eine Cigarette nach der anderen, bis mir ganz sonderbar davon wurde, dann kam Ludwig verstört herauf; wir saßen ½ Stunde zusammen; darauf Ernst ebenso. Schließlich ging ich sicherheitshalber in mein Zimmer und beschloß die Nacht aufzubleiben, setzte mich ans Fenster und fing einen Brief an Sie an — bei dessen Lesung Sie jedenfalls an meinem Verstande gezweifelt hätten —

Papa war nach der Explosion sofort ausgegangen. Kaum hatte ich eine Seite geschrieben, erscheint meine Mutter, ich natürlich das Licht aus, sie hatte auch keins mit. Der Greis hatte von draußen Licht bei mir gesehen; sie frug, ob ich noch auf sei, ich beteuerte gähnend, daß ich längst zu Bette läge, und dabei mitten im Zimmer, das außerdem von Rauch erfüllt war. Natürlich rasender Zorn, schließlich behauptete ich noch, bis jetzt im Bett genäht zu haben. Damit zufrieden ging M. weg, um nach einer Viertelstunde wieder zu erscheinen, genau dieselbe Comödie; dann zog sie mit L. und E. hinunter, es war eine Wirtschaft und Aufruhr im Hause, daß es eine Art hatte.

Zuletzt um ½ 1 Uhr kam L. noch zu mir und nahm mir das Versprechen ab, nicht aufzubleiben. — Heute ist nun natürlich eine entsetzliche Atmosphäre im Hause, die voraussichtlich noch lange bleiben wird. Allgemeine Bedrücktheit, krampfhafte Konversation bei den Mahlzeiten, Papa spricht kein Wort, Catty weiß *nichts* und stirbt wahrscheinlich vor Neugier, ich muß nichtwissend spielen. Sonst war es immer so herrlich, wenn wir alle zusammen waren, nun diese allgemeine Beklommenheit, die schwerlich wieder weichen wird. — Mir ist der Kopf ganz

wirr, verzeihen Sie, wenn mein Brief es auch ist. Ihnen zu schreiben, war die einzige Erleichterung und eine große. —
Wann sehen wir uns wohl wieder? Hoffentlich werde ich Mittwoch etwas von Ihnen auf der Post finden — leben Sie wohl. Mit herzlichem Gruß

Ihre F.

Lübeck, 30. 4. 90, 8 Uhr

Lieber Emanuel.

Ich brauche Ihnen wohl kaum zu sagen, *wie* ich mich freute, Sie zu sehen, haben Sie sehr vielen Dank dafür, wie auch für Ihren lieben Brief. Wie ich von der Marienkirche — der treuen Hehlerin unserer Sünden — zurückkam und zur Post ging, begegnete ich den beiden Mesmers, ging dicht an ihnen vorbei, aber sie erkannten mich nicht, darauf zum Dom, wo ich Ihre Zeilen las; war in der Stunde natürlich wieder ganz zerstreut und gestaltete den armen Apollo von B. zur schrecklichsten Grimasse, auf dem Rückweg wieder unerkannt Anni Mesmer begegnet. — Verzeihen Sie die Kleckse, Catty kam eben herein und ich verbarg den Bogen eiligst. Ich erzählte C. eben von A. Cossel, er blieb ganz gefaßt und erklärte nur, es ginge nicht wieder; ich schlug ihm das Gewerbemuseum vor, aber auch das zog nicht recht.
Hat Catty Ihnen übrigens von unserem Besuch im Gewerbemuseum mit Marga Plato erzählt??
Wenn Sie nächsten Mittwoch wieder kommen könnten, das wäre zu herrlich, dann komme ich etwas früher und die M.K. ist wieder unser Asyl; ich hoffe nur, Sie sind noch zur rechten Zeit zum Futter gekommen; es würde mir leid tun, wenn Sie meinetwegen irgendwelche Unannehmlichkeiten hätten.
Nun muß ich zum Tee und nachher an einem entsetzlichen schwarzen Strumpf stricken. — Ihre Hyazinthe blüht noch immer und erfreut mein Auge und Herz.
10 Uhr
Nun ist des Tages Last und Hitze zu Ende, ein wohltuendes Gefühl! Mir wird jeder Tag des häuslichen Lebens zu einer *mühsam* getragenen Last, für die ich alle Kraft, die ich nur besitze, anwenden muß, um nicht zusammenzubrechen. Abends bin ich dann vollkommen fertig und ganz entmutigt. Vorm Hinauf-

gehen umwandle ich noch mit Nelly den Hof, im schönsten Mondschein.

Was übrigens Ludwig und das düstere Geheimnis anbetrifft, so muß ich Ihnen doch noch sagen, daß L. vollkommen im Recht ist und ich das Verhalten meiner Eltern sehr unbegreiflich und sehr herzlos finde. Mir tut L. unendlich leid, er ist für mich immer so rührend gut und diesmal besonders, er verehrt unseren Vater aufs tiefste und wird von diesem meistens mißverstanden. Ich plane jetzt für Anfang nächster Woche wieder eine Expedition zu Manhards, weiß aber noch nicht recht, wie es zu machen. Gott sei Dank, daß morgen der 1. Mai ist, welcher es mir ermöglicht, wenigstens einen kleinen Teil meiner Schulden zu tilgen; es ist sonst zu besorgen, daß meine Eltern während meines Fortseins Rechnungen bekommen oder so etwas. Gute Nacht für heute, lieber E.

1. Mai ½ 10 Uhr morgens

Nach einem öden Greis-Gang und darauf folgendem Donnerwetter von M. suche ich im Schreiben an Sie Erholung. Was Sie in Ihrem Brief über das Recht der Frau sagen, dem stimme ich vollkommen bei. Eine öffentliche Stellung der Frau würde ziemlich undurchführbar sein; wenn man sich z. B. Frau Mesmer als Bürgermeister vorstellt — es würde auch kaum irgendeine Frau sich dafür eignen, es würde eben lächerlich sein. Aber die Frau müßte als dem Manne gleichberechtigt existieren und dieselbe Bildung haben können, die Mehrzahl würde allerdings gerne darauf verzichten und das schadete denn ja auch nichts. Und vor allem die gesellschaftliche Freiheit — diese Beschränkung ist unerträglich und überhaupt unter aller Menschenwürde. Meiner Meinung nach würden durch eine gemeinsame Schulbildung und völlig zwanglosen Verkehr viel gesündere Verhältnisse entstehen; die jetzigen in der Gesellschaft sind doch durch und durch krank. Die weibliche Erziehung ist eben das Unsinnigste, was es gibt; ich kann Ihnen als Beispiel anführen, was ich an mir selber erfahren habe.

Ungefähr bis 14 Jahre durfte ich mit Catty und unseren gemeinsamen Freunden in allen Freistunden herumlaufen — das war ganz richtig und gut —

Dann hieß es auf einmal, nun bist Du zu groß und mußt ein

junges Mädchen werden; ich mußte also außer den Stunden in der Wohnstube sitzen, nähen und stricken. Natürlich wehrte ich mich mit Händen und Füßen, benutzte jede Gelegenheit wegzulaufen und es konnte eben kein Mensch mit mir fertigwerden, die Lehrerin kündigte und ich wurde nach Altenburg geschickt, wo ich eben herausgeworfen wurde. Sie machen sich gar keinen Begriff, wie mit solch unglücklichen Backfischen zu Hause und in Pensionen verfahren wird, ihnen werden die unnötigsten uninteressantesten Kenntnisse eingetrichtert, furchtbar viel Religion, Grammatik, Handarbeiten und Klavier. Sie sollen gewaltsam in eine Schablone gepreßt werden; was dabei herauskommt, können Sie an den Durchschnitts-jungen Mädchen und -Frauen sehen, ungebildete, bleichsüchtige, spitzenklöppelnde, interessenlose Geschöpfe; die, wenn sie sich verheiraten, in Haushalts- und Kindergeschichten aufgehen und ihrem Mann unmöglich etwas sein können, als eben seine Hausfrau — bleiben sie ledig, so entsteht aus ihnen die Sippe der unleidlichen alten Jungfern, über die sich alles lustig macht, deren Wirkungskreis in Kaffeeklatsch und Diaspora besteht.

Es liegt eben darin, daß man die Frau nicht als Selbst, nur als wesenloses Geschöpf betrachtet. Ist das nicht himmelschreiendes Unrecht? Es gibt ein Gedicht über den Beruf des Weibes, darin kommt folgende Stelle vor, die schildert, wie sie ihren Mann, wenn er nach Hause kommt, empfangen soll:

> »Sie geht entgegen ihm, trocknet ihm
> das Gesicht
> Macht ihm den Sitz zurecht und bringt
> sein — Leibgericht!«

Darin ist so ungefähr das enthalten, worauf wir erzogen werden, Beruf und Lebenszweck. —

Wie schwer, ja fast unmöglich es ist, sich gegen dieses Schablonen-Verfahren zu wehren, sich selbst geistig zu erziehen und weiterzubilden, das können Sie sich denken; aber ich kann mich dem nicht fügen, das ist mir unmöglich.

Was ich bei Ibsen besonders liebe, ist seine schöne, edle Auffassung des Weibes und der Ehe. In unserer Gesellschaft findet man es fast nie, daß Mann und Frau wirklich innerlich zusammenleben, das ist ja auch unmöglich, wenn die Frau einen so weit geringeren Bildungsgrad hat. Da heißt es immer »das verstehst Du nicht, das ist nichts für Dich«, sehen Sie die Summe von dem, was ich für die Stellung der Frauen für erstrebenswert halte, ist Freiheit des Verkehrs und die Möglichkeit einer wissenschaftlichen und künstlerischen Bildung; letztere ist, wie Sie wissen, mein Ziel; sagen Sie mir gelegentlich Ihre Meinung darüber. Unsere aristokratische Verwandtschaft — wie Catty sagt, eine infame Bande — findet dergleichen unmöglich.

abends 8 Uhr

Sie glauben nicht, was das für eine Wonne für mich ist, wenn ich in Holstein bin, diese Art Leute vor den Kopf zu stoßen; dieselben leiden nämlich auch sehr an Standesvorurteilen, ich errege dann durch Tat und Wort vielen Anstoß; meine Altenburger Exkludierung wird mir auch sehr übel genommen, daß ich solche *Schande* auf die Familie gebracht habe.

Die traurigen Leute sind alle sehr orthodox und sehr gute Gesellschaft. Die Töchter, ohne Ausnahme nette Mädchen, werden vor der Lektüre von Büchern, in denen das Wort Liebe vorkommt und vor jeder Berührung mit jungen Herren mit Todesangst behütet — außer auf den Bällen, deren es circa 20 im Winter gibt und zu denen die Mütter dann mit ihren Töchtern und einem Altar in der Tasche hinfahren.

Während die unglücklichen Schlachtopfer arglos sich amüsieren, sitzen die Mütter in langen Reihen umher, beobachten mit mehr wie Argusaugen, wer wem die Cour macht etc. und tun ihr möglichstes, um Partien zu machen. Was sie darin in einer Ballsaison zustande bringen, ist unglaublich. Glauben Sie nicht, daß das karikiert und übertrieben ist, es ist traurige elende Wahrheit. Ist es da nicht natürlich, daß man sich aus diesem Schein- und Lügenwesen herausarbeitet, sich freimachen will? und dabei vielleicht zu ungestüm vorgeht.

10 Uhr

Mein Vater ist heute abend bei Manhards gewesen und ist nichts weiter erfolgt; daraus kann man schließen, daß R. und K. uns doch nicht bemerkt haben. Könnten wir uns vielleicht Montag treffen? Wir essen jetzt immer um 4, ich würde dann circa 1/2 5 hier weggehen, zum Heiligen Geist kommen, wo uns nicht so leicht jemand stört; wenn Sie um 5 essen, wäre doch immer ein Augenblick, es ist ja so dicht bei Ihrem Hause, freilich kann meinerseits immer leicht etwas dazwischen kommen und ich kann nie für mein Eintreffen bürgen.

Als Vorwand benutze ich ein Bild, das ich von Natalie zum Kopieren geliehen habe. Ich habe heute mit unheimlichem Fleiß gemalt, abends gingen C. und ich noch aus und versenkten uns in Husum-Erinnerungen; bei Adele Oppenheimer[1] war anscheinend großer Diaspora-Kongreß, so daß wir mit großem Gelächter vorbeiwankten.

Eben kommt meine Mutter herauf, da muß ich das Licht ausmachen und schlafen gehen, ich träume mit großer Konsequenz von Ihnen.

Lübeck, den 4. 5. 90, abends $1/2$ 12

Lieber Emanuel.

Gerade vor einer wüst langweiligen Gesellschaft bei Kroghs zurückgekommen muß ich mich noch an Sie schreibend entschuldigen. Vielleicht werden Sie das Haupt schütteln und sagen, so jung und schon so blasiert, vielleicht stimmen Sie mir bei, daß diese Gesellschaften das Schrecklichste sind, was einem widerfahren kann. Es waren außer uns nur ein Oberstleutnant Sch. mit Frau und zwei Töchtern da. Eine davon, eine fette gerührte Pastorin, die andere ein geistreich sein wollendes und dabei herzlich dummes junges Mädchen. Endlos bei Tisch gesessen; ich habe das erhebende Gefühl, sehr viel gegessen — Ernst und ich waren am Nachmittag mit Eiern gefüttert worden, damit wir nicht »zu gierig« wären — und sehr wenig gesprochen zu haben, desto aufmerksamer die verschiedensten Unterhaltungen angehört und die Physiognomie der Frau Oberstleutnant beobachtet. Es will mir nicht gelingen, dieselbe wiederzugeben. —

Catty erzählte mir, daß heute Ihr Familientag sei und ich dachte daran, ob Sie nun wohl im Kreise Ihrer Tanten Bluhn und Behnke sich vergnügten. Meine Gedanken wanderten zu Ihnen und ich trank im Stillen drei kolossale Gläser Bowle auf

---

[1] Adele Oppenheimer — wahrscheinlich eine Verwandte von Emanuel Fehling.

Ihr Wohl; beim dritten traf mich ein vernichtender Blick von M. Nach Tisch ödes Herumsitzen, wobei ich fast eingeschlafen wäre und nur zuweilen einige Lästerreden in das Gespräch warf, das sich um Diakonissen, Vereine etc. drehte, und stumm lächelnd der Diaspora gedenkend. Zuletzt wurde mir mitleidig ein Bilderbuch in die Hand gedrückt, was ich mit regem Interesse besah. Die drei Greise saßen natürlich in einer Stube für sich mit Ernst, an einem Tisch saßen die Mütter, am anderen die Jugend, was die guten Leute sich da zusammenraisonnierten — ich wollte nur, Sie hätten es angehört. Ich halte es nicht für der Mühe wert, einer gewissen Sorte von Durchschnittsmenschen gegenüber meine Ansichten auszusprechen, es hat ja gar keinen Zweck, sonst wäre allerdings die Gelegenheit günstig gewesen.

Der Rückweg im Mondschein wirkte einigermaßen belebend. Heut mittag ging ich mit dem Greis bei Lück vorbei und gedachte des Frühschoppentages; es machte mir damals einen sehr angenehmen Eindruck, daß Sie inmitten der allgemeinen Trunkenheit so nett waren, die dreistündige Tour mit C. war doch recht beschwerlich. Die Uhr ist schon $^1/_2$ 1, es wird mir, da ich nur à la Zerline bekleidet bin, etwas frostig, und eine bleierne Müdigkeit verbietet mir, noch länger aufzubleiben. Heute vor 8 Tagen war der große Sturm im Hause.

Leben Sie denn für heute wohl, Sie liegen gewiß schon im tiefen Schlaf. Ob ich Sie wohl morgen auf dem Weg zu Manhards sehe?

L., 7. 5. morgens $^1/_2$ 6

Lieber E.

Die beiden vorigen Tage war es die absolute Unmöglichkeit, einen ruhigen Augenblick zu finden. Da es heute wahrscheinlich ebenso gehen wird, habe ich den sogenannten Morpheus schon um 5 verabschiedet, um $^1/_2$ 7 muß ich nämlich schon herunter, um Kaffee zu brauen. Meine Mutter liegt im Bett und ist sehr elend an Rheumatismus. Da Agnes nicht hier ist, fällt alles auf mich, und ich freue mich sehr, doch einmal etwas für M. tun zu können und ihr zu beweisen, daß es mir nicht an gutem Willen fehlt, was immer sehr bezweifelt wird. Der Schluß ist, daß ich den ganzen Tag die Treppe hinauf und hinunter, zu Frau Mesmer und auf Besorgungen renne und schließlich regelmäßig die

Hälfte vergesse. Montag nachmittag ging ich zu Manhards, leise hoffend Sie zu treffen, sah Sie aber nur, wie ich gegen 1/2 8 zurückfuhr, mit Eschenburg in die Beckengrube untertauchen. Natalie war ganz alleine zu Hause und traktierte mich mit Kaffee, Bier und Ungarwein, alle drei wurden aus ungeheuren Kaffeetassen eingenommen. Zu meiner tiefen Beschämung und Verwirrung hatte ich gestern einen dumpfen Jammer und konnte vor Kopfweh kaum aus den Augen sehen, sagte natürlich nichts davon und mußte in der größten Hitze erst zweimal morgens mit dem Greis rennen, dann mit demselben und Ernst nach Schwartau fahren und zurück gehen und schließlich abends noch wieder, wo mir dann doch die Erholung wurde, Sie einen Augenblick zu sehen.

Heute kommt nun wieder Hausbesuch, freilich ein sehr netter, aber die Honneurs zu machen ist nicht meine Liebhaberei.

Hoffentlich sehe ich Sie nun heute — es wird wohl leider das letzte Mal sein —, Anfang nächster Woche, vielleicht schon Montag oder Dienstag, werde ich wohl gehen. Da wir aber nur kurze Zeit haben werden, schreibe ich trotzdem noch.

— In diesen Tagen sind mir 2 Wiedersehen zuteil geworden, das eine mit Viktor Levetzow[1], den ich auf der Straße traf, wie ich zu M.'s ging. Wir waren in den Jahren 83/84 täglich zusammen, sonntags den ganzen Tag und gingen eigentlich nur Hand in Hand.

Sonnabend morgen [8. 5. 90]

Gestern abend war ich so todmüde, daß ich zuletzt am Schreibtisch einschlief und mit Mühe und Not ins Bett kam, um heute sehr unausgeschlafen aufzustehen. Nun ist die Häuslichkeit glücklich absolviert, M. liegt noch und der Greis kommt morgen erst. Catty und ich hausen zusammen wie die Götter in Frankreich und es ist so angenehm friedlich. Ich müßte eigentlich nähen, da ich noch rasend viel zu tun habe, aber ich will die Ruhezeit doch lieber ausnützen, wer weiß, was die nächsten Tage los ist — einmal werde ich Ihnen jedenfalls noch schreiben — es ist noch zu früh zum Abschied.

Daß Sie von Ihrer trüben Stimmung befreit sind, hoffentlich ist es andauernd. Könnte ich doch irgend etwas dazu beitragen!

---

[1] Viktor von Levetzow — ein Vetter F. R.'s.

Aber wie? Ich denke so oft daran, wie es Ihnen wohl geht, Ihre Nerven werden sich gewiß bessern, sowie Sie das Schulleben hinter sich haben und dann frei ins Leben hinaustreten können, das muß doch herrlich sein. Es gefällt mir sehr, daß Sie nicht ins Corps treten wollen, so die besten Jahre mit wüster Bummelei zu verlieren kann ich mir nicht sehr erhebend vorstellen und die Bummelei ist doch der Hauptinhalt davon. Kennen Sie die »Saxo-Saxonen«, Parodie auf einen Corps-Roman, wo nicht kann ich's Ihnen leihen. —

Ich bin sehr gespannt, ob es nun wirklich Dienstag zum Abreisen kommt, es hängt von M.'s Befinden ab.

Ich fühle aber, daß es die höchste Zeit ist, daß ich fortkomme, meine Widerstandskraft ist am Ende, und ich muß mir die größte Mühe geben, die unsinnige Nervosität einigermaßen zu verbergen. Sie haben recht, ich werde bald wieder fröhlich sein; anderswo bin ich es immer, wenigstens äußerlich. Es soll auch niemand wissen, daß ich im Innern unglücklich bin, wie ich mit meinen Eltern stehe, weiß man freilich; M. klagt allen über mich, und ist am ungnädigsten, wenn jemand dabei ist; ich tue aber grundsätzlich so, als ob es mir vollkommen einerlei und ich sehr glücklich dabei wäre. Die Maske ist oft recht schwer — macht sich aber sehr nett. —

Für heute leben Sie wohl, also wohl am Montag das letzte schriftliche oder mündliche Wiedersehen, ich will vor Tisch noch etwas schlafen, um nachher menschlich zu sein und dann mit C. in die Kirchen gehen. Die Marienkirche ist mir der liebste Platz in Lübeck.

F.

L., 9. 5. 90, 10½ Uhr

Lieber Emanuel.

Meinen allerherzlichsten Dank für Ihren lieben Brief. Ihre Worte haben mich so glücklich gemacht, mir ist heute abend so leicht ums Herz, wie ich hier in vollkommener Ruhe und Einsamkeit am Schreibtisch sitze, vor mir Ihr Bild und die Vergißmeinnicht und an Sie schreibend alles Wirrsal der letzten Tage vergesse. Ich habe noch so vieles auf dem Herzen, was ich Ihnen sagen möchte, ehe wir scheiden müssen.

Wie können Sie meinen, die »Sentimentalität sei in Ihrem Munde lächerlich«? Wenn Sie wüßten, wie mir jedes warme Wort und Gefühl von Ihnen im Innersten wohltut, würden Sie das Gegenteil einsehen. Ist unser Verkehr wahre Freundschaft, so ist deren erste Forderung gegenseitiges Vertrauen; daß ich dieses zu Ihnen habe, wissen Sie, können Sie es auch zu mir haben? Dieses Bewußtsein würde mir genügen, alles mit Freudigkeit zu tragen. Es ist vielleicht sonderbar, daß ich Ihnen das so sage — es ist ja kein Zweifel an Ihnen, sondern an *meiner* Fähigkeit, für Sie etwas sein zu können, Ihnen annähernd das geben zu können, was Sie mir geben. Das ist mein *größter* Wunsch und steter Gedanke.

Wir kennen uns ja erst so kurz, aber wir werden uns ja immer mehr und immer besser verstehen lernen, wenn wir mit voller Offenheit verkehren. Und das wird mir bei Ihnen nicht schwer fallen, um so weniger, da ich innerlich so allein stehe und niemand wüßte, dem ich so alles sagen könnte. Es ist so schwer, allein mit sich fertig zu werden, sich über das Leben klar zu werden und es zu erfassen und zu tragen. Der Verkehr mit Ihnen ist mir eine große große Hilfe, nach jedem Sehen, Sprechen oder Brief von Ihnen fühle ich neuen Lebensmut; freilich kommen immer wieder die Stunden, wo ich verzweifle. Der letzte Winter war *zu schwer*. Den nächsten, hoffentlich mein letzter hier, werde ich mit Ihnen besser ertragen.

Nach dem Tee 1/2 10

Ich möchte Ihnen nicht mit trivialen Redensarten kommen, ich kann nur sagen, was ich glaube an mir erfahren zu haben. Das Leben ist so verworren und oft so schwer, daß Verzweiflung und Melancholie das notwendige Resultat sind, d. h. für jeden *denkenden* Menschen, der nach Wahrheit und etwas Höherem strebt und sieht, daß es *hier* nicht zu erreichen ist; aber eben der denkende Mensch hat auch die Kraft und die moralische Verpflichtung, sich nicht der Verzweiflung hinzugeben.

Der bloße Wille würde aber nicht ausreichen, wenn nicht die Liebe da wäre, um alles zu versöhnen und gut zu machen, die Liebe zu allem Schönen, Wahren, Guten und vor allem zu den Menschen. Ich bin zu Hause oft nicht weit weg vom Verzweifeln, und fühle mich oft wochenlang tief unglücklich, weil ich eben nie Liebe finde und folglich auch keine geben kann. Bin ich dagegen anderswo, die Menschen mir Freundlichkeit und Liebe entgegenbringen, da finde ich das Leben oft so schön, trotz aller Schattenseiten, und fühle die Kraft und Lust in mir, es zu leben. Sie haben doch Ihre Mutter, mit der Sie sich lieben, viele Freunde, Cousinen etc., für die Sie etwas und die Ihnen etwas sind. Das *muß* Ihnen doch über das Lebenselend weghelfen.

Nun sitzen Sie wohl in Ihrer Gesellschaft, hoffentlich ist alles Häusliche wieder ins Gleise gekommen. Gute Nacht. — L. E., ich will jetzt zu Bett gehen und von Ihnen träumen.

L., 10 Uhr 12. Mai 90

Lieber Emanuel.

Ich befinde mich heute abend in einem Zustande der höchsten Erschlaffung, geistig und körperlich, wundern Sie sich bitte nicht, wenn ich verwirrtes Zeug schreibe.

Die widerstrebendsten Gefühle gehen mir wie Mühlräder im Kopf herum, und doch kann ich trotz aller Müdigkeit das Denken nicht nachlassen. Wenn ich an das halbe Jahr denke, das ich hier zugebracht habe, an das quälende, drückende Zuhauseleben, das alle Energie zum Lernen und Weiterkommen in mir zerquetscht, aufreibt, dann fühle ich mich von einer namenlosen Last befreit — freue mich, nun einmal wieder leben und aufatmen zu können; dann denke ich wieder an die letzten vier oder fünf Wochen, wo mir der Verkehr mit Ihnen so viele und so große Freude gebracht hat. Ich habe eben zum soundsovielten Male alle Ihre Briefe durchgelesen, wie glücklich hat mich jeder derselben gemacht und wie schön waren die Gänge mit Else und Catty und das Zusammentreffen in der Marienkirche!

Mir tut das Herz so *weh*, daß das nun ein Ende hat; aber das hilft ja nichts, und wenn wir uns jede Woche schreiben, kann ich mich ja immer darauf freuen. Aber den persönlichen und Fensterverkehr ersetzt es doch nicht, und hier haben wir beides zusammen. —

Daß Sie heute noch zum letzten Mal kamen, danke ich Ihnen sehr und sehr für Ihren letzten Brief, der mich besonders freute. Daß Sie an mich denken und mich entbehren werden, das zu denken ist so gut, so beruhigend und — es ist das keine Redensart — seien Sie versichert, daß ich immer Ihr Bild vor meinem inneren Auge haben werde.

L., 14. 5. 90 abends

Verletzungshalber mit der
linken Hand geschrieben
Lieber Emanuel.

Nun bin ich trotz aller Abschiedsrührung noch hier! Catty hat Ihnen vielleicht schon von meinem Pech erzählt. Eben ehe wir zum Bahnhof gehen wollten, klappte ich ein mitzunehmendes Messer zu und steckte den rechten Zeigefinger dazwischen, und das Resultat war eine ziemliche Wunde. Zu verbergen war es nicht, da es stromweit blutete. Nun entstand die rasendste Aufregung und Wut über mich und es wurde abtelegraphiert. Dann wurde ich mit C. zum Doktor geschickt, muß die Hand nun mit Carbol in der Binde tragen. Das Ganze hat etwas höchst Tragikomisches! Aber das Tragische ist vorwiegend, und ich bin in einer ganz unglückseligen Stimmung gestern und heute herumgelaufen. Die Hoffnung, Sie noch einmal zu sehen, ist ja gleich null, Catty auch fort, da muß ich im Schreiben an Sie Erleichterung suchen.

Ihre Tour ist gewiß sehr nett und lustig und sehr kneipselig, nicht wahr?

Heute von 2 bis 6 waren Cattys Freundinnen, die beiden Platos hier. Mein Verhältnis zu denselben ist höchst lästiger Art. Ich mag sie nur mit Catty zusammen und in geringer Dosis; habe sie anfangs sehr nett gefunden und sehr kultiviert. Seitdem haben sich meine Ansichten in allem geändert und ich kann nun nicht mehr mit ihnen fortkommen. Sie sind so rechte junge Mädchen, sehr wohlerzogen, musikalisch und flach und sehr in Angst, die öffentliche Meinung vor den Kopf zu stoßen. Sie hängen sich wie Kletten an einen.

Wenn ich nun wieder in Preetz bin, denke ich den Verkehr mit allen jungen Mädchen ziemlich einschlafen zu lassen, mich zurückzuziehen, dem Zeichnen, Lesen etc. zu ergeben und mit meiner Mal-Lehrerin zu philosophieren, die ein großer Geist ist, in Düsseldorf ausgebildet, nur aus Armut in Preetz sitzt und ein menschenscheues Künstlerleben führt.

Meine Mutter ängstigt sich sehr, daß der Kneipbund in corpore auf dem See in die Wasserpest gerät und à la Jöns umkommt. Diese Furcht wird um so länger währen, bis Catty *er-* oder *be-* trunken auf der Bildfläche erscheint.

Sehr komisch war gestern ein Besuch von Levetzows, Viktors Eltern; die jungen Leute wollen nichts mit ihnen zu tun haben und sind zu bange, durch einmalige energische Grobheit ein Ende zu machen und sind immer sehr liebenswürdig gegen L.'s, wenn sie herkommen, gehen aber nicht dorthin und wollen Catty auch nicht hinlassen und Viktor nicht hier haben. Also brauchen Sie dessen Besuch in Timmendorf nicht zu fürchten. Cattys vereitelte Hoffnungen auf Estarstorff und Husum tun mir sehr leid, aber ich denke, er wird durch den Aufenthalt bei Ihnen siebenfach entschädigt werden.

Ihre Tour würde also zwischen den 15. und 20. fallen. Es wäre zu herrlich, wenn wir uns dann treffen könnten. Ich werde mit Noer noch mächtig intrigieren, das macht sich am Ende noch; wie sollen wir uns nur verständigen, wenn ich nicht nach Timmendorf schreiben kann?

Von Noer nach Kiel kann ich leicht unter nichtigen Vorwänden kommen. Dann instruiere ich die N.'s zu schreiben, außer im Juni paßt es ihnen nicht.

Die 3 Fälle, die Sie mir neulich erzählten, mahnen übrigens zur Vorsicht. Den Ausspruch der Cossel hat Catty aus Zartgefühl etwas verkürzt, er war ursprünglich: ein ungewöhnlich dicker Schüler und eine noch dickere junge Dame! Es ist natürlich der blasse Neid, wenn so ein mageres Cosselgespenst das sagt. —

Vielleicht können wir nun morgen noch einen vierfachen Exbummel machen. Jetzt ist ein Frl. v. Witzleben hier auf einige Tage. Eigentlich soll ich, wenn Besuch da ist, immer in der Wohnstube sitzen, tue es aber nicht. Es ist wirklich nicht zum Aushalten, diese Konversation anzuhören, immer Verlobungs- und Heiratsgeschichten, die man schon 25mal gehört hat, zuletzt kommen als Dessert immer Krankheitsgeschichten aufs Tapet.

Neulich mußte ich eine Erzkaffeetante besuchen, wobei ich für Cattys Flamme, Lucie Storm, verschiedene Lanzen brach und sie sehr entrüstete, sie war nämlich der Ansicht, daß Lucie Storm als Braut mit keinem anderen Mann sprechen dürfte und dergleichen Unsinn mehr. Wie finden Sie Cattys Gedichte auf Lucie? Glauben Sie, daß er überhaupt hervorragende poetische Begabung hat? Mit 11 oder 12 Jahren schrieb er einige Dramen, die mir sehr imponiert haben, jetzt produziert er wohl nur Lyrik.

Ludwig ist auch großer Dichter, schickte Weihnachten sein Hauptdrama an Papa, wie er dazu kam, begreife ich nicht, es wurde natürlich nach den Regeln der Kunst zensiert und mit elterlichem Stolz bewundert. Ich habe es auch gelesen, der Held war der schönste Ludwig, den man sich denken kann.

Ich habe in letzter Zeit viel Storm gelesen, kann mich aber nicht dafür begeistern, es ist doch neben vieler Schönheit der Sprache und Form gar nichts darin, was einem Eindruck macht; keine Idee, für die man sich erwärmen kann. Kennen Sie vieles von ihm? Walther von der Vogelweide kenne ich nur in der Übersetzung, ach ja, es wäre herrlich, wenn wir so etwas zusammen treiben könnten. Ich habe das Nibelungenlied teilweise in der Ursprache gelesen, es ist ja nicht so schwer und unter Ihrer Leitung würde ich alles viel besser verstehen. Ich will mich jetzt an Tristan und Isolde versuchen, die ich bei Ernst gefunden habe. Kennen Sie Ossian? Zwei Bände von ihm kann ich Ihnen leihen, der eine ist mir beim Umzug verlorengegangen. Ich habe eine große Liebe für ihn, habe ihn immer in Husum bei meinen Morgenspaziergängen gelesen, wenn ich mit den Hunden um die Wiesen ging und mich gelegentlich über den Wall mit Ferdinand Tönnies unterhielt. Catty hat Ihnen gewiß oft von diesem erzählt, er bewundert ihn sehr; Ludwig, Agnes und ich ebenfalls; er ist aber ein Verderber der Jugend und Freidenker.

Ob Catty sich unbedingt politisch an Ludwig anschließen wird, ist doch noch gar nicht gewiß anzunehmen. Es ist jetzt hauptsächlich Widerspruch bei ihm; ich glaube doch, daß er noch zu den Familientraditionen zurückkehrt, sowohl religiös wie politisch. Ludwig ist wegen seiner Ansichten und Handlungen ein ziemlich wunder Punkt, wie er noch zu Hause war, nahm er meine jetzige Stellung ein. Das ist nun freilich besser, aber gegen Ernst und Catty wird er doch immer zurückgesetzt. Ich hoffe, C. macht es ihm nach und emanzipiert sich, Ernst ist Papas

Echo, Agnes dito. Daß der Hausfrieden oft gestört wird, können Sie sich vorstellen; es herrscht gewöhnlich eine sehr ungemütliche Stimmung, besonders da alles fürchterlich nervös ist, sogar Minna und Bello. Nun nervöst und streitet immer alles gegeneinander. L. wird ganz totgeschwiegen und schreibt fast nie nach jener Explosion.

Freitagmorgen

Eben hat Dr. Reuter[1] dekretiert, daß ich vor dem 20. nicht reisen soll. Ich bewege mich in einem fürchterlichen Stimmungswechsel, die vorigen Tage war ich ganz herunter, konnte mich nicht überwinden zu lesen und zu arbeiten, sondern saß in düsterem Brüten in meiner Höhle; heute bin ich wieder ganz obenauf, vor allem freut mich die Aussicht, Sie noch zu sehen. Mein Vater reist morgen nach Sandberg, dann können wir noch einmal gehen. Der Himmel meint es doch gut mit uns! Wohlmöglich noch eine Manhard-Expedition.

Mit Schrecken greife ich zum 6. Bogen, wenn das so weitergeht, was dann? Da möchte Ihnen die Korrespondenz lästig werden? Ich sage jetzt mit Jean Paul, daß die Zeit verschreiben die Zeit verschwelgen ist, und wenn Sie sich auch nicht am Inhalt, so müssen Sie sich doch an den vielen Klecksen und der schönen Schrift freuen. Ich spüre heute einen rasenden Tatendrang, nachdem ich die letzten Tage ganz verträumt, nun ist solcher Reaktionszustand sehr angenehm.

Catty erzählte mir noch gestern abend um 11 von der Tour wie ich schon halb schlief, so daß sich Füchse, Ganze, Halbe etc. in meine Träume mischten; zuletzt träumte ich, daß ich zur Post ging und alle meine Briefe zurückholte. Catty und ich gingen heute sehr friedlich zusammen; ich wollte ihn für einen Elsenbummel bearbeiten. Er biß zuerst nicht recht an, darauf führte ich ihn zu einem Bäcker, wir nahmen dort noch Futter mit, zogen damit in die Marienkirche. Durch dieses Experiment wurde er weich wie Wachs, und wird es dann wohl noch einmal gehen. Ob Sie wohl Catty heute nach der Fechtstunde zurückbegleiten? Dann werde ich Ihnen dies geben können. Im Vorgefühl dessen sitze ich beobachtend am Fenster. Leben Sie wohl.

F.

---

[1] Dr. Reuter — Hausarzt der Familie R.

Heute abend herrschte die größte Gnade, die jungen Leute
haben mir zum Geburtstag 2 Bilder von unserm Husumer Garten und Schloß geschenkt, was mich sehr freute. Ich habe mich
jetzt entschlossen, Husum aufzugeben, Sie haben recht! Nur
glauben Sie nicht, daß ich den Mut nicht hätte, es auszuführen.
Ich könnte mit diesem Witz alles vernichten, was mir sonst
werden konnte. Das wäre ja eigentlich mehr wie kindisch. Ist es
nicht sonderbar, seit ich mit Ihnen verkehre, ist das Heimweh
nicht mehr so stark, nur manchmal überfällt es mich so, daß es
kaum zu ertragen ist. Ich brauche es nun ja nicht mehr immer
alleine zu verschlucken.
Nun ist es schon 1/2 12, draußen singt eine Drossel ganz wunderschön, das erinnert mich auch an Husum. Ich kann jetzt beim
besten Willen nicht mehr, muß morgen um 1/2 5 aufstehen,
packen, um 6 mit C. gehen, dann will ich dies einstecken. Es
wird mir so schwer, von Ihnen Abschied zu nehmen, aber es muß
doch sein — nichtssagender Trost das! —
Sie werden wohl zuweilen nach meinem leeren Fenster hinauf-
sehen und an mich denken? Unsere Gedanken werden sich oft
begegnen, das ist ein etwas besserer Trost.
Leben Sie denn wohl, mein lieber, lieber Freund.

Ihre Fanny

Adresse
Scharstorff bei Cuvelsdorf
Mecklenburg. —
Das genügt

L., Montag, den 19. 5. 90

Lieber Emanuel.
Zu mitternächtlicher Stunde mache ich mich mühsam auf, um Dir
zu schreiben. Unser Zusammensein heute hat mich so bewegt und
ich werde es nie vergessen. Ich danke Dir noch einmal von
ganzem Herzen. Du gabst mir unendlich viel durch Deine
Freundschaft. Wenn mich auch noch immer zuweilen Mutlosig-
keit und helle Verzweiflung befällt und das Leben mich oft
niederdrückt, es ist doch so ganz anders wie früher. Ich werde
nun alles ertragen können und sehe das Leben ganz anders an.

Lieber Emanuel, wenn dieser Gedanke, dieses Gefühl beiderseitig ist, dann kann unsere Freundschaft niemals vergehen. Nun
ist ja auch alle Steifheit zu Ende, durch das Du fühle ich mich
Dir gegenüber so unendlich viel freier. Ich hätte Dich schon
früher ein paarmal fast so angeredet und atmete auf, daß Du
es nicht bemerktest. Mündlich kann ich Dir auch noch so einiges
anvertrauen, was ich noch keinem Menschen habe sagen können
und was mich schwer drückt. Mich schreckt nur der Gedanke,
daß Du schlecht von mir denken könntest.

Ich konnte mich heute abend kaum zu Hause finden, wo ich
schließlich nicht sehr liebevoll empfangen wurde, sondern mit
großem Unwetter, was mir aber absolut keinen Eindruck machte. Dann wurde mir mitgeteilt, daß ich erst Donnerstag reisen
solle. Noch 2 Tage! Soll ich mich freuen oder nicht? Es wäre
doch wohl besser, wenn es nun ernst würde, dieses Hin und Her
ist so aufreibend und ich bin vollkommen fertig; ich fühle mich
heute abend ganz miserabel, gab mir krampfhafte Mühe etwas
zu verschlingen, während ich fast unter den Tisch fiel; nach dem
Tee sprach ich mit Catty, es war fast ein »Aussprechen«, wir
waren beide ganz gerührt und kamen zu dem Schluß, morgen
mit euch noch einen letzten Gang zu machen. Dann kroch ich
hinauf, wollte schreiben, wurde von heftiger Seekrankheit be-
fallen und lag ca. 2 Stunden als Leiche auf dem Bett, wachte
eben auf, es ist gegen 12.

Für heute Gute Nacht, es ist mir unmöglich länger zu schreiben,
also doch noch ein Wiedersehen! Ich habe den ganzen Abend an
Dich gedacht und träume nun von Dir. Lebe wohl, mein lieber
Emanuel.

Deine Fanny

L., 20. 5. 90 abends

Catty hat Dir wohl von unserem Einbruch bei Gutschows erzählt. Es war eigentlich mehr wie wahnsinnig, wir wollten erst
nicht herein und waren dann rasend albern, in den schäbigsten
Kostümen von der Welt, glühend vor Hitze, unausgesetzt grin-
send; zuerst hielt ich Grethe für Else; ich glaube, Grethe Fehling[1]

---

[1] Grethe Fehling, Cousine von Emanuel F.

war einigermaßen entsetzt, wir gingen noch ein Stück mit ihr und gerieten über verschiedene Menschen und Pferde ins Lachen. Das schlimmste war ein grünes Tier, was Catty über den Kopf lief. Er entfernte es und entschuldigte sich sehr; bitte frage Deine Cousinen gelegentlich, ob sie uns für toll gehalten haben. C. und ich gingen noch immer krampfhaft lachend zu einem Konditor, wo ich meine letzten Kröten in Eis anlegte. Ich habe mich heute nur von Specksuppe und Eis genährt, da ich sonst ganz unfähig zum Futtern war.

— Es war zu schade, daß Du heute nicht gehen konntest, morgen muß ich mit dem Greis gehen. Vielleicht ist es auch gut, wenn wir nicht so oft Abschied nehmen, ich glaube, es macht das Herz nur schwerer. Gestern war es so schön zum letzten Mal in der Marienkirche; heute habe ich fast nur geschlafen und an Dich gedacht. Meine Mutter ist heute rasend aufgebracht, ich machte ihr nämlich klar, daß ich ihr in einer Sache etwas vorgelogen hätte; sie wurde geradezu wütend und sagte, wie ich das könnte und wie ich ihr jetzt noch ins Gesicht sehen könnte und so sagen, daß ich gelogen hätte. Ich sah sie unverwandt an und erklärte ihr, wenn mir nie geglaubt würde, könnte ich auch lügen und entfernte mich, nachdem M. mir noch versichert hatte, nun wisse sie ja, daß sie mir nicht glauben könnte. Nun sind wir also sozusagen auseinander. Findest Du es sehr schlecht von mir, daß das mich nicht tiefer berührt, das kindliche Gefühl ist ganz in mir erstorben und ich empfinde fast nur Furcht, ja Grauen vor meiner Mutter. Und damit soll ich leben, es ist zu schwer.

Ich muß Dir nur noch einmal sagen, *wie sehr* ich mich über die Nadel von Dir gefreut habe; ich werde sie immer tragen als Talisman, Deiner dabei gedenkend.

Nun werden meine Briefe auch bald vernünftiger werden, wenn ich mich nur noch etwas erholt und besonnen habe. Natur und Einsamkeit sind das beste Heilmittel, und da meine Verwandten nur aus 3 Menschen bestehen, werde ich schon viel allein sein und die Natur zeichnend doppelt genießen. Diesen Sommer werde ich mich mit rasantem Fleiß daran machen, ich habe es bis jetzt noch viel zu dilettantisch betrieben. Wie es nun mit Noer etc. wird, läßt sich ja noch nicht absehen. Die Aussicht, gerade in den Ferien hier zu sein, ist entsetzlich.

den 22. Mai 5 ¼

Ich habe mich eben den schönsten Träumen entrissen, um Catty zu wecken, da wir noch vor der Schule zusammen gehen wollten, dabei stecke ich dann dies ein. Also noch einmal ein herzliches Lebewohl, l. E., wie soll ich es ohne Dich aushalten? Leb wohl und denke an

Deine treue Fanny

Scharstorff, den 22. 5. 90
9 ½ Abend

Lieber Emanuel —

Ich kanns doch heute abend nicht unterlassen, Dir noch Gute Nacht zu sagen. Nun sind wir ja so weit auseinander, und das Herz tut mir weh vor Sehnsucht. Dein Bild steht vor mir und ich denke an die schöne Zeit, die nun hinter uns liegt, schön, trotz allem Schweren, was sie mit sich brachte. Was Du jetzt wohl tust? Gute Nacht, ich komme um vor Müdigkeit!

den 23. 5. abends 10½

Nun ist endlich die Stunde da, auf die ich mich den ganzen Tag gefreut habe, ich sitze in vollkommener Ruhe und Sicherheit, Dein Bild sieht mich an, eine Zigarette von Dir im Munde, um die Müdigkeit zu bannen, draußen schlägt eine Nachtigall und ich fühle einen so tiefen Frieden wie lange nicht, den ich nur mit Dir teilen möchte! Es war ein so schöner Tag; ich stand um ½ 7 endlich einmal ausgeschlafen auf und lief bis ca. ½ 9 allein draußen herum; nach dem Frühstück mit Cousine und Vetter gegangen, erst über Felder, dann standen wir lange an einem mit Iris bewachsenen Teich und sahen einer Schafwäsche zu.

Es war das schönste Motiv zu einem Genrebild, das man sich denken kann, ich weidete mich wahrhaft daran. Am Ufer eine Herde von blökenden Schafen, von denen eins nach dem anderen ins Wasser geworfen wurde; quer durch den Teich ein Steg, auf dem Knechte und Knechtinnen lagen, die durchschwimmenden Tiere mit großer Vorsicht treibend, sie von Hand zu Hand weitergebend, bis sie am anderen Ufer schneeweiß herauskrabbelten und auf die Weide rannten.

Die Leute sehen alle so vergnügt und gesund aus, waren mit großem Eifer bei der Sache, im Teich quakten die Frösche —

etwas was ich besonders liebe — das Ganze hatte etwas herzerfrischend Gesundes. Ich hätte es gar zu gern gezeichnet; aber erstens wäre es mir wohl nicht erlaubt worden, mich allein dahinzupflanzen, und zweitens reicht für so etwas Schweres meine linke Hand nicht aus, so unterdrückte ich den Wunsch lieber. Dann habe ich fast den ganzen Tag draußen gezeichnet; das Terrain ist mir so ziemlich freigegeben, es ist eine wahre Seligkeit so zu leben, ein unvergleichliches Schwelgen in der Natur, wie das mir wohltut nach dem Elend, einmal so recht zufriedengelassen zu werden, das kannst Du Dir gewiß so gut denken. Ich sehne mich nur nach dem Gebrauch meiner rechten Hand, das Zeichnen links ist so viel schwerer und wird schlecht. Der heutige Ruhetag hat mich wieder ganz ins Gleichgewicht gebracht, und ich denke eine längere Zeit wird mich zu einem anderen Menschen machen, wenn ich die wahnsinnige Überreizung nur erst ganz hinter mir habe. Ich wollte nur, ich könnte es mit Dir zusammen genießen, wie wäre das herrlich! Aber es bleibt ja doch nur beim Traum! Abends machten wir noch eine Fahrt; nach dem Abendfutter wird Whist gespielt, ich habe vor, es nicht zu können und sitze faulenzend dabei. Es ist überhaupt so grundgemütlich, eine dicke alte Großmutter, eine freundliche, strahlende mittelalterliche dicke Tante, ein ganz enorm dicker Vetter (die Cossel würde ihre helle Freude haben) und eine sehr hübsche Cousine, die sehr klug und leistungsfähig ist. Alle sind im höchsten Grad freundlich und ruhig, da soll einem schon wohl werden. So spielt die Natur, um mit Schluse zu reden; zu Hause bin ich das schwarze Schaf in des Worts verwegenster Bedeutung und anderswo werde ich immer verzogen! Doch für heute muß ich Dir Lebewohl sagen und mich in ein furchtbar schwabbeliges Federbett legen. Morgen hoffe ich auf etwas von Dir; die letzte Nacht habe ich den tollsten Blödsinn von Dir geträumt. Heute vor 8 Tagen war unser Abendgang durch die Straßen und vor 14 Tagen mit Else.

den 24. 5. abends 9 ½

Mein lieber Emanuel,

ich danke Dir so von ganzem Herzen für Deinen Brief, den ich heute mittag erhielt und nach dem mich schon sehr verlangt hatte; allerdings war ich neulich etwas verwundert über den mir gegebenen Bogen, dachte mir aber natürlich ein Versehen; wie danke ich Dir, daß Du mir den andern noch geschickt hast, Deine Worte haben mich mit Seligkeit erfüllt, daß Du so für mich fühlst, macht mich so unendlich glücklich, glücklich! Wenn wir nur zusammen sein könnten. Du fragst, ob ich auch ein klein wenig Sehnsucht nach Dir hätte, es wäre schön, sich das einzureden. O, Du brauchst Dir nichts *einzureden*, ich sehne mich so namenlos nach Dir, daß jeder Gedanke sich nur *darum* dreht und immer auf Schritt und Tritt denke ich an Dich; und stürze tausendmal am Tag nach meinem Zimmer und sehe Dein Bild an; oft kommt es mir vor, als ob Du bei mir wärest und ich in Deine Augen sähe. Und dann fühle ich wieder die schmerzliche Ferne, die zwischen uns liegt, und dann wird mir so entsetzlich weh nach Dir.

Sonntagmorgen

Gestern abend konnte ich nicht weiterschreiben, ich war zu müde. Beim Zubettgehen war ich so in Gedanken versunken, daß ich nichts mehr hörte und sah, dabei fuhr ich dann mit dem Arm gegen die Lampe, Kuppel und Glas flogen in Scherben zu Boden, ich dachte nur ganz stumpf, ach das wird wohl von selbst wieder gut und schlief ein. Wer beschreibt mein Entsetzen, als ich heute morgen die Bescherung sah. Es ist höchst fatal, als Besuch etwas zu demolieren, und ich habe eine große Fertigkeit darin und ich fürchte, daß ich es mit Hohngelächter erzähle und ich müßte doch tiefbeschämt sein —. Nun komme ich von meinem Morgengange, den ich in Gesellschaft Deines Briefes und vieler zu Dir hinfliegender Gedanken gemacht habe. Mein geliebter Emanuel! wenn Du doch immer bei mir wärest, ich kann nicht mehr ohne Dich leben. Und nun sehen wir uns vielleicht ½ Jahr nicht und Ostern gehst Du ganz fort und ich bleibe vielleicht zu Hause — nachdem, was Papa mir neulich sagte, hoffe ich auf nichts mehr — und muß mein Leben in dem alten Elend fortschleppen. Aber ich werde es aushalten, wenn Du an mich denkst.

Ich glaube nicht, daß es Ludwig und Catty gelingen wird, mich zu befreien, sollte es dennoch gelingen, so werde ich den Winter doch auf jeden Fall noch zu Hause sein. Es wäre zu nett, wenn unsere Eltern sich befreundeten, aber glaubst Du, daß das für uns beide viel helfen wird?

abends

Morgen will ich dies nun fortschicken, vielleicht fahren wir
Donnerstag nach Rostock und finde ich dann Gelegenheit, unbemerkt etwas an Dich einzustecken. Ich habe mehrere Freundinnen, die eine unkontrollierte Korrespondenz haben. Wäre es
nun nicht besser, abwechselnd an diese und an den betr. Besen
zu schicken, es könnte doch auffallend sein, wenn ich am letzten
alle Woche einen dicken Brief schreibe, was meinst Du? Den
Freundinnen sage ich, es wäre für jemand anders. Ich möchte
eben nur wissen, ob es Dir in irgendeiner Weise unangenehm
sein würde?? Unbemerkt zur Poststation, die eine Stunde weit
ist, zu rennen, ist zu unsicher. Deine Briefe sind ganz sicher, aber
noch sicherer wäre es, wenn Du die Adresse jedes Mal mit etwas
anderer Hand schriebest. Morgen abend um 7 werden wir beide
an die Marienkirche denken; ich denke so oft, so oft daran und
an das, was Du mir davon schreibst. — Was Natalie den Nachmittag gedacht hat, möchte ich auch wissen, ich saß nur da und
starrte vor mich hin und redete verwirrt, ebenso am Abend zu
Hause.

Lieber Emanuel, ich muß nun wohl allmählich schließen, wie
langsam wird die Zeit dahinschleichen, bis ich wieder ein Schreiben von Dir erhalte, und trotz aller äußeren Ruhe, Stille und
Gemütlichkeit ist die Summe meiner Gedanken und Gefühle
doch immer die Sehnsucht nach Dir.

Schreibe mir doch alles, was Du tust und denkst. Wie sollte es
mich »ermüden« — ich nehme ja doch an allem, was Dich betrifft den wärmsten Anteil, bitte unterschlage keine Briefe wieder; dann fange ich auch an, es zu tun. — Was Du einmal an
mich geschrieben hast, das will ich auch haben. Du siehst, daß
ich sehr begehrlich bin, aber Du weißt ja auch, weshalb ich es bin
und wirst mir nicht böse sein.

Leb denn wohl, mein Lieber, Teurer.

In Treue Deine Fanny

Scharstorff, den 27. 5.

Mein lieber E.

Heute abend machten wir einen unvergleichlich schönen Waldgang; ich lag im Gras und träumte, während die anderen sich

unterhielten, wie ich nach der Uhr sah, war es gerade 7. Da stieg der vorige Montagabend vor mir auf, ich schloß die Augen, und wir beide standen im Regen an der Kirchentür und dann sah ich Dich so eilig fortgehen — es kam mir vor, als ob ich es noch einmal erlebte und als ob ich weit fortstürzen möchte in die Einsamkeit mit allem Sehnen und Denken. Ich möchte Dich noch einmal sehen, Dir noch einmal Lebewohl sagen und dann mein verfehltes, zerrissenes Leben von mir werfen. Ich fühle mich so verloren, so heimatlos, nirgends bin ich zu Hause, nirgends! am wenigstens in meinem Elternhaus. Kaum ein halbes Jahr kann ich mit meinen Eltern leben und gehe dann hin und her bei lauter lieben guten Menschen, die mich gern haben und wo ich gern bin, aber doch immer unstet und flüchtig, es ist wie ein Fluch, der auf mir liegt, ich fühle immer ein unbegreifliches Etwas, was mich hindert zu leben, was mich überall verfolgt. Es ist, als ob das Leben an mir vorüberginge und ich kann es nicht erfassen, nicht leben, liegt das an mir? Und dann bin ich wieder so unsinnig lebenslustig, daß ich mich gar nicht zu lassen weiß, und ich sehne mich hinaus ins Freie, ins Leben, um alles zu lernen und wirklich einmal zu leben. —

Aber es ist nun einmal mein Los, fünftes Rad am Wagen zu sein, und das ist dann ja auch ein Beruf, der eine Lebenskraft erfordert, nicht wahr?

Emanuel, verzeih daß ich Dich mit solchen Ergießungen überhäufe, siehst Du, es ärgert mich selbst, daß ich mich so darin gehen lasse, und anstatt das Zeug zu vernichten, schicke ich es Dir immer, weil Du die einzige Seele bist, der ich so etwas sagen kann.

Habe Geduld mit mir, Du alleine! sie habens ja alle nicht, weil ich nicht so bin und nicht so sein kann, wie sie mich haben wollen. Vielleicht, wenn Du mich so ganz, ganz genau in allen Fehlern und Schwächen und Schlechtigkeiten kenntest, würdest Du auch so wie sie denken. Das ist ein furchtbarer Gedanke. Nein, das kann doch nie sein.

Lebe wohl, für heute.

Scharstorff, den 28. Mai, morgens 3 ½ Uhr

Mein lieber Emanuel.

Ich schreibe Dir in einer eigenartigen Situation, eben nach einer durchtanzten Nacht im Ballkleid und beim Tageslicht. Du liegst nun und schläfst. Wir fuhren im offenen Wagen und im aufgehenden Morgenrot ¾ Stunden zurück, und nun kommt mir alles ganz komisch vor, an zu Bett gehen denke ich selbstverständlich nicht. Wie ich mich amüsiert habe? O, ich bin ganz lustig gewesen und habe viel gelacht und ganz unsinnig viel getanzt, aber — was früher vielleicht nicht der Fall gewesen wäre — das Ganze ließ mich ganz kühl; ich habe immer an Dich gedacht, und da waren mir all die Menschen so gänzlich gleichgültig — Deine Nadel trug ich so, daß ich sie immer sehen konnte, es macht mir so viel Freude, *Deine* Gabe stets bei mir zu tragen — so oft ich sie ansehe, steigt Dein Bild vor mir auf und mitten im Rausch des Tanzens und in den Klauen der Leutnants sah ich Dich immer vor mir, und es war mir nicht möglich, mich zu amüsieren, was mir nebenbeigesagt ein fatales Wort ist — obgleich die anderen ohne Zweifel gedacht haben, daß ich das in vollem Maße täte. Wehmütig dachte ich an den 10. April, wo wir zusammen tanzten und wo wir unsere Korrespondenz verabredeten, der Abend war so schön und von da an war alles so schön —.

Wenn Du mich jetzt sähest, würdest Du wohl einen gelinden Schrecken bekommen, verstört, überwacht, stumpfsinnig und dabei noch mit Blumen im Haar, ich habe mich vorhin an meinem Spiegelbild wahrhaft gefreut.

30. 5. 90

Heute fahren wir nach der Station, da will ich sehen dies einzustecken. Wie ich mich auf Deinen nächsten Brief, den ich hoffentlich morgen oder übermorgen erhalte, freue! Nun sind wir schon 8 Tage getrennt, es kommt mir schon eine Ewigkeit vor; wie soll das auf die Länge werden. Ich wollte neulich eigentlich die Knallbonbon-Zettel für Dich sammeln, aber sie waren zu blödsinnig. Ich habe zum allgemeinen Entsetzen meine Bouquets da liegengelassen, anstatt sie mitzunehmen und zu trocknen.

Ich bin jetzt selig meine rechte Hand wieder zu brauchen, steif ist das Gelenk allerdings noch. Ich nehme mir immer vor besser zu schreiben und Dir überhaupt manierliche Briefe zu schicken; aber es ist mir wirklich unmöglich und ich kann nur geloben, mich dazu zu bemühen. Mein Vetter geht morgen weg; er ist sehr nett, gemütlich und von einer Dicke, die sich gar nicht beschreiben läßt.

— Ich habe mich mit einem alten, tauben Inspektor angefreundet, den ich morgens draußen treffe, und überhaupt schon große landwirtschaftliche Kenntnisse erworben. Wenn man doch immer auf dem Lande leben könnte; die Ruhe ist zu schön und es tut wohl, einmal wieder mit den Leuten plattdeutsch sprechen zu können. Von einer Freundin in Ostpreußen habe ich mir 20 Freimarken gepumpt, weil ich absolut ausgebrannt war und schon befürchtete, Dir nicht einmal jede Woche schreiben zu können.

Du gehst gewiß oft mit Catty und wohl auch mit Else zu ihm? Oder muß C. immer noch mit dem Greis gehen? Letzterer hat mich am letzten Morgen ganz rasend verdonnert, was soll nun daraus werden, ich kann Dir meine Gefühle, im Gedenken zu den jungen Leuten zurückzukehren, gar nicht schildern. M. schreibt mir, sie hätten mich früher immer für sehr wahr gehalten und ich weiß genau, daß das nicht der Fall ist. —

Wie findest Du Ibsens Gedichte?

Doch nun muß ich schließen, schreibe Dir Anfang der Woche wieder, lebe wohl, lieber Emanuel.

Immer Deine Fanny

Scharstorff, 30. 5. 90 abends

Mein lieber, lieber Emanuel.

Meinen allerherzlichsten Dank für Deinen lieben, langen Brief. Ach, ich habe mich so gefreut, ihn tausendmal gelesen!

Ich hatte die letzte Nacht so besonders lebhaft von Dir geträumt und auch, daß ich einen Brief von Dir erhielte. Als mir derselbe nun um Mittag überreicht wurde, wurde es mir wahrhaft schwer, meine freudige Gemütsbewegung zu unterdrücken; aber es gelang doch, ich steckte denselben in die Tasche und suchte bald darauf unter einem nichtigen Vorwand das Weite oder vielmehr mein Zimmer auf, wo ich dann ungestört im Lesen und immer wieder Lesen Deiner Worte schwelgte. Es tat mir auch not, ich habe mich so nach Dir gesehnt.

Ich entbehre Dich so, wie ich es nicht mit Worten sagen kann und wie soll ich es Dir dann sagen? Ach, Du weißt es ja, Du mußt es ja wissen und fühlen, daß meine Gedanken, meine ganze Seele immer bei Dir sind.

Und ist nicht im Grunde die Sehnsucht ein so schönes Gefühl, wenn man weiß, daß man einander in Liebe gedenkt, ist das nicht fast, als ob man zusammen lebte?

Siehst Du, wenn wir es so halten, wie Du mir schreibst – daß wir kein ängstliches Geheimnis voreinander haben, dann *leben* wir ja doch so innig zusammen, dann kann ja nichts Äußerliches zwischen uns treten, auch wenn später unsere Lebenswege weit auseinander gehen, was Gott verhüten wolle. Und ich denke, wenn es so ist – und das ist es ja –, dann kann ich alles, alles ertragen, selbst das Zuhausebleiben, wenn meine Pläne scheitern, obgleich der Gedanke daran wie ein Alp auf mir liegt. Ich wollte aber doch, es wäre erst Herbst, und ich wäre wieder in Lübeck und könnte Dich wieder sehen, mit Dir reden.

Für heute Gute Nacht, Du lieber teurer Freund, schlafe süß und träume von Deiner Dich innig liebenden

Fanny

31. 5. 90

Gestern abend war ich wieder so zerstreut, daß ich statt des Nachthemdes ein Bettkissen anziehen wollte und erst nach vielen Versuchen die Unzulänglichkeit dieses Vorhabens einsah. In solchen Zerstreutheiten bringe ich wirklich Unglaubliches zustande, es ist ein sehr lästiger und schwer zu heilender Fehler.

Die »Frau vom Meer« kenne ich, besitze sie sogar. Ich habe Catty meine Ibsens zurückgelassen, wenn Du sie Dir noch nicht angeschafft hast, kannst Du sie Dir ja von ihm holen, ebenso »Fest auf Solhang«, »Bund der Jugend«, »Wildente«.

Sehr warm gemacht hat mich die »Frau vom Meer« gerade nicht, vielleicht habe ich es nicht ganz verstanden. Ich finde der Konflikt ist etwas herbeigesucht und unnatürlich. Die grauenvolle Angst, die Elida vor den Augen des ihr doch ziemlich fremden Mannes hat oder vielmehr, daß diese Angst ihr ganzes Leben durchdringt, das ist doch unnatürlich, da sie ihn nicht liebt oder liebt sie ihn? Das verstehe ich nicht ganz. Die Lösung dagegen ist schön und wahr, daß sie durch die Freiheit des Handelns, die ihr Mann ihr gibt, selbständig wird und sittlich handelt. Darin liegt doch unendliche Wahrheit und man fühlt sich tief von derselben berührt. Ich glaube auch fest, daß man eher durch Freiheit wie durch moralischen Zwang — unter welchem fast alle Frauen und Mädchen sich unterjochen lassen — zur wahren Sittlichkeit gelangt, wenn auch diese verschrobenen lächerlichen Sittengesetze dabei flöten gehen. Die meisten fragen ja überhaupt nicht, warum das und das gut sein soll, sondern sind aus lauter Stumpfsinn gut. Elida wird ja erst durch die Befreiung und die daraus hervorgehende Handlung zu einem lebensfähigen Charakter.

Ich finde Wangel etwas reichlich schlapp und nichtssagend, das Ganze überhaupt etwas unklar und verschwommen. Aber wie gesagt, ich glaube, ich habe es noch nicht ganz verstanden, habe es auch noch nicht eingehender studiert, was zur Verdauung eines Ibsenschen Werkes doch durchaus nötig ist.

Bei Catty fand ich vor einiger Zeit den neuen Tannhäuser, las ihn, während er in der Schule war; er hatte mir nämlich vorher gesagt, er habe ein Buch von jemand, das er nicht zeigen dürfe und auch nicht sagen, wer es sei.

Findest Du es sehr schlecht und indiskret von mir? Sage nur ruhig ja! Später fragte ich ihn einmal, ob er den neuen Tannhäuser kenne und wie er ihn fände! Worauf er sehr erstaunt war und sagte, ja, er hätte ihn auch gerade gelesen und von Dir bekommen und fände ihn sehr schön. —

Findest Du ihn auch so schön; ich kann es eigentlich nicht behaupten, einiges ja, aber das Ganze ist zu flau und weich. Der einzige Grundgedanke, sich in sinnlichem Lebensgenuß zu verlieren, ist doch etwas stumpf. Vieles freilich ist schön und alles poetisch.

[Scharstorff] 2. 6. 90, 12 Uhr

Mein lieber Emanuel!

Als ich gestern abend heraufkam, war der Blick aus meinem Fenster so bezaubernd schön, auch der Mond und die dunklen

Tannen, daß ich es mit stammelndem Bleistift versuchte, denselben für Dich aufs Papier zu bannen — Du mußt es aber nur von ganz weit weg und mit Nachsicht betrachten. —

Ich hätte die ganze Nacht so am Fenster stehen können, es war zu himmlisch, ich genieße jetzt alles Schöne doppelt, indem ich mir ausmale, wie wir es zusammen sehen und fühlen würden; ein für mich früher nie gekanntes und nie geahntes Gefühl!

Nun freue ich mich von Herzen, daß ich früher immer so für mich allein hingelebt habe, alle innersten Gedanken und Gefühle für mich behalten, nun kann ich Dir ja alles um so voller und gänzlicher geben und vertrauen, brauche nicht mehr nach fühlenden Seelen zu suchen. Hätten wir uns die letzten 3 Jahre schon gekannt, so hätte ich dieselben wohl nicht so zerfahren und unglücklich erlebt. — Aber das sind einmal wieder törichte Gedanken.

Oft kommt es mir vor, als ob wir uns kennen müßten, als ob wir uns schon früher gesehen hätten. Du erinnerst mich oft an meinen vor 12 Jahren verstorbenen Bruder, ich weiß nicht wodurch und wie es kommt; aber ich muß immer daran denken. Ich war damals erst sieben Jahre, aber ich erinnere mich seiner noch so deutlich, besonders an seinen Todestag, wie wir Kleinen hinaufgeführt wurden in sein Zimmer, wo er tot mit gefalteten Händen lag, diese Scene hat sich mir unauslöschlich eingegraben. Er war gegen uns Geschwister so rührend gut, besonders mit mir so liebevoll, wie es später niemand wieder gewesen ist, was ich damals und später immer wieder empfunden habe.

Wenn Du das Ibsensche Gedicht liest: »Sie saß schon frühe im Lebensmai in der Galerie von ihrer Staffelei«, dann denke daran, daß mein Los vielleicht ähnlich fallen wird. Es geht wohl vielen so. Ich finde das eine so schön — ich weiß nicht recht, wie es heißt: wo er mit dem fremden Jäger, der ihn in magischer Gewalt hat, auf dem Berg ist und alles vergehen sieht, seine Braut und Mutter etc.? Das Wort »ich bin kein Arzt, ich bringe nicht Genesung«, was in einem anderen steht, müßte allen seinen Werken vorangesetzt werden, um seinen Gegnern den Mund zu stopfen.

abends ½ 12

Trotzdem es schon so spät ist, kann ich mich doch nicht zu Bette finden und sitze hier wieder, hoffnungslos vom Zauber der Mondnacht umstrickt und sehe Dein Bild an. Heute hast Du nun wohl im Gesangverein gesungen! Ich sehne mich oft danach, singen zu können, habe aber keine blasse Idee davon und übe es nur aus, wenn ich außer jeder menschlichen Hörweite bin.

Eure Tour nach Timmendorf war gewiß herrlich, wenn ich doch der Dritte im Bund sein könnte! Daß Catty Dich hat, ist so gut für ihn, ich denke nur zuweilen, daß ihr euch gegenseitig in düsteren Gedanken bestärkt. Ich habe mit C. unendliches Mitgefühl und möchte alles für ihn tun; ihm wird das Leben ja so schwer, und er fühlt sich immer so grundlos unglücklich; aber mich braucht er absolut nicht und ich könnte ihm auch gar nichts helfen, nicht einmal im Falle Anna. Ich habe ihm gesagt, ob ich ihr nicht schreiben sollte und ihr eine regelmäßige Korrespondenz mit ihm vorschlagen, worauf er sehr freudig einging, und nun will ich ihr morgen schreiben, um meinen Brief an Dich zu befördern, eine weitere Einmischung als die Vermittlung dieser Korrespondenz werde ich natürlich unterlassen. —

Den so überaus anständigen Brief an meine Mutter hat mir meine Cousine diktiert; ich saß sehr verzweifelt vor einem immer leer bleibenden Bogen und wir sollten nachher ausfahren, und ich flehte sie zuletzt an, mir zu diktieren und schrieb Wort für Wort nach; mich wundert nur, daß sie's nicht gemerkt haben. Ich will nun einmal allen Ernstes versuchen, die Sache anders aufzufassen, mich nicht mehr in tatenloser Verzweiflung zu ergehen. Sollte aus meinem Fortkommen nichts werden, so werde ich es als den Weg betrachten, auf dem ich durch Selbstbeherrschung zur inneren Freiheit gelangen kann und streben, mich selbst zu erziehen und zu bilden, ich fühle mich doch so bodenlos unreif, besonders Dir gegenüber. Ich will die Unfreiheit ertragen, um frei zu werden. Werde ich es dann später auch äußerlich, so werde ich doch noch *leben* können. Aber allein kann ich es nicht, Du mußt mir helfen, aus Deiner Freundschaft wird mir die Kraft schon erwachsen. — Und doch überläuft mich immer wieder ein Schaudern, wenn ich an das ferne Zuhauseleben denke. Wie herrlich wenn mein Wunsch in Erfüllung ginge! Ich ergehe mich oft in den schönsten Luftschlössern und dann auf einmal weicht wieder alle Hoffnung. Ich glaube, bei den

»gespensterartigen Zuständen« — wie Du sagst — würden wir sehr, sehr glücklich sein, im andern Fall, wenn Du als Rechtsanwalt Dich in Lübeck niederläßt, wohl ungefähr in 10 Jahren, mich noch immer am Fenster findend, aber aufgerieben und für das Leben verloren.

Nicht wahr, ich bin sehr wehmütig — ich will Dich nicht weiter damit elenden.

Dein Gedicht mußt Du mir schicken o, bitte!, es wird mir eine große Freude sein, erstens das Gedicht selber und zweitens, daß Du es mir anvertraust.

Wie nett muß Dein Verkehr mit Deinen Cousinen sein; es wäre ideal, wenn ich mit F.'s und G.'s in Verkehr käme, dann könnten wir uns da doch einmal in Gemütlichkeit zusammenfinden. Kannst Du Deine Eltern nicht veranlassen, meine Greise einmal mit Deinen Verwandten zusammenzubringen? Dann macht es sich am Ende noch.

Daß Grethe und Fieke an uns Gefallen finden, wundert mich sehr, denn ich hatte neulich das Gefühl, als ob Grethe durch C. und mich einigermaßen angeödet sei; sie war im höchsten Grade erstaunt, daß wir über ein Pfand in brüllendes Gelächter verfielen und ich dachte, sie hätte uns für halb blödsinnig gehalten —. Ich mache auch Proselyten für Ibsen; meine Cousine ist schon in Begeisterung über »Brand« und ich habe ihr den Inhalt der meisten Stücke mitgeteilt und sie interessiert sich mächtig für Ibsen. Wir debattieren übrigens gewaltig miteinander. — Sie ist in den »Familientraditionen« aufgewachsen, ist dabei aber durchaus nicht eng, hat sehr viele Menschenkenntnis und studiert dieselben sehr eingehend und sehr klug. Aus der Tante bin ich noch nicht ganz klug geworden, aber wenigstens bin ich sehr in Gnade.

Natürlich werde ich meine »Freundinnen« nichts ahnen lassen, ich sage denselben, es wäre nicht *meine* Angelegenheit und ich wäre gebunden, nichts zu sagen, es sind auch nur zwei, bei denen es sicher geht; das dritte Mal geht es wieder durch den Besen; aber jede Woche durch letzteren ist doch zu riskant.

Die Freundinnen können ja auch unmöglich dahinterkommen, da sie von Deiner Existenz gar nichts ahnen, mögen sie sich denken, was sie wollen, das ist mir ganz einerlei.

Wirkliche Freundinnen besitze ich überhaupt gar nicht; darin bist Du doch besser dran; nun, ich entbehre sie jetzt auch nicht mehr, seit ich an Dir einen *solchen* Freund gefunden habe.

Ich komme eben todmüde herauf, und will gleich zu Bett gehen. Wir lesen jetzt den »Generalfeldoberst« von Wildenbruch, es ist sehr schön, teilweise wunderschön. Ob Du jetzt auch an mich denkst?

Der Mond sieht in mein Fenster, vielleicht blickst Du auch grade zu ihm hinauf, ach, es ist ein so süßes Gefühl, das zu denken. Lebewohl für heute, mein Emanuel.

Sonntagmorgen $\frac{1}{2}$ 9

Ich will dies lieber schon heute abschicken, weil ich nicht recht weiß, wie lange es zu dem Umweg braucht. Ich habe mich sehr verschlafen und muß gleich hinunter. Gestern und heute habe ich ein so wüstes Kopfweh, daß es mir schwer wird, durch den Tag zu kommen. Glücklicherweise gehen wir nicht zur Kirche, an die Greise muß ich auch noch schreiben, eine schwere Arbeit. Ich werde Dir bei jeder möglichen Gelegenheit extra schreiben, eine ganze Woche ist so lang.

Noch einen herzlichen Gruß, liebster Emanuel,

von Deiner Fanny.

Scharstorff, 11. 6. 90 abends

Mein herzlieber Emanuel.

Meinen innigsten Dank für Deinen lieben Brief. Seit Freitag wartete ich von Post zu Post mit Sehnsucht auf etwas von Dir, aber der Postbote gebärdete sich wie — »der Geist, der stets verneint«. Das soll nicht wie ein Vorwurf klingen, die Freude, als ich heute Deine Worte erhielt, entschädigte mich für das lange Warten. Ich dachte mir schon und versuchte mich damit zu trösten, daß Du nicht schreiben könntest, ich wußte ja, daß Du mich nicht ohne Grund warten ließest. Es tut mir so leid, daß Du Armer eine so angreifende Woche gehabt hast und Dich dann auch noch mit Aufsätzen abarbeiten mußt; ich möchte Dich so wohl wissen, wie ich es jetzt bin. Könnte ich Dich hier haben, mit Dir alles genießen und mit Dir zusammen in der herrlichen, freien Natur die Seele ausruhen lassen, da müßten wir beide gesund und glücklich werden. Anstatt dessen muß nun jeder seine Lebensschule durchmachen, aber doch nicht mehr alleine; — jedes

Deiner Worte berührte eine verwandte Saite in mir, und es beglückt mich so, was Du von unserm inneren Zusammenleben sagst. Ja, so soll es werden und wir werden uns immer mehr, immer völliger verstehen. Es ist ja schon jetzt so schön, so unendlich süß, dieses Zusammenleben mit Dir; mir ist als fühlte ich Deine Nähe den ganzen Tag, und allabendlich sehe ich noch einmal hinaus und schicke den Sternen meine Grüße an Dich; dann sehe ich Dein Bild noch einmal an und träume von Dir.

Für heute abend denn Gute Nacht, vielleicht denkst Du jetzt auch gerade an mich; unsere Gedanken müssen sich tausendmal begegnen, lebe wohl.

Donnerstag [12. 6. 90]

Auch heute abend muß ich mit Dir noch einige Worte reden, es ist mir schon ganz zur Gewohnheit geworden, jeden Tag an Dich zu schreiben. Ich fürchte nur Dich zu ermüden, indem ich immer ungefähr dasselbe schreibe. Heute nachmittag saß ich 3 Stunden lang lesend und malend ganz allein, ich weiß nicht, wie es kam, ich verlor mich ganz in traurigen und schmerzlichen Gedanken, daß mir ganz unbewußt die Tränen in die Augen kamen, ich dachte an Husum, an meine Eltern etc. und hätte in dieser Stimmung beinahe einen ganz unsinnigen Brief an meinen Vater geschrieben und ihm auseinandergesetzt, daß er mich fortgeben müßte. Schließlich ging ich in mein Zimmer und las Deinen Brief wieder durch und wurde allmählich vernünftig. Du hast ganz recht, wenn wir beide Kopfhänger sein wollen, was soll daraus werden, und wir müssen jeder für den anderen dagegen kämpfen.

Du willst mir eine Stütze sein, Du Lieber, Einziger, Du bist es ja schon, wenn ich mich bedrückt fühle wie heute und mir dann so recht klar mache, was Du mir bist, was ich in Dir habe, dann wird mir fast siegesfroh zu Mut, und die trostlose Leere, die früher mein Leben füllte, schwindet immer mehr und mehr. Ich habe heute nachmittag tief darüber nachgedacht, wie ich Dir denn etwas sein könnte. Ich fühle mich so arm, so leer, was kann ich Dir geben? Sage es mir! Ich will nun auch mit festem Willen daran gehen so zu werden, daß ich Dir auch etwas sein kann. Du sagst mehr Selbstbefriedigung und weniger melancholische Gedanken. Erstere fehlt mir gänzlich — mein Selbst ist so elend und schwach, daß ich es eher verachten könnte, und letztere sind so lange mein tägliches Brot gewesen, daß es mir immer schwerer wird, sie abzuschütteln.

Aber nun, nun ist ja alles anders, nun liegt das Leben so neu und schön vor mir, darf ich sagen für *uns?!* Und ich sage mir immer wieder, es wird schon alles gut werden.

13. 6. abends

Todmüde und ziemlich angeödet komme ich eben herauf. Meine Cousine und ich waren zu einer Geburtstagsfeier auf einem Nachbargut, wo ein Haufen »netter« junger Mädchen war. Beim Tischgebet fiel ich beinahe aus der Rolle, dasselbe wurde von Mutter und 2 Töchtern in schauerlichem Chor hergemurmelt, aber ich brachte es fertig, nur zu lächeln.

Die ganze Sache war bös langweilig, sie waren alle so schrecklich manierlich und nett; ich hielt mich auf materiellem Wege schadlos, was mir aber durch ein zu eng gewordenes Kleid erschwert war. — Dabei will ich's heute bewenden lassen, ich freue mich nun sehr auf den versprochenen ausführlichen Brief von Dir. — Gute Nacht.

Dienstag, 17. 6. 90

Mein lieber, teurer Emanuel.

Ich habe mir vorgenommen, erst Deinen Brief abzuwarten, ehe ich wieder einen an Dich anfing, aber ich bin ganz dumm vor Sehnsucht nach einem Wort von Dir. Nun ist heute Besuch da, und ich habe mich glücklich weggeschlichen. Trotz aller Freiheit, Ruhe usw. ist mir doch oft so weh zu Mut und meine Gedanken beschäftigen sich immer mit der Trennung von Dir. Ich sollte es Dir vielleicht nicht immer so sagen, mich nicht so gehen lassen; aber nun ich zum ersten Mal eine Seele gefunden habe in Dir, die mich versteht, der ich vertrauen darf, warum sollte ich da Enthaltsamkeit üben?

Mittwoch, 18. 6. 90

Gestern wurde ich unterbrochen und will heute nun meine Klagelieder Jeremiä fortsetzen, daß ich immer noch keinen Brief von Dir habe. Es ist schon spät abends, weder Mond noch Sterne, nur der Regen schlägt ans Fenster. Ich hatte heute einen sehr langen Brief von Agnes, die im Schwarzwald bei einer Freundin sich erholt. Wir schreiben uns sehr selten, aber dann auch sehr eingehend, stimmen im allgemeinen nicht sehr überein; aber besonders schriftlich finden wir uns doch in manchem. Sie scheint über Ludwig auch orientiert und ist ganz außer sich darüber; d. h. darüber, wie er behandelt wird und sagt, sie glaubte überhaupt, daß Mama gemütskrank sei. Ludwig und Agnes haben mir das schon öfters gesagt, es wäre eine pathologische Erscheinung. Ein schöner Trost!

den 21. [6. 90]

Ich sitze bei starkem Wind draußen, es ist sehr schön, nur der Umstand störend, daß mir jeden Augenblick sämtliche Papiere wegflattern. Nun will ich Dir einige »Schritte« mitteilen, die ich getan habe.

Erstens habe ich an meinen Vater geschrieben, ihn gebeten, mich in ein Seminar zu schicken, alle Gründe auseinander gelegt, und geschworen, dabei ordentlich und vernünftig zu sein und mich zu bessern, wenn ich fortkäme. Ohne gegen Ludwig indiskret zu sein, kann ich Dir doch wohl erklären, daß die Pecunia in unserer Familie nächstes Jahr wahrscheinlich sehr verbessert wird. Der zweite Schritt wird Dich vielleicht etwas erstaunen, ich habe den Plan gefaßt, mir durch Übersetzen aus dem Englischen und Französischen für Verleger oder solche Leute Geld zu verdienen, dessen ich sehr benötigt bin, und habe Anne Petersen gebeten für mich so etwas zu beschaffen. Vielleicht kannst Du mir auch einen Rat geben, wie man das macht. Ich muß meinen Tatendurst mal etwas austoben und mich durch wirkliche Arbeit etwas sammeln. Findest Du es nicht ganz vernünftig? Dann werden meine in Altenburg gesammelten Kenntnisse mir doch vielleicht noch mal zustatten kommen.

Wie hinreißend ist der Timmendorfer Plan!! Wenn es nur geht, mir ist sehr bang dabei! Du glaubst gar nicht, wie schwierig die jungen Leute sind! Mit der Zeit könnte es stimmen. Meine Tante schrieb mir, sie käme Mitte Juli nach Preetz oder etwas später; so lange bleibe ich hier, vielleicht holt sie mich ab. Ein paar Tage soll ich doch jedenfalls in Lübeck sein, wie M. mir schrieb. Nun ginge es ja brillant, wenn ich auf dem Wege nach Preetz absteche. Wie reizend freundlich von Deiner Mutter, daß sie die Absicht hat, mich einzuladen, es wäre unvergleichlich schön, *wenn* etwas daraus würde. Zu schön!

Was Catty anbetrifft: es geht mir ganz wie Dir, es tut mir oft weh, ihn zu hintergehen, ich finde, wir tun ihm gewissermaßen Unrecht; kurz ich möchte ihn sehr gerne einweihen, bin auch überzeugt, daß er sich einerseits freuen würde, aber es geht doch noch nicht. Es würde sein sehr zartes Gewissen M. gegenüber beschweren, Du weißt, er wird mir zum Wächter bestellt und ich glaube, wenn wir, Du und ich und er, an einem Orte sind, würden doch zuweilen Störungen eintreten, er würde eifersüchtig sein — ich kenne das bei ihm — und er würde M.'s halber nicht zwischen uns vermitteln wollen. Seid ihr dagegen in München oder wir alle drei in verschiedenen Orten, so könnte es reizend sein. Laß uns ihm Ostern alles sagen. Findest Du meine Bedenken unzulänglich, so bin ich auch mit Freuden bereit, es jetzt zu tun. Aber glaubst Du, daß er unseren heimlichen Verkehr »erlauben« würde? Ich habe nämlich einmal bei ihm so etwas vorgefühlt und sagte nur so beiläufig »Gesetzt den Fall, daß ich mit einem Freunde von dir korrespondieren wollte, würdest Du es vermitteln oder überhaupt darum wissen wollen«, worauf er antwortete »Solange wie Mama lebt nicht!«

Nun will ich mich aber noch rechtfertigen wegen meines Nichtschreibens, es ist wirklich Deine Schuld, denn das vorige Mal sagtest Du mir, wenn Dein Aufsatz fertig sei, schriebest Du mehr und da ich verstand, daß Du denselben zum Dienstag abliefern solltest, schloß ich, Du würdest noch in dieser Woche schreiben und zögerte deshalb bis zum Montag. Nun tut es mir entsetzlich leid, aus Deinem Brief zu ersehen, daß Du Dich nach meinem gesehnt hast. Das gegenseitige Warten ist fast komisch — verzeih es mir, es war nur der erwähnte Grund — ich schreibe Dir ja am liebsten jeden Tag — will nun diesen dem Postboten in die Hand spielen. Sei mir nicht böse, wenn er mal nicht ganz genau ankommt, es ist so schwer, zu berechnen, wenn man ihn erst anderswo hinschickt, und ich treffe den Postboten nicht immer allein an, will ihn dann immer am Montag von hier schicken. Dann muß er ungefähr am Mittwoch ankommen. Stecke Du Deinen wohlmöglich am Sonnabendmorgen ein, damit ich ihn sicher am Sonntag habe und beantworten kann.

Nun ist es ¹/₂ 12 und ich bin zu müde um weiter zu schreiben; heute morgen waren wir in der Kirche, wo ich unglücklicherweise anfing zu lachen, weil der Pastor so entsetzlich komisch sprach, fortwährend von Schafen, daß dieselben so leichtgläubig seien, was man auf dem Lande oft genug beobachten könnte etc. und dann über folgenden Gesangsvers: »Du angenehmes Himmelsbrot — Du wolltest mir verleihen — daß ich in meiner Seelennot — mög kindlich zu Dir schreien. Dein Glaubensrock bedecke mich — auf daß ich möge würdiglich an Deiner Tafel sitzen.« — Ist das nicht überwältigend? Gute Nacht für heute, ich gehe sehr frohgestimmt zur Ruhe.

F.

Daß Catty mit dem Greis so schlecht steht, tut mir so leid, das Nichtzusammenrennen ist ein sehr schlimmes Zeichen. C. schrieb mir neulich, er wolle in die Marine und der Greis wolle ihn des Studierjahres berauben. Das wäre schmählich, ich glaube, daß die Marine das letzte ist, was für C. paßt. Wenn es so weitergeht mit dem Krachen in unserer Familie, wird es ja hübsch werden.

Heute morgen bin ich ziemlich früh aufgestanden, um noch an Dich fertigzuschreiben.

8 Tage sind doch eine entsetzlich lange Wartezeit, von Preetz aus schreibe ich Dir gewiß auch öfter. Wenn Du einmal keine Zeit zum Schreiben hast, so laß mich wenigstens ein oder zwei Zeilen kriegen; ich weiß ja auch so, daß Du immer an mich denkst, aber 10 Tage ohne ein Zeichen von Dir ist geradezu aufreibend; nächsten Montag schreibe ich Dir also noch nach Lübeck, dann noch einmal nach Retzin und dann muß es von meiner Seite stoppen, wenn Du nicht am Ende der Ferien eine erschreckende Ansammlung in der Post vorfinden willst.

Euer Geschichtsverein scheint ja sehr ausgiebig zu sein, lernt man eigentlich irgend etwas dabei?

Ich lese jetzt sehr viel durcheinander, Turgenjew, Jean Paul, Carmen Sylva¹ etc. und habe meine Cousine einigermaßen für Ibsen gewonnen, sie ist nur leider zu fromm. Überhaupt sind die Leute, die ich hier kenne, furchtbar orthodox.

---

¹ Carmen Sylva (1843—1916) — Pseudonym der Königin Elisabeth von Rumänien, Gemahlin König Ferdinand I. von R., schrieb Romane und Lyrik.

Interessante Bekanntschaften habe ich noch nicht gemacht, nur erschreckend wohlerzogene junge Mädchen, die ich mit Vorliebe durch Lästerreden entsetze, und strebsame junge Landwirte.

Nun lebe wohl für heute mein lieber Emanuel, mit tausend Grüßen

Deine treue Fanny.

Was Deine Dichtungen betrifft, fühle ich mich versucht zu glauben, daß Du viel zu wenig Selbstvertrauen hast, sie sind gewiß nicht so schlecht. Nach den zweien, die ich von Dir habe zu urteilen, würde ich denken, daß Du eine nicht gewöhnliche Begabung besäßest.

Sonntag, 22. 6. 90

Lieber Emanuel.

Innigsten Dank für Deinen Brief, den ich heißhungrig ersehnte. Ich bekam ihn eben vor Tisch und war kaum mit demselben in meiner Stube angelangt als es klingelte und ich hinunterstürzen mußte. Als ich mich nachher frei machen konnte, hatte ich eine herrliche Stunde in den schwankenden Zweigen eines Baumes, um mich wonnige Nachmittagsstille und mit Dir, Deinen Worten. Ich verträumte mich in einem seligen Kindersommersonntagnachmittagsgefühl und bin nur eben hereingekommen, habe nur einen Augenblick Zeit, ehe wir für den Nachmittag ausfahren. Ich bin so innerlich glücklich, ich sonne mich in unserer Freundschaft und mir scheint das Leben jetzt so schön vor mir zu liegen, wie ich es mir nie geträumt hatte. Nun bin ich von dem Alpdruck der stumpfen aussichtslosen Verzweiflung befreit, der mich besonders im letzten Jahr fast erdrückte und das alles verdanke ich Dir, mein Freund.

abends ½ 11 Uhr

Eben zurückgekehrt, wir verbrachten den Nachmittag auf einem Nachbargut, viele Menschen, viel geredet und gelacht, aber meine Gedanken waren nicht bei der Sache, sondern bei Dir und meine Augen erfreuten sich an der herrlichen Natur, Wald und See mit Schilf und Wasserrosen.

Mein lieber Emanuel.

Ich fange heute wieder einen Brief an Dich an, um Dir tausendmal für Deine Markensendung zu danken. Daß Du mir trotz
Deiner eigenen schlimmen Lage aushilfst, danke ich Dir, Du hast
mich wirklich aus großer Bedrängnis gerettet. Aber es tut mir
sehr leid, daß Du Dich auch in so »zerrütteten« Verhältnissen
befindest. Befand sich in dem verlorenen Portemonnaie auch der
Schlusesche[1] Pumpfonds? Solches Pech ist doch zu ärgerlich.

Auch für Deine Zeilen meinen herzlichsten Dank, Du lieber
Freund, ich habe mich so gefreut, einige Worte von Dir zu haben.
Das Schreiben ist ja für den persönlichen Verkehr ein schwacher
Ersatz und ist doch eine solche Wonne, auch so verkehren zu
können. Ich denke jetzt nur noch an unser mögliches Wiedersehen, wie schön, wie herrlich wäre es, wenn wir uns einmal in
Ruhe, ohne Angst vor der Mutter sehen könnten. Kannst Du
für Catty nicht irgendeine Flamme auftreiben, damit er beschäftigt ist. Wenn nur meine Greise nicht mit ihrer entsetzlichen
Schwierigkeit dazwischen kämen. Von der Cossel las ich mit
Hohngelächter; es waltet doch ein rächendes, vergeltendes Schicksal über uns. Wie geht es Gutschows? Unser roher Eindruck ist
doch hoffentlich nicht weiter bekannt geworden? Für heute will
ich schließen, da es schon 11 ist.

Donnerstag, 26. 6. 90, 8 Uhr

Den heutigen Nachmittag habe ich in wonniger Einsamkeit bei
schwülem Wetter im Heu liegend, malend und schwärmend zugebracht. Die andern fuhren nämlich um 2 fort auf Besorgungen,
wollten eigentlich erst um 10 zurückkommen. Ich hatte es mir so
schön gedacht, den ganzen Abend an Dich zu verschreiben und
wollte mich gerade daransetzen, als sie eben zurückkehrten mit
einem früheren Zug. Nun wird es wohl nicht mehr viel werden.
— Da rief man mich herunter und ich bin nun eben zum Zubettgehen heraufgestiegen. Meine körperliche Verfassung ist heute

---

[1] Familie Schluse ist wahrscheinlich identisch mit der Familie Schorer,
denn die Adreßbücher der Stadt Lübeck aus den in Betracht kommenden Jahren 1889—1893 weisen den Namen Schluse nicht auf, wohl aber
ist der Name Schorer verzeichnet.

eine traurige, mir tun alle Rippen weh und ich kann die Arme kaum bewegen. Ich brachte gestern abend einen ganz erschreckenden Hunger mit nach Hause, vertilgte unter warnenden Zurufen eine ganze Schüssel mit Kartoffeln, einen halben Hammel und eine große Bütte saurer Milch; nach dieser Leistung wollte ich noch renommieren und versuchte in einen Kirschbaum zu steigen. Nach einigen krampfhaften Versuchen hing ich in einer Gabel, unter jedem Arm einen stürzenden Ast, aber jeden Schwunges und des Atmens unfähig; baumelte so als boa constrictor ca. 5 Minuten, bis ich halb erstickt wieder herunterrutschte, noch obendrein allgemein verhöhnt, und bin nun heute infolge der Verdrehung total steif. Das kommt davon. Du hast übrigens recht, ich bin jetzt viel lebensfroher, ich habe mich gründlich ausgeruht und fühle mich dem Leben wieder gewachsen. Möchte es Dir auch so gehen, ich wollte, Du fühltest Dich so wohl wie ich selbst. Ich entfalte jetzt einen fast streberhaften Fleiß, bis 12 male oder zeichne ich draußen, versuche mich jetzt im Aquarell. Nach Tisch lese ich und dann bis 8 wieder draußen gemalt. Am liebsten sitze ich allein dabei — was auch meist der Fall ist — um mich so ganz ungestört in die Natur und meine Gedanken zu versenken, da kann man sich das Leben doch wenigstens schön träumen, wenn sich's auch nicht schön leben läßt. Doch ich schreibe heute abend nur Unsinn und tue wohl besser aufzuhören und zu schlafen.

Gute Nacht.

Freitag

Heute noch ein paar Worte, die Zeit will mir nicht genug rennen und ich lechze nach Deinem Brief, meiner wird diesmal entsetzlich lang. Heute war ein ziemliches Gewitter; Angst habe ich durchaus nicht davor, aber ich male mir immer die Möglichkeit aus, vom Blitz erschlagen zu werden und es wäre mir doch ein schrecklicher Gedanke, ohne Abschied von Dir zu sterben —

Sonntag, 29. 6. 90, Mittag

Mein Emanuel!

Schon gestern mittag erhielt ich Deinen lieben langen Brief, für den ich Dir innig danke. Vielleicht befremdet es Dich, daß ich erst heute anfange, denselben zu beantworten, aber dazu muß ich vollkommene innere und äußere Ruhe haben, am Tage kam es nicht so weit, und am Abend war ich zu müde. Und doch habe ich seit 24 Stunden an nichts gedacht wie an Dich und Deinen Brief. Ich danke Dir mein Freund für Deinen Traum —. Nicht wahr, wir wollen denselben wahr machen und wenn wir uns wiedersehen, uns alles, alles sagen.

Mir ist heute der Auftrag geworden, aufzupassen, daß keine Knechte oder Mädchen die Kirschbäume berauben, so halte ich denn von Zeit zu Zeit eine Rundschau und habe noch niemand ertappt, ich mache täglich einige Kletterexperimente in die genannten Bäume und habe kaum einen Fleck an mir, der nicht blau oder geschunden wäre.

Daß Catty nach Wulfshagen geht, ist mir einigermaßen knickend, da ich ihn gar zu gern hier gehabt hätte.

Das Wetter ist für's Zeichnen sehr unvorteilhaft, da es alle 5 Minuten regnet, ich lasse mich aber nicht dadurch stören, zwei Hände reichen kaum aus, um Regenschirm, Zeichenbuch, Malkasten und Wasserglas zu halten, außerdem zu malen und die Mücken zu ermorden, die eine grausame Plage bilden. Unglücklicherweise hat sich ein greiser Inspektor für mich und meine Kunst begeistert, steht bewundernd daneben, was mir manchen Seufzer entlockt.

Neulich abend habe ich bis 12 den Mondschein zu malen versucht, aber es wurde nicht berühmt und die im Fenster stehende Lampe lockte unzählige Motten und dergleichen herein, die mich fast zum Tollwerden umschwirrten.

Zuweilen male ich mir aus, wie schrecklich und doch wieder wie komisch es sein würde, wenn unsere Korrespondenz herauskäme, was für Ungewitter würden über uns hereinbrechen; ich verschließe Deine Briefe immer mit Todesangst, aber im Fall, daß einer von uns ohne des anderen Wissen krank werden könnte! Ich sehe schon meine Erben den Schreibtisch durchwühlen. Du fragtest mich, wie ich mir den Besuch des Seminars dächte? Ich bezweifle, daß sie mich in das Lübecker schicken, da Bernhard gesagt hat, es sei schlecht. Ich denke vielleicht Schleswig, da wir dort Verwandte und Bekannte haben; ich hoffe auch immer, daß der tiefgefallene Ludwig und ich mit einem verzweifelten Sturm die Malsache gewinnen. Nach Schleswig möchte ich übrigens sehr gerne. Vom alten Petersen — der ein großer Künstler im Modellieren und Aquarell ist — würde ich viel Anregung und Belehrung haben können (wie klingt das philiströs!), eventuell die Sonntage bei P.'s zubringen; ferner die Nähe von Husum!!

Meine Husumer Flucht habe ich nun ja aufgegeben — es war ein Traum — aber von eben diesem Traum habe ich gelebt seit dem Abschied von Husum. Ich denke immer, die Zeit sollte das Heimweh wenigstens abschwächen, aber es überfällt mich immer — und immer wieder. Und dann sich sagen müssen, daß das alles vorbei ist und nie wieder so werden kann. Könnte ich doch einmal mit Dir da sein, Dir alles zeigen, unser altes Schloß, den Blick vom Turm aufs weite Land und auf die See! Mit Dir an den Strand, über die Heide gehen! Und in zweiter Reihe die Menschen, von denen viele mir sehr lieb waren, vor allem Dr. Bartels und meine Flamme Frau Brunn, meine »Jugendfreunde« Fritz Hesselmann und Alfred Bleyer, von denen Catty Dir gewiß erzählt hat. Wie wäre es nett, wenn Du die alle kenntest und Dich mit mir für sie interessiertest. Ich habe angefangen meine Memoiren zu schreiben und werde sie Dir vermachen.

abends 10 ½

Gegen 7 kamen meine Verwandten zurück, nach dem Tee gelang es mir, allein in den Garten zu entkommen, und von dort auf einer Wiese, wo ich ½ Stunde im Heu lag, den herrlichsten Sonnenuntergang zu genießen, es war überirdisch schön, alles schwamm in einem Meer von Glanz, ich lag darunter und sah nur noch ins Licht und goldene Wolken über dem Wald, bis ich geblendet die Augen zumachte. Es wurde mir so friedlich einsam zu Mut, als ob das tobende Leben mit seiner Unruhe mit ferne läge und es wurde mir schwer, mich aus diesem kurzen Traum wieder loszureißen für die kalte Wirklichkeit.

Dienstag, 1. 7. 90

L. E.

Mir ist heute sehr schlecht zu Mut, der Grund wird Dich vielleicht wundern, ich hatte nämlich einen äußerst liebevollen Brief von meiner Mutter. Statt mich zu freuen, wenn M. freundlich gegen mich ist, d. h. brieflich, macht es mich immer ganz schwül.

Nun schreibt sie mir, mein Brief an meinen Vater hätte sie sehr betrübt. In Husum hätte ich mich doch immer aufs zu Hause gefreut und nun strebte ich immer fort. Sie könnte es nicht begreifen, daß ich mich zu Hause unglücklich fühlte, »sie hätten mich ja doch alle so lieb« und dergl. mehr. Früher hätte ich vielleicht heiße Tränen über diesen Brief vergossen und gute Vorsätze gefaßt, aber ich weiß nicht, es ist mir jetzt unmöglich. Es kommt mir wie eine Komödie vor, wenn ich nun einen innigen, bereuenden Brief an M. schriebe, wir uns sozusagen aussöhnten, um nachher das alte Lied wieder anzufangen, ich kann es einfach nicht. Wie tausend Mal beim Abschied oder Weihnachten oder sonstwie hat so eine Art Rührszene zwischen uns stattgefunden, aber nachher ist es immer das Alte. Und es zerreißt mich doch, daß es so ist. Es macht mich förmlich ungeduldig, wenn M. mir sagt, »sie wolle Gott für mich bitten, und Gott hätte mich an diesen Platz gestellt etc.«.

Klingt das nicht wie Ironie? Mir ist M. überhaupt völlig unverständlich. Ich möchte ihr beinahe mit einer Bibelstelle antworten: »Reizet Eure Kinder nicht zum Zorn.«

Es ist mir so erleichternd, zu Dir meine Zuflucht zu nehmen und Dir zu sagen, wie es mich verwirrt, daß immer wieder ein Schatten sich zwischen mich und das Leben stellt.

Gewiß, es wäre besser, man hätte mir einen Mühlstein um den Hals gehängt und mich ins Meer geworfen, wo es am tiefsten ist. Es fehlt mir doch an moralischer Kraft um dies zu ertragen, und mir schaudert vor dem Zeitpunkt der Rückkehr, den ich doch wieder so herbeisehne, um Dich wieder zu haben, mein einziger Freund.

Ich will heute nicht weiterschreiben, um Dich nicht zu ermüden mit immer derselben Sache, aber es ist mir doch tiefinnerstes Bedürfnis, mich Dir mitzuteilen, wenn ich mich elend fühle. Denke nicht schlecht von mir, wenn ich so über alles schreibe.

Scharstorff, 2. 7. 90

L. E.

Heute bin ich wieder allein zu Hause und natürlich selig darüber, so kann ich dann ohne Störung meine Gedanken zu Dir wandern lassen.

Ich sitze draußen, in der Ferne donnert es leise, und um mich
her ist es Sommer. Ich ergehe mich in teils rosigen, teils düsteren
Zukunftsgedanken, also entweder in 3 Wochen oder in 4—5
Monaten sehen wir uns wieder, der letztere Fall liegt mir
schwer auf der Seele; jedenfalls würde es eine Vorübung für
später sein, wo wir uns vielleicht jahrelang nicht sehen werden.
— Es wäre zu schade, wenn Du nicht nach München gingest. Es
wäre für Dich und Catty doch so nett. Wenn ihr beiden fort
seid, wird Lübeck für mich vollends zur Mördergrube — verzeih,
daß ich Deine Vaterstadt so schmähe.

3. 7. 90

Lieber Emanuel.

... Ich verabscheue das Kleeblättersuchen im allgemeinen sehr,
aber da ich heute zum ersten Mal in meinem Leben, gerade mit
Gedanken an Dich beschäftigt, eins fand, habe ich es für Dich
abgerissen; nicht wahr, wir wollen es als gutes Omen für uns
beide betrachten.

Heute kam eure *entzückende* Zuschrift. Ich weiß sie schon aus-
wendig und erbaue mich wahrhaft daran ...

Sonnabend kommt die Preetzer Tante. Ich reise, wenn nichts da-
zwischen kommt, Montag nach Lübeck, also den 14., besagte
Tante geht erst noch nach Wismar, kommt mir nach 2—3 Tagen
nach Lübeck nach und wir reisen dann zusammen nach Preetz.
Es ist *zu* schade, daß der schöne Timmendorfer Gedanke zu
Wasser geht, es wäre zu schön gewesen.

Sonntag, nachmittag 3 Uhr [6. 7. 90]

Ganz allein zu Hause, sitze ich vorm offenen Fenster von der
herrlichsten Sommerluft umspielt und genieße die Einsamkeit
doppelt, indem ich an Dich schreibe. Heute morgen machte ich
einen Versuch, die Kirche zu verschlafen, der aber mißlang,
denn sie warteten auf mich, und so fuhr ich denn in dumpfer
verschlafener Resignation mit. Von der Predigt habe ich kaum
etwas gehört, meine Gedanken wurden durch die goldenen Buch-
staben A. O. von der Kanzel auf andere Bahnen gelenkt — auf
dem Rückwege wurde beschlossen, nachmittags alle zu einem
Missionsfest zu fahren. Das ging mir aber doch über den Spaß
und mich erschütterte der Gedanke, 12 Pastoren zu sehen, 4 Reden über die lieben Heiden zu hören und mit lauter Sonntags-

menschen, Missionskaffee aus Waschkannen (wie das bei solchen Gelegenheiten geschieht) zu trinken, dermaßen, daß ich Kopfweh simulierte. Ich legte mich aufs Bett, worauf es hieß, es ist wohl besser, daß Du hier bleibst; natürlich protestierte ich mit matten Augen; ließ mich aber bewegen hier zu bleiben; habe mich nach Abfahrt des »Missionswagens« von meinem Schmerzenslager erhoben und freue mich des stillen Nachmittags. — Ich fürchte, wir müssen die Aussicht auf ein Sommer-Wiedersehen aufschieben. Sie wollen mich hier durchaus noch behalten, und nun wird es vielleicht so, daß Catty die ersten 14 Tage erst zu euch kommt, hierher geht und ich dann mit ihm zurückreise und dann nach Preetz; vielleicht bin ich dann einige Tage in Lübeck, aber das hilft ja weiter nichts, da Du dann in Timmendorf bist. Von Catty wirst Du ja alles erfahren. Dann würden wir uns bis zum Herbst nicht sehen. Es ist ein erdrückender Gedanke; aber wir wollen uns nicht durch denselben niederdrücken lassen, sondern uns durch Schreiben entschädigen, unser persönlicher Verkehr beschränkt sich ja auch in Lübeck mehr oder weniger auf den Zufall. Großes Pech wäre es, wenn Manhards ganz fortgingen — Natalie ahnt natürlich nicht, welchem Umstande sie meine häufigen Besuche verdankt. In den Ferien kann ich Dir dann wohl gar nicht schreiben? Es wird mir entsetzlich fehlen, oder soll ich fortfahren, Dir nach Lübeck zu schreiben, Du kommst vielleicht zuweilen dorthin. Wo ich bin, kannst Du ja immer von C. erfahren. —
Ich habe eben einen Roman von Carmen Sylva gelesen, »Die Feldpost«. Begeistert hat er mich nicht, aber doch recht hübsch.
Es ist eine Schwiegermutter darin, die mich lebhaft, fast unheimlich an Mama erinnert. Frühmorgens klettere ich zuweilen auf einen Baum und lese Tristan und Isolde. Bin aber noch im Anfang. Es ist ein Hochgenuß, so in den Zweigen schaukelnd die Welt zu vergessen und Luftschlösser zu bauen, außerdem habe ich eine ganz kindliche Kletterpassion.
Mit Ludwig und den Eltern scheint es ganz verkracht zu sein; Catty hat auch Wind davon gekriegt und fragte mich, was da wäre. Die Katastrophe, um die es sich handelt, erfolgt, glaube ich, gegen Ostern; dann werden sich die »Kinder wider ihre Eltern kehren und Rahel wird über ihre Kinder weinen«. —

Catty findet, ich soll mich von der Preetzer Tante adoptieren lassen; das würde aber meiner Meinung nach eine schiefe Sache werden. Verzeih, daß ich mit Bleistift fortfahre, ich habe eben, als wiedererstandener Kopfwehpatient, einen großen Fraß eingenommen und mich in den Garten gesetzt in Gesellschaft Deiner letzten Briefe, die ich immer, immer wieder durchlese. Nun ist unsere Korrespondenz 9 Wochen alt. Alle die seligen Stunden und die Minuten, die wir in diesen Wochen miteinander verlebt haben, durchlebe ich immer von neuem. Ob es wohl je wieder so schön wird, ich weiß nicht, warum ich das immer wieder denken muß. [Folgende vier Zeilen von F. R. unleserlich gemacht.]

Heute bist Du gewiß bei Deiner Mutter in Timmendorf; Dein häusliches Leben in Lübeck ist gewiß nicht so gemütlich, wenn ihr so verstreut lebt.

Ich habe nun noch eine Bitte an Dich. Meine Mittel reichen nur noch für die Absendung eines Briefes aus, kannst Du mir nicht durch einige Freimarken helfen, ich bin total ausgebrannt. — Ich denke dies Schreiben morgen abzuschicken, da Du möglicherweise auf der Post nachsiehst. Lebe denn für dies Mal wohl, mein lieber, einziger Emanuel.

Deine treue Fanny.

Sonntag, 6. 7. 90, 11 Uhr

Ich liege schon im Bett, kann es mir aber nicht versagen, noch an Dich zu schreiben, um Dir für Deinen Brief zu danken, der heute mittag in meine Hände gelangte. Nun will ich meinen schon morgen abschicken, damit Du ihn Mittwoch hast. Dann schreibst Du mir noch einmal hierher.

Es sind aber doch noch 2 schwache Möglichkeiten des Zustandekommens für uns. Du schriebst einmal, Deine Eltern wollten die meinigen einmal nach Timmendorf einladen. Könnten sie das nicht in *den* Tagen tun?

In Lübeck sprich doch jedenfalls bei uns vor, unter irgendeinem ganz nichtigen Vorwande oder nur »aus Höflichkeit«. Dann können wir uns vielleicht irgendwie verabreden — der Himmel segne unsere Verworfenheit!

Mit Retzin bedaure ich Dich lebhaft, glaube mir, mir ist diese hochgradige Aristokratie höchst unsympathisch. Die Hauptmasse meiner Verwandten, an der Spitze die alberne Formalität, die idiotischen Standesvorurteile würden es mir unmöglich machen, auf die Länge unter denselben zu leben, ohne sie energisch vor den Kopf zu stoßen.

Ist Wolfgang Gans[1] das Haupt der Familie? Bei der Adresse fehlt nur noch »von Gottes Gnaden«.

Die Tage in Lübeck tête-à-tête mit den jungen Leuten stehen mir schwer bevor.

Vielleicht ist Goos da, der wäre schon etwas Hilfe, einen Tag soll Natalie mich einladen und im schlimmsten Fall gehe ich zum Zahnarzt; an meinen Zähnen ist glücklicherweise immer etwas zu machen. — Vielleicht kann ich auch von Papa etwas erreichen, ich habe nur solche Bombenangst vor »Auseinandersetzungen«. — Nun ist es schon $1/2$ 1, ich tue wohl besser für heute aufzuhören, ich liege gräßlich unbequem, bin todmüde und sonderbarerweise sehr hungrig, was doch ganz zeitungemäß ist. Ich hoffe, Du erkennst meine krampfhaften Bemühungen, leserlich zu schreiben, an? Ich besitze übrigens eine schöne Deutung meiner Schrift, die ich mir voriges Jahr erkauft habe. Interessiert sie Dich, so schicke ich sie Dir einmal.

Montag, 7. 7. 90

Agnes schrieb mir, sie hätte »auf Umwegen« gehört, daß ich mit Cattys Freundin spazierengegangen sei???

Aber das wird wohl nur die alte Cosselgeschichte sein, und die Umwege sind wohl identisch mit Marie Mesmer, der ichs eintränken werde, wenn ich nach Lübeck komme.

Diese Woche wollen wir noch an die Ostsee nach Warnemünde, ich schmachte ordentlich danach, einmal wieder das Meer zu sehen — Agnes kommt schon Mitte Juli zurück, was mich für Catty sehr erfreut; er ist zu Hause sonst doch sehr alleine.

Für heute muß ich schließen, verzeih wenn mein diesmaliger Brief etwas confus ist, ich fürchte, Du bist es schon von mir gewohnt, ferner verzeih die große Schmiererei auf den 3 Bogen, ich hatte Dir 2 mal ganz dasselbe geschrieben und vertilgte es deshalb.

---

[1] Wolfgang Gans, edler Herr von und zu Putlitz, Freund von Karl (Catty) R. und Emanuel Fehling.

Ich werde also fortfahren, Dir Lübeck postlagernd zu schreiben; Du mir noch einmal hierher, nicht wahr? Ich hoffe sehr darauf und von da an Preetz AO postlagernd. Sollen wir es nicht so machen, daß ich meinen am Montag abschicke, Du hast ihn am Dienstag, und ich hole mir Deinen am Sonnabend. Sonntag ist die Post glaube ich geschlossen. Die Zeit, wo ich immer unbemerkt fort kann, ist morgens zwischen 7 und 9. Lebe denn wohl, mein lieber Emanuel, die Ferien werden Dir hoffentlich recht wohl tun. In Liebe

Deine F.

Nun habe ich endlich eine ruhige Stunde, allein auf einer entlegenen Gartenbank, habe mir Tinte etc. hergeschleppt. Ich weiß nicht warum, aber in den letzten Tagen wirbelten mir alle Gedanken so wirr im Kopf herum, daß mir alles in oder außer mir ganz verdreht vorkam. Nun will ich mich im Schreiben an Dich erholen. Ach, Emanuel, ich sehne mich so danach, ein einziges Mal mit Dir zusammen zu sein und alles herunterzureden, was ich auf dem Herzen habe, es ist mir, als ob ich Dir so unendlich viel zu sagen hätte.

Ich bin heute auf dem besten Wege, auf melancholische Gedanken zu kommen, und es ist zweifelsohne das beste Gegenmittel, sich in Wiedersehens-Phantasien zu ergehen. Sollte von seiten Deines Vaters oder meiner Greise etwas vereitelt werden, könntest Du dann nicht mit Catty eine Fußtour nach Preetz machen? Nun kommt meine Tante höchstwahrscheinlich am 13. hierher, bleibt ein paar Tage, ist dann 2 Tage in Wismar, welche ich in Lübeck bin, dann soll ich mit ihr nach Preetz fahren. Es müßte also schon in diesen 2 Tagen sein. Sollte meine Reise nach Preetz nun aber vor dem 20. stattfinden, könntest Du dann nicht mit Catty verabreden, daß Du ihn in Kiel oder Preetz träfest und mit nach Timmendorf nähmest.

Ich denke Tag und Nacht mit Wonne daran, ob wir uns in Timmendorf sehen.

Hoffentlich hast Du Dich nun von Deinem Unwohlsein erholt. Für mich ist Zubettliegen das größte Schrecknis. Die 4 Steppdecken und 3 fürchterlichen Getränke erregten mein Mitleid im höchsten Grade, eine harte Strafe für das Simulieren.

Wenn Dein Aufsatz nur kein schlimmes Resultat hat, ich finde es sehr vernünftig, aber reichlich gewagt. Du mußt mir gelegentlich mal sagen, worüber er war. – Ich kann mich übrigens für »Peer Gynt« nicht sehr begeistern, hast Du die »Frau vom Meer« jetzt gelesen? Ich habe jetzt eine herrliche Lektüre, nämlich Mark Twains Skizzenbuch. Das mußt Du durchaus mal lesen, es ist unvergleichlich witzig.

Dein Preisverteilungsgedicht ist sehr schwungvoll, wie bringst Du es nur überhaupt fertig, die Form zu beherrschen, das ist doch eine große Gabe.

Welchen Inhalts waren Deine eingeschickten? Kannst Du mir etwas sagen, also ob man von so einer Zeitschrift das zu Übersetzende geliefert kriegen kann oder muß man sich das selbst verschaffen. Im letzteren Fall wüßte ich mir keinen Rat, dann muß man wohl erst den Verfasser um Erlaubnis angehen, und das ist alles so entsetzlich umständlich. Anne Petersen hat mir noch nicht geantwortet. –

Der Greis hat mir auf meinen Brief sehr nett geantwortet, er dankte mir, daß ich ihm aufrichtig geschrieben: »So glaube mir, daß ich Dir sobald ich es vermag in allem förderlich sein werde, was Du in Beziehung auf Arbeit und Ausbildung wünschest. In welcher Gestalt das tunlich sein wird, kann ich unmöglich sagen, um so weniger, als meine Vermögensverhältnisse immer weniger günstig sich gestalten« etc. – Ist das nicht ein Schritt weiter? Ich hätte kaum so viel erwartet, im Gegenteil eine große Standrede.

Vorhin störte mich meine Cousine, nun ist es Abend, ich sitze im Nachtgewande vor offenem Fenster und zittere vor Kälte. Aber es ist so wunderbar schön. Der volle Mond über den dunklen rauschenden Tannen strahlt sein grünes Licht um mich her, einzelne zerrissene Wolken treiben über ihn weg, unterm Fenster Gewinde von weißen Rosen und eine Weinranke schwankt zu demselben hinein. Wie selig nach dem Wirrwarr, den auch der ruhigste Tag mit sich bringt, wenn alles sich in Nachtfrieden auflöst. Da sammeln sich meine Gedanken noch einmal zu einem letzten herzinnigen Gruß an Dich, mein Emanuel, und ich fühle es im innersten Herzen, wie Du mir über alles teuer bist.

Deine Fanny

Mein lieber Emanuel,

am Ende eines Unglückstages sitze ich in wüst bedrückter Stimmung gegen Mitternacht am Schreibtisch. Nun will ich Dir denn eins nach dem andern erzählen, eher würde ich ja doch nicht schlafen können, es wird freilich sehr weitläufig werden.

Erstens habe ich mich fürchterlich herauslügen müssen. — Ich dachte gestern lange darüber nach, wie ich den Brief an Dich sicher befördern könnte, trug ihn den ganzen Tag in der Tasche, um ihn dem Postboten zuzuschmuggeln, verfehlte denselben aber beide Male. Nachmittags sollte meine Cousine nach der Station fahren, um jemand abzuholen, ich sah, daß dem Kutscher Pakete, Briefe etc. für die Post mitgegeben wurden, gab ihm also auch meinen. Die Tante und ich fuhren noch ein Stück mit und gingen zurück. Zuletzt sagte sie noch zu meiner Cousine, stecke die Briefe ja selbst ein. Ich kriegte einen blassen Schrecken, sie sagte aber nichts, als sie zurückkam, und so dachte ich, sie hätte die Adresse nicht gelesen. Da sitze ich nun heute nachmittag in meiner Stube und fange gerade einen Brief an Dich an, als meine Cousine kam und wir uns lange unterhielten. Auf einmal fing sie mit dem Brief an: sie wolle mir doch sagen, daß sie ihn gesehen hätte (sie weiß, daß Du ein Freund von C. bist, da ich ihr erzählt habe, daß C. in den Ferien zu euch geht). Ich wurde zuerst grün vor Schrecken, faßte mich aber sofort, sagte, ich hätte es mir schon gedacht, es täte gar nichts, daß sie es gesehen hätte, ich wolle nur nicht gern, daß die Tanten so etwas sehen; es wäre nämlich nichts, was mich direkt anginge. Eine Freundin von mir, die in Lübeck hause, jetzt aber auf dem Lande wäre, hätte mir diesen Brief geschickt und mich gebeten, denselben zu adressieren und zu befördern. Ich dächte mir, es handelte sich um einen dummen Witz, oder daß ihre Eltern vielleicht streng wären etc., und da hätte ich ihr doch diesen Dienst nicht abschlagen können. Besagte Freundin wäre älter wie ich, mit Dir sehr gut Freund, ihr kenntet euch, so viel ich wüßte, sehr gut, ich dürfte ihren Namen natürlich nicht nennen etc. Ich kennte Dich übrigens nur oberflächlich und sie könnte mir glauben, daß, wenn ich mit *Freunden* korrespondieren wolle, ich das doch in erster Linie mit meinem Jugendfreunde Viktor, Fritzy etc. tun würde und es nicht einmal mit denen täte. Cattys Lübecker Freunde kannte ich fast gar nicht. —

Die Wirkung dieses niederträchtigen Lügengewebes war vollkommen befriedigend. Sie sagte, es wäre ihr eine Erleichterung das zu wissen, es hätte sie doch erstaunt, daß ich so einen dicken Brief an einen Jüngling geschrieben; sie fände an und für sich nichts daran (sie ist sehr tolerant und vernünftig), es käme aber immer heraus und könnte mißdeutet werden, sie sähe aber ein, daß ich in diesem Fall nicht anders könnte. Dann hat sie mir versprochen, keinem Menschen etwas davon zu sagen und das ist ganz sicher. Ich traue im allgemeinen den Frauen wenig Diskretion zu, aber dieser vollkommen. Diese Gefahr wäre also beseitigt, ich werde in Zukunft doppelt vorsichtig sein; glaube Du nur nicht, daß ich es nicht bin.

Nummer zwei ist leider nicht beseitigt, wird sich auch wahrscheinlich nicht beseitigen lassen.

Da bekomme ich heute nachmittag einen Brief von Catty, sehe mit Entsetzen, daß er mir einen für Mama bestimmten geschickt hat, natürlich hat er M. den an mich geschickt.

Auf der Reise nach Wulfshagen ist er in Kiel bei Graf Platen gewesen (was er in dem Brief an M. erzählt), natürlich wird er in dem an mich von Platen und der 100-Mark-Geschichte geschrieben und alles herausbekommen haben. Denke Dir, was für einen Krach das geben wird. Papa, der in Geldsachen furchtbar peinlich ist, wird außer sich sein, ihm die 100 Mark direkt schicken, M. wütend. Was soll nur daraus werden? Du kannst Dir denken, wie mir zu Mut ist. Einfach schauderhaft. Der Krach an sich ängstigt mich nicht, ich bereue es auch niemals, es getan zu haben, aber die Folgen werden für mich sehr bitter sein — für meine Pläne etc.; fast das Unangenehmste ist mir, wenn die Preetzer Tante es erfährt, da sie mit dem alten Platen sehr befreundet ist und es mir entsetzlich übelnehmen wird.

Dann will ich Dir noch eins sagen, was mich am schwersten drückt, Catty und ich haben uns damals unser Wort gegeben, daß wir niemand sagen wollten, *daß es von Graf Platen sei.*

Ich habe überhaupt noch niemand von den 100 Mark erzählt, außer meiner hiesigen Cousine, die wie gesagt sicher ist. Daß es von P. sei, habe ich ihr meinem Versprechen gemäß nicht gesagt; aber sie kam von selbst darauf, als ich heute ihr über Cattys Briefverwechslung erzählte und ich wußte nicht, wie ich es widerlegen sollte. Ist das nun Wortbruch von mir? Es war ja überhaupt bodenlos überflüssig, daß ich ihr von der Christinengeschichte erzählte, es war vielleicht Renommage von mir, und mich ärgert es, daß ich es nicht getan habe. Es beruhigt mich sehr, Indiskretion ist in meinen Augen das größte Laster. Ich war durch das alles so verstört, daß sie es mir doch unfehlbar angemerkt hätte, und sie ist immer so reizend, so teilnehmend in all meinem Pech! Morgen wird hoffentlich schon ein Brief von M. kommen, dann weiß ich doch, woran ich bin. Da es schon so ist, will ich nun sehen, ob ich mit dem Chaos im Kopf schlafen kann. Gute Nacht mein Freund, wie elend würde ich jetzt sein, wenn ich Dich nicht hätte —

den 11. 7. 90

Hurra! Alles hat sich in Wohlgefallen aufgelöst. Mama hat Catty seinen Brief zurückgeschickt und er ihn mir, unbegreiflicherweise stand nichts Verfängliches drin, also die ganze Angst umsonst und ich atme in bodenloser Erleichterung auf.

Hier ist jetzt ein kolossales Hallo wegen einer Saujagd, 2 Offiziere kommen heute und jagen nur die Nacht durch. Einer kommt heute nacht um 12, 2 morgen, dito meine Tante. Ich wohne in der herrlichsten Rumpelkammer, die Du Dir vorstellen kannst. Dieselbe hat eine Luke auf das platte Dach, mit enormer Anstrengung habe ich mir eine Leiter hinaufgeschleppt, nach außen die Luke aufgemacht und klettere nun jeden Augenblick hinaus.

In meinem Loch kann ich mich außer im Bett nicht umdrehen, ich schlafe mitten zwischen Kommoden, Zuckerkisten, Kochtöpfen, Ballkleidern, Uniformhosen etc., habe die Dachluke aufgelassen, wo es gemütlich hineinregnet. Ich stehe morgen um 3 Uhr auf, um den Jägern entgegenzugehen, d. h. wenn ich aufwache.

Sonnabend, 12. 7. 90

Diese Nacht habe ich nur im Zeug auf dem Bett liegend zugebracht; um 3 stand ich auf, um den beiden Nimrods (einer ist ein angeheirateter Vetter von mir) entgegenzugehen. In der Eßstube fand ich die Überreste der gestrigen Abendmahlzeit, stärkte mich mit demselben und entschwand durchs Fenster, ging mit einem alten Kuh-Hirten, den ich unterwegs traf, ca. 1 Stunde weit, trieb mich auf den Feldern herum, traf sie aber nicht; sie waren nämlich einen anderen Weg gegangen. Als ich um 1/2 7 wieder nach Hause kam, kam mir der eine entgegen und ich frühstückte mit der ganzen Bande. Es war höchst lustig und nett.

Diese 3 stündige Morgentour hat mich ungemein erfrischt, man müßte eigentlich immer um 3 aufstehen. Am liebsten ginge ich mit auf die Jagd, ich habe immer die brennendste Lust dazu. Ich lechze nach einem Brief von Dir; hoffentlich kommt er heute.

Dieser Menschenwirrwarr ist mir eigentlich greulich; äußerlich bin ich immer so lustig wie möglich; innerlich sehne ich mich nur desto mehr nach Dir; wenn ich allein bin, kommt es mir vor, als ob Du bei mir wärest. Montagabend bin ich in Lübeck und bleibe bis evtl. Sonnabend oder Sonntag da. Es wird wohl ziemlich dröhnig werden und ich werde möglichst viel meine Zuflucht zu Manhards nehmen und wenn ich es machen kann, Else Gutschow besuchen. Das Schönste wird eine stille Andacht in der Marien-kirche sein. Catty schrieb mir einen entsetzlich albernen Brief, den ich entsprechend mit einer wahnsinnigen Adresse beantwor-tet habe; ich zweifle heftig, daß er ankommt.

abends 11

Das war heute ein wilder Tag, ich bin fast zu müde zum Schrei-ben. Morgens und mittags Kühe gezeichnet, die absolut nicht stillhalten wollten. Sehr nettes Diner. Nach demselben allge-meiner Gang, d. h. zu fünfen; rasend albern, ich unterhielt mich mit einem Hauptmann sehr eifrig über gesellschaftliche Verhält-nisse, Frauenstellung etc.; gewöhnlich haben die Offiziere so philiströs-konservative Ansichten; aber dieser war sehr vernünf-tig. Nach dem ging ich mit den 3 Offizieren noch in den Wald, um Wild zu beobachten. Die beiden würdigen Hauptleute gingen spähend voraus und befahlen, ganz leise zu sein. Ich ging mit einem kleinen Lieutenant (der nicht größer war als ich) hinter-her. Wir wurden über die Feierlichkeit der Vorangehenden sehr angeheitert und trieben alle möglichen Allotria, die uns »ernste Rügen« über unser Lärmmachen zuzogen. Um 1/2 10 kamen wir erst zu Hause. Unterdessen war Tante Fanny angekommen, das Abendessen verlief »ohne Störung«.

Seit einigen Tagen ist eine ältere Dame, so eine Art von früherer Stütze hier, die meine Lachmuskeln in ständiger Bewegung hält. Es ist mir sehr unangenehm, aber ich kann keine Fassung erzwingen. Als dieselbe heute abend meiner Tante einen Knicks machte, bekam ich solche Lachkrämpfe, daß alle glaubten, ich sei toll geworden.

Eben bin ich noch auf dem Dach herumgegangen und habe lange in die Sterne gesehen, es war zu schön.

Gute Nacht für heute.

Sonntag, d. 13. 7. 90

Ich hoffte so auf einen Brief von Dir, die letzte Möglichkeit ist nun morgen mittag.

Der heutige Tag war wohlmöglich noch tumultuarischer wie gestern, ich wachte mit dröhnendem Kopfe auf, machte einen Gang allein. Nachher waren wir hordenweis im Kirschbaum, d. h. ich mit den Gästen, dann allgemeiner Waldgang, wo wir Pilze suchten. Ich hatte mit dem einen ein Gespräch über Ibsen etc. (er hatte ihn bei der Aufführung eines seiner Stücke selbst gesehen); war für »Nora« sehr begeistert, findet Ibsen aber zynisch, was ich nicht verstehen kann. Dann war ich wieder mit ihnen in den Kirschbäumen, wo ich den einen portraitierte, freilich nur von der Rückseite; die andern plagten mich beim Zeichnen aufs fürchterlichste mit Ratschlägen, jeder von einer Seite, verstanden natürlich nichts davon. Nach dem gingen die andern nach Hause. Mein Vetter und ich legten uns ins Gras höchst gemütlich schwatzend, bis wir in rasender Eile zum Anziehen stürzten. Um 2 war der Fraß; nach dem wollten die 3 Jagdherren abreisen, in dem Moment erschienen aber noch 2 andere zu Fuß und so blieben sie bis zum Abend; dann erschien noch ein Dritter, ein wilder verkommener slawischer Jüngling, den ich trotz allgemeinem Abscheu recht nett fand.

Dann machten wir 9 Mann hoch wieder eine Waldtour. Mein Begleiter und ich kamen auf die Idee, ein Feuer anzumachen und Kartoffeln auszureißen und zu braten.

Schon fing es an zu brennen, als einige unbefugt Vernünftige es inhibierten. Wir waren sehr geknickt darüber, rannten dann, statt wie die anderen ehrbar zu gehen, im tollen Trab einen Berg hinunter, gut daß keine Mütter dabei waren, die hätten mir gewiß meine Albernheit verwiesen — so genoß ich dieselbe sehr.

Im Laufe des Abends reisten sie dann ab, die letzten um 10 Uhr, ein Vetter ist noch da.

Nun habe ich heilloses Kopfweh, morgen muß ich nun packen, vor Lübeck graut mir, besonders da ich fast 8 Tage dort bleibe. Könnten wir uns doch sehen, ob es uns das Auseinandergehen schwerer oder leichter machen würde? Ich denke dies morgen einzustecken, daß Du es evtl. morgen findest, und schließe schon heute, weil ich schwerlich morgen dazukomme.

Lebe wohl, mein Emanuel, die innigsten Grüße!

Ich wollte, ich könnte sagen Auf Wiedersehen.

Sonst schreibe mir bald nach Preetz.

Deine treue Fanny.

L., 16. 7. 90

Liebster Emanuel.

Wenn Du mich morgen *nicht* treffen solltest, wirst Du gewiß auf der Post nachsehen; da will ich Dir dann doch für den Fall einige Zeilen schreiben. Ich hatte alles aufs schönste eingefädelt, mich von Natalie zu Tisch einladen lassen etc. Da erklärt Papa, vielleicht morgen mit mir nach Segeberg gehen zu wollen, dort soll ich etwas für ihn abzeichnen, ein Grab oder so etwas. Vielleicht also ist noch Hoffnung, daß es nichts wird; dann bin ich also um 11 Uhr in der Marlesgrube und brauche erst um 3/4 2 bei M.'s zu sein. Mit letzteren ist es etwas verfänglich; sie haben mich eigentlich nicht wirklich eingeladen; ich habe mit Natalie folgendes abgemacht, daß ich meinen Eltern sage, ich sollte da zu Tisch sein. Nominell gehe ich direkt von der Schneiderin zu M.'s, tauche dort gegen 2 auf. Sollte es herauskommen, so erfinden N. und ich ein Mißverständnis mit der Essensstunde etc. Von Dir weiß N. natürlich nichts.

Wüßte ich nur, wie ich die Tour nach S. vereiteln könnte! Solltest Du, ehe Du zur M. Grube gehst, diesen Brief finden, so sieh wenigstens nach, ob ich da bin, es könnte doch sein. Lebe wohl, mein Emanuel, der Gedanke schmerzt mich unsagbar, daß Du nun kommst und ich nicht kommen kann. Hoffentlich geht es doch noch. Sonst schreib mir bald.

Deine Fanny.

Sonnabend werde ich noch einmal auf der Post nachsehen.

[Lübeck] ³/₄ 3 Uhr, 17. 7. 90

Mein lieber, geliebter Emanuel.

Kaum 1 Stunde ist nun verflossen, seit wir uns trennten. Ich habe Dir noch lange nachgesehen, ging dann wieder auf den Kirchhof und saß wieder auf der Bank.

— Du wunderst Dich gewiß, daß ich schon zu Hause bin, denke Dir, ich komme eben vor 2 bei M.'s an, alles verschlossen, nach langem Klingeln erscheint jemand, sie wären alle nach Schwartau. Meinen Schrecken kannst Du Dir denken, ich wußte zuerst nicht was tun — stürzte dann in einer ¹/₂ Stunde nach Hause, ich hoffte erst Dich noch unterwegs zu finden, aber als ich beim Bahnhof war, war es gerade ¹/₂ 3. Ich ging gleich zu meiner Mutter und sagte ihr, daß ein großes Mißverständnis dabei sein müßte etc. Sie war sehr erstaunt und sagte mir, sie hätte per Karte Natalie und deren Cousine zu morgen eingeladen. Ich bin sehr gespannt, wie es sich entwickeln wird. —

Ich sitze hier am Schreibtisch, wo ich so oft an Dich geschrieben und gedacht habe, und die Rose vor mir sagt mir, daß ich nicht geträumt habe, nicht geträumt, daß wir uns nun endlich das gesagt haben, was wir wohl beide schon lange gedacht haben. Ich hatte mir schon lange vorgenommen, Dir jene Treppengeschichte zu erzählen; aber ich konnte mich nie entschließen. Ich habe unter der Geschichte sehr schwer gelitten und werde es auch wohl fernerhin tun, das verstehst Du gewiß; aber Du wirst mir nun helfen, alles Schwere und Bedrückende zu ertragen, mir helfen, wie sonst niemand es kann.

Nun ist ja alles gut.

abends 10

Ich möchte Dir so unendlich viel sagen, mein Emanuel, und ich weiß doch nicht wie und was, ich denke nur an Dich und fühle Glück und Ruhe, das selige Gefühl, daß wir zusammengehören. Mag kommen, was da will, ich werde *nie* von Dir lassen, ich will Dir zeigen, was Liebe und Treue ist! Nur das klingt alles

so nach Worten. Aber wie soll ich das in meine Worte hinein-
legen, was ich fühle. Es ist eine wahre Qual, das nicht ausdrücken zu können, aber nicht wahr, Du weißt es auch so, daß
Du mir alles, alles bist.

Gute Nacht
Deine Fanny

[Lübeck] 18. 7. 90
Heute war ein rasend anstrengender Tag. Erstlich wurde mein
Schlaf dadurch unterbrochen, daß die Greise mich zwangen, um
1/2 2 aufzustehen wegen eines Gewitters, das schon vorbei war.
Wir gingen alle hinunter, die Eltern im vollen Wichs und mit
all ihrer Habe, Geld, Papieren etc., ich in einem haarsträubenden
Negligé, nur aus Regenmantel und Strümpfen bestehend, legte
mich gleich auf Papas Sofa und schlief; wurde nach ca. 1 Stunde
wieder geweckt, weil doch nichts mehr käme und schlief im
Bett weiter bis 8. Dann ging ich erst mit meinem Vater unsern
gewohnten Morgengang, dann mit M. in die Stadt, betätigte
mich danach im Hause. Um 1 auf Umwegen zu Manhards, um
Natalie und eine Tochter Hermann Heibergs[1] zum Caffee etc.
zu uns zu holen. Sie waren glücklich noch bei Tisch, N. kam
heraus und wir besprachen den Fall der gestrigen Einladung —
das ist nun alles in Ordnung und gut gegangen, zu meiner
großen Erleichterung — sie sollten eigentlich gleich mit mir kommen, hatten aber noch eine Tante an die Bahn zu liefern um 4.
Ich erklärte, nicht länger warten zu können, fuhr mit der Pferdebahn bis zur Hüxstraße, war 10 Minuten vor 3 da, Schlag 3
bei Gutschows, blieb dort 20 Minuten. — Es war wohl alles
etwas gewagt, aber ich hatte geradezu große Lust, Deine Cousinen zu sehen; traf auch alle 3 und die beiden Fehlings dort.
Wie sind sie alle nett! Sie gefallen mir immer mehr, Fieke
lernte ich also auch kennen. Sie erzählten mir von Deinen Sil-
bernen Hochzeitserfolgen, die ich ja schon kannte; ich sagte, daß
ich Dich einen Moment mit Cattys Büchern gesehen hätte.
Else wollte gerade nach Niendorf und wir gingen zusammen bis

---

[1] Gunnar (Hermann) Heiberg (1857—1929), norwegischer Dramatiker,
wirkte als rationalistischer Sprachreformer.

in die Moislinger Allee, ich war um $^3/_4$ 4 zu Hause und atmete auf. Die beiden Backfische kamen nach; sie, Mama, die Dr. Buchholz[1] und ich fuhren zu Lück mit dem Dampfschiff, Papa und Dr. B. gingen zu Fuß hin. Es war eine echte, rechte mordios langweilige Landpartie. Erst saßen wir alle in einer Laube, ich bekam einen Lachkrampf nach dem andern über die Buchholzen und erregte noch M.'s Entrüstung durch einen Kraftausdruck. Dann strömten wir drei herum, schaukelten etc., legten uns ins Heu. Die kleine Heiberg, ein Backfisch, wie er im Buch steht, ziemlich schreckeneinjagend, sagte, daß sie gut singen könnte; so brüllten wir erst alle 3 zusammen; dann fing sie an »Harre meine Seele etc.«. In dem Augenblick sah ich unglückseligerweise das Bild eines Nilpferdes auf einer Schützenbude und lachte wahrhaft convulsivisch, so daß ich sie in ihren heiligsten Gefühlen verletzte. Um $^1/_2$ 8 waren wir dann glücklich zu Hause und ich habe mich gleich nach dem Tee zu Bett gestürzt, ein »böser Schaden« erschwert mir das Gehen; da ich trotzdem den ganzen Tag kaum stillgesessen habe, bin ich einigermaßen kaputt. — Vielleicht brenne ich morgen noch einmal zu Gutschows durch.

L. 19. 7. 90

Heute mittag war ich wieder einen Augenblick bei Gutschows und Grethe F. war auch da; ich mache den Weg in 20 Minuten, vorher mit dem Greis nach Denin. Abends fand ich Gelegenheit, in die Marienkirche zu gehen, ich möchte sagen *unsere* Marienkirche. Ich lebte alles noch einmal durch, jedes Zusammensein dort mit Dir; besonders das letzte am 19. Mai. Ich stand wieder an dem Gitter im Vorraum, wo wir damals waren und an der Tür, wo wir uns lebewohl sagten. Eine sehr verzweifelte Sehnsucht überkam mich, bei Dir zu sein, mich an Dich lehnend, Dir immer wieder zu sagen, wie unendlich ich Dich liebe. Die jetzige und spätere Trennung wird mir furchtbar schwer; wenn ich nur dann immer allein sein könnte, aber immer unter Menschen, die mir mehr oder weniger gleichgültig sind, das tut mir so weh, wie ich Dir gar nicht sagen kann, aber Du verstehst es ja.

---

[1] Familie Buchholz — Freunde der Familie R. aus Lübeck.

19. 7. 90

Es ist ja hoffentlich nicht unrecht, daß ich Dir Karte und Brief nach Timmendorf schicke? Aber mir scheint, solange C. nicht da ist, ist es ganz sicher und er schrieb uns heute, daß er bis Donnerstag nach Preetz käme. Es wird mir eine wahre Erleichterung sein, wenn wir ihn erst eingeweiht haben. Ich fürchte nur seine Eifersucht, daß ich Dir auch nahestehe? Aber dann glaube ich, kann sich doch auch unser dreiseitiges Verhältnis zu einem sehr schönen gestalten. Wenn C. nur vernünftig ist. Ich möchte sehr gerne mit ihm über das Duell sprechen, er darf ja aber nicht erfahren, daß ich es weiß. Aus eigenem Antrieb wird er mir's schwerlich erzählen. Ich sagte ihm damals, daß ich es sehr übertrieben fände, daß er meinen unglücklichen Verehrer gleich ohrfeigte, ohne auf seinen Kneip-Zustand Rücksicht zu nehmen. Im stillen hoffte ich, daß besagter Hans Burlitt sich davonmacht. Ich finde die Sache zu geringfügig, um sie zu einer Tod- und Lebensfrage zu machen. — Nun Gott sei Dank, ich fühle mich dabei vollkommen schuldlos, das kann ich mit gutem Gewissen sagen!

Das waren die Erlebnisse des Tages — in aller Hetze fühlte ich mich doch ruhig und glücklich in Gedanken an Dich vorgestern. Ich habe mir diese Tage große, sehr große Mühe gegeben, die Eltern zufriedenzustellen und es ist soweit sehr gut gegangen. Du hilfst mir gerade darin so unendlich viel. Ich will nun alles dransetzen, es zu bessern, es wenigstens so weit zu bringen, daß keine Schuld an mir liegt, und es zu einer äußeren Ruhe zu bringen, die mir sehr erstrebenswert scheint, und die mir sehr oft fehlt. Willst Du fürs erste damit zufrieden sein, daß ich *will*?

Meine Müdigkeit fängt an groß zu werden und ich will Dir für heute Gute Nacht sagen — ich habe so unsagbare Sehnsucht nach Dir, mir schaudert bei dem Gedanken an die vier Monate, die wir uns nicht sehen werden.

Sonntag, 20. 7. 90

Wie ich eben meine Karte an Dich abgeschickt hatte, wurde unsere Abreise auf 8 verlegt. Der Gedanke, Du könntest vergebens zu dem 5-Uhr-Zug an der Bahn sein, foltert mich. Nun ist es natürlich zu spät. Catty will bis Donnerstag in Preetz bleiben, kannst Du nicht morgens dorthin kommen und mit ihm am selben Tage zurückfahren, daß wir uns noch einmal sehen. Dann könnten wir beide mit C. sprechen. Noch eines wegen der Post. Anne Bodenhausen[1] ist mir unsicher, nämlich wenn man einen postlagernden Brief mit bestimmter Adresse haben will, muß man die betreffende Visitenkarte vorzeigen, um sich zu legitimieren, schreibe mir doch lieber mit A.O. weiter, man könnte doch leicht Unannehmlichkeiten davon haben oder auch F. Reventlow postl. Schreibe mir nur das nächste Mal mit A. O., was Du darüber denkst und wie es Dir recht ist. Mir scheint Anne Bodenhausen etwas bedenklich.

Ich gab heute vor, in die Marienkirche zu gehen, mit einem Gesangbuch und einem schlechten Gewissen, stattdessen noch einmal zu Gutschows. Miezes Atelier wurde mir gezeigt, was mich brennend interessierte, dann stürzte ich durchs fürchterlichste Volksfestgedränge nach Hause. Bei G.'s kam gerade Deine schöne Karte an, die allgemeine Freude erregte.

Ich habe nun wirklich alles Packen etc. fertig, eine schauderhafte Arbeit. Eine Eutiner Tante und Vetter sind da, mit denen wir nachher bis Eutin fahren; ich habe mich aus der Familienversammlung geflüchtet und denke an die gewesene Möglichkeit, daß wir uns auf der Durchreise hätten sehen können.

Diese 6 Tage, die ich hier war, waren doch etwas ermutigend. Heute schlug M.s Laune ein paar Mal um. Ich nahm mich möglichst zusammen, dachte an Dich und so geht es.

Papa hielt mir eine lange Rede über meine »freien Ansichten«, ich sollte dieselben wenigstens nicht äußern, ich würde wohl noch einmal davon zurückkommen — nur — glaube ich, das ist unmöglich, ich kann mich in die alte Schablone nicht mehr hineinfinden und suche verzweifelt nach einer einigermaßen befriedigenden Lebensanschauung; bis jetzt bin ich mir noch sehr unklar und das begreifen sie immer nicht, daß man in solchem inneren Wirrwarr alle seine Kräfte braucht. . . . Könnte ich doch einmal in Ruhe über alles mit Dir reden! Aber ich werde Dir immer alles schreiben, Du mir auch, nicht wahr?

Mach es doch möglich, noch nach Preetz zu kommen!

---

[1] Anne Bodenhausen — Postpseudonym F. R.'s.

Die verwelkende Rose vor mir mahnt mich an die schönen Stunden unseres Beisammenseins, in deren Erinnerung ich ganz versunken bin. Nun muß ich Dir für diesmal lebewohl sagen, Du Lieber, Teurer, laß uns recht ineinander und miteinander leben, auch wenn wir getrennt sind, dann sieht die Zukunft hell aus. Die innigsten Grüße für ewig.

Deine Fanny

[Preetz] den 22. 7. 90

Lieber Emanuel.

Gestern morgen um $^1/_2$ 8 holte ich mir in C.'s Begleitung Deinen Brief. Derselbe wurde mir ohne Schwierigkeiten ausgehändigt, so daß ich eine eigens präparierte Visitenkarte mit Anne Bodenhausen gar nicht in Anwendung brachte. Das geht also doch, mir war schon ganz bange, weil man mir gesagt hatte, daß man sich legitimieren müsse ... — Nun also den herzlichsten Dank mein lieber Emanuel; es beunruhigt mich jetzt, daß Du mir schreibst, ich sollte Catty noch nichts sagen; ich hatte es schon getan, am 1. Abend, sei mir nur nicht böse darüber.

Catty war auch so rührend dabei, daß ich mich freute, es getan zu haben, und wie ich es nie für möglich gehalten hätte. Es ist mir, als ob C. uns unendlich näher dadurch gekommen sei; es tut mir so wohl, es ihm gesagt zu haben; nicht wahr, Du willst nicht unzufrieden damit sein.

Ich glaube ich verstehe wie Du es mit dem Freisein meinst. Natürlich sind wir persönlich jeder vollkommen frei, gebunden nur durch die Liebe. Ist die Liebe ewig, so halten wir auch gewiß aneinander fest; wo nicht, so ist jeder frei. Wenn Du ins Leben hineintrittst, so wird meine Liebe Dich begleiten; die Deine wird mir der einzige Halt und ein so unendlich starker Halt sein.

Eben kommt Catty von der »Blomenburg«[1] zurück, wo er gestern hinging, er will Dir auch noch wegen seines Kommens schreiben, das sich wohl noch etwas verzögern wird. Du bist jetzt sehr viel besser dran wie ich, indem Du allein bist oder doch verhältnismäßig alleine, ich dagegen in einem Menschengewirr, das zum Davonlaufen ist.

---

[1] Blomenburg bei Preetz, Sitz der Gräfin Hardenberg.

Mittwochmorgen

Den ersten Tag brachte ich gegen Mittag Catty ein Stück Wegs nach der Blomenburg, ging dann zu meiner Zeichenlehrerin, Frl. Heine[1], mit der ich mich ewig unterhielt. Als ich zurückkam, hielt bei uns der Wagen derer von Bülow von Kühren (Gut bei Preetz), die mich abholen wollten. Über Hals und Kopf mußte ich mich umziehen und mit, eigentlich mit einem sehr schlechten Gewissen, da ich eine Einladung zu den Platos unter einem nichtigen Vorwand abgeschlagen hatte. Auf Kühren war es einigermaßen langweilig, ich hatte mich mit der Tochter des Hauses als Backfisch angefreundet und muß nun die Folgen tragen, sehr oft da zu sein. Das ganze Haus geht in Gesellschaft etc. auf. Ich lernte bei dieser Gelegenheit Karl Platen kennen, den ich nicht hervorragend anziehend fand; anerkennenswert waren seine Bemühungen, witzig zu sein. Spät abends zurück, die einsame Fahrt war sehr schön.

Gestern waren meine Tante und ich bei den 3 Schwestern von Frau Mesmer, was einfach haarsträubend dröhnig war; dann mit Catty zu einem großen Kaffee, wo wir nachher mit 6 teilweise halb blödsinnigen jungen Mädchen Reifen und Versteck spielten; heute ist wieder jemand bei uns zum Tee. — Ich hoffe, Du bedauerst mich, daß ich dieses Unwesen mitmachen muß; ich fühle mich äußerst unglücklich dabei.

Denke Dir, Sophie Rohlstorff ist hier und Catty und ich wollen heute hingehen. — Wir beide fielen vorgestern etwas unangenehm herein. Die Priorin knüpfte ein Gespräch mit uns durch das Fenster an und zuerst ich, dann Catty bekamen solche Lachanfälle, daß wir taumelten, zuletzt ging sie beleidigt fort. Ich entschuldigte mich gestern sehr; sie hat mich nämlich früher geduzt und nannte mich nun auf einmal Sie, wobei ich beinahe herausgeplatzt wäre. Bei einem Kaffee benahmen wir uns ebenfalls sehr unwürdig.

[Preetz] Sonnabend, 26. 7. 90

Mein einzig geliebter Emanuel.

Nun sind es 3 Stunden her, daß wir uns wieder einmal nach kurzem seligen Beisammensein trennen mußten. Ich sitze allein

[1] Frl. Heine, Malerin und Bildhauerin, F. R.'s Zeichenlehrerin.

im Dämmern, allein mit meiner kaum zu ertragenden Sehnsucht nach Dir. Wie ihr nicht mehr zu sehen wart, stürzte ich in meine Stube, um allein zu sein, das Weh preßte mir das Herz zusammen und ich kam mir so entsetzlich einsam vor.

Nun habe ich mich wieder beruhigt und denke mit wehmütiger Wonne an die wenigen seligen Augenblicke, die wir miteinander allein waren; in Deinen Armen fühlte ich mich unaussprechlich ruhig, sicher und glücklich und in Deinen Blicken las ich die Antwort auf alle Fragen meines Herzens.

Ich danke Dir, daß Du kamst, es war so schön, so schön; vieles hätte ich Dir noch sagen wollen; aber siehst Du, das war eigentlich gar nicht nötig, Du weißt ja, was ich Dir immer und immer wieder sagen und schreiben möchte —

abends 11

Ich schlafe heut abend glücklich und zufrieden ein, gute Nacht Du Geliebter, Du bist im Wachen und Träumen um mich.

Montag, 28. 7. 90

Nach der Unruhe des gestrigen Tages erhole ich mich nun im Schreiben im Boot sitzend, wo wir neulich zusammensaßen. Es freut mich, daß Du hier nun alles kennst, besonders diesen Platz am Wasser, wo ich viel von meiner Zeit zubringe. Gestern mußte ich erst zur Kirche, wo ich indes in Ruhe an Dich denken konnte. — Von der Predigt habe ich keine Silbe gehört; es war übrigens gut, daß Catty nicht da war, denn gerade uns gegenüber saß Sophie Rohlstorff und schnitt entsetzliche Grimassen. —

Gleich nach der Kirche fuhren wir nach der Blomenburg und kamen erst um 12 zurück. Da waren sehr viele Menschen, besonders Jugend; zwei Ehepaare, eins davon war Koch und Köchin Malortie (Catty wird Dir bereitwillig den Kommentar liefern) mit einer bezaubernd schönen Tochter. Schöne Menschen sind mir ein wahrer Hochgenuß, sie sind nur leider so selten. —

Außerdem noch zwei junge Mädchen, 2 quasi taubstumme Kinder, die zur allgemeinen Verzweiflung dienten, und 4 Jünglinge, darunter Carl Platen, der diesmal ganz nett war, und Cuno Hardenberg.

Die Jugend befleißigte sich einer mächtigen Albernheit; ich war erst nicht sehr aufgelegt; tobte zuletzt aber nach Kräften mit. Es wurden die blödsinnigsten Gesellschaftsspiele gespielt, woran auch die Alten teilnahmen. Zuletzt eine Stimmung erraten; Cuno H. und ich schlugen »gemein« vor; was dann auch so gemein durchgeführt wurde, daß sich die Haare der Mütterrrr sträubten und sie die Geschichte stoppten. Dann liefen wir um die Wette wie die Tollen; ich lief zuletzt mit Carl Platen, was unserer beiderseitigen Dickigkeit halber großes Gaudium erregte; beinahe hätte ich ihn besiegt. Beim Tee wieder große Albernheit, wir überboten uns in schlechten Witzen. Die Rückfahrt in $1^{1}/_{2}$ Stunden war herrlich und still; im Mondschein und halb schlafend gab ich meinen Gedanken Audienz.

Ich dachte daran, wie ganz anders ich sein würde, wenn ich immer mit Dir zusammen wäre. Du bist so gut und so ernst, und ich so verzweifelt leichtsinnig. Ich fühle einen beständigen Widerspruch in mir. Das Leben wird mir schwer und drückt mich oft sehr unerträglich, und dann bin ich wieder ganz gedankenlos und der Leichtsinn geht mit mir durch. Momentan ist es sehr wohltuend, sich auszutoben, aber man tobt sich eben nur nie ganz aus, es kommt immer wieder.

Ich wurde durch das Frühstück unterbrochen, dann bis 12 Zeichenstunde, nachher erschienen die Platos. Ich hatte vor Tisch nur noch eben Zeit, zum Lichtschreiber Duve zu rennen und mich für Dich photographieren zu lassen, ich schicke es Donnerstag mit Cattys Bildern. Nun ist es schon 6, ich bin wieder im Boot, muß nun gleich mit den Platos rennen und dann mit Sophie Rohlstorff »Boston« spielen. Kannst Du meinen Schauder mitfühlen, diese Tortur blüht mir fast jede Woche einmal. Das gesellige Klosterleben ist überhaupt schrecklich; zum Arbeiten bin ich noch kaum gekommen, für heute lebe wohl.

29. 7. 90
Mein liebster Emanuel.
Eben habe ich Deinen lieben Brief erhalten, der mir so unendlich wohlgetan hat. Ich kann Dir nicht sagen, *wie* ich nach einigen Zeilen von Dir gedürstet habe und mit welchen Gefühlen ich dieselben begrüßte und las. Der schönste Sommermorgen weht um mich, ich sitze unter den alten Weiden, die tief ins goldige Wasser hineinhängen und fühle mich glücklich in Deiner Liebe und unglücklich zugleich in brennender Sehnsucht nach Dir. Quäle Dich nicht damit, daß Du mir, wie Du schreibst, nicht

das sagst, was Du wolltest. Daß Du es fühlst, genügt mir — aber doch wünschte ich von Herzen, daß jede Befangenheit zwischen uns sich löste, und das wird schon kommen. Siehst Du, die lange Trennung können wir dadurch am ehesten ertragen, daß wir uns ebenso wohl schriftlich alles sagen, wie wir es mündlich tun würden. Ich werde sehen, möglichst früh meine sämtlichen Reisen zu beenden, damit uns von diesem Winter, wo wir noch beide in Lübeck sind, nicht zu viel verloren geht. Unter Cattys Schutz werden wir uns ja viel öfter und ungestörter sehen. Wie herrlich ist es doch, daß Catty es weiß; jeder andere Mitwisser würde mir schrecklich sein; ich bin ihm so dankbar, er war neulich so nett und gut. Ich denke viel über ihn nach. Wir wollen beide für ihn tun und sein, was wir können, nicht wahr? Vor allem darf er seine Selbstachtung nicht verlieren — nicht wieder in die alten Geschichten zurückkommen, er hat mir neulich gebeichtet.

[Blomenburg, 30. 7.] Mittwochabend im Bett

Todmüde! Entdecke eben mit Schrecken, daß ich meinen angefangenen Brief an Dich in der Tasche meines Morgenkleides gelassen habe und dasselbe zum Ausbürsten fort ist, muß daher auf einem anderen Bogen fortfahren. — Ich liege auf dem Bauch im Bett (verzeih die unästhetische Wendung), so ist das Schreiben ganz bequem dicht beim offenen Fenster, durch das dunkle Tannen und darüber die Sterne hereinsehen und Eulen schreien, Hundebellen etc. hereinklingt. — Heute nachmittag habe ich im Talenter See gebadet, das Wasser war lauwarm, die Luft weich und trübe, es war ein weiches, wohliges Gefühl, sich so im Wasser zu dehnen, den weiten See vor sich, in der Ferne vom Wald umrahmt, alles so ruhig und still. Leider fahren wir morgen schon wieder weg; ich bin hier so gerne, es ist eine solche Ruhe über dem Ganzen. —

In der eigentlichen Burg sind fast nur Wohnräume, alle sehr schön und reich eingerichtet. Nur die Gräfin und Tante Fanny schlafen dort. Daneben liegt das sogenannte Cavaliershaus, wo der alte Platen wohnt und ebenfalls Siddy, Erasmus und ich, alle drei nebeneinander und durcheinander in paradiesischer Einfalt hausend. Wir haben auch noch eine gemeinsame Wohnstube, alles aufs höchste gemütlich.

Dabei bin ich gestern eingeschlafen, bin eben aufgewacht, will nun schleunigst aufstehen und diese Zeilen in den Dorfbriefkasten befördern.

Wäre es doch erst Sonnabend. Die Woche ist immer so lang, so lang und das Sehnen so groß. Ich wollte Dir eigentlich von hier einige Skizzen von der Burg schicken, bin aber kaum dazu gekommen, etwas Vernünftiges zu machen. Papa mit Pastor Bernhard (!) über das Seminar (!) gesprochen; sie sind überein gekommen, daß alle, die das Ganze durchmachen, sich *überarbeiten!* Ich also, wenn überhaupt, es nur in Sprachen machen soll, das ist mir sehr wenig recht. –

Lebe wohl für diesmal, mein süßer Geliebter – Du wirst mir wohl sagen, ob ich den nächsten Brief auf die Post oder direkt schicken soll – also Montag.

Deine Fanny

[Preetz] den 6. 8. 90

Liebster Emanuel.

Nun fängt die Woche endlich an ihrem Ende zuzugehen, und ich sehne mich mit Ungeduld dem Sonnabend entgegen, der mir hoffentlich einen Brief von Dir bringt. Hier jagt ein Fest das andere, und ich bin wie gerädert davon. Montag waren wir dann wieder auf der Blomenburg. Als abends getanzt wurde, stahl ich mich davon und genoß von einem Balkon die herrlichste Mond- und Sternnacht, ein wohltuender Kontrast gegen das tobende Tanzen und Lärmen innerhalb. In solchen Augenblicken, wo ich ganz alleine, nur an Dich denkend, mich so ganz und voll in die Natur versenken kann, ist mir am wohlsten, und es ist mir dann, als ob unsere Seelen einander nahe wären.

Gestern waren wir in Kiel und fuhren um 5 von dort nach Heikendorf, einem kleinen Strandort. Ich etablierte meine Tante im Wirtshaus und ging dann zum Baden, was unvergleichlich schön war. In einem clownartigen Badekostüm schwamm ich 1/2 Stunde herum, ohne mich an meine Mitmenschen zu kehren. Es saß nämlich eine sehr patente Badegesellschaft am Strande, die meinen von fürchterlichem Sprudeln und Husten begleiteten Schwimmübungen mit Erstaunen zusah; ebenso ein Haufen Dorfkinder, ländlich-sittlich! Als ich zurückkam, hatte ich erst meine Tante zu besänftigen, die über mein langes Fortbleiben entrüstet war; dann sah sie sich im Garten und Dorf um und ich saß am Meer, im herrlichsten Abendrot, und machte einige Skizzen, nach denen ich nun heute versucht habe, für Dich den Eindruck der Farben wiederzugeben etc., damit ich doch wenigstens etwas mit Dir teilen kann. Kannst Du Dir etwas Schöneres denken, als zusammen all dies zu genießen? Würden wir da nicht ruhig und glücklich werden? Denkst Du das auch, mein geliebter Emanuel?

Gestern habe ich mir im Schweiße meines Angesichts einen großen Tonklumpen aus der Stadt hergeschleppt und werde mich nun einer großen Tätigkeit ergeben, mir heute mein altes Atelier wieder einrichten, wo ich jedes Jahr meine fleißigste Zeit zubringe. Der Umgang mit Frl. Heine ist mir ungemein anregend; sie ist eine große Idealistin, die alles durch die Kunst ansieht, und ihr ganzes Leben ganz derselben hingegeben hat. Früher habe ich Gipsfiguren bei ihr gezeichnet, da die Zeit diesmal kürzer ist, wollen wir zweimal wöchentlich draußen nach der Natur zeichnen; was ich außerdem male und modelliere, lege ich ihr auch vor, und das spornt mich zu großem Eifer an. Ich denke bis Mitte September hier zu bleiben; dann nach Noer, um dort noch zu baden. —

Ich sehne mich brennend nach einigen Zeilen von Dir, obgleich ich noch durchaus nicht berechtigt dazu bin.

Da man sich doch nicht auszuweisen braucht, bleiben wir also wohl bei Anne Bodenhausen. Sage mir nur, ob ich Deinen Brief durch Catty schicken soll oder an die angegebene Adresse, ferner ob ich Deinen Namen auch darauf setzen soll oder nur Fritz Günther? Verzeih, daß ich so schwer von Begriff bin. Nun lebe wohl, mein lieber, lieber Emanuel.

Deine Fanny

[7. 8. 90]

Lieber Emanuel.

Es ist mir absolut unmöglich, mehr wie einige Worte zu schreiben, ich muß nachher nach Kühren zu Tisch und vorher Photographien und Uhr besorgen. Eure Karte hat mich sehr gefreut. Die historische Tante scheint mir völlig berechtigt an Sophie

Rohlstorff zur Seite gestellt zu werden, über letztere hatte ich schon an Catty berichtet. Ich hatte gestern so über sie gelacht, daß ich sie nie wieder confrontieren kann und große allgemeine Wut erregte. Ich bin bei dem gestrigen Waldfest überhaupt sehr wild gewesen, wir fielen zu vieren, als alle fort waren, über die Reste her – tranken alle Bowle und zogen singend nach Hause, 1/2 Stunde die Chaussee entlang, so daß wir nachher alle heiser waren. Heute nun Diner auf Kühren; übermorgen die ganze Blomenburg hier; Sonntag Ludwig hier; Montag wir auf der Burg, Dienstag kommt Agnes. Ich lechze nach Ruhe; nach geistiger und körperlicher, da ich mich heute hundeelend fühle.

Ich möchte Dir so gerne in Ruhe schreiben, aber heute ist es unmöglich.

Nun hoffe ich noch auf einen Brief von Dir und schreibe Dir dann Anfang der Woche nach Lübeck postlagernd FR 100, sehe vom nächsten Sonnabend an jeden Sonnabend auf der Post nach. Ist Dirs so recht? Lebe wohl, Lieber.

Deine Fanny

Du mußt mir nicht böse werden, wenn ich jedes Mal dasselbe schreibe, die Hauptsumme meiner Gedanken und Empfindungen ist ja doch immer wieder Liebe und Sehnsucht nach Dir – und ich muß es Dir auch immer wieder sagen. Heute vor 3 Wochen war es, wie wir uns das sagten, das uns so glücklich gemacht hat – mir scheint als ob das schon eine Ewigkeit her wäre.

Ich muß schon wieder abbrechen und mich an einer großen Waldpartie beteiligen, wie werde ich den ganzen Tag an Dich denken, mein einzig Teurer, das gibt mir ein Gefühl von Ruhe inmitten allen Lärms. Lebe wohl für heute.

Freitag, 8: 8. 90

Das gestrige Waldfest war ziemlich elend, viel Geschrei und wenig Wolle. Das Beste war, daß man ungestört dem Materialismus obliegen konnte; die verschiedenen Menschen hatten unglaubliche Futtermengen zusammengeschleppt. Ich hatte ein Zeichenbuch mitgenommen, weil der Platz im Walde und an der Schwentine so schön ist, brachte aber nur eine Gruppe von alten Tanten hinein. – Der Rückzug mit Gesang war ganz nett.

Heute habe ich nun einen vollständigen Ruhetag, da meine

Tante zu Bett liegt, bin ich ganz mir selbst überlassen, leider stört ein entsetzlicher Katzenjammer mich am Genuß meiner Freiheit, ich habe eben einige Stunden geschlafen, muß nachher Besuche machen. —

Nach einem im genußreichen Bummeln verlebten Abend noch einen Gute-Nacht-Gruß an Dich. Vorhin habe ich Agnes von der Bahn geholt, die einige Tage hier bleibt, morgen stürze ich in aller Frühe nach der Post, ich brenne vor Ungeduld danach.

Sonnabend, den 9. 8. 90

Mein ewig geliebter Emanuel.

Ich bin durch Deinen Brief, den ich mir eben in fliegender Eile geholt habe, in so selig gehobene Stimmung versetzt, habe Dank dafür. Deine Worte erwärmten mich so recht im tiefsten Innern. Wie sollte es mir nicht recht sein, daß Du Else eingeweiht hast, wenn es Dir so wohl tut. Ich freue mich nun sehr darüber, *von ganzem Herzen.* Es ist jetzt alles so schön, wie ich es mir nie geträumt hätte. Daß wir uns lieben ist das Größte und Schönste, und daß wir nun mit Catty und Else alles in inniger Freundschaft zusammen genießen — und teilen; das macht es noch so viel schöner. Mein bisher an Liebe so armes Leben ist jetzt auf einmal so reich daran geworden, daß ich mir ganz verwandelt vorkomme. Wie habe ich mich, seit ich ein Kind war, immer so brennend danach gesehnt, und mich immer zurückgestoßen vereinsamt zwischen Eltern und Geschwistern gefühlt. Und nun liebst Du mich und hast mir auch die Herzen von Catty und Else erschlossen, mich so glücklich, so überglücklich gemacht, so daß es mich für alles bisherige reichlich entschädigt. Nun ist mein Leben nicht mehr öde und trostlos, wie es mir früher oft schien, nun ich es für Dich leben werde, und das ist der heißeste Wunsch meines Herzens, Dich glücklich machen zu können. Freilich dürfen wir uns nicht verhehlen, daß wir auch viel Schweres zu ertragen haben werden. Lange Trennungszeiten, lange Jahre vielleicht, wo unser Verkehr sich auf Schreiben beschränken wird, wird Dir das genug sein? Was mich anbetrifft, so bin ich der festen Zuversicht, daß ich jetzt alles, auch das Zuhauseleben, ertragen kann und will, und das soll mich innerlich frei machen. Daß Du jetzt alles mit Else besprechen kannst, tut mir in Deiner Seele wohl und freut mich für Dich; ich weiß ja wie es ist, mit einem übervollen Herzen herumzulaufen, ohne daß jemand davon ahnt.

Ich liebe Else sehr und werde an ihr eine Schwester haben und meine erste wirkliche Freundin und wir werden alle so glücklich zusammen sein und alles teilen. Das ist so herrlich schön — diese wahre echte Freundschaft, wie sie vielleicht noch nie so vier Seelen miteinander verbunden hat. Die müssen wir festhalten, das wird für unser aller Leben ein unschätzbarer, unvergänglicher Gewinn sein.

Und für Else, die so viel Schweres gehabt hat, wollen wir suchen, recht, recht viel zu sein — ich wollte nur, ich wäre erst wieder in Lübeck bei euch. Ich hoffe meine Rückkehr Anfang November zu ermöglichen, ich muß Dich wiedersehen, Dich wiederhaben, solange wir uns noch haben können. Mein Geliebter, wir wollen diesen letzten Winter noch recht selig miteinander verleben.

Sonntag, 10. 8. 90

Ich liege hier am heißen Sommertag am Wasser mit Deinem Bild und Deinem gestrigen Brief. Agnes ist hier bis morgen, wo sie nach Lübeck — wir bis Donnerstag nach der Blomenburg gehen. Von dort schreibe ich Dir diese Woche noch einmal, denn heute und morgen werde ich nicht sehr viel Ruhe haben, da heute nachmittag die Gräfin Hardenberg von der Burg kommt mit dem jüngsten Platen, dessen Unterhaltung mir gänzlich zur Last fallen wird.

Ich danke Dir sehr für die Fortsetzung Deines Gedichtes. — Gewiß, wenn Du *das Leben* erst mal recht erfaßt, den beengenden Schulzwang hinter Dir hast, wirst Du die Schwierigkeiten der Ausführung leichter besiegen und etwas Rechtes schaffen; daß Du den Drang danach hast, ist ja der sicherste Beweis der Dir innewohnenden Kraft. —

Es würde mich sehr freuen, wenn Du mir gelegentlich etwas von dem zu lesen schicktest, was Du liest. —

Von Tolstoj und Turgenjew kenne ich einiges und finde es sehr schön, sehr tief und wahr.

Catty will durchaus auch mein Bild haben, da der Lichtschreiber zufällig 2 Aufnahmen gemacht hat, habe ich noch eins, lasse sonst keine weiter davon machen, es war ja nur für Dich. —

Die Farben auf der kleinen Abendrot-Skizze sind vielleicht etwas übertrieben rot, aber es war ja nur eben ein Versuch.

Ende des Monats kommt Anne Petersen wahrscheinlich auch ein paar Tage hierher, könnte Catty dann doch auch da sein. —

Weißt Du noch, wie wir in Klugmanns Garten waren und über die beiden sprachen —

Für diesmal sage ich Dir lebe wohl, in den nächsten Tagen schreibe ich Dir von der Burg aus noch einmal. Wie lang mir die Woche wird, kann ich Dir nicht sagen, es scheint mir eine Ewigkeit, freilich ist die Wonne dann um so größer, wenn ich Deine teuren Worte lese. —

Lebe denn wohl, mein süßer geliebter Emanuel, die innigsten Grüße von

Deiner *glücklichen* Fanny.

Blomenburg, 11. 8. 90
12^1/$_2$ im Bett

Liebster Emanuel.

Heute habe ich einen tatenreichen Tag hinter mir. Um ^{1}/$_2$ 6 aufgestanden brachte ich die Grfn. Hardenberg zur Bahn, machte im Regen einen Gang an den See hinunter, wo ich mit einem Entenfutter einsammelnden Greise Freundschaft und Konversation machte; hatte von 10 bis 12 Zeichenstunde mit philosophischen Zwiegesprächen gewürzt, machte dann mit dem kleinen Platen einen mehrstündigen Spaziergang und schleppte Agnes zur Bahn. Dann fuhren wir um ^{1}/$_2$ 6 hierher zu meiner großen Freude. Es sind hier nur die Gräfin H., der alte Platen und Siddy und Erasmus, Carl Platens Geschwister, erstere »ein nettes junges Mädchen«, trotzdem mag ich sie gerne und debattieren wir eifrigst, haben uns eben erst getrennt. Erasmus ist mein Zimmernachbar, die Tür ist zwar vorsichtig verschlossen, aber wir unterhalten uns auch durch dieselbe; jetzt schläft er glücklich. Er ist übrigens ein reizender, intelligenter Bengel, letzterer mehr als sein Bruder. Fenster und Rouleaux stehen offen, es ist schwül und heiß, ein Gewitter haben wir heute schon gehabt, hoffentlich wird meine Ruhe nicht durch ein zweites gestört.

Mit blassem Schrecken habe ich bemerkt, daß ich sowohl mein Nachthemd wie ein Tintenfaß vergessen habe mitzunehmen;

ersteres vergesse ich gewohnheitsmäßig und konsequent, es ist wie ein Verhängnis, letzteres hat die für Dich unangenehme Folge, daß ich mit Bleistift schreiben muß. Das Problem, wie diesen beiden Mängeln abzuhelfen sei, ist schwer, doch damit will ich für heute abend schließen, da ich schwer müde bin.

Mittwoch, 13. 8. 90

Gestern fuhren wir nach Newerstorf, einem Verwandten von mir gehörigen 2 Stunden entfernten Gut. Dort habe ich einen Onkel von mir kennengelernt, der mir ungemein gefiel. Wir machten zu 5 eine Wasserfahrt, bei der ich mich sehr mit Rudern, Stoßen und Singen abgequält habe. Wir fuhren in ³/₄ Stunden über einen See bei Sonnenuntergang, legten am Ufer an, stiegen über einen Damm und waren an der offenen Ostsee; es war begeisternd schön; leider hatte ich kein Skizzenbuch mit und hätte auch keine Zeit gehabt. — Mit Gesang oder richtiger Gebrüll fuhren wir im Halbdunkeln zurück und kamen erst um 9 an. Die Rückfahrt war teils sehr komisch gewesen.

Wir saßen zu 5 im Wagen, also ziemlich eng. Ich schlief gleich ein und Erasmus, der quer im Wagen auf aller Knien lag, ebenfalls. Im Schlaf hatten wir beide dann angefangen, wie wahnsinnig zu strampeln etc. Erasmus schlug mit den Beinen um sich — ich sank immer mehr vom Sitz herunter und streckte mich durch den ganzen Wagen aus, fiel zuletzt mit schwerem Bums auf Siddy und wurde durch Knuffen geweckt.

Erasmus, Siddy und ich brachten uns gegenseitig zu Bett in großer Albernheit und Verschlafenheit. Trotz der späten Stunde, es war schon 12 — bin ich um ³/₄ 6 aufgestanden und will nun hinaus um zu zeichnen. Da wir morgen zurückfahren, will ich noch heute möglichst viel fertigbringen.

Preetz, 17. 8. 90

Mein Geliebter.

Nachdem ich heute und gestern früh vergebens auf der Post nachgesehen hatte und schon anfangen wollte, ungeduldig zu werden, fand ich Deinen Brief auf dem Frühstückstisch und danke Dir sehr. —

Die Geschichte Deiner Cousine ist ergreifend traurig und kann ich mir denken, wie sie Dich mitnimmt. — Wie furchtbar schwer, so jede Achtung vor seinen Eltern verlieren zu *müssen;* aber das Beste, ihr eigenes reines Selbst, hat sie doch erhalten und gerettet und das ist groß; ich glaube, wenige würden in diesem Fall die Kraft dazu haben. Was wird denn nun aus ihr.

Wie herrlich müßte es sein, wenn wir aus unserm Glück solchen Unglücklichen mitteilen könnten und ihnen helfen.

Daß ihr die Verbindung verlassen habt, gefällt mir noch nicht so ganz; war nicht doch vieles damit verbunden sehr nett? Glaubst Du nicht, daß C. es doch sehr entbehren wird. Aber allerdings, wenn es Dir dazu verhilft, Dich freier zu fühlen, so leuchtet es mir ein, daß es so besser ist. Verkehren könnt ihr darum doch noch immerhin so viel ihr wollt mit den Verbindungsbrüdern.

den 18. 8. 90

Gestern wurde mir die Zeit geraubt, so kann ich Dir nur noch heute in aller Eile einige Zeilen schreiben, damit es Dich morgen erreicht.

Schreibe Du mir nun einmal recht recht eingehend! Ich bin jetzt sehr mit dem armen Ludwig beschäftigt; seine Geschichte ist recht traurig und mir ist jetzt alles bekannt. Es ist zu befürchten, daß es zwischen ihm und Papa zu einem unheilbaren Bruch kommt. —

Meine Pläne scheinen teilweise durchzugehen, so daß ich in den Sprachen Examen mache. Papa schreibt an meine Tante »Mit Fanny will ich gern alles tun« — das scheint mir genügend.

Ich habe mir jetzt sozusagen ein neues Lebensprogramm gemacht. Wenn ich jetzt erst zu Hause bin, will ich es doch aushalten, wie es auch ist. Ich sehe es ein, daß die Hauptschuld in mir liegt und das soll anders werden. Unsere Liebe wird mir die Kraft geben, mich zu ändern; und ich glaube, wenn ich so weit komme, über dem zu stehen, unter dem ich bis jetzt erlegen bin, werde ich mich freier fühlen, als wenn ich immer meinen Kopf durchsetzte.

Könnte ich nur ernster und vernünftiger werden; aber bei der ersten Gelegenheit pflegt die Tollheit mit mir durchzugehen.

Ich muß schon abbrechen, zum Frühstück stürzen; nachher große Zeichenexkursion mit meiner Lehrerin, die ich flammengleich verehre, sie ist eine wahre Künstlerin.

Morgen muß ich ein großes Diner mitmachen, Donnerstag nach

Kiel, bis Sonnabend die Aufführung zweier Lustspiele mit den Platos organisieren, wofür ich entsetzlich zu tun habe, Rollen abschreiben etc. Früher begeisterte mich so etwas, jetzt habe ich kaum die Gedanken dafür. —

Da habe ich Dir nun 6 Seiten inhaltlosen Zeugs geschrieben! Ganz entgegengesetzt dem was ich wollte und möchte, Du mußt für diesmal Vorlieb nehmen. Schreibe mir nur recht bald und sage mir bitte immer, wie Du den nächsten Brief schickst, als postlagernd oder direkt. Abwechseln wäre vielleicht ganz zweckmäßig, Else erregt kein Aufsehen; ihr Brief war sehr schön. — Lebe wohl, mein einziger Emanuel.

Deine Fanny

Preetz, 22. 8. 90 abends

Geliebter Emanuel —

mein gestriges Bleistiftgekritzel wirst Du nun wohl schon haben. Es reut mich beinahe, dasselbe abgeschickt zu haben, eine so flüchtige Antwort auf Deinen so lieben Brief! Ich will es nun nachholen.

Heute mittag kam ich von Kiel zurück, dann fuhr meine Tante in dem historischen »Fuhrwerk« der Priorin nach der Blomenburg. Ich dachte es mir sehr schön, den ganzen Tag in ungestörtem Alleinsein zubringen zu können — da erschien Gertrud Plato, die ebenfalls allein zu Hause war, und suchte nach Gesellschaft. Sie ist mir sehr anhänglich, fällt einem aber etwas auf die Nerven; da sie gewöhnlich sehr trübselig und deprimiert ist — so auch heute —, rührte es mich und ich widmete ihr den ganzen Abend. Wir gingen dann an den See, wo wir zeichneten und malten. Sie lud mich ein für den Abend, ich schützte schweres Kopfweh und einen wichtigen Brief vor und entwich in meine ersehnte Einsamkeit. Durch Massen von Tee habe ich meiner Müdigkeit Einhalt getan und mich, da ich durch verschiedentliches Durchregnen sehr frostig aufgelegt und zu faul zum Umziehen bin, in eine wollene Decke gewickelt.

Ich freue mich von Herzen, daß Du nun endlich von Ludwigs Verlobung Bescheid weißt. Nun will ich Dir aber — ob es diskret ist oder nicht ist mir einerlei — alles darüber sagen, was ich bereits von L. selbst weiß.

Es ist eigentlich die ganze Sache mehr traurig und bedrückend als erfreulich. Ich möchte *lieber,* daß dies nur für Dich allein bleibt, drückt es Dich aber, Catty und Else gegenüber, mehr davon zu wissen, so handle wie Du es richtig findest. Ich weiß nur nicht, ob es recht von *mir* ist, davon zu reden.

Siehst Du, die Sache ist so —

Ludwig hat jahrelang eine andere geliebt, schon während seiner Studentenzeit; sie ist sein Stern gewesen, der ihn, wie er glaubt, halten könne. Noch als Student hat er ihrer Mutter geschrieben, daß er sie liebt und deshalb nicht mehr zu ihnen käme. Voriges Jahr hat er um sie angehalten, und sie hat nein gesagt. Denke Dich in seine Gemütsverfassung hinein. Zerfahren und schwankend, so geworden durch eine lieblose Erziehung von Mamas Seite, die er noch nicht verwinden kann, obgleich sie jetzt anders mit ihm ist, nach Liebe suchend, glaubt er den Halt gefunden zu haben in einer reinen, verehrenden, ich möchte fast sagen anbetenden Liebe und wird getäuscht, weil sie ihn nicht liebt oder vielleicht nicht darf. Sie gehört einer streng orthodoxen Familie an, die wahrscheinlich an Ludwigs Leben und Anschauungen Anstoß gefunden hat.

Das hat ihn so verzweifelt, er hat wie toll die Cour gemacht, wie Else es ja auch erzählte; besonders eben dieser Sophie Eysen, dieselbe war verlobt und hat sich für Ludwig entlobt; so daß er nicht mehr zurück kann, wie er selbst sagt. Das findet man nun von ihr und von ihm »unehrenhaft«. Wer aber kann das beurteilen, was in den beiden vorgegangen ist und noch vorgeht. — Ludwig betrachtet die ganze Sache sehr kühl und prosaisch. —

Die Eltern fühlen sich durch das Ganze tief verletzt, erstens durch die »Unehrenhaftigkeit«, zweitens dadurch, daß Ludwig es ihnen an jenem Schreckensabend auf etwas sonderbare Weise, lachend und witzemachend, mitteilte, er sei nun mit der und der verlobt, drittens durch die »Mesalliance«, endlich dadurch, daß L., der mit seinem Schwiegervater zusammen praktizieren will, pekuniär wenigstens fürs erste abhängen wird.

Nun verlangt Papa, daß die Verlobung nicht vorm Examen deklariert wird, und Ludwig sagt, das geht nicht. —

Sie ist natürlich kein »nettes Mädchen« (Gott sei Dank) und der Schwiegervater ißt mit dem Messer — genug, es ist ein Jammer und ein Elend. Zum Überfluß glauben die Eltern, daß Ludwig die »Partie« macht, um seine Schulden zu bezahlen.

Ich finde es verzweifelt traurig, daß sie absolut zu keinem Verständnis mit L. kommen können, zu ändern ist es nicht, warum denn nicht es gut sein lassen, anstatt es zu einem Bruch zwischen Eltern und Kind kommen lassen. »Wenn es wenigstens eine Heirat aus Liebe wäre«, sagt man nun aber so mit kühler Überlegung!

Warum kann man es nicht milde ansehen, mit Liebe beurteilen; warum überhaupt urteilen, den inneren Konflikt eines oder zweier Menschenherzen verstehen kann ja doch niemand. Beide haben eine erste verfehlte Neigung hinter sich, warum sollen sie da nicht in ruhiger, wenn man so will kühler Zuneigung zueinander halten. — »Wir sind uns ganz einig«, sagt Ludwig — daß sie sich für ihn entlobt hat, ist doch ein Zeichen, daß sie ihn liebt; und warum will man sie deshalb verdammen, weil sie sich geirrt hat.

Wir Geschwister werden ihr gewiß mit Liebe entgegenkommen, Ludwigs Frau ist unsere Schwester, und es ist unsere Pflicht, das Möglichste zu tun, um sie nicht empfinden zu lassen, daß sie unsern Eltern unwillkommen ist. Ich sehne mich sehr danach, sie kennenzulernen.

Papa ist so herunter darüber, daß es entsetzlich traurig ist; unser häuslicher Himmel ist ganz verdunkelt, gewährt einen unmutigen Ausblick in die Zukunft.

Was die »freie Liebe« betrifft, so glaube auch ich, daß wir darin gleich denken. Ich habe oft und viel darüber nachgedacht und finde in diesem Punkt die Ibsensche Auffassung ideal.

Solange die Liebe rein geistiger Art ohne jede Einwirkung oder Beimischung der Sinnlichkeit ist, so kann sie frei sein. Aber man darf sich nicht verhehlen, daß dazu eine sittliche Kraft gehört, die wenig Menschen besitzen. Das sieht und erfährt man jetzt täglich. Zwischen wahrer Liebe und sinnlicher Leidenschaft wissen die wenigsten zu unterscheiden und es einzusehen, wie unendlich viel höher die erste steht. Aber eben deshalb sind die gesetzlichen Bande durchaus notwendig für die große Mehrzahl, denn wohin sollte es sonst hinauslaufen.

Sonnabend, 23. 8. 90

Gestern hatte ich bis 12 geschrieben, da kam meine Tante zu mir und störte mich.

Nun habe ich mir heute früh Deinen Brief geholt und danke Dir von Herzen; auch für die Zusendung des Buches, das ich bereits angefangen. Es ist furchtbar, tief erschütternd, gerade durch die schreckliche Wahrheit!

Sonntag, d. 24. 8. 90

Gestern nachmittag habe ich es durchgelesen und ich habe Deine Aufregung und Niedergeschlagenheit mitgefühlt.

Man sieht da in einen furchtbaren Abgrund mit dem Bewußtsein, daß dieser Abgrund keine Erfindung, keine Übertreibung ist, sondern daß er rings um uns her gähnt. Man möchte beinahe daran verzweifeln, daß es überhaupt noch Reinheit unter den Menschen geben kann. Und ist es nicht Sünde, schreiende Sünde, daß einem das alles verborgen, verdeckt wird, damit man nur ja nicht ahnt, daß man neben solchen Abgründen hergeht?

Emanuel, laß uns sehr und mit allen Kräften der Seele nach Reinheit und Wahrheit in unserer Liebe in unserem ganzen Leben ringen.

Solange wie wir aneinander *glauben*, werden wir das auch können; und wenn uns das allgemeine Elend beunruhigt und bedrückt, dann laß uns aneinander wieder aufrichten und uns gegenseitig halten. So allein können wir uns über diesen Greuel erheben, der um uns her die ganze Menschheit durchdringt. —

Siehst Du, ich habe schon als Kind, obgleich man mich jetzt noch für ganz unwissend hält und erhalten will — von diesen Sachen erfahren und das hat mir die rosige Weltanschauung, die die meisten Mädchen haben, geraubt, mich ernster gemacht, als ich es sonst wohl geworden wäre und mich oft fast an allem verzweifelt gemacht. Ich habe das Leben trübe angesehen, mich unglücklich gefühlt, bis ich in Dir alles gefunden, was ich unterbewußt suchte, was wohl jeder Mensch bewußt oder unterbewußt sucht, den unerschütterlichen Glauben an eine innerlich verwandte Menschenseele! —

Dieser Glaube, dieses Bewußtsein Deiner Liebe, Deiner hohen edlen Denkungsart, die mir in allen Deinen Ansichten und Urteilen entgegentritt, vor allem der Glaube an *Deine* Reinheit, das ist mein Halt, wenn alles um mich her für mich seine Maske, seinen Heuchelschein verliert und sich in seiner wahren, schauderhaften Gestalt zeigt. Ich weiß mich nicht klarer auszudrücken, aber nach dem Lesen dieses Buches weißt Du wohl was ich meine.

Preetz, 27. 8. 90

Lieber Emanuel.

Nun steht es also fest, daß ich diesen Herbst ins Seminar eintrete und die *ganze* Geschichte durchmache.

Ich bin sehr froh darüber; nun habe ich Arbeit und einen Zweck vor mir, das wird mir das Leben zu Hause erträglicher gestalten. Die Zukunft kommt mir heller vor, erstlich noch $^1/_2$ Jahr mit Dir, trotz aller Vorsicht werden wir uns doch schließlich ziemlich viel sehen. Vorsicht ist allerdings geboten — stelle Dir einmal die Folgen einer Entdeckung vor.

Nun habe ich also für 2 Jahre das Seminar, ich bin der festen Überzeugung, daß das Wendepunkt werden kann und soll.

Vielleicht kann ich mir dann später eine Stellung suchen, vielleicht die Malschule durchsetzen. Papa hat mich aber zugleich mächtig verdonnert und das Herz wieder schwer gemacht. —

Sein Vorwurf, daß ich Catty aufhetzte ebenso wie er mich, daß wir eine Verschwörung im Hause bildeten, verletzte mich sehr, da ich ihn ungerechtfertigt finde. Ich wüßte nicht, daß ich C. jemals »gehetzt« hätte. Bitte erzähl *ihm* das nicht!

Dann sprach er die Zuversicht aus, daß ich doch nicht gut tun und man mich wahrscheinlich, wie in Altenburg, herauswerfen würde und dergleichen mehr.

Geantwortet habe ich natürlich kein Wort, ich kann ja nur durch die Tat meinen Willen beweisen — und an meine oft geäußerten guten Vorsätze glaubt doch längst kein Mensch mehr. —

Aber nun habe ich es dann wenigstens selbst in der Hand, mich herauszumachen. —

Ich fühle mich heute etwas schlecht und innerlich erkältet. Es ist meine eigene Schuld, da ich gestern sehr leichtsinnigerweise halben Körpers in den See gewatet bin, ohne mich gleich umziehen zu können; hoffentlich kommt nichts weiter danach. Für gewöhnlich kann ich so etwas gut vertragen, aber ich war sowieso nicht wohl.

abends

Um 6 bekam ich Deinen Brief, für den ich Dir tausendmal
danke, es ist eine solche Stärkung für mich, einige Worte von Dir
»außer der Zeit« zu erhalten. —
Ich hatte vorhin nur eben Zeit, Deine Zeilen zu durchfliegen
und stürzte dann in ein Kirchenkonzert, es war eigentlich wunderschön, in der halbdunklen Kirche mit geschlossenen Augen da-
zusitzen, die rauschende Orgelmusik über sich hinströmen zu
lassen und an Dich zu denken.
Eben komme ich zurück und habe mir Deine Zeilen noch mehrmals durchgelesen.
Ich muß Dir nur noch sagen, daß es mir scheint, als ob Du Dich
selbst zu strenge beurteilst, indem Du sagst, Du seiest durch die
Lust ebenso schuldig wie andere durch *Befriedigung* derselben.
Die Sinnlichkeit ist jedem Menschen angeboren und regt sich,
ohne daß er es hindern kann. Geht er ihr nach, so wird er zum
Tier; aber daß er sie besiegt und besiegen kann, erhält ihn.

Preetz, den 30. 8. 90

Mein geliebter Emanuel.
Meinen herzlichsten Dank für Deine lieben Zeilen und die Zusendung des »Gift«[1]. Es tut mir gar zu leide, daß Du Dich um
den Brief geängstigt und überhaupt auf meine Antwort gewartet
hast.
Ich habe meinen Brief an Catty mit Einlage an Dich am Donnerstagmorgen eingesteckt, nachdem ich Deinen am Mittwochabend bekam, habe also gedacht, Du bekämest ihn noch am Donnerstag, sehe aber leider, daß das nicht der Fall gewesen ist.
Übrigens eskamotierte ich den Deinen ehe er gesehen wurde.
Du gibst mir in Deinen Briefen immer so viel, indem Du mir
mitteilst, was Du liest und denkst, gibst Du mir ein so liebes
Bild von Deinem inneren Leben, gerade so wie ichs brauche. Mit
welchem Gefühl erwarte ich jeden Sonnabendmorgen, die Nacht,

---

[1] »Gift« — Roman von Alexander Lange-Kielland (1849—1906), norwegischer Schriftsteller. Weitere Romane u. a. »Schnee«, »Schiffer
Worse«.

die ihm vorangeht, träume ich fast fieberisch von Dir, von Deinem Brief, so daß ich beim Erwachen nicht weiß, was Traum und was Wirklichkeit ist, wache jede Stunde auf und denke, daß es Zeit zum Aufstehen und Auf-die-Post-gehen ist. Wozu erzähle ich Dir das nun? Es ist eigentlich recht töricht, ärgere Dich nicht darüber, überhaupt nicht, wenn ich kindisch bin, das wird schon besser werden. Ich fühle meine Unreife und innere Unfertigkeit immer mehr, seit wir miteinander verkehren.

abends 10 Uhr

Vor 1/2 Stunde kam ich von einem Diner zurück, wo meine Tante wegen Unwohlseins nicht mit war, und sitze nun noch glühend und erhitzt vorm Schreibtisch. Ich war den ganzen Tag — weshalb weiß ich selber nicht recht — in der trübseligsten Stimmung von der Welt und dann bei dem erwähnten Diner tobend lustig. So geht es immer in mir auf und ab, das elendet mich selbst aufs höchste, und ich kann doch zu keiner gleichmäßigen Stimmung kommen, wenn ich sie auch äußerlich zu heucheln versuche. Zuweilen befällt mich ein wahrer Spasmus von Melancholie und dann wieder die ausgelassenste Lustigkeit, dazwischen fühle ich mich ungemütlich und zuweilen auf fürchterliche Weise nervös. Ich glaube, wenn ich erst ordentliche Arbeit vor mir habe, wird es besser werden.

Ich will Dir eins sagen, das mich auch bedrückt. Ihr habt mir nun alle drei geschrieben, es wäre besser, wenn ich noch bis Weihnachten fort wäre und einerseits leuchtet mir das auch ein. Nun werdet ihr gewiß es sehr töricht von mir finden, daß ich nun doch schon komme und zwar schon im Oktober. Glaubt nur um alles nicht, daß ich eure Ratschläge in den Wind schlage. Aber es ist nun wirklich nicht mehr zu ändern und dann finde ich auch, daß wir gerade dieses letzte halbe Jahr, wo Du und C. noch in L. seid, nicht vorübergehen lassen müssen, uns nicht freiwillig so gewaltsam trennen. Wir sind dann doch *zusammen*, nicht weit voneinander, können uns zuweilen sehen, können Briefe wechseln so oft und so viel wir wollen, sehen uns auf dem Eis, im Theater, am Fenster!

Wenn wir uns dann ganz fest vornehmen, die Vorsicht nie außer acht zu lassen, wenn ich zu Hause mich durch Fleiß in gutes Licht setze, so wird es schon gehen und wird viel erträglicher sein als dies. Für später wird es ein unschätzbarer Gewinn sein, dieses halbe Jahr, wo wir uns so recht ineinander einleben können, ehe das Leben uns voneinander reißt. Für heute Gute Nacht, ich bin so verwirrt, daß ich kaum mehr weiß, was ich schreibe.

1. 9. 90

Ich schicke Dir Deine Briefe mit großem Dank wieder, ich möchte fast sagen studiert und sehr viel davon gehabt.

»Gift« ist sehr schön und groß und tieftraurig, es hat mich sehr hingerissen. Bitte sage Else und Catty, sie sollten nicht böse sein, daß ich ihnen diesmal nicht schrieb. An C. schreibe ich noch in der Woche.

Heute muß ich gleich zur Zeichenstunde, dann Anne Petersen abholen, die um 1 kommt und bis Mittwoch bleibt. Danke Else bitte sehr für ihren Brief. Ich habe den Zettel an Siddy Platen gegeben und schicke Dir die Auslegung sowie ich sie von ihr habe.

Daß Du Dir das Rauchen abgewöhnst, gefällt mir sehr, und ich finde es sehr viel Selbstüberwindung; mir persönlich sind nichtrauchende Menschen viel angenehmer, obgleich ich es selbst gerne zuweilen tue, aber es muß viel dazu gehören, sichs zu versagen, wenn mans gewohnt ist.

Nun lebe wohl mein Geliebter, ich schreibe nächstens mehr. Sende mir auch diese Woche noch einen Gruß und habe Geduld mit mir.

Deine Fanny

Mittwoch, 3. 9. 90

Lieber Emanuel.

Ich habe Dir wieder so viel zu schreiben, daß ich schon heute anfange. Zuerst daß ich mich ganz unbeschreiblich nach Dir sehne und selig in dem Gedanken bin, Dich in 4 Wochen zu sehen. Am 29. oder 30. September komme ich; um 1 Uhr ist die Aufnahmeprüfung und am 6. fängt es an.

Ich brenne darauf von Dir zu hören, was Du über das Seminar meinst? —

Von meiner Mutter hatte ich einen sehr lieben Brief. Es kommt mir jetzt vor, als ob alles besser werden würde, ich habe es nun in der Hand, mich herauszumachen und den bombenfesten Entschluß, das zu tun. Ferner einige Zeilen von Catty, daß er vielleicht Sonnabend inkognito hierher kommt?

Schließlich hatte meine Tante Briefe vom Greis und von Ludwig; es ist keine Hoffnung, daß es zur Versöhnung kommt.

Ludwig sagt übrigens, daß er in dieser Verbindung die Garantie für eine glückliche Zukunft sieht. Er muß sie doch auf gewisse Weise lieben. —

Blomenburg, Sonnabend, den 6. 9., im *Bett*

Mein Geliebter.

Ein paar Worte muß ich Dir noch heute schreiben, um Dir von Herzen für Deine lieben Zeilen und die Büchersendung zu danken. Deine Worte erwärmten und erfreuten mein Herz. Es ist herrlich, daß Du mir immer die Bücher schickst, ich habe so viel davon, besonders in dem Gefühl, daß wir sie quasi zusammen lesen. Daß Du Dich so frei und wohl fühlst, freut mich so herzinnig. — Ich will Dir nun erst in Kürze meine Erlebnisse mitteilen, die mich diese Woche in Anspruch genommen haben. Montagmittag holte ich Anne Petersen ab; und wir zwei machten gleich mittags und abends eine Zeichentour und ließen uns zusammen photographieren, ich hole es Montag und schicke Dir und Catty eins. Abends rechneten wir bis 12 Uhr als Seminar-Vorübung und sprachen noch lange, da wir zusammen schliefen. Dienstag machten wir mit 3 Platos eine *sehr* nette Tour nach Rastorf von 10 bis 3. Ich fachsimpelte, d. h. zeichnete ununterbrochen, die anderen spielten im Gras liegend Skat. Zurück mit Gebrüll. Mittwochfrüh reiste sie ab.

Donnerstag kam eine Bekannte von mir, Linne Plunkner, bis heute morgen, wieder die ganzen Tage zusammen gezeichnet, heut morgen um 9 brachte ich sie an die Bahn; holte mir auf dem Rückweg Deine Sendung und um 1/2 10 fuhren wir hierher.

Nun bin ich über alle Begriffe tot, da ich gestern nur von 1/2 12 bis 3 im Zeug unausgezogen auf dem Bett gelegen habe. Wir wollten aus Unsinn so früh aufstehen, saßen erst bis 5 bei der Lampe und rannten dann bis 8. Infolgedessen habe ich den ganzen Tag entsetzlich mit dem Schlaf gekämpft und bin überhaupt kein Mensch mehr. Gute Nacht denn für heute.

den 7. 9. 90

Einen Augenblick zwar nur, aber ich will ihn doch benutzen.

Heute abend geht es nach Preetz zurück. Ich habe Dir noch so viel zu schreiben, daß ich nicht weiß wo anfangen und dann absolut keine Zeit. Morgen früh wieder Zeichenstunde, mittags Plato-Exbummel etc. Jedenfalls schreibe ich Dir zu Freitag noch einmal. Donnerstag um 9 gehe ich nach Kiel und von dort um 1 Uhr nach Noer, wo ich bis zum 19. oder 20. bleibe, dann bis Dienstag den 23. in Wulfshagen und schließlich nach Kaltenhof.

Ich muß nun noch für das Seminar Probearbeiten machen und am 1. Oktober die Aufnahmeprüfung. Agnes schickte mir gestern die Aufgaben; eine französische und eine englische Übersetzung, eine Rechenarbeit und einen Aufsatz, Thema: »Warum lehnt Iphigenie den Antrag des Thoas ab?«. Wirkliche und angebliche Gründe. In 14 Tagen muß ich damit fertig sein. Wenn Du Erbarmen mit mir hast, so belehre mich etwas darüber, wie ich es andrehen soll, ich habe in meinem Leben keinen ordentlichen Aufsatz gemacht, nur Quatsch ohne Einteilung. Angeblicher Grund ist wohl, daß sie Pascorin ist und daß sie so unangenehme Großeltern hatte, aber der wirkliche ist mir noch nicht klar. Daß er ihr nicht sympathisch ist?

[Preetz] Montag, 8. 9. 90

Da ich mich verschlafen habe, kann ich nur noch ein paar Worte schreiben; schreibe Donnerstag wieder, dann auch an Catty, bitte danke ihm sehr für seinen Brief.

Ich muß jetzt zu Frl. Heine stürzen, in solcher Hetzerei kann ich doch nicht vernünftig schreiben. Sei nicht böse. Ich freue mich auf die Lektüre der beiden Bücher! Leb wohl, mein süßer, lieber Emanuel,

Deine Fanny

Preetz, 10. 9. 90 abends

Mein Emanuel.

Heute ist nun der letzte Abend hier! Ich habe wieder einige rasende Hetztage vor mir, besonders heute. Morgens war ich bei Frl. Heine im Atelier. Es wird mir so schwer, mich von ihr zu trennen, daß ich es beinahe albern finde und es augenblicklich alle meine Gedanken in Anspruch nimmt. —

Dann habe ich noch einen Schädel fertig modelliert, den ich mir mit nach Lübeck nehmen will. Gestern war ich von 12 bis 9 auf

Kühren, wo ich mittels einer Engländerin meine englische und einer Französin meine französische Probearbeit machte. Dann habe ich jetzt einen Band von Friederike Kempner[1], aus dem ich wie wahnsinnig abschreibe, damit wir uns dann später in Lübeck daran freuen können.

»Schnee« habe ich erst angefangen, »Macht der Finsternis« noch nicht, ich werde es auf Noer in Ruhe lesen. Inzwischen habe ich den »Tod« von Tolstoj gelesen, den Tante Fanny aus der Leihbibliothek hatte, es hat mich nicht gerade angesprochen. —

Wie sehne ich mich nach Ruhe, nur nach Ruhe, um an Dich schreiben und denken zu können. Gewiß, dieser Sommer ist mir doch sehr schwer geworden. Mit einem so vollen Herzen von Liebe und Sehnen, dem man ungeteilt nachhängen möchte und dann immer in Bewegung, immer unter Menschen und immer liebenswürdig, lustig, gleichgültig sein zu sollen. Das war so furchtbar schwer und aufreibend, und ich bin froh und erleichtert, daß die Zeit vorüber ist. Später wenn Du fort bist, werde ich es mit Arbeit besser aushalten können. Und doch möchte ich um keinen Preis dieses Schwere missen. Es kommt mir vor, als ob es unsere Liebe stählte, wenn wir für dieselbe leiden müssen; und wenn ich mir denke, daß vielleicht 10 Jahre vergehen, ehe wir uns besitzen *dürfen,* so erfüllt mich eine frohe Siegesgewißheit; denn fühlen wir es nicht beide, daß wir füreinander geschaffen sind, daß wir eng zusammengehören müssen? Daß uns nichts mehr trennen kann? Die Kämpfe, die uns bevorstehen, können unserer Liebe ja nur mehr Wert und Kraft verleihen.

Nun haben wir ja erst noch so viel Schönes vor uns. Ein ganzes halbes Jahr, wo wir uns sehen. Ich kann das Wiedersehen kaum erwarten und träume jede Nacht davon.

den 11. 9. 90

Eben vor der Abreise in fliegender Eile! Lebe wohl, mein Geliebter, Du schreibst mir doch noch diese Woche nach Noer bei Gettorf — ich schreibe Dir das nächste Mal durch Catty, an den zu schreiben ich heute nicht mehr die Zeit habe.

F.

---

[1] Friederike Kempner (1836—1904) Schriftstellerin, Autorin ernstgemeinter, unfreiwillig komischer Gedichte.

Geliebter.

Vielen Dank für Deinen Brief und »Schiffer Worse«, ich habe es heute am Strand angefangen. Kielland gefällt mir sehr, es ist in seinen Werken etwas so objektiv Klares, was mich sehr anspricht. »Schnee« finde ich nicht so schön wie »Gift«. Wenke ist eine ungemein anziehende Gestalt, Gabriele sehr viel weniger. Es kommt einem — mir wenigstens — vor, als ob bei Gabriele nicht so sehr ihre Meinung Herzenssache ist, sondern Eitelkeit dazwischen. —

Das ist nun freilich sehr subjektiv beurteilt, eigentlich sollten einem ja nur die Ideen und nicht die Träger derselben wichtig sein, und die Kiellandschen Ideen haben etwas so wohltuend Klares und Bestimmtes.

Gut geschildert finde ich die Gestalten alle, am besten die Frau, ihr inneres Leben ist so lebenswahr und ergreifend geschildert. Diese geistige Verkümmerung unter Haussorgen etc. findet sich wohl bei sehr vielen Frauen. Das Ganze hat mir sehr gefallen. —

Die »Macht der Finsternis« habe ich gestern abend gelesen, ich finde es sehr groß und kann nicht verstehen, wie man solche Bücher unmoralisch finden kann. Ich finde, es ist die ernsteste Sittenpredigt und sehr ergreifend. Wahrhaft schön sind die Szenen zwischen Maxim und Nikita und zwischen Anjutka und Mitritsch. —

Sei nicht böse, wenn ich wieder nur kurz schreibe. Ich bin entweder mit den anderen zusammen oder rasend arbeitend. Morgens früh gehe ich allein an den Strand. Das Meer erregt in mir ein entsetzliches Heimweh nach Husum, nach der Nordsee und den Deichen, und doch kann ich mich nicht davon trennen.

Mama hat mir das Baden verboten, ich tue es aber doch, ich kann nicht widerstehen, es ist zu himmlisch! Ich habe mir mit der gewohnten Geschicklichkeit dabei an einem Stein das Knie gewaltig gequetscht und bin etwas lahm.

Es ist hier sonst sehr nett. Hauspersonal: Mutter Noer streng, wohlwollend und etwas arrogant, zwei Töchter, Carmen 19 Jahre alt, klug, genial, zerstreut; Louise auch klug, aber ziemlich eingebildet, 11 Jahre alt; eine ganz nette Gouvernante.

Louise und ich machten gestern eine Strandtour und wollten in ein Boot, das ziemlich vom Land ab war. Ich wate also hinein, mit bloßen Füßen natürlich, und baue eine Brücke für Louise aus einer Schiebkarre und einem Brett, darauf lehne ich mich an die Schiebkarre, um etwas herauszufischen und Schiebkarre, Brett und ich trudelten übereinander ins Wasser, was ein ganz unnötiges Bad war.

Bitte schreibe mir zum nächsten Sonnabend nach Wulfshagen bei Gettorf, meinen Namen möglichst groß, denn meine Cousine heißt auch Reventlow.

Wie traurig, daß Deine Tante gestorben ist, es bringt auch gewiß viel Unruhe und Ungemütlichkeit mit.

Bitte schicke mir die Schrift für Siddy Platen, damit sie's mir noch vor meiner Rückkehr schicken kann.

Lebe wohl mein Teurer.

F.

Noer, d. 17. 9. 90

Liebster E.

Eh ich ans Bearbeiten meiner Aufnahmegeschichten gehe, muß ich mich durch einige Worte an Dich erholen. Ich habe die vorigen Tage rasend geochst.

Die beiden letzten Morgen habe ich heimlich gebadet, es lockte mich unmenschlich, ich kann dem Wasser nie widerstehen. Um 1/2 7 ging ich an den Strand, kletterte durch die nach dem Wasser gehende Tür der Badekarre in dieselbe und stürzte mich mit einem Schwimmgürtel hinein — ohne den kann ich nur sehr wenig schwimmen, aber mit ihm geht es himmlisch. Das Wasser war eisig kalt, so daß mir der Atem erst ganz weg war und ich nachher ordentlich rennen mußte, um warm zu werden. Aber es war fast überirdisch schön, so in dem goldenen Morgenschein, der auf dem Wasser lag, herumzuschwimmen, als ob man allein auf der Welt sei. Ich habe das Meer überhaupt unendlich genossen, zu allen Tageszeiten stürzte ich an den Strand, lag im Sand, watete hinein oder saß auf einem großen Stein und ließ mir die Wellen über die Füße schäumen. Zuweilen konnte ich mir fast einreden, daß ich in Husum am Steindeich läge. Husum schwebt mir jetzt fast nur noch wie ein Traumbild vor und verklärt sich immer mehr zu etwas unerreichbar Schönem. Ob das Heimweh wohl nie aufhört — bis jetzt fühle ich es wenigstens ebenso stark wie am ersten Tag. —

Nachmittags machten wir herrliche Expeditionen in einem kleinen Leiterwagen mit 2 Eseln davor mit vielen Abenteuern. Der eine Esel, der lächerlicherweise Fanny heißt, legte sich ca. 5 bis 6 mal hin und wollte nicht wieder aufstehen und wurde nur durch Peitschen dazu bewogen. Ich fuhr und saß dabei auf einem umgekehrten Korb, einmal fiel ich mit demselben um und hing schon mit dem Kopf beinahe im Rad, als die andern mich noch eben in die Höhe zogen. Aber es war höchst lustig! — Einige Stunden am Tage singen Carmen, die älteste, und ich zusammen, sie kann wenig und ich gar nichts; Musik und Gesang ist aber meine ganze Leidenschaft.

Wulfshagen, 19. 9. 90

Seit gestern nachmittag bin ich hier — es kann hier ganz nett sein, sonst bin ich im ganzen lieber anderswo. Tante und Cousine mäkeln auf eine entsetzliche Weise an einem herum, was mich fast um die gute Laune bringt. Bei Tisch kam ich beinahe aus der Fassung über ihre Kritteleien; aber die »Stütze« gewährte mir noch etwas Halt. Dieselbe ist ein sehr einfaches, äußerlich ungebildetes aber riesig gutes Wesen, und es gewährte mir Genugtuung, daß sie mir sagte, ich hätte es sehr nett ertragen. Ich bin auch vielleicht zu empfindlich, aber sie stellen mich hier auf eine harte Probe. Ich war gestern abend todmüde und schlief von 9 bis 1/2 8 in einem Zuge, bin trotzdem noch ganz schlapp. Meine Arbeiten habe ich mit vielem Stöhnen beendigt; besonders der Aufsatz zerbrach mir beinahe den Kopf, ich habe 4 Abende dafür bis 12 aufgesessen und dann um 6 wieder auf.

20. 9. abends

Mein herzlieber Emanuel.

Obgleich ich kaum noch kann, will ich Dir doch noch heute abend für Deinen lieben, so herrlich langen Brief danken. Daß Du jede Deiner Stimmungen und alles, was Dich bedrückt, sagst, das macht mich so glücklich; obgleich es mich doch traurig macht zu hören, daß Du Dich elend fühlst. —

Ich hoffe jetzt alles von unserm Wiedersehen für Dich und für mich. Wir sind uns darin vielleicht zu ähnlich, daß wir leicht den

Kopf hängen lassen. Was könnte ich Dir sagen oder für Dich tun, um Dich etwas aufzurichten? Gar nichts! Um so weniger als ich selbst so herunter bin wie selten. Meine überreizten Nerven plagen mich körperlich und geistig, und ich habe die Gewalt über sie verloren und ergebe mich sozusagen darin, mir von allen Seiten Nervosität vorwerfen zu lassen. —

Glaubst Du nicht, daß es bei Dir auch daran liegt, daß Du fürchterlich nervös bist, Du liest gewiß auch zu viel. Das greift doch sehr an, besonders wenn man außerdem den halben Tag in der Schule sitzt. —

Ich glaube sehr, daß diese Befangenheit im persönlichen Verkehr, von der Du sagst, sich geben wird. Siehst Du, es ist so nötig, daß wir nicht länger voneinander getrennt sind und Du wolltest mich bis Weihnachten verbannen!

Wir haben uns doch eigentlich so wenig gesehen, es war immer so kurz und heimlich, und dann standen wir uns doch damals nicht so wie jetzt. — Seitdem haben wir uns nur das eine kurze Mal in Preetz gesehen.

Herrlich, wenn wir uns in den Ferien bei Else sehen können. Sei ganz ruhig, ich will schon vorsichtig sein, dieses Frühjahr haben wir doch schon so viel Geschick bewiesen!

Ehe ich weiter auf Deinen Brief eingehe, will ich Dir von heute erzählen. Ich mußte nämlich zu einer Réunion auf einem österreichischen Schiff, sträubte mich erst, aber es half nichts. Meine Cousine und ich fuhren um 1/2 3 mit Seckendorffs[1] — den Oberhoftieren Prinz Heinrichs — aufs Schiff, das sehr schön und farbenreich zurechtgemacht war. Die Tageszeit war allerdings etwas sonderbar. Es wurde vehement getanzt bis 6, wo wir wieder abfuhren.

Ich habe sehr viel getanzt, aber nur mit 3 Herren, ist das nicht ein Kunststück? Der eine war ein kleiner Infanterist, der froh war, jemand zu finden, mit dem er sprechen konnte, da er ganz fremd war. Der zweite, ein guter Bekannter von mir, von Kühne; der mich in väterlicher Weise dazu veranlaßte, mich den Müttern vorstellen zu lassen und höflich zu sein, und der

---

[1] v. Seckendorff — Oberhofmeister des Prinzen Heinrich v. Preußen, des Bruders Kaiser Wilhelms II.

dritte ein riesig netter Österreicher, mit dem ich große Freundschaft schloß. Wir absentierten uns nach dem Essen — was nach Buffetmanier unten in der Messe stattfand und wo ich es auch nur zur Erwerbung von Kartoffelsalat, Bier und Champagner brachte — und gingen durch das ganze Schiff. Er erklärte mir alle Arten von Geschützen und ließ es mir von Matrosen, die auch sehr nett waren, aber sehr lumpig aussahen, vormachen. — Um 6 wurden alle Flaggen aufgezogen und sehr schön gespielt: Heil Dir im Siegerkranz und Vater, ich rufe Dich, dann fuhren wir ab.

d. 22. 9. 90

L. E.

Du mußt nicht böse sein, daß auf Deinen Brief, der so inhaltsreich war, ich uneingehend antworte, ich bin ganz durchgedreht, heute noch ganz elend von dem gestrigen Kopfweh und schlecht geschlafen. Nun gehe ich heute von 1 bis 9 nach Noer, heute abend kommt Ludwig, morgen gehe ich nach Kaltenhof und vielleicht schon Sonnabend nach Hause, Mama scheint es zu wünschen, daß ich schon so früh komme und ich will auch lieber in einen Strudel von Storms hineinfallen als tête-à-tête mit den Alten. Wie sollen wir uns nun verabreden, wie wir es machen, uns zu sehen, ich gehe baldmöglichst zu Else, und wenn wir uns etwas zu sagen haben, schreiben wir uns postlagernd, Du mir wieder mit A. O. 1, nicht wahr?

Aber unsere Parole muß jetzt Vorsicht sein. — Wenn Catty doch in den Ferien da wäre, aber ich freue mich so für ihn, wenn er nach Husum kommt. Es wird ihm so gut tun.

Die Stimmung bei euch muß ja sehr ungemütlich sein, hoffentlich gibt es sich wieder. Mich bedrückt Deine schlechte Verfassung und meine gänzliche Ohnmacht, Dir darin irgend etwas zu sein, d. h. ich glaube, wenn wir immer zusammen wären, würden wir uns gerade darin unendlich beistehen können. Wenn!!

»L'Assommoir«[1] kenne ich, d. h. ich habe es in der dramatischen

---

[1] »L'Assommoir« (1877, dt. »Der Totschläger«) — Emile Zolas (1840 bis 1907) sozialkritischer Roman, der als *das* repräsentative Werk des französischen Naturalismus gilt. F. R. beschäftigte sich außerdem mit Zolas Romanen »Nana«, »Germinal« und »La bête humaine« (»Die Bestie im Menschen«).

Bearbeitung mit einer Vorrede von Zola selbst gelesen, und in dieser Bearbeitung war der Zynismus nicht so hervortretend wie wohl im Original, und es machte mir das Ganze großen Eindruck.

Ich habe übrigens Montag einen Brief an Dich geschickt, den Du nicht bekommen zu haben scheinst. Du mußt nicht böse sein, wenn er mal verspätet kommt, es ist vom Lande schwierig, unbemerkt einen zu expedieren. Den heutigen nehme ich nachher mit nach Gettorf, wenn ich nach Noer geholt werde. —

[23. 9.]

Liebster E.

Mit Schrecken sehe ich eben, daß ich in meinem Blödsinn den Schluß zu meinem gestrigen Schreiben hier gelassen habe. — Verzeih! Du mußt mich für sehr zerstreut halten. —

Gestern war ich auf Noer. Mit einem Admiral Schering, seiner Frau und seinem Neffen, meinem neulichen Tänzer, fuhr ich von Gettorf dorthin, und abends um 9 zurück. Es war soweit ganz nett, ich konnte mich nur vor Kopfweh kaum aufrecht erhalten und fiel beinahe unter den Tisch. Um ½ 11 kam ich hier erst wieder an und fand Ludwig vor, wir verschlangen noch zusammen beträchtliche Quantitäten von Bier und Pfirsichen und schwelgten in Husumer Reminiszenzen, frage Catty nur mal nach »Botschlot« und »Heine, Ibsen«.

Wir gerieten zuletzt in eine rasende Albernheit, so daß Tante Linne geelendet wurde. Dann ging ich hinauf, wollte auf Ludwig warten und schlief auf meinem Sofa ein, bis 12, wo ich zu Bett kroch. Heute morgen um 5 erschien der Kutscher bei mir, glaubend es sei Ludwigs Stube und brüllte fortwährend: »Guten Morgen, Herr Graf«, ich lachte convulsivisch und beschämt, und verwirrt entfernte sich der fade Geck.

Heute kommt nun Onkel Georg, ich gehe mit ihm nach Kaltenhof. Gott sei Dank, daß der Aufenthalt hier zu Ende ist. Lebe wohl.

D. F.

[Kaltenhof, Ende Sept. 90]

Liebster Emanuel.

Ich möchte Dir noch einmal schreiben, ehe ich komme, aber Du

mußt verzeihen, wenn es nur flüchtig ist. Ich bin hier keinen
Moment allein, nicht einmal nachts, muß rasend Grammatik
lernen und soll Sonnabend Theater spielen. Ludwig kommt
heute und dann hängt es davon ab, ob er Sonnabend spielen
kann oder nach Lübeck reist. Mama schrieb mir, sie erwarteten
ihn! Wenn dann doch alles gut würde! Er ist natürlich sehr aufgeregt — wenn er Sonnabend nach Hause fährt, gehe ich wohl
mit, sonst denke ich Sonntag. —
Wie machen wir es nun uns zu sehen — wenn es doch das erste
Mal noch mit Catty zu machen wäre. —
Du wirst ja von Catty erfahren, an welchem Tag ich komme.
Wie ich mich auf Dich freue!
Ich fühle mich hier äußerst wohl und werde hier gleich ein anderer Mensch. Es ist der Einfluß meines Onkels, der mir so wohl
tut. Derselbe ist mir das Ideal eines Menschen, und ich habe an
ihm das, was mir bei meinen Eltern fehlt. Leider habe ich noch
wenig von ihm gehabt. Er hatte sich bei einem Fall die Schulter
verletzt und lag 2 Tage. Heut ist er zu meiner Freude wieder
da, mit ihm eine Atmosphäre von Gemütlichkeit, die nicht zu
beschreiben ist — ich wollte Du kenntest ihn.

[Lübeck, Ende Sept. 90]

... so wird es gehen, und wir werden uns beherrschen können.
Ich glaube nicht, daß Mama irgend etwas an Deinem Benehmen
gemerkt hat, sie ist gegen mich sehr freundlich, heute noch fast
mehr wie gestern. Daß Du diese Woche fort bist, ist vielleicht
ganz gut, Else und ich wollen Catty schreiben, daß er Anfang
nächster Woche zurückkommt, dann können wir uns ja sehen.
Mitte Oktober geht Mama nach Preetz, haben wir da nicht ganz
schöne Aussichten fürs erste? Ich möchte Dir Mut machen und
ich habe selber augenblicklich absolut keinen, aber ich weiß, daß
wenn ich Dich sehe, mir der Mut zurückkommt. Es ist überhaupt
so bedrückend, alles. Die 2¹/2 Jahre, die ich hier absitzen muß,
werden grausam schwer sein; aber dann kann ich fortgehen,
selbständig werden! Die Aussicht wird mir helfen.
Du hast sehr recht, daß ich in einem beständigen Widerspruch
leben werde, mit allem, was mich umgibt. Aber die Trennung
von Dir werde ich besser ertragen, wenn ich geregelte Arbeit

habe. Arbeit ist für mich, wie ich jetzt bin, das einzige Heilmittel. Sonst geht das ganze von den furchtbarsten Widersprüchen erfüllte Leben, was ich führen muß, über meine Kräfte.

Else war entzückend, ich hatte ein Gefühl, als ob sie zeitlebens meine beste Freundin gewesen wäre, wir sprachen nur in Eile über Dich und dann über die dumme Geschichte mit Ernst und Agnes. Wie ist es von den beiden dumm. Sie haben an Ludwig geschrieben, ob er wirklich sozialdemokratisch[1] gewählt hätte. Er hat auf einer Postkarte nur NEIN geschrieben. Ernst schreibt an Else!! Sie solle es überall dementieren. –

Catty stellt Ludwig zur Rede, L. sagt ihm, er wolle selbst zu Else gehen (was er nicht getan hat), hätte das NEIN an E. und A. nur geschrieben, um sie in ihrem Vorhaben zu stoppen. – Nun sind Ernst und Agnes über seine »Doppelzüngigkeit« außer sich, ich kann ihn auch nicht ganz verstehen, hoffe aber, daß es sich noch einmal aufklärt.

Else schien darüber zu lachen, was ich ungemein vernünftig finde, sie wollte Ernst durch einige Zeilen anöden. Else begleitete mich hinaus, wo Dette Storm auf mich wartete. Während wir 3 zusammen sprachen, kamen die beiden Grethen; dann stürzten Dette und ich im Galopp in die Stadt, wo wir Frau Storm und die jüngste Tochter trafen.

Ich bin eigentlich aus Versehen schon jetzt gekommen, ich hatte verstanden, die Aufnahmeprüfung sei am 1. Oktober, und nun ist sie erst am 10. Zuerst ärgerte ich mich sehr, denn ich wäre so gern noch auf Kaltenhof geblieben; es kam dort eine solche Ruhe über mich und es wurde mir so wohl. Ich habe noch nie so sehr den Einfluß eines Menschen gefühlt, wie bei meinem Onkel Georg. Man findet bei ihm die »reine Menschlichkeit«, und das ist so schön und wohltuend. Ich sollte doch eigentlich noch Theater spielen, aber es kam nicht mehr so weit. Der letzte Tag war auch so schön, ich zeichnete draußen, und die anderen liefen bei mir herum und lernten ihre Rollen. Zuletzt photographierte . . .

---

[1] Die Reichstagswahlen von 1890, bei denen die von 1878–90 verboten gewesene sozialdemokratische Partei einen beträchtlichen Sieg errang.

Geliebter!

Gestern morgen holte ich mir Deinen Brief und Karte. Habe Dank dafür. Der Brief machte mich etwas traurig. Ich schäme mich sehr und bin sehr betrübt, Dir Anlaß gegeben zu haben, mich sehr töricht zu finden.

Es war unvorsichtig, aber doch nicht so sehr, wie Du meinst, denn ich konnte hören, ob jemand käme und durch Agnes' Stube weglaufen. Jedenfalls ist es diesmal gut gegangen. — Du sagst, ich solle nicht in Dich dringen, anders zu handeln! Ich habe auch mit Else darüber gesprochen. Ich glaube, wenn wir es vermeiden, uns zu sehen, wird es viel schlimmer werden.

Es macht mich nun verzweifelt, wenn Du glaubst, daß ich mich nicht werde beherrschen können, weil ich dies eine Mal unvorsichtig war.

Ich kann es nicht vertragen, wenn Du mich für schwach und unfähig hältst, mich zusammenzunehmen.

Ich verspreche Dir heilig, daß ich vorsichtig und stark sein will; ich weiß ja, daß die geringste Unvorsichtigkeit uns ins größte Unglück und die schwerste Trennung stürzen kann. Aber Du mußt es mir glauben und danach handeln. Wir müssen jede sichere Gelegenheit, uns zu sehen, wahrnehmen und uns nicht diese Entbehrungen auferlegen, solange eine Möglichkeit ist. Wir werden viel ruhiger sein, wenn wir uns gesehen haben, als wenn wir's vermeiden und uns dann vor anderen sehen. —

Ich muß Dir aber gleich wieder neues Unheil mitteilen. Deine Mutter hat Mama gesagt, ich kennte Gutschows; Mama war bis gestern nachmittag sehr gnädig, dann auf einmal nicht mehr! Und hat heute zu Agnes gesagt, sie wolle mich über die Gutschow-Bekanntschaft zur Rede stellen und sie glaube, daß ich immer, wenn ich allein aus wäre, herumtummelte. Erschrick nun nicht, ich werde schon meinen Kopf aus der Schlinge ziehen. Ich werde sagen, daß ich Else in der Pferdebahn kennengelernt und dann noch einmal in einem Laden gesprochen hätte und sie sehr nett gefunden, daß ich aber nicht mit ihr verkehren wolle und M. versprechen, es nicht zu tun. Das ist der einzige Weg, den ich gehe. Den Konflikt, in den diese Lüge mich bringt, werde ich ertragen. Mein Recht an Dich und Else stehen drüber und ma-

chen mein eigentliches Leben aus, das ich zu leben berechtigt bin,
wenn ich auch die Rechte der Eltern verletze. Es ist ein schwerer
Widerspruch, in dem ich so zu leben gezwungen bin; aber wenn
Du bei mir stehst, kann ich alles.

Habe ich das Seminar durchgemacht, so gehe ich fort. Bis dahin
arbeite ich. Die Liebe wird alles lösen. Sorge Dich nicht um mich,
liebe mich nur! Ich bin Dein in alle Ewigkeit.

F.

2. 10. 90, 10 Uhr morgens

Liebster E.

Mir ist entsetzlich zu Mut! Vorhin hat Mama mich gefragt, wie
es käme, daß ich Else Gutschow kennte, sie wäre von verschiedenen Seiten darauf angeredet.

Und ich habe ihr gesagt, ich kennte sie nicht, hätte sie nur einmal
in der Pferdebahn und da mit ihren Schwestern kennengelernt
und dann einmal in einem Laden gesprochen.

Sie fragte noch einmal, ob ich sie nicht getroffen hätte und nicht
mit ihr und Catty gegangen wäre. Ich blieb beim Nein! Darauf
erklärte sie mir, wenn ein einziges Mal so etwas herauskäme,
wäre »Seminar und alles zu Ende«.

Es ist mir eine Bergeslast auf der Seele, daß ich so lüge und
unter lauter Lügen lebe.

Ich lebe ein vollkommen erheucheltes Leben mit meinen Eltern
und allen Menschen und das einzige wahre Leben mit Dir, Else
und Catty. Es ist ein fürchterlicher Widerspruch in meinem
Innern. Ich sollte Dich vielleicht lieber mit all diesem verschonen,
damit Du nicht mit darunter leidest, aber das ist ja das einzige,
was es mir erträglich macht, daß ich Dir alles, alles sagen kann.

Mama hat zu Agnes gesagt, sie glaube es nicht ganz, aber gegen
mich ist sie so ganz freundlich, und gerade das tut mir so
schneidend weh.

Ich bin nicht ganz verzweifelt, im tiefsten Grunde fühle ich die
feste Überzeugung, daß es ausgehalten und durchgekämpft sein
muß, aber ich frage mich immer wieder *wie?*

abends

Nur noch ¼ Stunde vorm Tee kann ich mit Dir reden. Ich bin
so müde, daß ich kaum mehr sehen kann und muß nun noch

1¹/₂ Stunden mit der Familie verbringen. Das heißt ich sitze stumm da und denke an Dich.

Ich bin verschiedentlich gefragt, was mir fehle, es ist mir unmöglich, heiter zu erscheinen. Abends bin ich müde und zerschlagen, gehe früh zu Bett und stehe spät auf. Trotzdem schlafe ich den halben Tag; ich bin gänzlich übermüdet, aber es wird sich schon geben. —

Wenn Du doch kämst! Du darfst nicht länger wegbleiben, ich muß Dich sehen, dann wird alles besser werden.

d. 3. 10. 90

Ich muß dies noch heute mittag einstecken, da ich nicht weiß, ob ich nachmittags herauskomme, und Du sollst doch morgen ein paar Worte vorfinden.

[Lübeck, Oktober 90]

Liebster!

Eben komme ich hinauf, hoffte Dich noch oben zu sehen, aber ihr wart fort! Nun will ich mich nicht beklagen, ich habe Dich ja heute wie noch nie gehabt, so ganz in Ruhe und ungestört. War es nicht selig? Es wird jedes Mal schöner und seliger. Wenn wir so allein zusammensitzen, wenn Du mich so liebevoll umschlingst und ich Dich, da glüht mir das Herz so vor unendlicher Liebe und vor Sehnsucht, nicht wieder von Dir scheiden zu müssen, da möcht ich Dir alles sagen, was mir das Herz erfüllt und ich bringe es nie fertig. — Im Augenblick genügt es mir, Dich zu haben, und nachher fällt mir alles ein, was ich Dir sagen wollte und nicht gesagt habe. Ich vergesse dann alle Sorgen und fühle nur Dich. Wenn wir uns dann wieder getrennt haben, so möchte ich mich nur hinlegen und schlafen, bis ich Dich wiedersehe. Was dazwischen liegt, ist so schwer, und ich fühle mich zuweilen unglücklich und verzweifelt, wenn ich an die Zukunft denke.

Sei mir nicht böse darüber, ich tue wirklich was ich kann, um solchen Kleinmut zu besiegen. Ich will so gerne so werden, daß ich Deiner wert bin, das ist mein Hauptgedanke.

Du mußt mir helfen, anders zu werden, vor allem wahrer zu werden. Ich komme mir so gänzlich verwildert vor und weiß wirklich nicht, wie ich durchs Leben kommen soll, wenn ich Dich nicht hätte, um mich zu halten. Und ich habe Dich ja nur so selten, später vielleicht ganze Jahre nicht! Noch einmal, sei mir nicht böse, wenn ich so was sage!

Ich freue mich auch, Dich heute abend noch zu sehen und hoffe, daß Du mich wegen meines musterhaften Verhaltens lobst. Wenn es doch immer so glückte wie diese Woche, wie herrlich oft haben wir uns gesehen. Morgen nun wohl leider nicht, hoffentlich Montag. Sonst schreibst Du mir doch einmal durch Catty, Du kannst es auch gern tun, wenn wir uns inzwischen sehen! Bitte!

Montag geht nun die Arbeit los, es wird gut für mich sein, an etwas denken zu müssen. Ich bringe es jetzt nicht fertig, 5 Minuten an etwas anderes wie an Dich zu denken, wie soll ich dabei arbeiten?

Nun bist Du wohl im Konzert und denkst vielleicht an mich! Catty tobt eben die Treppe hinauf. Mit Catty ist zuweilen etwas schwer fertig zu werden, er schalt mich auf dem Rückweg sehr, daß ich das Fortgehen verzögert hätte, war nachher aber wieder sehr lieb.

Gestern abend um 1/2 11 kam er noch zu mir und sagte mir noch Gute Nacht, wie ich schon geschlafen hatte, und heute morgen saß ich zähneklappernd im Nachthemd bei ihm auf dem Bett. Mama wäre gewiß wütend gewesen, kam aber glücklicherweise nicht. Sie ist sehr glücklich, daß ich ihr beim Auseinanderreißen von Strümpfen helfe; — wie geistessprühend war übrigens vorhin die Unterhaltung, Fische, Kartoffeln und die »Herren See-kadetten«.

Ich muß nun noch einen Augenblick arbeiten. Ich soll schon für Montag die zwei ersten Szenen von Racines »Esther« präparieren. Habe ich heute nicht wunderbar schön und deutlich geschrieben? Leb wohl, mein Geliebter. Ich freue mich auf das nächste Wiedersehen und will bis dahin möglichst vernünftig sein. In Liebe

Deine Fanny.

10 Uhr [Oktober 90]

Geliebter.

Bis eben habe ich gearbeitet und nun mit schwerem Herzen die Weckuhr auf 1/2 6 gestellt, weil ich nicht fertig geworden bin. Das Arbeiten wird mir diese Tage schwer, ich kämpfe den ganzen Nachmittag mit einer bleiernen Müdigkeit und kann nichts in den Kopf hineinbringen. Ich möchte nur schlafen, lange und tief schlafen, alles vergessen, nur von Dir träumen; es ist so schwer, sich durch den langen rauhen Tag durchzuwinden ohne Dich. Daß unser heutiges Wiedersehen nur so abgerissen war, nachdem wir auf ein recht ruhiges und langes gerechnet hatten, war sehr schmerzlich. Ich sehne mich so furchtbar, Dich zu sprechen. Nun reist Mama doch noch nicht, es ist zum Verzweifeln, die Gänge mit ihr sind kaum zu ertragen. —

Papa reist nämlich infolge eines Blombriefes zu seinem Mündel und M. will dann nicht fort, geht nun erst Ende November. Ich ärgere mich vielleicht zu sehr darüber. Freitag gehe ich ins Theater, »Die Haubenlerche«; es interessiert mich, weil Du mir davon schriebst. Morgen früh um $1/2$ 8 muß ich den Dachs zur Bahn bringen, Freitag kommt wieder eine Cousine auf einige Stunden, es ist nicht auszuhalten, mir ist jeder Mensch mehr ein Schrecken, die Familie ist schon genug für die Nerven.

Es ist mir übrigens schrecklich, so nervös zu sein, aber es ist augenblicklich ziemlich heftig.

Ich will jetzt lieber schlafen, da es schon $1/2$ 11 ist. Wenn es doch morgen ginge, daß wir uns sehen. Verzeih dieses wirre und kurze Geschreibe, ich kann nichts mehr denken. Gute Nacht, Du Geliebter, hoffentlich auf morgen.

D. F.

[Lübeck, Mitte Oktober 90]

Da sitze ich nun alleine, wo wir vor 5 Minuten so schön zusammensaßen und sehne mich nach euch. Es war zu nett, daß Du in Ruhe hier warst, es hat mich ganz erwärmt und belebt, nachdem ich vorhin über das Zuhausesitzen sehr ärgerlich war. Nun freue ich mich des ruhigen Nachmittags und sehe faulenzend aus dem Fenster in das schöne Herbstwetter, das mir Gedanken an die Heimat wachruft. Für Deine, mir durch Catty vermittelten Zeilen vielen Dank, es ist zu herrlich, fast jeden Tag einen Gruß von Dir zu haben; ich freue mich schon den ganzen Morgen während der Schule darauf. — *Der gute Catty,* ich liebe ihn jeden Tag mehr, er ist so süß gegen mich, wie es sich nicht beschreiben läßt. Ich komme mir jetzt überhaupt ganz verzogen vor von euch. Kein Wunder, daß Mama sich wundert, daß ich so viel freundlicher wäre; mit so viel Liebe ist das nicht schwer.

Vorigen Sonnabend um diese Zeit saßen wir auf dem Sofa bei Gutschows! Seit 14 Tagen sind wir überhaupt erst wieder zusammen und wieviel liegt nun schon in dieser Zeit. Es kommt mir vor, als ob es unendlich viel länger gewesen wäre. Vor einem Jahr hatten wir uns noch nie gesehen, ist der Gedanke nicht komisch? In diesem einen Jahr habe ich mich innerlich so vollständig geändert; damals lebte ich noch halb im Traum oder vielleicht in einem Wust von verwirrten Gedanken und Plänen und so furchtbar lebensmüde.

Dann las ich sehr viel Ibsen und Du kannst Dir denken, was für einen mächtigen Einfluß er damals auf mich hatte. Ich habe erst damals im vorigen Winter überhaupt angefangen, mich innerlich zu entwickeln — ich sehe plötzlich, daß ich anfange, meine Biographie zu schreiben — Unglücklicher! Damit will ich Dich doch nicht elenden. —

Den Schemel, auf dem Du vorhin gesessen hast, werde ich jetzt immer mit besonderer Liebe behandeln, augenblicklich dient er meinem defekten Fuß als Ruhepunkt. Es war doch zu nett und gemütlich vorhin.

Daß Else fort ist, ist zu traurig. Sie ist unersetzlich für uns. Sie ist mir in diesen 14 Tagen so maßlos viel geworden, obgleich ich sie ja nur wenig gesehen habe und sie gehört so ganz zu uns. Wenn wir 4 doch zusammen auswandern könnten und frei sein! Dieser gräßliche Zwang, der alles, was zusammengehört, trennt. Dein Kopfweh bedrückt mich, bitte »sei doch vernünftig« und schone Dich. Die verschiedenen »Anfeierungen« Deiner Großväter finde ich nachahmenswert, das müssen wir später auch bei uns einführen, dann streiten wir uns zuversichtlich darum, welche betrauert und welche mit Freude gefeiert werden sollen. Ich kann mir freilich überhaupt nicht vorstellen, daß wir uns jemals streiten, ich muß lachen, wenn ich daran denke.

Fürs erste höre ich auf. Ich will heute und morgen eine Masse Aufgeschobenes von Zeichnen und Schreiben beseitigen und »Schuld und Sühne« lesen. Kennst Du »Rembrandt als Erzieher«? Einiges darin gefällt mir sehr, z. B. »Selig sind die Satten!«.

Mein Emanuel!

Wir hätten eben eine so schöne Gelegenheit gehabt, uns zu sehen; Agnes zur Kirche und die Eltern aus und ich hoffte halb und halb, Du kämest noch wieder zurück, leider konnte ich Dir ja nichts sagen oder zurufen.

Catty ging um 8 zu Marie Schluse, und ich saß in der Eßstube und arbeitete, hörte vorhin, daß Mama mit jemand sprach, ahnte aber nicht, daß Du es seist. Dann sah ich Dich fortgehen und die Eltern gleich nach Dir und war einen Augenblick ganz wild. Wenn ich mir auch immer wieder vornehme, »daß ich Dich ruhig will erscheinen, ruhig gehen sehen« – es ist mir doch nicht möglich, es bebt alles in mir, wenn ich Dich sehe, ohne einen Blick oder ein Wort von Dir haben zu können.

Mein Fleiß war hin, ich stürzte gleich hinauf an mein Fenster und sah nach Dir aus. Hätte ich Dir doch sagen können, daß alle fort seien.

Sonderbarerweise fühle ich mich heute und gestern so im Gleichgewicht wie sonst nur selten und kurz. Das häufige Dich Sehen hat an meinem inneren Menschen Wunder getan. Es kommt zuweilen wie eine Ahnung von innerer Harmonie über mich, aber ich fürchte, es wird darin nie weiter wie zu einer Ahnung bei mir kommen. Meine Natur und meine Verhältnisse sind so durchaus unharmonisch, und in mir geht es fortwährend auf und nieder.

O, wäre ich frei, diese Unfreiheit ist so furchtbar drückend und tötet alles, was man in sich hat.

Catty kam eben begeistert von Marie Schluse zurück und brachte 2 Bücher mit, das eine von Feuerbach hatte ich mir schon lange zu lesen gewünscht. Wenn meine Kunstträume auch fürs erste begraben sind, ich habe sie doch zu lange geträumt, als daß sie nicht oft wieder aufwachen sollten. Ich male mir jetzt zuweilen aus, daß ich nach dem Seminar erst vielleicht 1 Jahr fortgehe, um zu unterrichten, und dann auf die Kunstschule mit oder ohne Einwilligung gehe.

Ich weiß, daß ich nicht viel Talent habe, aber ich habe eine brennende Sehnsucht, dieses Wenige auszubilden. —

Es wird mir *furchtbar schwer* werden, 2 ½ Jahre nur zu lernen, aber ich glaube doch sehr, daß es mir später den Eltern gegenüber sehr helfen wird, mich frei zu machen. –

Der Doktor war vorhin hier, ich darf nur zur Schule gehen, sonst nicht, bis es geheilt ist, was wahrscheinlich in einigen Tagen sein wird.

Ich habe diese Tage, ich meine gestern und heut, so herrlich viel Zeit zum Denken und ich habe mich ganz glücklich gedacht. Könnte man das Leben verträumen, anstatt sich hindurchzuquälen! Ich finde den Vers so wahr und schön »Die Welt ist vollkommen überall, wo der Mensch nicht hinkommt in seiner Qual«.

Mir tut das Arbeiten übrigens gut.

Marie Schluse hat zu Catty gesagt, sie wolle mich morgen von der Schule abholen, um mich kennenzulernen. Dann können wir uns wohl nicht treffen, oder wollen wirs doch versuchen? Es könnte doch sein, daß sie nicht käme. Ich komme um 2.15 heraus. Ich fange an, mich für Marie zu begeistern, schade, daß sie schon Mittwoch geht und ich sie nicht noch ordentlich kennenlernen kann. – Es ist auch alles immer so schwierig zu machen.

Gestern habe ich rasend viel geschrieben, an meine Flamme Frau Brunn und an Else und an Viktor Levetzow[1]; d. h. ich habe die letzte Seite von Cattys Brief beschrieben. Ich finde kondolieren im allgemeinen greulich, aber in diesem Falle konnte ich nicht umhin, Victor zu sagen, daß ich sehr traurig für ihn wäre.

Ich freue mich am Kahlwerden der Bäume, nun kann ich so schön weit aus meinem Zimmer sehen, ob Du kommst. Wie ich dieses Zimmer liebe! Wahrscheinlich ziehen wir nächstes Jahr um, das wird mir sehr leid tun. Eben das Fenster und mein Zimmer sind mir so lieb, durch Dich geheiligt.

abends ½ 10 im Bett

Mein Geliebter, ich bin so froh, daß ich Dich noch sah, daß ich noch einen Blick, einen Kuß von Dir hatte, mein Emanuel – der meine Sehnsucht stillte. Dann sah ich euch noch fortgehen und Du sahst auch zu mir herauf – ich fühlte mich heute sehr ermutigt und stark. Ich habe den ganzen Tag gewaltsam gearbeitet, im ganzen 6 Stunden, außerdem geschrieben und in Feuer-

---

[1] Viktor v. Levetzow hatte den Tod seiner Mutter zu beklagen.

bachs Vermächtnis gelesen. Ich habe jetzt wieder das Gefühl von Tatkraft, das mir ganz abhanden gekommen war, und bin froh, daß ich wieder arbeiten *kann*. Heute abend noch 4 Rechenaufgaben gemacht, die mir sehr schwer wurden, besonders, da ich bei der ersten an Dein Kommen dachte und bei den anderen Dich bei Catty wußte, die letzte noch nach dem Tee gemacht. Catty und Du sitzen nun wohl gemütlich in eurer Familie und Du denkst vielleicht auch gerade an mich. Ich finde, daß Catty jetzt sehr nett mit den Eltern ist und es freut mich so.

Zum Tee sind heute Mesmers, alle drei, bei uns, Mama schickte mich zu Bett, weil ich so müde aussähe, und ich entfloh mit Freuden. Ich war so müde und mochte keinen Menschen mehr sehen und hören und mich erst recht nicht unterhalten. Nun kann ich in Ruhe an Dich denken. Meine Gedanken sind es ja längst gewohnt, wie sie freigelassen werden, zu Dir zu fliegen. Abends kommt es mir dann vor, als ob sich nichts mehr zwischen meine und Deine Gedanken drängt und wir ganz ineinander wären.

Doch nun ist es schon 10, ich will nun schlafend weiter von Dir träumen. — Morgen muß ich noch englische Grammatik lernen und habe 6 Stunden. —

Lebe wohl. Gute Nacht, mein Einziger.

D. F.

Morgen abend gehen M. und P. in eine Pastorengeschichte. Kannst Du evtl. nicht kommen?

L., 20. 10. 90

Liebster Emanuel.

Ich wollte mich eigentlich gleich nach der Schule hinsetzen und Dir schreiben, ergab mich aber stattdessen der Ruhe, die mir nottat, denn ich war sehr kopfwehig und müde. Die Stunden waren heute ziemlich anstrengend, man muß sich erst dran gewöhnen; übrigens krönte sich mein Streben mit Erfolg, meine gestrigen Rechnungen waren richtig, ich schrieb ein glanzvolles englisches Extemporale mit einem Fehler und kam mit französischer Übersetzung aus »Esther« gut durch. Unser Wiedersehen heute war zu kurz und offengestanden ärgerte ich mich zuerst sehr über Cattys Marienkirchen-Edikt und kam in sehr schlechter Laune zu Hause an, wo mich auch noch Papa und Agnes anödeten. Dann kam Catty — der obligate Kaffeetrunk in der Küche — und dann lag ich in meinem Zimmer und C. saß am Schreibtisch und wir sprachen zusammen. Ich setzte ihm schonend auseinander, daß, wenn er uns die M. K. verböte, wir auf der Straße zusammen sprechen würden und daß es überhaupt scheußlich von ihm sei.

23. 10. 90

Mein süßer, einziger Emanuel.

Heute will ich einmal faul sein — da ich morgen erst um ³/₄ 12 Stunde und heute Kopfweh habe, was freilich ganz gleich null ist.

Wie wonnig und selig war es heute im Dom, so ganz allein mit Dir zu sein, über uns nur die schweigende Kirche und an Deinem treuen Herzen zu ruhn, das ist überirdisch schön und läßt mich fühlen, als ob wir über alles nur so hinfliegen könnten, alles Leiden weit unter uns läge, wenn *wir* nun zusammen sind.

Wie soll ich die Worte finden, um Dir alles zu sagen, was ich fühle. Worte sind so kalt, und was ich fühle, ist so heiß, so heiß.

Ach Emanuel, solange wir beisammen sind, genügt mir das himmlische Bewußtsein, daß wir uns haben, vollkommen. Aber wenn ich nicht bei Dir bin, so möchte ich meinem ganzen überwältigenden Empfinden Ausdruck geben und ich wünschte mir, dichten zu können und sehne mich nach Musik, obgleich mir das eigentliche Verständnis derselben abgeht. Ich möchte so unendlich gern etwas von diesem Verständnis haben, wenn ich Musik höre, ergreift mich ein furchtbares Sehnen danach und es kommt mir wie eine Ungerechtigkeit des Himmels vor, daß er mir diesen Sinn nicht gegeben hat.

Ich habe diese Tage mit unzähligen Unterbrechungen einen langen Brief an Else geschrieben, sie fehlt mir so. Catty schreibt jetzt an sie und wir sitzen sehr gemütlich zusammen.

Wie ich heute durch unser himmlisches Wiedersehen gehoben bin, läßt sich nicht sagen, für den Augenblick ist wieder alles Bedrückende von mir gewichen und die Aussicht auf die nächsten Tage ist ja auch hoffnungsvoll. Laß uns *jede,* auch die *kleinste* Gelegenheit wahrnehmen, uns zu sehen. Du mußt Cattys Schwierigkeit besiegen und wir müssen uns so oft wie irgend möglich sehen. Morgen komme ich um $^1/_2$ 3 heraus, bitte komme dann nur einen Augenblick in die M. K., nachher sehen wir uns ja noch bei uns, Sonnabendmittag jedenfalls. Sonntag wird Mama gewiß mit dem »Dachs« in die Kirche gehen und ist auch die nächsten Tage mit diesem beschäftigt, dann geht sie in den ersten Novembertagen auf 8 Tage nach Preetz. Dann wollen wir es recht ausnützen, Du mußt dann auch einmal in meiner Stube sein. —

Könntest Du nicht ermöglichen, daß Catty und ich einmal zusammen zu euch kämen, daraus würde sich gewiß etwas machen lassen?

Doch nun lebe wohl, Herzliebster, ich will jetzt zu Bett gehen, um recht auszuschlafen, zu Montag habe ich entsetzlich viel zu arbeiten und will dafür Kräfte sammeln; die freien Tage und das Dich-Sehen ist eine herrliche Aussicht. Unsere heutige Domstunde werde ich noch viele tausendmal durchleben und durchträumen. Gute Nacht.

D. F.

d. 25. 10. 90 abends 8 Uhr

Mein süßer Emanuel.

Es war heute trotz aller Unruhe so himmlisch mit Dir, mir ist jede Sekunde mit Dir ein Lichtstrahl, der mich noch lange nachher erwärmt, und ich suche möglichst viel die Einsamkeit auf, um mir jeden einzelnen jener wonnigen Augenblicke zurückzurufen.

Um 10 $^1/_2$ Uhr

Als ich heut mittag zurückkam, las ich bis zu Tisch in »Schuld und Sühne«, ich finde es wunderschön, aber es versetzt mich in eine trübe, nebelhafte Stimmung, die mir schwer wurde wieder abzuschütteln, bei Tisch war ich noch ganz im Traum. Nachher, wie Catty zu Dir ging, habe ich mich damit beschäftigt, in meinen Papieren herumzuwühlen und habe dann einmal alle meine seit 4 Jahren zusammengebrauten Dichtungen durchgelesen, ein furchtbares Zeug, aber es trat mir einmal wieder mein ganzes Leben in diesen 4 Jahren vor Augen, alles, was ich darin gefühlt, gedacht und erlebt und vor allem geschwärmt habe. Daß ich diese Jahre ganz allein durchgemacht habe, hat mich einerseits sehr gekräftigt und selbständig gemacht, aber andererseits sehr viel geschadet. Weil ich nie jemand zum »Anvertrauen« hatte, habe ich, wenn es zu schlimm wurde, krampfhafte Versuche zum Gestalten meiner Gedanken gemacht und habe mich nie entschließen können, diese grausenerregenden Produktionen zu vernichten, weil sie mir wie ein Stück meines Lebens sind. Wenn ich tot bin, sollst Du sie haben.

Eben war Catty hier in einem furchtbar komischen Nachtwandlerkostüm und saß ¼ Stunde auf meiner Bettkante. Seine Bekleidung bestand nur aus einem ungeheuren Mantel mit tiefem Halsausschnitt und einem Kneifer.

Der Greis ist heute furchtbar elend, indem er sich eine heftige Magengeschichte zugezogen hat und nun sehr herunter ist. Es ängstigt mich immer, wenn ihm was fehlt, er ist ja herzleidend und macht gleich einen ganz kranken Eindruck.

Es ist schon nach 11, für heute gute Nacht. Wann sehen wir uns wieder, je mehr ich Dich habe, desto heftiger ist die Sehnsucht inzwischen, obgleich ich mir alle Mühe gebe, sie zurückzudrängen. Wie habe ich heute abend an Dich gedacht, Du hast das Konzert und die Kreutzer-Sonate gewiß sehr genossen. Morgen muß ich ganz heillos nacharbeiten. Lebe wohl, Liebster.

F.

d. 28. 10. 90   11 Uhr

Liebster.

Ich kann es doch nicht fertigbringen einzuschlafen, ohne ein paar Worte an Dich, draußen liegt alles in feenhaftem weißen Mondschein, ich habe eben noch am Fenster hinausgesehen. Dabei kam mir Ruhe ins Herz und ein süßes Gedenken an Dich. Wie herrlich war es heute nachmittag da unten am Wasser, ich habe Catty noch unzählige Male dafür gedankt, daß er heute wieder ein Zusammensein und ein so himmlisches ermöglichte, und ich freue mich in der Erinnerung an die schöne Stunde im Boot.

Ich lag nachher auf Cattys Sofa bis zu Tisch und war eigentlich sehr müde, da ich den ganzen Morgen gelernt hatte. Nach dem Essen mußte ich aber wieder dran und wir arbeiteten beide aufs eifrigste bis ½ 8, dann zu Mesmers. Es war mehr wie fürchterlich und ich fühlte mich versucht, mit Melone Cossel die Hände zusammenzuschlagen und zu seufzen »o Himmel, Frau von Mesmer!«. Die Hedemanns waren so, daß ich sie mit Vergnügen geschlachtet hätte und zum Überfluß war noch ein kleiner Cossel da, der wie ein verhungerter Schullehrer aussah. Es wurden die langweiligsten Ratespiele gespielt und mehr wie krampfhafte Konversation gemacht. Catty und ich taten unser Bestes, indem wir wie Wasserfälle redeten, es wäre sonst geradezu peinlich gewesen. Ich war absolut nicht dazu aufgelegt, ich sehnte mich nach Ruhe und dachte wehmütig an heute nachmittag. Aber ich hatte mir vorgenommen, liebenswürdig zu sein und redete das Blaue vom Himmel herunter, ohne zu ahnen, was ich sagte, ich glaube, es war ziemlich blödsinnig.

Catty und ich vermieden es eifrig, uns anzusehen, sonst hätte es eine Lachkatastrophe gegeben. Frau Mesmer hatte eine großpunktierte turbanähnliche Mütze aufgestülpt und gab vor dem Essen aus Hunger, nachher aber aus Übersattigkeit die fürchterlichsten Knurrtöne von sich. Es war einige Male kaum auszuhalten und ich sah Catty grinsen und fühlte mich dicht davor (verzeih bitte, daß ich so unästhetisch werde, ich glaube es ist Übermüdung). Es ist $1/2$ 12 und ich muß morgen um 5 aufstehen, um zu lernen; habe mir die Weckuhr schon gestellt. Ich habe noch einen englischen Aufsatz, der sehr leicht ist, aber von dem ich noch keinen Strich habe machen können, dann Geometrie, Physik, Rechnen, 3 Gesangverse, Vokabeln, und massenhaft Religion lernen, 7 Gleichnisse etc. Die Aussicht bedrückt mich jetzt etwas, dann habe ich morgen 6 Stunden. Aber ich muß Dir doch noch eben etwas schreiben, morgen früh komme ich gewiß nicht dazu. Mir schaudert schon jetzt vor dem Aufstehen. Lebe wohl und gute Nacht, ich weiß kaum mehr was ich schreibe.

F.

29. 10. morgens 7

Verzeih Geliebter, daß ich Dir nur einen ganz kurzen und flüchtigen Gruß schicke. Ich konnte gestern abend nicht schreiben.

Wir *müssen* uns bald wiedersehen, gestern war das Losreißen so schwer. Ich habe den ganzen Abend gelegen und geschlafen, ich wußte nicht, daß Du unten seist, aber als die Haustür ging,

dachte ich es mir, und wie ich ans Fenster stürzte, warst Du auch
da.
Lebe wohl, ich schreibe in fliegender Eile, ich freue mich, daß C.
heute bei Dir ist, es ist so gut für mich.

d. 3. 11. 90

Mein süßer Emanuel.
Ich will es heute einmal umkehren und erst an Dich schreiben
und dann arbeiten, sonst kommst Du immer zu kurz. Je öfter ich
Dich sehe, desto mehr habe ich Dir zu schreiben und zu sagen,
geht es Dir auch so? Catty ging eben zu Dir und wird wohl mit
Dir verabreden, wie es morgen wird. Wie gut haben wir es die
letzte Zeit doch wieder gehabt — und heute wieder. Fast eine
ganze Stunde sind wir heute wieder allein gewesen. Wenn schon
diese einzelnen, gestohlenen Stunden so maßlose Wonne enthalten, wie himmlisch muß nicht ein ganzes zusammen verbrach-
tes Leben sein. Ich frage mich oft, ob uns das je werden kann
und wird. Du findest es gewiß Torheit, so in die Zukunft zu
denken, aber ich kann es einmal nicht lassen. Für die nächsten
2 Jahre weiß ich nun ja, woran ich bin, aber dann? Wie soll es
dann werden. —
Zu diesen paar Worten habe ich ½ Stunde gebraucht, so geht es
immer, ich sitze da und denke an Dich und verträume mich vollkommen. Für Dein Bild muß ich Dir noch einmal furchtbar
danken, es ist mir eine solche Freude, und je mehr ich es ansehe,
desto besser und ähnlicher finde ich es. Bitte verzeih, daß ich
Rosy so lange behalten habe. Alfred Bleyers Brief ist doch recht
nett? Er ist ein so rührend guter kindlicher Mensch. Er wollte
durchaus, daß ich ihm schreiben sollte. Am letzten Abend in
Husum brachte er mich nach Hause und, wir sprachen lange zusammen über unsere schöne Jugendzeit und ich versprach ihm
einmal zu schreiben, habe es aber nur auf Grüße oder Rand-
bemerkungen in Cattys Briefen beschränkt.
Vorhin nach dem Kaffee brachte Mama mich etwas noch in eine
ungemütliche Stimmung. Sie bat mich, nicht Ibsen oder solche
Bücher zu lesen. Catty wäre ja nicht mehr daran zu hindern, aber
sie hoffte, daß ich es nicht täte und die ganze Richtung wäre ja
doch so »häßlich« etc. Sie wollte mir gern gute Bücher geben,

ich sollte nur nicht solche lesen. Mama sagte es mir so liebevoll und so freundlich, sie ist jetzt überhaupt immer so gegen mich — und es dreht sich mir das Innerste dabei um. Wenn sie wüßte, wie alles, was ich ihr gegenüber sage und tue, Lüge ist! — Catty stört mich seit einer Stunde so, daß ich kaum schreiben kann und ganz nervös dabei werde. Er ist wieder ganz toll über Anna, er fragt mich fortwährend, ob er ihr gleich schreiben soll etc. Kannst Du nicht vernünftig mit ihm darüber reden, ich weiß nicht wie, ich kann es nicht klar beurteilen, aber es kommt mir wie eine Tollheit vor.

abends 11 Uhr

Teurer, Geliebter.

Ich lege mich heute abend wieder so froh und glücklich zur Ruhe, wenn ich Dich jeden Tag sehe, erscheint mir alles so golden und rosig, könnte es doch immer so sein! Du machst mich so unsäglich, so unfaßlich glücklich. Wie ich bei Tisch merkte, daß Mama nicht gehen wollte, hätte ich beinahe vor Freude geschrien. Dann hatte ich, wie wir zum Dom gingen, eine heillose Angst, daß Du nicht kämst. Dann mit Dir im dämmernden Dom und der Rückweg im halbdunklen herrlichen Nebelabend, ach, es war wieder so viel Wonne und Glück! Könnten wir nur Catty etwas von unserm Glück mitteilen. Ich kann es nicht aushalten, daß er so unglücklich ist. Ich glaube, er fühlt sich uns gegenüber überflüssig, was soll man dabei machen. — Ich verziehe ihn so viel ich irgend kann. Er war heute abend furchtbar nervös, Mama ist nicht freundlich gegen ihn und das kann er nicht ertragen, gegen mich ist sie es sehr — ich wollte, ich könnte es umkehren — das wäre besser.

Wir zogen gegen 1/2 7 zu Mesmers und holten sie ab. Laß Dir von Catty erzählen, wie gräßlich wir diese angeödet haben. Ich habe im Theater kein Wort mit ihnen gesprochen und auf dem Hin- und Rückweg den vollkommensten Unsinn geredet, meine Gedanken waren ganz und gar nicht bei der Sache.

Die »Haubenlerche« finde ich hundsgemein, die ganze Geschichte widerlich und unnatürlich. Die weitere Kritik will ich Dir lieber mündlich geben, da ich wie gewöhnlich zu müde bin. Ach Gott, und morgen früh muß ich noch Geographie, Geschichte und Physik lernen, wundere Dich nicht, wenn ich morgen müde bin —

und schilt nicht auf das Seminar — ich kann ja Sonntag ausschlafen.
Gute Nacht Geliebter.

F.

Lübeck, d. 5. Nov. 1890

Geliebter Diakonus!
Ich habe seit dem Kaffee in »Niels Lyhne« gelesen, ich konnte
gar nicht wieder davon loskommen und kann nun nicht direkt
zum Arbeiten übergehen. So will ich mir noch 1/4 Stunde für
Dich stehlen. Vorhin war Catty bei mir, und wir versenkten und
vertieften uns vollständig in Husum-Erinnerungen und beson-
ders in Schwärmerei für das Haus Brunn. Schade, daß Du die
Leute nicht kennst, in ihrem Hause sieht und fühlt man, was
Glück ist. (Wie dumm klingt das!) Wie muß Dich unser ewiges
Reden von Husum elenden, wirklich, mir ist, als ob ich Dich um
Verzeihung dafür bitten müßte. Es ist ja doch die glücklichste
Fügung meines Lebens, daß wir nach Lübeck gekommen sind und
Deine Heimat ist meine Heimat! Aber ich kann das Heimweh
doch nicht loswerden.
Im Bett, mit einem roten Strumpf um den Hals.
Ich hatte heute große Neigung, den ganzen Abend recht herzlich
faul zu sein; aber infolge Deiner Ermahnungen raffte ich mich
auf und lernte mit wildem Eifer; ich bin mit allem fertig geworden und werde morgen wohlvorbereitet zur Schule gehen!
Ach Emanuel, wenn wir den ganzen Winter es so haben wie
jetzt, das ist herrlich. Wenn ich weiß, daß ich Dich bald sehe,
so wird mir alles leicht und ich könnte den Himmel einrennen
vor Lebensmut. Und morgen können wir uns auch sehen, d. h.
wenn Du kommst. Ich gehe um 2 1/4 zu Natalie und um 1/2 4
wieder von dort weg, weil sie dann zur Konfirmationsstunde
geht. Kannst Du zwischen 4 und 1/2 5 in die M. K. hinkommen
und nicht böse werden, wenn ich nicht ganz präzise bin??
Ich möchte Dir noch endlos schreiben, aber ich bin todmüde. Gute
Nacht Liebster.

D. F.

Liebster E.

Eigentlich habe ich keine Zeit und muß gleich zum Tee stürzen, aber ich will Dir doch noch für Deinen Zettel danken. Es war schmählich, daß wir heute die gegebenen 7 Minuten nicht ausnutzen konnten. Ich habe den ganzen Tag in einem totalen Stumpfsinn zugebracht. Erst kam ich fast zu spät zur Rechenstunde! Um 1/2 3 ging ich ganz im Schlafe zu Manhards, mit Elly Bruhn und Natalie zurück bis zur Mengstraße, rannte dann noch in die M. K. und habe nach dem Kaffee Kiellands Novelletten gelesen, geschlafen und gelernt.

Morgen gehe ich erst um 11 zur Schule und muß vorher noch »Childe Harold«[1] präparieren und den Gesang »Valet will ich Dir geben« lernen. Letzteres ist wenigstens erheiternd. Ich bin heut ziemlich physisch und geistig elend, d. h. über alle Begriffe müde. Jedes Wort und jeder Schritt ist mir eine Anstrengung. Ich will deshalb nach dem Tee direkt zu Bett gehen und ausschlafen. Lebe wohl.

D. F.

Geliebter.

Ob wir uns morgen recht lange sehen? Ich hoffe, daß es glückt, vorhin habe ich von Mama die Gewißheit erlangt, daß sie mit dem Greis gehen will. Vor 1/2 3 werden wir wohl nicht kommen können, da ich erst um 1.20 herauskomme.

Mit dem Examen denke ich es mir so. Ich werde bis Weihnachten möglichst glänzen und dann zu Frl. Roquette[2] gehen und sie fragen, ob es nicht ginge, daß ich Ostern in die 1. Abteilung käme. Nach dem, wie ich es jetzt beurteilen kann, glaube ich, daß es gehen würde, sonst müßte ich alles 2 mal durchnehmen und würde schließlich doch nur ins Faulenzen kommen. Schließlich, wenn ich Ostern übers Jahr durchfallen sollte, mache ich es

---

[1] »Childe Harold's Pilgrimage« (dt. »Junker Harolds Pilgerfahrt«), episches Gedicht von Lord Byron (1788—1824).
[2] F. R.'s Lehrer am Lehrerinnenseminar in Lübeck: Frl. Roquette (Leiterin), Pastor Andresen, Dr. Ernst, Dr. Zimmermann und die Lehrer Bödeker, Jörns, Lindenberg, Hausberg.

in 2 Jahren sicher. Geh ich dagegen in 2 Jahren zum Examen und falle durch, so ist es gräßlich. Was für ein herrlicher Gedanke wäre es, Ostern übers Jahr damit durch zu sein. Dann gehe ich nach Preetz oder irgendwo hin und richte es von dort aus ein, daß ich fortkomme. —

Catty kommt eben mit dem Erlös der Brosche, 6 Mark, zurück, nun kann ich verschiedene Kleinigkeiten abtragen, die mir lästig sind, und mir eine Zahnbürste anschaffen, nach der ich mich schon lange sehne. —

Die Gardine für das Domfenster können wir nun ja auch anfangen — nun muß ich arbeiten. —

Liebster, was für Blödsinn habe ich da vorhin zusammengeschrieben, wirklich als ob ich an eine »Freundin« schriebe, aber Du mußt schon damit vorliebnehmen, die Erkältung macht mich ganz stumpf. Eben beim Tee endlose Unterhaltungen über unstandesgemäße Heiraten an besondere Fälle angeknüpft — es war zum Einschlafen, Catty und ich sahen uns verständnisvoll an und sitzen nun zusammen in der Eßstube, nominell arbeite ich noch.

Wenn wir doch morgen wieder im Boot sitzen könnten, es war so wunderschön an dem Sonntag vor 14 Tagen. Nach Tisch habe ich den 2. Band mit Novelletten von Kielland und Gedichte in Prosa von Turgenjew gelesen; gestern abend im Bett noch Feuerbach.

Verzeih, wenn ich dieses nichtssagende Schreiben abbreche, ich kann wirklich nicht mehr und stürze zu Bett. Lebe wohl. Es umarmt Dich 1000mal

D. F.

Lübeck, den 9. 11. 90

Geliebter.

Nun habe ich einmal etwas Ruhe, Dir zu schreiben, gestern den ganzen Abend gearbeitet, so daß ich mit allem für Montag fertig wurde und wollte ich heute massenhaft Aufsatz und Geschichte treiben, hatte aber sehr Kopfweh und so ist nicht viel daraus geworden, ich bin hauptsächlich rasend viel herumgerannt. Erst morgens um 9 mit dem Greis um den Wall. Er war sehr gnädig und die Unterhaltung sehr angeregt. Sie drehte sich erst um Graf Reventlow, Seekadett (Papa war sehr entzückt von einem Ausspruch seines Kommandanten, daß Ernst eine durchaus innerlich vornehme Gesinnung hätte), ich stimmte natürlich begeistert ein, daß das ein hohes Lob sei, dann kam es auf Catty; Papa sagte, es wäre gewiß am besten, wenn er gleich diente, damit ihm die Schrullen ausgetrieben würden. Ich riet ihm, C. dann doch dahin zu tun, wo recht viele aristokratische Vettern wären, die ihn gewiß gut beeinflussen würden, was ihm auch einleuchtete. Dann bestärkte ich ihn noch ziemlich durch die Behauptung, daß Catty noch nicht genommen würde, er wäre noch viel zu unausgewachsen und schmächtig. Natürlich reizte ihn das sehr zum Widerspruch.

Das 3. Thema waren krumme Beine a) bei kleinen Kindern, wobei wir uns stritten, ob es von zu frühem Gehen oder von rachitischer Anlage her käme, b) bei erwachsenen Menschen, Vorzüge der O- und der X-Beine erläutert und festgesetzt, daß O-Beine »ritterlich« seien! Hast Du das je gehört?

Du kannst Dir denken, daß ich nachher sehr erschlafft war, ich wollte arbeiten, vertiefte mich aber erst in alte Briefe und las nun noch von 11 bis 12 die Aufsatzstellen durch. Stürzte dann in die Stadt, um eine Preetzer Bekanntschaft aufzusuchen. Dieselbe näher zu bezeichnen ist schwierig, sie ist nicht Flamme und nicht Freundin, in mittlerem Alter, halb Malerin und halb Musik, asthmatisch und mit heiserer Baßstimme, und wohnt bei einer unglaublichen Tante, die aussieht wie die Karikatur einer Eule. Welchen Scharfsinn ich entfaltet habe, um sie aufzufinden, das glaubst Du gar nicht, ich war selber ganz baff darüber. Ich kam eigenhändig auf die Idee, mir bei Pothmann einen Adreß-kalender geben zu lassen, da ich zufällig den Namen der Tante wußte, fand ich unter zahllosen Frl. Johannsen die richtige heraus in der Kupferschmiedestraße, stieg dort angelangt durch unzählige Etagen eines Klempnerhauses hinauf, an unheimlichen Klempnern und schreienden Kindern vorbei, bis ich schließlich, schon der Verzweiflung nahe, an die Bude der Tante kam und auch die Gesuchte fand, die mich mit Wein und Kuchen behandelte. Traf Catty dann in der Breitenstraße und wir rannten weit vors Burgtor, durch die Luisenstraße und dann links; dann an dem Platz vorbei, wo wir damals am 17. Juni saßen, ich war seitdem noch nicht wieder dort gewesen. Weißt Du noch, wie wir durch die Arbeiterhaufen hingingen. Heute gingen wir dann nach links und lagen dann an einem Abhang im Gras, wo man auf die Trave sehen kann und aßen eigens zu diesem Zweck mitgebrachten Kuchen. Du schauderst gewiß, aber ich hatte heute meinen gierigen Tag und Catty hat ihn bekanntlich immer.

Wir sind heute fast eurer ganzen Familie begegnet, erst Curt und Ada, dann Frl. Stührmann mit den andern. Ich war sehr erstaunt, daß Jürgen schon gehen kann, ich dachte, er wäre erst 2 Jahre alt. —

Das Wetter war heut so wohltuend kalt und neblig, man sah nur so eben die Trave und einen feuchten Wiederschein von Bäumen auf dem Wasser. Als wir zurückkamen, war Dein Vater da, was wir an seinem Stock sahen. Zu Tisch Adele Oppenheimer. Das einzige, was mir an ihr sympathisch ist, ist daß sie mit Dir verwandt ist, somit muß ich sie wohl eigentlich als Tante betrachten. —

Eben wieder mit dem Greis zur Milch gewallt, dann Catty.

L., 10. 11. 90, 3 Uhr

Herzliebster Emanuel.

Auf Catty wartend, der noch arbeitet, will ich den Augenblick wahrnehmen, wer weiß, ob ich nachher noch dazu komme.

Wie danke ich Dir, daß Du vorhin kamst. Es war so kurz, aber so süß und wohltuend, ich lief zurück, als ob ich Flügel hätte. Überhaupt fange ich jetzt an, das Leben wieder mit Mut anzufassen, was ich lange Zeit nicht konnte, weiß Gott warum nicht, es ist zu sinnlos, sich mit Phantomen der Vergangenheit und Zukunft zu quälen, die Gegenwart soll doch nur gelebt werden, und für die behält man dann keine Kraft. Und die Gegenwart ist doch so schön, wir haben *uns* und das Leben liegt vor uns. Ich will jetzt wirklich mit aller Mühe gegen mich angehen, so wie ich jetzt noch bin, kannst Du mich nicht brauchen (das heißt jetzt merkst Du das noch nicht so), aber fürs ganze Leben meine ich.

abends 10

Ich vergehe vor Weltgeschichte!! 16 Seiten habe ich mir eingetrichtert, 40 fehlen noch, alles für das Glanzextemporale! Heute muß ich wirklich noch mit meinen Leistungen renommieren, von 6—7 im Bett gelernt, dann von ½ 8 bis ½ 9 unten gelernt, darauf 6 Schulstunden und abends noch 3 Stunden Geschichte »getrieben«, außerdem die »Komödie der Liebe«! zu Ende gelesen und einen Artikel über Sudermanns neuestes Werk.

Sehr, sehr viel an Dich gedacht, als Erholung, wenn ich nicht mehr weiter kann, sehe ich Dein Bild an und dann geht es gleich wieder.

Morgen früh um 6 geht es wieder los und bis ½ 11. Die Stunden sind morgen nicht schlimm, nur 2 ordentliche, eine Probelektion und die Freistunde. Aber in der ganzen Woche habe ich Unmassen vor mir. Morgen sehen wir uns doch hoffentlich im »unsicheren« Dom; kannst Du nicht schon um 3 ¼ da sein, ich werde mich nach der Schule möglichst eilen und dann hätten wir ungefähr 1 Stunde. Nun lechze ich nach Schlaf und Ruhe und schlafe in Dir ein, gute Nacht.

D. F.

Lübeck, 12. Nov. 90

Mein geliebter E.

Ich bin entsetzlich müde, den ganzen Abend, obgleich halb schlafend, doch so eben hingearbeitet. Wir saßen noch ca. 10 Minuten im Dom, nachdem Du fort warst, Catty las und ich saß auf einer Stufe und gab mich meinen Gedanken hin. Wenn wir zusammen gewesen sind, ist mein erstes Gefühl, Dir nachzustürzen, um Dich noch einmal eine Minute zu sehen, das zweite, die Wehmut, daß es schon wieder vorüber ist, und das dritte siegende, das unendliche Glück, daß es alles so ist und das vierte, wenn wir uns doch *möglichst* bald wiedersehen!

Du siehst, ich fange schon an unter dem Einfluß des Seminars zu stehen, indem ich eine Disposition meiner Gefühle mache?! —

Für morgen weiß ich glücklicherweise alles, zum Geschichtsrepetieren bin ich allerdings nicht mehr gekommen, es wird überhaupt damit diese Woche schwach sein; außer dem französischen und deutschen Aufsatz muß ich »Julius Cäsar« und »Wallenstein« lesen. Sonntag wird ein wüster Arbeitstag werden! Wir wollen morgen erst bei Gutschows vorgehen und Grethe sagen, daß ich Freitag keine Freistunde habe; dann also ½ 4 im Dom und auch morgen abend (Catty scheint es zu erlauben)! Also himmlische Aussichten. Gute Nacht.

F.

Lieber, Süßer!

Ich bin sehr unzufrieden mit mir und ich hoffe Du bist es auch und schiltst mich einmal ordentlich. Vorhin habe ich mich so über Catty geärgert, weil er Dein Herkommen heute abend nicht wollte, daß ich ganz verstimmt und es mir unmöglich war, nett gegen ihn zu sein, d. h. ich versuchte es gar nicht. Ist es nicht scheußlich? Er gibt sich alle Mühe um uns und dann behandle ich ihn schlecht, wenn er einmal übervorsichtig ist!

abends 10

Catty kam um 7 zurück und sagte, er wäre bei Dir gewesen, hätte Dich nicht getroffen; aber er hoffte, Du würdest doch kommen. Der gute Catty! Seine Hartherzigkeit reute ihn sichtlich, und er wollte es nun wieder gut machen. Eigentlich wollte er noch einmal hin, aber es wurde zu spät. Er glaubt, Du hättest es ihm übel genommen, bitte verzeihe ihn morgen etwas. —

Ich hoffte so brennend, Du kämest noch von selbst — ich habe den ganzen Abend wieder nicht gearbeitet, bis 7 habe ich mich geärgert, dann war ich zerknirscht über meine Schlechtigkeit gegen C.; schließlich geknickt, daß wir uns nun so schön hätten sehen können und nichts daraus wurde.

Nach dem Tee saßen C. und ich in P.'s Stube; ich lag auf dem Sofa und wir unterhielten uns fast eine . . .

Geliebter!

Ich mußte meine Gedanken heute abend zwischen Dir, dem 7jährigen Krieg und der Provinz Hannover teilen und war so maßlos müde, daß ich verschiedentlich dazwischen einschlief. — Nachdem Du vorhin fort warst, lief ich noch 1/4 Stunde in dem Dom herum, während Catty las, und dann gingen wir über den Wall zurück —.

Ich schreibe Dir wohl jedes Mal dasselbe, aber ich muß Dir doch jedes Mal wieder sagen, wie himmlisch es mit Dir gewesen ist;

heute trug alles dazu bei, mich in die glückseligste Stimmung zu versetzen, daß wir uns heute *doch* sahen, das himmlische Wetter und die Lektüre von »Niels Lyhne«[1], es war mir den ganzen Nachmittag, als ob ich träumte. Wenn nur morgen nichts dazwischen kommt. Gute Nacht! Ich muß früh wieder herauskrabbeln und lernen. — Catty kam vorhin ganz Eis-beseligt an.

F.

L., 16. 11. 90

Liebster!

Unser heutiges Verfehlen war mir sehr schmerzlich. Ich hatte, wie wir hingingen, das bestimmte Gefühl, daß Du schon fort wärst.

Unser Gang nachher mit Gutschows war an sich ganz nett, aber mir war doch zu sehnsüchtig zu Mut, und ich habe den ganzen Nachmittag ziemlich trübsinnig auf der Chaiselongue gelegen und versucht, an meinen Aufsatz zu denken. Ich kann nicht damit zuwege kommen und habe noch keinen Strich — nach Tisch muß ich mich mit aller Macht daran stürzen, mit oder ohne Stimmung.

17. 11. 90

Gestern habe ich den Abend dabeigesessen und nichts fertiggebracht. Heute um 5 aufgestanden und bis jetzt geschrieben. Nun bin ich wenigstens etwas in Gang. Leider kann ich Dir ihn nun heute noch nicht zum Durchlesen geben und es ist so schwer, sein eigenes Geschmier zu beurteilen. Vielleicht tust Du es morgen noch, ich werde Dir sehr dankbar dafür sein.

Nun will ich hinunter mit Mama über Theater verhandeln und dann noch bis zur Schule ochsen. Wie schön war es, daß wir uns gestern doch noch sahen; wäre es doch erst Nachmittag und wir säßen im Dom.

Leb wohl, bis heute nachmittag.

D. F.

---

[1] Der Roman »Niels Lyhne« von Jens Peter Jacobsen (1847—1885) galt damals als ›Bibel des Atheismus‹. F. R. beschäftigte sich auch mit J.'s zweitem Hauptwerk »Frau Marie Grubbe«.

Mein einziger, geliebter Emanuel!

Wie hast Du mir heute wohlgetan, erst durch Deinen lieben Brief, für den ich Dir noch vielmals danke, und dann durch Deine Gegenwart. Nach dem ewigen Verfehlen der letzten Tage, wo ich Dich gerade so sehr gebraucht hätte, war es desto schöner. Ich kam noch so niedergeschlagen hin in den Dom und las, bis Du kamst, in »Niels Lyhne«, freilich ohne eine Silbe zu verstehen. Nachher fühlte ich mich so unendlich erleichtert und gehoben durch Dich. Es war so unsagbar schön und ausruhend bei Dir.

Nach Tisch ging ich dann noch 1 Stunde mit Papa und stimmte ihn sehr gnädig durch eine leichte heitere Conversation, arbeitete dann mit Vehemenz bis 1/2 9 und liege nun im Bett und es ist mir sehr wohl. Catty brachte mir vorhin die Schlusen-Bilder mit, über die ich mich sehr gefreut habe. Else ist doch auf allen sehr gut. Wie es morgen wird, ist noch nicht zu sagen, Catty wird jedenfalls kommen, ich vielleicht, wenn es gut geht. Agnes will ein Stück mit dem Greis gehen. Sind sie noch nicht zurück, wenn C. und ich kommen, so geht es; sonst falle ich P. anheim, aber ich will nicht murren, da ich Dich heute so himmlisch genossen habe. Nun will ich mich dem Schlaf ergeben und brauche glücklicherweise nicht vor 1/2 7 aufstehen.

Glücklicherweise bin ich jetzt wieder in normalem Zustand, nur noch sehr matt und angegriffen, aber die gräßliche Nervosität legt sich doch allmählich und ich fühle mich wieder als Mensch. Nun gute Nacht Liebster.

D. F.

d. 21. 11. 90

Liebster!

Nur noch ein paar Worte, ich habe eben Kaffee gebraut und so viele Butterbrote geschmiert, daß es mir vorkommt, als ob ich selber eins wäre. Catty kommt gleich hinunter und so will ich den Moment noch wahrnehmen. Ich habe gestern den ganzen Abend an Else geschrieben. Wie war gestern die Sitzung des Ibsenclubs nett. Papa war etwas beleidigt, daß wir nicht auf ihn gewartet hätten und will heute mit mir gehen. Schändlich! Bitte komm nach der Schule um 1/2 3 in die M. K., daß wir uns doch einen Augenblick sehen. Morgen geht es ja nicht in den Kirchen, und zur Wasserkunst ist nicht Zeit genug. Ich habe bis $1/2$ 3 Stunde und gehe dann zu Manhards, wo Catty mich um $1/2$ 7 abholt. Könntest Du dann nicht mitkommen — suche doch Catty dazu zu kriegen. Lebe wohl.

D. F.

L., 21. 11. 90

Liebster E.

Ich bin von meinem vorherigen Erstickungsexperiment noch so mitgenommen, daß ich nicht arbeiten kann, obgleich ich eben $1^1/2$ Stunden geschlafen habe. Ich muß Dir nun recht lange schreiben, ich habe so viel auf dem Herzen und ich weiß ja nicht, ob ich Dich morgen allein sehe, so will ich Dir's lieber schreiben. Erst will ich Dir vielmals für Deinen Brief danken, der mir nach einem $1^1/2$ stündigen Gang mit dem Greis eine große Erholung war.

Er teilte mir mit, daß Dr. Bartels infolge einer Blutvergiftung todkrank sei. Ich kann Dir nicht beschreiben, wie es mich erschreckt hat und wie mir dabei zu Mute ist. Es ist mir ein fürchterlicher Gedanke, den ich mir kaum auszumalen wage, daß er sterben könnte, ohne daß ich ihn noch einmal gesehen und mich mit ihm ausgesprochen hätte. Findest Du es übertrieben? Gewiß! D. h. wenn Du meine Gewissensbisse fühlen könntest, würdest Du es nicht finden. Aber es beklemmt und ängstigt mich ganz furchtbar, daß es so kommen könnte.

Dann vertraute Agnes mir vorgestern natürlich unter dem Siegel der tiefsten Verschwiegenheit an, daß Lucie Storm einen Fehltritt begangen hätte und sie deshalb jetzt gleich hätten heiraten müssen.

Ich war sehr betroffen, hätte aber zugleich aus der Haut fahren können über die Art und Weise wie Agnes darüber redete. Sie täte einem ja natürlich furchtbar leid, würde nun ja gewiß ein sehr unglückliches Leben mit ihrem Mann führen, denn dieser könnte sie ja unmöglich mehr achten, wenn sie ihm gegenüber ihre »Frauenwürde« nicht gewahrt hätte und überhaupt wäre es schrecklich, wenn das »Tier« im Menschen so siegte, bei Lucie wäre ja freilich das immer sehr bemerkbar gewesen. Die meisten

Männer würden sie ja überhaupt sitzen lassen und es sei ein Glück, daß dieser es nicht täte etc. —

Das ist nun die Auffassung aller rechtlich und sittlich denkenden Menschen und diese Auffassung ist so kalt und hart und roh! Das ist christliche Liebe und diese guten Christen lesen in der Bibel »Ihr ist viel vergeben, denn sie hat viel geliebt«!

Das Laster wird polizeilich geschützt und das finden sie richtig und notwendig, aber nur das Standesamt und nicht die Liebe kann ein an sich reines Verhältnis heiligen! Wie erhebend muß diese Anschauung für ihre Träger sein, die nicht mit der Schwäche der Menschen, sondern mit der Kraft des Gesetzes rechnen.

Natürlich wird es in kurzer Zeit die ganze Welt wissen und es wird ein herrliches Skandalthema für die rechtlichen Menschen sein. Lucie wird natürlich für unmöglich erklärt etc. Ich möchte wissen, wie Du darüber denkst? Genug davon. —

Ich liege im Bett und es ist schon ½ 11, ich muß um ½ 6 auf und lernen — Geschichte, Geographie, Botanik und französische Grammatik. Wie freue ich mich, Dich morgen zu sehen.

Du hast ganz recht, etwas sinnlos war es bei Gutschows und die Albernheit etwas inhaltslos, aber es war doch nett, ich komme mir da so zu Hause vor. Mieze ist besonders nett und freundlich gegen mich, ich war auch heute morgen bei ihr. Grethe Fehling gefällt mir immer besser, ich sprach sie heute auf der Straße; ich sah sie vor mir hergehen, setzte mich in Galopp und rannte ein Kind über den Haufen, das hinfiel und schrie; ich habe selten so gelacht. Die Adresse an Else war allerdings mehr wie schwach. — Gute Nacht.

F.

Eben war Catty bei mir, um mir gute Nacht zu sagen und ich habe ihm alles erzählt und wir haben endlos darüber geredet und stimmten ganz überein. Ich war erst im Zweifel, ob ich es tun sollte, aber er hat doch ein Recht daran. Ich bin eigentlich viel zu aufgeregt um einzuschlafen. Wie herrlich, daß wir uns morgen 2 mal sehen. C. und ich stimmten aber überein in dem Wunsch noch beten zu können, um für Dr. Bartels und Lucie zu beten. Ich war heute in der M. K. einen Augenblick; es war halbdunkel und die Orgel spielte, ich ging einmal herum und dann nach Hause. Ich habe übrigens heut morgen Papa erzählt, daß ich die Schorers[1] ein paarmal gesehen hätte, wo sie ihre Schwester abgeholt hätten, dito Grethe Gutschow, um für den Fall, daß ich sie einmal im Theater z. Bsp. begrüßte, vorzubeugen.

Nun noch einmal gute Nacht.

D. F.

L., 22. 11. 90

Liebster E.

Eben vom Rennen zurück will ich die 1/2 Stunde vor Tisch bis die elenden Leute kommen benützen, um Dir zu schreiben. Vielen Dank für Deinen Brief.

L., 23. 11. 90 morgens
Mein Emanuel!

Heute möchte ich Dir zum *ersten Mal* nicht alles erzählen, aber es muß doch sein. So will ich Dir denn meine tiefbeschämte Beichte ablegen. Ich sitze hier mit einem heftigen physischen und moralischen Jammer und trinke schwarzen Kaffee. Was wirst Du nun sagen?

Also mit schlichten Worten gesagt, ich habe gestern zuviel getrunken und wurde den ganzen Abend nicht wieder nüchtern. Sei nur nicht böse! Es ist mir so gräßlich unangenehm. Catty war wirklich ein Engel. Bitte komm nach der Schule einen Augenblick in die M. K. Kannst Du C. nicht zum Dom bewegen? Tausend Grüße.

F.

Sei nicht *böse*.

Lübeck, 23. 11. 90

Geliebter.

Es ist jetzt 1/2 8, ich habe bis eben fest geschlafen, der moralische Kater ist im Dom geblieben, aber der physische lähmt meinen Geist vollkommen, so daß das Lernen vollkommen unmöglich ist. Gott sei Dank, daß man nun nicht im Theater sitzt. Ich habe

---

[1] Schorer, wahrscheinlich identisch mit Schluse. Der Verkehr mit den Familien Schorer und Gutschow wurde von der Mutter F. R.'s sehr ungern gesehen. Theodor Schorer war Apotheker und vereidigter Gerichtsmediziner in Lübeck. Sein Sohn Karl war ein enger Freund F. R.'s.

zu morgen Berge von Pädagogik und Französisch zu präparieren, werde aber beides nicht machen. Dann zu Mittwoch die
Inhaltsangabe von »Wallenstein«, liegt mir alles schwer auf der
Seele. Könnte ich doch einen Tag fehlen und schlafen! Liebster,
wie schön war es heute nachmittag und Sonnabendabend; wie
ich gestern abend um mich durch Luft zu ernüchtern lange Zeit
auf dem Balkon saß und in den Mond starrte, schwebte mir
immer wieder ganz verschwommen vor, wie wir am Hafen im
Mondschein gingen. Aber ich konnte mich auf nichts klar besinnen, auch auf Dich nicht, hatte nur eine Heidenangst, daß Du
mit Catty kommen würdest; gut, daß Du es nicht tatest. Den
Schreibtischschlüssel habe ich nach endlosem Suchen gefunden. —
Was Du mir gestern über den Fall Lucie schriebst, habe ich immer wieder gelesen. Du hast so recht und beurteilst alles so klar.
Ich fühle nur wieder, daß Deine Auffassung weit höher steht als
meine. Deine ist frei mit Moral; dagegen kommt es mir immer
vor, als ob ich eigentlich kein moralisches Gefühl besäße. Es
schwankt immer alles hin und her und ich weiß nicht, was das
Rechte ist. Wo soll man da eine Richtschnur finden? Zum Beispiel
dies kann ich nicht verstehen. Du sagst, daß ein Fall wie dieser
vor der Hochzeit ein Mangel an Selbstbeherrschung ist und wie
jede andere Leidenschaft zu betrachten ist, und das leuchtet mir
ein; aber *warum* ist es dann *nach der Hochzeit anders.* Die Sache
bleibt ja *doch dieselbe.* Das ist doch rein äußerlich, was das Ge-
setz und die Kirche dazu tun. Wo ist da die moralische Grenze
zu finden? —
Ist es denn ganz unmöglich, daß es eine Ehe ohne das geben
könnte? Die nur auf vollkommenem geistigen Einanderhingeben
und Miteinanderleben beruhte.
Die sinnlichen Leidenschaften sind doch auf gewisse Weise immer
etwas Erniedrigendes, müßte dann nicht die höchste idealste
Liebe ohne dieselbe bestehen können? —
Lucie und ihr Mann, zwei doch wohl im Ganzen sehr ideal
gerichtete oder es wenigstens wollende Menschen sind freilich
ein trauriger Beweis vom Gegenteil und insofern finde ich die
Sache auch — wie soll ich sagen? — schmerzlich? Allerdings, wenn
man ihren unglückseligen Nerven- und Gemütszustand kennt,
ist es zu begreifen. —

den 24. morgens

Bitte arbeite doch heute so, daß Du in den Dom kommen kannst.
Wenn Du von der Schule bis 3 arbeitest, kannst Du um 3 ¹/₄ da
sein und um ³/₄ wieder fortgehen, Du kannst doch nicht den
ganzen Tag im Hause sitzen. Sonst mußt Du nach meiner
Schule kommen.

Diese Woche müssen wir wirklich noch wahrnehmen, solange
Mama fort ist. Später stört sie uns vielleicht sehr oft. Ich bin
heute morgen herrlich entkatert, will gleich aufstehen, es ist
schon grausam spät, und ich muß mich in 10 Minuten anziehen.
Um 10 renne ich dann erst zu Gutschows, dann zu Storms, die
in der Fischstraße sind, dann ins Seminar, nachher eine Freistunde mit Gutschows. Lebe wohl, 1000 Küsse.

F.

[Lübeck, 25. 11. 90]

Geliebter Teurer.

Wie hat mir Dein Brief wohlgetan, habe den innigsten Dank
dafür. Ich mache mir die furchtbarsten Vorwürfe, daß ich Dir
durch mein gestriges Verhalten Sorgen gemacht habe. Mir ist das
Herz so voll und ich habe nur einen Augenblick Zeit, da Catty
gleich geht. Ich gebe Dir meine heiligste Versicherung, Du Geliebter, daß es *nichts* gibt, was ich Dir nicht sagen könnte. Ich
fühle mich dieser Tage elend und meine Nerven maßlos bedrückt und dann kommen mir lauter törichte Gedanken, die ich
mich scheue auszusprechen, auch aus lauter törichten Gründen.
Wenn wir so zusammen sind, genügt es mir, still an Deiner
Brust zu liegen und alles weicht von mir, aber wenn ich Dich
nicht habe, kommt wieder alles über mich her, was ich Dir von
mir erzählen und sagen will und nie dazu komme.

So will ich Dir sagen, daß, in meiner Torheit bedrückt mich,
Dir zu erzählen, daß ich für Dr. Bartels und auch noch früher
für jemand geschwärmt habe, weil ich mir einbilde, es möchte
Dir unangenehm sein, daß ich das getan hätte. Und ich sollte
doch wissen und weiß es ja auch, daß das nicht der Fall ist. Das
ist *alles*. Mich drückt, daß ich früher zuweilen solche Gedanken
gehabt habe. — Ich muß aufhören, Catty muß fort. Nicht wahr,
Du glaubst mir?

Ich weiß, daß Du es tust. Ich schicke Dir alle meine Ergüsse aus den letzten zwei Jahren.

Du sollst wissen und weißt es, daß ich nur Dich liebe, nur Dich geliebt habe und lieben werde

in Ewigkeit

D. F.

Lübeck, d. 26. 11. 90

Mein einziger Emanuel.

Ich schreibe Dir buchstäblich unter »Heulen und Zähneklappern«. Catty und ich haben den ganzen Abend hier oben gesessen und uns angefroren, während er Aufsatz und ich an Else schrieb. Nun bin ich bemüht, mich im Bett warm zu strampeln —, wirklich es ist ein Kunststück, unten zu strampeln und oben zu schreiben, es wird auch etwas tatterig ausfallen. Ich weiß nicht, ich bin früher nie so frostig gewesen — Du bist schuld daran, denn ich habe jetzt gar keine warmen Gefühle mehr für mich, seit Du sie alle hast. —

Ich kämpfe jeden Morgen, jetzt, wo es so kalt ist, einen schweren Kampf, der mir schon abends vorher die Freude an der Bettgemütlichkeit raubt, ob halbe oder ganze Wäsche. Ich liebe nichts mehr als die Reinlichkeit, aber wirklich — so morgens um 5 aufzustehen und mit gefrorenem Schwamm das eisige Wasser über sich zu klatschen, während einem die Füße am Blech festfrieren — das führt einem beinahe die Seele aus dem Körper heraus. Aber ich überwinde mich heldenhaft und denke mit »Aujust« in der »Haubenlerche«: »Was soll ich denn zu Deiner Bütte sagen?«, und dann an den Schreibtisch (d. h. nicht direkt) und Geographie lernen!! Verzeih das Überwischen, ich bin zu faul, eines elenden Löschblattes wegen aufzustehen und lösche deshalb mit einer wollenen Unterjacke.

Ich muß Dir übrigens noch zweifach den Text lesen.

Erstens wegen Deiner neulichen Garten-Grubenphantasie, über der Catty und ich uns beinahe verfehlt hätten und furchtbar hereingefallen wären und worüber Catty den ganzen Abend brummig war und erklärte, wir könnten nie wieder allein in den Dom. Daß Du mir so was nicht wieder tust!

Zweitens, daß Du mir in 3 Tagen, wo wir uns gar nicht oder

doch wenigstens so gut wie gar nicht sahen, nur einmal 3 Worte oder 3 Zeilen schreibst. —

Übrigens danke ich Dir für dieselben, die Catty mir erst um 5 überreichte.

Was war es heute wieder für ein anstrengender Tag, ziemlich sehr schwere Stunden, da ich nichts gelernt hatte und alle Intelligenz aufbieten mußte, um doch etwas zu wissen. Ich hatte eine ganz miserable Rechenarbeit gemacht, die dem Hohn der Klasse preisgegeben wurde, fiel bei Dr. Ernst herein und gab bei Zimmermann ganz entsetzliche Antworten. — Dann fast 2 Stunden mit dem Greis rennen, bebend ob ich noch zum Dom kommen würde. Zuletzt sagte er »nun ist es wohl genug der Erfrischung«, worauf ich mit so teuflischem Ton »gewiß« sagte, daß er mich ganz verwundert ansah.

Nachdem wir uns gesehen hatten, stürzte ich in gräßlicher Angst, Catty zu verfehlen, zu Gutschows, in 5 Minuten vom Markt aus. Auf der Diele hörte ich einen rasenden Radau; komme herein, Catty lag auf der Erde als Hamlet, Mieze mit einem hellen Mantel als Geist, Grethe und der Bruder als Zuschauer — dabei so dunkel, daß man niemand unterscheiden konnte; ich war namenlos beruhigt, konnte vor Verpustung kein Wort sagen. Wir waren noch einen Augenblick da, der Alte erschien auch auf der Diele um nachzusehen, was da für ein Lärm wäre, als Catty sich tumultuarisch auf der Erde wälzte. Ich habe heute abend »Marie Grubbe« schon 3/4 durchgelesen, es ist im Ganzen ziemlich widerlich und einiges sehr schön, himmlische Naturschilderungen, ich hätte aber nach »Niels Lyhne« mehr erwartet. Willst Du mir nicht morgen Lassalle mitbringen, wenn Du ihn noch nicht liest.

Mit Entsetzen sehe ich, daß es schon 1/2 11 ist, ich muß noch Cattys Aufsatz durchlesen, kann aber Gott sei Dank morgen bis 1/2 7 schlafen.

Lebe wohl und gute Nacht Liebster, sehen wir uns morgen? Hoffentlich endlich einmal wieder.

F.

Herzliebster Emanuel.

Ich bin so todmüde, daß ich Dir doch nur Blödsinn schreibe und muß noch Geographie, Geschichte und Botanik lernen. Es ist schon gleich 8, ich werde morgen in allem hereinfallen.

Morgen sehen wir uns nicht, übermorgen nur en masse! — Ich wollte nur es ginge Dir gut, Du warst heute elend; und daß es Dir zu Hause nicht so ungemütlich wäre. Siehst Du, es macht mich dann so elend, daß wir dann immer voneinander sind und uns nicht helfen können.

Ich bin ganz besessen vor Nervosität, und es kommt mir vor, als ob alle an mir herumzerrten. Ach Du, ich möchte einmal wieder so wilde Gesundheit fühlen, wie als ich 12 und 13 war, so ein Vollgefühl von Kraft haben; ich fühle mich so ruiniert, weiß es nicht anders zu bezeichnen, und wenn das so fortgeht, kannst Du mich später ja nur gleich begraben und mir eine diakonische Grabrede halten! In 8 Jahren werde ich völlig abgenutzt sein und zu nichts mehr zu gebrauchen. Gute Nacht Liebster, 1000 Grüße u. Küsse, bitte schone Deinen Hals. —

F.

Sonnabend morgen

Heut abend um 8 gehen Papa und Agnes zum Tee zu Mesmers. Ließe sich dann nicht irgend etwas bewerkstelligen? Kannst Du nicht mit C. darüber reden, ich habe keine Zeit mehr, es schonend vorzubringen.

Wenn Du morgen früh nicht gleich mitkommen kannst, so kannst Du doch wenigstens zu den Fischerbuden nachkommen. Lebe wohl, wenn ich Dich doch sehen könnte! Hoffentlich geht es Dir recht gut.

F.

L., 29. 11. 90

Geliebter.

Ich hätte heute so innig gern den ganzen Abend an Dich geschrieben, aber ich mußte mit Catty ein Gedicht an Brunns machen und bin nun nicht dazu gekommen. — Wie schade, daß Du heut abend nicht konntest. Ob Du jetzt wohl noch im Konzert bist oder im Phantasiekostüm auf dem Bett liegst? Morgen werde ich Dich wohl nur im Kreise des Ibsenclubs sehen, so will ich Dir denn doch noch einiges schreiben. Vor allem vielen, vielen Dank für Deinen Brief, ach es ist so gut, sich mit Dir über alles auszusprechen, und ich danke Dir so dafür. Aber in dem einen Punkt kann ich doch nicht mit Dir übereinstimmen — alles andere, was Du sagst, befriedigt mich sehr —, daß es Pflicht und Zweck der Ehe sei, die Menschheit fortzupflanzen, mit dem Gedanken kann ich mich nicht befreunden. Man kann ja sagen: es ist so und man muß sich dem Naturgesetz unterwerfen, aber ich muß sagen, ich finde nicht, daß es das sittliche Gefühl zufriedenstellt. —

Das ist alles so bedrückend, und wie soll man sich jemals wirklich klar darüber werden. Und alles, was damit zusammenhängt, zieht sich durchs ganze Leben hin, als ob man zu nichts anderem da wäre. Hätte ich nicht in Dir die wahre geistige Liebe gefunden, so würde ich ganz darüber verzweifeln und durch Dich werde ich ja doch allmählich zur Klarheit kommen, wonach und wie ich leben und streben soll.

Für diesmal lebe wohl, verzeih, daß ich kurz abgerissen schreibe.

F.

— Ich habe nicht nur, wie Du denkst, am Fenster nach Dir ausgesehen, sondern von $^3/_4$ 8—$^1/_2$ 9 im Garten auf Dich gewartet, weil ich es sicherer fand, als daß Du nicht ins Haus kämest und weil mir die Sehnsucht keine Ruhe ließ. Sehr enttäuscht, geknickt und halb erfroren kam ich wieder hinein. —

Kannst Du nicht morgen es möglich machen, aufs Eis zu kommen? Wenn nicht offiziell, so doch einen Augenblick uns da besuchen? Versuche es doch. Dann wollen wir zur völligen Wiederherstellung Deiner Gesundheit einen Grog zusammen trinken.

Sonst wollen wir jetzt auf nächsten Mittwoch unsere Hoffnung richten — Sonnabend und Sonntag werde ich wahrscheinlich aus jenem 4wöchentlichen Grunde weder zu einem weiten Gang noch zum Schlittschuhlaufen fähig sein, wenigstens wäre es sehr unvorsichtig!

Ich finde es zu scheußlich, daß sie Dir nur Tee und Zwieback gegeben haben, so schlecht will ich Dich nie behandeln! Außerdem habe ich noch nie gehört, daß Hungerkuren für Kopfweh gut sind.

Gestern waren Catty, Grethe und ich auf dem Eis, es war sehr nett.

Heute morgen war ich erst bei Alwine, dann in der Zwischenstunde mit Mieze und mittags Catty und ich bei Gutschows, wo Alwine auch war. — Meine Augen werden wirklich bedenklich schwach, ich erkannte Mieze heute auf 2 Schritte nicht und wäre unfehlbar an ihr vorbeigegangen, wenn sie mich nicht angeredet hätte.

Emanuel, Du glaubst doch nicht, daß ich absichtlich einen Krach herbeirufen würde!? Ich fürchte, daß es später, wenn ich nach dem Seminar fort will oder inzwisen schon durch Entdeckung es so weit kommen könnte, kommen *muß* —, aber dann halte ich mich für berechtigt, mein geistiges Leben zu retten und mich frei zu machen und werde aus diesem Grunde meinen Willen durchsetzen — aber wenn es auf andere Weise geht, was ja immerhin möglich ist, dann weiß Gott werde ich sehen, es ohne Bruch zu erlangen. Solange M. und P. gegen mich wie jetzt sind, solange werde ich mich schwerlich zu einem gewaltsamen Schritt entschließen, d. h. wenn ich sehe, daß ich es nicht aushalten kann, so muß ich es eben tun. —

Aber wenn der frühere Ton zwischen uns wieder anfängt, was zweifelsohne der Fall sein wird, dann mache ich das Seminar durch und lasse dann alles fahren.

Ich will und muß einmal frei werden; es liegt nun einmal tief in meiner Natur, dieses maßlose Streben, Sehnen nach Freiheit. Die kleinste Fessel, die andere gar nicht als solche ansehen, drückt mich unerträglich, unaushaltbar und ich muß gegen alle Fesseln, alle Schranken ankämpfen, anrennen. Ich habe das mein ganzes Leben gefühlt — und dann dieser kleinliche, unaufhörende Druck aller Verhältnisse. Muß ich mich nicht freimachen, muß ich mein Selbst nicht retten — ich weiß, daß ich sonst daran zugrundegehe.

L., 30. 11. 90
im Bett

Liebster.

Heut weiß ich doch, wo meine Gedanken Dich suchen können; ich stelle mir Dich tanzend und frackbekleidet vor meinem inneren Auge vor. Ich hoffe nur, daß Du es nicht »gräßlich« findest und Dich ganz gut vergnügst (amüsieren ist ein Wort, das ich nicht leiden kann) — wenn man dabei ist, ist es doch immer ganz lustig. —

Wie herrlich war unser »Ibsenclub-Exbummel« heute morgen. Es war so nett, wild und tobend. Es ist so wohltuend, wenn man einmal so recht lostoben kann. Da hat man doch ein Gefühl von »sich ausleben« dabei. Grethe Fehling war heute zu nett. —

Catty und ich sind mittags noch etwas gebummelt; dann habe ich mich ganz in »Väter und Söhne« von Turgenjew versenkt, was ich von Käthe Wohlert[1] habe. Es sagt mir sehr zu. Ich freue mich jetzt auf Lassalle — dies soll ein zarter Wink sein, daß Du ihn mir morgen mitbringst.

Dann habe ich noch für morgen gearbeitet, der heutige Tag war einigermaßen erholend.

Gute Nacht, morgen im Dom!!!

D. F.

d. 1. 12. 90 im Bett

Geliebter.

Ich bin eben mit dem Abschreiben des Gedichtes fertig, ich hoffe auf Anerkennung wegen der deutlichen Schrift, trotz bauchwärts unbequemer Lage. —

Hurra, wahrscheinlich können wir morgen doch in den Dom. Mama sagte, ich brauchte nicht dabei zu sein, wenn sie ankämen, und außerdem will ich die Pädagogikstunde schwänzen. Ich will morgen einmal recht faulenzen; heute hatte ich den ganzen Tag die elendesten Magenschmerzen — wofür ich die außerordentlichste Begabung habe. —

Es ist mir wirklich, als ob ich einen Altenburger Hefekloß verschlungen hätte oder ob *Dein* gestriges viermaliges Mittagessen *mir* schlecht bekommen wäre. Ich muß gestehen, daß mir diese Sympathie zu weit geht! — Durch eben vollbrachtes Verschlingen von Rizinusöl hoffe ich es zu bessern.

Es ist wirklich, als ob wir einen Briefwechsel à la Goethe—Schiller hätten, der sich meistenteils um ihre Verdauungsstörungen

---

[1] Käthe Wohlert war eine Schulkameradin F. R.'s, desgl. Klara Eckhof, Anna Hagenström, Klara Schramm, Anny Claussen.

dreht. — Wenigstens ist mir das beim Lesen desselben aufgefallen. Den ganzen Abend habe ich in eine Decke gerollt gelegen und gelesen, erst »Väter und Söhne« zu Ende, dann noch 40 Seiten Lassalle. Letzteres ist zu begeisternd, ich war ganz weg darin und habe es nur so verschlungen.

Um 8 kam Mama, sie scheint ziemlich angegriffen, war ganz gnädig; aber ich zittre im stillen, daß sie in Preetz alles mögliche Unheil gesammelt hat, Geschichten von mir etc. Das erste Frühstück morgen ist mir unheimlich. —

Sie erzählte viel von Storms, bei denen sie einen Tag gewesen ist; natürlich hauptsächlich vom »Brautpaar«. Ich denke jedes Mal Gott sei Dank, daß wir kein solch »deklariertes Brautpaar« sind.

Sehr komisch war es, als Mama erzählte, daß Dodo Storm krank sei und 14 Tage liegen sollte und nun die Frage erörtert worden wäre, ob ihr Bräutigam sie besuchen könnte; Catty und ich machten natürlich einen lebhaften, etwas höhnenden Einwurf und wurden mit »davon versteht ihr noch nichts« abgefertigt. Gute Nacht, auf morgen! Es küßt Dich tausendmal

D. F.

d. 2. 12. 90

Mein süßer Geliebter.

Eben erst habe ich mich unten losreißen können und bin gleich heraufgestürzt, um Dir zu schreiben. Ich war vorhin so entsetzlich herunter, ich kann Dir gar nicht sagen, wie, die ganze tumultuarische Wirtschaft, der Schreckschuß mit dem Greis, Dein Dom-Streik, das alles legte sich mir mit Zentnerschwere aufs Herz.

Wie *himmlisch* war es, daß Du kamst, Du siehst mich wieder ganz aufgerichtet. — Ich bin fest entschlossen, vernünftig zu sein, mich nicht anzustellen, wenn wir uns jetzt beschränken. Allerdings wird es mir sehr schwer sein, nachdem wir uns bis jetzt fast täglich sahen, und die Tage werden mir in endloser Öde hinkriechen, aber ich werde wieder fleißiger sein, und Cattys Nerven werden sich wohl etwas bessern ohne Dom (meine umgekehrt).

Holst Du Catty morgen wieder ab (das soll heißen, *bitte* tu es).

Ich hatte heute bei Gutschows das Gefühl, verrückt zu sein und mich verrückt zu benehmen.

Vielen Dank für Deinen Aufsatz, ich habe ihn vor Tisch angefangen und will ihn morgen zu Ende lesen, heute muß ich noch Berge lernen — und ich kann nicht, es ist mir unmöglich.

Lebe wohl mein Inniglieber — was tut es, wenn wir uns nicht so oft sehen, wir sind ja doch *immer* zusammen. In unendlicher Liebe

Deine Fanny.

L., 3. 12. 90

Geliebter Emanuel.

Wie danke ich Dir für Deinen himmlischen Brief, du Geliebter, Einziger, wie sollte ich nicht alles leicht und froh ertragen, wenn es für *Dich* ist? Was Du mir sagst, ist so lieb, so gut und vernünftig.

Gewiß, es *muß* sein, es ist besser, daß wir uns zur rechten Zeit warnen lassen, ehe etwas Schlimmes geschehen kann. Alle 8 oder 14 Tage einmal, aber dann auch ordentlich, dann wollen wir uns so genießen und uns so viel sagen, daß wir es die Zwischenzeit hindurch aushalten können, nicht wahr?

Ist nicht *ein* Augenblick wie gestern abend wie eine *Ewigkeit* von Liebe und Wonne?

abends

Da haben wir uns schon wieder gesehen, genossen, ach so selig, so überselig! Eben seid ihr nun weg und ich bin noch ganz wie im Traum, natürlich bin ich nicht mehr hinuntergegangen; nach diesen Minuten mit Dir wieder unten, alle die Larvengesichter — das wäre nicht auszuhalten.

Ach, das Leben ist nur bei Dir, nur an Deinem Herzen; — da gehöre ich hin und die Augenblicke, wo ich daran ruhen kann, sind die einzigen wirklichen Lebensaugenblicke. Geliebter, könnte ich alles, was ich fühle, Dir einmal in einem Ton, in ein Wort fassen, das es Dir so voll und ganz sagen könnte — aber der Ausdruck bleibt immer stumm und ungelenk.

Ich sehne mich Tag und Nacht immerwährend nach Dir, und meine ganze Seele ist immer bei Dir. Ich möchte jedes Gefühl mit Dir teilen und jedes von Dir mitfühlen! *Ganz* ineinander aufgehen! Kann das jemals sein? Können wir unsere Seelen jemals zu *voller* Harmonie miteinander bestimmen? Du mußt mich an Deine Seele nehmen, mich ganz hinnehmen — mich zu Dir heranbilden, sonst kann ich nie aus meiner Schwachheit und Elendigkeit heraus. Und ich bin ja ganz und ewig Dein.

Lebe wohl, für heute, ich will nun am Fenster warten, bis Du mit C. zurückkommst.

Deine Fanny

L., 4. 12. 90

Liebster!

Noch ein paar Worte an Dich zur Erholung nach einem langen Tag. Vielen Dank für Deine lieben Worte. Wenn Du aus Rücksicht für Deine Mutter mit zum Abendmahl gehst, finde ich es richtig von Dir gehandelt, *sonst* würde ich es nicht tun. Ich selbst werde mich Ostern weigern, es ist mir der Eltern wegen schmerzlich; aber es zu tun, ist mir eine vollständige Unmöglichkeit. *Schreibe* mir nur über C., zum mündlichen ruhigen Sprechen werden wir wohl nicht so bald kommen. —

Heut morgen wurde ich mit Klassengebrüll und Hurra begrüßt, weil ich zur *rechten* Zeit kam! Mußte dann in der Rechenstunde an der Wandtafel rechnen; was auch sehr starke Erheiterung hervorrief, weil ich ganz verwirrt wurde und die Wurzeln in große Unordnung brachte. — Über das Schneeballen ist nichts mehr erfolgt, nur sah Frl. Roquette mich entrüstet an, wie ich in der Probelektion bei dem Verse »Daß Gottes Hülfe bräch' herein, dann könnte Jakob fröhlich sein« vollkommen die Fassung verlor, es klang so gassenhauermäßig, nicht wahr. Nachher wurde den Kindern erklärt, was »Immanuel« heiße; wobei sie bemerkte, daß man jetzt gewöhnlich Emanuel sagt. Daß Du eigentlich »Gott mit uns« heißt, war mir noch unbekannt. Soll ich Dich so nennen?

Mittags bei Gutschows, nur Mieze und Hermann da; ich hatte rasendes Kopfweh und war ganz blödsinnig.

d. 7. 12. 90 8 Uhr

Liebster!

Catty und ich sitzen hier sehr gemütlich, beide schreibend, umringt von Bildern von Anne, Else, Lucie etc. Ich danke Dir sehr für Deinen Brief, der mich den ganzen Nachmittag beschäftigt hat. Siehst Du, *gewundert* hat es mich nicht, ich habe schon seit einiger Zeit ganz dasselbe über Catty gedacht, es war oft nicht schwer, an seiner übernatürlichen Nervosität zu merken, daß er sich nicht normal befand.

Eben habe ich endlos mit ihm darüber gesprochen, natürlich ohne ihm etwas von Dir zu sagen — und fühle mich doch sehr beruhigt darüber. C. spricht mit dem allergrößten Abscheu von seinen früheren Geschichten. Ich sagte ihm, daß seine Nerven augenscheinlich schlecht seien und daß er doch einmal zu Reuter gehen sollte. Er sagte, daß das absolut keinen Zweck hätte und daß es nur von seinem Willen abhinge. Als ich bezweifelte, daß er fest bleiben würde, versicherte er, es wäre ja nicht unmöglich, daß er in seinem späteren Leben ein *Liebes*verhältnis mit sinnlichem Vergehen haben könnte, aber die öffentlichen Häuser würde er *niemals* wieder besuchen. Allerdings kann man bei C.'s schwankendem Charakter nicht wissen, ob er seine jetzigen Vorsätze wird halten können und es muß mit Recht Besorgnis erregen. Aber was läßt sich dabei tun? Ich glaube, daß auf die Länge nur andauernde starke Einflüsse von Menschen, die ihm nahe und gewissermaßen über ihm stehen, wie Du, Else, Ferdinand etc. ihn bewahren werden. Aber wird er immer solche nahe genug haben, um auf ihn einwirken zu können? In einigen Jahren wird es ja vielleicht von selbst besser; aber was wird er in dieser Zeit zu leiden haben? C. verwarf den Gedanken, daß es für ihn vielleicht notwendig sei, mit Abscheu.

L., 9. 12. 90

Mein Geliebter —

Wie danke ich Dir für Deinen Brief, der mir unendlich wohl getan hat, ich lechzte wahrhaft nach einem Lebenszeichen von Dir, war sehr niedergeschlagen, bin nun aber wieder ganz belebt.

Aus Faulheit schreibe ich mit Blei. Catty und ich sind ganz allein zu Hause; ich räkele mich auf Papas Sofa und C. sitzt auf meinen Füßen und stört mich aufs gräßlichste; zur Strafe streichle ich ihm mit meinen Füßen über die Ohren. Hübscher Ton, nicht wahr? Hier hast Du einige Altenburger Aufsätze von mir, ich fand sie zufällig gestern auf meinem Bücherbord und las sie durch – und Du mußt sie einmal durchlesen, erstens, weil sie Deinen christlichen Standpunkt fördern könnten, und dann als Probe für meinen damaligen »Seelenzustand«.

Aber nun zu Deinem Brief, ach, es war ein so himmlisches Gefühl, als Catty ihn mir gab, ich habe ihn beinahe verschlungen. Ich habe Dich ja Sonntag erst gesehen, aber da hatten wir doch so wenig voneinander, wenigstens hatte ich nachher nur ein verstärktes Gefühl von Sehnsucht, und kam mir diese Tage so fern von Dir vor.

Dein Elendsein hat mir so leid getan – ach ja, Du, es wäre himmlisch, wenn ich dann bei Dir an Deinem Bett sitzen könnte, wie müßte es schön und gemütlich sein – und ist es nicht zu dumm, ich ärgere mich darüber, daß andere Leute, z. B. Deine Freunde und Familie, dann immer um Dich sind, und ich es nicht kann, wo ich doch viel mehr Recht dazu hätte.

Siehst Du, ich finde es viel schöner, daß wir unser Geheimnis ganz allein für uns haben, aber doch ist es mir so oft schmerzlich, daß ich Dir nicht auch im äußeren Leben nahe stehn kann, und ich könnte auf die, die das tun, furchtbar eifersüchtig sein, d. h. das ist nicht das rechte Wort, ich weiß das Gefühl nicht näher zu bezeichnen.

Wie schön, wenn Dein Vater Dich jetzt mit der Religion zufrieden läßt, dann muß es für Dich doch sehr viel angenehmer sein als vorher. Hoffen wir also, daß, wie Du meinst, das Leben und die Ehe Dir das Christentum zurückbringen. Ich finde die Idee sehr schön. Aber welche Ehe, die erste oder die zweite? Ich bitte mir übrigens, nebenbei gesagt, die zweite aus; ich will Dich lieber *zuerst* an die von Gutschows bestimmte, heißt sie nicht Frl. Suhl?, überlassen, da es die kürzere Zeit ist. Was meinst Du? Übrigens wie schön ist es, daß Fieke ihr Schicksal sich nun so glücklich gestaltet, es freut mich von Herzen, sie ist mir in Gedanken – gesprochen habe ich sie ja nur einmal – sehr lieb und sie hat mir so furchtbar leid getan. Es gefällt mir so, daß sie zuerst nicht nachgegeben hat und es nun aus freier Wahl getan hat. Wie und was ist er?

Übrigens – ich merke eben, daß ich dieses Wort schon 25mal

geschrieben habe, es scheint mir heute abend im Blut zu liegen —
hätte ich allen Grund, den neuen ...

Es war zu schade, daß Du nicht aufs Eis kamst. Kurt sagte, daß
Du mit Deinem Vater Weihnachtsbesorgungen machtest. Ich
hoffte doch noch immer und fühlte mich ohne Dich etwas öde.
Grethe G., Catty und ich liefen über die ganze Flucht hin; nachher erschienen auch Grethe F. und Schluse. Dann gingen wir alle
zu Gutschows; ich riß ohne anzuklopfen die Wohnstubentür auf;
da saßen der Alte mit Tante Julchen da und ich stürzte fort,
ohne daß sie mich gesehen hat. Der Alte kam heraus, Catty,
Schluse und ich entfernten uns beschämt und verwirrt und gingen
dann erst noch mit Mieze etwas hin und her, dann über den
Wall nach Hause. Nun habe ich Schluse doch endlich kennengelernt. Ich begreife nicht, daß die Gutschows ihn so verab-
scheuen; ich finde ihn sehr nett. Auf dem Wall bellte er, es war
herrlich. Überhaupt ein sehr netter Gang. Etwas ist übrigens
etwas »mißlich« — Gutschows erklärten uns, daß sie es nicht aushalten, daß immer alle Schlusen mitkämen, es wäre ihnen zu
viel?! Zu dumm, ich finde es gerade nett, je mehr da sind. —
Heute abend mit dem Greis ins Theater — »Lustigen Weiber«
und »Puppenfee«[1], gegen letzteres habe ich ein Vorurteil, weil
alle es »reizend« finden, das finde ich eklig.

Geliebter E.
Die kurze Stunde vor dem Theater will ich noch an Dich verschreiben, um mich etwas aufzumuntern. Wenn das Theater doch
erst überstanden wäre! Ich bin herunter, herunterer, am herun-
tersten. Ich weiß nicht, es war vorhin so deprimierend, Catty
hat mich schmählich geärgert, und es war mir sehr schmerzlich,
daß Du fortgingst — aber allerdings fand ich es ganz richtig und
vernünftig und stimmte in Gedanken mit Dir überein. Ich habe
Catty nachher noch ganz freundlich und zärtlich dafür an-
gelaust und ihn dann überredet, zu Dir zu gehen, was er erst

---

[1] »Die Puppenfee« — ein damals populäres Ballett von Josef Bayer.

nicht wollte, denkend Du seist beleidigt – aber ich weiß ja, daß Du dazu viel zu vernünftig bist. Er sagte, er wäre durch Mamas Ungnade etc. so gräßlich schlechter Laune, hätte sich dann über unser auffallendes Benehmen geärgert, sonst wollte er gerne jeden Tag laufen etc. etc. – Nicht wahr, Du, wenn wir uns auch heute über ihn geärgert haben, wir wollen doch rechte Geduld mit Catty haben und ihm seine Nervosität nicht anrechnen, denn weiter ist es ja doch nichts.

Wir müssen uns überhaupt an den kleinen Steinen, die uns im Wege liegen, nicht stoßen. Das ist ja doch im Grunde unwesentlich, und doch tun sie einem so weh.

Wenn Du doch heute abend im Theater wärest! O dieses Kopfweh! Es liegt mir wie ein eisernes Band um Schläfen und Nacken und ich habe ein unheimliches Gefühl von Nichtdenkenkönnen. Und nun den ganzen Abend Menschen, Hitze und Licht! Gestern glaubte ich schon ernstlich krank zu werden, weil mir der Hals ganz geschwollen war und ich abwechselnd vor Hitze glühte und mit den Zähnen klapperte, daß meine Goldplomben fast draufgegangen wären.

Ich bin Dir so sehr dankbar für die Aufgabe, mache mir Vorwürfe, Dich damit gequält und Dir Deine Zeit geraubt zu haben; aber ich bin sehr froh, die Arbeit nun machen zu können. Ich habe wahre Berge zu arbeiten, deutsch und franz. Aufsatz. Jetzt ist die Zeit um. Ich sehne mich so maßlos danach, eine Stunde an Deinem Herzen auszuruhen, du Geliebter.

L., 14. 12. 90

Liebster –

Es sind noch 20 Minuten bis 10 und die sollen Dir noch geweiht sein, nach des Tages Last und Hitze!

Leider konnte ich heute (auch die nächsten 2 Tage) nicht Schlittschuh laufen. Es ist zum Verzweifeln! Als ich Dich heute mittag sah, wurde mir sehr, sehr wehmütig nach Dir, Du süßer Geliebter. Es hat mir gestern abend so gut getan – und es war so schön!!! Es stillte doch für einen Augenblick die brennende Sehnsucht nach Dir! Könnte es oft so sein. Ich hoffe auf Mittwoch!

Ich habe heute ganz rasend gearbeitet, reichlich 8 Stunden, die

Rechenarbeit eingeschrieben — ich bin Dir so dankbar dafür, daß Du mir alles so schön klar gemacht hast — ich bin im Rechnen sonst vollkommen borniert — das Einschreiben war dann noch eine heillose Arbeit. Dann habe ich den deutschen Aufsatz angefangen, endlose schriftliche und mündliche Kleinigkeiten.

Zum Kaffee waren Detlev und Georg Reventlow da, grausam langweilig. Übrigens ärgere ich mich sehr über mein gestriges Schwänzen und Ausreißen. Es war so zwecklos und albern, und ich habe mir geschworen, es nun auch zu lassen. Es ist wirklich mehr wie kindisch, den Blödsinn nicht lassen zu können, und unverantwortlich von mir, durch solche Kindereien diesen Anfang zu einer zukünftigen Befreiung und Selbständigkeit zu gefährden. Gestern hätte es wie nichts schief gehen können und was dann?

Es ist zu elend —

Aber nun gute Nacht, mir fallen die Augen zu. Die innigsten Küsse von

Deiner Fanny

L., 16. 12. 90

Anstatt an meinem Aufsatz zu schreiben, was höchst notwendig wäre, muß ich an Dich schreiben, um aus dieser entsetzlichen Stimmung herauszukommen. *Natürlich* erlaubte M. Catty und mir nicht, ins Konzert zu gehen. Sie hatte es von Papa abhängig gemacht, der aber heute nachmittag nicht ankam, also »ging es nicht«. Ich kann Dir gar nicht beschreiben, wie wütend es mich gemacht hat; ich komme durch solche Kleinigkeiten gar zu leicht aus dem Geleise. Ach, es ist so verzweifelnd, so erdrückend, sich ewig durch diese kleinlichen, lächerlichen Vorurteile durchwinden zu müssen. Ich weiß nicht, ob Du es mir nachfühlen kannst, wie gerade diese Art von Albernheiten erdrückt — da Du ja niemals ein »junges Mädchen aus *guter Familie*« gewesen bist?? Wie himmlisch wäre es nun da zu sein, Dich zu sehen, Dich spielen zu hören und an Musik und an Dich zu denken.

Morgen kannst Du auch vielleicht nicht? Könntest Du nicht nur etwas Zeit erübrigen, wenn es nur eine halbe Stunde wäre! Alles besser wie nichts. Donnerstag hast Du doch wieder Musikstunde, Freitag ich bis 3 und Sonnabend ist Beichte! Also könnten wir uns dann erst nächste Woche einmal in Ruhe sehen.

Ach Emanuel, schilt mich nur nicht, daß ich schwach bin; aber ich weiß tatsächlich nicht, wie ich es aushalten soll, Dich nun noch 8 Tage nicht *in Ruhe* zu sehen. Warum sollte ich Dir es verbergen, wie furchtbar schwer es mir wird? Du weißt ja, nicht wahr? daß ich *kann*, was ich will und soll, wenn es nicht anders geht.

Ich versuche es auch von morgens bis abends, die Sehnsucht nach Dir zu bekämpfen, aber sie glüht und brennt in mir und mir ist fortwährend, als ob ich Fieber hätte, so unruhig und heiß.

Ach, zuweilen wacht ein wilder, wilder Drang in mir auf, mich loszureißen, fortzustürzen zu Dir, alles andere beiseite werfend nur zu Dir, um Dich eine kurze Minute zu sehen. Es überkommt mich so, daß ich nicht weiß, was ich mit mir anfangen soll.

Nun habe ich Dir noch gar nicht für Deinen heutigen Brief gedankt, er hat mich so gefreut. Es ist mir jedes Mal eine solche Wohltat, wenn Du mir schreibst, ich möchte nur noch viel, viel mehr von Dir haben, alles was Du denkst und tust, ganz genau wissen, damit ich es auch so mit Dir tun kann. Aber Du Armer hast so wenig Zeit, und da sollst Du Dich auch noch mit Schreiben quälen. Es tut mir so leid, daß Du überhetzt und elend bist — das haben wir dann doch wenigstens meistens gemeinsam. Aber ich kann es nicht leiden, wenn Dir was fehlt.

Daß ich heute doch die Stunde schwänzte, war nur die Hoffnung, Dich bei Gutschows zu sehen, außerdem war ich kopfwehhalber nicht lernfähig.

L., 16. 12. 90

Geliebter Emanuel.

Da muß ich Dir schon wieder etwas so unsagbar Dummes von mir erzählen, daß ich mich nur schwer dazu entschließen kann. Aber ich habe mir doch fest vorgenommen, Dir auch das Geringste zu sagen, und es nicht aus Feigheit oder Eitelkeit zu unterlassen — wozu ich allerdings oft in Versuchung bin.

Also ich warf vorhin einen Bilderrahmen entzwei, sammelte das Glas auf und legte es auf meinen Schreibtisch. Darauf lockte es mich unwiderstehlich, mich mit den spitzen Glasstücken zu schneiden. Ich ging zu Tisch hinunter und mußte immer wieder daran denken, wie herrlich man sich damit schneiden könnte, konnte dann auch schließlich nicht widerstehen und ritzte mir mit wahrer Wollust erst den Finger, dann die Stirn auf, bis das Blut herunterlief und mir auf einmal klar wurde, daß es schon mehr Verrücktheit sei, und jenes entsetzliche Gefühl — ich weiß nicht, ob Du es kennst —, daß man vor sich selbst bange wird und fühlt, daß man in eben dem Moment nicht ganz zurechnungsfähig ist. Mir wurde der Kopf heiß und schwer und ein entsetzliches Angstgefühl beklemmte mich, das erst vorbeiging, als Catty zurückkam und ich es ihm erzählte. Nachher wurde ich natürlich gleich gefragt, was ich da hätte und mir ein Pflaster draufgeklebt etc.

Ich bin eigentlich ganz verzweifelt, Liebster. Du sollst mich nicht auslachen und auch nicht böse sein, aber kannst Du mir nicht zurechthelfen. Es ist mir so ganz unerklärlich, wie ich *jetzt* so sein kann; ich lasse mich ganz von meinen Nerven beherrschen und mich ganz gehen, und doch habe ich nie mehr gewünscht, anders zu sein als jetzt für Dich und um Deinetwillen.

Nun gute Nacht, Herzliebster, ich habe förmlich Angst davor, Dich das nächste Mal zu sehen, die Schramme auf der Stirn kommt mir wie ein Kainszeichen vor (ich sage sonst natürlich, es wäre ein Glassplitter abgeflogen).

Schreibe mir bitte hierauf.

Deine Fanny

$^1/_2$ 5 [L. 17. 12. 90]

Mein Emanuel.

Catty stürzt eben davon mit meinem Brief an Dich, ich hätte Dir so gerne noch lange geschrieben, mit dem Bekenntnis meiner Albernheit ist sie von mir gewichen, und ich fühle mich befreit. Wie furchtbar es mich seit gestern gequält hat, Dich geängstigt zu haben und zu denken, daß Du Dir nun Gedanken über alles mögliche machst, was Dich beunruhigt. Ach Emanuel, habe Geduld mit mir. Ich möchte es Dir so gerne verbergen, wenn ich mich körperlich und moralisch elend fühle, aber gestern konnte ich nicht dagegen angehen. Soll ich Dir auch noch sagen, daß mich zuweilen der Gedanke schreckt, daß ich irgendeine Geisteskrankheit in mir trage; es steigt zu Zeiten wie eine Wolke von Beängstigungen bei mir auf, deren ich nicht Herr werden kann, die mich bedrücken und wieder vergehen.

6 Uhr

Ich bin fest überzeugt, daß es in meinen Nerven liegt und daß es Schuld meiner ungleichmäßigen und vernachlässigten Entwicklung ist. Ich muß Dir heute einmal alles sagen und will mich nicht scheuen, es zu tun, weil Du es mir gesagt hast. Es sind jetzt ja nur Phantome, die wieder aufsteigen.

Ich habe Dir ja schon unzählige Male gesagt, daß ich mich früher sehr unglücklich gefühlt habe — aber es war nicht nur das Äußere und Häusliche; ich habe unter mir selbst sehr gelitten. Als Kind war ich doch noch verhältnismäßig vergnügt und leichtlebig; aber dann in den ersten Jahren der Reife habe ich Namenloses gelitten unter sinnlichen Beängstigungen und Aufregungen, wovon kein Mensch je etwas geahnt hat. Es hieß immer, ich sei schlechter Laune und reizbar, aber es hat sich kein Mensch um die Veranlassung, die doch so nahe lag, gekümmert, und ich habe mich endlos gequält, weil ich — wie Du mir gestern sagtest — nicht wissen durfte, was natürlich ist. Ich verachtete das Leben der Husumer Backfische mit großer Erhabenheit und fühlte doch, daß mir nur die äußere Freiheit fehlt, um ihre widerwärtigen Albernheiten mitzumachen. Aber siehst Du, ich wußte ja selber nicht, was mich aufregte und was mir fehlte, und wenn ich im ersten Jahr für jemand, den ich kaum kannte, schwärmte, wie ich damals mit 14 Jahren glaubte mit Leidenschaft, so ist mir eben jetzt klar geworden, daß das nur sinnliche Erregung war und das ist mir so fürchterlich. Du bist so strenge gegen Dich und stehst so darüber, und ich habe jahrelang mit solchen Gedanken gekämpft und habe nicht den Mut gehabt, Dir davon zu sagen. Das war unwahr und feige von mir, denn Du hast mich für besser gehalten als ich bin und geglaubt, daß ich darüber stände. Jetzt tue ich das auch, aber nur einzig und allein durch Dich, durch den Glauben und die Liebe an Dich.

Aber das was ich früher gefühlt habe, es drückt mich jetzt nieder, *daß* ich es überhaupt gefühlt und dem nachgegeben habe und ich quäle mich mit dem Gedanken, ob es meine Schuld war oder nicht, und ich habe mich nie entschließen können, Dich darum zu fragen, nicht weil ich fürchtete, daß Du mich mißverstehen, aber daß ich Dich unangenehm berühren könnte.

Wenn ich darüber nachdenke, so glaube ich doch, daß an meiner Liebe zu Dr. Bartels nichts Unrechtes war ..., daß ich in einem fürchterlichen Zustand von Nervosität war, entschuldigt mich nicht, ich muß es ihm noch einmal gestehen.

Nun habe ich Dir alles gesagt, was mich die vorigen Tage einmal wieder so gänzlich niedergeschlagen machte, d. h. Sonntag war ich so froh und so leicht zu Mut nach unserm schönen Beisammensein; aber gestern überwältigte es mich gänzlich, und mir war so wund zu Mut, ich war den ganzen Abend verzweifelt, weil ich wußte, Dich beunruhigt zu haben. Catty begriff nicht, was mir fehlte und war so lieb, so süß gegen mich, so sagte ich mir immer wieder, ich brauchte ihm ja nicht zu sagen, was mir fehlte, ich sollte es Dir nur sagen. Wenn wir uns morgen doch sehen, sonst schreibst Du mir doch? und verzeih mir, daß ich Dich so unnötig quäle, kannst Du es mir verzeihen? ...

L., 18. 12. 90

Mein geliebter, einziger Emanuel.

Der Kopf ist mir ganz wüst von der Sitzung unten, mit Verwandten und furchtbarem Geschwätz und ich muß mich erst besinnen, um mich wieder in meine Welt zurückzuziehen. Ehe ich auf Deine Zeilen, die mich so ganz beschäftigen, eingehe, möchte ich noch etwas sagen, mein Emanuel, nicht als Vorwurf, nur als Bitte!

Schon so oft hast Du mir geschrieben, daß Du einen an mich gerichteten »Erguß« vernichtet hast, so auch diesmal. Das tut mir so weh! Schreibe ich Dir denn nicht das geringste Gefühl, das meine Seele bewegt, wenn es auf dem Papier auch noch so ungeschickt und unbeholfen aussieht?

Wie kannst Du Dich dann scheuen, das auch zu tun? Kannst Du Dir nicht denken, wie ich danach lechze, daß Du mir Deine innerste Seele mitteilst. Ach Liebster, Du mußt doch das Zutrauen zu mir haben, daß ich Dich verstehe? Aber damit ich Dich ganz verstehe, *mußt* Du mir mehr von Dir geben. —

Wir können doch nur dadurch einen wahren Halt aneinander finden, wenn die kleinste Regung des äußeren und inneren Lebens vom andern verstanden und geteilt wird. Wenn Du mir auf alles so recht eingehend antworten wolltest und umgekehrt, es ist mir, als ob wir das lange, lange nicht genug täten und, nicht wahr, Du Geliebter, es verletzt Dich nicht, daß ich Dir das sage. Es verlangt mich so tief innerlich danach, daß unser inneres Zusammenleben sich noch weit, weit tiefer und inniger gestaltet, und es kommt mir vor, als ob wir jetzt uns durch das Hin und Her des Sehens oder Nichtsehens, durch das tägliche flüchtige Schreiben gewissermaßen zersplitterten.

Ich muß meine Zuflucht immer zum Schreiben nehmen, ich weiß nicht — noch immer fühle ich mich mündlich Dir gegenüber so befangen, wie ich es überhaupt nicht kenne und je mehr ich auf dem Herzen habe, desto weniger kann ich es herausbringen, aber ich will denn heute einmal so recht von Herzen mit Dir reden.

O, daß wir zusammen sein könnten, daß ich mein Leben ganz eng um Deines schließen könnte und keine qualvolle Trennung zwischen uns wäre!

Was Du mir sagst, fühle ich alles Dir nach, ich glaube, es sieht in mir ungefähr ähnlich aus. Du fühlst Dich friedlos, glaubst Du, daß ein Mensch jemals Frieden fühlt, daß er überhaupt dazu imstande ist? Auch in den schönsten, unirdischsten Momenten, im reinsten Genuß, immer zieht sich doch ein unbestimmtes und unstillbares Sehnen durch alles und das ist der Grundton in allem? Ich wenigstens fühle mich nie frei davon und kann mich deshalb auch nicht ganz von der Auffassung trennen, daß es noch etwas anderes, Besseres geben muß, wozu dieses Leben den Keim in sich trägt. Liegt nicht in jedem Sehnen ein Akt von Verheißung und Erfüllung, und kann man sich überhaupt nach etwas sehnen, was nicht vorhanden ist? Daß die Materie vergeht und der Geist sich in bewegende Kraft auflöst, damit kann ich mich nicht versöhnen, es ist so gänzlich unbefriedigend. Aber wieder Christ werden? Hältst Du das für möglich, nachdem man einmal davon los ist? In den engen Zwang der Kirche und dessen, was man so Christentum nennt? Niemals! Aber es muß doch einen Mittelweg geben. Mir ist das Ideal von Auffassung die Goethesche, könnte man sich zu einer so reinen und freien aufschwingen! Ich kann von mir nur sagen, daß das Christentum mich nie

»befriedigt« hat. In den Zeiten, wo es mir der tiefste Ernst damit war, hat es mich momentan erhoben und mit Andacht durchschauert; aber ich fühle mich doch gewissermaßen befreit, seit das vorbei ist.

Es ist doch nur alles ein ewiges Schwanken. Die Christen suchen nach ihrem Gott, wir nach unserem Ideal. Ist das nicht eigentlich dasselbe? Das Christentum ist doch überhaupt nur eine in bestimmte Form gefaßte Sittenlehre. Wenn wir das Bestreben haben, gut und sittlich zu handeln, so ist es schließlich einerlei, ob wir durch die Lehren der Bibel oder durch die Tolstojs dazu veranlaßt werden. Und das, was das *Positive* beim Christentum ist, das ist eben doch nur das Äußerliche. —

Und dann kennen wir das Leben doch noch so wenig, sind noch nie so recht dem vollen Leben begegnet; sollten wir nicht durch dasselbe mehr Klarheit gewinnen? Es ist für den Augenblick ein schlechter Trost, wenn man sich das sagt, aber ich denke doch immer, daß sich das so verhält.

Was uns als Kind etwa vom Christentum gelehrt wird und was wir uns jetzt an anderer Auffassung herangelesen haben, ist doch alles mehr Theorie und noch so vage und unbestimmt. Wenn wir zusammenhalten, werden wir uns schon durchfinden und klar werden.

Ach, das ist leicht gesagt, klar werden, wenn alles so verwickelt ist.

Du hast recht, daß ich sehr, sehr haltebedürftig bin, aber glaube nicht, daß Du mir den nicht geben könntest! Du, mein Emanuel, bist mir ja Halt, Stütze, Licht! Mein ganzes Sein ist jetzt nur noch in Dir, daß ich mich in der letzten Zeit so furchtbar habe gehen lassen in elender Schwachheit, ist wahrhaftig nicht Deine Schuld, und ich schäme mich dessen sehr. Aber siehst Du, es ist mir in der letzten Zeit gewesen, als ob mich alle Kraft verlassen hätte und ich dem Widerspruch erliegen müßte, in dem ich auf allen Seiten lebe und der mich so elend macht.

Wie es mir ins Herz schneidet, wenn Mama freundlich gegen mich ist, aber das hört auch jetzt schon wieder auf, und der alte Ton wird bald wieder da sein und weiß Gott, mir wird wohler dabei sein. Dies ist ja doch nur außen; ich fürchte, Liebe wird es nie zwischen M. und mir geben. Es ist durch ihre frühere erstarrende Lieblosigkeit etwas in mir zerrissen, das nie wieder heilen wird.'

Da schweifte ich schon wieder ab — wüßte ich doch, wie es Dir heute geht. Es tut mir so weh, Dich so elend, abgespannt und melancholisch zu wissen.

Nun zum Brief von Anne B. Mir ist nicht ganz klar, wie ich ihn beurteilen soll. Mir scheint danach, daß sie *Dich* durchaus nicht wirklich versteht??

Ich kenne sie so nicht, aber einen sympathischen Eindruck machen mir ihre Urteile nicht gerade; besonders über Tolstoj.

Natürlich begreifst Du das mit dem Glassplitter nicht; ich begreife mich ja selber nicht. Ich kann nur sagen, es trieb mich an, mich zu verwunden und ich folgte darin, und nun ist es mir schrecklich verächtlich und widerwärtig, eine solche Torheit getan zu haben.

Außerdem können die Folgen noch lästig werden; der geschnittene Finger schwillt heute abend stark an und scheint sich zu entzünden, daher auch die Schrift.

Du wirst doch morgen Dich an dem Gang mit Gutschows um ½ 3 beteiligen? Kannst Du nicht Grethe Fehling abholen und mitbringen. Je mehr da sind, desto eher können wir etwas voneinander haben. Sonst Montag Dom, nicht wahr? Und weil es Mittwoch so kurz war und wir haben es jetzt so nötig, uns zu sehen?

Nun gute Nacht, Du innig Geliebter, ich umarme Dich 1000mal, ewig

Deine F.

L., 19. 12. 90

Du Geliebter.

Ich muß Dir doch schon wieder schreiben, um mich zu erholen. Die »Wittenberger«[1] öden mich auf entsetzliche Weise an. Sie klatschen und raisonnieren fortwährend über alle Menschen in Holstein. O, wie mir diese ganze Aristokratensippe zuwider ist, diese Hohlköpfigkeit und Beschränktheit! Und dabei ist diese Wittenberger Tante eigentlich ein schöner, natürlicher und offe-

---

[1] Ein Zweig der Familie Reventlow besaß das Gut Wittenberg bei Preetz.

ner Charakter — aber jetzt gänzlich verdorben, so daß es einem wirklich weh tun kann.

In 10 Jahren müssen wir einmal zusammen Holstein bereisen, dann lernst Du alle die Leute kennen, und wir lachen sie ganz fürchterlich aus.

Früher war ich bei allen allgemeiner Vorzug; jetzt bin ich besonders seit dem letzten Sommer in den Bann getan, werde nur noch »die wilde Fanny« genannt und mit einem Gemisch von Staunen und Abscheu betrachtet. Herrlich!

Nun tobst Du wohl mit Deinen weißen Freunden, Catty ist mit Schluse und Hoffmann aus und ich kann nicht umhin, ein Gefühl von Zurücksetzung, oder wie soll ich es nennen, zu empfinden. Ihr seid so herrlich frei und ich so fest gebunden, mit 1000 engen Grenzen; ich möchte mich mit austoben, ausleben und alles verbietet es mir. Es ist das ein Gefühl, was ich unendlich oft empfinde und über das ich nie wegkommen kann. Könntest Du es mir erklären und verstehst Du überhaupt, was ich meine??

L., 24. 12. 90, 6 Uhr

Wärest Du jetzt bei mir, Geliebter, und hieltest mich mit Deinen starken Armen umfangen und ich könnte Dir all das Weh sagen, das mir das Herz bedrückt!

Ich sitze hier — so recht innerlich einsam und sehne mich so unaussprechlich nach Dir. Nicht daß ich elend wäre, es war so gut heute morgen mit Dir zu gehen und ich habe den ganzen Tag viel besser überstanden wie gestern, aber mir ist heute abend so furchtbar einsam und wehmütig. Erst in der Kirche und dann bis jetzt Familiensitzung — alles so öde. Ludwig ist doch gekommen, und es ist natürlich eine furchtbare Albernheit und Festlaune — ich kann nicht dagegen an und fühle mich fremd dazwischen. Ach mein Emanuel, ich bin ja doch so reich — ich kann mich zu Dir flüchten und Du verstehst mich, liebst mich — ist das nicht genug um zu leben und alles, alles leiden zu können? Ich habe heute so recht darüber nachgedacht und mir zurechtgelegt, und ich will nun wieder mit Mut daran gehen und ihn nicht gleich wieder sinken lassen, wenn es mir schwer wird mich durchzufinden.

Nun ist die ganze Wirtschaft glücklich vorüber, nach dem Tee sind P., M., Catty und ich noch zusammen gegangen — nun sitzen die andern unten mit Punsch und animierten Gesprächen. Ich habe mich zurückgezogen und liege nun im Bett; es wurde mir schwer genug, mich so lange aufrecht zu erhalten. Ludwig war eben noch bei mir und sehr nett.

Wie es Dir wohl heute abend geht, mein Süßer, ob Dir ebenso zu Mut ist wie mir? Müde, matt und sehnsüchtig. Mir tut das Herz so weh, und ich kann die Gedanken kaum entwirren, die auf mich eindringen.

Es ist mir so sonderbar, daß heute Weihnachtsabend ist — und daß mir das jetzt nichts mehr ist, was mein Herz früher mit Seligkeit füllte. Die früheren Weihnachten in Husum steigen vor mir auf. O könnte ich den märchenhaften Zauber noch einmal fühlen, der jetzt auf immer dahin ist. Wenn wir erst im Dunkeln zur Kirche gingen und wie feierlich und schön war es, in der erleuchteten Kirche mit 2 Weihnachtsbäumen; nachher in atemloser Spannung warteten — in ganz alten Zeiten, als Theodor[1] noch lebte — saßen wir alle in der dunklen Kinderstube vor der Tür bis es klingelte. Dann im Saal mit 2 Riesenbäumen. Alles so hell, daß man vollkommen geblendet wurde — ach, es war alles so schön. Weihnachten war für mich einer der seltenen Momente, wo ich mich nicht zurückgesetzt fühlte, wo ich mit den andern gleich behandelt wurde, überhaupt der Höhepunkt von Glückseligkeit, wo alle Bitterkeit für den Augenblick verschwunden war. Könnte man noch einmal wieder als Kind, als gläubiges Kind den Wonneschauer des Weihnachtsabends fühlen! Aber das ist vorbei, vorbei und erloschen. Die letzten Jahre habe ich ihn nur noch mit belastetem Herzen durchlebt; vor 4 Jahren als armer Sünder in den Altenburger Ferien kurz vor meinem Urteil, das ich schon ahnte; vor 2 mitten in meinem langen »Krankenlager«, wo ich nur 1 Stunde von Ernst heruntergeschleppt wurde und nachher wieder oben lag; mit einem entsetzlichen Gefühl meiner Lügen und Sündhaftigkeit; was war es doch damals für eine himmlische und zugleich schreckliche Zeit. Denke Dir, 6 Wochen lang ruhig wegzuliegen und dann noch ebenso viele sich zu »erholen«. Alle so gut und freundlich, wie sie es

---

[1] Theodor — der 1878 früh verstorbene Bruder F. R.'s.

noch nie gewesen waren und dabei das Gefühl, sie alle zu belügen.

Was ich damals innerlich gelitten habe, möchte ich nicht noch einmal fühlen. Aber das lange Ausruhen hat mir damals doch gar nichts genützt, denn im Sommer darauf war ich noch so elend, daß ich beinahe eine Gehirnentzündung bekam – also was sollte es mir jetzt helfen, wenn ich mich eine Zeitlang legte.

Und dann voriges Jahr! Unter meinen *herrlichen* Gedichten muß auch eins sein, was an dem Abend entstand. Ich bin selten, vielleicht nie so trostlos unglücklich gewesen wie da vor Heimweh und allgemeiner Verzweiflung, wenigstens weinte ich den ganzen Abend. Damals ahnte ich ja noch nicht, daß dieses Jahr mein ganzes Leben entscheiden würde!!! Während ich schreibe und an Dich und das, was Du mir bist, denke, kommt es wie eine Ahnung von Frieden über mich. Ich bin ja Dein! Und was ist alles andere dagegen? Was ist Schmerz und Verwirrung, wenn ich Dich habe? Glaube nicht, wenn ich oft elend und traurig bin, daß meine Liebe schwach sei – o nein, sie ist so stark, so groß, so unendlich und umgibt Dich, wo Du gehst und stehst.

Sorge Dich nur jetzt nicht um mich, wenn ich mich nur erst etwas erholt habe, werde ich stark sein und die Schwierigkeiten besiegen, die mich jetzt niederdrücken. Das letzte Vierteljahr ist mir zu viel gewesen und ich will mich jetzt ausruhen, das verspreche ich Dir; nur nicht zu Bett liegen, erstens, weil es mir doch nie Ruhe lassen würde, zweitens würde sofort erklärt werden, das Seminar wäre zu viel, und dann weiß ich ganz sicher, daß wenn ich mich einmal hingebe, so klappe ich ganz und gar zusammen. Laß mich doch lieber versuchen, mich allmählich wieder in die Gewalt zu bekommen, dann wird es besser werden. – Nun gute Nacht, Du Geliebter, ich will schlafen und süß von Dir träumen.

25. 12. 90

Mein Geliebter.

Für Deine wonnigen lieben Zeilen danke ich Dir und küsse Dich innig dafür, Du Lieber, Einziger, Geliebter.

Es tut mir so wohl, daraus zu sehen, daß unsere Gedanken sich gestern ungefähr begegnet sind in dem Gefühl, alledem fremd

gegenüberzustehen. Es ist so lieb von Dir, daß Du die Liebe
Deiner Eltern mit mir teilen möchtest; wenn ich an Euer Haus
denke, wird mir oft so sehnsüchtig danach. Ach Emanuel, niemals habe ich das gekannt, niemals das Glück des Familienlebens,
des Elternhauses, der Mutterliebe, ach, das ist so schneidendes
Weh!

Und es ist nicht übertrieben, vielleicht ist in einigen besonderen
Momenten ein Strahl davon auf mich gefallen, aber ich habe es
dann immer doppelt schmerzlich empfunden, daß ich in unserem
Hause immer so gänzlich überflüssig und außen vor gewesen
bin.

Glaubst Du, daß ich das noch einmal bei Deinen Eltern finden
könnte, daß Deine Mutter mich wie ihr Kind lieben könnte?

Ich denke mir eure Familientafel nett und gemütlich mit all
Deinen dicken Brüdern, die ich so furchtbar gerne kennen möch-
te. Um Tante Julchens Küsse beneide ich Dich nicht, Du Armer.
Es gibt für mich kein größeres Leiden, als Küsse von Tanten und
Leuten, die einem gleichgültig sind.

Ich zog heute morgen mit M. zur Kirche; wo mir von den
flackernden Gasflammen, der schlechten Luft und dem heiseren
Gröhlen der rechtgläubigen Gemeinde ziemlich schlecht und beklommen wurde.

Mittags gingen C. und ich zuerst aufs Eis, um auf Dich zu warten, saßen dann ³/₄ Stunden bei Gutschows und warteten auf
Else. Es war so heiß im Zimmer, und wir hatten uns gegenseitig
ganz melancholisch und verzweifelt geredet, saßen nun da, warteten, sprachen kaum 3 Worte und hörten nur jede Uhr schlagen
und jeden Tritt draußen; es hatte etwas so unheimlich Drückendes. Schließlich gingen wir fort und begegneten Else, die mir
Deinen Brief gab und sagte, daß Du Deines Halses wegen Hausarrest hättest; es ist zu dumm und tut mir leid für Dich, ich hoffe,
daß Du nicht elend bist, das kannst Du mir überlassen, hörst Du.
Else kehrte mit uns um und wir gingen um den Wall bis zum
Bahnhof; sprachen über Willy Petersen und Marie Schluse, um
welche beiden Else sich Sorgen macht, dann über die Grethen
oder Schluseneinweihung.

Dabei kamen wir zu dem Schluß, daß die Grethen zu verwerfen
seien, Else sagte, und ich glaube auch, daß sie recht hat, daß

Mieze und die Grethen doch auf einem ziemlich anderen Standpunkt stehen wie wir, daß sie es nicht richtig auffassen würden, womöglich »unrecht« finden und es ihr Gewissen beschweren würde.

Aber sie findet, daß es mit Alwine Schluse geht, wir haben lange darüber geredet. E. will noch einmal mit Dir sprechen und es dann mit Alwine ausmachen; sie meinte, die Eltern seien ganz ungefährlich und viel zu blödsinnig, irgend etwas zu merken. Ich finde es so beruhigend, die Aussicht, sich in Ruhe und ohne Aufregung und Gefahr zu sehen. Es war doch in diesem letzten Vierteljahr meist eine Angst- oder Hetzpartie.

Das vertrauliche Mitwissen anderer — besonders junger Mädchen — um unser Geheimnis, ist mir ein unangenehm berührender Gedanke, ich kann's nicht helfen — aber wenn ich an Alwine denke — sie hat doch so wenig von einem »jungen Mädchen«, ist ruhig und vernünftig und nicht die Spur albern; daß es mir scheint, wir können uns ruhig anvertrauen und mit etwas Vorsicht wird die übrige Familie schon zu umgehen sein. — Wie ist der wirkliche Schluse doch nett, zu dumm, daß Gutschows ihn nicht mögen.

Beim Bahnhof trennten wir uns; Else kroch in die Pferdebahn und wir nach Hause.

Was ist sie doch für ein herrlicher Mensch, so frei und klar in allem. Es ist eine solche Wohltat, mit ihr zusammen zu sein und zu sprechen. Alles versteht sie, mir ist zuweilen, als ob sie mich besser verstände wie ich selbst. Was ist es für ein Glück, daß wir sie haben!

Catty scheint irgend etwas auf dem Herzen zu haben; er sagte mir auch, daß er etwas hätte, was ihn sehr aufregte schon seit einem Vierteljahr, was er aber weder mir, Dir noch Else sagen könnte und ich sollte Else auch nichts davon sagen. Bitte sage ihr nur nichts darüber. Er war heute überhaupt ziemlich verrückt; unglücklich, daß er Else doch nie in Ruhe sehen würde, aufgeregt über uns in dem Gedanken, es müßte alles noch vor Ostern herauskommen etc., etc.

Es tut mir so leid, aber es ist eben absolut nichts mit ihm anzufangen, wenn er so loslegt.

Von Ludwig habe ich trotz der Kürze recht viel gehabt; ich habe ihm viel von Gutschows, Schorers und vom Treiben des Ibsen-clubs erzählt, was er sehr nett fand. Er sagte, er würde sehr gerne alle die kennenlernen, und wenn es sich machen ließe, einmal eine von den Ibsenclub-Touren mitmachen. Dann bat er mich, mich doch mit allen diesen in acht zu nehmen, um meine Laufbahn und Stellung nicht jetzt, wo sie gebessert werden könne, zu ruinieren und versicherte mir, P. und M. wüßten oder glaubten wenigstens ganz sicher, daß ich mit Gutschows ver-kehrte und es wäre doch alles so unsicher, daß ich es lieber auf-geben müßte. Ich setzte ihm dann auseinander, daß das eben ganz unmöglich wäre und daß ich »nach allen Seiten fest wäre« und es nicht mehr ändern könnte; es wäre da auch noch Verschie-denes, worüber ich ihm noch nichts Weiteres sagen könnte – und wenn überhaupt etwas herauskäme, so käme doch alles heraus und es würden bei einer Entdeckung Umstände herrschen, daß ich unmöglich hier bleiben könnte etc. Worauf er mir versprach, mir in einem solchen Falle zu helfen, ich sollte mich sofort an ihn wenden, sowie etwas los wäre.

Das ist sehr gut und ich freue mich, mit ihm gesprochen zu haben und seiner sicher zu sein und daß er so nett und vernünftig ist.

Aber nun gute Nacht, es ist schon spät. Setze doch alle Hebel in Bewegung, um zu Sydows[1] zu kommen, kannst Du nicht zu Bobby sagen, Du schwärmtest für Anny Claussen und er sollte Dich einladen – oder stehst Du nicht so mit ihm.

Lebe wohl, die innigsten Grüße und Küsse.

D. F.

L., 27. 12. 90

Liebster.

Catty hatte einen Zettel an Dich auf seinem Schreibtisch liegen-lassen, zum Glück fand ich und niemand anderes ihn dort.

Nun bekommst Du schon wieder ein Bild, verwöhne ich Dich nicht schrecklich? Ich habe es von meiner früher so heiß an-gebeteten Editha zurückerbeten und schicke Dir ihren Brief mit, Du mußt Dich mit mir über das von mir rot Angestrichene

---

[1] Eine den R.'s befreundete Familie.

ärgern, d. h. eigentlich lache ich darüber. Es tut mir nur leid, daß sie so philiströs geworden ist. Von *Freundschaft* ist nie die Rede zwischen mir und ihr gewesen; ich habe so glühend für sie geschwärmt, daß ich beinahe krank darüber wurde, geradezu gerast und sie hat mir nie das Mindeste gegeben oder erwidert. Wenn Du meine Briefe an sie läsest, ich glaube Du würdest eifersüchtig werden, ich brannte überhaupt nur so, sie hat mir aber so viel kaltes Wasser gegeben, daß es endlich erloschen ist. — Übrigens die Geschichte mit dem Scheunenbrand beruht auf einer Verwechslung mit Carmen Noer.

Der heutige Tag war wieder gräßlich, ich habe mich nur immer damit getröstet, daß ich abends an Dich schreiben wollte. Es gibt doch nichts Lieberes, Süßeres, Schöneres als ganz in Ruhe dazuliegen und Dir zu schreiben und Dir jeden, auch den kleinsten Eindruck mitzuteilen.

Wie gräßlich mir dieser Sydow'sche Café Chantant ist, wenn Du da wärest, wäre es herrlich gewesen, aber so?

C. hat Dir gewiß schon alles erzählt? Ich wollte durch List davon freikommen und C. brachte vor, Du hättest ihm gesagt, man müßte decolletiert (enthalst) erscheinen, es wäre ein sehr großer Ball und wir hofften, es würde an den nicht vorhandenen Kleidern scheitern. Aber wehe, es entstand eine entsetzliche Aufregung und wurde schließlich beschlossen, daß noch welche genäht werden könnten, was nun auch geschieht. Auf Dich wurde auch geschimpft.

Mama sagte, es wäre doch unglaublich, daß Du mit Deinen Cousinen darüber sprächest, ob sie ausgeschnitten auf einen Ball gingen etc. Ich habe mich krank gelacht. Dann furchtbarer Jammer über meine Unordnung, mit M. Besuch bei Sydows, nachher wie toll Besorgungen, Besuche gerannt, bei Tisch der Greis und ich uns angegiftet, natürlich immer über den Ball. Ich wurde gefragt, ob ich einen Fächer hätte, sagte nein, ich bräuchte auch keinen. Dann fragte der Greis spitz, ob ich überhaupt wüßte, wozu man einen solchen gebrauchte. Ich sagte: natürlich, man gibt ihn seinem Tänzer, der zerbricht ihn und schenkt einem einen neuen. Stelle Dir die Entrüstung vor.

Überhaupt ist Tag und Nacht nur von dem Café Chantant die Rede — mir hängt die ganze Wirtschaft zum Halse heraus, diese

Aufregungen über Kleider, Handschuhe, Schuhe, das Anprobieren derselben, dann der feierliche Hinzug, die »Erzählungen nach dem Ball«, Agnes' Aufregung mit Geschrei, es ist mir alles so entsetzlich zuwider. Und dann soll man noch dankbar für »das Vergnügen« sein.

Ach Liebster, es ist mir jetzt gar nicht gut. Ich werde mich krampfhaft aufrütteln und aufregen und erhitzen und das bringt mich wieder so herunter. O wenn Du da wärest! Wie werde ich mich da nach Dir sehnen.

Ich habe heute tüchtig an meinem Aufsatz gearbeitet und bin fast fertig damit. Sonst komme ich zu nichts, und ich wollte so viel, lesen etc. Übrigens war mein Urteil über Marie unerhört oberflächlich; beim ersten Durchlesen berührte es mich unangenehm, beim zweiten ist mir die Schönheit erst aufgegangen, und beim dritten werde ich es vielleicht noch nicht verstehen. Aber es ist mir lange, lange nicht so sympathisch wie »Niels Lyhne«, obgleich es schön und einiges sehr schön geschrieben ist. Daß ein ideal angelegter Mensch nach und nach immer mehr versinnlicht, weil er an seinem Ideal vorbeigeht oder es an ihm, ist die Grundidee. Ich wollte Du läsest es einmal, damit ich wüßte, wie Du es findest. Nun gute Nacht, es ist spät.

D. F.

L., 28. 12. 90

Liebster —

Da Catty gleich zu Dir geht, will ich ihm Bild etc. mitgeben. Gestern abend um 11 brachte er mir noch Deinen Brief. Wie danke ich Dir, und wie macht es mich jedes Mal glücklich, wenn ich Deine lieben Worte lese. Ich lag heute morgen dann wach im Bett mit aufgezogenem Rouleaux und sah in den rotgelben Wintermorgenhimmel und träumte und dachte an Dich, so schön, so süß —

Du Geliebter, werde nur nicht krank, ich ängstige mich darum.

Wie schön muß der Musikabend bei euch gewesen sein, wenn Du mir von Musik schreibst, werde ich immer entsetzlich sehnsüchtig danach, ach, es fehlt einem so entsetzlich viel, wenn man gar kein tieferes Verständnis dafür hat, und danach sehne ich mich immer so sehr.

Bist Du elend gewesen, Liebster, und was drückt Dich? Denke nicht, daß ich es bin, wenn Du es mit mir teilst, fehlt mir nichts und ich habe jetzt wieder Mut und will mich halten.

Lebe wohl, Catty will gehen.

D. F.

L., 29. 12. 90

Du Liebster.

Eben mit Müh und Not der entsetzlichen Sitzung da unten entronnen.

Ich konnte es nicht mehr aushalten, ich *muß* mich zu Dir flüchten, um wieder Mensch zu werden.

Zuerst will ich Dir für Deinen so lieben Brief danken, den Else mir auf der Diele zusteckte.

Wäre Grethe doch nicht dagewesen — ich wünschte sie 1000mal zum Kuckuck, dann hätten wir es einmal wieder recht schön gehabt und wie sehne ich mich, Dich einmal wieder so recht zu haben. Aber es war auch so schön, Dich nur zu sehen, ich präge mir jedes Wort, jeden Blick und jede Miene von Dir ein und erinnere mich dann nachher, wenn ich wieder allein bin, daran.

Wie mir zu Mut ist, wenn ich da so zwischen Menschen sitze — kannst Du es Dir nicht so ungefähr denken, es tut mir förmlich weh, all das Gerede anzuhören, an dem ich mich nicht zu beteiligen pflege. Nach Tisch saßen wir erst alle zusammen, dann zog Papa mit dem Bräutigam in seine Stube — hast Du je etwas Blödsinnigeres gehört, ich finde es so geschmacklos — und nun ein wahrhaft nichtswürdiges Geklatsche, wie gewöhnlich, wenn ein Haufen von Frauen zusammen ist. Es ist mir das Unerträglichste, was ich kenne. Diese nie abreißenden Themata, Verlobungen, Brautpaare und deren passendes oder nichtpassendes Verhalten, Aussteuern, noch nicht vorhandene Kinder etc., etc. Ich versichere Dir, es wird mir physisch übel davon; aber ich versenke mich dann in Gedanken an Dich und tröste mich damit, daß Du auch so denkst.

Frau Storm sagte, ich sehe ja gar nicht vergnügt aus und Mama schoß mir die bekannten Abscheu-Blicke zu, verhinderte aber meinen ersten Rückzugsversuch, indem sie sagte, ich sollte wiederkommen; nachher wurde mir eine Bestellung aufgetragen, und nun bin ich doch davongelaufen und sitze nun hier, sehe abwechselnd in den Mond und in Deinen Brief. Gestern abend schien er so himmlisch gerade ins Fenster hinein, daß ich das Rouleaux beim Zubettgehen aufließ und lange im Mondschein wach dalag. Aber die Helligkeit machte mich unruhig und so sprang ich noch einmal aus dem Bett, um es dunkel zu machen.

Du — wie wär es, wenn ich mondsüchtig würde und Dich auf meinen Nachtwandlungen besuchte, oder noch besser, wenn wir es beide wären und dann zusammen auf den Dächern spazieren gingen. Passend wäre es freilich nicht, aber bei Mondsüchtigen kommt es wohl nicht so darauf an. Als Kind habe ich Anlage zum Nachtwandeln gehabt, wer weiß, vielleicht kommt es wieder.

10 Uhr im Bett

Daß man Dir das lange Schlafen bei Hausarrest verbietet, finde ich scheußlich, es ist Dir gewiß so gut und nötig.

Das sollst Du bei mir später besser haben, dann kannst Du so lange im Bett liegen, wie Du willst und dann bringe ich Dir Deinen Kaffee ans Bett und stecke Dir alles in den Mund!

Es ist herrlich, daß Du wieder wohl bist, aber Du brauchst Dir deswegen keine Vorwürfe zu machen, wenn ich es nicht so sehr bin. Ich bin Dir sehr dankbar für Deine Sorge, Du Lieber, und es tut mir wahrhaft wohl, daß Du Dich darum kümmerst. Nimm es doch nur nicht so ernst. Ich kann Dir ganz genau sagen, was es bei mir ist, eine angeborene nervöse Bedrückung, die durch äußere Umstände und durch sehr schlechtes Umgehen mit der Gesundheit meinerseits sehr ausgebildet ist. Wie die ersteren in den letzten 3 bis 4 Jahren auf mich gewirkt haben, das kannst Du mir glauben — und dann habe ich allerdings noch diesen letzten Sommer einige heftige Unvorsichtigkeiten an meiner Gesundheit begangen, die auch dazu beigetragen haben, mich herunterzubringen. Was sollte es helfen, eine Zeitlang zu ruhen, ja, wenn man wirklich *ruhen* könnte; aber daran ist einfach nicht zu denken. Wenn ich mich für unwohl erklärte, würde man mich vollkommen toll machen, ich kenne das zur Genüge.

Mama erklärte mir schon jetzt, das Seminar wäre zu viel für mich, weil ich immer so müde und angegriffen sei, wenn das so weiterginge, müßte es wieder aufhören.

Aber ich werde schon allmählich wieder hochkommen, ich glaube wirklich, Selbstbeherrschung ist bei so etwas sehr am Platz und ich bin eigentlich die ganzen letzten Jahre hindurch immer in diesem Zustand von Überreizung gewesen, es ist nur periodisch stärker oder schwächer.

Morgen um diese Zeit muß ich tanzen. Willst Du dann an mich denken? Ich fürchte, daß morgen aus der Schlusen-Droschken-expedition nichts wird, ich werde mit dem Greis gehen müssen. Die Verwerfung des Alwine-Planes knickte mich erst sehr, denn ich hatte von demselben sehr viel gehofft und dachte, es würde sehr gut gehen. Aber wenn es nicht sicher ist (und das könnt ihr, die ihr das Haus kennt, natürlich besser beurteilen), ist es natürlich besser nicht, und wir müssen uns dieses eine elende Viertel-jahr durchschlagen. Wir wollen abwechselnd eine Woche uns einmal gründlich im Dom sehen und die andere vorm Mühlentor zusammen gehen, nicht wahr. 12 Wochen sind überhaupt nur da, ach und die werden schon schnell genug verfliegen. Vielleicht ist es besser, wenn wir getrennt sind, wenigstens weniger aufregend. Ich träumte letzte Nacht, daß ich mit Schluse und Catty in der Volksversammlung war und zwar in einem rosa enthalsten Ball-kleid, was mir sehr peinlich war, da es sich dem zerlumpten Proletariat gegenüber sehr prunkend ausnahm.

L., 30. 12. 90

Ich sitze hier höchst ungemütlich und verfroren in der Eßstube, weil oben noch nicht geheizt ist. Ich bin — um den von Dir gelernten schönen Ausdruck zu gebrauchen — vollkommen und bei allen in »Verschiß« und ziemlich verstimmt.

Bei Mama ja schon seit vor Weihnachten wieder ganz gefallen, aber diese Tage ist es besonders doll. Heute morgen, als ich mit P. ausging, erklärte er mir, ich sollte heute, in Anbetracht des Balles, nicht aufs Eis; als ich sagte, daß ich auch gar nicht die Absicht hätte, erklärte er, ich sollte auch nicht mit Catty rennen, sondern nur »unter seiner Aufsicht ganz wenig gehen«. Ich dachte an das Droschkenvergnügen, ärgerte mich und antwortete ziemlich patzig, dann könnte ich ja nur gleich zu Bette gehen, wenn ich mich nicht bewegen dürfte, und ich wünschte die ganze Ballgeschichte zum Kuckuck, schlug dann die Gartentür zu und knirschte mit den Zähnen. Er natürlich wütend, verdonnerte mich; und nun sprechen wir nicht mehr miteinander.

Dann zog ich mit Agnes zur Schneiderin, und sie fing natürlich wieder von unseren Heimlichkeiten an, ich sagte ihr, sie könnte das Sticheln nur lassen, ehe sie etwas davon wüßte, worauf sie dann in Eifer geriet und mir sagte: sie glaube fest, und würde es auch immer glauben, daß wir uns immer mit ihnen verabredeten etc.

Ich sagte: Tue es nur, der Glaube macht ja selig.

Darauf: Catty hätte ihr einmal gesagt, er fände gar nichts daran, wenn ich Freunde hätte und mit denen spazieren ginge. Wenn wir so dächten, würde ich natürlich auch schließlich so weit kommen, daß ich mit seinen Freunden verkehrte und das Ende wäre dann natürlich irgendeine »dumme Verlobung«, denn wir fänden ja, Freundschaft, Liebe etc. müßten frei sein.

Ich sagte ihr in »schneidendem Ton«: es täte mir nur leid für sie, wenn sie solchen gemeinen Weiberklatsch ausspräche und dächte; mich berühre es nicht weiter, denn ich fände ihre Reden nur ekelhaft und lächerlich.

Schwer beleidigt antwortete sie, das würde natürlich so kommen und mich würde natürlich bei erster Gelegenheit irgendeine Leidenschaft für irgendeinen dummen Jungen ergreifen etc.

Meine Antwort: das kann jeder Seehund sagen, entrüstete sie so, daß sie eine Zeitlang die Sprache verlor. Dann kam noch eine Rede über die Lügen, ich würde durch das Lügen noch moralisch ganz herunterkommen und schlecht werden und alle unsere Freunde wären natürlich auch so und würden auch alle herunterkommen. Ich versicherte ihr, lieber würde ich mit meinen Gesinnungsgenossen in die Hölle kommen, als mit ihren in Lübeck sein.

Schade, daß ich Dir die ganze Unterredung nicht Wort für Wort wiedergeben kann, ich hätte Agnes nicht solche gemeine weibermäßige Auffassung zugetraut, wie sie sie heute entfaltete. Aber ich habe ihr ordentlich gegeben und bin stolz darauf. Sie könnte sich meinetwegen das Blaue vom Himmel herunterreden, ich fände sie nur im höchsten Grade lächerlich und ich dankte ihr sehr für ihre Meinung, aus der ich mit Genugtuung sähe, daß wir miteinander fertig seien.

Das bin ich nun auch!

»Eine dumme Verlobung mit einem dummen Jungen.« Ist es nicht herrlich? Ich kann mich beim besten Willen nicht davon berühren lassen, es macht mir so absolut keinen Eindruck und stimmt mich höchstens zum Lachen. O, diese versteckte Albernheit. Das ist nun die Auffassung der Leute, die das »Schöne und Wahre« anbeten und Ideale haben, und wir sind die elenden Realisten.

Der Waffenstillstand bei uns ist nun also, wie ja auch vorauszusehen war, wieder zu Ende und der Belagerungszustand im vollen Gange, und anders wird es doch nie werden. Aber ich stehe jetzt ganz anders dazu und das ändert die Sache; ich fühle mich trotz der momentanen Verstimmung doch freier und wohler dabei. Warum das Bewußtsein der fehlenden Liebe durch Wohlwollen und Freundlichkeit, die weder vom Herzen kommen noch zum Herzen gehen, übertünchen.

Die *fehlende Liebe*, ach Gott, ja, dann ist keine Liebe zwischen uns, sie kann da nicht sein, wo *absolut* kein Verständnis ist.

Aber was kümmert es mich jetzt, ich habe Dich und Du bist mir alles, und für Dich will ich es aushalten. Ich habe jetzt wieder Mut und Selbstgefühl und bin entschlossen, keinen Finger breit von meinem Weg abzugehen. Nimmer sich beugen, kräftig sich zeigen, rufet die Arme der Götter herbei — der Vers, von dem dies das Ende ist, ist seit langem mein Wahlspruch und wenn ich auch nicht immer danach gehandelt habe, habe ich es doch immer *gewollt,* und jetzt will ich, wie ich noch nie gewollt habe. Für Dich! Du gibst mir die Kraft — *ohne* Dich hielte ich es nicht einen Tag aus.

Nur 2 Jahre und dann bin ich frei! Dann mache ich mich frei und wenn ich alle Schranken zerbrechen müßte. Dann bin ich es mir und Dir schuldig, mir mein Leben nicht noch weiter verelenden zu lassen.

Der schreckliche Café Chantant rückt immer näher, er steht vor mir wie ein Berg, der zu überklettern ist; aber dann ist diese Plage ja auch bald vorüber; das Schlimmste ist die Anzugwirtschaft; ich wehre mir alle Hilfe dabei mit Energie ab.

Ich freue mich auf die Grethen, Fieke und das Hindenburg'sche Paar kennenzulernen. Das ist aber auch alles.

Überwältigend komisch war es übrigens, wie die Schneiderin 3- oder 4mal sagte, »die Dame, die gestern mit hier war, fand dies und das«. Agnes platzt gewiß vor Neugier, wer das gewesen wäre.

Ich werde mein Gespräch mit Agnes nächstes Mal bei Gutschows preisgeben.

[L., 31. 12. 90] 1/2 2 Uhr

O Du mein Emanuel, mein einziger herrlicher Geliebter!

An eurem Haus vorbei, lehnte ich mich nach dem Fenster hin und sah hinauf nach Deinem Fenster — da war es noch hell und Du lagst im Fenster und sahst hinaus, sahst nach mir und dachtest an mich. Ich konnte Dich sehen, aber Du mich nicht, aber Du dachtest an mich und wir sehnten uns nach einander, waren wir da nicht zusammen?

Ach, es ging mir ein solches Gefühl von tiefer innerlicher Ruhe und Seligkeit durch die Brust, in dem kurzen Augenblick! Habe Dank, Dank Du Geliebter dafür!

Da liege ich nun hier noch mit klopfender Brust und glühend erhitzt, habe all den Kram abgeworfen und mich warm eingewickelt, mit Deinem Bild vor mir und allein mit Dir. Ich will nicht zu Bett gehen, ich will hier liegen und von Dir träumen, mich ganz in Dich versenken. Du liegst nun vielleicht schon im Bett und denkst an mich. Wenn ich mich zurücklehne, sehe ich in den Mond — alles ist still — tiefer Frieden.

Ich bin glücklich, daß alles nun vorüber ist, vielleicht werden Dir die andern erzählen, daß ich sehr lustig gewesen sei, aber Du wirst mir mehr glauben, wenn ich Dir sage, daß mir so recht schwer, weh und sehnsuchtvoll ums Herz war. Ich dachte immer und immer wieder, wenn Du doch da wärest, wenn Du mich mit Deinen Armen umschlängest und ich mich an Dich schmiegen und so mit Dir dahinfliegen könnte!!

Ach und nun war alles so verwirrend, so heiß und beklommen. Ich habe sehr wenig, aber doch etwas davon gehabt, nämlich daß ich Adele und Bernhard Hindenburg kennenlernte. Erstere habe ich freilich kaum gesprochen, aber mit ihm mich sehr angefreundet, was für ein wohltuender Mensch! Er hatte Catty heute morgen bei Gutschows gesehen — interessierte sich gleich sehr für ihn, so kamen wir gleich ins Geleise und sprachen ganz eingehend über Ansichten etc. Ist es nicht sonderbar, daß er, ohne einen je gesehen zu haben, Interesse für einen hat, und so warm und eingehend mit mir sprach, daß mir das Herz aufging. Dieses Paar zu sehen ist überhaupt schön, es hat etwas so selten Harmonisches.

Fieke war entzückend und so freundlich — aber er?

Und dann habe ich sehr viel mit Paul Fehling getanzt und gesprochen. Er, die Grethen und ich waren viel zusammen, wir erzählten ihm unseren Verkehr mit dem Ibsenclub. Ich finde ihn sehr nett und wir haben uns auch wirklich angefreundet. Grethe Gutschow war so aufgeregt, daß wenig mit ihr anzufangen war, aber Grethe F. ruhig und nett. Da hast Du alles, was ich »erlebt« habe und das war nun wirklich etwas. Alle diese interessierten mich ja schon darum, daß sie Deine Verwandten sind, und sie sind alle so reizend liebe Menschen und so freundlich gegen mich — wie kommt das nur?

Ich soll wohl jetzt alles mit Zinsen zurückbekommen, was ich an Liebe und Freundlichkeit entbehrt habe?

Von den andern Menschen habe ich kaum etwas gemerkt, die jungen Mädchen saßen da in rosa Haufen zusammen, steckten die Köpfe zusammen und fächerten sich — wie gewöhnlich.

Ich habe mich mit den Tänzern gar nicht oder sehr dumm unterhalten.

Fritz Sydow fragte mich, ob ich auch zu dem berühmten Ibsenclub gehörte und ob wir auch Cirkel und Cocarde hätten. Ich sagte ihm, daß es ein dummes Gerücht wäre und er versprach mir schließlich, es nicht zu verbreiten, sondern zu dementieren, wenn er ihm begegnete. Natürlich wird er es jetzt erst recht tun. Anziehend finde ich ihn nicht gerade, aber Bobby und der ältere sind ganz nett.

Karl Fehling lehnte immer an der Tür und sah tiefsinnig durch seine Brille vor sich hin. Ich tanzte einen Lancier mit ihm, wobei er etwas auftaute.

Agnes war furchtbar, lachte und lärmte, daß man es meilenweit hörte, auf dem Rückweg redete sie ungeheuer auf mich ein, aber ich habe kein Wort verstanden, ich sah nur immer Dich, wie Du an Deinem Fenster hinaussahst.

L., 31. 12. 90, 8 Uhr

Du mein Geliebter —

Ich habe mich eben durch einen langen Schlaf etwas belebt, um Dir noch heute abend zu schreiben. Mein Emanuel, wie danke ich Dir von ganzem Herzen für Dein Gedicht, wie selig, wie glücklich machst Du mich durch solches Aussprechen Deiner Gedanken, Deiner Liebe. Habe Dank, 1000fachen innigen Dank.

Wie sehnte ich mich danach, Dich auch nur einen Augenblick allein zu sehen, um Dir zu sagen, wie froh Du mich gemacht hättest.

Daß ich Dir heute nachmittag nicht adieu gesagt habe! Sei mir nicht böse, Du Lieber, ich glaubte Du gingest mit uns, und wie ich meinen Irrtum bemerkte, war es zu spät und ich konnte Dir nicht mehr die Hand drücken.

Es war zu nett bei Fehlings, wir hatten schon, als Du kamst, ca. 1½ Stunden da gesessen, es war so gemütlich.

L., 1. 1. 91

Du süßer Geliebter.

Habe meinen innigsten Dank für Deinen wonnigen Brief, der mich so von Herzen erwärmte und beglückte. Du hast mir in letzter Zeit so unendlich viel durch Deine lieben eingehenden Briefe gegeben und geholfen. Wie schön, wie selig war es heute, Dich endlich, endlich einmal wieder zu haben, zu umarmen und von Dir geküßt zu werden! Wie wir zurückkamen, saß ich am Fenster und las Deine Worte, wie Du gestern abend an mich gedacht hast und wie Du mich liebst — wie soll ich Worte finden, Dir zu sagen, wie glücklich ich in Dir bin? In Deiner großen starken Liebe. Wie Du gestern an mich schriebst, da habe ich schon geschlafen, aber vor dem Einschlafen, da habe ich so viel an Dich und an das ganze Jahr gedacht und an die endlose Zeit vor uns.

Die nächsten Jahre sind mir eine so fürchterlich bedrückende Aussicht, wie soll ich sie überstehen? Nur eins ist schön, daß ich, solange ich hier bin, Dich in jeden Ferien sehe, aber wie später, wenn ich vielleicht fort bin, vielleicht für *immer* das Elternhaus verlassen? Es ist alles noch so wirr, aber ich will weder Dich noch mich damit quälen — was ist das alles, wenn wir uns lieben — unsere Herzen kann ja doch nichts von alledem trennen. Mit Else hatte ich eine sehr ruhige ½ Stunde; die Arme ist so elend und melancholisch und tut mir so leid.

Wir sprachen zusammen über Pläne für später, daß wir zusammen malen wollten. Wäre das nicht herrlich?

Den armen Gans haben wir eigentlich schlecht behandelt, aber wie Catty sagte, wir müßten, wenn wir uns haben wollten, noch oft arme Gänse schlecht behandeln.

Laß Dich nur nicht durch Agnes' Geschwätz beunruhigen, wüßte sie etwas Positives, so hätte sie es jedenfalls losgelassen, sie kann nie mit etwas dichthalten.

Ludwig ist auch absolut nicht gefährlich; ich habe ihm ja nichts gesagt, durch was irgendwelche Beweise erbracht werden könnten. Er hat mir auch Schweigen gelobt über die ganzen Ibsenclubgeschichten, und ich habe es ihm auch noch einmal geschrieben. Er liebt mich auch viel zu sehr, um mit allem, was mich betrifft, nicht aufs äußerste vorsichtig zu sein. Jedenfalls kommt niemand auf Dich, da kannst Du ganz sicher sein. Agnes sagte neulich: dieser Fehling ist ja noch ein Junge, aber ich kann ja nicht wissen, wen Du sonst noch kennst; worauf ich ihr antwortete, ich würde nächste Woche meine Verlobung mit dem Nihilisten Schorer deklarieren.

Ich habe sie heute wieder geärgert, es ist eigentlich scheußlich, aber ich freue mich jedes Mal, wo ich sie »anlaufen« kann. Sie sagte mir, ich müßte für den Abendfraß bei Bernhards ein anderes Kleid anziehen und ich riet ihr, es Mama zu sagen — sie verstände es ja so gut, deren Gedanken zu beeinflussen. Es tut mir so leid, daß Dein gestriger Besuch bei Fehlings unerquicklich war, zum Trost will ich Dir nur sagen, daß ich mich sehr freute, daß Du kamst — in dem Gedanken, daß Du für mich kämest und Dich zu sehen.

Wenn Paul und Fieke Dich noch einmal ärgern, so will ich ihnen die kaum erblühte Freundschaft aufsagen.

Deine »Unvernunft« will ich schon verzeihen — ich freue mich nur, wenn Du unvernünftig bist, aber dies fand ich übrigens nicht unvorsichtig. Du besuchst sie ja auch sonst.

Du hättest viel früher kommen müssen, die Sitzung war so nett. Hindenburgs sahen wir nur einen Moment — leider, es wäre so nett gewesen, noch einmal mit ihm zu sprechen, aber Adele schleppte ihn gleich wieder ab. Wie wir ankamen und scheu durch die Glastür sahen, standen die Grethen und Paul schon da, erwarteten uns und schleppten uns gleich im Triumphzug hinauf. Ich fühlte mich so wohl mit diesen Deinen Verwandten, es ist so schön, daß ich nach und nach immer mehr von denselben kennen lerne. Ach ja, wie herrlich wäre es, wenn ich mich so ganz ungestört mit Dir an ihrem Umgang erfreuen könnte.

Ich habe überhaupt früher nie dieses warme Gefühl im Verkehr mit Menschen gehabt. Es kommt mir vor, als ob ich da so recht hineinpaßte, mich geben könnte wie ich bin. Ist das nicht schön für jetzt und für später? Dagegen werde ich suchen, Dich vor jeder Berührung mit meiner Verwandtschaft zu bewahren; es ist eine so gräßliche Bande.

Der Café Chantant hat dann doch etwas Gutes gehabt, das übrige war allerdings gräßlich – und denke Dir, ich bin jetzt glücklich so blasiert, daß mir am Tanzen nichts mehr liegt und ich der ganzen Sache »skeptisch« gegenüberstehe.

Es ist ³/₄ 12, wir sind eben erst von Bernhards gekommen, und ich bin so entsetzlich geelendet, daß ich mich erst noch erholen muß.

L., 2. 1. 91

Geliebter Emanuel.

Ob Du mein bei Else deponiertes Geschmier schon hast? Ich dachte, Du würdest gewiß noch bei ihr vorbeikommen. Der heutige Tag war so voll von den verschiedensten Eindrücken, daß es mir alles im Kopf herumwirbelt, und erst jetzt um ¹/₂ 11 komme ich dazu, mich zu sammeln. Der Haupteindruck war eine große, große Enttäuschung, indem meine Hoffnung, Dich ca. 2 Stunden allein zu sehen, vereitelt wurde! Es wäre so schön gewesen! Zuerst erschrak ich sehr, daß Deine Mutter uns da sähe und ich war ganz verwirrt. Aber nachher hatte ich *so viel* davon. Ach Emanuel, was hast Du für eine herrliche Mutter. Sie war so entzückend, so freundlich und eingehend. Wir sprachen natürlich über den Verkehr mit Gutschows, wie wir und wie unsere Eltern demgegenüber stünden, dann über den stockenden Verkehr zwischen unseren Häusern.

Es kommt mir vor, als ob ich Deine Mutter in dieser kurzen Stunde kennengelernt hätte und sie mich. Ich begleitete sie an die

Treppe, und da umarmte sie mich und mir wurde das Herz ganz weich bei diesem süßen mütterlichen Kuß von *Deiner* Mutter. Es war so ein ahnendes Gefühl von Heimat und von Mutterliebe. Ich küßte ihr die Hand mit einem so innigen Dankgefühl und ging dann wieder hinein zu Else und Catty. Ach, wie sehnte ich mich nach Dir — und hoffte von Minute zu Minute, daß Du noch kämest.

C. und ich blieben noch bis 4. Else und ich lagen auf dem Sofa, und ich erzählte ihr meine Gehirnerschütterung — Else war wieder so herrlich.

Catty war geelendet, daß er Else nicht allein hatte und aufgeregt darüber, daß Deine Mutter uns gesehen hatte, nun würde natürlich alles herauskommen etc., war auf dem Rückweg erst sehr knurrig, wir fingen erst in der Moislinger Allee an zu sprechen, und sprachen dann sehr, sehr nett und vernünftig über alle Eventualitäten.

Ich weiß nicht, ich habe jetzt solchen Mut und fühle gar keine Angst mehr vor dem Herauskommen. Was kann denn schließlich geschehen, Dich können sie mir nicht nehmen, und wenn ich Dich habe, ist mir alles andere einerlei.

Mama war heute den ganzen Tag so herunter, daß es mir ins Herz schnitt. Papa hatte sie mit irgendetwas über Geld geärgert. Ich versuchte zuerst nett zu sein, aber ziemlich ohne Erfolg, wenigstens heute morgen regnete es nur so auf mich herab.

Papa erklärte mir gestern, ich würde immer »unerträglicher«. Findest Du das auch?

Dann hatte ich wieder einen Brief von meinem Altenburger Schützling[1], von dem ich Dir neulich sagte, ich sollte ihr Ibsen schicken und einen Brief befördern an einen Leutnant, für den sie schwärmt.

Da bin ich nun in einem verzweifelten Dilemma; sie hat in diesem »anonymen« Brief für die Antwort meine Adresse angegeben. Natürlich geht das nicht. M. fragte schon sehr nach, weil ihr die häufigen Briefe von dieser aufgefallen wären; ich habe überhaupt keine Lust, mich auf solche Backfischgeschichten einzulassen. Ich habe ihr also gleich wiedergeschrieben, es ginge

---

[1] Charlotte von Kutzleben, F. R.'s Freundin im Freiadligen Magdalenenstift in Altenburg 1886/87.

mit meiner Adresse nicht. Wenn ich ihn dennoch abschicken sollte, würde ich ihn aufmachen und eine andere Adresse angeben.

Wenn mir jemand wie diese, die ich wirklich gern habe, alle ihre Sünden und Torheiten anvertraut und mich um irgendwelche Dienste bittet, da kann ich es doch nicht verweigern, besonders auch aus dem Grunde: wie ich in Scharstorff war, fragte ich sie, ob ihre Korrespondenz unkontrolliert sei, weil sie mir dann gelegentlich einen Gefallen erweisen könnte — natürlich mit keinem Wort Näheres erwähnt. Als sie mir antwortete, war es längst nicht mehr nötig und nun kehrt sie den Spieß um. Ich werde an diesem Kinde nun einmal Erziehungsversuche anstellen, ich glaube, es ist kein ganz hoffnungsloser Fall.

Catty hatte einen so netten Brief von Ferdinand Tönnies — wenn er im Januar herkommt, müssen wir ihn auch einmal besuchen, Du mußt ihn kennenlernen und ich möchte ihn gerne einmal wiedersehen.

Vorhin war ich mit Agnes und Mesmers im Theater. Wir hatten einen Platz in der 10. und einen in der 2. Loge. Ich ließ Agnes neben der Mesmer sitzen und entwich nach dem entfernten Platz. A. kam in der Pause zu mir und wollte mit mir tauschen, es beunruhigte sie entschieden sehr, daß ich ganz solo zwischen lauter Offizieren und Kaufjünglingen saß — ich weigerte mich aber. Es war so angenehm allein zu sein, sich nicht unterhalten zu müssen. Fritz Sydow war auch da, aber ich habe nicht mit ihm gesprochen. In der einen Pause mit Pauline Eschenb. und ihrer historischen Tante gesprochen. Das Stück war langweilig und platt im höchsten Grade. Agnes und Annie Mesmer fanden es allerliebst, letztere machte Spitzen darüber, daß ich so »unglücklich« vor mich hingestarrt hätte — ich dachte: Du Kamel, sagte es aber nicht. Das einzige Nette war die Musik in den Zwischenpausen und der Rückweg, wo ich hinter den anderen herging und in die Sterne und in die Winternacht sah und mir Deine Verse durch den Sinn gingen.

Nun bin ich über alle Maßen müde und es ist gleich 12. Morgen? Vielleicht Gang zu vieren, komm doch, wenn Du irgend kannst. Hoffentlich ist es morgen abend bei Gutschows nett, beschäftige Dich nur möglichst viel mit Käthe Wohlert. — Lebe wohl.

F.

Du Lieber, Geliebter.

Eben ist Catty fort zu Dir um Dich abzuholen. Ach könnte ich mit euch beiden heute abend da sein und nachher unter den Sternen nach Hause gehen.

Gewiß denkst Du heut abend auch an mich und ich will mich ganz in Gedanken an Dich versenken. Wie himmlisch, himmlisch schön war unser heutiges Zusammensein. Daß die schönsten Stunden immer so schnell verfliegen müssen, aber sie lassen doch einen seligen Widerschein zurück! Wie lange hatten wir uns nicht so innig genossen wie heute, es war eine reiche Entschädigung für das gestrige Verfehlen. Wie ich Dich liebe, Emanuel! Könnte ich's Dir mit Worten sagen, aber das kann ich nicht und Du mußt es mir im Herzen lesen, o und es ist so beseligend zu wissen, zu fühlen, daß Du das kannst! Siehst Du, ich denke immer, unsere Liebe könnte gar nicht größer sein wie sie ist, und doch fühle ich jedes Mal, daß sie immer noch wächst — o wie herrlich war es, so Brust an Brust, mit fest umschlingenden Armen dazuliegen und die süße Gegenwart des andern zu empfinden, *Deine* Gegenwart, *Dich* zu empfinden, in Deine Augen zu sehen und zu wissen, daß Du mich liebst wie ich Dich. Ich bin jetzt glücklich, im tiefsten Grunde meines Herzens, wenn auch vielleicht die Oberfläche noch oft betrübt sein mag.

Ich kann Dir gar nicht sagen, wie entsetzlich leid mir Fieke tut, ich habe das tiefste Mitgefühl für sie — gerade weil ich selbst so glücklich bin — nun muß sie um einen Leichtsinn zu büßen, ihr ganzes Leben verschenken, und das ist doch so verzweiflungsvoll. Aber es ist ja Torheit von mir, darüber zu urteilen, ich kenne ja weder die Verhältnisse, noch sie, noch ihn.

4. 1. 91 10 Uhr morgens

Wie danke ich Dir für Deinen wonnigen herrlichen Brief. Ich sitze hier nun zwischen allen Büchern ohne zu arbeiten, sehe in das neblige Schneegestöber und beselige mich an Deinen Zeilen. Ich sehe mit Wonne daraus, daß Du Bettina ebenso empfindest wie ich, ich möchte beinahe sagen, man versteht die Liebe erst, wenn man es liest.

Ich habe das Buch Mama gestohlen, sie gibt gar nichts drum, und was soll es denn immer da in einer Ecke des Bücherschrankes stehen. So magst Du es ruhig behalten als Liebesbekenntnis von mir, von *Deiner* Bettina. Ich quäle mich jetzt nicht mehr damit, was ich Dir sein oder nicht sein könnte, dadurch daß ich mich Dir ganz zu eigen gebe, muß ich Dir ja etwas sein, was Du sonst nicht hast – Dich ergänzen.

Sage nicht, daß Du zu »ungelenk« seist, um Deine Liebe und Dein Empfinden auszudrücken. Deine Briefe sind mir wie frisches Wasser beim brennendsten Durst. Wenn Du mir nur immer so schreibst wie die letzte Zeit (vor Weihnachten waren sie oft so kurz). Sehe ich doch jedes Mal daraus, daß Du mich verstehst, daß unsere Gedanken und Gefühle sich berühren, daß Du alles teilst, was mich bewegt und mir wieder alles mitteilst, und daß mir Dein Herz gehört und daß dieses Herz so reich ist. Was braucht es mehr, Du Geliebter. Ach ja, wie arm müssen die sein, die solches Glück nicht kennen, und wir haben es so früh gefunden und gerade für uns beide im richtigen Augenblick. Mich hat jetzt alle Niedergeschlagenheit verlassen und alles gleitet an mir ab, was mich vorher so bedrückte und die Unruhe ist fort, mein Herz ist so still, seit ich Dich die letzten Male gesehen habe. Wie herrlich, daß Du Dienstag kommst.

Eins aber drückt mich doch noch und verursacht mir zuweilen schwere Gedanken, ich glaube nämlich, daß Du mich in meinem Verhältnis zu meiner Mutter niemals wirst verstehen können? Du wirst sie nie von der Seite kennenlernen, von der ich sie kenne und die es mir unmöglich macht, sie zu lieben. Und wenn Du sie dann liebst und ich nicht, wie soll sich das ausgleichen. Du weißt ja, daß dieses Verhältnis eine wunde Stelle in meinem Herzen ist, aber auch eine harte und das, fürchte ich, wirst Du nie mitfühlen können, wie könntest Du auch, weil Du eine Mutter hast, die Dich liebt. Und wenn ihr mir auch alle sagt, daß sie mich doch liebt, das glaube ich doch nicht und werde es nie glauben; was ich nicht fühle, kann ich auch nicht glauben.

Ich freue mich sehr, daß die Schule wieder anfängt und ich den größten Teil des Tages außer dem Hause bin. Vielleicht wird es mit M. dann wieder etwas besser, wenn wir uns weniger sehen. Ich wünschte so von Herzen, daß Ludwig doch kommt und Du ihn doch einmal siehst. Ludwig und ich sind eigentlich geistige

Zwillinge, ganz unter denselben Verhältnissen aufgewachsen, nur daß er mehr Anschluß an Papa hat. Ich habe noch nie einen Menschen so tief bedauert wie ihn. Er hat etwas so Verfehltes, beinahe Verbittertes, was zu seiner Natur nicht paßt, was ihr aufgezwungen ist, und das verstehe ich so gut — er hat ja keinen Emanuel ...

L., 4. 1. 91

Geliebter.

Ach es war so gut, daß wir uns heute so recht lange hatten. Es wurde mir so schwer, mich loszureißen aus Deiner geliebten Nähe, und als ich wieder allein in meinem Zimmer war, kniete ich 1/2 Stunde vor meinem Fenster und sah in den Schnee hinaus und hatte so furchtbare Sehnsucht nach Dir. Mir ist das Herz so voll und so bewegt, ich kann doch nichts tun, als wieder an Dich schreiben.

Ich denke nur an alles, was Du mir heute gesagt hast, nur an Dich und Deine Eltern. Es ist so traurig mit Deiner Mutter, mein armer Emanuel, es tut mir so weh, Dich leiden zu sehen und Dir so gar nicht helfen und erleichtern zu können, aber ich kann doch wenigstens Deinen Kummer mit Dir teilen und Du sollst nicht glauben, daß Du mir dadurch das Herz schwer machtest. Könntest Du nun doch nach der einmaligen Aussprache mit Deinem Vater Dir mit demselben recht nahe kommen und ihr gegenseitig eine Stütze aneinander haben.

Ach daß wir beiden immer getrennt sein müssen, daß wir nicht in inniger Gemeinschaft alles, alles unmittelbar miteinander teilen und erleben können. Die äußere Trennung, wenn man noch so innig nahe angehört, ist so unnatürlich, so schwer. Mich überkommt jetzt oft eine solche Sehnsucht nach dem Kinderglauben und der Kinderandacht. Könnte ich wie früher für alle, die mir lieb sind, beten, was für heiße innige Gebete würde ich für euch, für Dich beten.

Ob Du Else heute noch in Ruhe gesehen und über Catty gesprochen hast: ich hoffe sie morgen früh noch einen Augenblick zu sehen; morgen habe ich 6 Stunden und muß noch notwendigerweise etwas dafür arbeiten. Ich habe Grethe Fehling versprochen, morgen mittag noch einen Augenblick zu ihr zu kommen, da sie Donnerstag fortgeht. Bin ich heute unliebenswürdig gegen die beiden gewesen; ich hatte so das Gefühl und begleitete sie deshalb an die Tür, um es gutzumachen.

Wenn ich doch nur erst über die Seminarfrage im klaren wäre; es ist mir ein so furchtbarer Gedanke, für 2 Jahre fest zu sein — aber andererseits wäre es doch besser, erstens wegen der Überanstrengung; denn ich müßte dann ganz entsetzlich dran und schließlich machen 2 Jahre für die ganzen Verhältnisse mehr aus. Dann ist Ludwig verheiratet, wenigstens selbständig und kann mir helfen. Das erste Jahr wird doch das schwerste sein; bis Weihnachten von Dir getrennt, ohne Catty, ohne Else. Meine einzige Hoffnung ist, daß Marie Schluse im Sommer kommt. Mama erklärte mir, daß ich in diesem Sommer keinesfalls nach Husum könne, ich sollte mich mit dem nächsten trösten; ich hatte sonst sehr darauf gehofft. Also wenn dieses erste Jahr nun überstanden ist, wird das nächste viel leichter sein, wenn ihr Ostern, im Sommer und Weihnachten nach Hause kommt.

Könnte ich inzwischen doch etwas mehr Eingang in euer Haus finden. Aber ich muß jetzt ans Arbeiten — will diese Nacht noch recht lange schlafen. Leb denn wohl, möchte es bei euch alles gut werden. Dir immer in Liebe und Sehnsucht nah

Deine F.

L. 5. 1. 91

Liebster.

Nun noch einige Worte.

Es war heut ein langer schwerer Tag, ich weiß nicht, es macht mich alles so müde. Könnt ich nur so daliegen und an Dich denken, den ganzen Tag und dann nachts schlafen und von Dir träumen. Wie es wohl heute bei euch geht, icht hatte mich so nach einem Wort von Dir gesehnt.

Heut abend bist Du nun wohl mit Grethe und Fieke bei Gutschows gewesen, ich dachte mit Sehnsucht daran, mit euch zu sein. Ach könnte ich nur unsichtbar immer um Dich sein und Dich immer sehen.

Heut morgen ging ich eine Stunde mit Else in der Stadt herum, wir hatten nicht viel voneinander, weil sie Besorgungen zu machen hatte, aber es war doch etwas. Unterwegs trafen wir Ada, die ein Stück mit uns ging, wie ist sie so süß, wenn sie lacht, sieht sie Dir ähnlich.

Käthe Wohlert sagte, daß sie von Catty ganz begeistert sei, sie hätte sich noch nie mit einem Menschen so gut verstanden und deutete dann an, daß er zuletzt nicht mehr nüchtern gewesen sei; es wäre überwältigend gewesen und sie hätte das Gefühl gehabt, ihm schwarzen Kaffee geben zu müssen. Als ich sie fragte, ob er irgend etwas Besonderes aufgestellt hätte, fragte sie, ob er es mir nicht erzählt hätte, und dann wollte sie es auch nicht sagen. Natürlich fragte ich auch nicht weiter nach. Vorhin kam Catty ganz gerührt zu mir und sagte, daß er sich Dir und Else anvertraut hätte. Es beruhigte mich sehr. Der arme Catty kann und darf sich auch nicht allein mit etwas schleppen, was ihn drückt. Mittwoch sehen wir uns ja hoffentlich in Ruhe und können dann über alles reden.

Gute Nacht Geliebter.

F.

6. 1. 91

Geliebter.

Ich bin so verwirrt vor Hitze, Erregung und Sehnsucht nach Dir, habe vergebens versucht, mich am Fenster abzukühlen, nachdem ich Dich fortgehen sah. Immer wieder müssen wir voneinander nach einem kurzen Augenblick! Ach Du Geliebter, verzeih, daß ich so schwach bin, es kommen immer wieder Augenblicke, wo ich denke, ich könnte nicht weiter und müßte zusammenbrechen vor verzweifelter, wahnsinniger Sehnsucht nach Dir. Das Leben, das tägliche kleinliche rohe Leben tut mir so weh, und ich stoße mich wund an allen Seiten und es liegt so grausam zwischen uns.

Wenn Du nicht wärest, hätte ich mir längst das Leben genommen! Aber ich weiß nicht, was diese Betrachtung soll. Siehst Du, mir tut alles, alles weh, nur in den Augenblicken, wo ich Dich habe, wird es still. Ich weiß nicht, ich habe immer ein Gefühl im tiefsten Innern krank und wund zu sein, und ich dachte, das wäre nun vorüber, aber es ist immer wieder da. Ich will ja versuchen, es herunterzukämpfen, aber ich fürchte, es könnte einmal stärker werden wie ich, und davor habe ich so furchtbare Angst.

Mieze und Albert sind nun wohl schon unterwegs, ich habe immer heute abend an die beiden gedacht.

Könnten wir auch so vereint sein, allein wir beide fortfahren, weit fort aus all der Quälerei und Trennung, allein mit Dir.

Aber nun lange Tage, Wochen, Jahre ohne Dich, fern von Dir hinschleppen. O sei mir nur nicht böse! Mir tut der Kopf und das Herz so weh zum Zerspringen, und nun muß ich wieder hinunter und Du bist so weit weg.

10 Uhr

Nun bin ich wieder allein, Catty und ich saßen uns gegenüber und dachten wohl dasselbe, daß es unaushaltbar wäre und wir am liebsten fortgestürzt wären. C. brachte mich eben hinauf und wir standen eine lange Zeit in fester inniger Umarmung da, ich weiß nicht, wir waren beide so bewegt, daß wir kaum sprechen konnten. C. sagte nur, Du solltest mir alles von ihm sagen, er selbst könne nicht darüber sprechen.

Könntest Du doch jetzt hier auf meinem Bett sitzen und mich zur Ruhe sprechen und ich könnte Dir mein heißes törichtes Herz ausschütten. Wie ich vorhin auf Deinen Knien saß, da war es so schön — und nun bin ich so unruhig wie lange nicht.

Mich hat heute der Anblick des Gutschow'schen Paares und der ganzen Wirtschaft aufgeregt, ist es nicht zu töricht?

Und dann nachher bei uns, ich kann es nicht aushalten, wenn die Menschen da alle sitzen, essen, trinken, rauchen, sich unterhalten, es ist mir alles so zuwider, ich sehnte mich danach, hinauszustürzen in den Schneesturm, nur fort, nur fort! Und dann Dich an meiner Seite, Dich sprechen zu hören und Dich zu sehen, es durchzitterte mich so vor Erregung, ich konnte es kaum aushalten. Ich hätte Mama heute anbeten können, so himmlisch sah sie aus und wenn sie sprach!

Ich will aufhören zu schreiben, schlafen kann ich noch lange nicht, ich kann mich noch nicht beruhigen. Du bist nun so überhetzt und wirst mir auch die nächsten Tage noch nicht schreiben können? Du sollst es auch nicht, Du sollst nur an mich denken.

L., 7. 1. 91

Halbzwölf — Alles im Hause ist längst in Ruhe; ich habe noch bis eben genäht und bin nun allerdings furchtbar müde.

Heute mittag lief ich ungefähr den ganzen Weg im Trab, in der Nähe des Fegefeuers standen 2 Volksschullehrer, die mir sehr erstaunt nachsahen, ich hielt sie für euch und winkte ihnen mit einem Handschuh – ich war in so froher Stimmung, daß ich über alle Schneehaufen sprang und ungefähr in 10 Minuten nach Hause rannte, wo ich unbemerkt ankam. Nach Tisch ins Theater, mich hat selten etwas so angeödet wie dieser »arme Jonathan«, langweilig, glatt – kurzweg elend, ich habe kaum zugesehen, nur gedöst und nach der Musik gehört. Wie war es heute abend zauberisch schön draußen, mit dem dichten weißen, glitzernden Schnee, hätte ich es nur allein oder mit Dir genießen können.

Bete für mich, daß ich mich nicht erkälte, ich hatte mich heute morgen infolge der Eile nur unvollkommen bekleidet und fror schauderhaft und dann noch eben im Nachthemd am offenen Fenster gestanden – es war zu schön draußen, ich konnte mich nicht losreißen.

Nun aber gute Nacht, es will nicht weiter. Ob Du jetzt auch noch auf bist und an mich herüberdenkst. Alle Deine Bilder liegen vor mir auf dem Bett – wenn Du wüßtest, wie oft ich Deine Bilder küsse, würdest Du sehr eifersüchtig sein. Nun schlägt es 12, gute Nacht Du Süßer.

D. F.

L., 8. 1. 91

Liebster E.

Hab vielen Dank für Deinen Brief. Wie ich daraus sehe, haben wir gestern abend genau um dieselbe Zeit aneinander geschrieben.

Ich bin unten sehr ungnädig mit entrüsteten Gutenachtküssen entlassen worden; da ich beim Tee durch einige schlechte, nach meiner Meinung sehr schöne Witze Zorn erregte und bin froh, entronnen zu sein. Heute morgen hatte ich während der Schule und nachher ein ganz wahnsinniges Kopfweh und war in den Stunden ganz blödsinnig. Ich hielt mir den Kopf mit beiden Händen, damit er mir nicht aus den Fugen ginge (und schrieb dann mit der dritten).

Mittags wollten C. und ich mit Käthe Wohlert gehen, aber Agnes liegt zu Bett und so mußte C. mit dem Alten trotten und ich blieb zu Hause, weil meine Nerven das heut nicht vertragen hätten, las noch mit Wut Lassalle — ich bin jetzt bald damit fertig und total begeistert.

Ich bin jedes Mal ganz feurig angeglüht von Tatendrang etc. wenn ich darin lese.

Dann machte ich einen Besuch bei A. O., wo Diasporaversammlung war; man hörte ein wildes Redenschwingen aus den Zimmern und wurde glücklich nicht angenommen. Dann noch bei Buchholzens, die sehr nett, sehr langweilig und entsetzlich liebevoll waren. Dann habe ich vor und nach Tisch »Hedda Gabler« durchgelesen und eben noch 20 Seiten Rembrandt.

»Hedda« hat mich auch enttäuscht, man vermißt die Tiefe der anderen, es ist als ob es kein wirklicher Ibsen wäre, der zu einem spräche. Keine Ibsen'sche Seele darin, kurzweg unbefriedigend. Die Ähnlichkeit von Catty mit Ejlert Løvborg ist allerdings auf den ersten Blick erkennbar. Ich finde ihn übrigens den einzigen im ganzen Stück, für den man etwas übrig hat. Tesman und die Tante finde ich rührend aber eklig und für die beiden Frauen hält es schwer, Sympathie zu empfinden. Das Ganze hat etwas Manieriertes wie eine verfehlte Nachahmung Ibsens. Brack erinnert mich an den alten Keck.

Ich will jetzt jeden Abend im Bett 10 Seiten Rembrandt lesen, um ihn doch einmal konsequent durchzulesen. Ich finde vieles drin, was mich unendlich anspricht und mir wirklich aus der Seele geredet ist — anderes wie das Lokale, Typische, Nationale in der Kunst ist mir nicht recht. Das Ganze weckt immer wieder in mir die furchtbare Sehnsucht nach Kunst.

Es ist mir, wenn ich irgend etwas über Kunst, sei es nur Rezension eines Bildes, lese, als ob es etwas Wundes in mir berührt, ich habe ja eigentlich gar keine Hoffnung oder Aussicht auf die Verwirklichung dieser Sehnsucht, weiß nicht einmal, ob sie berechtigt ist.

Aber genug für heute, ich will mein heutiges Kopfweh nicht durch eine dritte kurze Nacht verschlimmern . . .

Übrigens müssen wir wieder Ibsenclub-Touren machen. K. Wohlert will so gern den Club kennenlernen — wir haben an ihr einen so famosen Köder für Catty. Sie ist doch übrigens recht nett, ganz frei und dabei klar und gesammelt und sehr klug. Ihr ganzes Wesen ist mir weniger sympathisch wie ihre Seele, aber das ist ja die Hauptsache, mir gefällt, daß sie Dich so gerne mag. Übrigens hab keine Sorge, daß ich zu intim mit ihr werde, ich freue mich nur sehr, wenn ich Gesinnungsgenossen finde — Freundinnen brauche ich nicht — schreckliche Sorte. Nun gute Nacht.

F.

L., 9. 1. 91

Liebster E.

Das war sehr, sehr lieb von Dir, ich freute mich so, als C. mir Deinen Brief brachte, und danke Dir sehr dafür. Es ist eine solche Erfrischung und Erholung inmitten des Tages Last und Hitze, Deine Handschrift zu sehen und Deine Worte zu lesen. Aber Du brauchst Dir keine Gewissensbisse zu machen (ich möchte einmal wissen, wie man sich selbst Bisse beibringen kann), wenn Du dennoch kommst, mir scheint, Du bist in einer beständigen Überhetzung und ich habe so viel mehr Zeit.

Ich möchte gar zu gern einmal Deine Reden im Geschichtsverein hören, kannst Du sie nicht immer für mich stenographieren lassen?

Heute vor 8 Tagen war die Begegnung mit Deiner Mutter bei Gutschows, ich habe viel daran gedacht. Unser ganzes Schicksal entwickelt sich doch immer weiter auf dieselbe halb zufällige, halb sein-müssende Weise. Ich sehne mich auch so furchtbar danach, ihr näher zu kommen, mir ist ja schon jetzt, als ob ich sie Mutter nennen müßte.

Ach Emanuel, sie muß uns bleiben, sie darf nicht von uns gehen — und wir wollen ihr später mit unserem Glück das Leben verschönen! Wie schade, daß wir uns heut mittag nicht einen Augenblick sahen, ich ahnte ja nicht, daß Du da seist, sonst wäre ich hereingekommen. Ich bin diese Tage außer dem Schulweg ans Haus gebannt, was mir gräßlich ist, aber ich habe mich entschlossen, mich durch kleine Plagen nicht anfechten zu lassen.

So bin ich denn heute rasend fleißig gewesen; habe erst eine furchtbare Näherei beendigt, wobei ich das Kleid an die Tischdecke nähte. Dann heute abend eine 5 seitige Körperberechnung mit unendlicher Mühe vollendet und mein Rembrandtpensum abgelesen. Morgen und Sonntag habe ich auch eine Masse Arbeiten vor und will Lassalle zu Ende lesen und »Marie Grubbe« noch einmal.

Auf Cattys Literatururteile gebe ich nicht viel, ich habe selten ein anderes von ihm gehört als »wunderschön«. Über sein »Geheimnis« fühle ich mich ganz beruhigt, diese Anne Abraham etc. Geschichte ist so dumm, daß man wirklich nur drüber lachen kann; es ist so gut, daß Else ihn ordentlich zurechtgesetzt hat.

Nun noch über die Gänge. Den Mittwoch wollen wir für den Dom festhalten; dann können wir womöglich ein- oder zweimal die Woche rennen. Das ist nun aber etwas verwickelt, Catty und Käthe Wohlert brennen auf gemeinsame Gänge, Grethe G. wird beleidigt sein, wenn wir jetzt weniger zu ihr kommen und mit den andern gehen und Alwine muß recht oft mit (mich freut, daß Du auch dafür bist, ich mag sie so entsetzlich gern), also denke bitte einmal nach, wie wir denen allen am besten und für uns am angenehmsten gerecht werden.

Sonnabend, 10. 1. 91

Heute war das häusliche Elend einmal wieder so recht im Zug. M. hatte furchtbares Kopfweh, und der Greis elendete sie auf eine greuliche Weise mit Rechnungen etc., so daß Catty und ich beinahe aus der Haut fuhren. Es war wirklich nicht zum Ansehen, sie konnte sich kaum mehr halten und ging schließlich zu Bett und wollte niemand mehr sehen.

Ich versuche es jetzt immer mehr, Mama zu verstehen, mich etwas in sie hineinzudenken und sie anders zu beurteilen, aber — Ich habe übrigens ein sehr schlechtes Gewissen, weil ich im Hause heute so entsetzlich unliebenswürdig gewesen bin. Beim Tee glücklich den Greis bös gemacht, was nie schnell wieder gutzumachen ist — ich will mich nicht verteidigen, aber er reizte mich ganz zum Tollwerden und ich war sehr müde.

Schließlich war Agnes geradezu unerträglich, Du machst Dir gar keinen Begriff, was sie für Blödsinn vorbringt. Heute z. B.:

»Papa, hatten die alten Griechen eigentlich ganz gerade Rücken? Das ist doch zu schade, dann habe ich keinen griechischen Rücken und das möchte ich so gern; aber weißt Du, meiner hat so eine ganz tiefe Rille und ein Loch in der Mitte und dann zwei Flügel an den Seiten etc.«

In ähnlicher Weise nahm sie dann die Rücken unserer sämtlichen Bekannten durch.

Hast Du je etwas Ähnliches gehört – und so geht es von morgens bis abends. Es ist mir etwas vom Unerträglichsten, was es gibt. Wenn jemand naiv Dummheiten redet, ist es etwas ganz anderes. Agnes ist eigentlich recht klug und gebildet, aber es ist alles von manierierten Hirngespinsten überwuchert.

Heute morgen ging ich während einer ausgefallenen Stunde mit K. Wohlert, sie war sehr nett. In den Stunden habe ich nur geschlafen. Frl. Roquette erschien einmal in der Klasse und hielt eine Rede, wo in einem Satz 5 mal Butterbrot vorkam, es war überwältigend und ich lachte eine ganze Stunde darüber. Bei Dr. Ernst las ich hinter 3 Bibeln die Grammatik ab, was mir einen ernsten Verweis von Klara Schramm zuzog. Sie sagte: »Dazu ist Ihnen die Bibel gut genug, nicht wahr?« Und ich sagte: »Ja, sie ist sehr brauchbar dazu.«

»Sonst sehen Sie sie wohl auch nie an?«

»Ja, doch, in jeder Religionsstunde« – worauf sie mich in Ruhe ließ.

Sie gehört zu den Menschen, denen ich gern den Schädel einschlagen möchte. Nun will ich noch an Else schreiben.

Wie süß ist das Bild von Mariechen, willst Du Dich nicht ebenso photographieren lassen? Wenn ich doch alle Deine Geschwister recht kennte. Ich freue mich jedes Mal, wenn ich einem begegne.

Wir gingen gestern ungefähr ¾ Stunde mit Anne Abraham und philosophierten. Sie ist allerdings noch ziemlich weit zurück, strebt aber sehr. Sie erzählte uns, daß sie oft bis 3 Uhr nachts aufsäße und Aufsätze über Realismus und Idealismus arbeitet. Sonntag wird sie auch erscheinen, es ist nett, daß Du sie dann auch kennenlernst. Du wirst jedenfalls entzückt sein, sie ist auch reizend und durchaus natürlich. Ich freue mich eigentlich, daß Grethe G. Sonntag nicht da ist; dann sind wir zwei viel besser dran, weil wir uns den andern gegenüber absolut nicht in acht zu nehmen brauchen. Überhaupt, so gerne ich Grethe mag, ich weiß auf die Länge nicht viel mit ihr anzufangen. Sie denkt im

Grund doch ziemlich Junges-Mädchen-mäßig, und dafür habe ich
so gar keine Auffassung und es elendet mich immer so.
Ich habe einige Nächte so herrlich von Dir geträumt; daß wir
zusammen auf einem Ball waren und wir beiden im Dunkeln in
den Garten hinaus liefen. Es ist jetzt ein großer Strebeeifer über
mich gekommen und ich fange endlich an, konsequent zu lernen
und zu lesen. Lassalle habe ich jetzt durch und fühle mich wirklich gefördert, es war bei meiner Unbildung wirklich schwer
durchzukommen.
Aus Rembrandt kann man doch auch hin und wieder etwas
lernen und findet sympathische Klänge. Ich lese ihn jeden Abend
im Bett. Dann kommt jetzt das Arbeiterlesebuch dran, dann
Bellamy noch einmal. Und Käthe Wohlert will mir etwas von
Schopenhauer geben. Wenn ich einmal in Zug komme, ver-
schlinge ich es nur so.
Zu Montag furchtbar viel zu tun, »König Lear« Inhalt angeben,
englischen Aufsatz, deutschen Aufsatz, Rechenarbeit etc.
Nun will ich noch einen Augenblick lesen, bei Cattys Mathematik kann ich doch nicht vernünftig schreiben.
Für heute lebe wohl, sei tausendmal umarmt, Du süßer Geliebter, ich sehne mich so nach Dir.

Deine Fanny

L., 11. 1. 91

Mein liebster Emanuel.
Ich habe den ganzen Abend Briefe geschrieben und nun endlich
einmal alle Schulden abgetragen. Diese Korrespondenzen sind
nicht zum Aushalten und ich werde sie auch immer mehr einschlafen lassen. Ich schicke Dir einen Brief von Ludwig, willst
Du ihn lesen und ihn mir bitte gelegentlich wiedergeben.
Unglücklicherweise sah Mama ihn und war außer sich, daß das
einzige, was ich ihr daraus mitteilen konnte, war, daß er von
Flensburg bessere Nachrichten hätte. Sie weinte und sagte, wenn
Eltern alt würden, würden sie ja doch nur überflüssig und wir
würden am glücklichsten sein, wenn wir sie los wären. Kannst
Du Dir mein Gefühl dabei vorstellen, es tät mir so furchtbar
weh und ich konnte ihr nichts sagen, um sie wieder zu trösten,
nur schweigen und sie dachte natürlich, daß es nur Verstocktheit

sei. Nun liegt sie den ganzen Tag zu Bett, P. spricht nicht zu mir, es ist alles so verzweifelt düster. Ich finde jede offiziell unglückliche Häuslichkeit besser wie eine solche. Es ist wirklich das einzige, was man tun kann, sich ganz von der Sache zurückzuziehen. — Ich habe vorhin u. a. an den alten Platen geschrieben, und ihm für die etwaige Antwort C. R. 3 angegeben. Dann 10 Seiten an meine mecklenburger Cousine, von der ich heute auch einen langen und sehr netten Brief hatte. Zum Lesen natürlich gar nicht gekommen, und ich wollte Lassalle gerne zu Ende bringen. Hast Du die »Beichte« und den »Zarathustra« schon aus? Ich bekomme sie doch auch noch — dann will ich mich Schopenhauer in die Arme werfen, den ich von K. Wohlert bekomme.

Verzeih, daß ich heute so furchtbar dumm schreibe, ich bin so gänzlich aus- und angeödet und will deshalb nur lieber aufhören. Ich wollte nur, es wäre erst Mittwoch im Dom. Leb wohl.

F.

L., 13. 1. 91

Mein süßer Lieber,

Deine geliebten Zeilen kamen mir gerade zur rechten Zeit um mich aufzuheitern, indem ich vor Sehnsucht nach Dir oder einem Wort von Dir und vor häuslicher Quälerei ganz gelähmt und trübsinnig war. Habe Dank dafür. Seit Freitagabend habe ich Dir nicht geschrieben, ich muß mich erst einmal besinnen, was ich seitdem erlebt habe. Als ob man diese ewige, graue Einförmigkeit überhaupt erleben nennen könnte! Sonnabend hatten wir nur 3 Stunden, dann wurde Roquettes Geburtstag gefeiert mit blödsinnigen Aufführungen etc. Ich fürchte, ich habe bei ihr verspielt, indem ich ihr nicht gratuliert habe und nachher fortgegangen bin. Die andern tanzten und johlten da herum und dieses vertrocknete Ungeheuer lief da als strahlende Festkönigin herum — es war mir alles zu eklig und langweilig. So ging ich mit der oft erwähnten Brand fort, brachte sie nach Hause und ging dann durch die schwimmenden Straßen, bis Catty herauskam. Übrigens war Frieda Schorer geradezu hinreißend schön als Prinz in einem bajazzoartigen Kostüm mit einem goldenen Band um den Kopf. Ich kam aus Versehen in die Klasse, als sich die Backfische in ihre Kostüme warfen und im tiefsten Negligé herumliefen, sie wollten mich als Unbefugten herauswerfen, aber ich schlug mich mit großem Kraftaufwand bis zu meinen Büchern durch. Eine Lehrerin erschien und schimpfte mächtig über den Lärm. Nachmittags gingen C. und ich mit Grethe; es war etwas enttäuschend, Du kamst nicht, Alwine kam nicht, Grethe und Fieke dito.

Ich lieh mir von Grethe »Meine Beziehungen zu F. Lassalle« von Helene Rackowitza, las es denselben Abend durch und es interessierte mich sehr. Gestern morgen las ich für die Schule »Heinrich VIII« durch, es wird mir immer herzlich schwer, mich für den ollen Shakespeare zu begeistern, ich kenne ihn auch noch wenig. Gestern ... Natalie hier. Ich konnte nichts dafür, daß Catty sie einlud — hätte ich es vorher gewußt, so hätte ich ihn verhindert. Ich dachte schon, es würde Dir unangenehm sein. Bitte besinne Dich noch um, Lieber, und *komme doch*. Nicht daß ich es Dir »übelnehme«, davon bin ich weit entfernt; es schmeichelt mir ja eher, daß es Dir so unangenehm ist, mich mit jemand, den Du nicht leiden kannst, intim zu sehen, das verstehe ich ganz von Dir und es freut mich sogar. Aber es würde mir furchtbar leid sein, wenn Du nicht kämest und es würde mich sehr knicken. Vor allem wegen Catty mußt Du es nicht tun. Er würde es Dir im Grunde seines Herzens übelnehmen. Und schließlich ist es doch nicht so schlimm; wir 4 könnten uns nach Tisch mit Schreibspielen oder so etwas zurückziehen und dann hätten wir 2 mehr voneinander, als wenn wir in der Wohnstube sitzen. — Bitte!

Ich freue mich so, daß Dir »Niels Lyhne« sympathisch ist — ich liebe übrigens gerade die Formlosigkeit an ihm. Den Tolstoj will ich sehr gerne haben, und bitte auch »Fortuna« von Kielland. Catty sagt, Du hättest es, und als Fortsetzung von »Gift« möchte ich gerne noch lesen. Dann mußt Du mir vor Ostern noch die »Beichte«, »Zarathustra« und die beiden Zolas geben, ich möchte diese gerne noch lesen und kann sie später schwer bekommen. Du kannst sie mir auch ruhig geben, ich bin ja doch schon so verderbt, daß es mir nicht viel schaden wird.

Rembrandt habe ich bald durchgekaut, Arbeiterlesebuch dito und dann habe ich wieder Luft für Neues.

Wie habe ich mich gestern zusammennehmen müssen, wie ich Dich bei C. hörte, nicht herauszugehen. Das Herz klemmte sich mir zusammen bei Deiner Stimme; aber ich war fest entschlossen, vernünftig zu sein.

Gestern abend waren Bruhns da; ich verschwand gleich nach dem Tee, es war mir zu öde; ich hatte mein Licht unten vergessen, und damit man nicht merken solle, daß ich oben eine Lampe brannte, lief ich noch entsetzlicherweise im Nachthemd herunter auf die Diele und holte es. Einen Augenblick später wäre ich dem alten Bruhn begegnet, denke Dir das einmal, das wäre hübsch gewesen, mir wäre nichts übrig geblieben wie Mondsucht zu simulieren.

Nachher lag ich noch lange und las mit offenem Fenster. Draußen standen — ich weiß nicht zu welchem Zwecke — 4 Droschken und ich hörte die Pferde trampeln und die Kutscher sich unterhalten. Morgen wollen C. und ich noch einmal zu Fehlings. Es ist ja eigentlich riskant, aber ich möchte Paul de Lagarde[1] gerne noch adieu sagen.

Wäre es nicht himmlisch, wenn die Greise bei Senator Fehling einen Besuch machten, ich fühle mich, Du weißt, so wohl und gemütlich mit diesen.

Aber ich muß jetzt aufhören und an meinen Aufsatz gehen; ich glaube mit Dr. Zimmermann könnte ich mich noch einmal befreunden; er gefällt mir sehr.

Ich danke Dir sehr für Deine Karte, ich verstehe wohl, was Du damit meinst, und das ist mir sympathisch. Daß Du in allem so rein denkst, ist für mich der einzige moralische Halt, wonach sollte ich mich sonst richten.

Stehst Du mit dem Heinrich Mann noch in Verbindung. Deinen Ewers[2] möchte ich wohl kennenlernen. Du magst ihn gern und Catty schaudert, wenn er ihn sieht, wie ich ihn dann wohl finden würde.

Aber nun lebe wohl, mein Emanuel, schreibe mir bald wieder, wenn es nur ein Wort ist, ich bin von M. P. und A. halbtot ge-

---

[1] Paul Anton de Lagarde, Orientalist und kulturphilosoph. romantischer Nationalist. Werke u. a.: »Über das Verhältnis des deutschen Staates zu Theologie, Kirche und Religion«, »Programm für die konservative Partei Preußens«.

[2] Vermutlich der Schriftsteller Hanns Heinz Ewers (1871—1943), Autor des Romans »Alraune«.

elendet und habe Dich so nötig. Mittwoch endlich wieder Dom! —
Ich werde jetzt nächstens eine Religionserklärung geben, damit
ich nicht länger geplagt werde.

L., 14. 1. 91

Liebster.

Mir ist heute abend wieder wunderbar leicht zu Mut. Das Zusammensein mit Dir hat mich wieder so gestärkt, nach einer
ganzen langen Woche endlich einmal. Es ist so gräßlich selten,
und doch geht es nicht anders, es entlockt mir im stillen manchen
Seufzer, aber nicht wahr, ich bin doch jetzt sehr vernünftig?
Aber ich will nun auch darin vernünftiger werden, daß ich nicht
mehr so viel schreibe, ich täte ja am liebsten den ganzen Tag
nichts anderes und schriebe Dir jeden Tag ganze Bücher. Aber es
ist ja vielleicht besser, sich auch darin etwas einzuschränken und
Maß zu halten, und was hast Du davon, wenn ich Dir Tag für
Tag haarklein die Erlebnisse eines jeden aufzähle?
Hoffentlich ist Deine Erkältung nun nicht schlimmer geworden
durch die Domkälte, nimm Dich nur recht in acht auch mit dem
Käseessen, sonst gräme ich mich um Deinen schönen Teint und
demoliere meinen auf irgendeine Weise, um mit Dir zu harmo-
nieren. —
Auf dem Rückweg begegnete ich Anne Abraham und verabredete
mit ihr einen Gang morgen mittag.

L., 15. 1. 91

Du lieber Geliebter.

Ich habe heute so schöne Zeit, und da sollst Du für Deine so
lieben Zeilen mit einem recht langen Schreiben belohnt werden,
d. h. eigentlich belohne ich mich selbst am meisten damit.
Du Armer, Du hast so viel auf Dich Einstürmendes, daß Du
Dich dessen kaum erwehren kannst, und dann quäle ich Dich
noch damit, daß Du mir mehr schreiben sollst. Aber siehst Du,
ich kann wirklich nicht anders — ich habe es so entsetzlich nötig.
Siehst Du, wenn ich Dir so immer alles, was ich erlebe, lese,
denke etc., bis aufs kleinste vorlege, da genügt es mir nicht, daß
ich weiß, Du liest es. Du mußt mir etwas darauf eingehen, sonst
fehlt mir etwas. Sonst kommt es mir vor, als ob ich immer an

mich selbst schriebe. Sei meiner Begehrlichkeit nicht böse. Liebster, ich begehre ja nichts von Dir als was Du mir geben kannst.

Mich verlangt so innig, so glühend innig, das Innerste Deiner Seele zu fühlen, zu verstehen und mir zu eigen zu machen, nach dem Ineinanderübergehen unserer Seelen im tiefsten Begriff, und dazu mußt Du mir ebensoviel geben wie ich Dir — ich gebe Dir, oder versuche es wenigstens, Dir mein ganzes Sein und Leben hinzugeben und das mußt Du auch. Ich muß Dich ganz, ganz haben mit allem was Du bist und lebst, sonst ist mein Leben nicht ganz, Du bist der einzige, der mir das Fehlende geben kann. Ach so tue es auch, sage mir immer wieder, daß Du mich verstehst und liebst und daß ich Dich verstehe und sage mir recht viel von Dir, damit ich über Dich nachdenken kann und in Dich eindringen.

Geliebter, ist es sehr kindisch, was ich Dir schreibe und wirst Du es so finden? Aber mein Herz ist auch kindisch, es ist der süßen Liebe wohl noch so ungewohnt, daß es immer mehr verlangt, und da Du der einzige bist, der sie mir gibt, so ist es wohl billig, daß ich alles was ich brauche, von Dir verlange. Gib mir alles, was Du an Liebe hast, aber so recht greifbar, daß ich es sehen und fühlen kann; erwärme mich mit Liebe, das Leben ist so kalt und die Kälte von allem dringt mir immer wieder ans Herz.

Du sollst das nun nicht so nehmen, daß ich Dich mit täglichem Schreiben quälen wollte, das sei ferne.

Nur wenn Du Zeit hast, aber dann auch so recht eingehend; Du gibst mir jedes Mal, wo Du das tust, so unendlich viel; sage mir nicht immer, daß Du *das* nicht kannst. Das weiß ich besser.

Es war heute nur so kurz und unergiebig, daß wir uns sahen, aber es war doch so schön. Komm morgen womöglich vor 1/2 3 zu Schluses, es soll um 2 1/4 aufhören; bis 3/4 3 habe ich Zeit; ich freue mich sehr, Dich einen Augenblick zu sehen, und da ist es auch ganz ungezwungen und gemütlich.

d. 15. abends im Bett

Mein Geliebter.

Ich freue mich, daß des Tages Last und Hetze nun zu Ende ist und dehne mich in dem herrlichen Gefühle im Bett, im Schlaf alles Drückende zu vergessen. Sonderbar, daß einem immer abends ganz anders zu Mut ist als am Tage. Alles löst sich in weicheren harmonischeren Gefühlen und Stimmungen auf. Wenigstens fühle ich so.

Mir ist die Nacht eigentlich viel lieber als der Tag mit seiner endlosen inneren Bewegung, seinem Lärm. Wie wohl tut einem dann die Ruhe und Dunkelheit. So in endlosem Wohlgefühl dazuliegen und mit Gedanken an Dich einzuschlafen, als ob es gar keine Welt, keine Arbeit und nichts Trennendes zwischen uns gäbe!

Ach Emanuel, daß wir uns heut und gestern, wenn auch nur so ganz flüchtig gesehen haben — es ist doch immer etwas so Schönes und so maßlos süße Augenblicke. Du kommst doch auch morgen zu Gutschows? Aber womöglich etwas früher, ich muß vielleicht schon um 1/2 4 fort. Hoffentlich gelingt es morgen, ganz sicher bin ich nicht . . .

17. 1. 91

Geliebter —

Nun gehst Du unter dem hellen Sternenhimmel nach Hause. O ich weiß, daß Du an mich denkst! Und ich liege hier und kann's nicht lassen, ich muß Dir noch schreiben. Du wirst doch nicht böse sein, daß ich am Fenster war? Nein, das wirst Du gewiß nicht. Ich konnte es nicht lassen, es war so schön. Wie ich erst herauf kam, da ging ich gleich zu Bett, aber es litt mich nicht darin, ich konnte nicht ruhig daliegen, wenn ich wußte, Du seist mir so nah. Ach und zugleich so endlos fern. So stand ich denn wieder auf, wickelte mir eine Decke um und stand eine ganze Stunde am Fenster. Könnte ich Dich diese eine Stunde mitempfinden lassen —.

Es war draußen so zauberhaft mit den Sternen und dem Schnee; ich lehnte mich ans Fenster, so daß das Rouleaux zwischen mir und dem dunklen Zimmer war. Auf demselben zitterten die Lichter von draußen in hellem Widerschein, und wenn ich in die Stube hineinsah, sah ich nur die Bilder über meinem Bett glänzen; draußen gingen nur einzelne Menschen, einige mit Laternen, ein Wagen fuhr vorbei, eine große schwarze Masse mit einer Laterne; in den Häusern gegenüber kamen und verschwanden Lichter, und dann als es von allen Kirchen elf schlug —

Und ihr saßt unten, trankt Wein und unterhieltet euch; Du

standst nicht bei mir, konntest das Schöne nicht mit genießen! Mir wurde so ruhig und zugleich so sehnsüchtig, es war Ruhe wie ein stilles tiefes langes Gebet. Und sehnsüchtig. Ich hätte vergehen mögen in Licht, Liebe, Frieden! Und dann klopfte mir das Herz so wild, als ich Dich erst unten hörte, dann mit Catty heraufkommen und Du dann fortgingst. Mir kamen wilde Gedanken, wie, wenn ich mich nun hinunterstürzte aus dem Fenster, so gerade vor Deine Füße, dann wäre ich bei Dir, Du würdest mich mit Deinen Armen aufheben und dann könnte ich noch einmal in Deinen Armen liegen und dann sterben. Wäre das nicht am besten und schönsten für mich, einmal ganz und voll Dein zu sein und dann nicht mehr.

Warum war Catty mit Dir, ich wollte Du wärest allein gewesen. Jetzt will ich schlafen, wenn Du nach Hause kommst, siehst Du wohl noch aus Deinem Fenster und denkst an mich, und dann schlafe ich schon und Du segnest meinen Schlaf mit Deinen Gedanken. O dies Versenken in die stille Nacht ist so selig, da bist Du ganz mein, und ich umfange Dich mit meinen Träumen, Du süßer Geliebter, schlaf Du auch süß, träume von Deinem treuen, sehnenden Kind.

L., 19. 1. 91

Mein Emanuel!

Gestern hatte ich einen Zettel an Dich geschrieben, konnte ihn aber C. nicht mehr mitgeben, da er so schnell wegrannte. Ich war durch den gestrigen Gang mit Dir so belebt, daß ich den ganzen Tag mit großem Fleiß arbeitete. Zuletzt noch »Anna Karenina« gelesen, heute den ganzen Abend, ich bin schon mehr wie halb durch. Ich danke Dir so, daß Du es mir geschickt hast. Hast Du es gelesen?

Agnes erzählte, daß sie Dich im Theater gesprochen hätte; ich kann es nicht leiden, wenn andere Leute mir erzählen, daß sie Dich gesehen haben, ist es nicht dumm?

Morgen gehe ich hin, in »Margarethe«. Ich freue mich auf einige Stunden Musik, was sonst damit verbunden ist, ist mir widerlich, das Hinrennen mit Mesmers, die Menschen etc. und das Nachhausekommen und Erzählenmüssen.

Für Mittwoch sind Agnes und ich zu Cossels zum Kaffee eingeladen, ich habe mich für arbeitsüberladen erklärt, daß Mama mich freigesprochen hat, Gott sei Dank!

Kannst Du nicht morgen ins Theater kommen?

Bin dumm und müde. Gute Nacht.

F.

Es ist ½ 12 und ich bin halbtot vor Müdigkeit. Du mußt es wirklich anerkennen, daß ich noch schreibe — bis eben Geographie gelernt und die Augen tun mir weh. —

Den herzlichsten Dank für Deinen Brief. Daß Du anstatt mich zu besingen Biergedichte machst, ist allerdings sehr knickend für mich, aber ich kann es Dir nicht verdenken; ich fange an, auf Kaufft eifersüchtig zu werden, sieh nur zu, wie Du es wieder gutmachst. Daß unsere Sympathie so weit geht, daß wir uns — wie ich aus Deinem Schluß sehe — am selben Abend um dieselbe Stunde an frischer Bettwäsche erfreuen, ist herrlich, ich habe heftig darüber gelacht.

Dein Brief war so inhaltsreich und so lieb — ich mußte ihn 1½ Stunden ungelesen in der Tasche herumtragen, eine wahre Tantalusqual, aber der Genuß nachher um so größer.

Wie ich mich freue, mich von der morgigen Cosseleinladung befreit zu haben und Dich und Ada und Jürgen zu sehen. Wenn letzterer nur nicht erzählt, daß er mich schon einmal bei Gutschows gesehen hat.

Die Musik war schön heut abend. Wie ich zu Mesmers ging, um sie abzuholen, war es so schön draußen, ich setzte mich auf ihr Haustreppengeländer und schwelgte eine Zeitlang in Schnee und Lichtanblick.

Der Conditorzug heute morgen war ziemlich öde, es war so schrecklich gesittet, lange nicht wüst genug. Anne Abraham war wie immer reizend, aber die beiden anderen entsetzliche Kamele. Heute mittag wollten wir zu Grethe, trafen sie nicht und gingen mit Alwine um den Wall.

Nun gute Nacht, ich bin so müde, verzeih mein dürftiges Schreiben von heut und gestern, Du Geliebter, also erst übermorgen im Dom.

F.

Mein Süßer.

Noch eine lange, schöne Stunde will ich an Dich verschreiben und Dir noch einmal sagen, wie schön es heute war, Dich zu sehen, und wie sehr ich Dir für Deinen lieben Brief danke.

An den Diner-Beschreibungen freute ich mich sehr; ich bewundere Dich, daß Du da noch den ganzen Abend dabeigewesen bist; ich denke mir solche Anhäufung von natürlich immer nur Politik simpelnden und jovialen Greisen entsetzlich. Ich finde, daß, wo nur »Herren« oder nur »Damen« (ich muß diese Worte in Anführungsstriche setzen, weil sie mir sonst zu eklig sind), immer eine öde Fachsimpelei entsteht. Ich möchte gar zu gerne wissen, ob Du das auch findest, dann verstehen wir uns ganz.

Die Kaiserrede des Greises ist göttlich, es ist doch herrlich, daß ein alter Jurist so unlogisch, um nicht sinnlos zu sagen, redet. Er ist übrigens sehr befriedigt von dem Diner; auf mich sonst sehr ungnädig; ich verlief mich auch bei Tisch einige Male wie gewöhnlich, indem ich einen Kraftausdruck brauchte und Gier zeigte. Hat Catty Dir erzählt, daß P. ihm neulich gesagt hat, daß er das an mir nicht leiden könne und wenn C. mich nicht gegenteilig beeinflussen wollte, so müßte unser Verkehr beschränkt werden! Hast Du je etwas Ähnliches gehört, wie den Verkehr zwischen Geschwistern beschränken zu wollen, es ist einfach golden!

Den Tanz von Hoppenstedt (daher der Name) und Schunk (wer ist das?) hätte ich sehen mögen.

Nach dem Dom traf ich bei der Holstenstraße Pastor Bernhard und ging mit ihm bis zur Fleischhauerstraße. Es war sehr nett, ich habe ihn als Menschen doch furchtbar gerne. Wir bummelten so durch die Breitestraße, standen an jedem Ladenfenster und alberten über die in einem Fenster ausgestellten »Hauben«.

Dann ging ich nach Hause. Ich fühlte mich so leicht und froh, daß ich mir auf dem Markt durch lautes Lachen Luft machen mußte; es kam auf einmal so über mich, daß ich ohne weiteren Grund loslachte und mehrere Umgehende in großes Erstaunen brachte, sie blieben stehen und sahen mir nach.

Um $\frac{1}{2}$ 5 kam Catty etwas ausgebessert durch seinen Gang und wir tranken Kaffee. Er ist diese Tage gräßlich nervös, kannst Du ihn nicht zurechtsetzen. Nach Tisch bis jetzt habe ich in liegender Stellung Rembrandt gelesen. Zuweilen erlahmt man fast daran, wenn man sich eben durch etwas durchgearbeitet hat, und dann 2 Seiten weiter ganz dasselbe noch einmal kommt, aber ich will fest durch damit. Die Uhrkette habe ich unter meinem Bett gefunden, wie sie aus meiner Jackentasche dahin gelangt ist, ist mir rätselhaft aber angenehm. Heute in der französischen Stunde fiel ich ganz aus der Rolle. Die anderen schnurrten ihre Konjunktionen quoique etc. so furchtbar komisch her und wie ich dran kam, fing ich stattdessen convulsivisch an zu lachen, daß der arme Ernst, der direkt vor mir saß, ganz mystifiziert war und mich überging.

Der Fall Claussen-Lassalle ist übrigens herrlich. Also Anny hat zu Hause erzählt, daß ich Lassalle läse, darauf Entrüstung der ganzen Familie, daß K. Wohlert und ich die »schmutzigen« Gerichtsverhandlungen von Lassalle läsen. Mutter Claussen erzählt Anny unter vier Augen irgendeine schauerliche Liebesgeschichte von Lassalle, um ihr die ganze Schwärze unserer Seelen zu zeigen, von welcher Schauergeschichte wir gar nichts ahnen, so daß nun Anny Claussen über Lassalles »schmutzige« Gerichtsverhandlungen viel besser beschlagen ist als wir — das hat doch Humor —. Käthe Wohlert und ich haben uns krank gelacht.

Hier hast Du den Brief vom alten Platen. Zur Erklärung will ich nur noch sagen, daß ich früher allgemein der Fuchs genannt wurde und er es beibehalten hat. Ich habe eigentlich keine übergroße Lust, mit ihm viel zu korrespondieren; ich weiß überhaupt trotz alter Freundschaft nicht viel mit ihm anzufangen. Er vergöttert mich so, daß ich immer ein etwas bedrücktes Gefühl dabei habe. Es ist ja lächerlich, ich könnte ihn ja als Großvater betrachten — aber ich weiß auch nicht, ob ich von einem so große Zärtlichkeit lieben würde, es ist mir unbequem, ungemütlich.

Ich wollte, Du hättest »Anna Karenina« auch gelesen, damit ich mit Dir darüber die Meinung austauschen könnte. Einiges ist schön, aber es befriedigt mich nicht, um diesen glatten Ausdruck zu gebrauchen; die Liebe der beiden fraglichen Personen ist trotz allem Großen so wenig großartig. Sie hat ihren Mann ohne Liebe geheiratet — was mir schon unverständlich ist —, unterhält dann, während sie mit ihm weiterlebt, das Verhältnis mit dem andern, bis es nicht mehr zu verbergen ist; ruft bei der Geburt des Kindes den ersten Mann zu sich, damit er ihr verzeihen soll, für den Fall, daß sie stirbt. Der andere ist auch bei ihr und sie treffen sich da; dann, als sie wieder gesund wird, hat er seine Schuldigkeit getan und geht ab und sie trennen sich allmählich. Sie lebt nun mit dem andern ohne Scheidung, kann sich infolgedessen nirgends sehen lassen und leidet darunter; er fährt allein aus und verkehrt ohne sie, dadurch wird sie eifersüchtig, er kann ihr aber jetzt »seine Freiheit als Mann nicht opfern« und sie werden immer verstimmter gegeneinander, bis sie es nicht mehr aushalten kann und sich unter den Zug wirft. Dieser, ihr Tod, etc. ist *sehr schön;* er wird durch den Schmerz geistig geadelt, das ist auch schön. Aber Du müßtest es lesen, Du würdest es vielleicht anders auffassen!

Ich muß Dir für heute Lebewohl sagen; ich habe sehr Kopfweh und will gleich nach dem Tee zu Bett gehen, ohne zu lesen; morgen früh stark arbeiten.

Gestern war es so nett mit Ada und Jürgen — d. h. vor allem mit Dir. Die beiden sind zu reizend, Ada hat ganz Deine Augen und so viel Leben und Seele darin. Ich war ordentlich innerlich angewärmt durch den Abend und freute mich, daß ich nicht bei Cossels war. Morgen muß ich wieder ins Theater. »Pension Schöller«.

Lebewohl, gute Nacht, Inniggeliebter.

Der Mond scheint so himmlisch über den Schnee, vielleicht auch zu Dir hinein, ich will ihm meine Grüße für Dich geben.

L., 23. 1. 91

Geliebter.

Es ist halb eins, ich habe bis eben mich halb von Sinnen gerechnet und will Dir nur noch einen Gutenachtkuß senden. Könnte ich ihn Dir selbst geben, während Du schläfst, an Dein Bett treten und Dir einen Kuß auf die Stirn drücken! Ich bin jetzt todmüde, aber ich will Dir doch noch erzählen, was ich heute erlebt habe. Die Pädagogik-Stunde geschwänzt mit einer andern; wir gingen zusammen eine Stunde übers Eis und dann durch die Nebenstraßen links der Hüx, Falkenstraße. Es war sehr nett,

dann Catty und ich zu Grethe. Wir haben zu morgen einen Gang
verabredet.

Du *mußt* auch kommen, Liebster, wenn es Dir irgend möglich
ist, so tu es. Um 2 bei Gutschows. Wahrscheinlich Grethe und
Fieke und Alwine, also 6, macht 3 Paare?!

Heut abend war ich im Theater, die »Pension Schöller« war zu
schön. Ich teilte meine Freude mit Dr. Zimmermann, der neben
mir saß und sehr nett war. Auf dem Heimweg zu Mesmers saß
ich wieder auf der Haustreppe und freute mich an dem herrlichen Bild, die Marientürme, darunter die Lichter vom Bahnhof
und noch tiefer die schneebedeckte Trave. Auch der Rückweg
allein von Mesmers zu uns war schön, ich hatte die größte Lust,
noch etwas weiter zu gehen.

Dann von 10 bis jetzt gerechnet, ich kann mit dem Zeug nicht
zurechtkommen und will es für heute aufgeben.

Gute Nacht, bitte komm morgen zum Gehen. Tausend, tausend
Küsse von

Deiner F.

L., 24. 1. 91

Geliebter.

Nun ist es endlich Abend, Gott sei Dank. Ich habe mich nur mit
Aufwand aller Kräfte durch den Tag geschleppt mit rasendem
fiebrigen Erkältungskopfweh. In der Schule von allen Seiten
angeschrien, was mir fehle, dachte ich ein paar Male, nun geht es
nicht weiter, aber es ging dann doch und nun wird eine ordentlich
durchgeschlafene Nacht mich wieder ganz auf den Damm bringen.
Mit Zimmermann stritten wir uns heute, ob eine Ohrfeige konkret oder abstrakt sei, ich behauptete, daß sie fühlbar, folglich
konkret sei, und er machte uns deutlich, daß man die Hand und
den Schmerz dabei fühle, aber nicht die Ohrfeige.

Käthe Wohlert ist krank und nicht zur Schule. Sie schrieb mir
durch eine andere, und ich habe ihr einige Worte geantwortet.
Sie ist ganz begeistert von Lassalle und »Kaiser und Galiläer«,
was ich ihr geliehen hatte. Ich habe sie doch schon sehr gebildet!
Es muß ihr nur noch abgewöhnt werden, sich passend zu be-
tragen, dann kann noch was draus werden. Aber das ist mir bei
jungen Mädchen etwas Gräßliches.

Vorhin schleifte M. mich zum Doktor, ich habe mir glücklich wieder eine Sehne verdreht; der Medizinmann versuchte sie hineinzudrücken, was so weh tat, daß ich einem (Gefühls-)Ausbruch nahe war. Nun darf ich den linken Vorderfittich längere Zeit nicht brauchen; er will die herausgetretene Sehne entweder mit einem Hammer hineinschlagen oder mit Jod beseitigen. Es kommt wahrscheinlich von Überanstrengung des schwachen Armes. Du Armer, Du mußt Dein Lebensglück an einen Krüppel binden. Ich lese jetzt in alten Liebesbriefen von Papas Eltern, die teilweise wirklich schön sind (d. h. die Briefe). Was meinst Du von Elses Brief, ich kann mich in den Fall nicht recht hineindenken, aber sie muß es ja wissen, was sie tut. Sie tut mir so *wahnsinnig* leid.

Aber ich weiß vor Müdigkeit nicht mehr, was ich schreibe. — Gute Nacht, mein süßer Manu — schlaf wohl! Nun schreibe ich Dir aber nicht wieder, ehe ich etwas von Dir habe.

Bitte laß mich vor Sonntag noch welche von den Büchern bekommen, ich kann den ganzen Tag lesen.

L., 28. 1. 91

Lieber, Geliebter.

Ich bin ganz von Selbstgefühl aufgebläht. Ist es nicht großartig, mit einem von Kopfweh, Schnupfen und Nachtwachen brummenden Schädel den ganzen Abend zu arbeiten und 40 Seiten Rembrandt zu lesen? Ich habe den nun durch, es war ein ordentliches Stück Arbeit, aber es ist ein Genuß, so mit Mühe etwas durchzukauen. Ich bin sehr begierig nach dem »Zarathustra« — Anspielung, daß Du ihn mir bald schickst.

Wie schön war es heute, so ruhig und lange, ich bin wie immer, wenn ich Dich gesehen habe, so froh gestimmt. Ach, Liebster, wir haben nur noch 8 Wochen! Die Zeit rennt so schrecklich. Kannst Du nicht mit C. verabreden, daß wir 3 Sonnabend oder Sonntag einen Gang machen. Wir können ja auch Alwine mitnehmen, dann haben wir mehr voneinander. Du, ich danke Dir noch sehr für Deinen Brief — ich werde es nie verwinden, daß ich Montagabend nicht noch weg war und Dich vom Gitter fallen sah. Es ist sehr lieb von Dir, daß Du Montag kommen willst, mir wäre es auch lieber, wenn Natalie nicht käme; so werden wir uns keinen

Moment, auch nicht aus dem Fenster, alleine sehen! Könnte ich doch Deine Antipathie gegen sie begreifen! Ich habe sie so gerne. Aber nun gute Nacht, Süßer, ich küsse Dich tausendmal.

                                    Deine *sehr, sehr* müde Fanny
Eben himmlisch ausgeschlafen aufgewacht, guten Morgen!

                                                            L., 30. 1. 91
Habe 1000 Dank für Dein Schreiben, ich kam geelendet und müde aus der Schule und wurde durch dasselbe neu belebt. Deine Aufsätze habe ich mit Erbauung gelesen, darf ich sie behalten — sie sind wirklich sehr schön, besonders das Eingehen zur Seligkeit, was immer am Schluß kommt.

Auch Dank für den »Zarathustra«, auf den ich mich Sonntag stürzen werde.

Ich habe viel über Else nachgedacht, es ist eben so schwer, die Gefühle und Handlungen anderer zu beurteilen.

Siehst Du, was ich nicht verstehen kann oder wo ich mich nicht hineindenken kann, ist, daß eine große Liebe so ganz sterben kann. Ich muß dabei immer an ein Gedicht von Jensen denken, das ich Dir einmal geschickt habe. Erinnerst Du Dich noch?

Die Einzelheiten von Elses Geschichte weiß ich nicht; auch nicht, weshalb sie auseinander gegangen sind. Wenn sie, wie sie sagt, weiß, daß weder er noch sie glücklich werden würden, so konnte sie allerdings nicht anders handeln, d. h. es ist groß, *daß* sie es konnte und daß sie weiter *leben* kann, finde ich das Größte. Ich weiß jedenfalls, daß ich letzteres nicht könnte. Wie kann ein Mensch diese grenzenlose Einsamkeit ertragen!?

Wenn ich mir denke, daß ich ohne Dich leben sollte — es ist eine Unmöglichkeit, ebensowenig wie der Tag ohne die Sonne sein kann. Du bist ja meine Sonne und leuchtest mir durch die Trübheit und das Elend des Lebens — ohne Dich würde ich in demselben untersinken, untergehen. Nur durch Dich und Deine Liebe kann ich mich darüber halten.

Ich bin sehr elend und müde, verzeih drum, daß ich so wenig schreibe. Montag sehe ich Dich doch wieder — weiß der Himmel, wie ich morgen durch 6 Schulstunden kommen soll. Durch Deine Erzählungen von Mariechen werden doch meine Begriffe über

kleine Kinder sehr aufgeklärt. Ich glaubte immer erinnern zu
können, daß ich Zähne bekommen hätte; ich soll übrigens dabei
fast umgekommen sein vor Krämpfen. Das wäre doch schade
gewesen?

Zu welchem Zweck machst Du eigentlich den Stammbaum, für
Deinen Vater, oder um mir die nötigen Ahnen ausweisen zu
können? Wir lesen heute in »Childe Harold«, daß es für jemand,
dessen Brust von den nie ruhenden Geiern zerfleischt wurde (der
Reue), gut täte, am Rhein zu weilen. Dr. Ernst fragte mich, wen
der Dichter damit meinte; ich war mit den Gedanken weit weg
und schrie freudestrahlend »Prometheus«. Die ganze Klasse, sogar Ernst selbst, brach in ein homerisches Gelächter aus und ich
war tief beschämt (?).

Paul hätte ich *sehr* gern noch gesehen! Tante T. war neulich zu
eklig. Muß ich die nun später auch Tante nennen? Ich will jetzt
schlafen, es ist schon 10.

Gute Nacht, Geliebter.

1. 2. 91

L. E.

Bitte komm, wenn Du irgend kannst, heute abend; wir können
uns dann eine halbe Stunde ungefährdet sehen. P. und M. gehen
zu Pauls. Laß Dich nicht von Catty bange machen, es ist lächerlich sicher. Komm um 10 Min. vor 8, ich lauere Dir am Fenster
auf und komme dann hinaus. Kannst Du nicht zu Hause sagen,
Catty hätte ein Buch bei Dir vergessen. Ich fürchte so, daß M.
die nächsten Tage mit uns gehen wird!

Es merkt kein Mensch was davon, wenn ich unten aus dem Haus
gehe.

Vielen Dank für Deine heutigen Zeilen — ich gehe morgen dann
von 1/2 1 bis 1/2 2 zu Alwine, komm hin, wenn Du fertig bist.
Kannst Du, so schwänze ich die Pädagogikstunde, und wir gehen
zum Dom. Du müßtest mir dann bei Schorers sagen, Du gingest
in den Dom, um da jemand zu treffen, damit ich Bescheid weiß.
Übermorgen zwischen 1/2 2 und 1/2 3 kann ich ebenfalls, aber
dann wirst Du wohl zum Frühschoppen gehen? Lebe wohl, ich
fühle mich zu elend und blödsinnig, um Dir mehr zu schreiben.

F.

Mein Emanuel.

Obgleich es schon $1/2$ 11 ist und ich mehr wie $3/4$ tot, will ich Dir noch einige Worte schreiben. Es kommt mir jetzt ganz wie ein Traum vor, daß Du vorhin bei mir warst. War es nicht schön? Nach dem furchtbaren Morgen von heut war es so gut, Dich zu haben. Die letzten Tage waren überhaupt schlimm, ich war so fürchterlich elend. Gestern nach den 6 Schulstunden gleich wieder losgerannt, die ganze Zeit mit K. Wohlert, die sehr nett war, sie wartete immer draußen, während ich meine Besuche machte — zuletzt kam C. dann auch noch, und wir brachten sie bis zum Bahnhof, wo die schreckliche Begegnung mit Frau Schulz stattfand, es war einfach unglaublich. Wie Götzen uns heute begegnete, grinste er über das ganze Gesicht. Dann gestern abend die Buchhölzer. Der Sohn saß neben mir und war so entsetzlich langweilig, daß ich nachher über einem Dreieck von 14 m Höhe ohnmächtig zusammenbrach, war zu schmachvoll, ich habe schon früher solche Schwindelanfälle gehabt, aber nie so, daß ich ganz weg war und hinfiel. Aber ist es nicht stolz, daß ich nach überwundener Ohnmacht die Aufgabe noch fertig rechnete? Noch mit dem heftigsten Herzklopfen. Mir ist übrigens nichts ekliger wie junge Mädchen, die ohnmächtig werden, ich werde mich 8 Tage dafür verachten. — Ich habe Mama lange nicht so gesehen wie heut, sie war vollkommen außer sich vor Wut und über nichts und wieder nichts. O Du glaubst gar nicht, wie kalt und hart mein Herz, das Du für weich hältst, sein kann, wenn man ihm so begegnet.

Ich habe Dir schon erzählt, daß beim 2. Mal auch ich heftig wurde, d. h. erst als M. aus der Stube war, stieß ich Flüche aus und stürzte mit Donnergepolter hinauf, wo ich beinahe alles Mögliche zerschlagen hätte, glücklicherweise dachte ich in dem Augenblick an Dich und war sofort wieder ruhig. Dann rannten C. und ich ca. 3 Stunden weit und ans Burgtor und kauften auf dem Rückweg unsere beiderseitigen Ringe. C. hatte es sich ausgedacht. Findest Du es sehr leichtsinnig, besonders da ich schwer von Schulden belastet bin. Ach, Du, es war so wonnig mit Dir vorhin. Catty war auch nachher wieder ganz guter Laune. Kannst Du Dir das Gefühl von Ungeduld denken, als ich unten mit dem Pastor saß? Und euch oben gehen hörte. Agnes kam 10 Minuten, nachdem Du fort warst; Adele Oppenheimer kam zum Tee. Sie ist eigentlich doch ganz nett.

Ich habe eben noch den schweren Brief an Grethe geschrieben, willst Du mir nicht eine Freimarke für denselben schenken, ich besitze nur noch 1 Pfennig. Bitte — und steck ihn dann ein. Willst Du? Ich danke Dir sehr — gute Nacht, mein Einziger, morgen sehe ich Dich wieder.

2. 2. 91

Geliebter.

Natalie ist eben weg und ich liege nun im Bett, furchtbar müde, aber froh und glücklich. Habe vielen Dank für Deine süßen Zeilen von heute morgen. Ja, es war gestern so recht wonnig. Wieviele solcher Himmelsstunden haben wir nun schon hinter uns! Und wie viele noch vor uns? In 8 Wochen sind wir schon geschieden! Ach, Emanuel, wenn es erst so weit ist, werde ich stark sein, aber jetzt bricht mir das Herz fast bei dem Gedanken und ich kann ihn kaum fassen.

Käthe Wohlert sagte mir heute, ich sei gänzlich romantisch angelegt und lebte nicht von und in der Wirklichkeit; ich habe sie furchtbar ausgelacht und fühlte mich doch getroffen. Wüßte ich doch, wie Du es heute abend fandest? Mich drückt nur etwas das unbehagliche Gefühl, daß Du Dich über Natalie elendetest, sonst war es so nett. In dem Gedanken, mit Dir zusammen zu sein, unter dem Tisch Deine Berührung zu fühlen, Dich anzusehen, empfand ich ein so inniges Wohlgefühl. Du Liebster, wäre es schöner, wenn wir da als offizielles Brautpaar säßen, o Gott nein! Es ist so, so viel, viel schöner, daß wir uns nur für uns haben.

Du verziehst mich jetzt so lieb mit öfterem Schreiben, ach fahre so fort, wenn Du auch 6 Examen machtest, einen Augenblick, einige Minuten kannst Du doch immer für mich haben, und ich bin den ganzen Tag in anderer Stimmung durch ein paar Worte von Dir.

Morgen um 10 kommt der Medizinmann mit Hammer und Jod. Dann gehe ich zu Alwine, um ³/₄ 12 zur Schule, um ¹/₂ 1 also große Versammlung. Macht es bitte so, daß einer von euch

Grethe abholt, der andere in die Glockengießerstraße kommt, damit es nur keine Verfehlungen gibt. Mittwoch werden wir uns kaum sehen können. Agnes wird wohl ca. 1 Woche zu Bett liegen, und dann müssen wir mit dem Greis gehen. Vielleicht kann ich dann doch noch unter irgendeinem nichtigen Vorwand fortkommen.

Sonst müssen wir uns mit morgen begnügen.

Ich kann die Lage jetzt nicht mehr aushalten, der Arm tut mir zu weh. So will ich schlafen.

Das Einschlafen im Gedenken an Dich ist, als ob ich an Deinem Herzen läge und ganz, als ob Du bei mir wärst. Lieber, Süßer, tausendmal Dich innig umarmend

Dein Kind

d. 3. 2. 91

Geliebter.

Ich habe den ganzen Abend gelesen, erst Arbeiterlesebuch und dann Zarathustras Vorrede. Es wird mir ordentlich fehlen, wenn ich ersteres aushabe und nichts mehr von Lassalle zu lesen, der Mann ist zu herrlich, und es ist für das Begriffsvermögen ungemein schärfend, von oder über ihn zu lesen. »Zarathustra« ist hinreißend und furchtbar schwer, mehr kann ich noch nicht drüber sagen.

Ich habe die 8tägige Schlaf- und Faulheitsperiode glücklich überwunden und fühle wieder Tatendrang. Unten lese ich Grimm und Goethe.

Zur Erheiterung lege ich Dir einen heute erhaltenen Brief ein – er ist von einem Backfisch der 1. Klasse, einem zu Hause verwahrlosten und von allen, auch in der Schule, schlecht behandelten, der immer finster und einsam herumschleicht, und den ich einige Male angegrinst habe. Es ist wirklich schrecklich, wenn einen immer alle Menschen so gerne mögen – was soll ich mit diesem Kind machen?

Ich habe so furchtbar über diesen Brief gelacht, einfach fassungslos, besonders die »ansteckende« Liebenswürdigkeit, die sie mir nachsagt. Hast Du die auch schon bemerkt? Diese fatale Gewohnheit, immer zu lachen, weiter nichts.

Ich habe die letzte Nacht so himmlisch von Dir geträumt, daß ich noch den ganzen Morgen still selig war. Ach Emanuel, die Nacht ist immer meine beste Zeit. Wenn ich Dich auch nicht habe, so bin ich doch allein weit fort und allein — ich kann die Menschen nicht aushalten.

Nun wollen wir noch über unser nächstes Wiedersehen ratschlagen. Wollen wir es nicht morgen lieber aufgeben, weil ich wahrscheinlich nicht kann, ich glaube, es wird unmöglich sein. Ich soll mit M. eine Besorgung in der Grögelgrube machen. Papa wird auf C. warten und mit ihm gehen. Wenn Du Zeit hast, so gehst Du vielleicht doch für den Fall in den Dom, wenn, dann nicht vor 3, kann ich dann loskommen, so stürze ich noch hin. Bitte sage Catty Bescheid, wenn Du dies in der Schule schon liest. Übermorgen ist etwas mehr Aussicht, C. kommt dann früher heraus, wird gleich mit P. gehen und vielleicht zu $\frac{1}{2}$ 3 oder 3 zurücksein. Ferner, kannst Du am Freitag zwischen $\frac{1}{2}$ 1 und $\frac{1}{2}$ 2? Dann habe ich Freistunde — das wäre sehr schön, entweder könnten wir dann durch die unteren Straßen nach dem Dom, was freilich sehr zeitraubend wäre, oder wir gehen an einem von den Stegen da unten und setzen uns da ganz gemütlich hin. Da kommt niemand hin. Meinst Du, daß Du den Tag um $\frac{1}{2}$ 1 fertig bist?

Laß mich morgen durch C. wissen, wie es Dir in Mathematik gegangen ist. C. war in großer Aufregung heute abend, mich ärgerte nur, daß er es die jungen Leute merken ließ.

Es machte einen sehr guten Eindruck auf Frl. Roquette, daß ich wiederkam, ich begegnete ihr auf der Diele und erzählte ihr eine lange Geschichte, wie es mir beim Doktor »ergangen« wäre, wonach sie fragte. Die Pädagogikstunde verbrachten die Brand und ich in Lachkrämpfen. Eine trug vor »Rousseau kam gänzlich entblößt zu einem Pfarrer«. Als wir ungebührlich loslachten, sah Bödeker uns ernst und traurig an. Dann fing die Brand einen Floh und wir wollten ihn an Klara Eckhof schicken, aber er entsprang, und als sie ihn wieder fing, starb er. Das war vollkommen überwältigend, wir waren für den Rest der Stunde geliefert. — Vergnügen an tragischen Gegenständen, nicht wahr?

Ich saß $\frac{1}{2}$ Stunde bei Alwine, sie und die Mutter saßen um 11 beim Frühstück. Sie zeigte mir eine Menge vom Vater gemachte Familienbilder, die herrlich und echt schlusisch waren — übrigens sind die für Dich fertig, von uns vieren, hol sie Dir nur ab. Sie wollte sie Dir heute mitbringen, hat es wohl vergessen.

Wie ist doch der Reuter nett, ich sprach mit ihm heute allein und er war so nett; er sprach mir seine Anerkennung aus, daß ich beim Kneifen »tapfer« sei. Nun aber gute Nacht, ich werde Dir morgen vormittag betend zur Seite stehen.

F.

7. 2. 91

Du Geliebter —

Ich weiß nichts anderes zu tun als Dir zu schreiben, wie schön es heute mit Dir war. Vor 3 Stunden waren wir noch zusammen, aber nun ist wieder alles vorbei und ich sehne mich ganz furchtbar nach Dir. War es nicht herrlich, so viele Stunden zusammen zu sein, erst im Dom und dann durch die herrliche Frühlingslandschaft zu laufen. Das Leben ist *doch* schön oder vielmehr, es könnte doch schön sein.

Ich habe Dir nicht gesagt, daß ich die letzten Tage ganz furchtbar heruntergestimmt war und — sei nur nicht böse — mich einen Abend ernstlich mit Selbstmordgedanken abgab. Ich dachte, ich könnte es doch nicht weiter aushalten. Wie ich Donnerstag ³/₄ Stunde in dem Dom saß und auf Dich wartete, war ich völlig verzweifelt, nun habe ich heute doch einmal in tiefster Seele wieder gefühlt, daß bei Dir Leben und Frieden für mich ist. Es ist elend und erbärmlich von mir, daß ich mich überhaupt nur eine Minute entmutigen lasse. Ach, wenn nur nicht das tägliche Leben mit allen seinen Kleinheiten und Gemeinheiten zwischen uns läge, *das* ist so furchtbar schwer, so schwer, daß wir beide leben müssen und nicht zusammen. Ich gebe mich überhaupt sehr viel mit Todesgedanken ab, Du findest das gewiß Torheit, aber es ist doch ein himmlischer Gedanke, daß die Möglichkeit da ist, einmal alles von sich zu werfen.

Ich fühlte mich heute so recht schönheitsberauscht. Catty sagte, ihr hättet geglaubt, ich würde noch zu Gutschows gehen. Ach nein, ich hätte es nicht ausgehalten, mit Menschen zu reden. Ich hatte so ein schwindelndes Gefühl wie immer, wenn mir einmal so recht wohl gewesen ist, mich nicht auf mich selbst besinnen zu können. So ging ich ganz mechanisch erst noch eine Zeit in den unteren Straßen herum, dann in die Marienkirche und kam erst um 1¼ zu Hause, ich mußte erst wieder zur Besinnung kommen, und es gelang mir erst ganz allmählich, mich wieder in die Wirklichkeit zurückzuversetzen. Zu Hause angekommen, trank ich erst eine Menge Bier, um müde zu werden, und wühlte mich dann ins Bett ein, bin erst eben wieder aufgestanden und wache nun allmählich wieder auf.

Catty ist mit Bruhn und Köster nach Schlutup gegangen. Was Du jetzt wohl tust? Ich sitze am Fenster, sehe den letzten Sonnenschein auf den Türmen und Fensterscheiben glänzen und denke daran, wie es wäre, wenn wir immer zusammen wären!

9. 2. 91

Du Lieber, Guter.

Habe so innigen Dank für Deine Worte. Ich weiß, daß ich Dich damit traurig mache, aber ich kann Dir doch nicht verschweigen, daß ich mich elend fühle. Ich bin nicht überreizt, aber es liegt wie ein grenzenloser Druck auf mir, es ist alles so schwer und wirr. Ach, Emanuel, ich ängstige mich vor mir selbst und weiß kaum, was ich sage und denke, ich weiß nur, daß ich Dich grenzenlos liebe und daß alles andere so schwer ist. Ich sollte nicht solchen Gedanken nachsinnen, warum soll ich das nicht, es wäre ein so schöner Gedanke, ewig zu schlafen ohne die Lebensqual, die ich ferne von Dir leide, Du weißt, Du ahnst nicht, wie sehr ich am Leben leide und wie weh es mir von allen Seiten tut. Ich kann heut abend nicht mehr schreiben, übermorgen sehen wir uns. Da kann ich wieder Ruhe bei Dir empfinden, Du mein einziger Halt, mein einziges Glück, es ist nur bei Dir Ruhe. Liebe mich nur, dann will ich mich immer wieder halten und aufrichten.

10. 2. 91

Lieber, verzeih diesen greulichen Fetzen, ich habe gerade nichts anderes da und will noch ein paar Worte an Dich schreiben, während wir den Greis zum Tee erwarten. Ich habe die Beichte aus, ich finde es teilweise sehr gut, mir ist das erste sehr sympathisch und verständlich, weniger aber die Rückkehr zum Glauben, da kann ich mich von meinem jetzigen Standpunkt nicht recht hineindenken. Bitte laß mich nun die beiden unmoralischen Bücher bekommen, bring sie mir morgen mittag mit oder abends durch Catty. Ich habe zu Montag so gut wie nichts zu arbeiten und kann den ganzen Sonntag lesen – von »Zarathustra« kann man nicht viel auf einmal vertragen, ich denke ihn so allmählich durchzukauen.

Ob Alwine morgen kann, ist leider fraglich, es wäre so schön, wenn Catty sie und folglich wir uns allein hätten, sonst gehen wir drei doch jedenfalls. Ihr braucht doch nicht schon um 4 zum Alten zu gehen, dann wäre die Zeit zu kurz. Kannst Du Catty nicht darauf treten, daß wir Sonntagmittag wieder zusammen gehen. Daß Du morgen abend kommst, wird kaum gehen, es ist zu unsicher.

Eben vom Tee heraufgekommen. Ich habe wirklich eine wunderbare Fassung bewiesen, denn der Greis reizte mich aufs äußerste. Denke Dir diesen Blödsinn. Ich erzählte, daß man fürs Examen ein polizeiliches Unbescholtenheitszeugnis braucht, was ich heute in der Schule gesehen hatte. Darüber war Papa ganz entsetzt und entrüstet, daß man von jungen Mädchen verlangt, daß sie ihren guten Ruf bestätigt haben sollen etc., er würde das *nie* zugeben, daß mir ein Zeugnis von der Polizei ausgestellt würde. Diese Sache ist ja ganz nichtig, aber die gräßliche Albernheit und dieses Prinzip der Unantastbarkeit junger Mädchen ist mir so eklig, und ich könnte jeden mit Genuß totschlagen, der davon redet. Aber ich dachte an Dich und lächelte »Hohn«. Sie können jetzt meinetwegen mit allem Blödsinn kommen, und es macht mir keinen solchen Eindruck mehr, und wenn es sich um irgend etwas für mich Wichtiges handelt, so pfeife ich darauf. Nun gute Nacht, ich will mich zu Bett legen und in Ruhe an Dich denken, Geliebter –

F.

L., 12. 2. 91

Liebster.

Bis eben gelesen habend, will ich den Rest des Abends an Dich verschreiben. Ich habe gestern und heute die beiden Turgenjews von Dir gelesen, die »Erste Liebe« hat mir sehr gefallen, den »Raufbold« finde ich weder schön noch sonst etwas. Über die

»Lebensfreude« muß ich noch sehr viel nachdenken, ich habe viel davon gehabt, es zu lesen, und will »Nana« jedenfalls gern haben.

Mir ist diese Art von Naturalismus nicht unangenehm; es ist ja wie das Leben in Wirklichkeit ist, und was man erlebt, sieht und erfährt, warum soll man das nicht auch lesen?

Geliebter, es war mir so gut, Dich heute in Ruhe zu sehen, es ist mir jetzt wohl. Du verziehst mich viel zu sehr, Du solltest mich schelten, wenn ich so bin wie jetzt, es wird mir doch immer wieder klar, daß ich zu nichts Vernünftigem zu gebrauchen bin, wie soll das werden?

Wirst Du es dann wirklich später mit mir aushalten können? Wie soll ich Dir versprechen, nicht böse auf mich selbst zu sein — ich bin verzweifelt über mich selbst. Statt in der Sicherheit unserer Liebe, unseres gegenseitigen Besitzes über alles andere hinwegzusehen, stehe ich *darunter* und lasse mich davon elend machen. Aber genug davon!

Die Grethenfrage ist schrecklich, der Gedanke, wenn sie die letzten 8 Tage hier wäre, wir uns vielleicht nicht einmal mehr sehen könnten, es ist zum Tollwerden.

Hoffentlich geht es gut, ich will ihr noch einmal schreiben. Auch die zweite Woche würde es mir schrecklich sein, wenn Du eben erst fort bist, alles so verändert, ich *muß* dann allein sein, sonst werde ich mich nach Deinem Rat zu Bett legen. Kommt sie nach den Ferien, so geht es zur Not; dann werde ich mittags mit ihr und Bubi rennen und sie sonst Mama und Agnes überlassen.

Ich liebe sie übrigens sehr, sie gehört nur zu den Menschen, die mich gräßlich nervös machen. Wie wird überhaupt meine Existenz nach Ostern werden? O Du, mir schaudert davor. Ich werde dann verzweifelt fleißig sein, um es zu betäuben, aber wenn nur die Menschen nicht wären.

Nicht wahr, Du hast doch keine Angst, daß ich beim Abschied unvernünftig sein werde?? — Deine heutige Karte von Else war etwas deprimierend, es ist überhaupt dumm ...

Mein geliebter Mann.

Eben habe ich mich, nachdem ich eine halbe Stunde mich leut-
selig mit Agnes unterhielt, mich umgezogen, Deinen guten
Schlips und Zigaretten, für was ich Dir nochmals sehr danke, in
den Schreibtisch geborgen und Deinen Brief noch einmal gelesen.
Derselbe war so herrlich, Liebster, Du tust mir so unsagbar wohl,
wenn Du mir so schreibst. Ich fühle in jedem Wort, daß Du mich
verstehst und daß Deine Liebe mich umgibt. Heute abend ist
mir durch Dein Schreiben und durch unsern Gang so überströ-
mend wohl und glücklich zu Mut. Vor 2 Stunden saßen wir noch
zusammen da draußen an der beschneiten Landstraße. Das
Schöne vergeht immer so schnell und ist immer gleich wieder
vorbei, aber es ist doch ein Trost, daß es auch immer wieder
kommt. Furchtbarer Gemeinplatz das, nicht wahr?

Alwine ist doch reizend, sie wird mir immer sympathischer, das
Haus Schluse könnte ich jetzt überhaupt nicht mehr entbehren.
Randbemerkung: Die Bilder-Zusammenstellung auf meinem
Schreibtisch ist wirklich geschmackvoll; Maria Stuart, der alte
Platen, der Geharnischte von Rembrandt und schließlich Ahas-
ver von Hieschl. —

Nun zu Deinem Brief, Du glaubst gar nicht, wie sehr Du die
Macht hast, mich aufzurütteln, mich zur Energie anzuspornen,
ja, Emanuel, ich glaube, ich fange jetzt an zu *wollen*. Unser
Bund, der für Dich die *einzige* große Torheit im Leben gewesen
ist, soll für mich die letzte sein.

Du magst recht haben, wenn Du sagst, daß Männer, weil sich
auf ein bestimmtes Ziel richtend, sich weniger nachgeben etc.
Aber nach so etwas kann man nur den Durchschnitt berechnen,
und ich hasse nichts mehr wie diesen Durchschnitt, und ich kann
und will nicht danach rechnen noch berechnet werden. Die Weiber im Durchschnitt sind eine gräßliche Sorte, und es ist mir
immer schrecklich gewesen, ihnen anzugehören; ich betrachte es
als eines meiner Hauptziele, mich über die denselben anhaften-
den Schlappsigkeiten und Schwächen hinauszuheben; wozu mich,
was Du mir sagst, noch viel mehr anfeuert.

Geliebter.

Wie ich Dir für Deinen herrlichen Brief danke, ich war so glücklich, als Catty ihn mir brachte und habe ihn schon so viele Male gelesen und geküßt.

Ich glaube wirklich, ich bin jetzt damit durch, mit alledem, was mich quälte, beunruhigte, ich fühle mich diese Tage ganz anders, Du hast mir geholfen und ich danke Dir — Du sollst mir nun weiterhelfen. Wenn Du mir sagst, daß ich mich überwinden müsse, so kann ich es gleich und ich will es nun auch immer können, es tut jetzt mehr not wie je, weil nun schon so bald unser Abschied da ist. Wir wollen uns dann die Herzen gegenseitig nicht schwer machen, sondern gerade im Gegenteil. Ich fühle jetzt auf einmal durch den Entschluß des Wollens eine neue Kraft und Fähigkeit des Ertragens. Ich will nun, wie Du mich lehrst, auf das Ziel hinblicken. Gestern und heute habe ich die Häuslichkeit schon überwunden, ohne mich deprimieren zu lassen.

10 Uhr im Bett

Unser Gang am Sonnabend war doch zu schön, wie wir da draußen am Weg ganz allein saßen! Gestern saß ich nach Tisch ¹/₂ Stunde in meinem Fenster — es erinnerte mich an die Frühlingsabende vom vorigen Jahr, wo ich immer an diesem selben Fenster saß und mit Verzweiflung hinaussah, bis es dunkel wurde. Das einzige Erhebende war mir damals, wenn ich am Mittwoch zur Zeichenstunde im Halbdämmern rannte und einige Stunden außer dem Hause war.

Dann habe ich gestern den ganzen Abend sehr gemütlich auf der Chaiselongue gelegen, erst Tristan und Isolde gelesen und dann eine Seite von Cicero übersetzt; ich wurde zuletzt müde und verlor die Geduld, fing aber immer wieder an und brachte dann auch das Gewollte zu Ende.

Ich bin so selig, wenn ich aus Deinen Briefen sehe, daß alles, was ich Dir schreibe, Du so aufnimmst, wie Du es tust. Der Vers Deines Großvaters über die Ehe ist sehr schön, wir beide werden unser Himmelreich schon finden in uns und außer uns, wenn wir uns nur erst haben. Und die Zeit bis dahin soll nicht verloren sein, es wäre ja ganz sinnlos, sich über diese Zeit zu beklagen.

Sie ist ja durchaus nötig für uns zur Bildung und Entwicklung für das spätere Zusammenleben. Würden wir jetzt schon reif für dasselbe sein? Ich glaube nicht – und es ist alles so gut und schön, wie es nur sein kann.

Ist es nicht auch herrlich, was Zarathustra über die Ehe sagt: »Der Wille zu zweien über sich hinaus zu schaffen«. Es kommt mir überhaupt vor, wenn ich ihn lese, als ob vieles die Aussprache dessen sei, was ich in tiefster Seele fühle und wonach ich suche; als ob es endlich Wahrheit sei; ich bin ganz hingerissen und begeistert davon.

Den Clemenceau habe ich heute abend durchgelesen und finde ihn entsetzlich schwach. Wie ist es nur möglich, daß darüber so viel geredet und Wirtschaft gemacht wird, er ist so gräßlich fade. Er erinnert etwas an »Die Marmorbraut«, ein Sittenroman. Es hat mich aber interessiert, es kennenzulernen, nur das allerletzte Ende gefiel mir besser.

Eben stand ich wie gewöhnlich zum 5. oder 6. Mal auf, um irgend etwas zu suchen, diesmal Schreibmaterial, was ich eben nach verzweifeltem Herumstöbern zähneklappernd ins Bett zurückgekehrt, hier finde. Verzeih den Fetzen.

Wie nett, daß Du Deiner Mutter die »Kronprätendenten« vorliest und ihr Ibsen lieb machst. Wenn es ihr nur bald besser geht, dies immer wiederkehrende Elendsein muß doch verzweifelt sein. Catty sagte, daß Du beleidigt gewesen seist, wegen seiner Weigerung, nochmal zum Alten zu gehen. Ich war eigentlich sehr böse auf ihn, daß er Dich geärgert hat, und er elendet mich mit seiner ewigen Ehebetruggeschichte, die jetzt alle 5 Minuten kommt. Aber schließlich waren wir doch den ganzen Abend sehr nett zusammen, und wenn er nun morgen früh hingeht, kommt es ja auch in Ordnung.

Wie erleichternd, daß das Bruhn'sche Unheil nicht erfolgt ist!

Ich habe übrigens wieder etwas Dummes angerichtet, nämlich auf die der Klasse zugekehrte Seite des Pultes eine Fratze gezeichnet, der absichtlich und unabsichtlich einige Ähnlichkeit mit Dr. Ernst unterlaufen ist. Frl. Roquette war schwer entrüstet, fragte, ob das eine von uns getan hätte, was verneint wurde. Darauf sagte sie, dann würde sie die Kleinen dafür strafen; übrigens haben diese heute blödsinnige Unterschriften darunter

gemacht. Nun fiel mir schwer aufs Gewissen, daß ichs nicht ge-
sagt hatte, ich elendete die unglückliche Käthe W. die ganze
Stunde damit, ob ich es noch beichten sollte oder nicht. Ich werde
es nun morgen mit großem Eclat tun, es ist ja überhaupt eine
Kinderei, aber ich finde, es ist doch zu feige, es auf die Kleinen
kommen zu lassen, und es ist mir eklig, wenn die andern glauben, daß ich vor der alten Schachtel Angst habe.
Catty sagte, ich solle es nicht tun.
Nachmittags war ich beim Medizinmann, leider nicht alleine.
Mir scheint der Arm ziemlich hoffnungslos, ich habe nun etwa
ein ganzes Jahr gebraucht, um ihn eben wieder brauchen zu
können, und nun ist er bei der geringsten Anstrengung kraftlos —
unwesentlich! Was denkst Du von der Lucie-Adressengeschichte!
Ich kann es mir doch nicht denken, daß sie jetzt zu Verwandten
reise. Glaubst Du nicht auch, daß es eine Finte ist. Die Berliner
Tour verursacht mir eine Empfindung des auf Kohlen Sitzens.
C. wird natürlich gräßlich taktlos und aufgeregt sein.
Die kleine Hempel macht Fortschritte, sie hat die »Frau vom
Meer« mit Begeisterung gelesen und verlangt mehr und will
Rembrandt lesen. Von Anna Hagenström habe ich nichts ge-
merkt. Morgen geht es mit Manhards nicht, weil wir nicht früh
essen. Ich lasse mich nächste Woche von Natalie einladen.
Bitte komm morgen abend um ³/₄ 8. Ich gebe am Fenster acht
und komme dann zu Dir hinaus und wir rennen eine halbe
Stunde zusammen. Agnes ist auch mit. Also gar keine Bedenken.
Ins Haus kommen ist nichts, weil die Mädchen dann gerade die
Schlafstuben zurechtmachen.
Gute Nacht, Süßer, Geliebter, noch einmal danke ich Dir für
Deinen Brief und küsse Dich.

F.

17. 2. 91

Mein süßer, süßer Emanuel.
Ich muß Dir heute abend noch lange schreiben, aber ich kann
mich kaum dazu sammeln, so ganz bin ich noch im Traum, in
dem kurzen seligen Traum des heutigen Abends. Eben habe ich
noch einmal das weiße Mondlicht eingesogen und fühlte noch
einmal die ganze Wonne von vorhin, als wir ganz allein in der

weiten Nacht am Weg saßen und ich zu Dir hinauf und gerade in den Mond sah. Vor zwei Stunden war es. — Und ich habe Dir gar nicht gesagt, wie schön es sei, wie ich Dich liebte, aber das Herz war mir zu voll. Ich habe bis jetzt die von Dir angestrichenen Gedichte gelesen, Du Geliebter, wie danke ich Dir so von ganzem Herzen für diese geliebte Gabe von Dir, ich kann Dir gar nicht sagen, wie Du mich damit erfreut hast. Diese beiden Bücher von Dir, wo Du meinen Namen draufgeschrieben und drin angestrichen hast, die werden ein solcher Schatz für mich sein! Wenn ich Deine Lieblingsgedichte lese, so werde ich mir denken, daß Du sie gemacht hättest und für mich. Aber doch nicht ganz, denn Du wirst ja niemals über *verlorene* Liebe dichten. Niemals, Emanuel! Das kann niemals sein. Mag sich von außen her zwischen uns alles, was nur möglich ist, stellen, wir halten doch ewig aneinander. Ich fürchte nichts! Du sollst mich nicht wieder über meine Schwachheit zu schelten haben, oder nein, ich tue Dir Unrecht, denn Du hast ja gar nicht daran gedacht, mich zu schelten, aber Du sollst sie nie wieder sehen.

Wie schön sind die Abschiedslieder, es ist, als ob sie für uns gemacht wären. Ach Du, könnte man dichten, jedes Gefühl so gestalten, welch herrliches Gedicht wollte ich dann über unsern heutigen Gang machen. Es wurde mir so schwer, mich wieder in die Wirklichkeit zurückzuversetzen, und ich kam mir ganz verzaubert gewesen vor, als ich mit Catty beim Teetisch saß und machte lauter Dummheiten, warf alles um etc. Catty war uns entgegengegangen nach der Moislinger Allee und kam gleich nach mir zurück. Ich fand die Haustür, wie Du wohl noch sahst, offen. Die Bücher liegen jetzt unter meinem Kopfkissen und ich freue mich so **daran**.

Ob wir uns morgen sehen, hoffentlich kannst Du! Die drei Tage, wo ihr fort seid, will ich sehr fleißig sein und Massen lesen. Es ist dumm, daß Alwine ihr »Germinal« auf französisch ist, es ist viel schwerer, und ich liebe die Sprache überhaupt nicht. »Zarathustra« wird immer himmlischer, den wollen wir später als Andachtsbuch gebrauchen, jeden Morgen und jeden Abend draus lesen — »Aber Ihr zu Tiefen, Ihr leidet auch zu tief an den kleinen Wunden« — ist das nicht schön und wahr. Meinetwegen will ich denn jetzt erst mal auf das Lesen von »Nana« verzichten, ich will Dir nur offen sagen, daß es mir nicht recht ist, — im Prinzip —, wenn Du von irgend etwas zu mir sagst, das ist nichts für Dich oder das sollst Du lieber nicht lesen oder so. Denn Du sollst mich nicht wie ein Kind behandeln, das Schonung braucht, sondern wie Deine Gefährtin, die alles tun, hören, sehen, lesen kann, was Du tust etc. Aber bitte beziehe dies nicht auf einen einzelnen unwesentlichen Fall, sondern nur im allgemeinen. Ich muß Dir ja später Deine Prozesse führen helfen, damit Du schneller fertig bist und Zeit für mich hast; oder soll ich lieber mit einem Strickzeug dabeisitzen! Ach Liebster, wie ist es doch so schön, sich die Zukunft auszumalen. Wenn ich mich bis dahin im Malen ausgebildet habe, dann müssen wir mein Atelier und Deine Rechtshöhle nebeneinander haben, und dann stören wir uns fortwährend, aber Du wirst dann niemals böse und schiltst mich niemals. Siehst Du, ich bin so entsetzlich viel gescholten und gestraft worden, daß es für mein ganzes Leben ausreicht. Und dann können Deine Klienten mir gleich Modell sitzen.

Ich habe nur vor zwei Dingen Angst, nämlich daß Du Dich hier niederläßt und daß Du so ein »überbürdeter« Rechtsanwalt wirst. Wäre es dafür nicht gut, wenn ich auch Jura studierte und Dir dann helfen könnte? Ich möchte überhaupt, wenn man das in einem kurzen Menschenleben könnte . . .

Ach Du, was schreibe ich Dir heut abend für einen sinnlosen Brief zusammen, ich muß es wirklich anfangen, Dir seltener und vernünftiger zu schreiben.

Die 3 Berlin-Tage wären ja eigentlich eine gute Gelegenheit zur Entwöhnung, denn später müssen wir uns doch auf einmal die Woche beschränken. Aber ich würde doch selig sein, wenn Du in diesen Tagen einmal postlagernd schriebest; d. h. am Sonntag kann ich schwerlich zur Post kommen, also lieber Catty mitgeben. Ich schreibe Dir jedenfalls einmal via Catty — Anna, wenn Du es willst.

Wir wollen das heutige Datum behalten, 17. Februar — es war einer unserer schönsten Tage, wo wir uns ganz angehören durften.

Da schlägt es 12, ich könnte noch und noch fortschreiben, aber dieser Arm ist unerträglich und ich muß mich wohl grade hinlegen.

Noch einmal Dank für Dein süßes Geschenk.

Geliebter, ich fühle es, daß Du jetzt auch an mich und an den Mondschein denkst, wie ich Dich liebe, Du Einziger, Liebster! Gute Nacht.

Kannst Du nicht Donnerstagabend ins Theater kommen, die »Hugenotten« werden gegeben.

L., 20. 2. 91

Liebster —

Was ihr jetzt wohl tut? Gewiß seid ihr im Theater oder so was ähnlichem. Ich probiere das Alleinsein — und habe mich heute so versonnen und verlesen, daß ich augenblicklich ganz konfus bin. Ich wollte heute in der Zwischenstunde mich unten an der Mauer auf einen Steg setzen und zeichnen, konnte Käthe Wohlert aber nicht loswerden und rannte mit ihr vors Burgtor, wo sie zu Ewers ging. Ich ging, um Entsetzen zu erregen, Semmel essend vor dem Haus auf und ab, bis sie wieder herauskam, meine Absicht war natürlich aufs schönste gelungen. Dann ging ich in die blödsinnige Pädagogikstunde, von da zur Post, um euch einen etwaigen Brief von Else zu schicken, war aber keiner da. Dann habe ich bis zu Tisch in den Geibelgedichten gelesen, sie sind teilweise zu schön. Nachher schreckliche Simpelei unten, sobald wie möglich lief ich wieder hinauf und habe bis jetzt erst »Zarathustra« gelesen und mir eine Masse davon aufgeschrieben, es ist zu schön, um es nur so zu lesen, dann »Germinal«. So wirds nun wohl die nächsten 2 Jahre jeden Tag sein. Wenn man mich nur so gänzlich in Ruhe ließe und ich die Tage nur so für mich arbeiten, lesen und Dir schreiben könnte, das ließe sich am Ende bei jedem Wiedersehen weitergekommen sehen — die Zeit wird fliegen. Und ich will auch nicht immer an mich denken, ich werde viel mehr mit Dir in Gedanken sein wie mit mir. Für Dich wird das nächste Jahr ja viel weniger angenehm und leicht sein — und im 2. Jahr komme ich jedenfalls in den Sommerferien nach Hause, nach Husum, und dann kommt ihr im Herbst! Weißt Du, was mir das Schlimmste ist, wenn von Dir gesprochen wird. Heute wurde fortwährend von Dir und Catty gesimpelt, und das kann ich nicht leiden, womöglich, wenn sie per Emanuel von Dir sprechen.

Gestern war ich im Theater; hatte aber wenig davon, da ich sehr müde und unaufgelegt war. Georg Eschenburg saß in meiner Nähe und wir grinsten uns unaufhörlich an, Graf Götzen dito. In der Schule ist es ziemlich uninteressant; nur heute sehr schön, wie Dr. Ernst statt seinen den Hut von der Brand aufsetzen wollte, natürlich entsetzliches Gebrüll, und er entfernte sich beschämt und verwirrt. Ich fand ihn zuerst ganz nett, aber er wird mir allmählich zu eklig. Zimmermann dagegen ist ein begeisternder Mensch. »Rechtwinklig an Leib und Seele« — daran muß ich immer denken, wenn ich ihn vor mir habe. Er hat etwas so Reines und Harmonisches, ein Gefühl, das man doch schließlich bei wenigen Menschen hat. Es ist immer so dumm, wenn man fühlt, daß man von jemand etwas haben könnte — und das habe ich bei Zimmermann — und man dann gar keine Aussicht hat, in Fühlung mit ihnen zu kommen. Ich wußte gestern die Regeln nicht und da sah er mich so nett mißbilligend an, daß es mir in dem Schulstaub ganz wohl tat. Mein Aufsatz wäre eigentlich ein »schöner Aufsatz«, wenn ich nicht so viele Fehler gemacht hätte. Dieselben waren übrigens wirklich unglaublich, ich hatte ihn in großer Eile abgeschrieben. Ein ganz verbauter Satz wurde unter allgemeinem Hohngelächter an die Wandtafel geschrieben und mit einem Eisenbahnunglück verglichen. Die kleine Hempel leitete ihren damit ein, daß Max und Thekla »überflüssige Nebenpersonen« in »Wallenstein« und somit als »Einschiebsel« zu betrachten seien. Ist das nicht herrlich? Bei Hausberg habe ich Mittwoch einen ganz unglaublichen Vortrag gehalten, der ihn aber sehr beglückte.

Klara Schramm rückte schaudernd immer weiter von mir weg, als ich beim Vorkommen des Tugendbundes sagte, daß es eine gräßliche Einrichtung und Simpelei gewesen sei, worauf Hausberg mich fragte »Sind Sie denn nicht für die Tugend?« und ich mit einem lauten und kräftigen »Nein — mehr für das Laster!« antwortete.

Das waren alle Tagesereignisse, und Nachtereignisse sind nicht weiter vorgefallen, als daß ich vorgestern nacht ein schauderhaftes Alpdrücken hatte. Ich glaubte etwas Schweres auf meiner Decke liegen zu fühlen, was katzenartig fauchte, geriet in eine rasende Angst und schlug um mich, bis ich aufwachte und nun so graulich wurde, daß ich mich tief unter die Decke verkroch.

im Bett

Der Greis ist im Theater, ich muß also mit dem Licht sehr vorsichtig sein. Agnes brachte beim Tee endloses von Mesmers geholtes Geschwätz vor und Mama wirtschaftete mit Bello.

Morgen ist nun Dein Geburtstag — es kommt mir ganz lächerlich vor, Dir Glück zu wünschen und Du lachst gewiß auch darüber. Könnten wir Deinen Geburtstag oder, um sich zart auszudrücken, Dein Wiegenfest-Schaukelvergnügen zusammen feiern, ach, das wäre schön. Später wollen wir uns dann immer eine Bowle brauen, nicht wahr? Aber keine Menschen, sondern sie ganz alleine austrinken. Wie wird es uns sein, wenn wir erst tun können, was wir wollen. Weißt Du, ich werde dann so toll sein, vor Glück, daß Du gar nichts mit mir aufstellen kannst. Morgen nachmittag will ich zu Manhards gehen und dann wie immer, wenn ich das tue, auf den Kirchhof gehen, zu unserer Bank und an den 17. Juli denken — das sind nun 7 Monate her. Wenn ich daran denke, kommt so recht der ganze Reichtum unserer Liebe über mich — und das soll dann meine Geburtstagsfeier für Dich sein. Ach, könnte ich doch nur bei Dir sein. Du wirst kaum Zeit haben, an mich zu denken.

Ich warte mit Sehnsucht auf einen Brief von Dir. Morgen nachmittag will ich nachsehen, und wenn dann nichts da ist, Sonntagmittag. Sonntag machen Agnes und ich Besuche bei den verschiedenen Fehlings, ich will dann auch einen Versuch machen, Deine Mutter zu besuchen, d. h. wenn es mir erlaubt wird.

Eben ein schreckliches Gepolter! Das Licht fiel mir der Länge nach ins Bett und das Dintenfaß sich ergießend darunter. Was die beiden wollten, habe ich nicht begriffen, noch weniger, warum sie fielen. Das Dintenfaß ging aus, das Licht nicht, besser es wäre umgekehrt!

Sei nicht böse über diesen schrecklich öden und inhaltslosen Brief, ich habe Dir eigentlich nur Schulgeschichten erzählt. Nun gute Nacht Geliebter, ich sende Dir tausend, tausend innige Grüße und Küsse und sehne mich nach einem Wort von Dir.

F.

Du Liebster.

Ich habe Dir schon wieder eine ganze Masse zu schreiben, ob Du wohl meinen Brief bekommen hast? Ich steckte ihn Sonnabendmorgen am Bahnhof ein, ging dann, da Hausberg fehlt, zu Grethe Gutschow, die mir ein Gedicht von Mieze an Catty und mich mit sehr schönen Illustrationen gab. Nach der Schule nach Haus gestürzt und dann zu Natalie. Auf dem Kirchhof bin ich nicht, wie ich wollte, gewesen, stattdessen habe ich auf Dein Wohl Bier getrunken. Rate einmal wo? Und entsetze Dich. In der Altdeutschen Bierhalle am Hafen. Erst ging ich mit Natalie zu einer Tante von ihr, um etwas hinzubringen, und wir lachten dieselbe gräßlich aus. Dann gingen wir zusammen unten am Hafen links und in die Bierhalle, wo wir auf Dein Wohl anstießen. — Wir saßen da sehr gemütlich mit Rollo auf einem Ecksofa in einem halbdunklen Zimmer.

Dann habe ich den ganzen Abend Zola gelesen. Erst in »Germinal«. Es ist großartig und ergreifend, spielt unter Bergleuten, die sich im tiefsten Elend und großer Verkommenheit befinden. Dann im Bett noch die beiden Hefte von der Freien Bühne, die Du Catty gegeben hast.

Ich konnte absolut nicht einschlafen und stand noch mehrmals auf, um ans offene Fenster zu gehen und hinauszusehen. Es war so schön, wie alle Uhren zwölf schlugen und die Züge pfiffen. Heut morgen Tristan und Isolde gelesen; nun bin ich glücklich mit dem Anfang durch, und es fängt an, entzückend schön zu werden.

Nun aber kommt der Glanzpunkt, denk Dir, es ist mir endlich einmal gelungen, Deine Mutter zu besuchen. Gestern benützte ich eine günstige Stimmung von Mama, um darum zu bitten. Erst mußte ich mit Agnes zum Senator und Consul und ging dann zu euch. Da war Deine Mutter gerade ausgegangen, ich fragte Anne Stührmann, ob ich wiederkommen könne und stürzte mich erst zu Cossels und dann wieder hin« saß erst ca. 5 Min. in der Bibliothek, während Wolfgang nebenan mit Feuer Klavier spielte. Es kam mir ganz sonderbar vor, in Deinem Haus, in den Zimmern, die Dir lieb und vertraut sind, zu sein. Dann kam Deine Mutter und ich saß fast 1 Stunde bei ihr; es war so schön und wohltuend, wir sprachen über Gutschows, unsere Häuslichkeit, Seminar und über euch, Dich und Deine Geschwister. Deine Mutter sagte, Du würdest es jetzt vielleicht noch nicht so sehr bemerken, aber später würdest Du sie doch noch sehr entbehren und erzählte mir immer wieder, ein wie guter Sohn Du seist, wie unendlich viel sie von Dir hielte und hätte und wie entsetzlich schwer es ihr würde, daß Du weggingst. Ob ich nicht oft zu ihr kommen wollte, sie möchte so gerne jemand haben, mit dem sie Literatur, Kunstgeschichte oder so etwas teilen könnte. Ich war ganz selig in dem Gedanken und so machten wir denn ab, daß ich nach Ostern zuweilen nachmittags dazu hinkommen sollte. Ich setzte es vorhin bei Tisch den jungen Leuten vor, Mama schien erst abgeneigt, Papa sagte »warum nicht?«.

Ach Du, es ist so schön, sich das auszumalen, wäre es nicht herrlich, wenn ich so nach und nach bei euch »aus und ein ginge«. Wenn ich – es ist allerdings anmaßend – ihr Dich etwas ersetzen könnte, sie sagte, Du wärest der einzige, mit dem sie über alles reden könnte.

Ich konnte mich gar nicht wieder losreißen und lief in 10 Min. nach Hause. Und als ich dann nachher herunter kam und Mama Bericht erstattete, kannst Du Dir denken, was für einen schneidenden Schmerz ich da fühlte, als Mama wieder so ganz kalt und zurückstoßend gegen mich war. Eben war mir bei Deiner Mutter so warm geworden, und der Gegensatz berührte mich sehr schmerzlich.

Aber ich überwinde das jetzt immer sehr schnell wieder, wenn ich an Dich denke.

Ich wollte auf dem Rückweg noch zur Post, war aber geschlossen.

23. 2. morgens ½ 8

Noch schnell ein paar Worte, Geliebter, um Dir für Deine lieben Zeilen zu danken, es war süß von Dir, mir noch zu schreiben.

Ich hatte schon eine Stunde geschlafen, als Catty noch kam, und konnte mich gar nicht besinnen, was das für ein langes Scheusal mit steifem Hut, Kneifer und großem Knüppel unterm Arm sei – ermunterte mich allmählich und las Deinen Brief, es war ziemlich schwierig, aber ich habe doch alles herausbekommen.

Bitte laß uns heute abend zusammen sein.

Von ½ 7 bis 8 haben wir Zeit. Wenn Du zu Stoecker[1] sollst, so mach Dich mit Arbeiten frei. Du kannst ihn ja in Berlin noch und noch hören.

Bitte mach es mit Catty ab.

23. 2. 91

Geliebter —

Du mußt mir nicht böse sein, wenn ich nur noch ein paar Worte schreibe; aber erstens kann ich das Licht nicht zu lange brennen lassen, da Agnes und Mama aus dem Vereinshaus gegen 11 oder so zurückkommen, und dann bin ich sehr müde und meine Gedanken durcheinander gewirrt.

Nun will ich Dir noch einmal für die Bücher von Herzen danken. Auch für Deinen Brief noch sehr vielen Dank, es tut gar nichts, daß ich ihn erst heut bekam, er macht mich glücklich. Muß es mich nicht glücklich machen, zu wissen, daß Du Dich nach mir sehnst? Zu dumm von mir, zu sagen, warum Du mir im Bett nicht geschrieben hättest, verzeih, es war wirklich scheußlich von mir, ebenso, daß ich mich heute abend abfällig über die Kneiperei äußerte. Bitte glaube nur nicht, daß ich so albern bin, Anstoß daran zu nehmen, ich wollte es ja nur gerne selbst mitmachen — aber wenn man die ganze Sache und die ganze Wirtschaft, lauter lallende Menschen, Bier- und Tabaksluft etc. skeptisch betrachtet, so erscheint sie einem widerwärtig, und ich mag mir Dich nicht in Verbindung mit irgend etwas Widerwärtigem denken. Aber das ist ja lächerlich, da ich weiß, daß Du darüber stehst und Dich das Ekelhafte nicht berührt.

Ich las erst in den Gedichten von Dir, Dein Großvater ist wirklich so ein veredelter Mensch — aber wie soll man so werden?

Dann las Catty mir »Zarathustra« vor, während ich auf 5 Stühlen ausgestreckt lag. Es ist herrliche Wahrheit, wir waren beide ganz hin. — Um ¾ 9 erschien der Greis erst.

---

[1] Adolf Stoecker — evangelischer Geistlicher, 1874 bis 89 Hof- und Domprediger in Berlin, Mitglied des preußischen Abgeordnetenhauses und des Deutschen Reichstags, streng kirchlich orthodox und konservativ.

Da habe ich noch etwas vergessen Dir zu erzählen — Käthe
Wohlert hat Deinen Ewers kennengelernt, sich mit ihm angefreundet und er sie gefragt, ob er sie besuchen könnte, was
natürlich wegen ihres Alten nicht geht. Dann verabredet, daß
sie ihn in der Leihbibliothek oft besuchen will, sie fragte mich,
ob ich nicht mit wollte und so wollen wir nun am Freitag in der
Zwischenstunde hingehen! Ist es nicht furchtbar lächerlich. Es
interessiert mich nur, Deinen Freund und einen begabten Menschen kennenzulernen. Kannst Du nicht auch hinkommen?
Hier hast Du nun auch Miezes Gedicht, sie bittet, daß wir es
auch an Else schicken: wenn Du ihr schreibst, tu es bitte, sonst
gib es möglichst bald an Catty. —
Nicht wahr — Mittwoch wieder im Dom? Catty und ich hatten
heute mittag einen so netten Gang miteinander, erst um den
Wall und die Hüx im Sonnenschein, dann unten herum und zur
alten Fähre und dann noch vors Burgtor und zu R. Nun aber
gute Nacht, mein Liebster, Süßer.

F.

d. 26. 2. 91, ½ 11 Uhr
Endlich ist es nun ganz Ruhe, ich bin allein und meine Gedanken
suchen Dich auf. Ihr werdet jetzt wohl von der Kneipe zurück-
ziehen, tobend und brüllend. Herrlich muß es sein, so in die
Nacht hinaus. Weißt Du, ich möchte mit Dir dabei sein, auf
Deinen Knien sitzen, aus Deinem Glas trinken — so wie das
eine Bild von Rembrandt, weißt Du welches ich meine? Und
dann nachher mit Dir durch die Mondnacht zurückrennen und
Lärm machen, *so einmal sich recht tobend ausleben,* und dann
durchs Fenster wieder ins Haus klettern. Das wäre schön!
Aber für die Gegenwart muß ich allerdings alle Wünsche nach
Leben zurückdrängen, und ich liege hier ganz gefaßt im schön-
sten Mondschein mit »Zarathustra« und begnüge mich damit, an
Dich zu denken, weil ich Dich nicht haben kann.
Was denkst Du eigentlich, daß ich Dir für Deinen neulichen
Brief noch gar nicht ordentlich gedankt habe? Du hast so recht
über das Lügen und ich fühle mich wirklich tief beschämt, wenn
ich an meine grenzenlose Verlogenheit denke. Ich habe mich so
daran gewöhnt, es ist ja jahrelang mein tägliches Brot gewesen,

immer zu lügen, früher um Ohrfeigen und Strickzeugen zu entgehen, und dann ist es mir zur süßen Gewohnheit geworden. Ich habe Dir noch nie etwas Unwahres gesagt, aber ich muß doch gestehen, daß ich mich in Kleinigkeiten oft erst auf die Wahrheit besinnen muß, weil mir die Lüge viel näherliegt und bequemer ist – und bei den meisten Menschen kommt es mir auch gar nicht darauf an. Aber das, fühle ich, ist nicht in Deinem Sinn gesagt und es soll anders werden, verlaß Dich drauf.

Heute morgen hatte ich wirklich die redliche Absicht, zur ersten Stunde zu gehen, Catty brachte mich hin; als ich aber in die Klasse kam, hatte die erste Abteilung doch Rechenstunde, ich wußte nicht, wo die andern waren und rannte wieder fort und mit Catty ans Mühlentor. Hausberg hatte mich aus dem Fenster gesehen und sich sehr gefreut. Zur zweiten Stunde kam Jörns nicht und so stürzten wir alle fort, ich zu Alwine. Die Stunde bei Zimmermann war wie gewöhnlich sehr nett, er hat uns nur wieder einen blödsinnigen Aufsatz gegeben: Durch welche Seelenzustände führt der Dichter Maria Stuart von der Todesfurcht zur Todesfreudigkeit!

Nach der Schule saß ich eine Stunde im offenen Fenster, las in Deines Großvaters Gedichten und trank Bier dabei; dann rannten Catty und ich noch eine halbe Stunde. Bei Tisch natürlich Dispensier-, Gesundheitstrinkereisimpelei. Nachher ging ich mit dem Greis um den Wall und die Hüx. Es war eigentlich wunderschön; nachdem das Thema der 3 herrlichen Söhne absolviert war, sprachen wir wenig mehr – ich konnte mich dem Genießen des herrlichen Frühlingsabends überlassen. Der Blick auf die ...

27. 2. 91 7 Uhr

Liebster.

Unser gestriges Verfehlen war zu knickend, ich mußte bis $1/2$ 11 auf Dr. Reuter warten, dann stürzten wir noch zu dem Dom und saßen eine halbe Stunde unten am Wasser. Nachher saßen Käthe Wohlert und ich $3/4$ Stunde bei Ewers, auch vergebens auf Dich hoffend – es war so weit ganz nett, wir literatursimpelten mächtig. Ich kann mir freilich nach diesem kurzen Sehen kein Urteil über diesen Deinen Freund bilden, nur daß er nette Augen und eine furchtbare Sprache hat. Ich nahm mir »Adam Mensch«

von Conradi mit, was ich gestern abend schon durchgelesen habe. Kennst Du es? Es ist im ganzen unschön und flach, aber einiges Anziehende. — Könntest Du doch jetzt mit mir den herrlichen Sonnenaufgang ganz sehen, ich ließ meine Uhr um 4 Uhr wecken, steckte die Lampe an und lag noch 1 Stunde so, kroch dann heraus und habe gearbeitet. Ich dachte immer, Catty würde zurückkommen, erfahre aber von ihm, daß er schon um ¹/₂ 1 gekommen ist.

Kannst Du übrigens heut nachmittag zur Wasserkunst kommen; dann wollen wir da unten sitzen und für Catty »Zarathustra« mitnehmen. Um ¹/₂ 3; aber sollten wir dann nicht da sein, so warte möglichst lange.

Wie Käthe Wohlert und ich gestern zurückkamen, begegneten wir Zimmermann und dem Hausberg, ich hatte gerade in jeder Hand einen Eierkringel, was ihm ein mitleidiges Lächeln entlockte. Wir unterhielten uns dann noch sehr nett mit ihnen. Hausberg wird heute jedenfalls viele Witze über mein neuliches Schwänzen machen. Mein lahmer Fittich wird jetzt elektrisiert, was immer eine furchtbare Greiselenderei ist. Mit Mama ist es seit dem Fall Lindenberg ziemlich schlimm. Gestern morgen waren Catty und ich halbtot von der Wirtschaft. — Nun leb wohl, ich sehne mich nach Kaffee und meine erste so schöne Morgenstimmung fängt an, unersprießlich zu werden. Also auf Wiedersehen bei der Wasserkunst um ¹/₂ 3; sonst schreibe mir morgen etwas, ich sehne mich so furchtbar nach Dir.

d. 2. 3. 91

Du Lieber —

Wie danke ich Dir für Deinen Brief, es reut mich gar nicht, Dir »die Feder in die Hand gezwungen« zu haben, ein Tag oder gar zwei ohne etwas von Dir ist so öde und inhaltslos. Aber es tut mir so leid, daß Du so elend bist, ich wünsche Dir von Herzen Besserung. Nach Deinem neulichen Aussehen und nach Deinem Brief ist Deine Stimmung bedrückt und müde.

Es wäre gewiß gut für Dich, einige Tage Ruhe und Bettwärme zu haben, tu es doch ja, es ist ja ganz gleich, ob Du jetzt noch zur Schule gehst oder nicht.

Mir persönlich ist es freilich gräßlich, Du bist dann so unerreichbar, aber Dein Wohlbefinden ist mir wichtiger. Wenn Du Dich legen willst, so warte nur noch den Mittwoch ab, damit wir uns noch mal ordentlich im Dom sehen; wir haben uns so lange nicht lange gesehen, und so oft verfehlt, und stehe dann zum nächsten Mittwoch wieder auf. Es war am Sonnabend so schön aber so kurz, und es verlangt mich so danach, einmal eine ruhige Stunde mit Dir allein zu sein; ich fühle mich oft beunruhigt und ge-elendet, aber es läßt sich doch immer wieder überwinden und verschlucken.

Daß ich Dich gestern nicht gesehen habe, tut mir zu leid; ich dachte gar nicht daran, daß Du so kurz bei M. sitzen würdest, Du mußt Dich überhaupt nie wundern, wenn ich Dich nicht erkenne, ich sehe wirklich ungenau in die Ferne, wenn ich nicht gerade etwas Bestimmtes sehen will und zu diesem Zweck das eine Auge zumache; ich sehe mit beiden Augen verschieden. — Ewers erzählte uns neulich, daß er den Roman eines jungen Idealisten geschrieben habe, war es das, was er Dir gestern vor-las? Ich hoffe bei näherer Bekanntschaft auch einen Einblick in seine Werke zu tun. Käthe Wohlert will mir nächstens ihren Bruder vorführen, ich bin sehr gespannt, ob er auch reptil- — verzeih — amphibienartig ist.

Ich bin ganz unsagbar müde und kopfwärts abgespannt; habe jetzt so entsetzlich viel zu tun, daß ich nicht weiß, wie es werden soll. Sonnabend abend war ich zu müde, um noch anzufangen, las nur »Hermann und Dorothea« zu Ende — für Zimmermann — ich finde es einfach gräßlich, so unangenehm satt — behaglich — spießbürgerlich. Dann Bebel, »Die Frau und der Sozialismus«, durchgeblättert, es scheint mir brillant zu sein.

Gestern und heute habe ich dann rasend gelernt. Von 40 Seiten Geschichte, von denen ich keine Ahnung hatte — habe ich jetzt 30 bewältigt, das übrige muß morgen dran, außerdem heute noch 2 Hefte mit Dogmatik, 36 Sprüche und das Leben Racines gelernt. Mich überkam dabei ein ungewohntes Gefühl von Ener-gie und Lernfähigkeit, ich sehe doch, daß wenn ich will und mich mit Gewalt konzentriere, ich sehr leicht lernen kann. Ich muß nun morgen um 6 aufstehen, bis 10 ochsen, dann bis 3 Stunde, dann gegen abend wieder Geschichte, und übermorgen um 4 aufstehen und es noch einmal durchnehmen.

Mein lieber, süßer Emanuel.

Ich kann mich noch nicht entschließen, Licht anzustecken und die leise graue Dämmerung zu vertreiben, die mich so weich und sehnsüchtig stimmt. Wüßte ich Dich doch nur nicht so elend, ohne bei Dir sein zu können und könnte ich Dir auf irgend eine Weise wohltun! Wenn Dir doch heute diese eine Viertelstunde tiefer Ruhe in der Kirche dasselbe wie mir gewesen wäre! Ich wäre am liebsten in Deinen Armen eingeschlafen, um so recht tief und lang zu schlummern, um mir nach mehreren Tagen körperlicher und geistiger Beunruhigung wieder wohl werden zu lassen. Ich konnte mich nicht aufraffen, Dir zu schreiben, und wollte Dich auch nicht elenden. Diese Geschichten sind ja auch unvermeidlich und »natürlich«. Aber was hilft das einem, wenn man so darunter leiden muß? Und immer wieder dieselbe Leier. So, nun verfalle ich gerade wieder in den Ton, mit dem ich Dich verschonen will — ich habe übrigens rasend gearbeitet, bis Mittwoch ununterbrochen Geschichte gelernt und eigentlich gänzlich umsonst, denn von dem, was gefragt wurde, ahnte ich nichts und das war auch kaum nötig; die Hälfte schrieb ich von der Brand ab und die andere Hälfte aus dem Buch. Hausberg nahm es mir 3 mal weg und legte es aufs Pult, wo ich es mir immer wieder holte. Mit den Ibsens war es zu dumm; er wollte mich durchaus verlegen machen, aber es ist ihm nicht gelungen; ich fragte ihn zuletzt, ob ich es ihm nicht leihen sollte! Leider nun hat er der Klara-Schramm-Clique ein großes Gaudium verursacht, ich hatte nachher mit der ganzen Klasse einen großen Ibsen-Krakeel; sie drangen alle auf mich ein, eine äußerte die geistreiche Ansicht, Ibsen sei wohl mehr etwas für Herren! — Mit der bin ich auf Lebenszeit fertig! Am Dienstag war Natalie zu Tisch bei uns, am selben Abend Cattys Georgfest mit Bruhn. Ich finde es zu schade, wenn Du nicht mit Catty nach Wandsbek gehst, es wäre gewiß so nett, aber allerdings für Deinen Hals sehr unvernünftig. —

Mir ist es sehr langweilig, einen ganzen langen Sonntag ohne Catty herumzuwurzeln, ich denke daran, an meinem Aufsatz zu arbeiten und mittags zu Natalie zu gehen. Könnten wir uns nicht da draußen irgendwie treffen, denk einmal darüber nach. Vielleicht muß ich ja mit dem Greis dann rennen. Übrigens kommt die berühmte Grethe erst nach den Ferien zu uns auf längere Zeit. Zur Konfirmation von Georg[1] kommen sie alle, Vater, Mutter, 3 Töchter, davon die jüngste 8 Jahre alt. Gräßlich. So gern ich sie alle habe, es ist mir ganz gräßlich. Am Freitag vor Palmsonntag kommen sie bis Montag oder Dienstag. Dann bin ich so lange gänzlich gebunden, muß womöglich mit einer zusammen schlafen, und es ist die letzte Woche mit Dir. Ferner kommen in der Woche 2 Kecks auf 3 Tage, aber da ich dann noch Schule habe, werde ich wohl ziemlich frei ausgehen. Mir sagt überhaupt eine Ahnung, daß wir in der letzten Woche nichts mehr voneinander sehen werden, und ich wollte, es wäre erst vorbei. Du wirst ja diesen Wunsch nicht mißverstehen. Können wir diesen Sonnabend nicht wieder zusammen gehen. Du mußt den »Kaiser und Galiläer« später gründlich lesen, er ist so herrlich; — ich habe Dir sogar ein Bild von Ibsen hineingekleistert, Du wunderst Dich doch gewiß, daß ich mit einer Leimflasche umgehen kann.

6. 3. 91 7 Uhr

Ich bin eben, wie die ganze Woche, um 6 aufgestanden, nur ist leider heute kein Sonnenaufgang, der die vorigen Tage besonders malerisch war, schwarze Wolkenbänke und wie ein gelbroter Schein um die Domtürme. Ich bin ganz erfrischt durch die Nacht, ich hatte Rouleaux und die Fenster weit offen, der Wind fuhr herein, und die Lichter von draußen tanzten auf der Wand über meinem Bett, ich wachte häufig auf und es war dann so schön, in die Sturmnacht so direkt hinauszugehen.

Heute vor einem Jahr war der große Lücktag, für mich ist derselbe eine sehr nette Erinnerung, die Begegnung mit dem Fechtclub machte mir den größten Spaß und der 3 stündige Gang mit Catty meist durch knietiefen Schnee, da ich ihn auf dem Fußweg gehen ließ, war auch schön. Erinnerst Du Dich noch an unser Zwiegespräch vor Lück, ich sehe Dich mit einer Zigarre in der Hand hinter uns hersteigen und wie Catty dann immer gegen uns antaumelte und lallte, o neige Du Schmerzensreiche. Ich legte ihn dann nachher auf mein Bett, wo Mama ihn mit Entrüstung fand. Es war doch schön.

---

[1] Der 15jährige Georg Graf zu R., der in Lübeck das Catharineum besuchte und bei Pastor Bernhard in Pension war.

Heut ist nun ein so recht bleigraues Wind- und Regenwetter, wie ich es sehr liebe, es ist so ganz wie Husum und erinnert mich an graue Tage, wo ich morgens um unsere Koppel rannte, Ossian las und regelmäßig Ferdinand Tönnies und Probst Hesselmann begegnete. Vor 2 Jahren fing ich eben wieder an, etwas herumzugehen und kletterte fast jeden Morgen heimlich auf unseren Turm hinauf, um Luft zu schnappen und das Meer zu sehen und war meist in der verzweifelsten Stimmung, in der ein Mensch sein kann.

Nun leb wohl Liebster, erhole Dich nur bald, lege Dich bis Mittwoch zu Bett! Ich habe ganz vergessen, Dir für Deine Zeilen zu danken, wenn Du irgend kannst, laß mich bald wieder einige haben, Catty weiß nie, wie es Dir geht usw.

F.

6. 3. 91

Liebster Emanuel —

Noch ein paar Worte an Dich zur Erholung (nach einem Tee mit Oppenheimer, Nissen und Schulz). Herrgott nein, was ist das für eine Ekelbande, es war kaum zum Aushalten vor Lachen und Widerwärtigkeit, ich habe mich direkt geflüchtet und höre nun nur noch von unten das grause Stimmengewirr. Bei Tisch schrien sie alle aufs greulichste durcheinander, Frl. Nissen und Mama labten sich an Krankheitsgeschichten. Es gibt doch nichts Grauenhafteres, Widersinnigeres und unangenehmer Berührenderes als solche Menschen, vor allem solche Weiber mit ihrem »erbärmlichen Behagen« und schrillem Gelächter. —

Ich bin ganz fertig und in meinen innersten ästhetischen Gefühlen verletzt. Liebster, wir wollen später *niemals* Menschen bei uns haben, es ist zu greulich. Morgen abend Mesmers, 4 Mann hoch, nächsten Sonnabend Diner bei Consul Fehling, bitte denke mit etwas Mitleid an mich.

Daß wir nun Mittwoch nicht bei euch sind, ist zu dumm; ich fürchte, es wird bei uns eine ziemlich öde Geschichte werden. Heute habe ich »Germinal« ausgelesen, es ist einfach großartig, mich hat selten jemand so hingerissen wie Zola, d. h. ich kenne nun ja erst 2 von ihm, aber ich will sie alle nach und nach via Leihbibliothek lesen. Dann habe ich auch »die Früchte der Aufklärung« gelesen. Schwach! Nun will ich »die Frau« von Bebel vornehmen. Ich bin bis jetzt mit allen Repetitionen herrlich durchgerutscht, habe in Botanik sogar geglänzt, ohne ein Wort gelernt zu haben. Bei Lindenberg trug eine vor; irgend jemand hätte die ganze Kirche unter den päpstlichen Stuhl stellen wollen. Ich saß direkt vor ihm und platzte los und bekam einen sehr verweisenden Blick. — Wir hatten nur die eine Stunde, nachher ging ich mit der Brand zu Schindler, wo wir eine krumme Dame beleidigten und anödeten.

Nun ziehen sie ab mit gräßlichem Geschrei und mich überläuft noch einmal ein kalter Schauder. Aber nun gute Nacht »Schlaf wird es besänftigen«.

Wenn ich morgen nicht einige Worte von Dir bekomme, werde ich ganz geknickt. Willst Du nicht, bitte, »Adam Mensch« an Ewers zurückbefördern?

L., 8. 3. 91, 2 Uhr

Liebster —

Ich will den Sonntagnachmittag durch Schreiben an Dich entöden. Die Sonntage sind mir eine leidige Plage, so hasse ich sie von Herzen. Ich fühle mich den ganzen Tag ungemütlich und vor allem entsetzlich hungrig. —

Hab vielen Dank für Deinen gestrigen Brief. Wie es mich freut, daß »Kaiser und Galiläer« Dich begeistert. Ich finde übrigens den ersten Teil großartiger wie den zweiten.

Deinen Gang nach dem Schallbruch hätte ich gern mitgemacht, es gibt mir nichts Schöneres, wie im Sturm zu rennen. Ich wollte, wir könnten einmal zusammen in Husum auf dem Deich gegen den Sturm kämpfen, wenn er so heult, daß man glaubt, durch Gewitterwolken durchzugehen.

Ich bin sehr dafür, daß Du Dich mit Bruno versöhnst, dann tu mir bitte noch den einen Gefallen und befreunde Dich mit Natalie. Es ist eigentlich greulich, daß Du jemand nicht leiden kannst, den ich so gerne habe. Gestern passierte mir etwas sehr Trauriges, worüber ich noch ganz trostlos bin. Ich suchte am Morgen lange nach der Nadel von Dir und fand sie schließlich zertreten am Boden, der Stein in 3 Teile gespalten. Wirklich, ich hätte beinahe geheult über dieses erste süße Geschenk von Dir! Ich habe mir das größte Stück wieder fassen lassen, so ist es doch noch etwas davon.

Ich lege sonst auf Sachen nicht den geringsten Wert, aber was ich von Dir habe ist mir heilig ...

Anna Hagenström ließ mir gestern durch ihre Schwester ein unglaublich scheußliches Conglomerat von selbstgemachten Blumen überreichen, was mich in Verzweiflung versetzte. Nachher raffte ich mich auf, sie mich bis zur Holstenstraße begleiten zu lassen, redete liebreich und jovial mit ihr, forderte sie sogar auf, mich zu besuchen (was Gott verhüten möge), tröstete noch ein heulendes Kind mit schlechtem Zeugnis, indem ich es lehrte, daß man darüber höchstens lachen könnte und kam nach diesen Anstrengungen ganz matt nach Hause.

L., 10. 3. 91

Ich kann mich nicht zum Arbeiten aufraffen, obgleich ich ganze Berge zu tun habe; sämtliche Staaten Norddeutschlands und die Weltgeschichte von den Entdeckungen bis zu Karl V. Wie es werden soll, weiß ich, ich denke ich lasse die Geschichte einfach noch, gewöhnlich komme ich am besten durch, wenn ich nichts gelernt habe. Hab vielen Dank für Deine lieben Zeilen, die mir sehr wohltuend waren. Ich durchlebte unser Abenteuer noch einmal. Weißt Du, es war doch ein Genuß, sich einmal so recht von Angst und Schrecken durchzittern zu lassen, zusammen? Das Schönste war doch, daß wir ihnen gerade entgegenrannten. Der Kirchendiener allerdings, ich muß laut lachen darüber, was er sich wohl gedacht hat. Ich hatte ganz staubbedeckte Knie von dem Kriechen, als ich nach Hause kam. Natalie heute nicht gesehen. —

Gestern abend war es himmlisch gemütlich. Anna[1] saß oben bei Agnes, und ich lag unten auf Papas Sofa und las »Zarathustra«, bis Catty aus dem Theater kam. Dann saßen wir noch eine Stunde zusammen, ich lag und er auf meinen Füßen. Mit Catty allein zu sein, kann so herrlich sein. —

Nun zu den Ereignissen des Tages. Ich traf Käthe Wohlert in der Engelsgrube, wir stiegen in die Leihbibliothek, wo 2 wildfremde Jünglinge saßen, Käthe Wohlert ließ sich ein Buch reichen und wir entwichen, trafen Ewers auf dem Flur, gingen mit ihm

---

[1] Anna Wiechers, eine Cousine von F. R., die im Hause R. zu Besuch weilte.

zur Post, wo plötzlich Buchholz erschien. Die beiden andern waren sehr erstaunt, als ich plötzlich hinausbürstete; B. hat mich nicht gesehen. Dann gingen Käthe und ich zu Schluses, saßen 3/4 Stunden da, erst mit Mutter Schluse, dann Alwine, die mit einem roten Tuch um den offenen Hals ganz wunderschön aussah. Dann zu Ewers, saßen fast eine Stunde da. Ich mag ihn sehr gerne; sein innerer Mensch, soweit man ihn durchfühlt, ist mir sympathisch und seine Augen haben einen reinen Blick. Er hat mir heute »Lieder eines Sünders« von Conradi gegeben, ich habe vorhin etwas drin gelesen und war teilweise hingerissen davon, teilweise angeekelt. Kennst Du sie? Dann habe ich »L'Assommoir« mitgenommen, leider französisch! — Ein Familienkaffee bei Schluses muß furchtbar komisch sein, gewiß wie eine Dynamitversammlung, würde er in der Giftkantine des Alten getrunken. Ich habe den Erz-Schluse leider nicht gesehen, hoffe aber im Laufe der Zeit darauf.

Herrgott, es ist schon 7, ich muß noch dran. Auf morgen! Versprich Dir nur nicht zu viel davon. Ach Du Liebster, es ist so schwer, sich nicht einen Augenblick allein haben zu dürfen.

F.

Sollten wir Schreibbriefe schicken, so laß uns bitte wegen Anna Wiechers in den Grenzen schöner Mäßigung bleiben, sie ist nicht so.

L., 18. 3. 91

Mein süßer, geliebter Emanuel.

Den innigsten Dank für Deinen lieben Brief und den Strauß, der im Wasserglas vor mir steht. Das war sehr lieb von Dir und hat mich sehr erfreut.

Ja, wir müssen uns endlich wieder sehen, wir sehen uns nie mehr in Ruhe. Wir wollen es jetzt ohne Rücksicht auf Dom, Greise etc. so oft wie möglich versuchen, wer weiß was alles in der letzten Woche kommt.

Also laß uns erst einmal festsetzen, morgen um 1/2 oder 3/4 4 im Dom. Der Betreffende wartet bis 4. Mittwoch um 1/2 3 resp. 3 im Dom. Donnerstagmorgen bin ich von 1/2 9 bis 9.50 zu haben. Können wir dann nicht auch dorthin? Freitagmorgen kann ich auch Schule simulieren. Laß uns jede Chance wahrnehmen; Du wirst die letzte Woche mit Deinen 66 Abschiedsbesuchen ja gar nicht abkommen können. Anna Wiechers geht vielleicht Freitag. Hurra!!!

Ich kann es schon gar nicht mehr aushalten, und es ist mir fatal, daß sie einen Schimmer von Cattys und meinem Tun hat. Kann ich am Donnerstagmorgen vor 10 bei euch anrücken, so tu ich das, aber es ist doch wohl zu früh. Es freut mich, daß Dein gestriger Familientag nett war, ich müßte eigentlich auf Dich als stellvertretenden Bräutigam sehr eifersüchtig sein? Gut, daß wir beide das nicht nötig haben und niemals haben werden! — Wenn wir erst als Paar diese Familientage mitmachen, das wird gewiß erhebend sein.

Heute vor 8 Tagen war unsere große M. K. Katastrophe, hast Du dran gedacht? Hab auch noch Dank für »Nanas« Zusendung, ich habe gestern schon 100 Seiten gelesen, müßte aber erst eigentlich »L'Assommoir« auslesen, da dies die Fortsetzung davon ist. Wie lange kann ich es behalten? Ich habe mich sehr gefreut, daß Du es mir gegeben hast — Zola imponiert mir sehr. Wie ich ihn auffasse, kann ich Dir am besten per »Zarathustra« ausdrücken.

                                        19. 3. 91   3 Uhr nachts

Ich sitze hier nun und feiere das Gedächtnis jener 18. Märznacht, die ich aufsitzend, Kunstgeschichte lernend verwarte. — Vorhin war ich im Theater, ich hatte eigentlich absolut keine Zeit, ging aber doch schließlich hin, weil ich das Gefühl eines heftigen Bedürfnisses nach irgend einem Reiz hatte, und doch nicht viel gearbeitet hätte. »Die zärtlichen Verwandten«[1] waren ziemlich stupide und die »Puppenfee« zum 2. Mal war auch eine Art Geduldsprobe, d. h. das Sehen, die Musik ist sehr nett und leicht. Zu meiner Freude saß Zimmermann neben mir, ich glaube, Annie Mesmer war sehr beleidigt, daß ich mich eifrig mit ihm und gar nicht mit ihr unterhielt.

Bis eben habe ich meinen ganzen Aufsatz gearbeitet, 9 Seiten wilden Geschmiers; es ist doch eine Wonne, einmal so mit Anstrengung zu arbeiten — ich kann Deinen Vortrags- wie soll ich's nennen — Eifer oder so etwas ähnliches vollkommen mitfühlen —

---

[1] »Die zärtlichen Verwandten« — Lustspiel von Roderich Benedix (1811—1873).

ist's nun nicht zu niederträchtig, daß ich nicht Latein und Dein Werk nicht mitgenießen kann. Wahrhaftig, ich will's noch lernen! Da habe ich noch gar nicht für Deinen Brief gedankt, Du Liebster. —

Wir wollen uns immer schreiben, was wir arbeiten oder lernen, das hat doch immer etwas Erhebendes, Weiterbringendes. —

Ich hatte, um heute abend wach zu bleiben, unsere Köchin bestochen, mir Kaffee herzustellen und war tief gerührt, wie ich eine ganze Kanne voll und zwei ungeheure Fetzen Kandiszucker vorfand. Es hat mich herrlich wach gemacht.

Morgen früh komme ich dann zu euch. Leider geht die Manhardexpedition morgen nicht, da erstens Catty nach Niendorf geht, zweitens Anne Wiechers' letzter Tag (Hurra!) ist. Also lasse ich mich feierlich von Natalie zu Freitag einladen. Da fällt mir ein, daß Freitag die Kneipe ist, also wieder nichts damit! —

Aber nun will ich doch noch zu Bett krabbeln. Schlaf wohl, Du Süßer, wie ich mich nach Deinen Augen und nach Deinen Armen sehne —

[L., Ende März 91]

Eben erfuhr ich, daß Du hier gewesen seist. — So sehen wir uns also nicht mehr allein, was ich noch immer gehofft hatte. Es wäre für uns beide gut gewesen, hätten wir noch einmal ohne Zeugen Abschied nehmen können.

Aber ich bin so fest wie noch nie entschlossen, mich zu beherrschen, und so wirst Du denn kein Wort der Klage von mir vernehmen.

Wir wollen mit dem, was nun einmal sein muß, rechnen, nicht mit dem, was gewesen ist und womit wir denn nun abschließen müssen. Ist nicht die Hauptsumme dieses Jahres Glück und Liebe gewesen und das bleibt uns ja und außerdem Arbeit füreinander und an uns.

Ich kann Dir diesmal nicht viel schreiben, aber Du läßt es mich nicht entgelten und schreibst mir diese Woche recht oft, sonst möchte es mir doch recht schwerfallen, den Kopf oben zu behalten. Bis Sonnabend soll ich die Augen noch ganz ausruhen; dann habe ich noch 2 freie Tage, die ich ganz Dir widmen kann.

Für Deinen neulichen Brief, den ich sehr gut habe lesen können, danke ich Dir noch sehr. Käthe Wohlert sieht Mittwoch, Donnerstag rasch für mich auf der Post nach, laß bitte die Adresse von Catty schreiben. Ich werde Dir inzwischen auch, wenn meine Augen es erlauben, ein paar Zeilen kritzeln. Schreiben, obgleich ich möglichst wenig drauf hinsehe, strengt viel mehr an wie lesen. So leb denn wohl, mein Emanuel, mein Geliebter. Laß nur unsere Gedanken immer beieinander sein, dann gibt es keine Trennung für uns. Leb wohl, Dein jetzt und für immer.

F.

L., 1. 4. 91

L. E.

Käthe Wohlert mir vorhin Deinen Brief abgeholt. Tausend Dank. Augen noch nicht gut. Schreibe ausführlich am Sonntag.

Daß ihr den 1. Tag in bacchantischem Taumel zugebracht, finde ich sehr vernünftig, ich hätte es auch gerne getan.

Gestern mit Schluse und Natalie in den Altdeutschen Weinstuben, von wo unsere Karte an euch. Gleich zur Kaisersimpelei zu euch. — Habt ihr Bruhn gesehen?

Morgen kommt Marianne Witzleben, Sonntag Grethe. Verzeih, ich bin ganz blödsinnig, es ist 1 Uhr mittags.

Bitte schreib mir noch einmal zu Sonnabend, sehe dann nach, fange, sowie ich bei Birnbaum gewesen bin (Augen), Brief an Dich an. Leb wohl.

F.

L., 4. 4. 91, 8 Uhr

Endlich! Du glaubst gar nicht, mein geliebter, lieber Emanuel, wie ich diesen Augenblick herbeigesehnt habe, wo ich an Dich schreiben kann. Ich bin freilich heute abend sehr müde, da ich seit 1 auf dem Trab bin. Zuerst will ich Dir noch einmal für Deinen neulichen Brief und für die gestern erhaltene Karte danken. Ihr scheint euch da noch in einer etwas unbehaglichen Stimmung zu befinden, ich wollte ich könnte Dir dieselbe erleichtern. Daß Du Lucie begeisternd findest und was Catty über sie schreibt, freut mich von Herzen. Daß sie den Wurm schon so lange hat und die Geschichte gut durchgemacht, trotz ihrer schwachen Gesundheit, ist auch sehr erfreulich, überhaupt ist es

wohltuend, einen Menschen, den man nur immer hat leiden
sehen, glücklich zu wissen.

Ich habe Dir ganz maßlos viel zu schreiben. Von mir kann ich
Dir nur Gutes sagen, ist das nicht nett? Diese 2 wöchentliche
gänzliche Ruhe von jeder geistigen Beschäftigung mit endlosem
Schlafen und vieler Bewegung hat mir körperlich maßlos wohlgetan. Die erste Woche war ich ganz toll vor Nervosität, die ich
lange mühsam zurückgedrängt hatte, natürlich die üblichen
Selbstmordgedanken etc. Nun aber bin ich ein anderer Mensch.
Siehst Du ich habe in den langen Stunden, wo ich nichts tun
konnte, über alles nachgedacht und schließlich wurde mir klar,
daß ich dieses historische halbe Jahr hindurch entsetzlich kindisch
und dumm gewesen bin und daß es endlich einmal an der Zeit
ist, dem abzusagen und sich zusammenzunehmen. Jetzt ist es
aber nicht Redensart, ich habe jetzt sehr guten Mut für die
nächste und die fernere Zukunft, und Du brauchst Dir keinerlei
Sorgen um mich zu machen, mein alter, süßer Manu. Ich will Dir
nun eine getreue Beschreibung von meinem Treiben während
dieser Woche machen.

Von der Kneipe in Adlershorst hat Catty Dir gewiß erzählt, es
war zu jammervoll, daß Du schon fort warst, als wir ankamen.
Ich war infolge dieses Verfehlens erst nicht sehr zur Lustigkeit
gestimmt, aber schließlich wurde es doch sehr nett. Bis wir uns
mit Ludwig gefunden hatten, das blödsinnigste Hin- und Her-
rennen, was Du Dir vorstellen kannst, ich mit Schluses in der
König-, Catty in der Breitenstraße etc. In Adlershorst haben
wir 1½ Stunde mit Bier, Grog und Albernheit gesessen und zer-
streuten uns auf dem Rückweg wieder alle. Ich ging mit Schluse
zurück, der mich fast ganz nach Hause brachte. Catty und Ludwig kamen alle nacheinander wieder an. Das war am Freitag,
Sonnabend waren wir ja bei euch, ich freute mich sehr. Deine
Bude noch einmal zu sehen, wären wir nur alleine dort gewesen.
Sonntag waren wir noch einmal zusammen bei Schluses. Abends
hatte ich eine lange, mir teilweise etwas peinliche Unterredung
mit Ludwig. Er drang in mich, ihm zu versprechen, alles Heim-
liche, allen Verkehr aufzugeben und ihm *alles* zu sagen. Es
wurde mir furchtbar schwer, ihm Widerstand zu leisten, denn
er war so dringend und dabei so wirklich liebevoll, daß ich dicht

daran war, ihm von Dir zu sagen; ich fühlte es, daß ich ihm weh tat und daß er das Gefühl hatte, daß ich seine Hilfe zurückstieße, aber es war doch besser. Ich habe ihm schließlich gesagt, ich könne ihm nicht alles anvertrauen, weil es allein *meine* Sache sei. Liebster, es ist Dir doch nicht unrecht, daß ich ihm so viel gesagt habe; ich konnte ihm nichts vorlügen, wir trennten uns schließlich so bewegt, daß wir beide kaum sprechen konnten. Ludwig versprach mir noch einmal, mir immer helfen zu wollen, ich sollte mich nur ihm, wenn es so weit sei, anvertrauen und an ihn halten. — Nun zu anderem, ich werde wieder furchtbar weitläufig und Du sollst doch so bald wie möglich dieses Schreiben erhalten.

Sonntag, den 5. 4. 91

Beim Abschied von Catty war es mir ein sehr wohltuendes Gefühl, daß unser altes Verhältnis, welches als Kinder zwischen uns bestand und nachher einige Jahre gestört war, so ganz und noch viel inniger wiederhergestellt ist. Wie entsetzlich ich meinen Catty entbehre, sage ich keinem Menschen, das kann auch niemand außer euch verstehen, aber ich könnte alle totschlagen, die mir sagen »aber Sie haben ja noch Ihre Schwester«. Ich freue mich nur darauf, daß diese im Mai nach Preetz geht.

Es wäre so schön gewesen, wenn wir uns noch am Bahnhof gesehen hätten; aber der Greis schickte mich vor dem Tunnel zurück, und ich wollte keine weiteren Worte darüber verlieren und ging im tollsten Schneegestöber langsam nach Hause. Es war mir zu Mut, als ob ich es nicht aushalten könnte und ich hatte nur den einen wilden Wunsch, hinzustürzen um Dich noch einmal zu sehen und dann weit fort. Ich ging gleich auf unseren Boden hinauf, um allein zu sein bis ich euren Zug pfeifen hörte. Dann hinunter und es folgte einer jener *schrecklichen* Rührszenen mit dem Greis, die damit schloß, daß wir in Frieden leben wollten. Nachher war ich den ganzen Tag glücklicherweise alleine und kämpfte mit aller Macht gegen alle sehnsüchtigen Gefühle an. Und das hilft.

Am Abend kam Bruhn nach dem Tee, was einigermaßen anregend war. Beim Zubettgehen warf ich meine Lampe hin und entzwei, da ich sie aus Versehen in die linke Hand nahm — was den nächsten Tag großen Jammer erregte.

Am Dienstag zu Manhards; auf dem Rückweg nach Verabredung Schluse getroffen, mit ihm und Natalie in die Altdeutsche Weinstube, es war sehr nett. Mittwoch die Kaiserei, es war eigentlich gräßlich schwach und mit sehr vielem Jammer gewürzt, aber es ging doch ungefähr ein Tag damit hin. Um 12 erschien Käthe Wohlert mit Deinem Brief. Um 2 fuhren wir zu euch, wo eine Versammlung teilweise schrecklicher Weiber war. Ich saß in dem 2. Fenster vor dem Zimmer neben dem Wohnzimmer mit 2 Reuters. Clara Herrmann gefällt mir *sehr*. Am Kaiser war nicht viel zu sehen, dann ca. 6 Wagen mit lächerlichen Generälen und bunten Jacken und affenartigen Kopfbedeckungen. Zuletzt Graf Götzen und Budla. Ersterer und ich grinsten uns sogar auf diese Entfernung furchtbar an. Budla bezog es auf sich und grüßte mit rasender Verbindlichkeit hinauf. Ich glaube, das Volk, das vorschrie und nachulkte, war sehr erstaunt über diesen Gefühlsaustausch aus der 2. Etage. Zuletzt kamen 2 Polizisten nachgeritten, die mit »Hoch« begrüßt wurden, was sehr komisch war.

Dein Vater und Brehmer kamen sehr angekaisert und begeistert an. Ersterer kam zu mir und sagte: »Wir beide wissen wohl, was uns fehlt, Ihnen fehlt Ihr Bruder und mir mein Emanuel«. Nachher kam er noch einmal mit einem Glas und wir stießen auf unsere beiden Studenten an.

Dann kam noch das Lesen mit Deiner Mutter zur Sprache. Mama war so unglaublich, zu sagen, ich hätte die nächste Zeit eine Cousine, die könnte ich wohl mitbringen; natürlich Deine Mutter außer sich. Ich rannte noch einmal unter irgend einem Vorwand ihr nach und beruhigte sie darüber, sie könne ganz sicher sein, daß die Cousine zu Hause bliebe und wir machten ab, daß ich Freitag zum Kaffee käme. Zu Hause angelangt großes Elend. Mama wütend, ich sehr kühl geblieben, schwang eine große Rede, daß Mama es ja nie gewollt hätte, daß andere Menschen nett gegen mich seien etc. Sie war furchtbar wütend und erklärte, ich könne tun was ich wolle. »Also gehe ich Freitag hin« — damit ist der Fall jetzt erledigt und ich bin fein heraus.

Abends fuhren wir noch durch die Stadt, um die Illumination anzusehen; begegneten Schluse im Gedränge und wir zwei nickten uns sehr zu. Mama sah es, schwieg aber.

Donnerstag ging ich allein aus, Besorgungen und zu Schluses.

Nachmittags Marianne Witzleben. Freitag zu euch; erst auf der Post, fand Deine Karte vor, las sie bei Schorers vor dem Spiegel. Bei euch war es sehr nett. Mir ist, kurz gesagt, Deine Familie sehr sympathisch, Deine Mutter ist entzückend gegen mich. Erst saß ich mit ihr in der Bibliothek, dann kamen Lindenbergs und ich saß erst mit Anne Stührmann, dann mit Deinem Vater in der Bibliothek. Wir sprachen über euch, mir scheint, er hat eine sehr vernünftige Auffassung von Catty; von Dir hätte er so unendlich viel gehabt, hätte mit Dir über alles sprechen können etc., erzählte mir dann Anne Stührmanns Lebensgeschichte und bat mich, gegen sie doch recht nett zu sein.

Dann tranken wir Kaffee, Deine Geschwister sind zu nett, d. h. Ferdinand finde ich so aufs erste nicht sehr anziehend, er sagte auch kein Wort, aber die andern gefallen mir immer mehr, Ada und Jürgen lachten mich ununterbrochen über den Tisch an. Mariechen ist das erste kleine Kind, was ich nett finde, mir sind solche sonst immer schrecklich, aber von Deiner kleinen Schwester, die Du so sehr liebst, bin ich natürlich entzückt.

Nachher traf ich Schluse am Heiligen Geist und ging mit ihm Alte Fähre und unten längs. Er hatte für mich eure Schoppen von der Lüdemann geholt; nur wußten wir nicht, wie wir sie hinbekommen sollten. Schließlich wurde es so gemacht. Schluse erschien am Abend um 8 1/4 in der Meierstraße und bellte; ich kam hinunter, wir banden das Paket mit den Seideln an ein eigens zu diesem Zweck heruntergelassenes Tau, reichten uns danach durch das Gesträuch die Hand und ich zog, oben angelangt, die Dinger am Tau hinauf. Stelle Dir einmal vor, das Tau wäre gerissen, das Glas zerbrechend vors Wohnstubenfenster gefallen, die Familie herausgestürzt, ich mit einem langen Tau oben im Fenster, Schluse unten! Wir malten uns das nachher sehr schön aus. Nun stehen die Seidel auf meinem Bücherbord und ich werde oft mit Rührung aus Deinem trinken. Euer Verbindungszimmer habe ich auch neulich, wie Catty und ich Deine Rechnung bezahlten, gesehen.

Gestern ging ich wieder zu Manhards, traf Schluse um 1/2 3, saßen eine Stunde sehr gemütlich zusammen in der Altdeutschen, woher unsere Karte; gingen unten herum, ich zu Manhards. Schluse betete so lange am Grabe seiner Großmutter, trafen uns bei der Pferdebahn, stiegen in dieselbe. Unterwegs stieg natürlich der alte Bruhn ein, mit dem ich mich eifrig unterhielt und der nichts merkte, stiegen dann nacheinander unauffällig aus, trafen uns beim Tivoli wieder, gingen unten herum bis zu Dettmann, bestellten meine Brille, ich zur Post, gingen dann noch durch die Braunstraße und bis zum Bahnhof. Ich habe Schluse, wie Du siehst, fast täglich und meist alleine gesehen und mich *sehr* mit ihm befreundet. Der Verkehr mit ihm ist mir sehr viel gewesen, und ohne denselben hätte ich diese Woche nicht so gut überlebt, da ich weder lesen noch sonst etwas tun konnte. Daß er so zugänglich wäre, hätte ich nie gedacht, er ist einfach ein herrlicher Mensch und ich bin über diese Errungenschaft eines guten Freundes sehr glücklich. Ich schenkte ihm aus Albernheit eine alte Bibel von mir, die ich aus Langeweile abgepelzt hatte mit folgender Inschrift: »Ferdinand Schluse gewidmet vom Verfasser« — ist der Verfasser nicht ein feiner Witz?

Als Gegengeschenk überreichte er mir am Dienstag ein Algebrabuch, was mich sehr freute. Ich hatte mit ihm darüber gesprochen, daß ich gerne Mathematik lernen wollte. Es ist dies eins zum Selbstunterricht und ich will mich nun, wenn ich Zeit habe, darüber hermachen. Er wollte mich eigentlich noch fechten lehren, aber dazu kommt es wohl nicht mehr —.

Ich wohne jetzt in Cattys Stube, habe die andere sehr ungerne aufgegeben, sie ist so viel netter und das Fenster *unser* Fenster, das freilich jetzt nur noch den Wert der Erinnerung hätte. Diese Stube ist einfach fatal, da sie als Durchgang zu Agnes ihrer dient, dienen muß, denn die andere Tür ist durch einen Schrank versperrt. Alle 5 Minuten rennt Agnes mit schrecklichem Gelächter und Gebelfer durch, dann von $1/2$ 7 an die Besen mit Wasser, Stiefeln etc. Dann ist es auch Passage zur Anziehstube der jungen Leute. Jede Behaglichkeit des lange im Bett Liegens ist gestört, denn es nervost einen jedes Mal, entweder Unterhaltung mit Miene zu machen, oder sich schlafend zu stellen. Ich habe die Stube ganz anders eingerichtet. Es ist nach allen Seiten greulich hellhörig, auf der einen hört man beständig den Greis gurgeln, auf der andern Agnes sich die Zähne bürsten etc.

Der Fall Timpe hat noch ein Nachspiel gehabt. Der Greis schickte ihm die 10 Mark noch einmal mit Postanweisung und

schickte ihm seinen darauf erfolgenden Brief uneröffnet zurück.
Ich habe versprochen, es Catty nicht zu erzählen, überlasse es
Dir, ob Du es tun willst.

abends 8

Grethe ist eben angekommen, ich muß hinunter —
Lebe wohl für diesmal Liebster.

Nicht wahr, Du schreibst mir zum Freitag, damit ich, wenn es
sich verspätet, es noch am Sonnabend abholen kann. Bitte, recht
ausführlich von *Dir*. Tausend Küsse

F.

L., 11. 4. 91

Geliebter Emanuel.

Laß mich Dir zuerst für Deinen heute morgen erhaltenen Brief
danken. Du bist ja schon ganz »Militärsoldat«. Es freut mich
sehr, daß es Dir, wie aus dem, was Du schreibst, hervorgeht, gut
zu bekommen scheint, wenigstens gesundheitlich. Dein Bild finde
ich nicht sehr gut, jedoch freut es mich, es zu haben.

im Bett

Vor allem muß ich Dir nun etwas mitteilen. Ich habe **Schluse**
unser Verhältnis mitgeteilt. Es würde mich sehr schmerzen, wenn
es Dich unangenehm berührte, das weißt Du. Aber Du darfst es
nicht als Indiskretion von mir auffassen, ich habe es nicht aus
dem Bedürfnis getan, mein Geheimnis mit jemandem zu teilen,
mich auszusprechen (das wäre eine Indiskretion), sondern weil
es mir unmöglich war, Schluse etwas vorzulügen, direkt oder
indirekt. Ich habe die ganze Woche darüber nachgedacht und
ihm heute Bescheid gesagt.

Siehst Du Emanuel, und ich baue fest darauf, daß Du mich hierin
verstehst; ich habe in ihm einen Menschen gefunden, der mir
sehr viel ist, eine Brücke zum Nietzsche-Menschen, kurz einen
Freund, und fühlte deshalb die moralische Notwendigkeit, reine,
klare, wahre Beziehungen zwischen uns herzustellen, und dazu
war dies erforderlich.

Siehst Du, wenn ich mich in Deine Seele hineinversetze, so
glaube ich, daß Du es zuerst sehr dumm findest und dann doch
findest, daß es gut ist, daß ich hier jemand habe, an dem ich
etwas habe.

Wir gehen jetzt jeden Morgen von der Schule zusammen, die um
7.40 anfängt, treffen uns an der Trave, gehen dann Alte Fähre,
beim Tivoli herunter und unten herum. Nach der Schule gehe
ich auch regelmäßig bei Schluses vor. Freitag hatte ich die 2
ersten Stunden frei, erst machten wir unsern gewohnten Morgengang, frühstückten dann in der Schlusenhöhle und rannten dann
links vom Hüxtertor an die innere Wakenitz, wo es am Wasser
ganz himmlisch war; ganz als ob man an der See wäre, starker
Wind, das Wasser tiefblau und bewegt, darüber Möwen, mir
wurde ganz Husum-sehnsüchtig zu Mute. Wasser hat eine so
unmäßige Anziehungskraft für mich, wenn ich am Meer wohnte,
wäre ich ein anderer Mensch. Gestern sind wir am Hafen längs
gegangen, bis zu dem Berg am Burgfeld, dann stürzte ich zu
Natalie und wieder mit Schluse zurück.

Natalie geht jetzt wieder nach Kiel zu Neuber, da ihre Hand
in einem fürchterlichen Zustande ist. Ich habe sie doch zu gerne
und bin jedes Mal ganz verliebt in sie, wenn ich sie sehe.

Im Seminar ist es ziemlich öde, eine greuliche Ansammlung von
Neuen, die entweder Lichter sind oder Idioten. Eine sehr hübsche
kleine Jüdin namens Mühsam[1] ist darunter. Käthe Wohlert ist,
mäßig genossen, sehr nett, wir literatursimpeln eifrig zusammen,
und sie erkundigt sich sehr oft und teilnehmend nach euch.

Gelesen habe ich nicht sehr viel. »Nana« finde ich weniger gut
wie die anderen und doch sehr vieles Großes. Warum Du mir das
erst nicht geben wolltest, begreife ich absolut nicht, ich bin ja
doch schließlich kein Kind mehr. —

»Was sollen wir also tun« ist etwas langweilig, in dem »Wandel
im Licht« ist manches über die Ehe sehr schön. Die Stellen, die
Du angestrichen hast, waren mir auch sehr sympathisch. Dann
habe ich noch »Vor Sonnenaufgang« von Gerhart Hauptmann
gelesen und »Das Friedensfest« von demselben angefangen. Das
erste ist teilweise sehr kraftvoll und etwas Ibsen-artig, aber ziem-

---

[1] Die Schwester des revolutionären Lyrikers, Dramatikers und Essayi-
sten Erich Mühsam (1878—1934). Vater: Siegfried M., Apotheker in
Lübeck.

lich undurchgebildet. Richters Broschüre über Sozialdemokratie ist die reine Wassersuppe; hast Du sie gelesen?

Dies Jahr wirst Du wohl kaum zu irgend etwas derartigem kommen. Laßt euch doch einmal in Kommißdress für mich photographieren. Eure Freundschaft mit Volkmann ist ja sehr nett. Übrigens wie findest Du Kitty; ich habe mich in Scharstorff sehr mit ihm angebiedert, mag ihn sehr gern, er ist durchaus gesund, Christian Reventlow, genannt »Tische«, ist, wie Du weißt, auch mein ganz besonderer Freund.

Ich bin augenblicklich sehr schlecht aufgelegt, der Frühling sitzt mir in allen Gliedern und ich habe so ein müdes, schwerfälliges Gefühl, das mich faul und unfähig macht, mit dem Kopf zu arbeiten; und schließlich jeden Morgen heftiges Bauchweh, aber es wird schon vorübergehen.

Hast Du am 10. an unser einjähriges Korrespondenzjubiläum gedacht? Gestern vor 2 Jahren zogen wir aus Husum aus. Die Jahre rennen wirklich nur so. Weißt Du, ich hätte nie gedacht, daß ich so nüchtern über unsere Trennung hinwegkäme, aber ich habe jetzt überhaupt alle Sentimentalität etc. mit Gewalt abgeschüttelt. Ich hätte das schon eher tun sollen, aber es war so schön, sich noch einmal so recht darin gehen zu lassen, und dieses Jahr ist doch trotz allem sehr reich an Schönheit gewesen. Überhaupt betrachte ich jetzt alles von dem Gesichtspunkt, den Du mich gelehrt hast, nämlich alles Schwere, Unangenehme, Trennende als Durchgangsstufen zu betrachten.

L., 20. 4. 91

Liebster.

Heut Deinen Brief erhalten — es stand sehr wenig darin, und ich bin eigentlich sehr unzufrieden mit meinem dicken freiwilligen Emanuel. Also in Zukunft am Dienstag, auf den Tag kommt es mir nicht an und daß ich am Sonntag mehr Zeit zum Schreiben habe, ist ebenfalls Illusion. Auch für Deinen Mittwoch gefundenen Zettel vielen Dank. Du scheinst mich aber nicht ganz verstanden zu haben, bitte tu das doch. Nach einem *Mitwisser* sehne ich mich absolut nicht — ganz im Gegenteil — ich fühle mich noch durch — ich weiß nicht, wir wollen es einmal eine innere Stimme nennen, unwiderstehlich getrieben, Schluse gegenüber wahr zu sein. Wir haben gar nicht weiter darüber gesprochen. *Verständnis* setze ich weder voraus, noch sehne ich mich danach von irgend jemand. Wenn Du und ich uns verstehen, so genügt es ja. Aber der Verkehr mit Schluse ist mir sehr viel und Du glaubst gar nicht, wie sehr er in dieser Zeit dazu gedient hat mich aufzuraffen. — Ich fühle jetzt überhaupt viel mehr Energie, seit Du fort bist und werde dieses Jahr schon durchhalten. Schluse geht Mittwoch fort, ich werde ihn sehr entbehren.

Es ist übrigens möglich, daß es nächstes Mal zu einer unliebsamen Katastrophe kommt. Der Greis hat mir vorgestern auseinandergesetzt, wenn ich mich nicht änderte, er mich fortschicken würde zu Verwandten etc. Daß ich das nicht tun würde, kannst Du Dir denken. Ich würde, wenn man mich zwingen will, direkt zu Mieze Gutschow gehen. (Übrigens woraus schließt Catty, daß Grethe total rapplig wäre?) Mittwoch war ich wieder zum Kaffee bei euch, wo Deine Mutter mir nach demselben alle Briefe von Dir an sie und Deine Geschwister vorlas. So hörte ich doch einmal etwas mehr von Dir. An Dein Bild habe ich mich etwas gewöhnt, finde aber das andere viel besser.

Von Deinen Brüdern finde ich Walter ganz besonders nett, Wolfgang sah mit einer Brille sehr komisch aus. Weißt Du eigentlich, daß ich jetzt immer mit einer Brille herumsteige, d. h. nur zum Schreiben und Lesen. Von Käthe Wohlerts Bruder habe ich jetzt Schopenhauer erlangt, wir wollen nächstens eine Zusammenkunft in der M. K. halten.

Ich spreche jetzt zu Hause kein Wort, was mir sehr krumm genommen wird, aber es ist mir effektiv unmöglich; mir ist ungefähr zu Mut wie einer Katze, die gegen die Haare gestreichelt wird. Bei dem Gedanken, nur noch 1 Jahr, könnte ich brüllen und schreien vor Freude und Freiheitsgefühl.

Es ist ja eigentlich ein schäbiger Gedanke, aber ich bin im Grunde fast überzeugt, daß der alte Platen mir pekuniär helfen wird, meinen Wunsch zu verwirklichen. Und ich *weiß*, daß ich in der Kunst Ruhe und das was mir fehlt finde, das wird mir immer klarer, ist es freilich eigentlich schon immer gewesen.

Willst Du mir nicht übrigens gelegentlich einmal meine Gedichte zurückstellen, die Du noch immer hast.

Die Quintessenz des Sozialismus von Sch. ist etwas versimpelt, aber teilweise ganz belehrend, Richters Irrlehren die reine Wassersuppe, die Gegenschrift davon von Kurt Falk teilweise ganz nett. Nun will ich Bebels »Frau« gründlich lesen. —

Ich wollte nur, Grethe wäre erst über alle Berge, es elendet mich namenlos, immer so einen Schatten zu haben.

Daß Du Ulrich meinem Chrischen vorziehst, wundert mich sehr. Ersterer ist doch sehr Fatzke und in seinen Ansichten ziemlich borniert, liebenswürdig ist er allerdings, aber mir ist der ganze Schlag nicht sympathisch.

Deine Mutter war vorgestern hier. Sie hatte zufällig vom Fall Timpe gehört, der nun noch einmal durchgehechelt wurde. Dein Vater hatte es als ihm anvertraut verschwiegen, weißt Du, so etwas — wenn es auch eine Kleinigkeit ist — finde ich vollkommen unverständlich.

Heute waren wir alle im Dom, da Goos den Memling besehen wollte, es war eine gräßliche Simpelei, außerdem kann ich mich mit bestem Willen nicht übermäßig für den alten Knochen begeistern. Es war ein sonderbares Gefühl, unsern Dom so zu betreten. —

Mittwoch oder Freitag werde ich mal zu dem kleinen Ewers hinsteigen und ihm Conradis »Lieder eines Sünders« wiederbringen. —

Übrigens habe ich noch das »Friedensfest« von Gerhart Hauptmann und den »Vater« von August Strindberg gelesen. —

Käthe Wohlert hat einen ganzen Jahrgang der Freien Bühne, worin auch die »Bestie im Menschen« enthalten ist. Ich freue mich sehr auf diesen Genuß. —

Verzeih, wenn ich schon aufhöre und Dir diesmal Gleiches mit Gleichem vergelte und nur kurz und flüchtig schreibe, ich habe zu morgen Berge zu tun und nur noch eine Stunde Zeit.

Lebe wohl und sei 1000mal geküßt von

D. F.

L., 2. 5. 91

Liebster E.

Ich bin seit Dienstag jeden Tag zur Post gestürzt, aber noch immer nichts von Dir, so gebe ich denn heute die Hoffnung auf, will Dir aber doch nicht Gleiches mit Gleichem vergelten.

Ich habe gestern einen furchtbaren Reinfall zustande gebracht und sitze nun morgens um ½ 7 hier bei schönstem Frühlingswetter mit dumpfem Jammer, um Dir zu beichten.

Also, wie Du wohl von Catty gehört hast, war gestern Mienes Jubiläum. Sie hatten sich ca. 10 Leute eingeladen, einer eine Harmonika mitgebracht und tanzten nach dem Fraß. Ich hatte bis ½ 11 gearbeitet, war dann unten, wo auch Pastor Bernhard war, sagte Gute Nacht und verschwand, ging aber nicht zu Bett, sondern in die Küche und tanzte mit Juchhe mit. Es war eigentlich brillant, in unserer ziemlich engen Küche mit lauter »schlichten Handwerkern« und deren Gattinnen. Alles sang und johlte beim Tanzen, es wurde mächtig Punsch getrunken, Hochs ausgebracht etc. Als das Tanzen zu Ende war, wollte ich ab, aber sie baten mich dazubleiben. Nun wurde noch gesungen, unsere Köchin deklamierte, Miene dito. Du glaubst gar nicht, wie famos die ganze Orgie war. Da auf einmal erscheint Papa in der Küche — dies war nebenan — und ruft »Fanny«. Weiß Gott wie er es gemerkt hat, ich kriege einen elementaren Schrecken, krieche unter den Tisch, muß aber heraus und mit ihm ab. Stelle Dir das vor, es war einfach erschütternd; er fragte mich ca. 5 mal, ob ich verrückt sei, worauf ich laut und kräftig »Nein« sagte; ob ich betrunken sei, »Nein«! Was ich mir gedacht hätte? Ich wußte es wirklich nicht, ich hatte nur eine Heidenangst gehabt. Es war 12½ Uhr alles zu Bett, folgte eine ½ stündige *gräßliche* Unterredung mit Papa.

Ich war übrigens ziemlich angeheitert und konnte mich absolut nicht besinnen, wo und wer ich und was da los sei. Ich weiß nur noch so ungefähr, daß ich ihn anflehte, mich nicht fortzuschicken, indirekt indem ich behauptete, sie würden mich nun ja fortschicken, ich brauchte nun nicht weiter zu reden. Papa setzte mir auseinander, daß ich mich und ihn »blamiert« hätte und immer blamieren würde, selbst dabei zugrunde gehen etc.; dann wie die Stellung eines jungen Mädchen in unserem Hause wäre — Agnes als Ideal von angenehmer Stellung aufgestellt — daß ich niemals eine andere erlangen würde, er mich *niemals* gehen lassen würde etc., etc.

d. 3. 5. 91
Zuletzt ziemliche Rührung — wäre ich nur ganz klar bei Be-

sinnung gewesen, so wäre ich erstens nicht unter den Tisch ge-
krochen, was wirklich eine unsagbare Dummheit war, und hätte
mich ferner überhaupt nicht auf die Unterredung eingelassen.
Viel habe ich nicht gesagt, aber doch einigen Blödsinn von unerträglicher Freiheitsbeschränkung, was mir gestern, als am folgenden Tag mit Schrecken wieder einfiel. Ich wußte an dem
Unglücksabend überhaupt nicht, was ich sagte. Papas Rede ver-
ursachte mir so ein Gefühl, als ob um mich geschmiedete eiserne
Reifen fester angezogen würden.

Das Schlimmste ist, daß er sich jetzt überhaupt meiner »annehmen« will; ein solches Verhältnis ist eben ganz unmöglich
wegen allem, was zwischen mir und den Eltern liegt und jeder
Versuch, ein solches herzustellen, eine unerträgliche Quälerei für
beide Parteien. Freue Dich, Emanuel, daß Du so etwas nicht
durchzumachen hast, es ist furchtbar, zerreißend und aufreibend
und ich könnte bei dem Gedanken, was noch alles kommt, kommen muß, fast mutlos werden. — Ich habe diese Woche in ziemlicher Misere zugebracht, sonst hätte ich Dir auch eher geschrieben, aber ich war ganz stumpfsinnig. — Mir kommt vor, als ob
ich Dir ewig lange nicht ordentlich geschrieben hätte und Du
mir ebenfalls nicht. Ach Emanuel, laß uns das nicht anfangen, ich
kann Dir nicht sagen, wie es mir fehlt, wenn Du nicht schreibst,
es kommt mir dann so zwecklos vor, Dir alles vorzureden, wenn
ich keine Antwort darauf bekomme, kein Eingehen von Deiner
Seite.

Nun will ich erst mal alle Erlebnisse nachholen, unter denen
sich freilich nichts Hervorragendes befindet. Seit Schluse fort ist,
fühle ich mich gänzlich verödet und entbehre ihn sehr. Am letzten Morgen sind wir zusammen auf der Wakenitz gerudert, das
war sehr, sehr schön. Wir wollen regelmäßig korrespondieren;
er hat mir zweimal geschrieben und sein Bild geschickt; ich habe
ihm zwei von Catty und mir gegeben und, weil er gern eines
von mir allein haben wollte, eins von dem Preetzer, was nur Du
und Catty haben, machen lassen.

Ewers habe ich zweimal besucht, hat er Dir von seiner Stellungs-
veränderung geschrieben? Dann einmal morgens bei Grethe
Gutschow, die noch im Bett lag, eine Stunde bei ihr gewuzelt.

d. 5. 5. 91
Heute wieder nichts von Dir, es ist mir einigermaßen unbegreiflich, aber Du wirst ja schon irgend einen Grund haben — ich bin
jeden Tag seit 8 Tagen in der Post gewesen.

6. 5. 91

Ich muß Dir heute abend noch schreiben, um meine Gedanken zu
entlasten. Es hat sich hier ein großes Drama abgespielt, infolgedessen alles auf dem Kopf steht. Georg Reventlow, der bei
Pastor Bernhard war, hat sich gestern nacht erschossen. Nun
sind die Eltern hier bei uns heute abend angekommen und es ist
alles so wirr und verstört, wie ich nie etwas erlebt habe. Ernst
und Ludwig sind ja auch hier, entweder ist alles bei Bernhards
oder der Pastor hier. Wir 4 Geschwister fliehen aus einer Stube
in die andere. Mir hat Georg nie besonders nahe gestanden, aber
die Eltern zu sehen ist allerdings sehen, was Jammer und Verzweiflung ist. Er hat in einem 4 Seiten langen Brief an die
Eltern nur dunkle Andeutungen auf etwas, was er getan habe,
was herauskommen werde und woran er doch unschuldig sei
und dergl. geschrieben, lauter verwirrtes Zeug, ebenso an seine
Schwestern und Bernhard. Eine Schulgeschichte mit *Timpe,* der
ihm mit Ohrfeigen und Karzer gedroht hat, scheint den letzten
Anstoß gegeben zu haben —
Die Art und Weise, wie dieser Fall von meiner Familie betrachtet und besprochen wird, macht mir die Haut schaudern —
ich kann nicht dagegen an. Agnes mit öden Bemerkungen, Mama
leichenfreudig geschäftig und Papa sozusagen mit Seitenhieben
auf mich. Erst kam er zu mir — wir hatten seit dem Jubiläum
nicht gesprochen — und sagte »Bedenke, daß Tatsachen unwiderruflich sind«, Händedruck und ab. —
Bei Tisch wurde mir von dem Gerede etc. so schlecht, daß ich
nachher mit Ernst zu Pastor Bernhards gehend vollkommen übel
und schwindlig war; während Ernst drin war, saß ich auf einem
Grab und es kam mir alles so roh und beschränkt vor und der
Selbstmord dieses Kindes wie eine befreiende Tat. Ich habe
dann lange im heißen Sonnenschein gesessen.
Du wunderst Dich vielleicht, daß mich diese Geschichte so beschäftigt, aber es ist alles so sonderbar, wenn jemand, mit dem

man vor 2 Tagen noch gealbert hat, auf einmal so davon geht. Die grenzenlose Lüge des Lebens wird einem einmal so recht klar und greifbar und von einem grellen Streiflicht erhellt vor Augen gerückt. Es ist doch etwas Großes, wenn jemand ein solches »heiliges Neinsagen« vor dieser Lüge ausübt und von diesem Jungen hätte ich eine solche Größe des Entschlusses nie erwartet.

Nun aber gute Nacht, ich bin nach aller Wirtschaft entsetzlich müde.

d. 7. 5.

Eben ein entsetzliches Leichenfrühstück, als eine der näher Beteiligten würde es mich rasend machen. Die Mutter ist selbst wie eine Leiche, wider aller Erwarten, die sich schon auf furchtbare Ausbrüche gefreut hatten, völlig ruhig. Wir sind in einer fortwährenden Hetzjagd zum Bahnhof, Telegraphenamt etc., ich wollte nur, es wäre erst wieder Ruhe; es hält bei dem gegenwärtigen Zustand schwer zu arbeiten. Ludwig habe ich noch kaum gesprochen, er war gestern abend entsetzlich aufgeregt und schwankte zwischen Tränen und convulsivischem Gelächter. Ich verhalte mich vollkommen skeptisch, außer gegen Onkel Georg, den zu sehen mir wirklich durchs Herz schneidet. Nun genug davon. Der Selbstmord ist vorläufig Geheimnis, die Vettern dürfen es jedenfalls nicht wissen.

7. 5.

Nun ist es Abend, ich bin eigentlich völlig auf, sitze hier am offenen Fenster und bin so entsetzlich weich gestimmt. Ludwig und ich wollten uns so gern allein sprechen, aber es war keine Möglichkeit. Nach Tisch gingen Mama und Tante Ida zu Bernhards, wir andern zur Bahn, d. h. Papa und Agnes, Onkel Georg und Ernst voraus, Ludwig und ich zusammen. Wir beide stürmten von einer Bahnhofshöhle in die andere um zu telegraphieren, verliefen uns endlos bis wir ans Richtige kamen, tranken dann im Wartezimmer 1 Glas Bier und trafen die andern wieder, worauf ich mit Onkel Georg zu Bernhards ging.

Ach Emanuel, hättest Du *diesen* Schmerz gesehen, er ist noch ganz betäubt und sagte nur immer wieder, er könne sich noch nicht besinnen, was da eigentlich wäre. (Georg ist der 3. und letzte Sohn.) Es war mir wohltuend, daß er mit mir sprach wie mit jemand, von dem er wüßte, daß er ihn verstände, und es ist wahr, ich verstehe mich mit wenigen Menschen so. Dann kamen wir zu Bernhards, Onkel Georg ging zum Pastor, ich zu den Kindern, die alle 8 verstört und stumm in einer dunklen Stube saßen, dann kamen die andern auch, Pastor und Pastete, alles so düster, es hatte etwas Verzweifeltes.

Der Sarg wurde gebracht und wir Jugend gingen hinaus, 5 von ihnen brachten mich nach Hause. Es hatte etwas so sonderbar Niederdrückendes. Papa etc. kamen erst gegen 10 und sitzen nun noch unten. Ich sehne mich nur nach Tageslicht und Wirklichkeit. Gute Nacht Geliebter, Deine

Fanny.

L., 18. 5. 91 morgens

Liebster.

Mein Brief wird diesmal wohl ziemlich spät kommen, aber ich will noch Deinen zu heute verheißenen, den ich mir frühestens morgen holen kann, abwarten. Danke Dir herzlich für Deinen vom Freitag und sehr für Deine Geldunterstützung. Es war zu gut von Dir, mir gleich zu helfen, ich bin jetzt aus der sehr unangenehmen Verlegenheit heraus. Hat es bis Juli Zeit, ich muß das nächste Monatsgeld nämlich meinem Schuster zu Füßen legen. Übrigens quäle Dich bitte nur nicht mit Regelmäßigkeit des Schreibens und verzeih, daß mich das eine Mal, wo es übrigens 3 Wochen dauerte, eine fürchterliche Ungeduld und matte Sehnsucht ergriff. Es ist im Grunde doch schrecklich egal, wie oft wir uns schreiben, das ändert im Grunde ja doch nichts an der Sache.

Ich sitze hier im Garten, um einen Aufsatz über Lotte und Dorothea zu bauen, in dem ich schon viele schöne Maxime über edle Weiblichkeit aufstelle.

Weißt Du noch, wie wir heute vorm Jahr mit Catty den Weg nach Adlershorst hinausgingen und da auf einem Gitter saßen — den folgenden Tag unser einzig schönes Zusammensein in der M. K. Ich sehe Dich noch da in der Kapelle am Altarschrein stehen. —

Ich bin heut auf dem besten Wege, sentimental zu werden und will mich deshalb nicht weiter in Erinnerungen vertiefen.

Von Schluse habe ich jeden Freitag einen Brief. Das ist mir unendlich viel. Solche Freiheit und Klarheit habe ich noch bei keinem Menschen gefunden.

Ewers sehnt sich sehr nach einem Brief von Dir, ich habe mit ihm eine ganz nette bon-camerade-Freundschaft. Und es ist zuweilen ganz erfrischend, mit ihm zu schwatzen. Er ist so nett offen und macht keine Mördergrube aus seinem Herzen. Ich hab ihm — mit schwerem Herzen — den »Zarathustra« bis zu den Sommerferien geliehen, er schien mir so etwas sehr nötig zu haben. Papa hat mir den »Katechismus der Moral und Politik« von Manhard geschenkt, was mich sehr freut, es ist sehr viel Gesundes und Vernünftiges darin. Ich nehme heute meine ganze Kraft zusammen, um nett zu sein, aber daß meine innersten Gefühle sehr quälender Art sind, kannst Du Dir denken.

Ich schicke Dir hier einen kostbaren Brief von Anna Hagenström, damit Du siehst, welches Juwel Du an mir hast; Ludwig schrieb mir nur, daß ich in allen Lagen und Verhältnissen bedenken sollte, daß er mein treuer Bruder sei. Ich kann Dir gar nicht sagen, wie innig Ludwig und ich uns seit unseren letzten Gesprächen stehen, es drückte mir fast das Herz ab, nicht ganz so offen gegen ihn sein zu können, wie er gegen mich ist, und ich weiß, daß er uns voll und ganz verstehen würde.

Ich habe per Zufall (d. i. meine verfluchte Indiskretion) erfahren, daß Agnes mit Leibeskräften darauf hinarbeitet, ihn zur Lösung seiner Verlobung zu bewegen. Das beunruhigt mich aufs äußerste.

abends $\frac{1}{2}$ 7

Mein lieber Süßer.

Habe so innigen Dank für Dein Gedenken heut an mich, es war zu lieb von Dir. Natalie war zu Tisch hier, und ich erfand einen Vorwand, sie noch zu begleiten und lief nach der Post, wo ich Deinen Brief fand. Tausend Dank! Die Bilder sind so himmlisch und mir so unendlich teuer dadurch, daß Du sie liebst. Den Heiligen Antonius habe ich an der Innenseite meines Schreibtisches festgemacht und die andern vor mich gestellt. Es war so herrlich, heut noch etwas von Dir zu bekommen. Für »Anna Karenina« danke ich Dir auch so sehr. Du bist viel zu gut gegen mich, mein alter Emanuel.

Verzeih das furchtbare Geschmier, mir zittert die Hand so un-menschlich — aber das ist nur so.

Es war heut ein schwerer Tag für mich. Ich fühlte mich so ent-setzlich beklommen und unruhig, aber der Brief von Dir hat es gelöst. Ich sitze hier nun mit wie Feuer brennendem Kopf vorm offenen Fenster, sehe in den schwülen Maiabend und möchte vor Wehmut vergehen. Könnten wir noch einmal die Stunden vom vorigen Jahr durchleben, und doch ist es schön, daß wir jetzt so viel weiter sind.

Du wünschst, daß ich mir Lebensmut und Freude *bewahren* möge! Glaubst Du denn, daß ich noch eines von diesen beiden besitze? Ach nein, es ist jetzt nur noch eine so verzweifelte Zähigkeit, die mich befähigt, das Letzte durchzuhalten. Vielleicht daß es dann wiederkommt, aber was auch immer kommt, bei Dir ist Ruhe, Frieden und *Reinheit,* und daran halte ich mich in all dem Lebenselend, das nicht nur außer mir, sondern auch in mir ist.

Siehst Du Emanuel, wenn ich nicht an Deine Reinheit glaubte, so würde ich überhaupt an nichts mehr glauben und nicht mehr leben können, denn das ist mein Halt.

Ich sehne mich so nach Dir, wie Worte es nicht sagen können, für gewöhnlich dränge ich das zurück, aber heut mußte ich es Dir sagen. Sei nicht böse, daß ich so sentimental bin.

Warum muß das Leben *mich* gerade so drücken, es gibt doch so unendlich viele, die das nicht fühlen und ich möchte so gern *leben* und glücklich sein. Aber es wird mich immer drücken.

Ich muß noch immer an Bubis Selbstmord[1] denken, es hat etwas namenlos Ergreifendes. Ich male mir aus, wie ich es als Bild behandeln würde. Ströme von Blut über ein weißes Bett, und ein blonder Junge mit lachendem kränklichen Ausdruck, Kopf zurückgesunken, in der Hand eine Pistole, Nachtbeleuchtung, Vermischung von Mondlicht und einem fast heruntergebrannten Licht; auf dem Tisch die Uhr auf $1/2$ 1, Patronen und die zurück-gelassenen Briefe.

Eben war ich unten, Papa verzieht mich jetzt förmlich und ich *kann* das nicht aushalten, das Gegenteil ist viel besser.

---

[1] Bubi — Georg Reventlow.

Am letzten Freitag eine einsame himmlische Bootsfahrt auf der Wakenitz im Regen und gewitterartiger Beleuchtung, ich tu es fast jeden Freitag während einer Freistunde; ich kann nur wegen meines linken Arms nicht recht rudern, er erschlafft immer gleich, dann lasse ich mich so treiben.

Natalie hat mir gesagt, daß ihre Mutter aus dem Seminar von mir wüßte. Das ist sehr schlimm.

Aber für heute lebewohl mein Geliebter, Lieber. Hab meinen Dank, ich küsse Dich in Gedanken tausendmal.

D. F.

In den nächsten Tagen mehr.

L., 13. 6. 91

Lieber E.

Ich habe Dir entsetzlich lange nicht geschrieben, verzeih es mir, ich war immer so stumpfsinnig. Tag für Tag dieselbe Tretmühle, dasselbe Elend zu Hause und die gleiche Ermattung. Catty gibt mir sehr viel zu denken, er wird wohl mit Dir gesprochen haben. Kannst Du ihn nicht etwas zur pekuniären Solidität ermahnen. Wenn er nicht auskommt und Geld verlangt, gibt es unendlichen Jammer.

Seit 1½ Wochen ist der alte Platen hier, ich muß Dir über ihn schreiben, weil mein Verhältnis zu ihm oder vielmehr er überhaupt etwas bedrückend ist. Eigentlich offen gesagt ist es mir das immer gewesen und dabei habe ich immer diesen teuflischen Gedanken im Hintergrunde, daß er mir helfen sollte. Nun, dieses will er schon, sagte mir, daß ich mich nur, wenn ich malen wollte, an ihn wenden sollte, er würde mir immer so viel geben, wie ich haben wollte. Ich besuchte ihn 2 mal morgens im Hotel und ließ mir 10 Mark von ihm geben, um einige Bären loszubinden. Ich habe Dir erzählt, daß er immer entsetzlich zärtlich gegen mich war. Diesmal natürlich auch. Er fragte mich, ob ich ganz Sozialistin und auch für die freie Liebe sei?

Ich sagte »Natürlich«.

Darauf ob ich mit ihm durchgegangen wäre, wenn er noch jung sei, ich sagte, das könnte wohl sein, aber das wäre ja zu spät.

Er: o nein, das wäre es gar nicht und ob ich nicht jetzt noch mit ihm eine »freie Liebe« wolle? Ich lachte ihn aus und sagte, das wäre doch nichts mehr, aber er meinte es in allem Ernst. Ich blieb standhaft dabei zu lachen.

Ist es nicht gänzlich verrückt, denn Du mußt nicht glauben, daß es nur so ein Scherz von ihm war, das war es schon nicht.

Siehst Du, es ist mir nun maßlos unsympathisch bei ihm: dieses Wiederaufflackern der verlebten Sinne bei einem Greise einem jungen Individuum gegenüber, dessen Großvater er sein könnte und das er jedenfalls für ein nichts wissendes Kind hält. Ich habe das bei dem Alten von jeher gefühlt, daß ich diesen Einfluß auf ihn ausübte und mir seine Zärtlichkeiten nur mit innerem Unbehagen gefallen lassen; aber ich kann doch auch nicht anders wie freundlich gegen ihn sein, wenn er es so sehr gegen mich ist und fühle mich dabei sehr falsch und ungemütlich. Du wirst es verstehen und sage mir, was Du meinst, Liebster.

Siehst Du, ich habe so viel zu denken und moralisch zu verdauen gehabt, daß ich deshalb nicht zum Schreiben kam und aufgelegt war. Gedacht habe ich immer an Dich, mich erinnert ja alles hier an Dich, die Kirchen, die Wege, die wir zusammen gegangen sind. Ich habe mich gleich von Anfang an ganz ruhig darin gefunden, daß ihr weg seid, und ich denke es gut auszuhalten, wie lange es dauern mag, es ist ja alles nur Übergang und Vorbereitung. Kannst Du Dir denken, wie mir zu Mute ist, wenn ich mit anderen Menschen im Dom bin und da noch unsere Fußspuren auf dem Grabstein sehe. Jene Stunden kommen mir dann wie ein Traum voll Frieden vor und es wird mir so unendlich wehmütig. Wirst Du im Herbst kommen?

Nur nicht während der Sommerferien, da ich dann fort bin und Du dann natürlich nach Timmendorf gehen würdest.

Ich habe jetzt einen Roman von Arne Garborg[1] gelesen, »Bei Mama«. Einiges davon ist sehr gut. Die Freie Bühne gefällt mir überhaupt sehr. Kennst Du das zweite Nachwort zur »Kreutzersonate«?

Ich lese jetzt jeden Abend im Bett »La Bête humaine«, das Schluse mir geliehen hat.

Seit 14 Tagen bade ich mächtig in jeder Seminar-Freistunde bei Blöß und nachmittags erlaubterweise in der Lachswehr. Ich kann

---

[1] Arne Garborg (1851—1924), norwegischer Dichter und Sprachreformer.

glücklich ein kleines Ende schwimmen, hatte es ganz verlernt, aber der Arm wird mir bald lahm und ich bin grausam kurzatmig, 2mal schon beinahe versoffen. Dann hättest Du mich nur als Wasserleiche wiedergesehen.

Die schon oft erwähnte Brand und eine Seminaristin namens Kölisch, zwei sehr fidele Häuser, sind auch meist da und es wird dann ein rasender Radau gemacht. Beide schwimmen brillant und mißhandeln mich als es nicht Könnende mit Untertauchen etc. Gestern war ich am Morgen 1/4 und am Nachmittag 1/2 Stunde drin. Schließlich zogen wir in die Lachswehr und tranken Schnaps zur Erwärmung.

Ich habe jetzt 2 Stunden Anschauungsunterricht gegeben und gänzlich Fiasco gemacht. Unser neuer Pastor Andresen ist sehr nett, er lacht immer mit, wenn wir albern werden. Anni Claussens Seitenblicke auf mich, wenn ich bei der Religion lache, sind malerisch.

Der Greis ist in Preetz, ich allein mit Mama und der Eutiner Tante...

Der heilige Antonius ist meine ganze Freude, ich habe mich ganz hineingesehen.

Übrigens hat Käthe Wohlert den Gedanken und Wunsch, später mit mir zusammen bleiben zu wollen. Ich weiß nicht recht, ich glaube, ich würde es nicht aushalten, sie macht mich zuweilen schrecklich nervös.

Ewers und ich sehen uns zuweilen in der Post des Morgens in der Früh. Wie wir uns damals bei Marret trafen, um unsere Briefe an euch zu vereinigen, war ich schon ca. 1/2 Stunde zu früh da und mußte nun die ganze Zeit convulsivisch essen, um mein Dasein zu motivieren. Als E. erschien, merkte das Conditorfemininum die Geschichte und lächelte fein. Darauf mußte ich wieder ihm zur Gesellschaft weiterschlingen, die Folge war, daß ich auf dem Rückweg mich ängstlich hütete hinzufallen, um nicht zu platzen.

Hab ich Dir von dem jungen »Blödsinnigen« erzählt, der sich mir immer zugesellt? Wir gehen meist unter irren Gesprächen, von denen ich kein Wort verstehe, zusammen zur Schule. Ich habe überhaupt unzählige derartige Freunde und der Schulweg ist von A bis Z eine Kette von Begrüßungen mit jungen Blödsinnigen, alten Juden, Bahnbeamten, Marktweibern und den beiden Glanzpunkten Galle und Graf Götzen.

Ich habe mir auf Pump den »Zarathustra« angeschafft, d. h. bestellt, ich *mußte* ihn haben.

Für heute Gutenacht, d. h. es ist erst 8, aber ich muß zum Tee. Gott sei Dank, morgen kann man ausschlafen, ich träume jetzt nie mehr von Dir, sondern immer vom Schwimmen und Probelektionen.

19. 6. 91

Nun komme ich wieder erst heute und ganz spät zum Schreiben. Morgen früh treffe ich Ewers in der Post, wo er mir den »Zarathustra«, den ich dann gleich an Catty abschicke, kredenzt. Ich sehne mich nachgerade *entsetzlich* nach etwas von Dir, Montag werden es 5 Wochen! Ich will Dich gar nicht treiben, wenn es Dir an Zeit fehlt, aber schreibe mir nur einmal eine Postkarte, meinetwegen nur mit Adresse, nur irgendein Lebenszeichen. Sonst muß ich immer an dem im Winter angesammelten Fett zehren, glaubst Du, daß das noch immer ausreicht. Schluse ist viel besser wie Du, er schreibt mir jede Woche, hoffentlich spornt Dich diese schlichte Bemerkung zu baldigem Schreiben an.

Ich bin ziemlich auf dem Hund, infolge des sogenannten Heufiebers, das mich jeden Sommer ca. 6 bis 8 Wochen behaftet. Es ist dies ein durch den Blütenstaub entstehender Katarrh der Augen-, Nasen- und Luftröhrenschleimhaut. Sowie ich hinauskomme, nieße und huste ich unaufhörlich, was sich abends womöglich zu Asthma steigert. Augen meist ganz angelaufen. Nun kannst Du Dir doch ein Bild von meinem jetzigen Leben machen? Heute gar nicht zur Schule gewesen, weil ich zu sehr angegriffen von dem Schwindel, nur im Bett und auf dem Sofa herumgelegen. Schlinge täglich Chinin etc., hilft aber alles nicht. Schreib mir doch über Catty.

Ich muß jetzt aufhören, um jetzt an ihn zu schreiben.

Am 3. Juli fangen die Ferien an, gehe erst 3 Wochen nach Preetz, dann 2 nach Kaltenhof, muß sehr viel arbeiten und wiederholen.

Nun lebe wohl mein lieber Alter, sei 1000mal geküßt von

Deiner Fanny

Mein liebster Em.

Wir haben uns wahrscheinlich gegenseitig über langes Nicht-
schreiben gewundert. Wenn wir uns nun im Herbst wiedersehen,
werde ich Dir mit der Mesmerfrage entgegentreten »ganz fremd
geworden«. Ich sehe es schon kommen, daß wir wie in der letzten Zeit vor Ostern uns nie sehen werden. Ich habe mich innerlich sehr verändert seitdem, es ist auch ganz gut, daß wir nicht
hier zusammen geblieben sind, denn das Examen hätte ich dann
nicht fertiggebracht, was mir sowieso etwas zweifelhaft ist. Ich
bin noch zu faul gewesen.

Die letzten Wochen in L. war ich sehr auf dem Hund, infolge
des schon einmal erwähnten Heufiebers. Wenn ich mittags aus
der Schule kam, lag ich 2 Stunden auf dem Bett, kroch dann
zum Baden und mußte die übrige Zeit ochsen. Das Baden war
himmlisch, ich habe es aber ziemlich übertrieben, zuweilen 2 mal
am Tag (einmal vom Seminar aus), ewig lang drin geblieben etc.
Ich schwimme jetzt immer ohne Grund, bin sehr stolz auf meine
Fortschritte und werde bald in die Trave herausgehen und hinter
den Booten herschwimmen, was sehr beliebt ist. — Im Seminar
war es schrecklich heiß und stumpfsinnig, ich bin bis jetzt mit
allen Probelektionen hereingefallen, aber die Gunst der Roquette lächelt mir noch immer.

Anna Hagenström ist mit Ach und Krach herausgeworfen, »weil
sie im Jahr ihrer Konfirmation Romane geschrieben hat und nie
zur Kirche gegangen ist«. Deshalb kann man ihr keine reinen
Kinderseelen anvertrauen. Gleichzeitig ist ihre kleine Schwester
wegen Stehlens geschwenkt. Jetzt weilt sie am Strand in Niendorf und schreibt einen Roman, in dem sie mich als Heldin ver-
herrlicht.

Die letzte Woche kam eine entsetzliche Arbeitsanhäufung. Ich
habe eine Nacht bis 2, die nächste bis 3 Aufsatz gemacht. In der
letzten hatte ich keine Lust, noch zu Bett zu gehen, weil es
schon heller Tag war, und legte mich in eine Decke gewickelt
auf den Balkon, im Sonnenaufgang. Ich kam mir dabei ganz
verrückt vor, und das war eigenartig schön. Aber dieses Blech-
lager war nicht das wärmste und trug mir ein entsetzliches Bauchweh ein, so daß ich ganz gebrochen in die Schule wankte. Den

ganzen Tag mußte ich Besuch und Besorgungen machen, badete zur Aufmunterung 2 mal und dann bis 11 gepackt und um 1/2 5 aufgestanden. Dann fuhr ich nach Kiel und war den Tag bei Storms. Der eine Sohn war auch da, ein famoses Haus. Er ist Musiklehrer, ca. 40 Jahre alt, enorm dick.

Die Storm'sche Art wirst Du schon an Lucie kennengelernt haben. Abends um 9 hierher. Es ist sehr wohltuend, hier zu sein, alles so ruhig. Schluse schrieb mir, daß er in Kassel gewesen und Else ziemlich viel gesehen hat. Ich bekam auch eine sehr schöne Karte von den beiden. Else will ja, wie Schluse mir schreibt, ihre Stelle Michaelis aufgeben, das wäre schön und besonders gut für sie.

Am letzten Tag, wo ich in Lübeck war, hatten Käthe Wohlert und ich uns mit Ewers verabredet, der auch seinen Freund Mann[1] mitbringen sollte in eine Kneipe in der Moislinger Allee. Die beiden erschienen aber nicht. Ewers schrieb mir gestern. Er hatte mir den »Tropfen« von der Boy-Ed geliehen, was mich aber nicht entzückt hat. Neulich abend haben wir in der Ostsee gebadet, was himmlisch schön war.

Sehr weit ist dieses zarte Schreiben nicht gediehen, aber Du mußt mir auch erst einmal wieder schreiben. Ich gehe Montag nach Noer — dann nach einigen Tagen nach Preetz, willst Du mir nicht dorthin einmal unter C R 3 postlagernd schreiben?

Bitte mein süßer Dicker, laß endlich einmal von Dir hören. Ich habe in diesem halben Jahr 10 Pf. abgenommen, ist das nicht schauderhaft, Du wirst mich als Gerippe wiederfinden. Augenblicklich habe ich ganz entzündete Augen, das eine ist ganz zugeschwollen.

Nun lebe wohl, laß mich nicht zu lange warten, ich sehne mich *so* nach etwas von Dir, lebe wohl.

D. F.

Kaltenhof, 18. 7. 91

Mein geliebter Emanuel.

Ich danke Dir für Deinen Brief und dafür, daß Du mir endlich alles gesagt hast. Du hättest es viel eher tun sollen. Was für ein

---

[1] Heinrich Mann (1871—1950), der ältere Bruder von Thomas Mann.

Eindruck Dein Brief mir gemacht hat, weiß ich nicht zu sagen, aber Du wirst es ja schon so fühlen. Du bist krank, und ich kann nicht bei Dir sein, und wenn ich bei Dir wäre, könnte ich Dir auch nicht helfen. Mein armer geliebter Emanuel, meine ganze Seele ist bei Dir und unendliche schmerzliche Sehnsucht. Laß mich Dir zuerst sagen, wie schlecht ich mir vorkomme, daß ich Dir auch nie geschrieben habe. Ich begriff ja nicht, warum ich niemals etwas von Dir hörte, ich wartete von einer Woche zur anderen darauf, hatte selbst so wenig Zeit, und so kam ich nie dazu. Es hat mich zuweilen etwas bedrückt und traurig gemacht, wenn nichts von Dir kam, aber ich wußte und weiß ja immer, daß das zwischen uns nichts ausmacht, ob wir uns schreiben oder nicht und daß Du irgendeinen Grund haben müßtest.

Gestern habe ich so viel, so viel an Dich und an den Tag vor einem Jahr gedacht, der nun schon so endlos hinter uns liegt und nun heute diesen Brief von Dir, der mir eine so schwere Last auflegt. Könnt ich sie *mit* Dir tragen, so würde ich nicht so darunter leiden, Dich leiden zu sehen.

Gott sei Dank, daß Du mir geschrieben hast, Du hättest durch Dein Verschweigen eine schwere Schuld gegen Dich und mich begangen.

Es ist schrecklich, wenn es so ist wie Du glaubst, laß uns noch hoffen, daß es eine Täuschung ist, aber auch sonst laß uns stark sein, vor allem, Emanuel, laß uns aneinander festhalten, fest und ewig, was auch geschehen wird, in Dunkelheit und im Licht, was von beidem über einen von uns kommen mag. Schwöre es mir, daß Du Deine Pflicht gegen mich nicht falsch auffaßt, daß Du mich nicht, um mich zu schonen, unglücklich machst; denn mein Leben hängt an Deinem und wird Deines zerstört, so will ich doch immer nur an *Dir* festhalten.

Du darfst mich nicht verlassen, wenn es so weit kommt, um allein in die Finsternis zu gehen, meine Seele ist ja an Deine gekettet, mit unlösbarer Liebe.

Du sagst, daß Du unser Verhältnis jetzt anders ansiehst, wie meinst Du das, Emanuel? Du siehst es mit Deinen von Krankheit und Elendsein getrübten Augen an und es erscheint Dir anders, aber sonst nicht, nein, o nein, nur das nicht, Emanuel, nur dieses, das Einzige, was gut und rein ist und einem helfen kann, dies nicht für verändert halten, wenn die Umstände sich ändern.

Gewiß, ich will ruhig, ganz ruhig alles abwarten, aber laß mich nicht in quälender Ungewißheit über Deinen Zustand. Wenn ich es nicht mißverstanden habe, entnehme ich aus Deinen Schlußworten, daß Du mir nicht eher schreiben willst, bis sich etwas Entscheidendes eingestellt hat, aber ich bitte Dich, laß mich so bald wie möglich von Dir hören. Die 3 nächsten Freitage sehe ich in Preetz auf der Post unter C. R. 3 nach. Gib mir Nachricht von Dir, laß mich ganz und voll an Deinem Leiden teilhaben.

Möchtest Du Dich irren und sich Dein Zustand bessern, aber es sieht Dir so wenig ähnlich, Dir so etwas einzubilden, daß es mich mit der allerernstesten Sorge erfüllt. Kannst Du nicht mit einem Arzt sprechen und Dich fortschicken lassen, vielleicht ist es nur ein Nervenübel, das sich durch Ruhe beseitigen läßt und das sich durch Überanstrengung mehr ausbildet und Dich ruiniert. Schone Dich um meinetwillen, wenn Du es nicht Deiner selbst wegen tust. Kannst Du nicht einmal zu dem Professor, von dem Du den Vortrag gehört hast, hingehen und mit ihm darüber reden.

Noch ein Wort über Catty. In seinen Augen ist Euer Verhältnis, wie er mir noch vor ein paar Tagen schrieb, jetzt ganz das *alte*. Verschließe Dich nicht gegen ihn, Liebster. Ich muß Dir Lebewohl sagen, damit Du möglichst schnell einige Zeilen erhältst. Bitte gib mir bald Nachricht von Dir, bis Freitag bin ich in Noer bei Gettorf, dann eben Preetz.

Lebe wohl, mein Emanuel, halte an meiner Liebe, sie *ist* stark und tief und kann durch nichts erschüttert werden. Möchte es Dir besser werden und Dein armer Kopf nicht so viel leiden und die Schatten sich zerstreuen. Wenn nicht, so kann und will ich alles mit Dir tragen, wie schwer es auch ist. Ich umarme Dich 1000mal, Geliebter.

D. F.

Preetz, d. 27. 7. 91

Geliebter E.

Heute habe ich endlich einmal gänzlich Ruhe, um Dir zu schreiben. Ich sollte heute morgen mit meiner Tante nach der Blomenburg, simulierte Kopfweh, um einmal einen ruhigen Tag ganz alleine zu sein. Diese Ruhe ist sehr wohltuend nach dem Menschengewühl, in dem ich die letzte Woche habe leben müssen. Es ist mir so schwer geworden, immer heiter zu scheinen, während ich an Dich denken mußte, wie es Dir wohl ginge.

Es ist erst reichlich 8 Tage her, daß ich Deinen Brief erhielt, und es kommt mir schon so lange vor. Wenn Du mir nur dann und wann Nachricht von Dir geben wolltest, Du brauchst ja nur ganz wenig, nur einige Zeilen zu schreiben. Gestern vor einem Jahr war es, wie Du hier warst und Catty abholtest. Weißt Du noch, wie schön es war, die kurzen Augenblicke, wo wir uns allein hatten. Also jetzt in 2 Monaten sehen wir uns wieder.

Wie es dann wohl sein wird. Ich habe solche Angst, daß Du durch die heftige Anstrengung, die das Manöver Dir sein wird, Deine Kräfte gänzlich herunterbringst, und ich bitte Dich, wenn Du Dich krank fühlst, es nicht zum äußersten kommen zu lassen, sondern vorher die nötigen Schritte zu tun, Dir Ruhe zu verschaffen. Du bist es Dir und uns schuldig, Dich nicht zu ruinieren. Ich glaube auch, daß Du Dir dessen bewußt bist und danach handelst. Liebster, wie elend würden wir beide sein, wenn wir nicht immer dies feste Zutrauen zueinander hätten. —

Ich war von Montag bis Donnerstag auf Noer. Am Strand war es unvergleichlich schön, zum Zeichnen bin ich nur wenig gekommen, ich habe 2 Strandskizzen für Schluse gemacht und eine für Onkel Georg. Es war himmlisch, bei dem ebenmäßigen Sonnenschein und klarem Wasser zu baden, ich schwimme jetzt ziemlich sicher und schwamm alleine weit hinaus. Nach dem Baden habe ich jedes Mal ins Laken gewickelt im Sand gelegen und mich von der Sonne wärmen lassen — es war zu schön. Sonst war der Aufenthalt dort ziemlich unerquicklich, die Menschen gräßlich angreifend, man konnte fast nie für sich sein.

So ging ich schon Donnerstag fort. Dienstag, wo wir in Eckernförde waren, hatte ich Ludwig in seiner Bude besucht, und wir saßen 1 Stunde sehr gemütlich mit Rauch und Bier zusammen, zum staunenden Entsetzen der Hausbewohner, die verschiedentlich an der offenen Tür vorbeigingen. Nachher gingen wir noch in Eckernförde herum. Ludwig war sehr nett und aufgetaut, erzählte mir viel von seiner Verlobung, der Kampf mit unsern Eltern währt noch immer fort, sie verlangen fortwährend, daß er es noch zurückgehen lassen soll, halten ihm den Fall Fritz Rantzau[1] als gutes Beispiel vor. Ich habe aber die feste Überzeugung gewonnen, daß er sich durch nichts dazu bewegen lassen und eher selbst mit Papa und Mama brechen wird. Die häuslichen Aussichten bei uns stehen wirklich nett, Ostern kommt es mit mir und ihnen wahrscheinlich zum Bruch, ich sehe keinen anderen Ausweg.

Ludwig und ich trafen uns Donnerstag in Kiel, wo er bis zum Examen bleibt — trafen, als wir gerade aus einem Biergarten, Tante Fanny und Agnes und die Gräfin Hardenberg mit einer Nichte, ich verfiel dem Schicksal und mußte mit ihnen nach Laböe fahren, Ludwig blieb da. In Laböe stürzte ich mich gleich ins Wasser und gab eine große Schwimmvorstellung mit Hineinspringen.

Die Seefahrt wir himmlisch schön, ich entfernte mich von den andern, saß allein auf dem Rand des Schiffes, bis ich schwindlig wurde. Kennst Du das, wenn man so lange ins Wasser sieht, bis man halbtoll wird und denkt, man muß nun hinein.

Am 8. August gehe ich wieder nach Lübeck. Schluse kommt dann auch, dann wird es doch nicht so furchtbar werden. Es ist schön, einen solchen »Freund« zu haben. Für heute lebe wohl, mein Süßer, ich muß noch an Catty schreiben, tausend Grüße und Küsse von

Deiner Fanny

14. 9. 91

Mein Emanuel.

Endlich habe ich ausgelitten und nun kommt die gewohnte Analyse des Dagewesenen an Dich. Zuerst hab Dank für Deinen lieben Brief, die Trostanstaltsgeschichte sieht Mama ganz ähnlich. Weißt Du, Deine Mutter kann ja unmöglich wissen, daß so etwas unvorsichtig ist, da sie meine Stellung zu Mama nicht in ihrer Ausdehnung kennt. Kann ich es wagen, bald einmal wieder zu ihr zu kommen, am Morgen? Wenn sie mir wegen dieses Intermezzos nicht müde auf die Geschichte wird, so wird sich das mit dem Lesen schon machen lassen. Die Initiative muß unter allen

---

[1] Fritz Graf zu Rantzau — ein Vetter F. R.'s ersten Grades.

Umständen von ihr ausgehen, und sie muß begreifen, daß ich nichts tun kann. Dein Vater war heute begeisternd, redete mich verschiedentlich an, trank mir zu etc.

Ich bin getreulich Deinem Beispiel gefolgt und habe mir eine ganz entsetzliche Erkältung zugezogen, wie der alte Gutschow sagt »ich bin gar kein Mensch«.

Gestern abend konnte ich weder lernen noch lesen und lag fiebernd auf dem Langen Käse; dachte heute morgen nicht aufstehen zu können, versuchte es 3 mal und ging wieder zu Bett; beim vierten Mal gelang es und ich wankte zur Schule und quälte mich dort greulich. Dann zu Manhards, Natalie gab mir sehr viel süßen Wein zu trinken, so daß ich beinahe einschlief, vorher hatte ich übrigens eine wilde Szene mit Mama, die mit Türenzuballern meinerseits endete. Greulich, nicht wahr?

Nun das Diner! Ich bin vollkommen fertig. Herrgott nein, es war zu gräßlich! Bei Tisch ging es noch, ich habe mit Fritz Sydow mächtig Philosophie gesimpelt, zu einer Einigung kamen wir nicht; aber ich mochte ihn heute lieber wie früher. Nachher noch 2 Stunden herumgesessen, zuletzt idiotische Spiele mit Platzwechseln, d. h. eine allgemeine Balgerei mit großem Geschrei und Gelächter — man hätte sich lieber prügeln sollen, wenigstens hätte ich das vorgezogen. Selten sind mir meine Mitchristen so fatal gewesen . . .

L., 20. 9. 91

Geliebter Emanuel.

Ich habe auf Umwegen gehört, daß ihr am Mittwoch kommt, und will nun, was ich schon lange wollte, Dir noch einmal schreiben. Du sollst nicht glauben, Liebster, daß ich Dein Schweigen irgendwie in den verkehrten Hals gekriegt habe, was Du vielleicht hättest denken können, weil ich Dir auch nie geschrieben. Ich fürchte nur leider daraus schließen zu müssen, daß es Dir nicht gut geht, nicht besser seit damals, als Du mir Deinen letzten Brief schriebst. Das ist alles, was ich Dir jetzt, wo wir uns so bald wiedersehen, zu sagen habe. Wie wird die Zeit, wo Du hier bist, werden? Voll Unruhe und ewigem Verfehlen, Du wirst von allen Deinen Menschen fast geviertelt werden, und ich werde kaum etwas von Dir sehen. So war es ja auch, wie Du fortgingst. Wenn Du von mir etwas wissen willst, so ist es immer die alte Misere, nur fange ich allmählich an, ziemlich stumpf davon zu werden.

Verzeih diesen schrecklich stumpfsinnigen Brief, ich bin so müde und habe eigentlich nur noch Sinn fürs Schlafen.

Lebe wohl für heute, wenn Du kannst, so schreibe mir noch ein paar Zeilen (an Schluse adressieren, damit ich es jederzeit gleich bekomme), es würde mir eine unendliche Wohltat sein.

Gute Nacht, mein Geliebter, auf Wiedersehen! Allezeit

D. F.

L., 30. Okt. 91

... Ich weiß, daß Dein gegenwärtiger Zustand, der mir sehr unsympathisch und unverständlich ist, nur eine vorübergehende Reaktion ist — ich gehe meine eigenen Wege und hoffe, daß wir uns noch einmal begegnen und dann beide mit herzlicher Freude der Zeit, die jetzt ihren Abschluß gefunden hat, gedenken werden ...

An Michael Georg Conrad

1893 - 1902

Sehr geehrter Herr Dr. Conrad,[1]

haben Sie meinen allerherzlichsten Dank für Ihre gütigen und lieben Zeilen, die mich von Herzen erfreut und mir wohlgetan haben und für Ihre Teilnahme an meinem Ergehen.

Es hat mir sehr leid getan, daß Sie so krank gewesen sind, hoffentlich sind Sie jetzt wieder erholt.

Mir ist es in letzter Zeit besser gegangen, ich habe sogar Schulden getilgt und jeden Tag zu Mittag gegessen. Ich bin nämlich zu dem schweren Entschluß gekommen, die Bildhauerei an den Nagel zu hängen und werfe mich nun ausschließlich auf die Malerei. Ich hätte es auf die Länge doch weder pekuniär noch gesundheitlich durchführen können, beides von Grund auf zu betreiben, und habe eingesehen, daß es schlecht ist, wenn man seine Kräfte aufreibt und zersplittert. Für's erste geht es also und ich danke Ihnen herzlich für Ihr freundliches Anerbieten.

Aber schreiben muß ich doch. Es gibt so vieles, was man gerne künstlerisch gestalten möchte und es wenigstens noch nicht in der Malerei ausdrücken kann. Da drängt es mich mächtig dazu, es zu schreiben. Und wenn man es schreibt, so will man es auch nicht liegen lassen, einmal aus gemeiner Vernunft und praktischer Überlegung und dann kommt einem, wenigstens mir, auch oft das Bedürfnis, das, was man vom Leben und von den Menschen gelitten hat, hinauszuschreien, um sich Luft zu machen, damit die gleichgültigen Menschen sich einmal umdrehen, um zu sehen, wer denn da geschrien hat.

Ich fürchte nur, daß ich meine Sachen nie an einer Zeitung loswerde, aber ich kann nicht anders schreiben. Sollte es nicht möglich sein, mehrere Sachen zusammen als Band herauszugeben. Aber wie macht man das?

Könnten Sie eventuell ein oder das andere Gedicht in der Gesellschaft[2] anbringen, da würde man wenigstens etwas bekannt.

---

[1] Dr. Michael Georg Conrad (1846—1927), Schriftsteller. Werke u. a. »Die Sozialdemokratie und die Moderne«, »Ketzerflut«, Gedichte: »Salve Regina«, Romane: »Majestät«, »Emile Zola«.
[2] »Die Gesellschaft«, die für den Naturalismus epochemachende Literaturzeitschrift, Herausgeber Dr. Michael Georg Conrad.

Den Namen kann man natürlich vorzüglich als Reklame anbringen! Wenn ich Ihnen vielleicht einiges zur Ansicht schicken darf, so werden Sie mir ja Ihre offene Meinung darüber sagen. Es liegt so sehr viel an Ihrem Urteil, und man kann seine Sachen so sehr schlecht selbst beurteilen.

Es ist sonderbar, aber ich kann oft eine lange Zeit absolut nichts produzieren, überhaupt gar nicht ans Schreiben denken, dann sammelt sich allmählich ein ganzer Haufen ungeschriebener Romane in meinem Kopf, und dann muß ich mich schließlich hinsetzen und es schreiben, nur um es loszuwerden. Seit ich bei Ihnen war, habe ich absolut nichts zustande gebracht, war durch die böse Zeit, die mir aber viel an erlebtem Stoff gebracht hat, geistig und körperlich etwas stumpf geworden.

Und doch ist dieses Künstler-Bohèmeleben das Beste von meinem ganzen bisherigen Leben gewesen. Es ist wenigstens frei, ganz frei und man sieht hinter den Kulissen ungleich viel wahrer, und an den Menschen lernt man in der Not viel Gutes kennen, an das man sonst nur als Kind glaubt.

— Da sehe ich, daß ich Sie mit einem ganz langen Schreiben, wie ich fürchte, etwas angeödet habe, aber wem das Herz voll ist, geht der Mund über.

Mit herzlichem Dank für Ihre Güte und bestem Gruß

F. Reventlow

Neubeuern b. Raubling, 8. 5. 95

Mein teurer und verehrter Meister,

wie soll ich Ihnen für die Worte danken, die mir von Ihnen kamen, und ich hatte geglaubt, Sie werden nichts mehr von mir wissen wollen, seit ich Ihnen schrieb, daß ich die Sachen zurückziehen wollte, und so habe ich mich nicht getraut zu schreiben.

Desto mehr danke ich es Ihnen nun, daß Sie mir in meine Einsamkeit so schöne, so frohmachende Worte hineingerufen. Nun, das eine können Sie bei mir völlig sicher sein, daß ich den Kampf *nie* aufgeben werde. — Ich komme allernächstens wieder nach München und da werde ich Ihnen mündlich alles erklären und erzählen.

Montag und Dienstag der kommenden Woche, also den 13. und 14. Mai, denke ich mich in München aufzuhalten und werde es mir nicht nehmen lassen, Sie aufzusuchen. Würde ich Sie eventuell am Dienstagvormittag gegen 11, 12 Uhr antreffen (wenn Ihnen das nicht paßt, so schreiben Sie mir vielleicht zwei Worte unter Adresse von Herrn Adolf Herstein, Zieblandstr. 23/III, da es mich hier nicht mehr erreichen würde.)

Ich bin nämlich in München durch meinen Arzt in Anspruch genommen und weiß nicht sicher vorher, ob er mir den Nachmittag oder den Vormittag frei läßt.

Übrigens geht es mir jetzt schon im ganzen recht gut, nur die Nerven wollen noch nicht recht. Kein Wunder übrigens!

Ich wollte Ihnen mein Bild mitschicken, aber da entdeckte ich, daß es sich in meinem Koffer und dieser sich in München befindet, nun da kommt es später.

Herrlich ist es ja übrigens in Ihrem Bayern. Ich habe bis jetzt allerdings erst eine kleine Tour gemacht, die mir sogar recht schlecht bekommen ist. Das Steigen machte mir Herzklopfen, und trotz starker Erhitzung legte ich mich ins feuchte Gras und erholte mich bei einer Zigarette. Dabei die Zähne erkältet und sitze hier seit 2 Tagen mit monströs geschwollenem Gesicht und infolgedessen etwas verdunkeltem Bewußtsein meiner selbst.

Sie müssen es auch auf Rechnung dieses Umstandes schreiben, wenn mein Brief etwas an Stumpfsinn leidet.

Nun also addio und auf Wiedersehen an der Isar und auf mündliches Aussprechen. Das soll besser fließen wie ein Brief bei Sonnenhitze und Zahngeschwür.

Mit den herzlichsten, schönsten, dankbarsten Grüßen

Ihre

F. Lübke

geb. Reventlow

Kloster Schäftlarn bei Ebenhausen, 9. 10. 02

Lieber, verehrter Freund,

verzeihen Sie, wenn ich Sie mit einer Bitte plage, ich hatte dieselbe voriges Jahr schon einmal, und da waren Sie nicht in München. Nämlich um das Heft der Gesellschaft, in dem »Ein Bekenntnis« von mir gedruckt ist, 1893/94 — weil ich dasselbe bei meinem Roman brauche. Wenn es Ihnen keine Mühe macht, wäre ich Ihnen herzlich dankbar — ich bin jetzt bei der letzten

Überarbeitung und hoffe bald fertig zu sein mit diesem Stein, den ich so lange wälze.

Was wird denn aus unserem Rendez-vous in Baierbrunn. Kommen Sie noch wieder heraus? Rolf[1] hat Sie in sein Herz geschlossen und ich auch. In alter Freundschaft

Ihre F. Reventlow

---

[1] Rolf — F. R.'s Sohn (Bubi), geb. 1. 9. 1897.

An Ludwig Klages

1900 - 1916

Lieber Herr Klages.[1]

Besten Dank für Ihre Zeilen, ich habe nachträglich, nach dem was ich Ihnen neulich schrieb, ein dunkles Gefühl, daß es so geklungen hätte, als ob ich nicht bei der Arbeit gestört werden wollte, was ich hiermit widerrufe. Die Schreiberei ist nämlich zum schlimmsten Teil fertig. Diese Woche wird genäht, dann noch eine Übersetzung, Zahnarzt, etwas Carneval und Operation. Sie können mir glauben, daß letztere mir gerade wie ein Lichtblick »erscheint«. Ich schwelge in den Gedanken bei dieser Gelegenheit einmal etwas auszuruhen.

Wenn Sie also diese Woche einmal herkommen — beim Nähen stören Sie mich absolut nicht, vielleicht machen wir dann einen Abend aus. Zwischen $\frac{1}{2}$ 3 bis $\frac{1}{2}$ 5 bin ich meistens fort.

Einstweilen besten Gruß.

Ihre F. Reventlow

Huch[2] sah ich noch nicht. Ist er wieder hier? —

[Januar/Februar 1900]

Lieber Herr Klages.

Da ich Ihre Adresse nicht wußte, schreibe ich Ihnen erst jetzt, nachdem ich Sie wieder hier weiß, um Ihnen für Ihre höchst sympathische und nützliche Weihnachtsgabe zu danken. Es kommt jetzt (fast) nie mehr vor, daß ich Schlüssel verlege.

Wann werden wir uns denn nun endlich einmal in Gemütlichkeit wieder zusammenfinden? Vielleicht nächste Woche? — Ich habe die letzten 3 Wochen ein völliges Einsiedlerleben geführt, 2 Bücher müssen noch diesen Monat fertig, damit ich mich (am 15. Februar) mit gutem Gewissen auf das Schlachtbrett legen kann. Schreiben Sie mir doch, wann Sie nächster Tage im F. sind, so

---

[1] Dr. Ludwig Klages (1873—1956), Philosoph, Graphologe, Psychologe, Werke u. a. »Vom kosmogonischen Eros«, »Der Geist als Widersacher der Seele«, »Die Grundlagen der Charakterkunde«, »Die Probleme der Graphologie«, »Rhythmen und Runen«. 1905 gründete er in München das Seminar für Ausdruckskunde.

[2] Friedrich Huch (1873—1913), Vetter von Ricarda Huch und Bruder von Felix Huch. Autor des Romans »Peter Michel« (1901).

komme ich mit Bubi hin. Samstag habe ich in der Nähe zu tun. —
Beste Grüße an Sie und Genossen.

Ihre F. Reventlow

[Anfang Febr. 1900]

Lieber Herr Klages.

Haben Sie Dank für Ihren Brief, der mir eine große Freude
war. Behalten Sie das Heft, bis Sie wissen, was aus mir wird,
in schlimmem Fall heben Sie es meinem Buben auf bis er groß
ist. — Ich habe alles geordnet, als ob ich sicher wäre, daß es
eintritt — aber ich weiß ganz genau, daß alles gut abgeht, und
ich bin ganz bereit, es noch einmal wieder mit dem Tod aufzunehmen. Er wird schon davonkriechen.

Also auf Wiedersehen. **Ihre F. R.**

[München, 30. Mai 1900]

Mein lieber Freund.

Nein, Sie sind kein Quälgeist, aber ich hoffe, Sie sind mir nicht
böse, wenn ich trotzdem ein »Nein« schreibe, dessen äußeren
und inneren Grund Sie gewiß verstehen werden. Mir steht heute
abend noch eine letzte Unterredung bevor, die vielleicht sehr
bitter und schwer sein wird, denn es ist heute früh nach einer
letzten schönen Nacht manches zur Sprache gekommen, was
bisher schweigend zwischen ihm und mir ruhte. Sehen Sie, mein
Freund, ich würde doch in einer zerrissenen Stimmung sein,
warum sollten wir uns da den Eindruck unseres letzten Ab-
schieds zerstören durch einen, der jenem vielleicht doch nicht
gleichkommen würde. Wenn ich Sie sähe, würde ich noch vieles
mit Ihnen sprechen wollen und mir ist das Herz zu voll und zu
schwer zum Sprechen heute. Ich muß allein sein, seien Sie mir
deswegen nicht böse — es ist ja kein Zurücknehmen.

Denken Sie sich, wie wenn Sie jemand, der Ihnen lieb ist, über
eine Brücke gehen sehen und Sie wissen, daß ihm schwindelt
und er seine ganze Kraft zusammennehmen muß um vorwärts
zu blicken — nicht wahr, dann würden Sie fühlen, daß Sie ihn
nicht anreden dürfen.

Ich hoffe Sie morgen, Samstag, doch noch zu sehen, wir möchten
unsere Freunde dann noch einmal um uns versammeln, denn

morgen abend um 9 Uhr wirds wohl wirklich zur Abreise kommen. Dann dürfen Sie nicht nein sagen, wir sind ja doch allein mit all unseren Geheimnissen zwischen den anderen.

Vielleicht schicken Sie H. die Handschrift noch vorher in seine Wohnung oder zu mir oder bringen Sie dann mit.

Wir schicken Ihnen noch Bescheid, wenn es sein wird.

Bis dahin lassen Sie Ihre Gedanken etwas bei mir sein. Ich bin entsetzlich traurig heute, wenn ich hinter diesem Abschied nicht das goldne Sommerland vor mir sähe, wüßte ich nicht, wie ihn ertragen.

Leben Sie wohl, bis wir uns zum letzten Mal die Hand drücken.

Ihre F. R.

Freitag [Wien, 1. 6. 1900]

Mein lieber Freund.

Sie sehen, daß meine ersten Zeilen Ihnen gelten. Adam[1] ist zu einem Rennen, ich habe es vorgezogen, mit Bubi in einem Gartenrestaurant zu sitzen und an München zu denken.

Sie sind wohl der einzige Mensch, der weiß, wie mir zu Mute ist. Es tut mir beinahe weh zu reden und mich zu bewegen. Aber ich denke, es muß bald besser werden, wenn nur erst die physische Ermattung überwunden ist.

Wir sitzen hier unter lauter frohen bunten Menschen, der Bubi sammelt Steine, erobert Herzen und lauscht andächtig der Militärmusik.

Ich fühle es förmlich, wie Sie heute an uns denken.

Sowie ich eine bestimmte Adresse habe, teile ich sie Ihnen mit. Bin heute zu müde zum Schreiben und es ist auch zu laut umher. Also 1000 herzliche Grüße.

Ihre F.

Constanza, 7. 6. [1900]

Mein lieber Freund.

Wir haben hier heute einen Ruhetag gemacht und den möchte ich benützen, um Ihnen ein paar Worte zu schreiben und gleichzeitig Sie um etwas zu bitten. Ich habe nämlich bei der Abreise in München eine Mappe mit Schreibereien und die Photographie,

---

[1] Adam — der Privatgelehrte und Paläontologe Albrecht Hentschel.

die ich Ihnen damals zeigte, liegen lassen. Würden Sie nicht einmal hingehen und dieselbe an sich nehmen. Die Hausfrau im 1. Stock wird Ihnen gewiß die Schlüssel geben oder Sie schreiben der Marie eine Karte: Giesing, Sommerstr. 7 E, und schicken mir die Mappe später nach, sobald ich Ihnen eine sichere Adresse angeben kann. Wie schön wäre es, wenn wir Sie jetzt mit hier hätten. Es ist überwältigend schön hier am Schwarzen Meer. Für das Meer gibt es nach meinem Gefühl überhaupt keinen anderen Ausdruck. Es war mir wie ein Wiedersehen, das mich mit einem namenlosen Heimweh erfüllte.

Jetzt bin ich mit dem Bubi auf der Terrasse, die hart an das Wasser stößt. Vormittags haben wir alle ein Bad genommen zur Freude der Eingeborenen. Eine Rumänin nahm den Bubi auf den Arm und sprang mit ihm im Wasser herum.

Der Bubi benimmt sich wie ein alter Mann, der das Reisen gewohnt ist, fürchtet sich vor nichts, amüsiert sich königlich über das viele »Wasser und Schiffifahren«.

Wir fuhren erst von Wien nach Budapest, blieben dort einen Tag, dann nach Belgrad. Während wir das Gepäck am Zoll besorgten, sah man eine ganze Galerie von schauderhaften Strolchen, sich die Nase an den Glastüren breitdrücken.

Im Moment, wo die Tür geöffnet wurde, stürzte die ganze Rotte auf uns los, um Gepäck zu tragen, Wagen zu holen etc. Es war unglaublich komisch, dies Durcheinanderschreien, Geldverlangen etc. Bubi ließ sich mit Seelenruhe von einem der Scheusale in den Wagen tragen. Dann übernachteten wir in einer ziemlichen Spelunke und fuhren nächsten Morgen um 4 mit dem Dampfer bis Orsowa. Die Fahrt war wunderbar, sehr stürmisch, zum Schluß ein Gewitter. Gestern dann wieder um 3 Uhr morgens ab hierher. Sie können sich denken, daß wir jetzt alle ziemlich müde sind und es heute sehr genießen, in einem tadellosen Hotel sich auszuruhen. Adam sorgt wie eine Mutter für uns und hat unendliche Geduld mit meinen Nerven und den kleinen Schwierigkeiten, die der Bubitransport mit sich bringt, ist aber zu meinem Stolz voller Anerkennung für dessen Benehmen. Bubi läßt sich mit größter Liebenswürdigkeit mitten in der Nacht aus dem Bett holen – Sie ahnen nicht, was es für mich ist, einmal so frei und ungehemmt den ganzen Tag mein Kind um mich zu haben, es beobachten zu können und wie lieb der kleine Kerl ist. Ich fühle mich körperlich schon unendlich viel wohler, die Reise bisher hat mich eher erholt wie angegriffen. Es ist als ob man langsam aufwacht, noch etwas schlaftrunken und beklommen, aber mit jedem Tag freier und leichter. Heute abend um 9 geht es wieder mit dem Schiff nach Konstantinopel — von dort schreibe ich Ihnen wieder, und es ist so, als ob Sie unsere ganze Reise miterleben müßten. Und wenn meine Briefe etwas durcheinander sind, so müssen Sie daran denken — ja, ich weiß schon nicht mehr was ich sagen wollte, aber ich brauche mich Ihnen gegenüber ja auch nicht zu entschuldigen. Und damit für heute Lebewohl, von Adam und Bubi herzlichste Grüße.

Ihre F. R.

Konstantinopel, 18. 6. [1900]

Mein lieber Freund.

Ehe unser Aufenthalt in der Märchenstadt zu Ende geht, möchte ich Ihnen noch einmal etwas ausführlicher schreiben. Wir sind länger hier geblieben wie ursprünglich beabsichtigt war, und wenn wir uns nicht beide nach Ruhe und endgültigem Ruhepunkt sehnten, möchte es arg schwer werden, sich loszureißen von all dem Reichtum, der beinah zu überwältigend ist, um ihn so in sich aufzunehmen, wie man wollte. Aber wie gesagt, es ist förmlich aufreibend. Wir waren die ersten 8 Tage sehr viel herum, manchmal den ganzen Tag. Ich habe mich jetzt mehr zur Ruhe gesetzt und mache mit dem Bubi, der fast überall mit war, Feiertage. Sie können sich denken, wie angreifend es ist, wenn man sich auf all die Eindrücke konzentrieren möchte, immer den kleinen Kerl mit herumzuziehen, er sich im ganzen sehr tapfer hält, aber doch schließlich oft müde wird. Aber was es für mich ist, ihn immer um mich zu haben, jede kleine Regung an ihm beobachten zu können, das verstehen Sie gewiß. Sehr komisch ist, wie er sich beständig zwischen Adam und mich zu drängen versucht, er bewacht mich förmlich. Ihnen zu schildern, was ich hier gesehen habe, will ich gar nicht erst versuchen, mein Kopf ist zu müde dazu, die schimmernde Stadt mit den vielen Kuppeln und dem blauen Meer dazwischen, dahinter die Straßen, wo jeder Fleck so unendlich malerisch ist, dazwischen Reste von Friedhöfen mit alten sonderbaren Grabsteinen und Zypressen. Da sitzt man zwischen lauter Türken und verschleierten Frauen auf kleinen Strohschemeln und trinkt Kaffee. Bei den Derwischen war ich auch, sowohl bei den tanzenden wie bei den heulenden. Letztere waren wirklich unheimlich, besonders ein riesiger Neger, der sich schäumend und zähnefletschend drehte und wand. Ich saß gerade hinter ihm und hatte das Gefühl, als ob er fortwährend nach mir schnappte. —

Übrigens war wieder einer dabei, der Busse ähnlich sah, das Ganze hat aber als religiöse Zeremonie etwas sehr Feierliches, und wenn ich der liebe Gott wäre, würde ich sehr viel mehr Gefallen daran finden wie an der christlichen Andacht. Ich bin dem Schicksal sehr dankbar, daß es mich hierher geführt hat, aber dabei kommt es mir ganz selbstverständlich vor, daß ich da bin.

Und doch, lieber Freund, kann ich inmitten von alledem eine bittere quälende Sehnsucht nicht loswerden. Ich möchte viel, viel mehr allein sein, d. h. äußerlich, innerlich bin ich wohl allein. Es kommt mir ganz schlecht gegen Adam vor, wenn ich Ihnen so schreibe, aber gleichzeitig tut es mir wohl, es zu können. Das Zusammenleben wird mir bis jetzt oft geradezu schwer. Aber in der Einsamkeit von Samos wird es besser werden. Es taugt nicht, so viel zusammen zu sein. Ich habe so das Gefühl, als ob wir 2 Stoffe sind, die sich nie miteinander verbinden können, und das Schlimme an einem Zusammenleben, wie die Verhältnisse hier es mit sich bringen, ist aber, daß man das immer wieder versucht und doch fühlt, daß es nicht geht. Er ist ein guter Kamerad, aber kein Arzt, kein Pfleger. Ich glaube, er könnte einen Schwindsüchtigen für gesund halten, wenn er nur rote Backen hat.

Ich glaube, Sie werden bei meinem Brief ein Gefühl von Enttäuschung haben, aber das dürfen Sie nicht. Vielleicht genieße ich alles um so mehr, weil ich mich neben ihm allein fühle, ja, ich glaube wirklich, daß es so besser ist. In der ersten Zeit, wo ich ihn kannte, glaubte ich, er könnte mich von jener traurigen großen Liebe heilen oder wenigstens, ich könnte sie bei ihm vergessen. Jetzt weiß ich, daß es nie sein kann. Ich fühle es wie ein trauriges Glück, daß jene Liebe[1] immer um mich ist. Manchmal gehe

---

[1] »Jene Liebe« — Rechtsanwalt Dr. Alfred Friess (Monsieur, Bel ami, Schwarzer Mann, S. M.).

ich abends in den dunklen Garten und dann ist Er da und ich spreche mit ihm. Und glauben Sie mir, das ist besser, als wenn ich Ihn vergessen könnte. Es ist mir eine Art Erleichterung, daß Adam doch nicht Siegfried ist. Ich bin ihm schon wieder entwachsen, ich weiß nicht, ob er das fühlt — jedenfalls will er es nicht fühlen und sucht mich zu beherrschen. Er ist gewohnt, Frauen gegenüber der Herrschende, Gebende, Lehrende zu sein.

Das hat manche Reibereien gegeben, besonders über den Bubi und seine Erziehung. Ich glaube aber, daß dieselben aufhören und sich ausgleichen werden, wenn wir erst in unserm Ruhehafen Samos eingelaufen sind, wo er in seiner Arbeit und ich mit Bubi für mich sein werde. Doch dürfen Sie nicht etwa denken, daß es mich reute, mitgekommen zu sein. Im Gegenteil, ich sehe es sehr wohl, daß es jetzt nur ein Zwischenstadium ist, ehe das kommt, was ich eigentlich von der ganzen Sache erwarte. Unser Aufenthalt hier ist für uns beide etwas zu strapaziös.

Heute ist nun endlich das berühmte Telegramm gekommen, auf das wir warteten, um weiterreisen zu können. Morgen oder übermorgen geht es nun an Bord, und jetzt wird der abenteuerliche Teil der Reise kommen. Adam will zuerst allein nach Samos, um sich über alles zu orientieren und seine Beziehungen etc. dort einzuleiten. Ich wollte dann in Smyrna bleiben, was aber infolge von Pest und Quarantäne unmöglich ist. So werde ich wohl die Zwischenzeit auf einer der anderen Inseln abwarten. Es ist seltsam, wie Adam bei all seiner äußeren Leichtigkeit manchmal schwierig und umständlich ist und dabei gelegentlich fast philiströse Seiten herauskehrt. Können Sie sich das denken? Ich habe manchmal das Gefühl, als ob eine gewisse Selbständigkeit bei mir ihn geradezu unangenehm berührt, als ob es ihn gewissermaßen in seinem »Manntum« schädigte, wenn ich alleine eine Schwierigkeit zu parieren hätte, der ich ganz gut allein gewachsen wäre. Und gleichzeitig fühlt er sich durch dieses Beschützertum in seiner Freiheit gehindert. Das sind alles so kleine Sachen, die ich im Stillen konstatiere und die mich manchmal etwas reizen. Es mag sehr arrogant sein, aber im Grunde habe ich das Gefühl, die jeweilige — da habe ich einen Satz angefangen und weiß nicht mehr, was ich schreiben wollte. — Ich will meinen Brief aber heute schließen, da ich den Nachmittag allein bin. —

Wir haben uns in den letzten Tagen über manches ausgesprochen und dann wieder verstehen wir uns so gut. Überhaupt glaube ich, es liegt viel daran, daß wir beide übermüdet und nervös sind. Um das nicht hier zu werden, muß man besser aufeinander eingestellt sein. Daß die Bubiwirtschaft, die er nicht gewohnt ist, ihm etwas auf die Nerven geht, begreife ich sehr wohl. Ich fühle selbst, wie es ermüdet, wenn er immer nebenher trappelt. Heute waren Adam und ich allein in der Stadt, da habe ich den Unterschied bemerkt.

Es ist eine sehr unglückliche Eigenschaft von mir, die Menschen, mit denen ich zusammen bin, nicht leicht so nehmen zu können, wie sie sind. Wenn irgend eine Nuance fehlt, so stört mich das, und beim Adam fehlen viele Nuancen. Ihm selbst fehlt ein gewisses Etwas, was vielleicht im Grunde feminin ist, was aber doch viele sehr männliche Männer haben, eine Art Sensibilität, die sich sehr wohl mit Kraft vertragen könnte und die ich schmerzlich vermisse bei Menschen, die mir lieb sind. Und lieb ist er mir sehr mit seiner einfachen kindlichen, guten Seele. Dies Gefühl geht durch alle kleinen Verstimmungen hindurch. Am liebsten, wenn ich mit ihm allein bin, das ist jedenfalls ein gutes Omen für die Zeit auf Samos. Dort werde ich nun meinerseits versuchen, ihm das Leben so angenehm wie möglich zu machen und zu erleichtern. Ja, lieber Freund, ich *weiß* es wird sehr schön werden, es wird alles wärmer und ruhiger werden. Mit einem Mal konnte es ja nicht werden, und wenn ich ehrlich bin, muß ich mir auch sagen, daß ich bis jetzt mich sehr von meiner Schattenseite gezeigt habe — von der müden, gequälten, die für gesunde Menschen schwer zu ertragen sein mag.

Wie gern möchte ich manchmal so mit Ihnen sprechen, wie in den letzten Münchner Tagen, wenn wir nach Tisch zusammen saßen. Sie haben mir damals unendlich viel geholfen. Es ist ein ähnliches Gefühl, wenn ich Ihnen jetzt schreibe. Damals war ich so dicht am Zusammenbrechen. Ich bin ja jetzt noch ganz benommen von dem Sturm, der damals über mich hinbrauste, mir ist noch, als ob jeder Nerv davon weh täte. —

Meine Gesundheit hat sich übrigens schon sehr gekräftigt, von dem alten Leiden habe ich seither nichts mehr gefühlt. Das ist schon so unendlich viel für mich. Und Adam ist so rührend — seine Sorge um meine Gesundheit. Schrieb ich Ihnen neulich schon, daß ich sogar einen Ritt von 4 Stunden mit Glanz vertragen habe? —

Nun noch etwas von Bubi. Mit ihm ist es trotz aller übrigen Nervoserei herrlich, besonders wenn wir allein zusammen zu Hause, d. h. in dem wunderschönen Hotelgarten mit Aussicht auf das Goldene Horn sitzen. Ich habe es auch zu Hause nie so gefühlt, *wie* das Kind an mir hängt. Ich kann mich kaum gegen all seine Zärtlichkeit wehren. Die Hotelbediensteten nennen ihn »Ahmed Effendi«. Ich glaube, er wird einmal ein rechter Sonnenmensch werden mit einem tiefen weichen Herzen. Dieses kleine Herz hat schon jetzt etwas so Überströmendes. Er ist kaum davon abzuhalten, jeden Straßenhund zu umarmen: die Goldmaus! Er fährt Fiaker und Schiffi und geht mit allen möglichen Leuten durch. —

Eine sehr sympathische Bekanntschaft haben wir hier gemacht; einen Portraitmaler Schadow, der innerhalb der großen Welt lebt — Könige etc. portraitiert und dabei ein so einfacher Mensch mit fast zu wenig Eitelkeit; er hat von uns den Beinamen »Onkel Kêf« bekommen. ... Er will uns in Samos besuchen und mich und Bubi malen.

Übermorgen schiffen wir uns ein. Es ist doch beneidenswert, so durch die Welt zu fahren und so unendlich töricht sich darin durch Kleinigkeiten beeinträchtigen zu lassen, die von einem selbst ausgehen. Es ist ja auch Gott sei Dank nicht die vorherrschende Stimmung. Auch der Schmerz nicht — der grollt nur im tiefsten Innern wie ferner Donner und manchmal schreit er auch auf, die Sehnsucht nach dem Mann, dem meine ganze Seele gehört. Wenn er sie nur an sich reißen wollte — nur einmal — an sein eigenes zerquältes Herz —, das wäre ja genug fürs ganze Leben — es wallt heute noch heiß in mir auf, wenn ich an die letzten Nächte denke, wo ich wie noch nie das Gefühl hatte, daß ich doch ein Stück von seinem Leben bin, daß es auch für ihn ein schmerzliches Losreißen war. —

Und wie mag es sein, wenn ich ihn wiedersehe? Es ist mir ein Schmerz, daß ich sein Bild in München gelassen habe; und doch brauche ich es kaum. Wie oft sehe ich ihn vor mir, seinen dunklen Kopf in meinen Armen, in denen er so oft vom Leben ausgeruht hat, ohne zu ahnen, wie es in mir tobte, höre sein Lachen und fühle seine seltenen Küsse, die mir eine sengende Seligkeit waren. —

Ich will nicht mehr schreiben, mein Freund, denken Sie oft an mich.

Ihre F. R.

Mytilini, 7. Juli 1900

Mein Freund!

Stellen Sie sich vor, daß ich auf Lesbos bin, auf einem Balkon angesichts des Meeres und der blauen Küstenberge; daß vor mir der Hafen mit all seinen Segelschiffen und Quais und die Hafenstraße mit ihrem orientalischen Leben: Gemüseverkäufer, schwerbeladene Pferde, schwarze Buben auf Eseln. Über allem der glühende Himmel; um 6 Uhr früh und doch schon eine gewaltige Hitze.

Adam ist ausgeritten. Bubi liegt und schläft mit geballten Fäusten. Die Wirtin, eine dicke liebevolle Griechin, geht aus und ein. Wir unterhalten uns, ich suche mir die griechischen Worte aus Meyers Sprachführer; was fehlt, wird durch Pantomimen ersetzt. — Hier ist alles ruhig, schön, wohltuend nach dem Lärm in Konstantinopel. Wir haben beide förmlich aufgeatmet.

Es war eine Fahrt hierher, die sich nicht schildern läßt, das Schiff lag den ganzen Nachmittag im Hafen von Konstantinopel, ehe es abfuhr. Um uns her die herrliche Stadt, die bei ihrer namenlosen Schönheit doch etwas so Niederdrückendes, innerlich Totes hat, als ob alle, die darin umhergehen, nicht wirklich leben — nur sich bewegen und sehr viel Lärm machen. — Der Sonnenuntergang und dann die Abfahrt im Dunkeln, wie ringsumher die Lichter schimmerten, und die Nacht auf dem Meer unter dem Sternenhimmel. Wir richteten uns auf Deck ein, dicht neben uns eine Anzahl türkischer Frauen, der Harem irgendeines Pascha, die ein förmliches Lager aufschlugen mit einer großen Laterne. Ich konnte nicht schlafen, ich dachte an den Mann meiner großen Liebe, mir war so weh und so feierlich ums Herz. Über mir lag der andere in tiefem Schlaf. — Gegen

2 Uhr ging ich herunter und tröstete Bubi, der vor Hitze in der Kabine nicht schlafen konnte. Wie gern hätte ich ihn auf die Arme genommen und ihn unter den Sternenhimmel getragen, aber es war droben feucht und kalt geworden. Als er schlief, wieder hinauf. So bin ich bis Morgen zwischen den Sternen und meinem Kind hin und her gegangen. Und dann ging die Sonne auf. Da mußte er doch mit hinauf — Dann ein heißer, langer, wunderbarer Tag auf dem südlichen blauen Meer. Mir ist immer, als ob es zu mir gehörte, als ob es mein Meer wäre, an dem ich aufgewachsen bin, das immer noch als meine Heimat in mir lebt, auch hier, überall. Abends spät kamen wir hier an. Unterwegs hatten wir eine neue Bekanntschaft gemacht, einen Ministeriumsbeamten, Vakan Effendi. Wir haben überhaupt Glück im Menschenfinden. Er half uns überall bei der umständlichen Gepäckwirtschaft, brachte uns ins Hotel, wo wir noch bis 2 Uhr zusammensaßen. Durch ihn haben wir für Adam sehr wichtige Beziehungen gefunden. — In dem Balkonzimmer, das als Salon dient, geht es den ganzen Tag aus und ein. — Da ist Aristaghi Bey, der das Chausseewesen unter sich hat, ein bedeutender, einflußreicher Mann mit interessantem Adlerkopf. Er interessiert sich lebhaft für Adams Unternehmen, hat selbst eine Karte von Samos gemacht, die er ihm gegeben etc. Dann der Vakan Effendi, durch den wir den andern kennenlernten. Er hat nichts von dem etwas vernachlässigten äußern und innern Wesen des türkischen Beamten; im Gegenteil, tadelloses Äußere und Manieren, internationale Bildung, spricht Deutsch und hat Nerven. — Herr von Hellbach, ehemaliger Offizier, der den Kampf gegen den Schmuggel führt, grade jetzt hier ein griechisches Schiff mit Dynamit abgefaßt hat. — Vorgestern kam eine türkische Justizexzellenz, die mit den verschiedensten Leuten ebenfalls in unserm Balkonzimmer konferiert und mit den andern Herren bekannt war. Bubi setzte sich neben die Exzellenz auch in einen Schaukelstuhl und machte Konversation. In einer halben Stunde hatte er aller Herzen gewonnen. Später blieb ich allein mit der Exzellenz zurück und gewann ihr Herz, so daß sie uns ein Empfehlungsschreiben an den Fürsten von Samos mitgegeben hat. — Wenn Sie wüßten, wie stolz ich war und wie ich das Blaue vom Himmel heruntergeredet habe, um den alten Herrn

zu unterhalten, wie ich mein Vaterland verleugnet und den Orient gelobt, die Stellung der türkischen Frauen für die einzig richtige erklärt habe etc.

Bubi befindet sich ausgezeichnet, ihn ficht weder die Hitze noch sonst etwas an. Er bittet um Geld und läßt sich dann auf der Straße die Stiefelchen putzen, meist steht eine ganze Menge Zuschauer herum. Dann will er den Schuhputzer durchaus mit hinaufnehmen. Er ist wie eine Sonne, der sich niemand verschließen kann. — Kein Mensch, der ihm nicht zulächelt. Von wieviel weißen, braunen und schwarzen Händen ist er schon gestreichelt worden.

Jetzt aber leben Sie wohl. Mein einsamer schöner Morgen wird bald herum sein. 1000, 1000 herzliche Grüße. Auch an die andern. Was macht Huch, der Ältere? Es tut mir so leid, daß ich ihn nicht mehr gesehen. Ob Sie die Marie wohl einmal gesehen haben? Addio.

Ihre F. R.

[Vathy] Anfang August [1900]

Mein lieber Freund!

Jetzt sind wir glücklich auf Samos angelangt, sitzen zwar noch in Vathy in dem Hotel, siedeln aber nächster Tage nach Tigani über.

Nun möchte ich Sie bitten, lieber Freund, mir baldmöglichst die berühmte schwarze Mappe nachzuschicken, aber eingeschrieben, ja? Ich möchte gern bald anfangen mit dem verwünschten Roman[1] und habe einen Teil des Materials darin. Wenn Sie sich vorstellen können, wie ich mich auf einen stillen Ruheplatz freue — auf Ruhe, Alleinsein, auf Sichselbstbesinnen. Landschaftlich ist es hier viel schöner, wie ich mir gedacht hatte; die Bucht ringsum von Bergen eingeschlossen, die Stadt selbst entzückend malerisch, d. h. inwendig, wenn man darin herumstöbert, mit den weißen Steinen gegen den blauen Himmel und den entzückendsten Schlupfwinkeln. Ja, lieber Freund, es ist hier im Orient überall eine Welt von Schönheit, die sich einem vielleicht doppelt einbrennt, wenn man mit wehem Herzen darin herumgeht. Und das will nicht schweigen. Ich hätte aufatmen wollen,

---

[1] Der Roman »Ellen Olestjerne«.

alles von mir abschütteln, vergessen, wenigstens auf eine Zeit lang; aber der Schmerz, die große Traurigkeit läßt mich nicht los. Und eigentlich empfinde ich es auch als das beste, daß sie immer neben mir bleibt.

Und Adam fühlt es wohl, daß etwas auf mir lastet, nur schreibt er es andern Sachen zu. Aber es ist schuld daran, daß wir uns schlecht verstehen. Wenn ich ihm alles sagen könnte, ich glaube, es würde dann erst unsere wirkliche Beziehung zueinander herauskommen; aber ich kann nicht. Mir ist der Mund wie verschlossen, wenn ich nur daran denke.

Also jetzt in den nächsten Tagen packen wir unsere Habe und den Bubi auf Maultiere und siedeln nach Tigani über. Es ist ein kleines Dorf am Meer, wo A. ein Häuschen schon gemietet hat. Es wird eine Erlösung sein, aus diesem Hotelleben herauszukommen, die ganze Zivilisation los zu sein; jeder an seiner Arbeit, der Bubi mit dem nötigen Platz zum Spielen. Ich glaube, in 14 Tagen werde ich Ihnen ganz anders schreiben wie heute, wenn ich den ganzen Tag mit dem Bubi am Meer liege, mich nicht mehr anziehen muß, um auf den Quai zu gehen, wo man den Leuten, mit denen Adam praktischerweise anknüpfen mußte, nicht entgehen kann. Da wird es aber doch Ruhe sein.

Der Bubi ist süß, herrlich, einzig, er hat München längst vergessen. »Jetzt sind wir Samos.« Interessiert sich für alles und ist sehr lieb mit seiner Mama.

Und damit Lebewohl für heute.

Ihre F. R.

Vathy, 16. August 1900

Mein lieber Freund!

Ich bin etwas müde heute, diese Tage die ersten Ausgänge gemacht und zwei Nächte schlecht geschlafen. Es geht nämlich momentan sehr wild zu hier in Vathy. Der Fürst ist abgesetzt worden, gestern abend hatte man die Bestätigung, und die Jugend von Samos amüsierte sich mit Demonstrationen, Feuerwerk, Umzug mit Fackeln etc. Es war aber viel zu temperamentlos. Außerdem hat sich eine Brandstifterbande organisiert; vorgestern und gestern nacht wurde je ein Haus niedergebrannt. Adam war ganz Mann der Tat, löschte mit und organisierte.

Ich begnügte mich damit, vom Balkon aus zuzuschauen.

Wenn ich bei so etwas dabeistehe, empfinde ich eigentlich vor allem die Wonne der Zerstörung, die Freude an dieser Gewalt und habe beinah ein Gefühl von Verachtung für all diese Ameisen, die da herumkrabbeln, um ihre Ameiseneier in Sicherheit zu bringen, und Wasser schleppen. Aber das ist vielleicht sehr kindlich. Ich dachte dabei auch an Sie — ich kann mir Sie viel eher als jubelnden Zuschauer denken wie beim Löschen.

Vom Bubi habe ich Ihnen noch gar nichts geschrieben. Es ist gerade, wie wenn man es überflüssig finden könnte zu konstatieren, daß die Sonne scheint. Ich wollte, Sie sähen ihn einmal leuchten. Es muß etwas an dem Kind sein, was alle Menschen zu ihm hinzieht. Er ist mit ganz Vathy befreundet ... Ich muß ihn wohl oder übel allein herumlaufen lassen, da man ihn doch nicht in das Zimmer einsperren kann. So nimmt er morgens seinen Hut, adieu Mama und schiebt ab. Wenn ich ihn allein für mich habe, ist er so namenlos lieb. »Meine schöne Mama, meine süße Mama«, manchmal aber auch »du böse Mama« im Ton der tiefsten Überzeugung. Beim Anziehen legt er sich auf den Boden und küßt mir die Füße. — Ich glaube, außer wenn es von Ihm wäre, würde ich es förmlich als Verbrechen empfinden, noch ein Kind zu haben; es müßte eben durch das »von Ihm« wie ein seltenes Heiligtum sein, wenn ich es neben dieses Heiligtum, das ich besitze, stellen könnte. Wenn ich so allein bin und nachdenke, da kommt es doch immer wieder über mich: in zwei Monaten! — Und er muß ja wieder zu mir kommen, ebenso wie er damals im Frühjahr wiederkam. Eigentlich ist es doch sonderbar, so davongelaufen zu sein. Daß man das aushält.

Nach Ihrem nächsten Brief verlangt mich sehr. Tausend Grüße von Bubi und mir.

Ihre F. R.

Tigani, 16. September 1900

Mein lieber Freund!

Jetzt haben Sie sehr, sehr großen Dank für Ihren Brief. — Endlich kam er. Können Sie sich denken, daß ich förmlich aufge-

atmet habe« es kam mir vor, als ob ich lange geredet hätte, ohne daß mir jemand antwortete. Die Sendung war weit über Triest gegangen, drei Wochen unterwegs gewesen (über Konstantinopel geht es schneller); so werden Sie sich gewiß schon gewundert haben, daß ich den Empfang nicht eher angezeigt. — Haben Sie Dank für all Ihr liebes Sorgen. Sie können jetzt sehr beruhigt an mich denken. Die Nervenanstalt Tigani fängt an, Wunder zu tun. Ich sagte Ihnen schon in München, daß ich trotz des schweren Losreißens später froh sein werde, mich losgerissen zu haben, und das ist auch wirklich eingetroffen. Es wird mir sogar in mancher Beziehung sehr schwer werden, hier wieder fortzugehen, von diesem blauen Meer und Himmel und von all der Sonne und Ruhe, vor allem von der Einsamkeit. Wie lange Jahre habe ich nicht gesucht und nicht gefunden. — Wenn ich auch in München viel einsam war, es waren doch immer Leben und Menschen um einen her, Straßen und Trambahnen und alles das. Ja, lieber Freund, es ist wirklich ein Bad der Wiedergeburt und Erneuerung des heiligen Geistes. Ich bin förmlich geizig mit jedem Tag. Jetzt sind es nur noch sechs Wochen, aber ich glaube fast, es wird dann doch, wenn es so weit ist, ein wildes Heimwärtssehnen kommen. Und die Reise soll auch schön werden. Smyrna, Athen, wenn es der Stürme wegen geht, wollen wir ganz zur See zurück, bis Hamburg. —
Für heute also ein herzliches Lebewohl und Dank.

Ihre F. R.

Der Roman ist angefangen. Das leidige Rauchen, wenn auch nicht ganz abgewöhnt, so doch auf wenige Zigaretten reduziert. Ich denke im Rest der Zeit noch große Fortschritte in beidem zu machen.

Vathy, 18. Oktober 1900

Mein lieber Freund!
Die Brandstifter scheinen sich auch beruhigt zu haben. Es war damals hier eine etwas unruhige Stimmung, da der Fürst entthront werden sollte. Wir erlebten seinen Sturz auch noch, aber die »Demonstrationen« machten einen direkt kindischen, törichten Eindruck. Es wurde mit Blecheimern gerasselt und ein Umzug von Gassenbuben. Den nächsten Tag packte der Fürst seine

Sachen, verkaufte seine alten Bierflaschen und reiste ab. — Von allgemeinen Unruhen, wie in den Zeitungen stand, die etwa gefährlich werden können, war keine Rede. —

Also Sie sind auch einverstanden, daß ich nicht nach Paris gegangen bin. Es wäre in jeder Beziehung verfehlt gewesen. Ich hätte mich auch gar nicht losreißen können. Mir wird Samos in der Erinnerung immer wie ein Traumbild vorkommen, in dem ich einmal vom Leben ausruhen durfte, und mir ist jetzt so zumute, wie wenn man morgens im Bett liegt und sich nicht entschließen mag, ganz aufzuwachen.

Vathy, 3. 11. [1900]

Mein lieber Freund.

Haben Sie den allerherzlichsten Dank für Ihren Brief — das war wieder, als ob Sie mir gegenüber saßen und mit mir sprächen. — Ich weiß nicht warum, aber es ist mir so lieb, Sie wieder in München zu wissen, in »unserer Heimat«.

Nachträglich habe ich nun doch gefürchtet, Sie durch meinen letzten Brief, der sich gerade mit Ihrem gekreuzt hat, beunruhigt zu haben. — Um so bessere Nachrichten kann ich Ihnen heute geben. Bubi ist viel besser, wenn ich ihn auch noch vorsichtshalber einen Teil des Tages im Bett lasse. — Ich atme wirklich wieder auf, denn wenn es auch von Anfang an ganz ungefährlich, so hatte ich doch beinahe das Gefühl von Gewissensbissen, daß ich ihn dem Risiko des Klimas ausgesetzt hatte. — Jetzt gleich abzureisen halte ich aber doch nicht für praktisch —, es handelt sich jetzt ja sowieso nur noch um 3 Wochen. Dann will auch Adam auf jeden Fall heim. Obgleich mich jetzt manchmal ein gewaltiges Heimweh anfällt — besonders, wenn ich so die Schiffe kommen und abfahren sehe —, so möchte ich eben doch nicht fort, solange er noch hier ist. Und gerade jetzt ist es so wunderbar schön. Alle 8 bis 14 Tage ein Gewitter, dazwischen die schönsten Sonnenherbsttage, die Luft ist beinahe wie Wein.

Adam hat mit *unendlichen* Schwierigkeiten durchgesetzt, daß er vorläufig weiter arbeiten kann und ist heute noch nach Mytilinous. Ich denke Mitte der Woche mit Bubi nachzufolgen und freue mich darauf noch 3 Wochen Landeinsamkeit. Meine Augen sind wieder gut und auch dieses Mißgeschick schon wieder ver-

gessen. — Übrigens soll ich Ihnen von Adam sagen: er hätte so
und so viel Mal angefangen, an Sie zu schreiben, ist aber immer
noch nicht dazu gekommen. In Tigani war er abends meist so
müde, daß es nicht mehr gehen wollte, und in der letzten Zeit
hier hatte er so viel geschäftliche endlose Briefe. Jedes Mal, wenn
ein Dampfer abging, kam es wieder nicht dazu. Aber Sie werden es ihm nicht übelnehmen. Er freut sich so darauf, mit Ihnen
im Winter viel zu verkehren und hat mir mehr wie einmal gesagt, daß die Bekanntschaft mit Ihnen etwas von dem Seltenen
ist, was man nur hier und da im Leben findet. —
Ob ich Ihre Werke wohl verstehen kann oder sind sie sehr wis-
senschaftlich? Ich erwarte von Ihnen — wie soll ich sagen —
Worte, die noch niemand geredet hat. Sie gehören für mich zu
den Menschen, die »fliegen können«, zu den sehr seltenen. —
Der Bubi schwätzt so, daß ich kaum schreiben kann. — Es ist zu
süß, was er jetzt immer alles zusammenplauscht. Ich freue mich
auch so darauf, wenn Sie ihn wiedersehen.
Momentan bin ich mit Feuereifer am Griechisch lernen, da ich es
später auszunutzen gedenke. Der Doktor gibt mir jeden Tag
1 Stunde. Der Roman ruht wieder, da man hier zu wenig Ruhe
hat. Ich habe mir von meiner ersten Jugendliebe meine Briefe
wiederschicken lassen und lese viel darin. Es steckt so viel von
meinem Leben darin, und für das Buch sind sie mir eine große
Hilfe. Manchmal wird mir ganz wehmütig dabei und doch auch
wieder so ganz das Gegenteil. Ich bin doch im tiefsten Grunde
einverstanden mit dem Leben, mit *meinem* Leben. Ich denke,
das Buch muß etwas werden. Und ich bin jetzt fest entschlossen,
den Winter ausschließlich daran zu arbeiten, nicht zu übersetzen.
Gleichzeitig mit diesem Brief geht einer an den Langen[1] ab, mit
kühnen Vorschlägen, die darin bestehen, daß er mir weiter Vorschuß geben soll, obgleich ich nicht für ihn arbeiten will. Am
liebsten möchte ich mich radikal mit ihm verkrachen, denn ich
bin jetzt fest entschlossen, diese Schinderei der letzten Jahre nicht
weiter zu treiben.
Aber ich muß für heute schließen, lieber Freund, sonst kommt
der Brief wieder nicht fort. Von Adam soll ich Ihnen noch

---

[1] Der Münchner Verleger Albert Langen. Er gründete seinen Verlag
für Literatur und Kunst 1893 in Paris.

sagen, man möchte entschuldigen, daß er den Betrag für die Essays immer noch nicht geschickt hat. Wir haben entsetzlich viel Geld gebraucht, jedes Mal, wenn eins kam, war es gleich wieder verschlungen. — Und der gute Adam, es ist nämlich wirklich ein Genuß, ihn mit Geld wirtschaften zu sehen, ungefähr so wie der Bubi mit Steinen spielt. Er wird aber sehr bös, wenn ich ihn damit necke. Er wird es jetzt aber jedenfalls entweder noch von hier oder sofort nach der Ankunft in München zustellen. — Wenn Sie uns die Essays noch schicken wollen, würde es uns sehr freuen, gerade als Reiselektüre. Ich rechne, daß Sie diesen Brief ca. am 15. haben. Wenn Sie sie dann gleich abschicken, für A. Hentschel, Generalkonsulat in Smyrna und via Konstantinopel (das der nächste Weg ist), so nehmen wir sie dort mit, da wir über Smyrna fahren. Aber eingeschrieben.

Nun Lebewohl für heute und 1000 herzliche Grüße von Ihrer Freundin und Bubi.

München, Frühjahr 1901

Mein Freund!

Nun sind Sie nicht gekommen. Ich schrieb Ihnen zu Frau B., jetzt glaube ich, daß Sie noch draußen sind. Es wird alles melancholisch und grau sein, und Sie denken vielleicht, warum noch kein Wort von mir gekommen ist. Sie sollen nicht traurig sein und nicht schlecht schlafen. — Ich möchte Sie ganz froh wissen, und ich bin auch traurig. Ich glaube, durch alle tiefen und wogenden Augenblicke des Lebens geht immer diese tiefe schmerzliche Wehmut — so wie heute früh das Wetter war mit schwerem warmen Regen und sonderbar lichtem Himmel. Wenn man hinaussah, war es, wie wenn man von einer schönen Empfindung durchschauert wird, daß man die Tränen fühlt, ohne sie zu weinen.

Es ist sonderbar, wie mich das anrührt, was Sie schreiben. Ja, wir zwei Allereinsamsten; und das wird uns nie verlassen, auch wenn wir uns am allernahesten sind. Dann fühlen wir es noch mehr.

. . . Ich bin oft bei Dir und ich behalte Dich immer lieb.

München, 24. April 1901

Mein lieber Freund!

Ich war diese Tage so müde, daß ich nicht mal zu ein paar Zeilen kam, und danke Ihnen erst heute für Ihren lieben Brief, der gestern abend kam mit den weißen Frühlingsblumen. Die andern stehen da und duften und trinken Wasser, als ob sie lebend wären.

Der seltsame Druck, der an jenem Abend auf uns beiden lag, hat sich mir schon wieder gelöst. Ob Sie das auch auf die Entfernung gefühlt haben? — Ich möchte doch, daß Sie den schw. M. anders empfänden, aber ich kann auch so gut begreifen, daß Sie es nicht tun. — Denn in mir, trotz aller Reflexionen, lodert es doch immer wieder auf. Ich kann mir tausendmal sagen, es ist nicht der Mensch, den ich brauche, er ist mir fremd, ich gehöre ihm ebensowenig wie irgendeinem andern; ich bin doch an ihn geschmiedet und er an mich. Mag er sein, wie er will und was er will. Morgen denke ich nun einmal hinauszufahren. Ich freue mich auf die Einsamkeit und habe doch etwas Angst davor. In der ersten Zeit wird mich mancherlei Heimweh überfallen, ich kenne das, so ein allgemeines Gefühl von heimatloser Umhergetriebenheit. Warum bin ich jetzt eigentlich hier, und wo gehöre ich hin?

Heute und Sonntag abend war ich mit Adam im Leopold, und inzwischen habe ich in meinen Jugendbriefen gelesen und war weit fort.

Und jetzt ist es spät geworden. Sie sitzen vielleicht noch in dem Mittelzimmer und denken: jetzt denkt sie nur noch an schwarze Männer. — Aber sie denkt auch an blonde. — Nun will ich schlafen. Gute Nacht.

München, 29. April 1901

Mein Freund!

Aus meinem spärlichen Schreiben können Sie kaum sehen, wie ich Ihnen für Ihre Briefe danke. Ich bin in einer so zerflatterten Stimmung, daß ich nicht einmal recht schreiben kann. Ich fühle, daß es Zeit ist herauszugehen und das Ausdehnen des vorigen Sommers fortzusetzen, wo es damals aufhörte, und fürchte mich wieder davor, vor den ersten Tagen und Wochen. Das ist immer so. Ich hasse München und die Stadt und die Menschen, solange ich dazwischen bin, alsdann kommt das Heimweh — und eine Art Angst. — Schon aus dem Atelier herauszumüssen, in zwei ungemütliche Zimmer in einer ungemütlichen Straße, wo andre Leute auf dem Flur wohnen (schrieb ich Ihnen schon, daß ich solche in der Belgradstraße gemietet habe — um 15 Mark?) — das ist aber die beste Garantie, daß ich so rasch wie möglich fortgehe und selten oder kurz in der Stadt sein werde. Ich will zuerst nach Lenggries, es liegt entzückend, ist ländlich und in dieser Zeit noch sehr still. Ein anheimelndes Wirtshaus mit Garten und Lauben, draußen die Berge und das Flußtal. Da werde ich dann schreiben, darauf freue ich mich jetzt beinah; ich habe so das Gefühl, als ob sich das Buch in mir weiterbaute, während ich gar nichts daran tue. Weiter will ich mir nichts vornehmen. Wissen Sie, was mich fast am wehmütigsten stimmt? Daß ich nicht wieder in den blauen Süden fahren kann. Immer wieder denke ich: voriges Jahr um diese Zeit. — Aber in mancher Weise soll dieser Sommer besser werden. Vor allem will ich jetzt nicht wieder krank sein. Das ganze Bummelleben dieses Winters hat mich wieder nervöser gemacht.

Aber glauben Sie nicht, daß ich mich überhetze. Ich rühre eigentlich keinen Finger, möchte mich nur strecken und dehnen, zehn Jahre schlafen für die letzten zehn Jahre Leben, in allem ausschlafen, ausruhen. Dann wache ich vielleicht noch einmal ganz auf. — Wenn ich erst ein bissel draußen mich eingesponnen habe, machen wir eine schöne Bergtour zusammen. Die erste Zeit will ich lieber ganz allein sein — bis ich die Einsamkeit wieder liebgewonnen habe.

Heute abend hat mir das Schreiben an Sie geholfen. Ich habe den Tag über so entsetzlich gesponnen. Es geht mir manchmal so, wenn ich tags lange schlafe, und dann beim Aufwachen kommt mir die ganze Welt so leer und fremd vor. Jetzt will ich Ihnen gute Nacht sagen und dann wieder versinken. — Könnten Sie doch die schwere Wonne des Schlafens auch so empfinden. Das ist mir beinah das Schönste an meinem jetzigen Leben, daß ich schlafen kann, soviel ich will. Leben Sie wohl, auf Wiedersehn Mittwoch.

Mein lieber Freund.

Haben Sie Dank für die schönen Blumen. Sie haben mich mehr gefreut wie alle anderen, als ob sie durch unser gestriges Gespräch eine besondere Weihe empfangen hätten oder das Gespräch durch die Blumen.

Seien Sie mir nun nicht böse, lieber Freund, wenn ich Sie *doch* um das Gedichtbuch[1] bitte – ich will mir dieselben nämlich nur abschreiben und Ihnen dann die Urniederschrift zum Andenken dedicieren. Es ist für mich eine Art Tagebuch, das ich als Stimulanz für meinen Roman brauche, das verstehen Sie gewiß.

Übrigens habe ich noch ein Dokument aus meinem 16. Jahr gefunden, das ich Ihnen ebenfalls bestimmt und gestern vergessen habe Ihnen zu geben.

Kommen Sie doch morgen mittag ins Leopold und bringen es mir bitte eingewickelt zurück. Sie bekommen es dann vor der Abreise wieder.

1000 Grüße   Ihre F. R.

Lenggries bei Tölz beim Altwirt
11. Mai [1901]

Mein lieber Freund.

Heute morgen fand ich Ihren lieben Brief auf dem Tisch. Haben Sie Dank. Nun sind Sie auch wieder draußen und haben eine ruhigere Stimmung wiedergefunden. Als ich an dem Abend mit Adam las, wollte es mich schon für Sie besorgt machen. Ich weiß ja, wie Sie, wie wir alle jeden selbst jeden nur in Worten erlebten Rausch büßen müssen. Und seltsam ist es, daß ich den ganzen Abend das Gefühl hatte, Sie beide müßten jetzt zusammensein. – Warum muß es Ihnen jetzt schlecht gehen – ich will bald frohe Nachrichten von Ihnen haben – von mir kann ich Ihnen nur das Beste sagen, mich hat diesmal ein guter Stern geleitet. In dem Augenblick, wo der Zug wegfuhr, schrie es in mir auf, nein, ich will nicht fort. – Aber dann, als er weiterrollte, wurde mir immer friedlicher, beinahe apathisch zu Mute. Schon im ersten

---

[1] Die ungedruckten, sentimental-pathetischen Jugendgedichte F. R.'s, vornehmlich aus der Lübecker Zeit, die sie Klages geschenkt und von denen sie später nur eine Abschrift genommen hatte.

Gasthaus in Tölz berührte mich alles sympathisch und hier erst recht. Das seltene Gefühl, sich sofort an einem Ort wohlzufühlen und: da kann ich bleiben. Diese wunderbare Ruhe, das große geräumige alte Haus mit richtigen Landwirtshauszimmern. Ich habe einen förmlichen Saal mit anspruchslosen hellen Möbeln, dabei aber jede Bequemlichkeit, sogar ein Sofa. Der Bubi hat Gefährtinnen an den Kindern des Wirts, mit denen er im Saal oder im Garten spielt. Natürlich bin ich einziger Gast, habe sogar ein separates Eßzimmer, wo nur der Wirt sein Bier trinkt, und das geheizt ist. Also alles so, wie ich es hätte haben wollen und ich fühle mich hier wirklich wohl und glaube hier die richtige Stimmung bald zu finden. Die letzten zwei Nächte habe ich so intensiv geschlafen, daß mir förmlich schwer im Kopf ist. Das wird aber von Tag zu Tag besser werden. Ich werde ein richtiges Training beginnen, habe es schon begonnen, um 9 zu Bett ist der Hauptpunkt und viel gehen. Die Wege sind sehr schön, voller Frühlingsblumen und blauer Gebirgsluft und die tiefe Einsamkeit. Die Landleute empfindet man nie als störende »Menschen«, und andere sieht man hier nicht.

Sonntag

Heute habe ich fast den ganzen Tag mit Bubi im Freien verschwelgt, es ist ein wunderbarer Weg an der Isar entlang auf die Jachenau zu; den gehen wir immer wieder oder liegen im warmen Sand und finden Blumen und Blindschleichen und Schaffamilien. Und er ist in einem Entzücken, wie tief gerührt über jedes Tier und jede Pflanze. Ich muß ihn mit draußen haben und er kann hier viel besser laufen wie in der Stadt. Heute sind wir immerhin 2 Stunden gegangen ohne Gemaunze. —

Jetzt kommt meine heilige Stunde, es ist halb neun. Ich wollte nur, ich könnte Ihnen oft meinen Schlaf schenken. Warum soll ich das allein haben?

Übrigens habe ich mein Versprechen nicht gehalten und schon angefangen zu arbeiten, aber in guter Verteilung, das Bett bekommt 12 Stunden, der Diwan eine, die Gitarre auch 2, und wenn es so Wetter ist wie heute, bin ich die übrige Zeit draußen, nehme mir ein Heft mit und schreibe dazwischen, auch zu Haus mal eine halbe Stunde. — Um 7 Uhr abends bin ich schon so müde, daß ich Briefe schreibe wie den hier. —

Und jetzt gute Nacht. Denken Sie daran, daß mir ganz selten wohl ist, aber fühlen Sie nur an sich selbst mit, wenn mir schlecht ist. Nach München werde ich wohl nicht bald kommen, ich bin geradezu eifersüchtig auf meine Einsamkeit. —
Leben Sie wohl.

Ihre F. R.

[Lenggries, 18. Mai 1901]

Mein lieber Freund.

Wie haben Sie mich heute erfreut. Ihr Paket lag auf meinem Platz, als ich morgens herunter kam, und machte mir ganz geburtstäglich zu Mute. Beinahe hätte ich gedacht, Sie und Adam würden heute herauskommen, als ich gestern Ihr Telegramm bekam. Ich war heute nicht gern allein. Kennen Sie auch die Schwermut, die sich an ein bloßes lächerliches Datum binden kann, Kindererinnerungen und später die Wehmut nach *der* Jugend, die wir nie wiederfinden, die uns zertreten worden ist, ohne einmal wirklich zu blühen. Das hat mich heute förmlich niedergehalten, obgleich ich alle anderen Tage froh war. Es kam freilich noch ein körperliches Schlechtbefinden dazu. Wenn man eben so schön in der Arbeit drin ist, und dann auf einmal ein paar Tage wieder ausspannen, das verstimmt mich leicht.

Ich saß bei Morgensonne im Garten und las Ihre Gedichte — und dachte an unsere Abende im Schloß[1], wenn ich auf dem Bett lag und Sie lasen. Es waren doch Feste, Du hast mich in den Armen gehalten, in Seide gehüllt, mich, die noch nie einem Mann gehört hat und auch nie einem gehören wird. Es kommt mir vor, als ob ich dann zerrinnen würde und nicht mehr sein. Ist es nicht sonderbar? Als ob man eigentlich nicht ganz auf der Erde lebte, es ist doch etwas in uns, was so ganz unwirklich ist.

Und an den einen Abend dachte ich, wo ich zum zweiten Mal da war und wir von der »Todesmüdigkeit« sprachen. Lieber Freund, Sie sind nicht allein gekreuzigt, ich bin es auch. Es ist ein fürchterliches und treffendes Wort. Vielleicht bin ich der Schächer, der zur Rechten gekreuzigt und dem gesagt wurde: Du wirst mit mir im Paradiese sein.

— Wie lieb war es von Ihnen, daß Sie die 1001 Nacht nicht ver-

[1] Schloß Höhenroth, Gemeinde Wildenroth bei Grafrath.

gessen haben, ich habe heute den ganzen Nachmittag darin gelesen, es hat mich so sehr gefreut, die weiße Tulpe steht auf meinem Tisch und ist wieder aufgeblüht. —

Was sprechen Sie immer davon, daß andere Menschen »Schenkende« sind? Sie sind der am meisten Schenkende. Was haben wir nicht in diesem Winter von Ihnen genommen! Das hat Adam so gut gefühlt wie ich. Ich habe Ihnen oft gesagt, daß mir mit diesem Jahr ein ganz anderes Leben angefangen hat — das hat nicht nur das Ausruhen getan, ich habe von Ihnen unendlich viel genommen. Es ist mir so, als ob Sie einem die Augen anders machten, Schleier davon wegnähmen. — Aber ich kann es nicht so sagen, wie ich es meine. — Und es muß noch sehr vieles werden, ich habe immer das Gefühl: Wartet noch etwas; meine Stunde ist noch nicht gekommen — als ob es noch nicht hell genug brennt um zu leuchten.

Ich will schlafen gehen, mein Freund, in meinen Brunnen versinken, das ist immer noch nicht genug, ich schlafe noch schwer, wie ein Arbeiter und so, daß ich mich morgens zerschlagen fühle. Ich schlafe jetzt mein ganzes Leben aus, aber dann will ich doch einmal aufwachen. —

Zum Bubi sagte ich heute, nun hast Du eine ganz alte Mama! — »Nein, das ist ja ganz neue Mama. Du bist ja ein Bams.«

— Wo findet das Göttertier solche Worte, mir war wirklich, als ob ich dadurch jünger wäre. Vorgestern nacht fuhr er aus dem Schlaf auf und stürzte in mein Bett und schrie vor Angst, ich solle Licht machen. Dann saß er da an mich geschmiegt und sah ins Zimmer hinein und sagte voller Angst: jetzt kommt es wieder. Es war unheimlich, er war in dem Augenblick kein Kind, als ob er das Entsetzen des Lebens fühlte. Auch ich fürchtete mich mit ihm. —

Aber nun leben Sie wohl, gute Nacht — und noch viel Dank für alles Liebe.

[Lenggries, Mai 1901]

... Wie ich nach Hause komme, finde ich Ihren Brief — lieber Freund, Sie müssen sich doch wirklich nicht gleich Sorgen um mich machen — das kommt gewiß von Ihrer schrecklichen Schlaflosigkeit — wenn ich die Ihnen doch wegnehmen könnte. — Sie sind viel mehr Sorgenkind wie ich, ein ganz schlimmes. Daß nicht einmal das Morphium Ihnen hilft, sondern das Gegenteil bewirkt, finde ich wirklich beunruhigend. Haben Sie wieder viel gearbeitet? Und nun gehen Sie wieder in das staubige München. Eigentlich kommt es mir ganz schändlich vor, daß ich so wohl dran bin und Sie so schlecht. Diesmal hat Ihre Ahnung nicht recht gehabt, weder in bezug auf mein Befinden noch auf S. M. Ich fühle mich mit jedem Tag gesünder, nur die Schreiberei wünschte ich mir erst am Ende. Ich möchte wochenlang absolut gar nichts tun. Und dann malen. Aber ich glaube, in 2 Monaten bin ich fertig. Denken Sie einmal, dann keine Feder mehr anrühren müssen.

— Jetzt ist Nachmittag, ich sitze unter den Kastanienbäumen im Garten wie täglich mit der Schreiberei. Vormittags tue ich gar nichts, höchstens etwas Gitarre spielen, meist bummeln Bubi und ich zusammen durch die herrliche Natur.

Manchmal glaube ich wirklich, daß mir ganz die Gesundheit wiederkommt und die Freude. Wenn ich nur nicht mehr tun muß, was ich nicht mag. — Auf meinen Tisch schneit es rote und weiße Flocken nieder. Im Roman bin ich bei meiner schönsten Frühlingsperiode. Dann kommen die Schwüle und die Stürme.

Leben Sie wohl mein Freund, ich kann heute nicht recht schreiben, aber bald mehr. Möchte Ihnen der Schlaf und auch mehr Sommerfreude wiederkommen. Ihre

F.

[Lenggries, etwa 5. Juni 1901]

Mein lieber Freund.

Haben Sie meinen Brief nicht recht verstanden — denn Sie schreiben: ich weiß nun nicht, wie ich dran bin und will Sie nicht mehr mit Leidensberichten quälen. Habe ich denn irgend etwas gesagt, was so klingen *könnte?* Ich habe nur gemeint, Sie sollten sich um mich nicht so viel und oft Sorge machen, und zwar schrieb ich das aus dem Gefühl heraus, daß es mir ungewöhnlich gut geht und es mich gewissermaßen kränkte, daß Ihnen nicht ebenso war. Sie verdienen, daß ich Sie gehörig schelte, wenn Sie so dummes Zeugs aus meinem Brief herauslesen. — Ich glaube, Sie äußerten einmal den Wunsch, dies Jugendbild von mir zu haben. Ich habe noch eins aufgetrieben, wollen Sie es behalten? Es ist mir gar nicht lieb, Sie wieder in München zu wissen, besonders jetzt, wo es wieder so heiß ist. Ich habe Angst, daß Sie die Erholung von Wildenroth bald wieder einbüßen, aber das darf nicht sein. Daß Sie einmal ganz lange ausspannen können, muß auch noch kommen.

Lieber Freund, wenn auch in weit schwächerem Maßstabe fühle ich an mir dasselbe, was Sie von der Gefahr der Selbstzerstörung sagen und gerade bei diesem Roman. Fortwährend versuche ich es mit einer anderen Tagesordnung und fühle immer wieder die einzige, die mir bekommt, ist gar nichts zu tun. Bisher hatte ich des morgens im Freien gebummelt, nachmittags geschrieben, das war zu wenig. Nachdem ich 2mal auch abends gearbeitet habe, fangen die Nerven schon wieder an, aufwachen mit Kopfweh etc. Jetzt will ich viel abends spazierengehen, vormittags im kühlen Garten schreiben. Die Hitze ist jetzt von morgens um 9 Uhr an schon sehr drückend hier zwischen den Bergen ... und mit dem Bubi. Überhaupt Mutter sein resp. Kindermädchen, und mit dem Kopf etwas produzieren sollen, ist ein Unding. Ich wollte jemand für ihn nehmen, aber habe noch niemand gefunden.

Da es vormittags und nachmittags auch zu heiß ist, um ihn spazieren zu schicken, er also immer auch im Garten bleiben müßte, käme es auch auf dasselbe hinaus.

Dabei faßt mich jedes Mal, wenn ich arbeite, eine wahnsinnige Ungeduld, damit fertig zu werden.

Der gute Adam war einen Tag hier. Ich habe ihn dann gebeten, auch nicht wiederzukommen, bis ich mit dem Ärgsten durch bin. In 3 Wochen komme ich also bestimmt nach München. Vielleicht bleibe ich dann etwas länger, ich möchte es Ihnen und Adam vorlesen – wenn Sie Zeit haben.

Mein Brief ist nun doch wieder einen Tag liegengeblieben. Es war Gewitterluft, aber so, daß man völlig gelähmt war. Ringsum am Himmel bleierne Wolken, die einem förmlich die Luft raubten. Gestern nachmittag brach es los, stundenlang, und dann der herrliche Regen. Als ob Bergeslasten von der Seele fielen, so war es mir.

Ich ging noch spät auf die Landstraße und sah das Abendrot, die ganze Erde war eben aus dem Bad gestiegen. Jetzt wird das Arbeiten auch wieder besser gehen. — Ich habe eine flehende Bitte an Sie, bitte schicken Sie mir Zigaretten, aber Eile ist not. Adam versprach es, verbummelt es aber, comme toujours. So halbe Morphinisten sind wir doch alle. Ich bekomme beinahe Selbstmordgedanken, wenn ich keine menschlichen Zigaretten habe, trotz allen Versuchen, sich selbst auszulachen. —

So mein lieber Freund, nehmen Sie die gegenwärtige Öde meiner Seele mit Nachsicht auf. Es ist so, als ob alle Gedanken wie Ameisen am Roman bauen; — wenn nur wenigstens ein schöner hoher Ameisenhaufen dabei herauskommt. Aber so ungefähr ist mir zu Mut. Dazu die Zigarettennot. Aber Sie dürfen doch nicht wieder verkehrt verstehen, wie den letzten Brief. Ich empfand wohl, wie Sie . . . die Fühlhörner einziehen. Schreiben Sie mir, wir Ihnen jetzt in München zu Mute ist — ob Sie wieder besser schlafen? Bubi läuft jetzt auf die Post und steckt die Briefe ein. 1000 Grüße.

Ihre F. R.

[Lenggries, etwa 7. Juni 1901]

Mein Freund.

So viel Dank für Ihren langen und lieben Brief und daß Sie mir so rasch meinen Wunsch erfüllt haben. Ich bin wirklich eine halbe Morphinistin, wenigstens bei der Arbeit. Schreiben Sie mir doch oft, ich brauche es gerade jetzt so sehr. Heute war ich wirklich in Versuchung, Ihnen zu telegraphieren: Kommen Sie morgen — denn morgen ist Festtag hier und mit der Arbeit schwierig, weil kein ruhiges Plätzchen. Aber ich habe die Versuchung doch bestanden. Ich darf jetzt wirklich nicht, darf jetzt nur absolut gleichgültige Menschen um mich sehen, wie meine Wirtsleute etc. Manchmal wird es mir doch schwer, ich bin oft in einer so überlaufenden Stimmung, daß man sich ins Gras legen möchte und Bände Jean Paul lesen. Wie freue ich mich auf die Märchen, jetzt versage ich sie mir auch und lese nur mittags Kitschromane. Und dann wieder die Angst, daß es doch nichts Gescheites wird oder das Nagen sonst längst vergessener Lebensdinge, die mit einmal wieder aufwachen. Ja, lieber Freund, ich gerate manchmal fast in Raserei, wenn ich so hineinkomme, was mir alles zerschlagen ist

und was ich *nicht* erlebt habe. Ich glaube bei den letzten Kapiteln werde ich ganz wild und sentimental und verzweifelt. — Nein, Lieber, diesmal kann ich Ihrem Rat nicht folgen, ich *muß* die erste Niederschrift in einem Zug fertig machen, und zwar so bald wie möglich. Wenn die erst mal da ist, wird mir ein großer Alp von der Seele sein. Dann will ich mir auch mehr Zeit lassen. Jetzt hindert mich der Heuschnupfen sowieso an Spaziergängen, außer abends, da sitze ich den ganzen Tag im Garten — Gott sei Dank, daß das nicht lange dauert, 14 Tage wird von jetzt an das Höchste sein. Getreidefelder gibts glücklicherweise nicht, die sind während dieser Zeit einfach mein Tod, aber viel Gras. —
N. B. So lange kann ich auch nicht Eisenbahn fahren. — Wenn Sie wüßten, was ich jetzt für eine Ungeduld in mir habe, ich habe gebebt gestern, weil ich den ganzen Vormittag wegen der vielen Leute nichts tun konnte. Nachmittags fand ich schließlich noch ein Plätzchen.
Gestern habe ich es so intensiv nachgeholt, daß es zum Schreiben an Sie zu spät wurde. Der Bubi und ich haben eben einen schönen Abendgang der untergehenden Sonne entgegen gemacht. Ich sagte einmal: Du gutes Kind, und da antwortete er: Du bist ja auch ein gutes Mamai. — Sie sollen sich überhaupt wundern, was er in der kurzen Zeit für Fortschritte gemacht hat. —
Eigentlich bin ich nun schon ganz lange fort, aber es kommt mir vor wie ein Augenblick und doch wieder, als wäre ich schon ewig hier. — Die Einsamkeit ist doch unsere beste Heimat, nur möchte ich sie noch viel tiefer; — aber ob man dann überhaupt wieder zurückfinden würde zu den Menschen. Ich habe die meisten schon ganz vergessen. —
Nun will ich schließen, sonst warten Sie zu lange. Haben Sie noch viel, viel Dank, daß Sie so rasch meinen ungeduldigen Wunsch erfüllten. Grüßen Sie auch Alma und das Puttikind[1], was macht es denn? Hat sie schon etwas gefunden? — Nun gute Nacht und viele viele Grüße. Schreiben Sie aber wie es Ihnen geht.

Ihre F.

---

[1] Putti — Hedwig Bernhard. Ihre Mutter war Inhaberin der Pension, in der Klages wohnte.

Mein Freund!

Nachdem ich eben meinen Brief fortgeschickt, kommt der Ihre.
Ich liege zur Mittagsruhe auf dem Sofa und bin gerade so in
der Stimmung, wie manches Mal, wenn Sie in München nach
Tisch bei mir saßen. Da will ich doch ein paar Worte mit Ihnen
reden.

Ihr Gespräch mit Alma hat mich ganz bewegt. Wie kommt Ihr
alle dazu, mich zu lieben? Es rührt mich manchmal so sonderbar
an, wie ich mich in meiner Jugend vergebens nach Liebe sehnte,
und jetzt, wo die Jugend (fast) vorüber, kommt von allen Seiten
Liebe zu mir. — Grüßen Sie mir Alma und sagen Sie, sie sollte
sich ihres Schicksals freuen. Wenn die Stunde erst kommt, wird
sie staunen über den Reichtum, der ihr da wird. — Wenn ich
dann in München bin, will ich ihr Blumen bringen ...

abends

Sie waren mir heute den ganzen Tag so nahe; ob Sie besonders
viel an mich gedacht haben?

Ich war nachmittags mit Bubi im Hohenburger Park, ein Schloß,
das irgendeinem Herzog gehört. Es ist ein herrlicher Riesenpark
mit großen Bäumen, Wiesen, Wegen, auf denen noch rotes
Herbstlaub liegt. Ich hatte vermessene Träume — als Schloß-
herrin fahrend, reitend, leuchtende Salons am Abend. Dann
glaubte ich auf einmal in Husum zu sein und zuletzt jenes seltsame Gefühl, daß alles unwirklich sei, die Welt, ich selbst. Ich
konnte mich minutenlang nicht mehr besinnen, wo und wer ich
war. Dann kamen wir in strömendem Regen nach Hause. — Sie
müssen doch noch einmal herkommen. — Der Roman reißt an
mir, aber die neue Zeiteinteilung bewährt sich besser, abends
zu ruhen, zu gehen und nur zu schauen. Ich glaube, ich fange
wieder an, ein Morgenmensch zu werden. Aber fortwährend
mache ich andere Pläne. Wenn die zweite Niederschrift vollendet ist, will ich das Ganze eine Zeitlang ruhen lassen. Adam hat
es mir geraten, und ich glaube, der Rat ist gut. Ein paar Monate
nur hier und da drin lesen, und wenn eine Stimmung kommt,
daran arbeiten und — August und September zu einer Malschule
aufs Land gehen. Wenn Sie wüßten, was da alles in mir aufwacht — noch halb unklar wie im Traum, aber ein übermächtiger

Jubel »ein Hoch dem Glück, daß es endlich kam«. — Und dabei die Angst, als ob noch eine Lawine dazwischen kommen könnte. Und gerade jetzt, nachdem ich alle Irrfahrten meines Lebens in der Niederschrift von mir gewälzt habe. Denn dieses Buch ist auch eine große innere Befreiung.

Gute Nacht mein Freund, mir ist heute das Herz so seltsam voll, bange und glücklich. — sonderbar, daß wir uns doch noch fanden, halb in Wehmut und doch nicht zu spät.

10. Juni 1901

Heute nur rasch geschäftliches. A. hat mir 100 M. geschickt, soll *ich* Dir die 50 wiedergeben oder A?

Ach und bitte flehentlich um Cigaretten, ich glaube mein Roman wird mehr geraucht wie geschrieben. Nun hoffe ich bald die ganze Kinderzeit beisammen zu haben, dann müßt Ihr es lesen. Möchte auch für mein Leben gern einen blau und roten Bleistift und ein paar Rundschriftfedern 3½ haben. Verzeih die vielen Bitten. Und schreibe bald wie es Dir geht. Treib doch A. recht zur Reise nach Abazzia an, mit dem Geld wirds immer verfluchter. 100 Grüße

F.

Rodi[1] schrieb, daß er nun nicht nach München kommt.

[Lenggries] 12. 6. [1901]

Mein Freund.

Eben, abends um 9 Uhr tobt eine rauhe Männerfaust an meine Tür und reicht mir Ihren Brief herein. Es war eine gute Eingebung, daß Sie ihn eilend schickten, denn mir war heute so sehr einsam zu Mute.

Und dann wurde mir beinahe unheimlich — ich will schnell vorausschicken, daß gar nichts ist und wir beide völlig wohl — muß Ihnen nun aber doch erzählen, daß ich ein paar Tage in großer Angst war. Es ist ein Kind mit ansteckender Krankheit im Hause, Bubi hatte eben, als es krank wurde, noch mit ihm gespielt, und als ich Sonntag — oder Montag — hinaufkam, konnte er nicht schlafen und hatte Durst. Ich saß an dem Abend stundenlang und dachte: wenn er nun krank wird und fühlte mit

---

[1] Roderich Huch, der Vetter Ricarda und Friedrich Huchs.

einem Mal, wie man so immer mit einem Fuß im Leeren steht. Meine törichten Gedanken gingen so weit, daß ich ihn tot sah und das ganze Entsetzen durchfühlte, fühlte, wie auch mein Leben zerriß. — Wie oft habe ich solche Stunden durchlebt, wenn ihm nur das Geringste fehlte — oder auch gar nichts, wie diesmal — und man mit einem Mal weiß, mein Leben hängt nur an einem Faden, reißt der, dann stürze ich mit hinunter. Aber mit den Schreckbildern, die ich mir an jenem Abend ausmalte, will ich Sie nicht noch nachträglich quälen — ich lache jetzt selbst darüber. Aber daß Sie das gefühlt haben! Ich hatte Adam extra geschrieben, er solle Ihnen nichts sagen, um Sie nicht zu ängstigen, ich bat ihn nämlich den Doktor zu fragen, ob es gefährlich sei, wenn ich bliebe.

Inzwischen hat mich der Doktor selbst sowohl wie der hiesige Arzt dahin beruhigt, daß ich ohne alle Bedenken bleiben solle. Das betreffende Kind ist wieder gesund, und Bubi fehlt nichts. Sie haben mich beide mit meiner Ängstlichkeit ausgelacht. Ja, lieber Freund, aber Sie wußten es doch auch in der Ferne. — Ob Sie wohl ganz ahnen, was das Kind mir ist. Grade beim Niederschreiben meines Lebens habe ich es wieder gefühlt. Durch alle frühere Zeit — in Briefen und Aufzeichnungen und Erinnerungen geht immer das eine seltsame Gefühl hindurch: ich *kann* nicht leben — wie oft hab ich das gesagt zu jenem Mann, dessen Handschrift Ihnen die sympathischte war: Laß mich von Dir, ich bringe Dir Unglück, ich bin ein Mensch, der nicht lesen kann, es ist irgendein toter Punkt in mir, über den ich nicht weg kann. Durch alles geht das hindurch. Und dann mit dem Augenblick beinahe, wo ich das Kind empfing, — da *konnte* ich leben. Und seit ich es sah und im Arm hielt, brauste es förmlich über den toten Punkt hin. Und dies Gefühl ist ja jetzt jeden Tag in mir. Deshalb ist es ja ein solches Sonnenkind und wer mich liebt, der muß es auch lieben. — Das Göttertier.

Und die Angst, wenn ich etwas für ihn fürchte, ist wie ein Wahnsinn. Ich glaube dann schon zu fühlen, wie mein Denken still steht und sich in völligem Dunkel verwirrt.

Aber nun dürfen Sie keine Angst haben, weil ich Ihnen all das schreibe. Sie können sich denken, daß ich längst mit ihm geflohen wäre, wenn es nötig täte. Und dann lieber Freund, ich weiß auch wieder, dies Kind kann mir nicht sterben, ebenso wie ich nicht sterben konnte, wo jeder andere gestorben wäre. Ich würde es nicht zulassen, es wieder lebendig machen. Bei mir selbst weiß ich nicht recht, ob ich nicht schon manchmal wirklich tot war. — Aber jetzt denken Sie am Ende, ich hätte den Verstand verloren — das ist nur die Bubiekstase, und die haben Sie durch Ihren nächtlichen Brief ausgelöst. — Eben dachte ich an den Abend, wo wir ihn schreien hörten, wissen Sie noch und heraufstürzten? —

Ich bin müde, sehr müde, sonst würde ich Ihnen noch endlos fortschreiben.

Ich hatte Adam gesagt, er sollte einmal mit Ihnen kommen. — Verstehen Sie das bitte nicht verkehrt. — Nur das erste Mal. Man ist hier sehr beobachtet, und Sie haben vielleicht schon manchmal gemerkt, daß ich in solchen Sachen etwas nervös bin. Wie er hier war, hat der gute Adam mich — wenigstens in meiner Einbildung — etwas »compromittiert«. — Sagen Sie ihm nichts davon — es wäre mir deshalb lieber, wenn Sie vorerst einmal zusammen herauskämen. Verstehen Sie das? — Vielleicht ist es sehr dumm. Da ich nun diese Tage unfreiwillig gezwungen bin, etwas mit Arbeit innezuhalten, hätte ich es sehr gerne gesehen. Schickte ihm gestern ein Telegramm, vielleicht ist er inzwischen bei Ihnen gewesen.

In 10 bis 14 Tagen komme ich nun bestimmt und richte Sie ein. Das müssen Sie sich schon gefallen lassen. Eigentlich fürchte ich mich vor München, vor dem Zerfasern der schönen Stimmung, die auf und niedergeht, manchmal fast zum Zerspringen. Dann kommt die zweite Arbeit und dann das Malen. — Während der zweiten müssen Sie dann auch herkommen.

Grüßen Sie mir Putti, ich möchte sie auch so gern einmal hierhaben, aber bei der Arbeit könnte ich mich so gar nicht um sie kümmern und dann wird sie traurig. Sie muß im August, wenn ich male, einmal kommen, dann male ich sie — blond im Grünen. Ich denke eigentlich Tag und Nacht ans Malen, im Traum auch. Ich will jetzt aber schlafen, es ist spät. Könnten Sie jetzt mein Götterkind sehen, wie es schläft.

»Du wunderschönes Mamaichen« sagte es gestern — und dann freut es sich über die Sonnenblumen, die die »Blumimama« jeden

Abend zusperrt und sie am Morgen aufmacht. Das hab ich ihm gesagt, weil er ganz traurig war, wenn er die kleinen Blumen abends zu fand und sie mit seinen Händchen wieder aufzerren wollte. — Aber ich fange wieder von vorn an. Gute Nacht für heute und Dank für alle Ihre Worte.

Ihre F.

Könnten Sie mir noch einmal einige Cigaretten schicken. Mir war die Sorte sehr angenehm.

[Lenggries, 17. Juni 01]

Meinen herzlichsten Dank für die Cigaretten, die gerade kamen, als die anderen aus waren und meine gute Laune retteten. Nächster Tage schreibe ich mehr. Wir schwimmen beinahe weg von Regen und so kalt, daß man heute nicht viel im Garten sitzen konnte. Es kommt mir ganz sonderbar vor, einen Tag im Zimmer zu sitzen und sehr ungemütlich. Da denkt man wieder an den 'Süden und die göttliche Hitze. In den nächsten Tagen mehr. Mit 1000 Grüßen und nochmals vielen Dank.

Ihre F. R.

[Lenggries, Juni 1901]

Mein lieber Freund.
Haben Sie vielen Dank für Ihren Brief, eben kamen nun auch Cigaretten und Fächer. Ich bin glücklich wieder in einiger Arbeitsstimmung und München liegt mir fern, trotzdem ich Montag wohl wieder hereinfahren muß, um den Doktor noch einmal zu sprechen, sollte sich das andere nicht zufällig damit vereinigen, so kann ich nur von $^1/_2$ 5 bis $^1/_2$ 6. Wollen wir auf alle Fälle verabreden, uns im Franz Joseph um 4, $^1/_2$ 5 zu treffen, wenn es Ihnen wegen einer kurzen Stunde lohnt.
Ich kann heute keinen wirklichen Brief schreiben, denken Sie nicht, daß ich »fern« bin. Ich bin nur ganz im Roman, der nun wirklich rasch dem Ende zu rückt. Ich habe meinen Plan jetzt nicht wieder umgestoßen, sobald die Niederschrift fertig und Geld da ist, an einen stillen Gebirgsort weiter fort zu gehen und das Ganze — auf schöne große Bogen abzuschreiben, an denen ich dann im Winter »mit Behagen feilen« kann.
Ich glaube, dann werde ich mit größerer Ruhe und auch besser

erholt weiteren Ereignissen entgegen sehen, als wenn ich mich jetzt schon ins Malen stürzte.

Mit Adam bin ich nicht mehr so traurig, er schrieb, daß er die Woche bestimmt einmal herkäme, aber ich habe ihn nicht weiter aufgefordert. Wenn er allein ist, wird er Sehnsucht nach mir bekommen. Aber dann bin ich nicht mehr da. So ist auch eine kleine Bosheit dabei.

Wegen Geld mag ich ihm nicht schreiben, würden Sie das vielleicht übernehmen, denn ich gehe bald zu Ende. Sie können ihm gern sagen, daß ich es geschrieben hätte.

Verzeihen Sie das dürftige Schreiben, ich will es dafür wenigstens selbst heute abend herauftragen. 1000 herzliche Grüße.

Ihre F.

[Lenggries, etwa 20. Juni 1901]

Mein lieber Freund.

Haben Sie herzlichen Dank für Ihren Brief. Wenn Sie sich aber doch gleich wieder ängstigen, reut es mich wirklich, Ihnen davon geschrieben zu haben. Ich komme mir nämlich nachträglich wirklich etwas dumm vor, soviel Aufhebens gemacht zu haben. Aber Ihr Traum war schuld.

.... Jetzt bin ich wieder mitten in der Arbeit. Es geht aber momentan nicht recht vorwärts. Das Wetter ist unsagbar. 6 Grad und strömender Regen, alle Berge voll Schnee. Das verstimmt mich gar zu leicht. Bisher hatte ich auch bei Regen im Gartenhaus geschrieben. Das ist aber jetzt auch zu kalt. Ich habe aber den Entschluß gefaßt, das Wetter und mich selbst durch doppelte Arbeit zu überlisten, und lasse Bubi im Haus und in den Wirtschaftsräumen herumtreiben. Er lernt es jetzt auch, sich vor Pferden, Wagen etc. in acht zu nehmen.

... Ich hatte heute Nacht einen Traum, der merkwürdigerweise seit vielen Jahren immer wiederkehrt. Ich bin zu Hause in Husum, dabei habe ich aber alles Dazwischenliegende erlebt und die andern wissen es. Ich bin aber doch versöhnt mit ihnen, besonders mit meiner Mutter, muß wieder ganz so leben wie früher, mit häuslichen Arbeiten etc. und denke immer daran, wie ich wieder nach München zurückkomme. Und dieser Traum ist so stimmungsvoll, alles in einer gewitterartigen Beleuchtung. Heute abend gehe ich mit Bubi wieder in den schönen Park und denke daran, wenn ich Sie da einmal herumführte. Auf einmal fängt der Bubi an: »Klages macht immer so« — Wie macht er, sagte ich — Er gestikulierte mit den Armen, als ob er Sie nachmachen wollte und dann sagt Klages: »Das — und das —«, in einem Ton wie wenn er eine Rede hielte. Es berührte mich ganz seltsam, wie er meine Gedanken gelesen hatte . . .

[Lenggries, 25. Juni 1901]

Mein lieber Freund.

Haben Sie Dank für Ihren Brief, der aber so voll Trauer und Wehmut ist, daß ich bei Ihnen sein möchte und Ihnen alles Schwere wegscheuchen. — Grad heute nacht hatte ich einen ganz verrückten Traum. Ich war wieder gefangen, eingesperrt, wie zur Zeit meines Familienkrachs und zwar hatte man mich in einem Hause in München eingesperrt. Mein Bruder und Adam hüteten mich. Aber sie waren ausgegangen und auf einmal dachte ich: jetzt oder nie, und lief fort. Unterwegs traf ich eine blonde, freundliche Dame, die mich in ein Haus brachte mit 3 großen schönen und künstlerisch eingerichteten Zimmern zu ebener Erde. Und da standen Sie, sahen so gesund aus, wie ich Sie noch nie gesehen habe, und noch viel jünger wie jetzt, und begrüßten mich mit großer Freude. Mein Gepäck bestand in 3 Gitarren, die mit Cigaretten gefüllt waren. Wir rauchten zusammen, und die freundliche Dame ging fort, nachdem sie mir gesagt hatte, sie liebte mich mehr wie alle anderen Menschen. — Dann kam eine alte Frau und wollte mich zurückholen. Ich holte meinen Revolver und wollte sie totschießen.

Da saß sie mit einmal wie die Türkinnen mit untergeschlagenen Armen auf einem Polster und hatte gar nichts mehr an, einen wunderschönen Körper mit einem ganz alten Kopf. Und Sie sagten, ich dürfte sie nicht totschießen, ich wäre jetzt frei. Das sonderbarste war, daß ich beim Aufwachen das Gefühl hatte, es wäre ein sehr bedeutungsvoller Traum gewesen und ich müßte ihn ihnen schreiben. Donnerstagvormittag komme ich zu Ihnen. Ich bin noch nicht fertig mit dem Niederschreiben. Es wird immer mehr; will es dann im Laufe des Juli mit mehr Muße machen. Ich habe mich jetzt zu sehr überhetzt und muß ein paar

Tage ausspannen ... Ein Stück Roman muß bis dahin noch fertig werden, verzeihen Sie darum diese sehr flüchtigen Zeilen. Wie endlos lange haben wir uns jetzt nicht gesehen. Nachher müssen Sie mich dann hier besuchen; jetzt hätten wir wirklich nicht viel davon gehabt. Ich bin durch den elenden Heuschnupfen ganz an den Garten gebunden und da ist es manchmal recht unruhig. Aber warten Sie nur, wir wollen noch viele schöne Sommerstunden zusammen haben, wo alles froh und hell sein soll. Leben Sie wohl, mein Freund, auf Wiedersehen.

Ihre F.

[Schäftlarn, 31. Juli 1901]

Mein lieber Freund.
Eben erhalte ich Ihren Brief und will noch rasch ein paar Zeilen antworten, da ich nach Ebenhausen hinaufgehe.
Adam — wissen Sie, wenn er einmal mit S.[1] ist, zweifle ich stark an seinem Zurückkommen, aber lassen wir es einstweilen auf sich beruhen. — Ich fand das Geld — 20 M. — hier vor — lieber Freund, mein Entschluß ist nun gefaßt, d. h. soweit, daß ich mir die Wohnung jetzt einrichten werde, und zwar nächste Woche, so wie ich das Geld habe, mich hier loszulösen, vielleicht geht es schon mit dem, was ich jetzt habe, jedenfalls werde ich nicht viel dazu brauchen, nur muß ich auch das Zimmer in der Belgradstraße zahlen und möchte dann gleich umziehen. Vorerst habe ich allerdings noch jene Tage abzuwarten, also etwa bis in einer Woche. Denken Sie bitte nicht, daß das ein Resignationsentschluß ist, er ist in mehr wie einer Beziehung viel gescheiter. Erstens unter allen auch günstigeren Umständen sparsamer, und ich finde, bis die große Sache entschieden ist, ist Grund genug, so wenig wie möglich Geld auszugeben. Dann verliere ich bei diesem Herumziehen viel Zeit, schließlich werde ich in München jetzt sehr schön Ruhe haben und kann auch dort hygienisch leben. Lieber werde ich dann etwa im September oder Oktober noch einmal eine kleine Reise machen, die dann nur der Erholung gehört. Ich möchte sehr gern, daß Sie die Woche noch einmal herauskommen, aber womöglich vorher telegraphieren, ich

---

[1] S. — Somi, die Freundin und spätere Ehefrau von Albrecht Hentschel (Adam).

bekam heute morgen einen Brief von jenem »Onkel Kêf«[1], unserem Freund aus Konstantinopel, der vielleicht noch diese Woche durch München kommt und den ich unbedingt sehen möchte.

Ganz sicher ist es aber noch nicht. Wir wollen also wieder festsetzen, wenn ich nach München fahre, telegraphiere ich Ihnen. Kommt kein Telegramm, so wissen Sie, daß ich hier bin. Wie wäre es z. B. morgen oder übermorgen.

Was haben Sie denn nur immer für Unannehmlichkeiten. Ich habe so etwas Ahnung, daß es mit Puttis Zukunft zusammenhängt.

Ich glaubte das letzte Mal herauszufühlen, daß Sie gegen deren Reise nach Paris sind —. Nun über das alles können wir ja besser mündlich reden. . . . kann ich dann ja die Wohnung selber zeigen, da ich jedenfalls vor dem 10. August komme. Hier ist es wirklich so ungemütlich mit dem Lärm etc., daß ich mich förmlich auf das Einrichten eines Heims in München freue; auf meinen großen Tisch, auf dem man die Papiere ausbreiten kann etc. Gestern und heute ist nun auch eine Gewitterluft, daß man wahnsinnig werden möchte. Ich dachte heute beim Aufstehen, ich hätte hohes Fieber, die Luft im Zimmer sengt förmlich, dazu kommen innere Vorgefühle, so daß mir heute in Körper und Kopf sehr unbehaglich ist. Gegen Abend werde ich wieder mit der Augspurg[2] in die Isar steigen — was wir auch gestern taten, bei Abendrot, es war wunderschön.

Also, wenn Sie z. B. morgen nichts anderes vorhaben, würde ich mich freuen, wenn Sie kämen. Es ist mir, als ob wir viel zusammen zu sprechen hätten. Aber heute erdrückt der bleierne Himmel mir alle Gedanken.

Ihre F.

---

[1] Onkel Kêf — der Porträtmaler Schadow.
[2] Dr. Anita Augspurg — Führerin des radikalen Flügels der deutschen Frauenstimmrechtsbewegung, Mitbegründerin der Internationalen Frauenliga für Frieden und Freiheit.

Lieber Freund.

Ich hoffe heute sehr auf Sie, will Ihnen aber für den Fall daß nicht noch einiges schreiben. Ich werde also Montag hereinfahren und mit dem Umzug beginnen. Meine übrigen Sachen lasse ich noch hier.

Onkel Kêf habe ich angegeben, daß er mir auf Ihre Adresse Nachricht geben soll, wenn er ankommt. Das zum Umzug nötige Geld kann man vielleicht von ... pumpen, wenn A. noch nicht zurück ist. — Aber hoffentlich entschließen Sie sich heute zu kommen oder morgen. Vielleicht findet sich doch dann irgendwo ein ruhiges Zimmer, und Sie bleiben über Nacht, so daß wir am Montag zusammen zurückfahren können. 1000 herzliche Grüße.

Ihre F.

[München, Anfang August 1901]

Du Lieber — ich bin nach einem wundervollen Schlaf aufgewacht, — möchtest Du doch auch so schön geschlafen haben.

Dann las ich Deinen Brief und dabei ging mir eine schwere Last von der Seele, wenn ich daran dachte, daß ich ihn ohne den gestrigen Abend erlebt zu haben, bekommen hätte. Und ich weiß nicht, warum ich dann an alle Not *meines* Lebens denken müßte, die mich so gemacht hat, wie ich manchmal sein kann. — Das mußt Du nie vergessen — ich fühlte es auch gestern so, als wir in Deinem Zimmer sprachen — da war mir, als ob ich laut aufschreien möchte: siehst Du denn nicht, wie meine Seele niedergehalten ist, niedergebaut durch all die Lasten, die sie getragen hat — denn im Grunde und von Anfang ist meine Seele nur Liebe, *nur* Liebe, Liebe wollen und Liebe geben. Was sich manchmal wie eine Hülle darüber zieht, das bin nicht ich. Ich bin nicht zum Kampf gemacht, und ich habe dann immer kämpfen müssen. Wer kämpft, aber muß Panzer und Waffen tragen und dann ist er oft zu müde, sie abzulegen.

Nie fühle ich das alles so wie nach solchen Stunden. Hab ich Dir nicht schon oft gesagt, ich lebe nur, wenn ich erotisch lebe, dann fühle ich wieder, daß ich doch noch reich bin und ich könnte weinen darüber, daß ich stets von diesem Reichtum umsetzen muß in Kräfte, die den 1000 jammervollen Notwendigkeiten dienen müssen. Das kann mich kalt und feindselig machen — Sehnsucht nach noch viel mehr Begehren.

Darf ich Dir noch anderes sagen? — Du könntest manchmal denken, daß gerade Du mein Begehren nicht wachriefest — wenn ich so lange stumm bin — Aber das ist nicht wahr, es ist allertiefste Wollust, die ich in unseren Stunden empfinde, nicht gütiges Gewähren, wie Du manchmal sagtest. — Das hast Du auch gefühlt, nicht wahr? Du weißt auch, daß das Maß meiner Liebe zu Dir ein anderes wäre wie das einer . . . und denkst daran, daß ich auch andere liebe oder lieben könnte.

— Das sind so törichte Gedanken. Wie soll ich Dir sagen, was ich meine — ich empfinde einen Frühlingstag anders wie einen Sommertag, Sonnenschein anders wie Sterne und darum wird man doch nie sagen können, man liebt die Sterne mehr wie die Sonne. —

Meine Liebe zu andern mag zitternde Wärme sein wie zu meinem Kind, Heimweh und Sehnsucht nach Geborgensein wie zu Adam — quälender Reiz und Unruhe wie zu . . . . . . Frivolität bei anderen — Blutdurst und Grauen bei noch anderen und wieder etwas anderes zwischen Dir und mir — ich fühle wohl was es da ist, aber ich kann es nicht sagen, etwas wie Religion, Gottesdienst, durch den tiefe Schauer beben und auch spielender Reiz.

Ob du auch das verstehen kannst, ich fühle mich in diesen Stunden nicht als ein bestimmter Mensch, Dich auch nicht, es ist, als ob sich das alles auflöste, was wir im Tagsbewußtsein sind und nur zwei unbestimmte Kräfte bleiben, die ineinanderfließen —. Ich bin überhaupt kein Mensch, denke ich manchmal, wenigstens in den Stunden des Lebens nicht, da weiß ich nicht mehr, wer ich bin. Und deshalb kann ich auch wieder fremd sein zu anderen Zeiten.

Ich will auch unsere Liebe als seltenes Fest, das nie ersonnen und vorbereitet werden darf, und Du wirst nie begreifen, wie weise das ist.

Heute noch schließe ich oft die Augen und fühle ich wieder die heißen Schauer zucken und immer neues Verlangen, morgen vielleicht schweigt es wieder — und vielleicht wacht es bald wieder auf und vielleicht dauert es länger. — Aber Du sollst immer daran denken, daß darum diese Stunden und die kommenden nicht gestorben sind, daß sie nur auf uns warten. — Und nie, nie wieder so verzweifelt sein, nie — hörst Du.

[München, wahrscheinlich Mitte August 1901]
Mein Freund.
Daß ich nicht eher geschrieben habe — gewiß werden Sie in Celle einen Brief erwartet haben. Die ersten Tage waren mir noch so voll von dem Eindruck jenes Nachmittags und Abends und ich fing an, Ihnen zu schreiben; aber die Worte kamen mir so armselig vor, und der Brief blieb liegen, und nur meine Gedanken gingen mit Ihnen. Das kam mir besser vor wie schreiben. — Nach Ihrem Brief habe ich schon alle Tage ausgesehen, der Zurückbleibende ist immer der Sehnsüchtigere, und ich kam mir sehr allein vor. —
... Ich möchte aufs Land und den Herbst dort sehen — und ich möchte auch wieder hier bleiben. Eigentlich bin ich sehr froh jetzt, ich fühle mich jetzt andauernd so unglaublich gesund. Ob mir das wohl irgend jemand nachfühlen kann, der nicht meine sieben Krankheitsjahre hinter sich hat? Was es heißt, wieder turnen und schwimmen zu können, ohne durch Schmerzen »gestraft« zu werden. Ich gehe jeden Tag ins Ungerer-Bad, esse mit Bubi dort draußen im Freien, meist als die einzigen Gäste. Dazwischen Roman, Gitarre und lesen. Mir ist, als ob ich jetzt endlos viel zu alledem komme, was ich sonst immer nur »möchte«. Und dann vielleicht noch einen Monat Klosterstille und goldener Herbst. Und Sie gehen währenddessen über die Heide und meiner Heimat zu. Manchmal male ich mir aus, daß ich mit könnte, an sonnigen Nachmittagen auf der Heide liegen und an das Meer kommen.
Grüße mir *mein* Meer mit den fernen Inseln und mein altes Schloß[1]. Bald schreib ich mehr ...

[München, 30. August 1901]
Mein Freund.
Ich habe mich förmlich auf Ihren Brief gestürzt, als ich ihn im

---

[1] Das Schloß vor Husum, in dem das Landratsamt untergebracht war. Das Schloß war Wohnsitz der Familie R. bis 1889.

Kasten sah, es kam mir so endlos vor, vor allem auch daß Sie immer noch nichts von mir hatten. Ich habe Ihnen so viel weniger geschrieben, als mir danach ums Herz war. Es waren äußerlich zu unruhige Wochen, aber die sind nun überwunden. Montag fahre ich nach Schäftlarn und dann ist alles abgewickelt, so daß ich später viel leichter in den Winter hinübergleiten kann.

Aber Ihr Brief tat mir not — soll ich Ihnen sagen, daß mich das Gefühl quälte, Sie dächten nicht so viel an mich, ich will eigentlich, daß Sie immerfort an mich denken; ich könnte Eifersucht auf unpersönliche Dinge empfinden, das ist sogar die eigentliche Eifersucht bei mir, wenn ich denke, daß sie einen Schleier zwischen mich und die Seele des andern legen. Ich dachte, ob Sie wohl unseren letzten Nachmittag ebenso empfunden hätten wie ich, mir war als seien wir uns noch nie so nah gewesen, (auch nie so nah an seltenen beinahe traumhaften Möglichkeiten) — und dann, als ob ich nicht genug von Ihnen hierbehalten hätte, als Sie auf einmal so weit weg waren. —

Und jetzt, als ob ich Ihnen so wahnsinnig viel zu schreiben hätte, aber es drängt sich alles durcheinander. Ich freue mich so auf die Heide, die Sie mir schicken, mir wacht jetzt so oft das Heimweh auf, wenn ich an Sie denke und jetzt, wo ich Ihren Brief lese. Aber lieber, lieber Freund, Sie müssen mir *viel* öfter schreiben und ich will es auch tun. Aber bis jetzt wußte ich noch immer nicht recht wohin; ob Sie meinen Brief nach Osterholz, der gestern abend fortging, noch bekommen haben?

Busse[1] ist nun auch ein paar Tage fort. Wir waren zwei Abende zusammen und einen Nachmittag im Glaspalast. — Die vielen Rodiconferenzen, wie der arme Junge so hilflos herumschlich, ich aß mit ihm zu Abend und zu Mittag und dazwischen kam er noch ein paar Mal, er »derbarmte« mich wirklich, alle seine Lügen und Geschichten gehen doch nur aus einer nach allen Seiten zerfleischenden Haltlosigkeit hervor, die er auch selbst einsieht. Sie hätten ihn sehen sollen, wie er auf dem Sofa saß und Busse ihn mit all seinen Kreuz- und Querfragen zerschmet-

---

[1] Hans Heinrich Busse — Schriftsteller, Inhaber des Instituts für wissenschaftliche Graphologie in München, Vorsitzender der Deutschen Graphologischen Gesellschaft, engster Freund von Ludwig Klages.

terte. Ich halte ihn aber doch nicht für innerlich verlogen, und glaube es ist, wie er selbst sagt, daß er glaubt, auf diese Weise alle Peinlichkeiten zu vermeiden und alle Beteiligten zufriedenzustellen. Daß *Sie* sich ganz von ihm abwenden könnten, schien ihm doch das Schwerste. Ich glaube aber, es wird auch nicht nötig sein, wenn er wieder herkommt, will ich ihn in meine Erziehung nehmen. Er tut ja alles, was man ihm sagt —

Das Puttikind habe ich öfters aufgesucht, aber nicht viel allein gesprochen, die Mutter ist melancholisch freundlich mit ihr, war sehr neugierig, als ich ihr Rodis plötzliche Abreise mitteilte, bekam aber nichts zu wissen. Busse und ich saßen da immer wie ein paar Großeltern, die über das Schicksal des Unmündigen beratschlagten. Ich war auch viel bei ihm und sah hier Wurra.

Ja und Adam — er hat mir vieles gesagt, was ich wohl wußte, daß meine Kühle während unseres Zusammenlebens ihn gekränkt hätte, der Carneval mit dem S. M., seine Eifersucht noch viel mehr — daß eigentlich diese ihn zu S. hingedrängt hätte, er sich gewissermaßen hinter ihr gegen mich verschanzte. Daß diese Schanze auch keine ganz sichere ist, bewies mir der eine Abend. Und doch fürchte ich, daß das Zusammenleben mit ihr, das er plant, mir immer mehr von ihm wegnehmen wird, durch Gewohnheit, durch alles. Sie müssen mich ganz verstehen — das tun Sie ja auch, ich *liebe* ihn nicht, wie er eben die Liebe auffaßt; aber er soll mir doch gehören, immer in meinem Leben und an meiner Seite sein, ich möchte S. vom Erdboden vertilgen, obgleich ich mir die größte Mühe gebe, sie anzuerkennen etc., ich wünsche geradezu, ihn von ihr enttäuscht zu sehen.

Von dem Augenblick an, wo sie zurückkommt, ist er verschwunden, sitzt in Tegernsee, vergißt, daß ich auf ihn warte, um abfahren zu können, vergißt, daß der Knecht seines Bruders seit 8 Tagen wartet, um das Pferd zu holen etc. Und ich bin ungeduldig, »beleidigt« und denke doch mit heimlichem Triumph, daß er 2 Abende nicht an S. gedacht hat.

Soll ich alles beichten, daß mir dieser Triumph auch wieder 2 Tage jener bekannten schlimmen Angst eingetragen hat, aber auch der Stein ist heute von meinem Herzen gefallen und ich bin heute leicht und froh, dazu ist viel schönes Wetter, warm und sonnig, nicht mehr dieser schneidende Wind, der unbarmherzig erzählt, daß die Sonne nicht mehr lange bleibt. Wenn Sie ganz wüßten, wie ich von der Sonne abhängig bin.

Morgen will ich nun zum Staatsanwalt gehen, und Erlaubnis erlangen, Panizza zu sehen. Mir wurde heute von 2 Stellen gesagt, in Untersuchungshaft da würde er Besuche empfangen dürfen. Mir ist aber doch etwas bange, ich glaube ich werde Schuler[1] bitten, bis an die Tür mitzugehen.

Nun zu den praktischen Sachen. Busse erzählte mir schon, daß Ihr Vater etc. — Mit scheint aber, das kann nicht so schwer ins Gewicht fallen. Am besten wäre gewesen, Sie hätten einfach gesagt, Sie bekämen von mir Möbel. Ich hätte eine Einrichtung, die ich nicht brauchte. Oder sagen Sie, daß ich in Ihrem Auftrag die Sachen auf Versteigerungen etc. einkaufte.

Die Sache ist so, ich sah neulich bei einem Tändler ein eisernes Bett mit neu überzogener Matratze für 12,50. Sie versprachen mir, es bis morgen aufzuheben, auch ohne Anzahlung, hatten es dann aber doch verkauft. Immerhin werde ich aber ungefähr für diesen Preis ein solches bekommen, habe mich auch schon mit der Tändlerin in Verbindung gesetzt, die mir manches verkauft hat. Sagen wir also 2 Betten à 12 M., 1 Plumeau kann man um etwa 8 bis 10 M. beschaffen, sagen wir also mit Kopfkissen um 25.— Eine Kommode um 6 bis 8 M., Kleiderschrank um 12, einen runden Tisch können Sie von Adam bekommen, 4 bis 5 Stühle à 2 bis 3 M. = 15 M., das wäre zusammen ca. 70 M. Wenn Sie zu Hause essen und ich meistens bei Ihnen essen kann, können Sie Kücheneinrichtung zum größten Teil von mir bekommen, rechnen wir immerhin noch 30 M. dafür, Waschgeschirr 2 à 4 M. = 38, zusammen 108.

Mit meiner Bettwäsche hat es Unglück gegeben, indem sie einfach verschwunden ist vom Versetzer, ich Ihnen also keine leihen kann. Mit 20 M. kann man aber, glaube ich, das Notwendigste haben. = 128,— Mark. —

Bleibt noch Vorhänge, Lampen etc., ich glaube aber, daß man mit 200 alles machen kann.

---

[1] Alfred Schuler — Archäologe und Mysterienforscher, gehörte mit Ludwig Klages zu den »Kosmikern« in München, die sich vom Kreis Stefan Georges absonderten.

Soll ich nun schon Betten kaufen — ich war heute auch beim Auktionator, der aber nur hölzerne hatte. Es sind bis zum 20. September noch viel Versteigerungen, zu denen ich hinfahren könnte, oder durch die Tändlerin, die ja auch dort kauft. Die meinige hat nur bessere und appetitliche Sachen und macht billigere Preise, weil ich alte Kundin bin. Bei der kann ich es auch monatlich schuldig bleiben, resp. aufbewahren lassen. Sonst muß ich allerdings Geld haben. Ich weiß nicht, wieviel Adam mir geben kann. Ich denke, sowie Bernhards fort sind, mit Einrichten bei Ihnen anzufangen, Busse will mithelfen. Geben Sie mir Anweisung. — Ich finde, Sie sollten Ihre Schwester einfach auf der Rückreise mitnehmen, mit oder ohne Krach, für sie ist es notwendig, jemand zu haben.

N. B. Eine Matratze, wie ich sie als Diwan habe, mit Füßen darunter, bekommen Sie um 10 M. Wenn sie mit Seite und Kopfende an der Wand steht, tut sie eigentlich dasselbe wie ein Bett. Man könnte vielleicht ein solches nehmen, da es mit Ihrer Schwester noch nicht ganz sicher ist und man es jetzt oder später als Diwan verwenden kann.

Es wird spät und später. Ich will schließen und den Brief noch rasch in den Kasten werfen. Bald mehr.

An Fritz Huch viele und herzliche Grüße. Nun leben Sie wohl und gute Nacht.

Ihre F.

München, 31. August 1901

Mein Freund.

Heute schreibe ich das Datum darüber, denn es ist *das* Datum meines Lebens. Die Nacht, in der die Maus das Licht der Welt erblickte, und das erlebe ich jedes Mal wieder. Diese lange furchtbare Nacht, die allertiefste Tiefe, Wahnsinn und Schmerz und Verzweiflung und Einsamkeit, das einzige Mal, wo ich aufgeschrien habe gegen das Leben, gegen das Allzuviel — und dann die Morgenfrühe, wo ich mein Kind zum ersten Mal sah. — Da ist mir auch heute wieder ganz seltsam zu Mute, ich fühle wie schwer und reich jetzt jedes einzelne Jahr in meinem Leben wiegt. Und morgen soll das kleine Göttertier gefeiert werden, weil es mir zum vierten Mal vom Himmel fällt.

Übermorgen früh fahre ich nun gewiß heraus. Da werden mir wieder alle Steine vom Herzen fallen. Seien Sie nicht bös, daß ich immer wieder davon rede, aber der Stein Adam drückt schwer und macht mich traurig. Wir waren gestern abend wieder lange beisammen, und wir waren so entsetzlich wehmütig. Er kommt mir vor wie jemand, der sich freiwillig hinter Schloß und Riegel begibt oder abtrünnig wird. Aber das ist wohl mehr oder weniger halb bewußte Bemäntelung des egoistischen Wunsches ihn zu behalten. Sie wissen ja, wie ich ihn brauche. Es ist mir so, als ob ich keinen Mantel mehr hätte, als ob ich ihn versetzt hätte und nicht auslösen kann, weil ich das Geld doch wieder anderweitig brauche.

Ach, ich bin dumm, nicht wahr? Sie würden das noch besser verstehen, wenn Sie eine Frau wären. Ich will ja um Gotteswillen nicht jemand gehören oder daß jemand mir gehört, aber ich will doch alle haben oder wenigstens immer einen haben, der mehr um mich ist und sich um mich dreht. Es kommt mir vor, als ob ich keine Sonne wäre, wenn sich nicht alles Mögliche um mich dreht. Und da weiß ich in meiner krassen Unwissenheit wirklich nicht bestimmt, ob die Sonne sich eigentlich dreht oder nicht, ob sie es war, die sich »doch bewegt«, oder jemand anders. — Und wenn ich noch das Gefühl hätte bei A., daß es wirklich eine stürmende Leidenschaft wäre, aber es scheint mir immer wie etwas Zusammenkonstruiertes und Drapiertes, so wie wenn diese zwei Leute erst feststellen müssen, daß sie sich lieben und dann lieben sie sich. — Aber ich will nun endlich mit diesen Klageliedern Jeremiä aufhören . . .

Heute früh kam die herrliche Heide und leuchtet jetzt in meinem Zimmer, ich habe mich so gefreut . . .

Eben erschien Schuler und hat bis jetzt ½ 12 mächtig geredet, über Panizza[1], über römische Haussklaven etc. Man sollte doch öfter mit ihm zusammenkommen, wenn er nicht so zeitraubend wäre. Aber nun ist es zu spät.

---

[1] Oskar Panizza (1853—1921), Schriftsteller und Arzt, Hauptwerk »Das Liebeskonzil« (1894).

1. September

Der große Tag ist angebrochen. Mein süßes Göttertier kroch um
¹/₂ 7 zu mir ins Bett, und wir hielten unsere Andacht wie jeden
Morgen. Jetzt hat es seine Geschenke bekommen und ist ganz
selig. »Burstag ist schön«. Wie er in Zärtlichkeit und Freude
schwimmen kann!

Es ist wunderbares Wetter, mildes wehmütiges Herbstwetter;
die Sonne weiß nicht recht, ob sie kommen soll. Herrlich um
aufs Land zu fahren. Vor morgen früh werde ich wohl nicht
fertig, dann sicher, so daß ich mittag in Schäftlarn bin. Sie
glauben nicht, wie ich mich darauf freue. Es ist, als ob der Sommer noch einmal anfinge. Und doch war dieser Monat im ganzen
nicht unangenehm, und ich habe ihn sehr ausgenützt.

Jetzt kommt die wirklich große Arbeit am Roman. Ich will kein
Programm mehr machen, rechne aber auf alle Fälle noch bis
Weihnachten. — Die ununterbrochene asketische Arbeit ohne
Menschen und Nebenbeschäftigungen und mit einer guten Zuge-
herin ... ...

Und nun lebe wohl, ich muß noch einmal in die Stadt. Morgen
um diese Zeit bin ich unterwegs.

F.

Schäftlarn, 2. Sept. [1901]

Da sind wir glücklich wieder. Ich bin förmlich mit einem Freu-
denschrei von München weggefahren. Dann kamen andere Gedanken. Nachmittags lange, lange mit dem Bubi durch den Wald
und an der Isar. Die Bäume sind noch ganz grün, aber die
Sträucher und dazwischen viele rote und gelbe Blätter, ein
herbstlicher wehmütiger Ton über dem Ganzen. Ich dachte wie es
noch voller Sonne war, als ich hier fort ging und an den Frühsommer in Lenggries, den Frühlingssturm in Wildenroth, eine
Art Heimweh nach 1000 Seiten. Und doch war dieser Sommer
lang und schön und reich und hat mich meinen Hoffnungen
näher gebracht.

Ich habe die letzten Münchner Tage soviel gesponnen über den
Adam, am Samstag waren wir so lange zusammen und so viel
gesprochen, was uns wieder näher brachte, er versprach mir den
Mausgeburtstag mitzufeiern, ganz bestimmt, schon in der Früh

zu kommen. Statt dessen brachte die Marie am Sonntag die Botschaft, er sei fortgefahren, käme aber Montag früh, aber kein Adam ließ sich sehen oder etwas von sich hören. So dumm, daß es mich immer wieder kränkt — aber ich kann solche kleinen Treulosigkeiten so schwer begreifen, und mir ist die Sache mit Somi so unsympathisch, ich glaube das tut das meiste dazu. Sein eigentliches Herz würde ihn mir nicht fernhalten, es ist immer sie oder Empfindungen, die ihr Empfinden ihm suggeriert. Er meint übrigens, daß wir alle Somi nicht kennten, nur *Sie*, denn nur Ihnen gegenüber gäbe sie sich ganz wie sie wäre.

— Ach, sei nicht böse, daß ich immer wieder — es ist ja langweilig und dumm und geschmacklos — und soll jetzt ein Ende haben. Jetzt bin ich fort und von der Rückkehr nach München an will ich mich ganz einsperren. — Aber ich muß zu Dir kommen können mit allem, was mich auch nur momentan drückt — ich bin so allein und so zugeschlossen, aber darunter geht es doch immer in Wogen von Wehmut und Groll und so viel anderem. —

Ich habe den Adam neulich einen ganzen Abend gehauen, erst halb im Scherz, dann wurde ich wirklich zornig und wollte ihm wehtun und hätte nun am liebsten alles entzweigeschlagen. Dann hab ich mich mit Cigaretten gebrannt, daß ich noch Narben an den Händen habe und er mußte mir auch die Haut verbrennen, ich hatte ein Gefühl von Verrücktheit und Blutdurst den Abend — als ob alles, was in mir schläft, aufwachen könnte plötzlich und rasend —. Und dann dachte ich an Dich, ich muß Dich heute Du nennen, in Gedanken tue ich es oft, und an dem Abend war ich viel bei Dir. Ich verstand mit einemmal etwas von der Lust am Leiden — obgleich A. nichts damit zu tun hatte. Weißt Du, wie ich es meine, Du bist der einzige Mensch, der alles versteht und der fliegen kann. Und ich möchte manchmal fliegen. Und unsere Flügel sind doch noch nicht lahm, wie wir manchmal glauben. Du mußt nur sehr viel Geduld mit mir haben, in meinem Leben lag viel Schlimmes darin, daß niemand genug Geduld mit mir hatte. Und ich werde vielleicht noch oft lahm sein. Es wird aber auch unsere Stunde kommen, wo wir miteinander fliegen. Du darfst nur nicht zu lange fernbleiben, ich habe viel Sehnsucht.

Heute abend küsse ich Dich wie in Wildenroth in unserem Zauberland, das uns beiden ganz allein gehört.

[Schäftlarn, 9. September 1901]

Mein Freund.

Das ist wirklich ein schlimmer Brief, den Sie mir heute geschrieben haben, er legte sich zuerst förmlich wie ein Alb auf mich.

Aber Sie dürfen nicht verzagt und »kleingläubig« sein, dürfen nicht sagen: »Es ist alles aus« — weil Sie Stimmungen nicht wiederfinden können, die einst da waren, zu denen vielleicht nur momentan nicht die Kraft in Ihnen ist. Sie müssen nicht vergessen, daß wir doch alle mehr oder minder Spielzeug unserer Nerven sind und ich glaube, die Ihrigen waren arg herunter, wie Sie fortgingen. Sie hätten erst eine ruhige Erholungszeit machen sollen. Statt dessen haben Sie immer an alte Schwierigkeiten und unangenehme Sachen gedacht. Lieber Freund, Putti kommt doch wieder und solange sie nicht da ist, werden wir anderen Ihnen helfen. Bitte, bitte spinnen Sie nicht so, sonst werde ich ernstlich bös, daß Sie gar nicht daran denken, daß ich auch noch da bin. Ich denke gerade dieser Winter soll uns beiden gehören. Adam setzte mir neulich in tiefem Ernst auseinander, daß es meine heiligste Pflicht wäre, Sie quasi zu heiraten und immer um Sie zu sein. Jetzt wollen Sie mich nicht einmal mehr —. Sie sollen sich nicht einsam fühlen, kommen Sie nur bald wieder und lassen sich von uns etwas verziehen. Jetzt sind es nur noch 14 Tage; mir wird auch ganz anders zu Mut werden, wenn Sie wieder da sind. Heute kann ich nicht mehr schreiben, aber ich denke immer an Sie und Sie sollen auch etwas an mich denken.

F.

Ich schickte diese Zeilen nicht ab, weil sie mir so arm und dürftig vorkamen, nun kommt heute wieder ein Brief von Dir. — Du mußt mir oft, oft schreiben. Ich las ihn auf dem Balkon im Frühsonnenschein, und wie seltsam war mir der Gedanke, daß Du jetzt in meiner Heimat bist. Da bist Du mir so nah. Lieber, Du sollst nicht einsam sein und nicht traurig, es kann doch noch ein anderer Frühling kommen, wenn einer vergangen ist. — Ich habe auch einmal geglaubt, daß meiner für immer vorbei ist, aber er ist es nicht. Und gerade jetzt bin ich wieder so froh und

voller Hoffnungen. Das Draußensein bei Herbstregen und Sonnenschein hat mir Wunder getan, und all das Quälende ist gewichen. Heute in 8 Tagen fahre ich herein und richte Dir Dein
Heim ein. Das stört mich nicht in meiner Arbeit, ich habe dann
in München meinen Garten frei und das Einrichten ist eine
Freude, die ich mir nicht nehmen lassen will.
Wir haben gestern und heute wieder Sonnentage und ich bade
in der Isar und in der Sonne, höre die Kühe brüllen und bin
nicht mehr traurig über den scheidenden Sommer. Sei Du auch
froh, denke daran, daß wir uns doch nie verlieren, wenn auch
vielleicht viele andere sich von uns trennen. Wir können uns nie
verlieren.

[Schäftlarn, 22. Sept. 01]
Jetzt sind wir wieder bei unseren Kühen und mitten im goldenen Herbst. Es war doch das erste Mal diesen Sommer, daß es
mir nicht leicht wurde fortzufahren. Heute kann ich noch nicht
arbeiten, ich bin etwas müde und denke an Dich. — Du mußt
mich sehr liebhaben und bald kommen. Ein Zimmer im Kloster
ist zu haben. — Willst Du Dienstag kommen? Ende der Woche
ist wohl A. einen Tag hier, er schrieb Donnerstag.
Schreib mir, ob Du froh bist und gesund? und Busse schön für
Dich sorgt. Es ist eigentlich abscheulich, daß ich es nicht tue.

[30. Sept. 01]
Jetzt komme ich rasch noch mit einer Bitte. Können Sie mir
nicht eine kleine, dem Bubi an den Hals zu hängende Kuh-
glocke besorgen und eine Pfeife für mich — d. h. nicht zum
Rauchen, sondern Pfeifen —. Bringen Sie mir das mit, nicht
schicken, und kommt *recht* bald, solange noch dies herrliche
Wetter und der Mond ist. Da können wir einen wundervollen
Abendwaldgang machen, bitte, bitte. Ich freue mich so auf Ihre
Schwester. Herzlichste Grüße an Sie beide. Ehe ich's vergesse:
Bulletin vom 30. Sept.:
Bubi hat 3 mal geniest, trotzdem das Allgemeinbefinden nicht
erheblich gestört.

Mein Freund.

Wollen Sie mal einen Blick auf beiliegende Handschrift werfen. Dem Inhalt nach scheint der Schreiber ziemlich stupide zu sein. — — Mir war gestern sehr einsam zu Mut, als Sie fort waren. Aber es war schön, daß Sie kamen. Daß ich Helene[1] lieb gewinnen würde, ich weiß im Augenblick kein richtiges Wort, wußte ich schon vorher, aber ich weiß jetzt auch, daß sie bei uns bleiben muß und sich bei uns glücklich fühlen soll. Wir werden sie nicht wieder hergeben. Ach Kinder, wie schön könnte das Zusammensein in München werden, wir wollen lieber denken, wie schön *kann* es werden. Euer Hiersein hat mir geradezu geholfen, ich glaube, ich komme jetzt besser auf die Sprünge. Wenn ich nur erst diese bleierne Faulheit überwunden hätte, aber ich kann bei Tag und in der Nacht eigentlich nur schlafen, immer wieder schlafen und nachher bin ich noch erst recht müde. Mit Mühe habe ich mich heute nach einem 2½ stündigen Nachmittagsschlaf bis jetzt, 8 Uhr, wachgehalten und nun kommt wieder das Bett. — Übrigens hatte ich wieder einen sonderbaren Traum von Adam und Somi, es muß da irgend etwas nicht recht sein.

Ja, es hilft aber nichts, ich kann nicht schreiben und muß wieder schlafen und an das Buch denken.

Unter der Voraussetzung, daß ihr die 20 Pf. Strafporto jetzt zahlen könnt, frankiere ich ungenügend, denn ich habe nur noch 40. Schleunige Hilfe tut not. Bitte sag es dem Adam.

Der Bubi hat mich gestern morgen überall gesucht und furchtbar geweint, bis die Schweinemama ihm ein kleines Ferkel auf den Arm gab, das er streicheln konnte.

Gute Nacht, ich bin ganz blödsinnig.

1000 Grüße.

4. Okt.

Eben heut früh kommt Ihre Geldsendung, Ihr Brief und — die Mappe aus Bologna, das war wirklich überschüttet werden — das heißt — wenn nur Ihr Brief froher wäre. Ich habe Ihnen noch vieles über denselben zu sagen.

---

[1] Helene Klages, die Schwester von Ludwig Klages, mit der er zusammenwohnte.

Du bist ganz ganz töricht mein Freund, ich bin Dir nicht fern, Du hattest mich selbst etwas zurückgescheucht, ich bin so leicht zu verscheuchen, viel leichter wie Du glaubst. Ich weiß selbst nicht wie es kam, aber ich *fühlte,* daß Du Dich von mir entfernt hattest und gerade dann, wie ich so ganz nah gekommen war. — Der Bubi sprach heute wieder davon, daß meine Mami mich nicht lieb gehabt hätte, das beschäftigt ihn sehr und als ich ihn dann fragte, wer hat mich denn jetzt lieb, sagte er: Klages — Du sollst bald bald wieder kommen.

Wir sind heute ganz im Herbstnebel, der leider heruntertropft. Ich habe endlos geschlafen und wahnsinnige Träume gehabt. Mir ist all diese Tage so sonderbar, als ob irgend etwas Ungeheuerliches in der Luft läge und in uns allen vorginge. Jetzt will ich an die Arbeit, hab vielen Dank für alles.

F.

[Schäftlarn, etwa 6. Oktober 1901]

Lieber,

gestern hatte ich Dir schon einen Brief geschrieben, und als ich ihn wieder las, fand ich ihn so dumm, daß ich ihn wieder kassierte. Hab vielen vielen Dank für die Mausglocke und alles und für Deine lieben Worte und dafür, daß Du wieder froh bist. Ich werde ja jetzt noch eine Zeitlang in meinem verdammten Werk leben *müssen,* und vielleicht wirst Du manchmal fühlen, daß das einen großen Teil von mir nimmt, aber Du sollst das nicht als Fernesein von Dir empfinden.

Am Abend neulich war auch eine kleine Bosheit dabei — ich dachte, Du solltest mich nur jetzt erst wieder ein wenig suchen. — Soll ich Dir jetzt sagen, daß auch mich danach verlangt, Dir viel, viel näher zu sein, daß es wieder Träume sind, die tagsüber in mir nachfluten, und die ich weiter träumen möchte. Und daß Du bald, bald, kommen sollst, morgen, übermorgen, wann Du willst.

Nur schreib mir vorher, denn es könnte sein, daß ich bei *gutem* Wetter einen Nachmittag zum Arzt fahren möchte (aber nicht daraus schließen, daß mir etwas fehlt, es ist nur weise Vorsicht), und besprich Dich vorher mit Adam, damit ihr nicht zusammen kommt, er schrieb mir, daß er bald käme, denn dann wollen wir *ganz* allein sein. Willst Du nicht lieber mit dem Zug, der um 3.49 aus München geht, fahren, da ich unverbesserliches Schlaftier ja doch immer den ganzen Nachmittag verschlafe. Da brauchst Du auch nicht anzumelden, weil ich von meiner eventuellen Doktorexkursion auch um die Zeit zurückkommen würde.

Heute bin ich in das andere Haus herübergezogen, in ein wundervolles großes Zimmer.

Ich glaube, der Bologna Anfang bringt mich jetzt besser auf die Sprünge, ich habe diese Tage viel gearbeitet, nehme jetzt die ruhige Abendstunde und gehe nachmittags spazieren. Jetzt kommt mit einmal Freude an der Arbeit — wenn es so bleibt, werde ich in kurzer Zeit bedeutend weiter kommen. —

Grüße Helene, wie ist ihr jetzt in München, schreibt sie auch? — Heute will ich die Post nicht wieder versäumen, darum leb wohl und komm bald.

F.

[Schäftlarn, 8. Okt. 01]

Ach Gott, jetzt gehen schon wieder die Cigaretten aus, d. h. für 3 Tage habe ich noch, bitte welche mitbringen oder schicken, ja? Gern wieder dieselbe Sorte, aber mit Mundstück. —

Viele viele Grüße, wann kommen?

F.

Schäftlarn, 8. 10. [1901]

Mein armer Freund.

Ich kann es nicht vertragen, Dich so leiden zu wissen, und das hat auch das Gefühl von schmerzlicher Enttäuschung verdrängt, das mich zuerst überkam. Warum willst Du nicht jetzt zu mir kommen, ich will so viel Trost suchen, wie ich vermag, für all Dein zermartertes Empfinden, Du sollst nichts weiter sein wie ein Kind, das sich beruhigen läßt. Glaubst Du nicht, *daß* ich auch das verstehen kann, glaubst Du, daß es etwas an menschlicher Qual und Leiden gibt, das ich nicht verstehen könnte und das nicht irgendwo in mir seinen Widerhall findet.

Schelten muß ich Dich nur, daß Du nicht früher kamst, gleich kamst, zu mir, denn ich wartete auf Dich und vielleicht hätten wir doch das Unendliche gefaßt, das sich uns immer wieder entwindet. Aber Du sollst jetzt nicht so schrecklich verzweifeln, auf Dich selbst loswüten. Du bist nicht *rettungslos* verloren, wie Du schreibst, Du sollst doch noch das Leben lieben, was bedeutet denn ein Sturz in den Abgrund —. Sieh, ich weiß doch selbst, daß man erst in 1000 Abgründe stürzen muß und daß dann doch noch unendliche Höhen kommen können, von denen man vorher nichts ahnte. —

— Eins muß ich Dir noch sagen, was mich unheimlich durchschauerte, als ich Deinen Brief las — ich habe alles das geträumt, vorgestern nacht: daß Adam zu mir kam, Du warst eben von der Reise zurückgekommen, und mir sagte, Du littest furchtbare Qualen, ich sollte Dich nicht allein lassen, sonst wäre es zu spät. Aber dann fand ich Dich nicht, es kamen andere Menschen dazwischen, und zuletzt fanden wir uns in einem großen Kreise von Menschen wieder und waren kalt und fremd. Nun verstand ich es erst, als Dein Brief kam. Sag mir, was ist das? Es faßt mich oft wie ein Schrecken, dies Gefühl, als ob ich oft durch alles hindurch sehe. Es ist dann, als ob man nicht mehr im Leben stände, schon halb in einer anderen Welt.

Ich weiß was in andern vorgeht, wenn sie weit fort sind, und nach diesem Traum war auch die Hochflut verebbt, die mich — darf ich Dir jetzt auch alles sagen? — tagelang gerüttelt hatte in heißen Schauern und 1000 Bildern. Vielleicht war doch etwas von mir bei Dir in jener Nacht, wo Du glaubtest, ganz allein zu sein.

— Du sollst Dich auch über Putti nicht so grämen, sieh, es ist ein junges gesundes Kind, dem eine kurze Weile harter Schule nicht schadet. Ob sie nun eine Zeitlang mit den Händen Fronarbeit tut oder mit dem Kopf — es wird ihr nichts nehmen, und sobald wir Geld haben, holen wir sie. Es ist immerhin besser so, als wenn sie dort ins Bummeln geraten wäre. Ich denke auch, wenn die Slavona Ackermanns[1] dort sind, werden sie sich wirklich für sie interessieren und ihr helfen, sie soll nur gleich hingehen. Schreib mir doch P.'s Adresse, ich möchte ihr auch einmal schreiben und suchen ihr Mut zu machen und sie etwas aufzuheitern.

---

[1] Marie Slavona-Ackermann, Malerin.

Und wenn sie Weihnachten zurückkommt, wollen wir alle mithelfen, sie ins Fahrwasser zu bringen. Ich will sie Dir selbst zurückholen, wenn Du willst.

Ich bin heute selbst nicht recht beieinander, sonst würde ich Dir noch vieles, vieles sagen, aber ich bitte Dich, komm wann Du magst, ich will Dir nur etwas wohltun dürfen, als ob Du mein krankes Kind wärst, und Du kannst auch allein sein, wenn Du willst. —

Bei uns heult jetzt auch der Herbst. Ich träumte die Nacht von Bäumen, die aber ganz kahl waren, nur an den unteren Zweigen hatten sie funkelnde Blätter wie wirkliches Gold.

Lebewohl, ich küsse Dich viele Male und lasse Deine Hand nicht los, wenn Du durch noch so tiefe Schmerzen gehst.

[Schäftlarn, vermutlich 16. Okt. 1901]

So, nun ist der Ärger schon weg. — Sonst habe ich wundervolle Tage, fühle mich noch einmal so gesund, wie die ganzen letzten Wochen nicht, schlafe gut, laufe an 3 Stunden mit Bubi —. Altenburg ist jetzt fertig, also die ganze erste Jugendzeit beisammen abgeschrieben. 106 Seiten, die auf 80 Druckseiten zusammen gehen werden. Ich bin Ihnen so furchtbar dankbar für die neuliche Hilfe; denn ich habe jetzt Vertrauen zur Sache bekommen, weil Sie es hatten. —

Heute ist die 6-jährige Jahreszeit meiner großen Operation. Ich muß immer wieder daran denken, wie ich den Nachmittag aus dem Schlafe aufwachte und der Herbstregen an die Fenster schlug. Das erste war, daß jemand sagte: nun lacht sie wieder. —

[Schäftlarn] 28. 10. [1901]

Mein Freund, vielen so vielen Dank für Ihren Brief, jetzt werde ich auch wieder froher — überhaupt es ist seltsam, wir alle quälen uns herum und leiden, und an einem hellen Tage — man weiß selbst nicht, warum es auf einmal hell ist — begreift man das alles nicht mehr und sagt sich, wozu war das alles. Ja, lieber Freund, es war in mir eine Zeitlang ein Gefühl des Ablehnens — aber nicht gegen Sie, sondern gegen alles und jenes, was mich tiefer berühren könnte. Aber wenn es einmal so ist, und es kann ja immer zeitweise wiederkehren, dann bitte ich Sie, nehmen

Sie es nicht so, als ob nun keine Liebe mehr in mir wäre. Sagen Sie sich statt dessen, daß ich in solchen Zeiten einfach nur erliege dem Allzuvielen, daß meine Kräfte sich gezwungen auf das Notwendige richten und Sie wissen doch, daß es mit meinen Kräften nicht allzu weit her ist und sie *immer* viel zu sehr in Anspruch genommen sind und manchmal bleibt eben gar nichts übrig, ich fühle mich plötzlich allem nicht mehr gewachsen, und dann verkrieche ich mich einfach. Das geschieht alles nicht aus Wollen oder Überlegung, sondern ganz von selbst. Und ich war in der letzten Zeit arg herunter. — Ob wohl — selbst Sie — es ganz verstehen, wie ungeheuer die Hemmungen sind, gegen die ich zu kämpfen habe? Wenn ich meine, daß Sie es nicht ganz verstehen könnten, so liegt es daran, daß Sie mich noch nie *ohne* Hemmungen erlebt haben; ich meine rein äußerlich. Ich will aber jetzt nur von dem jetzigen Zustand sprechen. Wenn ich so arbeiten muß mit dem Kopf, dann versiegt alles andere in mir, wenigstens so bald ich keinen Überschuß an Kräften habe, und das ist selten. Wie soll ich sagen, ich komme mir immer so dumm vor, wenn ich solche Betrachtungen mache — aber ich dachte grade heute viel darüber nach. — Sehen Sie, bei mir steht und fällt alles mit dem Erotischen, ich fühle mich nur normal und daseinsberechtigt, wenn das mein Leben erfüllt, und das Leben dieses Sommers war eine arge Vergewaltigung; ich meine nicht nur im äußeren Erlebnis erotischer Sachen, aber darin, daß die »geistige« Anstrengung auch die *Empfindungen* zurückdrängt — die dann — darf ich Dir das auch alles sagen? wenn sie einmal gewaltsam hervorbrechen wollen, wieder vor den äußeren Umständen verstummen müssen, es dann wiederum einen schlimmen Rückschlag auf das Wohlbefinden der Nerven übt.

Ach, lieber Freund, laß mich Dir heute einmal alles beichten und dann verstehst Du vielleicht auch besser, warum ich manchmal so bin. — Ich habe mir selbst gesagt, es müßte so sein während dieser Arbeit. Aber es war doch zu viel, ich fühlte mich wie aus dem Geleise geraten. Es gibt Zeiten, Tage, wo die Gedanken nicht von diesem Punkt weichen wollen und sich in den wildesten Vorstellungen ergehen. Und dann kommt wieder die Reaktion in einer alles ablehnenden Kälte, ich möchte sagen Gefühllosigkeit, die mich selbst quält, weil sie etwas Fremdes, Aufgezwungenes ist. Das schwankt unaufhörlich hin und her. Es ist aber auch das erstemal, daß ich ein solches Leben führe, zuerst empfand ich es wirklich als einen Zuwachs an Kraft, — aber es hat zu lange gedauert. Ich komme mir förmlich degradiert vor, daß *ich* unter solchem Mangel leide und dann kommen lauter solche Gedanken, daß es überhaupt mit dem Leben und seiner Hauptsache aus ist, daß man alt wird etc. —.

Soll ich noch mehr beichten — ich hatte nach jenem Dornen-Erlebnis nicht den Mut zu sagen, Du sollst zu mir kommen, ich dachte manchmal, daß das Verlangen nach unserer Zärtlichkeit nicht mehr in Dir wäre.

Aber nun will ich lieber nicht mehr darüber schreiben, ich weiß heute morgen nicht, ob ich diesen Brief abschicken soll —. Die letzten Tage habe ich endlich wieder wirklich arbeiten können und jetzt geht es gewaltig vorwärts. Ich hoffe jetzt noch eine wohlere Zeit zu haben und diese letzte Gnadenfrist auszunützen. Beinahe fürchte ich mich vor dem Fertigsein, wenn die Spannung aufhört, werden meine Nerven Ach und Weh schreien. Vielleicht lesen wir dann noch hier einmal zusammen, ehe ich nach M. zurückkehre. Und nun leb wohl für heute, es schneit wieder, das ist meine schönste Arbeitsstimmung. Leb wohl und habe Dank für Deine Worte

F.

Montag

Eben Ihre Karte. Habt vielen Dank für alles. Morgen wird es wohl kommen, und schon wieder bitte ich um etwas, nämlich um 6 Migräninpulver, die ich ja vor Ende der Woche haben muß. — Neulich, Samstagabend, konnte ich noch nicht so schnell aus der Stimmung herauskommen und las lange im Bett, statt gleich zu schlafen. Das rächte sich gestern wieder durch einen Kopfwehtag, den ich aber fast ganz im Freien zubrachte, bei dem herrlichen Wetter und den herrlichen Farben. Abends gings dann wieder, und heute sogar ein inspirierter Vormittag. Ja, mein Freund, so wird es wohl noch manchmal hin und her schwanken. Ich fühle immer, daß all meine Nerven beben, entweder zum Guten oder zum Schlimmen, aber es geht und geht und geht nun einmal nicht mehr anders, bis das Kind zur Welt ist. Und ihr müßt alle sehr viel Geduld mit mir haben, mich am besten mit *gleichgülti-gen Samtpfoten* anfassen. Denn sogar zu viel Fürsorge macht mich, wie Sie wissen, zappelig, und aus den schönsten Stimmungen schlägt man dann am leichtesten in eine ganz greuliche um. Ich will Sie aber gleich wieder etwas trösten, daß ich die letzten zwei Abende bis 1/2 10 arbeitete und keine Gespenster hatte und, wie gesagt, heute sehr zum Arbeiten aufgelegt war. Ich bin jetzt noch am Abschreiben der Kindergeschichte, Mohu etc., die noch Verbesserungen erfahren hat, denke diese Woche bis Altenburg inclusive ganz fertig zu werden, soweit fertig, wie wir es besprochen.

Dienstag

Eben kommt das Paket und vielen Dank, Ihr guten Leute, die so für mich sorgen. — Über Adam habe ich mich etwas erschrokken. Was ist denn mit Abbazzia. Wird es nun sehr viel länger dauern? — Ach Gott, im Grunde ist es auch nicht so schlimm; wenn »Ellen« nur fertig ist, will ich nachher gern noch eine Zeitlang warten. Gestern abend habe ich mächtig gewirkt, bis Altenburg alles abgeschrieben und noch manches geändert. Ich denke, es wird Ihnen so auch besser gefallen. Auch heute ist mir riesig wohl und arbeitslustig. Wenn ich mich immer so fühlte wie jetzt, alle inneren Gefühle verschwunden, bin gestern nachmittag zwei Stunden mit der Maus gerannt und gehüpft. Durch unser Zusammensein bin ich auf einmal viel besser hineingekommen. Ich möchte nun, daß Sie Anfang nächster Woche noch einmal mit Helene kommen und mich vor der Gefahr bewahren zu arbeiten, wenn ich nicht arbeiten soll . . . . . .

Ich lese eben meinen Brief wieder durch. Erschrecken Sie, bitte, nicht über die gleichgültigen Samtpfoten. Ich habe jetzt so das Gefühl, in nächster Zeit alle Gemütsbewegungen zu vermeiden. Schreib mir bitte keine traurigen Briefe und denke nicht, daß ich Dir deshalb weiter weg wäre. Weißt Du, es zittert alles in mir. Nun aber aufhören und wieder hinein.

Eben kommt Ihr Brief, der mich so freute. Wenn ich zwei Tage keinen kriege, fühle ich mich schon ganz einsam und vielen Dank für die Pulver.

. . . Jetzt muß ich wieder daran. Die Morgenstunden liegen vor mir. Das herrliche Wetter jetzt wieder; wir rennen die ganzen Nachmittage. Lebwohl mein Freund, und habe Dank für alle Hilfe, die ich sehr empfinde. Habe doch immer das Gefühl, nicht alleine davor zu sitzen . . .

Noch eine Bitte, bringt mir Zigaretten mit und die Gedichte von Ibsen und »Peer Gynt«. Addio, es geht mir immer noch fabelhaft gut.

[Schäftlarn, 30. Okt. 1901]

Mein Freund.

Ich bin ganz unglücklich in dem Gefühl, Ihnen heute morgen einen ziemlich grantigen Brief geschrieben zu haben. Hätte ich doch bis Nachmittag gewartet. Nun habe ich Sie am Ende schon wieder verstimmt . . . Wissen Sie, die Tage in M. platzte ich beinahe vor Nervosität und mußte mir wirklich Gewalt antun, nicht um mich zu schlagen. Das ungewohnte Herumrennen, viele Reden mit der P. ect. und last not least der Bubi, der hier auch gleich wieder ein anderer Mensch ist. Bei unserer Rückkehr erzählte er in der Küche: »In München san's lauter so fade Leut.«

— Und ich war so totmüde, daß ich ohne Abendessen ins Bett hineinfiel und mich heute ganz überschlafen hatte. Habe nun aber heute wirklich den Roman nicht angesehen und nur 6 Zigaretten geraucht und will wieder ganz früh schlafengehen. Aber, wie gesagt, ich habe ein ganz schlechtes Gewissen. Da schreibe ich Ihnen, Sie sollten nicht an mir zerren und dann schreiben Sie mir einen so guten Brief. Ich bin überhaupt doch eine Bestie, wie lange werdet ihr noch Geduld mit meiner Hysterie haben.

Nein, diesmal bin ich nicht bös über Ihre Schonungsbitten. Aber glauben Sie bitte auch mir einmal, daß ich wirklich nicht aus Widersprechungslust immer dagegenkrakeelte, sondern aus dem Gefühl heraus, erstens einer gräßlichen Ungeduld und Nervosität nur fertig zu werden, die mich einfach nicht ruhen läßt, wenn ich selbst gerne ruhen wollte, die mir das verfluchte Cigarettengift immer wieder in die Hand drückt. Herrgott, ich will doch so gerne zu anderen Dingen gelangen, und es wird immer später, immer noch ein Jahr und noch ein Monat, und auch die Unsicherheit, ob ich dazu gelangen werde, wenn ich so weit bin, reißt an

mir. Zudem habe ich überhaupt die Tendenz, immer an die
äußerste Grenze meiner Kräfte zu gehen, und das muß ich dann
doch durch schöne Draperien vor mir und anderen etwas bemän-
teln und für notwendig erklären, sonst geht meine »Energie«
gleich zum Teufel . . .

Sie machen sich keinen Begriff, wie es in mir strampelt nach all
den schönen Sachen, die ich tun *möchte,* malen, Gitarre lernen,
reiten lernen, schöne Kleider haben etc. und wie trotz allem
»amor fati« die verlorenen Jahre mich oft rasend machen.

Nun aber genug dieser Betrachtungen, die Ihnen nur motivieren
sollen, daß ich oft so ungeduldig bin. Ich möchte immer so arbeiten, daß die Fetzen davonfliegen, und die Ohnmacht ärgert mich.
Übrigens ist das alles starke Übertreibung, denn im großen und
ganzen habe ich mich diesen Sommer doch auch sehr gut erholt
und kann über meine Kräfte nicht klagen, bin auch überzeugt,
daß eine kurze Ruhezeit genügen wird, um die Romannerven
wieder zu beruhigen. —

Ich sagte Ihnen schon, daß ich an einem Punkt angelangt sei, wo
es nicht recht weiter will. Die heutige Faulheit hat mir aber einen
guten Gedanken gebracht, nämlich die ganze Ibsenclubzeit in
Briefen zu geben, die an die Jugendliebe gerichtet sind, also
2 Fliegen mit einer Klappe zu schlagen. Nun, das werden wir
ja noch bereden, wenn Sie kommen . . .

Dann denke ich, danach erst einmal die Münchner Zeit vorzu-
nehmen. Ich glaube nämlich, daß es ermüdet, immer der Reihe
nach vorzugehen. Ich las neulich einmal im ersten Entwurf die
Münchner Periode und verliebte mich in sie. Wenn ich Ihnen
nun diese zwei Teile vorläse, können wir die dazwischen
liegenden vielleicht zusammen festlegen, was dann kommen soll
und was weg.

— Hier hat der Herbst in der kurzen Zeit gewaltige Fortschritte
gemacht, man watet jetzt im abgefallenen Laub. Der Bubi hat
ein paarmal gezankt, daß mich das melancholisch stimmte und
sagte: Mamai, sei nicht traurig, Du hast doch Dein Masi und die
Stichelbaumi (Tannen) fallen nicht ab.

Die gute Flingelli[1] rührt mich, hat sie denn den Dr. Fiedler

---

[1] Marie Flingelli, Hausbesorgerin.

anpumpen können, ich brauche nämlich viel, bin hier ca. 50 M. schuldig und die 30, die ich in München zahlen muß. —

Mit dem Gedanken daß die F.'s in München, bin ich sehr befreundet, es hat auch seine Annehmlichkeiten in Bezug auf Bubi und Abendausgehen, wenn immer jemand da ist.

Nun aber addio, obgleich es erst 8 ist, lockt das Bett gewaltig — Jetzt kommt aber noch eine Bitte, wollen Sie auch mir ein paar wollene Handschuhe mitbringen, weiß bitte, ich habe Nr. 6 danach kann man die Größe bei wollenen wohl bestimmen. Es fängt jetzt doch an kalt zu werden. Grüßen Sie Helene vielmals, und Dank für Ihren Brief.

Ihre F.

[Schäftlarn] 31. 10. [01]

Mein Freund.

Haben Sie Dank für Ihren Brief, ich habe jetzt beschlossen, jeden an Sie mindestens ein paar Stunden liegen zu lassen und dann noch einmal durchzulesen, damit ich Sie nicht unnütz verstimme. Wissen Sie, daß nichts mehr zehrt und zerrt, wie sich gehen lassen, einseitig und beiderseitig. Wirklich, das nimmt mehr Kräfte wie die quälendste Beherrschung. Das ist eine »Weisheit«, die aus dem Schatz meiner Erfahrungen stammt. Also, wenn ich einmal sagen *sollte*, ihr müßt mich ganz in Ruhe lassen, z. B. wenn ich Morgennerven habe, so denken Sie bitte daran, daß ich mich nur vor den anderen fürchte.

Jetzt bin ich wieder ganz in hoher Stimmung, obgleich ich gestern schon an die Arbeit ging. Gestern und heute bin ich mit dem Bubi stundenlang im Wind herumgerast, wir sind über Baumstämme und Gräben gehüpft und haben gesungen, so daß mir alle Rippen weh taten, aber das ist gerade schön und gibt ein Gefühl von Gesundheit. O Gott, o Gott, wenn ich nur die behielte, so wie sie jetzt ist, es kommt mir immer noch zu verwegen vor, daran zu glauben. Es ist schon Schwindel, öfters solche Tage zu haben. — Aber ich will auch jetzt nicht übermütig sein, es werden noch genug Tiefgänge kommen, aber ich weiß wenigstens, daß die jetzt schnell wieder überwunden sind. Ich glaube, *nach* dem Roman werde ich bald wieder ein anderer

Mensch sein, bis dahin müßt ihr halt noch Geduld und Nachsicht üben.

(Dabei fahre ich gerade in diesem Augenblick wieder aus der Haut, weil der Bubi in einem fort dazwischenredet.) Die Nerven gehen mir überhaupt beim besten Wohlbefinden manchmal durch, deshalb bitte ich Sie im voraus, lieber Freund, wenn Sie nun kommen, nehmen Sie mich als Patienten, meinetwegen nur als Halbzurechnungsfähigen, wenn ich grantig sein sollte. Ich möchte bis dahin noch recht viel fertigbekommen, damit ich Ihnen viel lesen kann. Kommen Sie deshalb lieber erst etwa Mittwoch. Ist Ihnen das recht? Ich will jetzt nichts Voreiliges aussprechen, aber ich hoffe zu Gott, daß ich wirklich bis 1. Dezember die Sache beisammen habe, bis auf die in München zu geschehende Ausfeilung. Dann lesen wir es dort noch einmal zusammen mit Helene und Busse. Ach Gott, ich wage kaum mehr an dieses fertig zu denken. Ob Sie und andere wohl ganz wissen, *was* damit fertig ist, was für ein Stein und was für inneres Herumwälzen.

— Was den Geldpunkt angeht, möchte ich nur o Himmel sagen, 30 M. habe ich sofort wegschicken müssen, jetzt fehlen noch 40 für Wohnung und mindestens 50 für das, was ich hier schuldig bin. Könnten Sie nicht noch einmal mit Flingelli sprechen, ob sie nicht auch Rodis Rad versetzen kann. Fragen Sie bitte auch, ob sie selbst nicht in Verlegenheit gekommen ist, wenn sie Sachen für mich versetzt hat. Außerdem soll sie Ihnen einen Gürtel für mich geben, zum Mitnehmen.

Wenn jetzt noch Hirschberg und Oberhummer mit ihren Rechnungen à 66 und 52 kommen! Aber ich hoffe im stillen, die warten bis Neujahr.

Bei unseren Geldverhältnissen fiel mir heute ein Vers ein, den wir als Kinder in einer Ferienbeschreibung machten:

Wir leben — wie Reben — von Sonnenlicht umsponnen — wir haben begonnen — mit Kaffee zu begießen — doch will kein Kaffee fließen. —

Was für ein Blödsinn einem manchmal im Gedächtnis bleibt, aber ich finde, es paßt entschieden hierher.

Wann man wohl wieder von Adam hört? — Jetzt ist es mir wieder ganz gleich, obgleich ich glaube, er sollte lieber die

Flingelli heiraten. Fragen Sie dieselbe doch auch, ob sie seine jetzige Adresse weiß. Und nun, lebewohl, ich freue mich so auf Ihr Kommen, und möchte es gern schon eher, aber in Anbetracht des »Werkes« ist es besser erst Mitte der Woche. Aber bitte öfter ein Wort schreiben, wenn auch nur ein kurzes.

Sind Sie auch wirklich besser gestimmt oder tun Sie nur so? — Mir ist auch heute wieder unheimlich wohl und ich fürchte den Neid der Götter.

[Schäftlarn, 4. Nov. 01]

Heute früh nur in Eile ein paar Worte auf Ihren Brief. Sollten Sie nicht Mittwoch kommen, so *bitte* schicken Sie mir Handschuhe und Gitarresaiten per Brief, sehne beides sehr herbei.

Ferner wäre es mir sehr lieb, es bald zu wissen, wann Sie kommen, da auch das Baschl[1] mich diese Woche auf einen Tag besuchen wollte. —

Eilen Sie meinetwegen nicht zu sehr, sonst kommen Sie ganz abgehetzt. — Schreibe noch heut abend oder morgen ordentlich, jetzt 1000 Grüße an Sie und Helene.

F. R.

[Schäftlarn, 4. Nov. 01]

Mein Freund.

Es hat mich geärgert, daß mein Brief erst heute nachmittag fortgekommen, da der Postbote ihn morgens liegen ließ. Dafür habe ich ihn dann nachher selbst hinaufgetragen. Und nun komme ich gleich noch mit einer Bitte hinterher — ehe ich's wieder vergesse. Würde vielleicht Helene so freundlich sein und in meiner Wohnung 2 baumwollene Trikots (Combinations) — sie wird schon wissen, wie die aussehen — heraussuchen. Sie liegen entweder in der kleinen Kommode im Schlafzimmer oder in der großen neben der Küche oder im großen schwarzen Koffer oder noch in einem zugeschnallten Handkoffer aber auf dem Schrank. Sie sehen, wie gut ich in meinen Sachen Bescheid weiß. Wenn sie die Mühe nicht scheut, die ich mich allerdings etwas schäme ihr aufzuladen, wäre ich sehr dankbar. Die Wohnungsschlüssel hat

---

[1] Das Baschl — die Malerin Helene von Basch.

die Frau Schwabe, Herzogstraße 39/IV, ich schrieb ihr, sie bei Ihnen abzugeben und die verschiedenen Kommodenschubladen muß man mit irgendeinem Schlüssel aufziehen, wenn der richtige nicht am Schlüsselbrett hängt; sie sind auch wahrscheinlich unverschlossen. Außerdem bitte ich Helene, nur nicht über die eventuelle Unordnung sich zu entsetzen — und Sie nicht über die Quantität mitzubringender notwendiger Übel. Ich habe die Trikots leichtsinnigerweise verbummelt mitzunehmen, habe aber bei der jetzigen Kälte auf einmal Angst vor Erkältung bekommen.

Bei allem denke ich jetzt an den Roman, daß mir nichts Störendes dazwischen kommt, aber nicht mehr wie im Anfang mit Widerstreben und Muß; ich liebe ihn jetzt wie ein werdendes Kind und zittere nur davor, daß es eine Mißgeburt werden könnte. Aber wenn Sie wüßten, was in Gedanken an alte Zeiten oft für Stürme wieder erwachen, es packt mich eine förmliche Raserei aufs Leben, ich möchte noch so entsetzlich viel leben — bekommen Sie nur keinen Schrecken, wenn ich solche Reden halte. Aber ich muß jetzt immerfort arbeiten, um das alles niederzuhalten, und es ist sehr klug von mir, daß ich mich selbst in die Wüste verbannt habe. —

Können Sie nicht doch über Nacht hierbleiben, ich glaube nicht, daß wir in einem Tag mit dem Lesen zustande kommen, besonders da wir auch vieles bereden müssen. — Aber das Risiko einer schlaflosen Nacht möchte ich Ihnen auch nicht zumuten. — Es ist jetzt schon auf 169 Seiten gekommen und ich hoffe, man kann noch gewaltig kürzen. Aber nun leben Sie wohl. —

Heute ist ein richtiger Wintermorgen, alles weiß bereift und wundervoll. Es kommt mir vor, als ob ich jahrelang nichts von den Jahreszeiten gemerkt hätte — leben Sie wohl.

F.

Auch möchte ich jetzt doch gerne 3 Paar wollene Strümpfe haben.

[Schäftlarn, Anfang November 01]

Mein lieber Freund.

Sie haben mir heute allerdings einen unpersönlichen Brief geschrieben und ich habe lange darüber nachdenken müssen, was ein centripetierendes Prinzip wäre, bis ich mich erinnerte, einmal etwas von Zentrifugalkraft und Zentripetalkraft gehört zu haben. Sie haben mich also doch noch etwas zu hoch taxiert.

Aber Sie gefallen mir wieder nicht recht, ich habe das Gefühl, daß ihre jetzigen Arbeiten Sie peinigen und Sie womöglich wieder ganz herunterbringen. Es ist doch wirklich verflucht, daß keiner von uns jemals die Hände frei hat.

Ja und nun muß ich auch noch mit etwas kommen, was Sie nicht erfreuen wird. Heute bekam ich einen Brief von der Falckenberg Wanda[1], die ein paar Tage nach Schäftlarn kommen will, diese Woche. Da sie nicht als mein Besuch kommt, kann ich ihr nicht abwinken, habe nur geschrieben, daß von mir arbeitshalber sehr wenig zu haben wäre und werde mich natürlich in keiner Weise stören lassen. Aber unser Zusammensein würde es doch schließlich stören, da ich sie bei Mahlzeiten etc. doch nicht ganz schneiden kann und vor allem, da ich weiß, daß Sie wieder unangenehm berührt wären, und wenn Sie unangenehm berührt sind, lieber Freund, dann sind Sie schrecklich und ich zittere in einem fort. Da sie nun aber nur 3 Tage hier und eventuell schon Mittwoch kommen will, Sie dagegen schreiben, daß Sie wahrscheinlich erst ein paar Tage später kommen, so denke ich, wird sich die Sache ganz gut arrangieren. Machen Sie sich nur bitte keine in diesem Fall wirklich überflüssigen Gefühle über Belästigungen meiner. Wenn ich ganz bei mir selbst bin und noch dazu an einer Arbeit, die mich innerlich hält, so lasse ich mich nicht leicht belästigen. Ich schreibe Ihnen, sowie ich etwas weiß, über das Kommen und Bleiben dieses Unglückswurms.

Was unser Sehen betrifft, ist mir das Hinausschieben sehr unlieb, im Hinblick auf den Roman aber wieder sehr recht, wenn ich noch eine Strecke weiter bin. Ich habe jetzt die sehr schwierigen Ibsenclub-Jahre, Examenszeit, erste und zweite Liebe hinter mir, es kommt mir viel zu lang vor und doch sind es lauter Sachen, die ich gerne drin haben möchte. Jetzt kommt der Familienkrach, Pastorenhaus, Flucht und Nachflucht bis München, das werde ich so kurz wie möglich behandeln. — Ich wundere mich bei all den Erinnerungen nur immer wieder, daß ich in

[1] Wanda Falckenberg — Ehefrau von Otto Falckenberg, dem späteren Direktor der Münchener Kammerspiele.

jenen Jahren nicht einfach zu Pulver zerrieben wurde, so überstürzte sich alles.

Bei dem, was Sie vom Schaffen sagen, mußte ich viel darüber nachdenken. Aber wissen Sie, daß ich doch im Grunde dies Buch auch wieder nicht als eigentliches Schaffen empfinde. Diesen Begriff kann ich mir nur bei bildenden Künstlern vorstellen, zu denen ich diese Art von Schreiben doch nicht rechne. Vielleicht wohl nur, weil es mir so wenig liegt. O Gott, wenn ich nur malen könnte, ich glaube, dann wäre mir das ganze Leben ein fortwährender Rausch, aber ich darf gar nicht daran denken. Ich war eigentlich glücklicher, als diese Hoffnungen begraben waren. Wenn ich jetzt daran denke, in diese Miß-Existenz zurückzukehren — aber lieber still davon. —

Es geht jetzt überhaupt fortwährend auf und nieder in mir und ich bin manchmal so benommen innerlich, daß ich das Gefühl habe, absolut nichts mehr zu sehen und zu hören, daß ich ganz wie in mich selbst eingewickelt herumgehe und mich mit Gewalt erst auf die Wirklichkeit besinnen muß. Ich glaube überhaupt, lieber Freund, daß ich oft nicht weit davon bin, verrückt zu werden, z. B. in solchen Momenten, wo man vor dem Spiegel steht und vergebens sucht, sich klarzumachen, daß ich das bin. Und dann ist man auch wirklich nicht da und fühlt, daß nur ein absolutes Nichts da ist. Ich habe auch anderen Menschen gegenüber oft die Empfindung, daß sie nicht da sind.

Aber ich will Sie lieber nicht mit Spinnereien elenden. — Heute setze ich wieder einmal einen Abend aus, habe auch sonst nie länger wie bis 9 gearbeitet, wenn ich grade sehr im Zug war. Diese Tage habe ich eine Müdigkeit wie im Frühjahr, ein unaufhörliches Sehnen nach Stilliegen und Hinduseln. Aber das ist gewöhnlich so in der Herbstübergangszeit. Man möchte starken Wein trinken, aber nur in der Idee, und milde berauscht auf dem Sofa liegen. Es geht so weit, daß ich nicht essen mag, weil man den Mund dabei bewegen muß.

Ich glaube, im gewöhnlichen Leben nennt man das Faulheit; aber mir liegt zugleich ein großer Genuß darin, und mit dem Kopf kann ich dann manchmal gerade am besten arbeiten.

Eigentlich ist man doch überhaupt wie ein Kaleidoskop, jeden Augenblick ist es anders, aber auch ganz anders. Macht es Sie nicht nervös, wenn ich immer wieder schreibe: Heute ist mir so und heute so?

Bitte Lieber, lassen Sie mich die Sachen als Trikos etc. recht bald bekommen, es ist arg kalt und ich bin dies Jahr sehr ängstlich, mir nichts zu holen, was mich wieder aufhalten muß. Wenn die Dinger nur auffindbar sind. — Aber wie schön es jetzt draußen ist, alles weiß, leicht weihnachtlich, selbst am Tage taut der Reif nur teilweise und dazwischen noch die Herbstfarben. Viele Bäume stehen schon ganz kahl und im Wald raschelt alles. Der Bubi ist immer warm wie ein Bratapfel. —

Von Falckenbergs bekam ich jetzt glücklich 30 M., bin hier aber viel mehr schuldig. Weiß die Flingelli keinen Rat? Nun gute Nacht, ich gehe schon wieder um 8 Uhr schlafen.

[Schäftlarn, 8. Nov. 1901]

Schreibe ich Ihnen jetzt auch nicht zu viel, zu oft und zu viel dummes Zeug? — Dann dürfen Sie es ruhig sagen. Es freute mich so aus Ihrem Brief heute, wie ich glaube, eine bessere Stimmung zu sehen, hoffentlich nun habe ich sie durch die Wanda-Affaire nicht wieder verdorben. Bitte, bitte lieber Freund, ärgern Sie sich nicht darüber, ich klaube mir natürlich wieder einträgliche Zukunftsrollen bei den Scharfrichtern[1] und daß ich die Wanda im Winter einmal zeichnen werde, denn trotz aller Aussichtslosigkeit träume ich jetzt in einem fort vom Malen und suche überall Portraits und eventuell Studien. Heute auf einer Waldhöhe, wo man auf die Ebene sieht, habe ich in Gedanken ein Herbstbild für Sie gemalt, wo die Tannen sich im Sturm wiegen und jedes Gras auf der Ebene vom Wind gepeitscht ist. Ich bin immer noch überzeugt, daß ich dereinst ungeheuerliche Sachen malen werde — *wenn*. — Manchmal male ich mir jetzt aus, wie auf einmal ein Brief von Adam kommt, aus dem ein beiläufiger 1000-Mark-Schein herausfällt und alles für die Zukunft. Und dann habe ich ein Atelier und schwelge von einem Tag zum andern. Ja, ja, die schönen Möglichkeiten.

Einstweilen ist meine Arbeitsstimmung wieder etwas abge-

---

[1] Das 1901 in München gegründete Kabarett-Ensemble »Die elf Scharfrichter«, dem u. a. Frank Wedekind und Otto Falckenberg angehörten.

sunken und ich bemühe mich möglichst wenig zu tun, um wieder frischer zu werden. Aber was soll man abends tun? Am liebsten würde ich eine Stunde lang in einem warmen Bad liegen und duseln. Aber so kann ich abends nicht einschlafen, weil ich zu wenig arbeite und nachmittags auch regelmäßig lange schlafe. Ich bin nur froh, wenn die Gitarresaiten kommen, dann ist das wieder eine Hilfe. Dazu kommt, daß meine Augen immer noch etwas entzündet sind und sich gegen Im-Bett-Lesen auflehnen. Wollen Sie mir nicht gelegentlich etwas hellgrünes Seidenpapier schicken oder mitbringen für einen Lampenschirm. Diese Augenempfindlichkeit, die ich überhaupt erst seit Samos kenne, ist entschieden ein Himmelswink, daß ich die Schreiberei nicht immer fortsetzen soll. Übrigens habe ich bei Langen wieder um Übersetzung angefragt, wenn Geld kommt, brauche ich sie ja nicht zu machen, und ich sehe sonst kommen, daß ich der Schulden wegen nicht nach München kann.

Ach lieber Freund, alles in allem bin ich doch, einige Nerven abgerechnet, sehr vergnügt, freue mich über das Weiterkommen am Roman etc. Ich habe manchmal nämlich selbst Angst, daß es ganz unabsehbar wäre. Vor Ende nächster Woche will ich bis zur Münchner Zeit kommen, dann wieder Ruhepausen, und dann habe ich noch 10 Tage dieses Monats für den Rest, der insofern leichter ist, weil er größere Ereignisse hat und mir näher liegt. Gestern las ich die Jugendjahre durch und war ganz erstaunt, es gut zu finden — das schließt aber nicht aus, daß es doch schlecht ist. Ich möchte mit Ihnen an einem Tag den ersten Teil noch einmal lesen und am andern das spätere, es sind jetzt schon 190 Seiten.

Eben wie ich meinen Brief an Helene abschicken will, kommen Ihre beiden. — Mir ist heute einmal wieder ganz frisch und ich will erst an die Arbeit gehen, ehe ich weiterschreibe. — Die letzten Tage war ich ganz wie im Frühjahr, so hinsinkend matt, — das mag wohl nur der plötzliche Übergang von Herbstluft zum Winter sein.

Ich möchte mehr auf Ihren Brief antworten, aber ich bin zu zerstreut augenblicklich — es kommt jetzt so eine Art konvulsivisches Rechnen mit den Tagen über mich, ein Zahlenwahnsinn, den ich nur allzu gut kenne und der dem Ende jeder Arbeit

vorangeht; überhaupt das Gefühl von inneren Zuckungen. —
Also — die Wanda ist gestern gekommen und bleibt bis Sonntag,
worauf Montag das Baschl erscheint — wollen Sie dann Mittwoch
kommen? — Aber nicht später, denn das ist der letzte Termin,
dann muß ich wieder ruhen. Durch Ihr Hiersein, da lesen nicht
so anstrengend ist, gewinne ich auf diese Weise nun noch ein
längeres ununterbrochenes Ausruhen und werde dann die Nerven schon wieder zurechtbringen.
Noch diese Ausspannung und dann das Letzte mit Sturm gehen,
und ich kann im Notfall bis Weihnachten noch eine Übersetzung
machen, die ich inzwischen bekommen habe. —
— Übrigens ist die Wanda ein gutes harmloses Ding, das mich
gar nicht stört. Lieber Freund, wollen Sie mir auch bitte Somathose à 2.60 mitbringen. Ich hoffe in diesen Tagen Geld zu bekommen, wenns Ihnen nicht zum Auslegen all der Sachen reicht,
schicke ich noch M. 10.
Nun leben Sie wohl und verzeihen Sie die Gedankenlosigkeit
meines Briefes.

[Schäftlarn, 9. November 1901]
Mein lieber Freund.
Paßt's Ihnen, Dienstag—Mittwoch hier zu sein, so daß wir diese
beiden Tage zur Verfügung haben. Das Baschl wird erst Ende
der Woche erscheinen und die Wanda entfernt sich morgen. Den
Montag möchte ich gern noch zum Arbeiten haben.
Ich habe eine schreckliche Unruhe in mir diesen Monat fertig zu
werden — und darauf, was Sie sagen werden. Wenn erst mal
das Ganze da liegt zum nur noch Abfeilen, wird meine Seele
wieder ruhig sein.
Und zugleich ist es quälend, die ganze Vergangenheit noch einmal durchzuleben — dann mag sie ruhen, aber jetzt träume ich
die ganzen Nächte von meinem früheren Leben — neulich einmal,
daß ich mit Ihnen im Husumer Wohnzimmer am Nähtisch
meiner Mutter saß und Fritz Huch hereinkam — wir hatten alle
drei rote glühende Gesichter.
Lieber Freund, ich bitte Sie nur noch einmal im voraus, seien Sie
schrecklich nachsichtig mit mir, denn ich bin arg nervös, aber
wir werden uns die Tage auf möglichst wohltuende Weise dispo-

nieren, nicht wahr. — Soll ich Ihnen wieder das Zimmer bei der
Waschfrau bestellen? —

Wollen Sie mir auch bitte 6 Migräninpulver mitbringen — und
bitte um Nachricht. Also das Baschl Donnerstag. Können Sie
nicht eventuell schon Montagabend kommen?

Also lebewohl bis dahin. 1000 Grüße auch an Helene.

Ihre F.

[Schäftlarn, etwa 13. November 1901]

Mein lieber Freund.

Tausend, tausend Dank für alles. Ich komme mir wirklich wie
von einer Schutzengelschar umgeben vor. Wie haben Sie das mit
dem Geld nur so rasch möglich gemacht? Mir ist damit ein ungeheurer Stein vom Herzen, denn ich hätte darüber weinen können, jetzt den Roman unterbrechen zu müssen. Seit wir zusammen lasen, wächst er wieder in mir. Ja, lieber Freund, aber ich
sehe sehr wohl, daß dieser Zustand bald ein Ende nehmen muß,
und ich glaube, alle Nervosität etc. wird dann verschwinden. Es
gibt keine Nacht, wo ich nicht unaufhörlich im Roman träume,
bald hier bald da, und es ist seltsam, denn im Traum *kann* ich
schaffen, da kommen mir die wundervollsten Worte. Aber diese
Nächte sind nachher, als ob man nicht geruht hätte. — Nun habe
ich aber eher wieder Mut und danke es Ihnen so, daß Sie das
möglich machten. — Vielleicht werde ich in diesem Monat noch
etwa M. 30 brauchen, kommt darauf an, ob ich dem Baschl
zurückzahlen muß, dem ich etwa 15 M. schulde. Sonst komme ich
vielleicht noch ganz ohne durch. Können Sie mir aber vor dem
4. Dez. nicht gut noch etwas geben, so sagen Sie es mir, dann
mache ich noch einen anderweitigen Pumpversuch, etwa bei
Panizza, dem ich einen Artikel verspreche.

Lieber Freund, werden Sie nicht böse, aber ich glaube, ich möchte
die Retouchierarbeit doch lieber selbst machen. Vielleicht ist das
auch Hysterie, aber ich bilde mir auf einmal ein, daß ich dann
ein ähnliches Gefühl haben würde, wie wenn mir z. B. jemand
in eine Zeichnung etwas hineinzeichnet, das vielleicht viel besser
ist, wie das was ich machen würde. —

Außerdem verlieren Sie Zeit damit, ich denke wir lassen alles
ganz ruhig liegen, bis nach Weihnachten Erholung und Muße

gekommen ist, und nehmen es dann vielleicht kapitelweise zusammen vor.

Mir ist darum überhaupt nicht bange; wenn ich nach einer Ruhepause wieder darüber gehe, kommt es ganz von selbst. —

Heute kann ich nicht vernünftig schreiben, der Kopf zerspringt mir immer noch, es ist ganz gut, daß das Baschl kommt, außerdem bringt es mir Kitschlektüre mit. Gestern sind Bubi und ich fast 4 Stunden gelaufen. —

Was die Übersetzung betrifft, so wäre das doppelte Arbeit lieber Freund, denn ich bin darauf doch durch meine lange Praxis so geübt, daß ich es nur vom Französischen abschreibe, besonders wenn dieses sehr leicht ist. Wissen Sie, es schreibt jeder einen so ganz anderen Stil, ich habe das schon öfters mit Bekannten versucht, die sogar auch Übung in solchen Sachen hatten und habe jedes Mal gefunden, daß die Arbeit aus anderen umzumodeln weit größer ist, wie dies gewohnheitsmäßige Heruntersudeln. Nur darf Helene das nicht mißverstehen, als ob ich ihr nicht zutraute, daß sie es könnte. —

Wenn es späterhin solche Sachen zu machen gibt, möchte ich es sehr gerne einmal mit ihr zusammen machen und ihr ein paar Instruktionsstunden geben, dann würde sie gewiß leicht hineinkommen. Sie müssen nämlich wissen, daß ich die Romane sehr willkürlich behandle, kürze, wo mir etwas zu lang scheint (den letzten vor Samos habe ich von 600 Seiten auf 450 gekürzt) etc. und dazu gehört eine lange Gewohnheit und Kenntnis von Langens Geschmack. Wenn sie dieses Buch als solche Übung einstweilen nehmen will, schicke ich es ihr gerne. — N. B.: Wenn Helene jetzt etwas tun will, um zu verdienen, sollte sie doch ruhig einmal zu den von der Augspurg empfohlenen kunstgewerblichen Damen gehen, oder versuchen für ein Geschäft Sachen zum Kolorieren zu bekommen, das ist nicht schwer zu machen und soll ganz einträglich sein. Mir hat auch die Frau des Geheimsekretärs Walter davon gesprochen, bei dem könnte man sich des Näheren erkundigen, Schuler weiß die Adresse und es sind sehr harmlose Leute. Ich wäre so gern mit zu den Augspurgweibern gegangen, aber vor Ende November resp. Anfang Dez. werde ich wohl kaum und auch dann nur so kurz wie möglich hereinkommen.

Ich schreibe heute nur lauter Geschäftssachen, aber mein »Geist« ist lahm und wirbelt nur um den Roman. —

Und nun noch eine Bitte, die unselige Frau Schwabe hat auch eine Seidenbluse von mir zur chemischen Wäsche gebracht, wo man eine Marke bekommt. Darf ich bitten, ihr dieselbe abzufordern — und sie mir aufzuheben, d. h. die Marke, denn das Gewand kann einstweilen ruhig dort bleiben, bis ich es einmal brauche.

Und nun leb wohl, sei meinem Stumpfsinn nicht böse.

Ich bin froh und erleichtert über alle Hilfe und schäme mich beinah, daß ich mich so in Watte wickeln lasse und alles für mich tun, ohne selbst die Hände zu rühren. Leb wohl

F.

[Schäftlarn, etwa Mitte November 1901]

Mein Freund.

... ... Die Wogen der Arbeit gehen hoch und verschlingen mich ganz, es brennt mich innerlich aus. Ich bin jetzt bei Zeiten, die ich doch längst überwunden und vergessen glaubte, und jetzt sehe ich, wie der Abgrund alles Vergangenen sich wieder aufreißt. Mir ist manchmal, als ob ich kaum atmen könnte und alle Glieder zittern, ich muß mich dann erst auf die Wirklichkeit und das Jahr wieder besinnen. Wie ist es eigentlich möglich, daß ich immer noch lebte und leben will, daß nicht längst alles in mir tot ist? Aber ob das Werk so wird, daß andere das fühlen? ...

Denken Sie jetzt bei all meinen Briefen daran, daß ich in einem Zustand letzter Spannung bin. Ich stürze jetzt zu jeder Tagesstunde (nur abends nicht) an die Arbeit. Da helfen alle Vorsätze nicht, ich kann nicht mehr anders. — Der Bubi ist ein sehr guter Hemmschuh, weil ich mich so weit zwinge, um ihn nicht unter Ungeduld leiden zu lassen; sonst möchte ich am liebsten jetzt die Nächte durchschreiben. Also seien Sie ganz ruhig — überhaupt lieber Freund, ich würde gern allen Schonungsbefehlen folgen, wenn ich keine Nerven hätte; aber wenn die erst in ein gewisses Zittern kommen, da hilft es nichts ...

Wenn Sie wüßten, wie meine Gedanken sich jetzt drehen in einem förmlichen Wirbel. Die Schreiberei stürmt vorwärts, ich zittere davor, nicht bis Weihnachten zum Abschluß zu kommen — aber ich gehe alle Abende vor 9 zu Bett ...

Seien Sie mir nicht böse, wenn ich vorderhand sehr dürftige Briefe schreibe. Ich liege des Abends auf dem Sofa und zerspringe vor Kopfweh. — Heute abend habe ich mich nur ½ Stunde hinausgewagt, um den Schnee zu sehen. Jetzt ist Schäftlarn noch schöner, märchenhaft schön mit dem weißgrauen Himmel . . . und dann die Lichter im Kloster und die warmen Ställe —

Ihr heutiger Brief erregte mir sehr gemischte Gefühle — Freude, daß A. wieder da ist, nachdem ich dachte, er wäre für unabsehbare Zeit verschwunden und dann wieder ein etwas bitteres Gefühl, daß er trotzdem so weit weg ist.

Mit A. ist für mich doch wieder ein Stück Heimatsfühlen entrückt und all die Hoffnungen, die wir auf Samos zusammen für mich spannen, scheinen mir jetzt wieder immer ferner zu rücken — wenn er da ist und sich vor uns verheimlicht. Fast ist mir's unlieb, daß Sie den Brief geschriebn haben, er wird schließlich noch ärgerlich und gereizte Empfindungen gegen mich bekommen. — Ach Gott, ist die ganze Welt verdreht und wir alle mit. Ich bin manchmal so müde darauf, überhaupt Empfindungen zu haben und zu sehen und möchte gleichsam alles vom Tisch herunterfegen.

Montag

Herzlichen Dank für die gestrige Sendung und daß Sie den »Peter Michel« gleich schicken, soll ich ihn, sowie ich ihn gelesen, zurücksenden? — Gestern und heute habe ich ihn gelesen und finde ihn sehr, sehr fein. Aber darüber wollen wir mündlich sprechen — ich komme nämlich, so Gott will, noch Ende dieser Woche auf einen Tag, nämlich wenn das Wetter gut ist, da ich notwendig einige Sachen aus meiner Wohnung holen muß, werde dann um ½ 10 von hier fahren und abends zurück. Sollte sich bis dahin *etwas* Geld auftreiben lassen, so wäre es mir sehr lieb, ich schreibe noch an die Flingelli, die mir noch ein paar Kleinigkeiten versetzen kann.

Wollen Sie resp. Helene mir noch einen Gefallen tun, nämlich die 2 Schlüssel zu meiner Wohnung nachmachen lassen, damit ich der Flingelli ein Paar geben kann und das andere selbst habe, aber bitte gleich. Die Schlüssel muß der Schlosser aber an der Wohnung selbst probieren, sonst kommt es manchmal vor, daß sie nicht passen, aber bitte jemand mitgehen. — Ferner müßte Frau Schwabe den Briefkastenschlüssel haben, und es wäre mir sehr lieb, wenn Sie alle Tage einmal nachschauten, ob etwas drin ist, da ich vergessen habe, meine Adresse auf der Post umzuändern. Ach die vielen Bitten, die Niederschmetterung der Schwabe hat mich innig gefreut. Da liegt entschieden etwas Junkerhaftes in mir, erst verwöhne ich die Leute, und dann bin ich selig, wenn sie mit einem Fußtritt hinausfliegen. Aber ich glaube, die Dienstbotenfrage allein könnte mich dazu bringen, nie lange an einem Ort zu bleiben.

Und überhaupt's — aber mit meiner Münchenmüdigkeit will ich Sie nicht elenden, ich glaube manchmal, ich könnte einen Menschen verrückt machen mit dem Gedankendurcheinander, das in mir herumarbeitet, besonders wenn ich ein paar Tage nichts tue. — Ich freue mich ja auch auf den Winter — und über dieses Jahr, das noch keine Erfüllungen gebracht hat, tröste ich mich, weil es trotz alledem ein volles und reiches war, vor allem eins, in dem ich ganz in mir gelebt habe. Aber das ist sonderbar, ich habe doch immer noch das Gefühl von immer neuen Übergängen, niemals, als ob es nun stillstehen und so bleiben könnte.

Übrigens habe ich dieser Tage verschiedene Bücher durchgeblättert, eigentlich durchgelesen, denn ich habe eine entsetzliche Fähigkeit des Schnellesens, einen Kitschroman von 300 Seiten lese ich in 2 Stunden.

Und was ich darüber sagen wollte: ich fange an mich über meinen zu trösten, wenn ich ansehe, was so Leute schreiben. Der eine war von Gabriele Reuter »Aus guter Familie«, was Furore gemacht hat oder ebenso wie der von der Rust, ein Schmarrn sondergleichen. Auch im Stil. Wenn ich so etwas lese, kann ich doch hinterher nicht begreifen, daß man es überhaupt liest.

Aber — Sie merken wohl schon, daß ich arg stumpfsinnig bin und lieber nicht mehr schreibe. Ich bin so verdöst und apathisch und genieße diesen Zustand zugleich so sehr. Es waren ein paar wundervolle Tage nur vom Sofa aus der Wärme in die Schneewelt hinaus und wieder zurück. Wenn man sich einmal so gehen läßt, fühlt man erst, was für ein entsetzlicher Energieverbrauch zum täglichen Leben gehört und wie schön es sein müßte, von Morgen bis Abend bedient zu werden. — Aber bald muß ich mich nun wieder aufraffen, vor der Schreiberei sitzen und sogar auf einen Tag herein fahren.

An dem Tage werde ich ein Rendez-vous mit Falckenberg verabreden, um Helene mit ihm bekannt zu machen.

Also leben Sie wohl, und ängstigen Sie sich nicht, daß ich so lange nicht schreibe, ich weiß vor lauter Faulheit gar nicht, was ich sage.

Dienstagmorgen

Ich bin so beschämt, nun kommt schon wieder ein Brief von Ihnen mit lauter Fürsorgen und ich habe nur eine elende Karte geschrieben.

Aber die Faulheit ist stärker wie ich und ich gedenke mich ihr noch einige Tage hinzugeben, ehe es an den letzten Sturm geht. Übrigens hat Somathose, Kakao, den ich jetzt früh statt Kaffee trinke, etwas Wunder getan. Mir ist so wohl wie lange nicht und das Zusammenknicken der Knie hört auf.

Ich denke Freitag komme ich nach München, um diese ruhmreiche Woche zu beschließen, Samstag noch einmal ausruhen und dann —

Jetzt freue ich mich darauf, »Peter Michel« noch einmal mit Andacht und Genuß zu lesen.

Die Ordnung der Geldsache ist ja sehr erfreulich, aber über A. spinne ich doch immer wieder und denke etwas wehmütig an voriges Jahr. Wenn ich zum Malen gelange — n. b. an die Fr. R.-Sache[1] glaube ich doch nicht recht und halte es für viel gescheiter, wenn ich einfach direkt schreibe, denn kommt sie auf die Einladung *nicht*, so ist's ganz verfehlt —

Darf ich Sie noch bitten, meine Schlüssel bei meiner Milchfrau *vor* Freitagmorgen abzugeben, sie wohnt in der Bismarckstraße, eben um die Ecke, damit ich nicht erst in die Schwabinger Landstraße hin muß. Ich komme dann mittag zu Ihnen, habe vorher manches zu erledigen, auch mit der Flingelli.

Bei sehr schlechtem Wetter komme ich nicht (Wind, Regen).

Helene geht dann vielleicht nach Tisch mit mir in die Stadt, wo ich auch Falckenberg irgendwohin bestellen werde.

---

[1] Die Fr. R.-Sache — Frau Paula Richter, Fabrikantengattin aus Lodz, befreundet mit Klages, hatte ihm eine namhafte monatliche finanzielle Hilfe für F. R. zugesagt.

Sollte sie übrigens dieser Tage in die Stadt kommen, so ist in der Sendlinger Straße ein Geschäft Schütz, die Nummer weiß ich nicht, wo man jeden Schlüssel für 20 Pf. bekommt.

Übrigens können wir das auch aufschieben, bis ich komme und die Flingelli kann es dann besorgen.

Viele Grüße an Sie beide und Auf Wiedersehen.

[Schäftlarn, 23. Nov. 01]

Mein Freund.

Sie müssen mir wieder ein gutes Wort sagen und mir wieder gut sein. Es fiel gestern wie ein Eisregen auf mich, ich hätte wohl lieber nicht kommen sollen, aber es ist mir doch lieb, weil ich meine entsetzliche Gedankenlosigkeit eingesehen habe. Wenn Sie mir nur glauben wollen, daß es die war. — Da haben Sie nun einmal gesehen, wie ich bin und in mir tauchte ein schreckliches altes Gefühl auf: daß ich wirklich nur zum Unheil geschaffen bin, nie zum Wohltun. Wo ich anfasse, kommt etwas Schlimmes oder Trauriges heraus ...

Sie waren gestern fremd und feindselig. War es nur dies oder auch sonst? Mir war schon die ganze letzte Zeit, als ob Sie etwas zwischen uns fühlten und — wie soll ich sagen — unzufrieden wären mit mir. Ich habe ja auch von mir selbst die Empfindung, leer und ausgelöscht zu sein, weil sich alle meine Kräfte — und die sind jetzt nicht viele — auf den einen Punkt sammeln. Sie haben mir nur immer gegeben in allen Ihren Briefen; ich sitze oft abends da und lese immer wieder darin, aber meine Gedanken wollen sich nicht in geschriebene Worte verwandeln, dann stockt es gleich wieder ...

Ich habe die letzte Zeit, wenn ich Ihnen schreiben will, immer ein so mutloses Gefühl und heute erst recht. Es kommt mir vor, als ob jedes Wort dumm und ungeschickt ist und Sie nur noch mehr verstimmt; und ich glaube auch, aus Ihren Briefen so viel Ablehnendes herauszufühlen. Das macht mich dann vollends flügellahm und entmutigt mich. Ich kann nicht mit in alle Höhen und Tiefen hinein, die ich bei Ihnen fühle, und das zerrt und reißt an mir. Ich fürchte mich förmlich davor, weil es mir die Kraft nimmt.

Lieber Freund, ich habe diesen Vergleich schon oft gebraucht, aber wirklich, es ist mir ähnlich zu Mut, wie ehe ich den Bubi auf die Welt brachte, eine lähmende innere Apathie gegen alles, was sich nicht auf dies eine bezieht. Ich möchte nur sagen, helft mir oder laßt mich ganz meinem Schicksal und kümmert euch nicht um mich.

Und dabei kommt man sich so abscheulich vor, daß man nur an sich selbst denkt. — Und doch wieder, als ich Sie gestern nur sah und heute den ganzen Tag, kann ich an die Arbeit nicht einmal denken, nur immer daran, ob ich Ihnen gar nichts mehr helfen kann; ich konnte es doch manchmal, wenn auch nur ganz wenig. Gestern sagte jeder Zug in Ihrem Gesicht, daß Sie nichts von mir wissen wollten, und ich schämte mich beinahe, über den Adam froh zu sein. Aber wozu schreibe ich das alles. Ich fürchte mich heute beinah Ihnen zu schreiben. Und ich sehne mich nach Nachricht ... Ach, warum kann man nicht zaubern, warum kann ich Ihnen nicht wenigstens meinen Schlaf geben und die äußere Ruhe. Es ist so schrecklich überflüssig, daß ich das alles habe, während Sie es entbehren. Aber darf *ich* heute einmal bitten, daß Sie sich etwas mehr schonen. Warum wollen Sie nicht ein paar Tage ins Zauberschloß gehen; mir wäre der Gedanke so lieb, und es wird mir vorkommen, als ob ich auch dort wäre. Sie müssen sich etwas Ruhe gönnen und nicht so entsetzlich auf sich losrasen, ich sehe es ja an Ihrem Gesicht. Lieber Freund, sonst tun Sie es für mich, denn ich kann nicht arbeiten und nicht froh sein, solange ich diesen gestrigen Eindruck mit mir herumtrage. Willst Du es nicht tun, wenn ich sage, Du *sollst*. Aber Du willst vielleicht nichts mehr von mir wissen, und ich bin sehr traurig und kann nichts mehr sagen.

[Schäftlarn] Sonntag, 24. [Nov. 01]

Morgen will ich an Helene schreiben um ihr für alle Besorgungen zu danken, heute richten Sie ihr bitte meinen Dank aus. Da der Postbote mich verfehlte, ist mein Brief heute nicht mitgekommen, und so will ich heute abend noch ein paar Worte schreiben. Heute habe ich mich zur Arbeit zwingen müssen, jede Unterbrechung ist bös, aber jetzt bin ich wieder mitten drin und in ein paar Tagen bei der Münchner Zeit. Allmählich beginnt auch das verwünschte Kopfweh zu weichen, das mich in den letzten

Wochen wirklich gemartert hat. Ich habe jetzt schon seit letzter Woche angefangen nach Tisch mit Bubi zu gehen, was mir entschieden besser bekommt wie das allzu viele Schlafen. Außerdem ist es ein Zeitgewinn, und man schläft nachts besser. Heute stampften wir durch tiefen Schnee nach Baierbrunn und auf dem Rückweg ereilten uns Schuler — mit Ferdinand (N. B. Machen Sie ihm bitte keinen Verweis, daß er den mitgebracht hat) — trotzdem mein Tagesplan etwas gestört wurde, machte es mir Spaß, Schuler einmal in dieser Beleuchtung zu sehen und Ferdinand ist ja bis auf seine Fingernägel ganz passabel. —

In Helenes Brief stehen Grüße von Ihnen und daß ich mich schonen sollte, deshalb denke ich, daß Sie nicht mehr so böse sind. Sie wissen gar nicht, wie leicht ich eingeschüchtert bin.

Ich hätte noch so viel zu schreiben, über »Peter Michel« und Ihren Aufsatz, aber ich möchte noch einmal mit Ihnen darüber lesen, ich fühle mich dem gegenüber etwas unsicher, als ob ich es noch nicht ganz verstanden hätte. Aber es geht mir oft so, daß mir erst nach einiger Zeit das Verstehen aufgeht —, ich meine hier, daß Sie es ein mystisches Buch nennen, das habe ich noch nicht ganz verstanden, resp. empfunden, obgleich das Buch ungeheuer zu mir spricht. Ich muß es später noch einmal lesen, solche Sachen lese ich immer erst viele Male. —

Und ich bin so maßlos stumpf jetzt — wie immer wenn ich gezwungen bin, Kopfmensch zu sein. Diese Wochen werden noch arg sein — habt Geduld mit mir, bis der Kelch ausgetrunken ist.

Und für heute Lebewohl, an den Matz viele Grüße, sie soll ja fleißig singen und mit dem Adam kokettieren, lieber Freund, ich möchte auch, daß Sie meine Freude über A. etwas teilen, dann wäre mir eine große Last von der Seele, wenn Sie nicht jetzt eine noch viel größere darauf gewälzt hätten.

[Schäftlarn] Samstag [30. Nov. 01]
Eben kommt Ihr Kartenbrief, so will ich Ihnen noch rasch dafür danken, er trug sehr dazu bei, einen frohen Tagesanfang zu machen — überhaupt bin ich heute auf der Höhe der Höhen, habe, was die letzten Nächte nicht der Fall war, wunderbar geschlafen und eine Erleuchtung über den Fortgang des Romans

gehabt, über die ich nächstens noch schreiben will. (Krankenhauszeit ist beinahe fertig) — Über den Adambericht freute ich
mich sehr — und auch daß Sie nach Wildenroth gehen — nicht
böse sein, daß ich jetzt schließe, aber heute fürchte ich mich,
daran Kräfte auszugeben. —
Lieber Freund — Du *darfst* mir nicht böse sein — wenn ich Dich
bitte, während der nächsten Woche darfst Du *nicht* kommen.
Dieses letzte Ende muß ich *ganz versinken* können und *alles*
vermag mich herauszureißen. Ich muß von mir selbst Opfer verlangen und auch von euch. Aber ich weiß, daß Du nach diesen
letzten Tagen nicht einmal traurig sein *kannst*. Leb wohl.

[Freitag, 6. 12. 01]

Heute kam eure Sendung. Habe Dank für Deine Briefe und für
alles, für alles. Jetzt schreibe ich nach Wildenroth, aber ich kann
kaum schreiben — habe schlechte Arbeitstage, nicht wegen Gesundheit, aber es stockt alles, ich bin ganz aus der Spannung —
aber vielleicht ist das nur vorübergehend. Es soll und muß zu
Ende gehen.
Darum nur die wenigen Worte, ich muß wie ein Stier mit zuge-
bundenen Augen drauf — und zittere um jeden Tag. Leb wohl
und sei nicht böse.

Schäftlarn, 7. Dezember 1901

Was habe ich gestern für einen abscheulichen Brief geschrieben —
hätte ich ihn nur nicht abgeschickt, aber ich dachte, Du würdest
auf Nachricht warten. — Jetzt quält es mich, daß er quälend und
niederstimmend auf Dich gewirkt haben kann, und das dürfte
nicht sein. —
Ach, mein Freund, es waren zwei Leben, die in diesen Tagen
aufeinanderprallten, das werdende, das in den letzten Wehen
ringt, und ein anderes. —
Es war ja nur, daß mich danach verlangte, ein paar Tage still in
dem Erlebten zu ruhen — das ist immer so — was ich in Schmerz
oder Freude oder Wollust erlebe, darauf muß ein tiefer Schlaf
folgen, der auch eine Intensität des Lebens ist, eine der tiefsten,
die ich kenne; nicht der körperliche Schlaf einer Nacht, aber der
Schlaf aller Wogen, alles Bewegten, Aufgewirbelten. —

Ich bin wie ein Kind, das man viel schlafen lassen muß —.

Aber nun plötzlich sich in altes Weh und Leid hineinzwingen, Schauer durchleben, die dem Jetzt fern sind, und dies Ringen um Gestaltung. — Jetzt abends habe ich Deine Briefe noch einmal gelesen, habe Dank für jedes Wort, ich *nehme* immer nur und ich kann nicht einmal immer nehmen.

Heute vormittag war mir zu Mut, wie wenn ein Ertrinkender um sich schlägt und alle Nerven zitterten. Diesmal hat mir der Bubi geholfen, der so überwältigend lieb war, daß ich mich zusammenzwang und wir einen schönen friedlichen Gang machten. Dann kam die Arbeit doch in Fluß, ich höre eben erst auf und habe wieder Mut. Nun mußte ich Dir aber noch schreiben, damit der törichte Brief von heute früh verwischt wird. Ich tröste mich mit Deinen Zeilen — es war für mich das Kriterium meiner ganzen Arbeit — ob Du jene Schauer darin finden würdest — und ich weiß, daß ich dann nicht mehr kleingläubig sein darf. Ich bin es ja auch nur Augenblicke, wo das Zuviel mich körperlich überwältigt. Aber in den Augenblicken soll man schweigen, bis man die Zügel wieder in der Hand hat. Ach lieber Freund, Du weißt wohl, was für eine *wahnsinnige* Selbstbeherrschung jeder meiner Tage ist. Darin habe ich diesen Sommer sogar gegen früher noch Fortschritte gemacht.

Die Verse »Wir kommen wieder —« wollen mir den ganzen Tag nicht aus dem Sinn, die sind »ungeheuer«.

Ich dachte viel daran (hier wirst Du den Zusammenhang vielleicht nicht gleich finden, aber er ist doch da), wie eigentlich Du mein ganzes Leben verändert hast, mir Welten aufgeschlossen, von denen ich nicht *wußte*, und mich durch mich selbst sehen gelehrt. Wie soll ich sagen — den Sinn — von allem — mir ist, als ob ich ihn jetzt wüßte, aber ich kann es nicht sagen, wie ich meine, Du wirst es auch wissen. Von heute an darfst Du Dich nicht mehr um mich ängstigen, es ist jetzt alles wieder gut.

Noch einmal Dank für alles, für die kleinen und großen Fürsorgen und süßen und schlimmen Gifte. —

Das bisserl Fieber scheint auch nachzulassen. Vielleicht trägt das auch dazu bei, etwas matt und unbehaglich zu machen, denn ich fühle mich nie so gut zum Arbeiten aufgelegt, wie mit leisem Fieber, so daß ich es gern behalten möchte.

Nun Lebwohl, gute Nacht — wenn ich die Augen schließe, kommt oft noch ein Schauer unserer Nacht über mich — des Nehmens und des Gebens ...

[Schäftlarn, Donnerstag, 1. Hälfte Dezember 01]
Mein lieber Freund,
haben Sie für Ihre Zeilen von heute vielen Dank und bitte seien Sie nicht verstimmt noch mir böse. Sie werden gewiß etwas von Bubischem Eigensinn darin finden, daß ich durchaus vor Weihnachten den letzten Strich getan haben will — aber es ist meiner Seelen- resp. Nervenruhe zuliebe. Sehen Sie, ich habe eine entsetzliche Geduld und Hartnäckigkeit bei solchen Arbeiten. Die hat aber auch den Nachteil, daß sie eine gewisse Autosuggestion braucht (denn von Natur bin ich ungeduldig und wankelmütig). Die Suggestion darf nun aber nicht gebrochen werden, denn in dem Moment ist alles aus, und ich wäre imstande, eine ganze Arbeit zum Teufel gehn zu lassen, wenn sie nicht zum vorgesetzten Termin fertig ist — das ist gewiß sehr frauenmäßig — aber nichts dabei zu machen.
Natürlich bin ich nicht so weit gekommen, wie ich wollte. — (Die Zeit hat sich verschoben, was mir sehr ungelegen kam — denn es dauert immer ein paar Tage, bis ich wieder mit dem Kopf arbeiten kann und ich fürchte die manchmal noch nachträglich eintretenden Kopfschmerzen.) Überhaupt wie immer sucht der liebe Gott mir in entscheidenden Momenten alle möglichen Knüppel zwischen die Füße zu werfen. Ich hatte die vorige Woche noch etliches Fieber, auf das jetzt eine fatale Mattigkeit gefolgt ist.
Übrigens brauchen Sie keine Angst haben, ich schreibe das alles nur, damit Sie nicht denken, ich unterschlage Ihnen die versprochenen Bulletins. — Ich bin auch sehr brav gewesen und zum Arzt gegangen — der die selbst angewandte Jodsalbe verordnete und Arsenik, letzteres gegen Blutarmut. Ich habe es schon oft genommen. Heute kam auch Somathose von Adam, und so hoffe ich den Teufel bald auszutreiben. Trotz allem heutigen Lamentieren, das auch etwas aus Momentstimmung hervorgeht — wenn ich Fazit ziehende Betrachtungen anstelle, darf ich eigentlich mit diesem Jahr gesundheitlich *sehr* zufrieden sein — im vorigen

noch hätten mich solche Lappalien ganz umgeworfen, während sie jetzt doch nur nebenher gehn und eine untergeordnete Rolle spielen. Bitte auch den andern gegenüber nicht davon sprechen, ich mag nicht immer als Krüppel dastehn.

Ich zittre förmlich darum, ob ich übermorgen wieder arbeiten kann. —

Freitag

Eben kommt Ihr Brief — wie ich aus einem wundervollen Nachmittagsschlaf aufwachte — überhaupt ist mir heute unheimlich wohl und ich bin sehr stolz im Gefühl meines guten Gewissens. Mein lieber Freund, ich habe den Roman diese Tage nicht angesehn — ganz leicht ist es mir nicht geworden — aber ich weiß doch, wie elend sich das gewöhnlich rächt, und ich *will* nicht am Ende dieser Arbeit zusammenklappen — es ist doch ein fortwährendes Streben nach frohen Lebensgefühlen in mir, ich denke daran, daß der Vollendung dieses »Werkes« entweder das Leben, das ich ersehne, folgen wird oder ein erneutes Vordringenmüssen — und zu beiden muß ich meine Kraft beisammen haben. Meine jetzige Rückkehr nach München kommt mir auf alle Fälle wie ein Abschnitt vor, der nicht in Unlust beginnen darf — sondern mit hygienischer Weisheit.

Am liebsten wäre es mir gewesen, nach vollendeter Arbeit noch 8 Tage ganz allein draußen zu sein, aber nun denke ich es mir so — ohne Überhetzung und möglichst ohne Menschen zu sehen — alles während der ersten Zeit wieder einzurenken, Wohnung — Weihnachtsbesorgungen, zwischen Weihnacht und Neujahr den detaillierten Plan für das Winterleben mit den dazu nötigen Schritten (Bubi-Versorgung u. a.) zu tun etc. Es klingt vielleicht etwas befremdlich — d. h. in Wirklichkeit kann es das gar nicht — aber es ist mir sogar der Gedanke lieb, daß Sie grade dann verreisen, und ich nicht die Angst habe, Sie durch Launen zu quälen. Mir ist etwa, als ob ich ein Schiff wäre, das bei ganz stillem Fahrwasser einlaufen möchte, keine Flagge aufziehn. — Gott und wenn ich nur weiß, daß Sie nichts verkehrt verstehen, nicht traurig sind, wenn ich so manchmal alle Fühlhörner einziehe — dann komm ich auch so mit leichtem Herzen. Übrigens ist es jetzt gradezu wertvoll, daß die Flingelli da ist, denken Sie nur, daß ich gleich wieder anfangen müßte, um Zugeherinnen zu su-

chen, mich zu ärgern und mit dem Haushalt abzugeben. Stattdessen ist das gute dicke Tier da, das mir nicht auf die Nerven
fällt. — Und überhaupt eigentlich freue ich mich auf München.
Es ist, als ob eine Schale um die andere abfällt und alles allmählich immer klarer wird.

Wie ich schon vorhin sagte, dieser Sommer war doch auch ein
Zuwachs an Kräftigung. Wenn ich an vor Samos Zeiten denke —
damals war es ein fortwährendes Ringen, nur den Tag zu bestehen. Jetzt habe ich seit langen Monaten außer an solchen
Tagen wie jetzt oder besonderen Anlässen Tag für Tag arbeiten
können. Wie anders wird das nun noch werden, wenn dieser Stein
abgewälzt ist. —

Ich habe mir jetzt den März vorgesehen zur leichten Überarbeitung, so lange soll »Ellen« nun ruhen. Bis dahin werden Gitarre, Trapez und sehr viel Lektüre die Hauptsache spielen.
Anderes verschweige ich, damit Sie nicht über die Hypertrophie
meiner Pläne erschrecken — die ich selbst manchmal belächeln
muß. Wollen Sie mir für die »Ferien« das »Mutterrecht«[1] anvertrauen, oder lachen Sie mich aus, wenn ich so etwas lesen will?
Ich kann Sie ja um alles fragen, was ich nicht verstehe. — Vor
allem aber will ich, ehe Sie reisen, die Georgebroschüre[2] haben.
Und nun noch eine Bitte. Sie wissen meine Theaterbildungspläne
für den Bubi — mir scheint, daß ein richtiges Puppentheater noch
besser wäre wie ein Kasperl, das doch immerhin ziemlich monoton ist. —

Nun sah ich letzten Sommer bei einem Tandler ein solches.
Würden Sie, wenn Sie in München sind, Zeit haben, einmal hinzugehn — es ist auf der Theresienstraße zwischen Augusten- und
Schleißheimer, wenn man von der auf die letztere zugeht, linker
Hand ein kleiner Tändlerladen. Aber nur, wenn Sie Zeit und
Lust haben, es ist eigentlich arg, daß ich immer alle Mühen ablade — damals also war dort ein Puppentheater zu haben — das
man sich nun auf seine Ergänzungsfähigkeit und Vollständigkeit ansehen müßte. —

Ich glaube, daß man den Bubi mit solchen Spielen jetzt schon
sehr fördern könnte. — Unser neulicher Theaterbesuch in Eben-

---

[1] Johann Jakob Bachofens »Das Mutterrecht« (1861).
[2] Klages' Essay über Stefan George.

hausen war für mich ein tiefgehendes Bubierlebnis. Denken Sie, daß er über den Kasperl zu Tode erschrak und ihn überhaupt bis zu Ende tragisch empfand. —

Ach der Bubi, er ist ein immer wachsender Reichtum, und ich freue mich so, daß nun eine Zeit kommt, wo ich mich mehr mit ihm abgeben kann. Bei der berühmten Zeiteinteilung werden auch feste Bubistunden gemacht, die ihm unverbrüchlich gehören.

Übrigens habe ich heute den Triumph über die Frau Schwabe zu verzeichnen, der ich schrieb: wenn ich die Bl. nicht an dem und dem Tage hätte, käme der Rechtsanwalt wegen Erpressung etc. Heute kam sie. —

— Was schreibt Helene da: wenn ich nur nicht nach Hause brauche. Darf ich meine Stimme erheben, so würde ich raten, daß sie auf *keinen* Fall nach Hause geht, sei es auch auf die kürzeste Zeit. Schlagen Sie doch lieber vor, Ihr Vater soll sie hier besuchen — das wieder würde ich nun für überflüssig, quälend und gefährlich halten. —

Und Sie — wann wollen Sie reisen, ich weiß nicht warum, aber ich habe das Gefühl, als ob diese Reise Auffrischung und Freude bringen müßte — zuerst wollte sie mir ja nicht so recht einleuchten und ich fürchtete, daß das . . . . . . beiderseits nur erneuert werden würde — aber Sie werden doch beruhigter sein, wenn Sie sie dort gesehen auch für . . . . . . was wieder günstig . . . . . . — ich glaube, sie versteht sich selbst aus Schüchternheit nicht so in Szene zu setzen. Schreiben Sie übrigens an Marie S. vorher, daß Sie kommen. —

— Ich wollte, ich könnte mit. Jetzt aber will ich schließen, sonst zanken Sie, daß ich zuviel schreibe. Ich fühle heute, daß mir das Ausruhn wohl tut. Wenn ich die nächsten Tage schon anfange, werde ich im Liegen schreiben und dazwischen duseln — dann kommen die besten Gedanken. — Ich bin bis dahin gekommen, wo die erste Mausahnung beginnt, das letzte bis dahin ist recht schlecht und unfertig geblieben, aber ich lasse es jetzt so, das sind die Teile, wo es etwas Inspiration und Stimmung braucht. Aber ich weiß jetzt Unmassen, die gestrichen werden können. — Also für heute lebwohl, mein Freund, jetzt schreibe ich nichts, nur noch Karten.

Haben Sie in Wildenroth etwas ausgeruht? Strengen Sie sich nur jetzt vor der Reise nicht mehr viel an.

P. S. Bitte an Helene 1000 Grüße und vielen Dank für die eben angekommenen Cigaretten. Ihr seid wie die Raben am Bach Kidron, die den Elias fütterten.

Wollen Sie mir bitte auch noch meinen Schreibtischschlüssel im Brief schicken. —

[Schäftlarn, 12. Dez. 1901]

Mein lieber Freund.

Dank, nur immer wieder Dank für Ihre Briefe. Ich lebe jetzt nur noch zwischen Schlaf und Arbeit. Bitte nur keine Sorgen — heute war eine Sturmnacht, daß das ganze Haus bebte, wie mag die bei Wildenroth über die Ebene gebraust sein. Jetzt habe ich nur noch eine Bitte, vielleicht ein Opfer, aber ich muß es verlangen. Die Tage hier müssen *ganz allein* noch mir und meiner Arbeit gehören — es sind nicht viele mehr, und ich werde jeden ganz und voll brauchen, auch die, wo ich ruhen werde. Du darfst mir darüber nicht zürnen — denn ich fühle es als Notwendigkeit. Dies letzte muß eine Einsamkeit *ohne* Grenzen sein. Ihr müßt mich einfach aus der Reihe der Lebendigen streichen.

Ich weiß im voraus wie schwer der Übergang aus dieser Anspannung und zugleich aus der äußeren Ruhe sein wird und ihr müßt es mir überlassen, wie ich ihn im Augenblick am besten finde. Ich will kommen oder nicht kommen, sehen oder gesehen werden, wie *mir* der Augenblick es sagen wird.

Mein lieber Freund, das klingt abscheulich hart und kalt — aber ich kenne mich, wie ein Arzt seinen Patienten kennt, und mit diesem Patienten habe ich jetzt umzugehen. Mir ist jetzt wirklich ähnlich zu Mut wie bei schweren Krankheiten — da will ich ganz allein sein, auch die Besten dürfen mir nicht nahe kommen und diese Ferne bedeutet keine Ferne. Mir ist sogar, als ob ich nur aus dieser Ferne heraus noch reden könnte.

Mein Freund, es ist eine *entsetzliche* Arbeit, ein entsetzliches Werk, es nährt sich von meinem Blut.

Ich wünschte es manchmal ungeschrieben. — Und immer wieder drängt sich mir der Vergleich mit dem Gebären auf — im ersten Moment keine Freude, keine Erlösung, nur dumpfer nachträglicher Schrecken und zitternde Nerven, die nach Einsamkeit schreien. — Das andere kann nur allmählich kommen.

Nein, mein Freund, Du darfst mir jetzt auch nicht nahe kommen, mir in diese Einsamkeit nicht folgen wollen, aber sage mir, daß Du nicht böse sein wirst.

Habe Dank für Deine Briefe und denke nicht, daß ich sie nicht empfinde, weil ich stumm bin.

Es geht mir sehr gut und ich glaube alle Angegriffenheit nachher rasch wieder zu überwinden. Eigentlich waren es ja nur die letzten Wochen, wo ich mich heftig angestrengt habe und nicht genug körperliche Bewegung.

Lieber Freund, ich darf mich noch auf nichts freuen, aber manchmal leuchtet doch der Gedanke durch, diesen Stein von der Seele und die Arbeit von den Händen zu haben.

Im allgemeinen gehe ich selbst jetzt herum wie ein Stein, d. h. ich bin so nervös, daß ich aus lauter Nervosität ganz ruhig werde und selbst den Bubilärm mit Gleichmut ertrage — stehe vom Schlaf auf zur Arbeit und umgekehrt und wenn es nicht Schlaf ist, sind es Gedanken an die Arbeit. —

Heut kamen wir auf die Höhe und dort in Schneesturm, wie ich ihn noch nie gesehen habe, als ob lauter heulende, weiße Gestalten über das Feld hinjagten. Ich habe mich den ganzen Rückweg förmlich gefürchtet.

Lebwohl mein Freund, willst Du mich loben, wenn ich sage, daß ich schon um 8 Uhr mich niederlege. — Lebwohl und sei froh, quäle Dich mit nichts und um nichts.

[Schäftlarn, Mitte Dezember 1901]

Mein lieber Freund.

Ihr Brief war so voll trauriger Schönheit und hat mich tief und selten bewegt — und es klingt vieles in mir als Antwort.

Ich wußte ja, daß Du wieder traurig und trüb warst und daß Du selbst in diesen Worten vieles niederhältst, um mich nicht zu bedrücken — aber das sollst Du nicht mehr — jetzt ist die Reihe an mir, Dich zu bitten und zu beschwören, daß Du Freude und Mut wiederfinden sollst.

Nun komme ich bald, bald — und wir wollen uns sehen — es waren törichte Momente der letzten Spannung und eine quälende Angst, daß ich so schrieb. — Ich fürchtete mich vor einem entsetzlichen Zustand, und in dem wollte ich Dich meiden. Immer noch schwankt es etwas in mir zwischen Lachen und Weinen, manchmal als ob ein frohes Leuchten durchbrechen wollte und dann wieder bebende Nerven — aber die große Spannung ist schon gebrochen, abgeflutet — ich will sie nicht noch einmal herbeizwingen — das letzte schreibe ich nur so hin, in einer Form, in die der Inhalt von selbst hineinfluten wird, seinerzeit, wenn wir an die letzte Arbeit gehen. Du sagtest selbst, daß Ganze *ist* da und jetzt fange ich auch an, es so zu empfinden.

Ich wage noch nicht zu sagen, daß ich froh und erlöst sein werde, wenn der letzte Strich getan ist. Aber selbst, wenn ich müde und verstört kommen sollte, mußt Du mir nicht böse sein, und das weiß ich jetzt schon, die ganz fürchterliche Abspannung — die wird überhaupt nicht kommen. —

Seit einiger Zeit fühle ich mich körperlich so wohl, wie nach einer überstandenen Krankheit, als ob irgend ein Druck gewichen wäre. Sei ganz außer Angst — um mich und um das »Werk«, — ich strenge mich nicht mehr an — haste mich nicht mehr. Es soll nur bis zum Schluß dastehen und ich lasse ruhig große Lücken, die sich nachher von selbst ausfüllen werden. Auch das soll Dich nicht beunruhigen — ich weiß, daß es später kommen wird, und es wäre dem Werk und dem Inhalt feindlich, es jetzt noch zwingen zu wollen. — Micht verlangt nach Ruhe, aber eigentlich nur, weil mir jetzt so wohl ist und ich das nicht zerstören möchte.

Ach ich wollte nur, Dir wäre jetzt auch so — hat Wildenroth Dich nicht einmal körperlich etwas gekräftigt? Ich möchte viele Male bitten, laß sie fahren, die schwarzen Gedanken — willst Du Dich nicht mit mir freuen, daß der große Drache überwunden hinter mir liegt — denn in meinem Gefühl ist er überwunden. — Aber wenn Du Dich nicht mit mir freust, dann hilft es mir auch nichts.

Mein lieber Freund, darf ich Dich jetzt noch mit solchen Dingen quälen, nämlich Adam gelinde zu beeinflussen, daß ich Geld bekomme, sonst sitze ich hier und kann deswegen nicht fort.

Sei nicht böse, wenn ich Dich nicht bitte, nach hierher zu kommen, ich möchte jetzt alles sich ruhig verlaufen lassen — aber ich komme noch zu Dir und wir sehen uns noch. Du darfst jetzt ruhig die Reise auf Samstag festsetzen. Vorher mußt Du mir aber noch einmal Blumen schenken, ich will jetzt bekränzt werden. – Ich komme Freitagabend zu euch. Wie, das kann ich noch nicht sagen, aber Du mußt Geduld mit mir haben, wenn ich greulich bin. Aber Briefe schreiben kann ich nicht, wenn mir das Herz auch noch so voll ist.

Wie lieb von Dir, daß Du so vom Bubi sprichst. –, Du mußt ihn später manchmal etwas haben und mit ihm »pechen« – er wird jetzt von Tag zu Tag süßer. Seit dem Theater nennt er mich seine »Genoveva« und führt mich als »blawer Mann« durch den Wald zu der Höhle, die er mir gemacht hat und unser »Masi« reitet auf der Hirschkuh hinterher.

Willst Du nun wieder froh sein und nicht mehr schwarz sehen, Dich auf die Reise freuen, ich finde gerade das – die Vergnügungsreise inmitten des Wirrwarrs ist ein Gedanke von Reiz. Ach und nachher haben wir viele Hände um alle Knoten aufzulösen. Denke jetzt nur an morgen und heute.

Ich komme jedenfalls noch diese Woche, will nur keinen Tag vorhersagen, sonst kommt es wieder dazwischen. Also kein ungeduldiges Warten, aber mir noch viel schreiben, bitte. –

Habe vielen vielen Dank für den Aufsatz, ich las ihn heute abend – mein Freund – was Du von dem Nichtverstehen sagst – glaubst Du nicht, daß die Unmündigen und Säuglinge den Weisen besser verstehen wie die geistreichen Leute – und darum wirst Du nie ganz einsam sein. –

Gute Nacht – willst Du mich nicht loben, daß ich keine Nacht arbeite – immer noch um 8 schlafen gehe. – Und hab noch einmal Dank für Deinen Brief.

[Schäftlarn, 19. Dez. 01]

Schluß!
Mais pas encore d'argent.
Wenn es rechtzeitig eintrifft – komme ich Freitagabend zwischen 7 und 8 zu euch hinaus.
1000 Grüße.

F. R.

Lieber Freund.

Ich hoffe wirklich, daß Sie mich schon ein wenig vergessen haben,
denn sonst beunruhigen Sie sich am Ende, weil ich mein Versprechen, oft zu schreiben, so schlecht halte. Aber es ist eher ein
gutes Zeichen.

Ich denke viel an Sie und wirklich mit einer Art Besorgnis — das
15jährige Mädchen in Afrika — ob Sie schlafen, wie Sie die
Reise überstanden haben —

Aber dann auch wieder, daß Sie immer mit dem ... zusammen
sind und viel mit den Ackermanns, so weiß man Sie doch wenigstens von lauter Menschen umgeben, mit denen Sie gern sind.
Und ich würde Ihnen raten, lieber Freund, wenn es pekuniär
möglich, so eilen Sie nicht zu sehr mit der Rückkehr, vergessen
Sie einmal alle Sorgen, Bedenken etc. Sehen Sie Paris auch etwas
darauf an, daß Sie mir sehr viel erzählen müssen, vor allem von
Bildern, Menschen etc. Da habe ich nun wieder eine gewaltige
Neugier.

Wie mögen Sie Putti gefunden haben, ich denke, unverändert,
vielleicht etwas weniger Kind, dafür aber mit dem Charme des
Gelittenhabens und selig Sie wiederzusehen. Grüßen Sie es viele
Male von mir.

Nun von hier. An jenem Montag waren Helene und ich lange in
der Stadt und trafen uns abends bei Wolfskehls, wo wir am
Tannenbaum helfen mußten und öfters in hilfloses Gelächter
ausbrachen, was Hanna[1] entschieden nicht begreifen konnte.
Später kamen Adam und Somi dazu. Sonderbar, wenn ich S.
sehe, mag ich sie sogleich wieder sehr gern — und sie tat mir leid,
sah sehr leidend aus und schien sehr nervös. — Als die und
Helene fort waren, erschienen Derleths[2], und man stieg in höhere
Regionen, so daß ich eilends entfloh. Darüber könnte ich Ihnen
noch vieles sagen — mir haben die Derleths beide etwas Beklem-
mendes. —

Und wenn *sie dann alle* in Verzückung geraten — Hanna, die

---

[1] Hanna, verheiratet mit Karl Wolfskehl.
[2] Ludwig Derleth (1870—1948), Schriftsteller und Lyriker aus dem
Kreis um Stefan George, und seine Schwester Anna.

aber noch mit etwas gluckenhafter Ängstlichkeit darüber wachte, daß wir nicht zu viel von dem Baumschmuck zerbrachen — und die anderen — während Wolfskehl selbst mit verunglücktem Vortrag ein Gedicht von Baudelaire vorliest — ich weiß nicht, mir kamen sie alle vor wie galvanisierte Leichen, als ob keiner von ihnen das »Tiefe, Erregende« fühlte, aber alle so taten. Und ich dachte an Sie, es kam mir vor, als ob zwischen Ihnen und diesen eine Kluft wäre.

Es ist vielleicht schrecklich arrogant, wenn ich so rede — aus derselben Angst heraus wage ich nicht, von dem Georgebuch zu reden — ich weiß, daß ich manches nicht verstehe und dann wieder denke ich, ob wohl sonst noch jemand das Ungeheuerliche daraus so heraushfühlt. Wie kann man überhaupt davon sprechen, wie von einem *Buch,* das *geschrieben* worden ist. Es ist, als ob ein Strom von lebendem Blut darunter rauschte.

Und alle diese Menschen hören vielleicht etwas von dem Klang, aber sie wissen nicht, was Blut und Ströme sind.

Du *bist* eine andere Welt.

[27. 12. 01]

Ich bin froh, daß Du jetzt noch nicht hier bist. Mir ist immer noch etwas, als ob man sich unruhig im Bett herumwälzt und nicht die rechte Lage finden kann.

Im realen Bett schlafe ich wieder sehr gut seit 2 Nächten, aber nun kommt eine ganz arge Müdigkeit, die nur immer schlafen möchte, aber das ist der erste Schritt vorwärts. Und der Kampf mit dem Nikotin beginnt — Gestern abend und heute morgen schon ein kleiner Erfolg — aber ich will davon nicht reden, weil es vielleicht noch viele Niederlagen geben wird. Morgen will ich noch einmal auf 1—2 Tage nach Schäftlarn, Montag bin ich zurück und Dienstagabend kommt wohl Helene.

Dann wird allmählich alles eingerenkt, feste Tagesordnung, die sich vielleicht vorerst auf lauter erfreuliche und erhebende Gegenstände erstrecken wird. Für Bubi habe ich in nächster Nähe einen Privatkindergarten entdeckt, wo er am 2. Januar eintreten wird. Ich brachte ihn gestern zu Dr. Hauschilds, ziehe aber die andere Unterbringung vor, weil ich dabei selbst nicht ins Spiel komme. Das wird dann zugleich mein Morgenspaziergang.

Adam und Somi sind immer noch hier, es heißt immer, daß sie den nächsten Tag reisen, aber ich zweifle etwas daran, daß es überhaupt geschieht —. Er ahnt übrigens nicht, daß ich etwas ahne. —

Ich will jetzt schlafen mein Freund, ich bin wirklich recht stumpfsinnig und habe heute so wenig geraucht. Übrigens habe ich jetzt Teezigaretten aufgetrieben, die sehr schwach sind und schlecht schmecken, vielleicht wird das helfen. — Aber wir wollen nicht mehr von all diesen Spitalthemata reden, das sind Sachen, die man mit seinem Gott allein abmachen muß — und die alles darüber Sprechen höchstens schlimmer macht. —

Also für heute Lebewohl — ich hoffe bald auf Nachricht. Quälen Sie sich aber nicht mit Schreiben, wenn Ihnen nicht danach ist. 1000 Grüße.

F. R

Ob Sie wohl meine Spiegelschrift-Karte haben lesen können, sonst sage ich Ihnen jetzt noch einmal, wie sehr ich mich über die Briefe an Weihnachten freute, ich will jetzt gewaltig lesen. —

[München, Beginn 1902]

Mein lieber Freund.

Ihr Brief klingt wirklich so als ob Sie dächten, daß ich nicht ganz zufrieden mit Ihnen wäre. — Aber bitte machen Sie sich um mich jetzt überhaupt keine Gedanken, ich habe vor allem das Gefühl, als ob es Zeit wäre, daß wir alle einmal in etwas ruhigeres Geleise einlenken. Mir war darum unser bisheriges Zusammensein grade das, wie ich es wünschte. Mich persönlich verlangt jetzt nur nach Ruhe und möglichst viel innerer und äußerer Einsamkeit, um einmal etwas zu sich zu kommen. Und warum soll man darüber so viel reden — wir reden überhaupt alle viel zu viel über alles. —

Ich war im Gegenteil nur froh, daß Sie nicht so erregt und verstimmt von Paris zurückkamen, wie ich manchmal gefürchtet hatte.

Wir haben jetzt auch viel Arbeit und Notwendigkeiten vor uns, und ich habe nur die eine Bitte, daß Sie, was wie Verstimmung oder Abwesenheit aussehn mag, nicht persönlich nehmen, son-

dern als den wirklich ernstlichen Wunsch, Kräfte zusammenzu-
halten und alles Zerfahren zu vermeiden.

Mißverstehen Sie es bitte nicht, wenn ich mich nächster Tage
wenig blicken lasse, ich denke Freitag einmal wieder vorzu-
schaun und hoffe dann etwas liebenswürdiger zu sein wie gestern
(was übrigens nur den bekannten körperlichen Grund hatte).
Aber gegen diese Art der Nervosität kämpfen Götter selbst vergebens, so daß ich mich lieber so lange etwas zurückziehe. —

Bubi ist heute wieder in seiner Schule und somit eine sehr angenehme Ruhe um mich.

[München, 10. Febr. 1902]

Mein lieber Freund.

Gestern wollte ich Ihnen ein paar Worte schreiben, aber statt
dessen habe ich den ganzen Tag geschlafen und bin bei dem wundervollen Wetter spazierengegangen. Ich kann Ihnen mit gutem
Gewissen versichern, daß der Verbrecherball brillant überstanden ist und ich bin in rosigster Laune, die auch etwas wert ist.
Sowohl der Matz wie ich haben es diesmal sehr genossen. Im
Gedanken an Sie bin ich ganz beruhigt, daß nun mit morgen
der endgültige Schluß ist, während meine niedrigen Instinkte
es leise bedauern.

Und wie mag Ihnen jetzt sein? Ich möchte Sie auch froh wissen
— und habe so wenig dazu getan.

Grüßen Sie unser Schloß von mir und lassen Sie mich ein Wort
hören, aber ein gutes, ich sehne mich danach, es kommt mir immer noch vor, als ob noch ein leiser Schleier zwischen uns läge
und der muß auch noch fort.

Verzeihen Sie diese Karte, ich muß jetzt immer noch das Rendez-
vous zwischen Adam und Natalie[1] vermitteln.

Für heute Lebewohl.

F.

[München, 11. Febr. 1902]

Bulletin vom Faschingsdienstag 1902

Sich selbst überwinden ist der schönste Sieg. War *nicht* am Bal
paré. Temperatur 36,5. Vergiftungssymptome im Abnehmen.

---

[1] Natalie Manhard, die Jugendfreundin F. R.'s aus Lübeck.

Ohne 6-fache Maximaldosis geschlafen. Allgemein erwarteter exitus letalis bisher noch nicht eingetreten.

Wann schreiben Sie einmal? 1000 Grüße von Adam, Matz etc.

F. R.

[München, 12. Febr. 02]

Mein lieber Freund.

Haben Sie vielen Dank für Ihren Brief, auf den ich schon gewartet hatte. Heute nur einen kurzen Gruß, morgen fahre ich nach Schäftlarn.

Daß meine Handschrift etwas abgespannt aussieht, ist gewiß kein Wunder. Aber ich empfinde nur eine wundervolle verduselte Müdigkeit und der Schlaf wird bald nachgeholt sein. Glauben Sie bitte nicht, daß ich Sie täuschen möchte, wenn ich sage, daß mir bei alledem eigentlich unglaublich wohl ist und ich nur ein bisserl Ausruhen brauche. Ich bin ja selbst so froh, wenn ich fühle, daß ich auf dem Wege bin, ein ganz gesunder Mensch zu werden. —

Und ob das Leben aufsteigt oder nieder, das fühlt man immer am besten selbst. Und meines geht *nicht* nieder.

Mein Freund, wenn Sie empfinden könnten, *wie* ich das Leben liebe, von Tag zu Tag mehr — was hinter mir liegt und was vor mir liegt. — Wenn ich dran denke, daß wir vor der Entscheidung stehen — wo vielleicht alle Hemmungen fallen —.

Dann fühle ich, wie es in mir jubeln möchte und dann wird wohl auch die Zeit kommen, wo ich nicht immer nur *nehme*. Die soll kommen.

Leben Sie wohl, ich nehme Ihre Blätter mit hinaus in die Stille und Sie sollen jetzt keine Sorge mehr um mich haben.

[München, 24. Febr. 02]

Tausend Dank für die wundervolle Blume, die mich beim Zuhausekommen grüßte. Meine ungeduldigen Worte in Bezug auf die Schreiberei waren nur der Moment des Aufhörens, wo es mich ärgert, noch nicht fertig zu sein. Diese Ungeduld wird zwar noch manchmal auftauchen, aber jetzt keine Sorge mehr. Mir ist wundervoll wohl und wir wollen bald einmal wieder gehen.

Mein lieber Freund,
irgendeine Nachricht von Ihnen muß nun wohl bald kommen —
vor allem, wie Sie die Reise überstanden, ob mit Lust oder Unlust — ob Sie einigermaßen schlafen —.
Mein Tagesdasein steht unter dem Zeichen unermeßlicher Faulheit und das der Nacht unter tiefem Schlaf. Es scheint, daß das
Frühlingselend sich diesmal darauf beschränkt, aber ich genieße
eben diese Faulheit mit vollen Zügen. (Wie oft muß ich daran
denken, dieses Jahr habe ich keinen Roman vor mir, und es kann
sich alles glätten.)
Sie sehen selbst, daß ich zu träge bin, auch nur einen Brief zu
schreiben, wenigstens muß ich erst von Ihnen einen haben. Ich
möchte förmlich die Stimmung der letzten 12 Tage hier festhalten in Dir und in mir. Man kann mir ja so viel helfen, wenn
man mich richtig anfaßt. — Aber gut und ruhig muß man mit
mir sein. Das brauche ich *jetzt*. Und dann bin ich sehr froh. —
Gute Nacht mein Freund — ich denke schon wieder mit Liebe ans
Bett aber auch in die Ferne.

F.

[Schäftlarn, wahrscheinlich Ende März 1902]
Mein lieber Freund.
Haben Sie vielen, vielen Dank für Ihre lieben Briefe und die
schöne Sendung, die sehr willkommen war. — Gestern machten
wir einen kleinen Ausflug nach Baierbrunn und darüber kam ich
nicht zum Schreiben. — Ich habe mich in diesen Tagen schon
mächtig erholt. Die letzte Zeit in München war mir wirklich so
schlecht, daß es mich ganz deprimierte, aber jetzt geht's aufwärts. Ich wollte nur, Sie wären auch wieder froher.
Daß Sie nur fester binden, wo Sie lösen wollen — wer hat denn
jemals gesagt lieber Freund, daß ich lösen wollte — Sie haben mir
geschrieben, als ob Sie die Notwendigkeit empfänden, sich mehr
von mir freizumachen wie bisher, weil Sie bei mir das Maß an
Liebe nicht fänden, was Sie wollten — und von diesem Gefühl
müssen Sie sich freimachen, sich die Kraft nicht nehmen lassen
wie bisher. Das wollte ich mit meinem Brief. Sie müssen doch
fühlen, daß unsere Zusammengehörigkeit nicht gewogen und

gemessen zu werden braucht, daß sie *da ist* und daß daran – für mich jedenfalls – nichts ändern kann.

Mein Gott, ich habe Ihnen neulich so vieles geschrieben, aber ich weiß nicht, ob Sie mich verstanden haben, es ist auch manches, worüber ich Ihnen vielleicht erst später einmal sprechen kann – denken Sie daran, daß auch in meinem Leben vieles wühlt und mich hin und her treibt. –

Jetzt sein Sie mir nicht böse, wenn ich so wenig und uneingehend schreibe auf Ihren langen Brief, ich lebe jetzt hier nur zwischen Luft und Schlaf und darin wenigstens dürften Sie mit mir zufrieden sein.

Helenes Gesellschaft ist mir sehr lieb, wir möchten beide noch bis in die nächste Woche hinein hier bleiben. – Sorgt auch Busse etwas für Sie? Sie schreiben nichts wie es Ihnen körperlich geht? Aber nun wird auch bald die schlimmste Zeit des Frühlings vorbei sein, die doch mit ihrer Schwüle mehr oder minder auf uns allen lastet. –

Bald hoffe ich mehr zu schreiben und bald sehen wir uns ja auch wieder.   F.

Heute vor allem Bubis Dank für die Bilderbücher, die ihm große Freude gemacht haben und mir auch.

Ganz sachte habe ich jetzt auch mit seiner mythologischen Bildung angefangen, und er hat den lieben Gott sofort fallenlassen. Die anderen interessieren ihn viel mehr und es heißt oft: Mamai, erzähl mir doch von den Göttern.

Adam schreibt mir, daß Sie im Schulerbuch drin seien – das hat mich so gefreut, daß ich es Ihnen sagen muß. –

Von . . . beiliegenden Brief, den ich Ihnen schicke, weil er Ihnen vielleicht nützlich ist. Aber bitte lassen Sie mich sicher sein, daß sie nicht erfährt, daß ich ihn weitergegeben.

Eben erhalte ich das Geld, vielen Dank, es reut mich doch hier so viel auszugeben, auch für die hier sonst üblichen Preise ist's recht teuer – ich habe aber in den 14 Tagen 4 1/2 Pf. zugenommen, (im Winter hatte ich 106, jetzt 122 1/2!) N. B. Schreiben Sie mir bitte, wie lange ich mit dem Geld zu reichen habe – nur weil ich es gern wissen möchte.

Damit für heute addio und viele Grüße.

                                                                           F. R.

Mein Freund.

Die ganzen Tage seit ich Ihren Brief erhielt, hat es mich danach verlangt, Ihnen vieles, vieles zu sagen oder zu schreiben, wenn nur diese elende Müdigkeit mich nicht völlig lähmte. Statt zu schreiben, wäre ich gern auf ein paar ruhige Stunden gekommen, aber mich hinderte das Gefühl, es möchte Ihnen jetzt nicht lieb sein und ich Ihnen die Ruhe, die Sie jetzt wollen, störe. Ihren Brief habe ich viele, viele Male gelesen und noch mehr über alles nachgedacht, was zwischen uns ist. Ach, lieber Freund, Sie wissen ja selbst, wie entsetzlich schwer mir alles Reden und Aussprechen über innere Dinge liegt, beinahe auch das Denken darüber. Ich lebe eigentlich in einer Art Blindheit, ich fühle wohl, was in mir und um mich vorgeht, aber ich gehöre nicht zu denen, die es übersehen und sich klar machen — und wenn einmal dieses Verlangen herantritt von anderen oder aus mir selbst, dann ist es wie ein schweres Ringen nach Ausdruck, um sich verständlich zu machen oder zu werden.

Und daneben sind noch manche andere Hemmungen da — die Stunden, wo meine Seele *reden* will, sind selten und nicht immer ist dann der bei mir, zu dem sie reden möchte. So war mir gestern nachmittag zu Mut, ich möchte jetzt mit Ihnen sprechen, ich könnte Ihnen jetzt alles sagen — aber ich hatte nach langem Kampf nicht den Mut zu kommen — es überfiel mich eine förmliche Angst, Sie möchten kalt und fremd gegen mich sein. Und so weiß ich auch nicht, ob ich mich heute dazu entschließen soll, denn der Gedanke, daß Sie mich vielleicht lieber nicht sehen wollen, schreckt mich zurück.

Und was soll ich Ihnen auf alles, was Sie mir gesagt haben, antworten? — Ich möchte ja selbst, daß für Sie alle quälende Zerrerei ein Ende nehmen sollte, und wenn das nicht anders als durch Trennung geschehen kann, so sollen Sie sich von mir trennen und es soll Ihnen anheim gegeben sein, wie weit Sie diese Trennung ziehen wollen. Es ist vielleicht wahr, daß ich Ihnen niemals das sein oder das geben kann, was Sie von mir suchten und wollten. — Sie gebrauchen selbst den Ausdruck: die volle und ganze Liebe eines Menschen — die hätte Ihnen das Leben gegeben, das Leben, was Sie jetzt wollten. Und andrerseits glaube ich selbst — ja ich weiß es wohl, einem Menschen volle und ganze Liebe geben, das kann ich nicht — nicht mehr oder auch habe ich es nie gekonnt außer jener einen ersten Leidenschaft. Aber ich weiß auch, daß noch viel Liebe und viel Sehnsucht nach Liebe in mir ist; aber über allem, was in mir ist und in mir leben muß, liegt wie eine Krankheit die Ermüdung, die tödliche Erschöpfung — die »hysterische Indolenz«. — Und wie tief die geht, wie groß ihre Macht ist, das weiß keiner, auch Sie nicht. Ein todmüder Mensch mag Hunger und Durst haben, aber er mag auch zu müde sein, um das Dargereichte zu nehmen. Ich sage todmüde — aber ich weiß auch, daß diese Müdigkeit nicht zum Tode führt, ich weiß jetzt, daß mit der äußeren Lebenswende alles noch wieder aufblühen kann und wird. Aber jetzt ist mir noch wie jemand, der schaudernd auf den Abgrund zurücksieht, vor dem man ihn zurückgerissen hat und darüber kaum empfindet, daß er wirklich gerettet ist. —

Es war nicht das, was ich Ihnen schreiben wollte, aber ich muß es Ihnen noch einmal sagen, denn vieles, vieles von der Enttäuschung, die Sie an mir erlebt haben, geht daraus hervor. Zu dem tiefen gemeinsamen Leben, das Ihre Sehnsucht wollte — zu dem bin ich nicht fähig, meine Seele wird niemals mehr — auch wohl nur danach verlangen, in eine andere Seele hinüberzufließen. Und das war es, was Sie wollten. — Mein Freund, man kann mir Freund sein auf immer, und ich habe das Gefühl, eine Freundschaft wie sie zwischen mir und Dir war, die war noch nie zwischen zwei Menschen, und wenigstens von mir aus *kann* die niemals geringer werden oder verlöschen, das *weiß* ich. —

Man kann mir Geliebter sein auf Augenblicke, die in mir und für mich selbst unberechenbar sind, wie der Wechsel von Sonne und Regen, die kommen und gehen und wiederkommen können. Aber es gibt wenige, die so Geliebter sein wollen, denn Beständigkeit kenne ich nicht, vielleicht kann man auch sagen, Liebe in diesem Sinn kenne ich nicht, nur Wollust, Verlangen oder Versagen — und diese drei spielen mit mir, wie ich anscheinend mit denen spiele, die sie mir geben. Aber wenn man mich besitzen will, nicht in dem Sinne des Ehe-Besitzens, aber des inneren — meine Leidenschaften besitzen — davor weicht es in mir zurück. Kann ich das ändern — oder anders wollen? Früher war ich so reich, daß mein ganzes Leben eigentlich nur Verlangen und wiederum Stillen des Verlangens war — da mochte das weniger zum Vorschein kommen, aber jetzt schlummert auch das viel und oft. —

Du weißt vielleicht das alles — und doch sage ich es Dir noch einmal, damit Du verstehst, daß man mir *nie* in dem Sinne Geliebter sein kann, wie vielleicht anderen Frauen und daß Du nicht denkst, ich habe Dich in den Augenblicken, die unsere höchsten waren, getäuscht.

Aber wie dem auch sei und wie es war — das was zwischen uns ist — es wäre schlimm und traurig und trostlos, wenn wir das nicht zu halten wüßten. — Ich habe diese Tage viel darüber gedacht, wenn Sie mich ganz verlassen wollten, nichts mehr von mir wissen. Man verläßt ja wohl oft einen Menschen, wenn man das Gefühl hat, er geht nicht auf demselben Wege und will die Hand nicht so nehmen, wie man sie ihm bietet. Und ich bin mir klar darüber, daß das eine Art Zusammenbruch für mich wäre, daß ich nicht weiß, wie ich ihn verwinden sollte... Ich weiß aber auch, mein Freund, daß viel Hartsein dazu gehört, um mit mir auszukommen, und es könnte sein, daß Sie Ruhe haben wollten vor mir. Und dann will ich lieber stillschweigend fortgehen —

Ich habe Ihnen viel Schmerz getan und nicht das Recht, danach zu fragen, was mir von Ihnen an Schmerz getan werden könnte. Ihr habt mir mein Leben wieder aufgebaut — von Äußerem will ich gar nicht reden, obgleich es ein Ungeheueres ist; aber dafür will ich Dir später danken, wenn es einmal so aufgerichtet steht, wie ich es denke — nein, auch am Inneren hast Du mehr an mir getan, wie Du ahnen kannst. — Und wenn sich nicht erfüllen sollte, daß ihr jetzt den frohen Weg noch mit mir gehen wollt, wie ihr die dunklen Wege mitgegangen seid, so wird vieles in mir sterben müssen. — Aber wie Du es willst, mein lieber, lieber Freund, leb wohl für heute. —

Die Briefe liegen bereit, aber ich gebe sie nur, wenn ich sicher bin, sie wieder zu bekommen.

Mein Freund.

Nun gehe ich wohl bald von hier fort und ich glaube, mit so schwerem Herzen bin ich noch nie von München fortgegangen. Wie soll ich sagen, mir ist, als ob ich hier den Boden unter den Füßen verloren hätte, es ist in den letzten Tagen ein Gefühl von Schmerz und Verwirrung in mir, dessen ich nicht Herr werden kann und das sich immer mehr steigert. — Mein Gott, schon daß ich nicht den Mut habe zu Ihnen zu kommen, kaum Ihnen zu schreiben, wie mir ums Herz ist. — Als ich Sie neulich am Tage nach unserer Rückkunft sah, meinte ich so viel Kälte und Abweisung bei Ihnen zu fühlen — und noch etwas kam dazu — ich fand Sie entsetzlich leidend aussehend. Sie sprachen von dem vinum et circenses, das jetzt ohne Qualen sei, von spätem und schlechtem Schlafen — lieber Freund, in solchen Momenten kann ich *doch* Ihre Empfindungen des Karnevals und ähnlicher Zeiten gegen mich verstehen — einen wirklichen Zorn gegen Sie empfinden wenn ich denke, Sie gehen schlecht mit sich um. Das *kann* ich nicht mit ansehen. Und manchmal in diesen Tagen kommt eine bittere quälende Sehnsucht über mich, Sie zu sehen — Ihnen wahnsinnig vieles zu sagen — zu sagen, daß ich entsetzlich verlassen und ratlos bin, wenn Sie von mir gehen. Ich *kann* nicht so jetzt von hier fortgehen, mit dem Gefühl, daß alle Harmonie zwischen uns zerrissen ist und durch meine Schuld.

Dazu kam noch Adam mit seinen wohlgemeinten, aber so verzweifelt brutalen Seelenhieben — nicht das, was er sagte, aber die Art und Weise — ich mußte immer an die Stelle im »Peter Michel« denken — ihm war, als ob seine Seele einen Schlag mit dem Stock erhalten hätte. — Mein Gott, wenn man sieht, daß jemand schwankt und stolpert, warum dann noch auf ihn losschlagen, wo ein paar gute warme Worte so viel besser wären. — Aber vielleicht war es doch ganz gut, denn ich bin diese Tage und Nächte unbarmherzig mit mir selbst ins Gericht gegangen, und es sind wenig gute Haare geblieben. —

Ach lieber, lieber Freund, ich möchte Ihnen heute einmal so ganz offen reden — aber *nur* für Sie! — Sehen Sie, ich hätte nie geglaubt, daß in mir noch einmal alles so schwanken könnte, wie in diesen letzten Monaten, und im Grunde war es vor allem das: wird es sich so gestalten, daß ich noch einmal mit dem Leben beginnen kann, und die noch viel schwerere, ja an Wahnsinn grenzende Angst, die jene Erfüllung überdauert: werde ich dann auch *leben* können oder sollte jetzt, wo alles zu mir kommt, die Kraft, die Fülle, alles in Müdigkeit versiegen. —

Ob eine solche Angst nicht genügt neben der wirklich schon vorhandenen Ermattung, um einen Menschen ins Schwanken zu bringen. — Aber nun denken Sie sich, man will auf einem schwankenden Steg über einen Abgrund gehen, und die andern rufen von allen Seiten — du schwankst ja, du mußt nicht so gehen wie du gehst, wir wollen dir helfen — und der über dem Steg geht, weiß, ihm kann niemand helfen, wenn er sich nicht selbst helfen kann; das einzige, wie man ihm helfen kann, ist schweigen, nicht dranrühren. Wenn die Menschen wüßten, was für eine Hilfe schweigen sein kann, anstatt zu sagen: wir sehen, daß du nicht sicher bist, wir sehen, daß du Wunden hast. — Ich hätte so oft bitten mögen — laßt mich, sagt mir nur gute freundliche, gleichgültige Worte — warte, bis ich hinüber bin, dann will ich euch danken. —

Aber alles das verwandelte sich bei mir in Gereiztheit, Kälte, Abweisung — ohne daß ich es wollte, oft grade, wenn ich es nicht wollte. — Das liegt jetzt alles auf mir wie eine Schuld — und es ist auch eine gegen all die Liebe, die mir entgegengebracht wurde. Und ich würde Gott was darum geben, wenn ich meine vielen Lieblosigkeiten wieder auslöschen könnte. Lieber Freund, mir ist oft entsetzlich weh ums Herz — so als ob ich mich selbst ausgestoßen hätte. Ich möchte bitten, laßt uns diese letzte kurze Zeit noch viel, viel beisammen sein und uns nur noch Gutes sagen, alle Schärfe, alles Quälende vermeiden, ein Strich dadurch machen. —

Aber vielleicht glaubt ihr dann wieder, ich gefalle mir in einem Wechsel von anziehen und zurückstoßen. — Sie haben mir ja oft gesagt, daß ich Liebe nur dann zu schätzen wüßte, wenn sie mir entzogen wird. Und das steht jetzt immer wie ein Hindernis vor mir, wenn ich Liebe zeigen oder um Liebe bitten möchte. Und soll ich immer wieder bitten: Habt Geduld mit mir — soll ich um Mitleid mit wehen Nerven bitten, die ich mir selbst nicht eingestehen möchte, um nicht noch mehr Kraft zu verlieren.

Könnt ihr das nicht verstehen, daß es ein Hingeben gibt, das dem Verlieren zu leicht nahe kommt, und gegen das man sich um jeden Preis wehrt, selbst in momentan tiefer Zerbrochenheit. —
Ich sende Ihnen die Briefe oder bringe sie selbst — ich war gestern abend dabei und habe sie etwas durcheinandergebracht. — Aber ich muß sicher sein, daß ich sie wieder bekomme.
Wollen Sie heute gegen abend oder morgen vormittag zu mir kommen — aber nur, wenn Sie gerne wollen. Es sind jetzt nur noch wenige Tage, bis mein Bruder[1] kommt. —

F.

Schäftlarn, 18. April 02

Lieber Freund.

Sie haben doch einmal wieder recht gehabt. Wie ich mit der Maus den Berg hinunterzog, wurde mir wieder so Schäftlarn-wohl, daß ich doch bis morgen bleiben will, wenn ich nicht aus dem Zimmer vertrieben werde, denn es kommt heute Militär-einquartierung. Aber wahrscheinlich wird es gehen. Es kommt hier doch immer wieder etwas von der Winterstimmung über mich, so ein friedliches Gefühl von Insichselbstzurückziehen. Aber nicht mißverstehen! Auch, daß ich Sie bat, nicht herauszu-kommen. Grade nach diesen letzten Tagen, die an innerem Er-leben schwer waren, ist es gut, ein wenig allein zu sein ...
Ich denke manchmal, daß wir uns noch nie so nahe waren. Ach, lieber Freund, ich möchte nur auch sicher wissen können, daß Ihnen ebenso ist. Mir waren diese letzten Tage wie etwas Ent-scheidendes und mir schaudert nachträglich, wenn ich denke, wir wären so auseinander gegangen. Aber dadurch ist plötzlich alles anders geworden, ich komme mir vor wie ein Kind, das sich in seinen Trotz verbissen hatte und mit Händen und Füßen um sich schlug ...
Ich denke sogar mit Freude an die »Idiotenanstalt«[2]; zuerst war es mir ein saurer Apfel, in den ich beißen wollte, um Ihnen zu zeigen, daß ich auch einmal etwas tun könnte, was andern lieb wäre. — Ich freue mich jetzt auf alles und glaube wieder an alles, aber es gehört auch eines dazu, daß Sie es auch tun.

---

[1] Der Bruder Ludwig.
[2] Idiotenanstalt — Sanatorium in Territet.

... Man findet hier weder meinen Gesundheitszustand noch mein Aussehen so bejammernswert, selbst die Blutuntersuchung hat nur das Vorhandensein einer nicht allzu bedeutenden Blutarmut ergeben. – Die Kur besteht nur in sehr gutem Essen und Einnehmen von Eisen und Mineralsalzen. Dazu kommt auch die sehr schöne Luft trotz allem schlechten Wetter. Der Doktor animiert mich zu vielem, wenn auch langsamen Bergsteigen, was mir hier in der Bergluft auch durchaus nicht schwerfällt. Ebene Wege gibt es auch kaum, nur einen unten am See, der aber durch die Zahl der Spaziergänger unangenehm ist. Überhaupt ist es ein Jammer, wie dies schöne Land durch Kurmenschen und Hotels verhunzt wird, glücklicherweise beschränken erstere sich ziemlich auf die Quais und Straßen. Im übrigen ist man im Hause etwas schöngeistig, aber durchaus nicht moralisch, besonders die Frau Dr. scheint mich sehr gern zu haben und liebt den Bubi, der sich hier sehr wohlfühlt.

Übrigens Frau R. Wenn sie weiß, daß ich weiß, woher das Geld kommt – so wäre es mir sehr peinlich, ihr nicht auch darüber schreiben zu können, um so mehr, weil ein schriftlicher Dank viel besser zu gestalten ist wie ein mündlicher. Könnte man es nicht so machen, daß ich in einem offiziellen, auch für J.'s Ohren geeigneten Brief auch einen privaten Dank mit einlegte. Ich habe ihr sowieso neulich geschrieben, worauf sie gewiß viel antworten wird. –

Es sollte mich freuen, wenn Adam Erfolg hätte. Bitte grüßen Sie ihn und Helene und Busse sehr. Wie steht es mit Putti? – Und nun für heute lebe wohl und viele Grüße.

F. R.

Territet, Ende Mai 1902

Lieber Freund,

Sie werden meinen Brief inzwischen erhalten haben. Ich schreibe heute auf den Ihren gleich wieder, weil ich nicht möchte, daß Sie sich mit allzu schwarzen Gedanken tragen. Allerdings bin ich selbst schuld, weil ich in jenem Schreiben an A. einer jener Stimmungen Ausdruck gab, die man lieber für sich behalten soll, besonders, wenn selbst intimere Aussprachen zum Gemeingut gemacht werden. – (Was ich selbst unter den nächststehenden Menschen für unberechtigt halte.)

Mein lieber Freund, wollen Sie einmal an das verflossene Jahr zurückdenken, vielmehr an das letzte halbe. – Wir haben uns in einem unaufhörlichen Kreislauf bewegt, der bei demselben Punkt beginnt und bei demselben Punkt wieder endigt, nur hat sich das Tempo dieses Kreislaufs immer mehr gesteigert. Und ich empfinde es so: immer wenn Sie glauben, mich ganz zu besitzen, dann tritt für Sie das ein, was Sie Gleichklang nennen, dann ist alles gut, und Sie sind überzeugt, es bleibt nun gut. Und umgekehrt, wenn Sie dieses Gefühl nicht haben – fällt alles auseinander. Zugleich aber bin ich fest überzeugt, daß Sie das *nie* selbst sehen werden – ebensowenig, wie Sie es zu fühlen vermögen, ob Sie einem Menschen durch Eingreifenwollen in sein Leben wohltun oder ihn damit unnütz quälen. – Aber um Gotteswillen, wir wollen es nicht immer wieder aufrühren. Ich habe Ihnen schon in meinem neulichen Brief gesagt, daß ich mich einfach gezwungen fühle, mich dann mehr zurückzuziehen. In wie weit das unsere ganzen Beziehungen beeinflussen wird, hängt von Ihnen ab und wie Sie sich dazu stellen.

Was jenen Abend betrifft – den Sie eine Stunde unglückseliger Verwirrung nennen – ich hatte und habe noch das Gefühl, daß er symptomatisch war und daß mir das alles über den Kopf wächst. – Das bestimmte Gefühl, daß Ihnen nicht zu helfen ist in Bezug auf Menschen, die Sie festhalten wollen, wenn Sie gewisse Dinge nicht einsehen und nicht fühlen und sich nicht mehr Zügel anlegen können? Auch noch das: da kann ich nicht mehr mit. Mein lieber Freund: ich kann einen Menschen noch so sehr lieben und er mir wert sein, wenn ich sehe, daß ein häusliches Zusammenleben mit ihm zu beiderseitigen Zerrungen und Quälereien führt, so würde ich aber diesem Zusammenleben ein Ende machen und in eine eigene Wohnung ziehen. Warum es erst dahin kommen lassen, daß alle besseren Empfindungen darüber langsam oder rasch in Splitter gehen? –

Mir hat aber der Abend deutlich gezeigt, daß es auf diesem Wege nicht bleiben kann, ohne daß wir uns gegenseitig zerfetzen und zerreiben – ich glaube nicht daran, daß das durch meine Gesundheit plötzlich anders werden sollte – ich habe zu oft gesehen, daß Sie Ihre Momentstimmungen für dauernd hielten und *nach* jeder Zeit der tiefen Depression sicher waren, so würde es nie wiederkehren und jedes Mal meinen Sie, man müßte es begreifen, daß der und das Sie wieder irre macht. Es ist grade so, wie wenn eine Regel aus lauter Ausnahmen besteht, man wartet immer auf die Regel, und immer wieder kommt statt dessen eine Ausnahme.

Sie glauben an mich — sagen Sie, aber ich habe bis jetzt wirklich nur gesehen, daß Ihr Glaube aus Zweifeln besteht. Nehmen wir ein einziges Beispiel: ich hatte Ihnen versprochen, hierher zu gehen und daraufhin glaubten Sie an mich. Hätte es mir hier nicht gefallen und ich wäre wieder fort gegangen z. B. nach Italien, so wäre alles wieder umgestoßen. Ich hätte mich natürlich an mein Versprechen gebunden gefühlt und wäre hier geblieben, selbst wenn ich eingesehn hätte, daß es nicht das Rechte war — aber dann war der Glaube gerettet. —

Ich möchte heute nicht noch mehr darüber schreiben, vielleicht werde ich Ihnen allmählich noch manches, was ich hier und da denke, sagen. —

Überhaupt wenn ich jetzt selten schreibe, so ist es wirklich nur, weil ich Ruhe haben möchte. — Es kann auch sein, daß ich im Juni stillschweigend durch München reise — bitte, kümmern Sie sich nicht darum, lassen Sie mich alle jetzt einmal ganz in Ruhe. Ich werde Ihnen immer von Zeit zu Zeit Nachricht schicken. — Denken Sie auch daran, daß ich nicht vergesse, was ich Ihnen alles zu danken habe, es mag oft so aussehen, als ob ich darüber ganz hinweggehe.

Wenn Sie *mir* Freude machen wollen, so leben Sie für sich etwas vernünftig mit oder ohne Versprechen, und denken Sie daran, was wir in letzter Zeit manchmal über Ihre Werke gesprochen haben. *Den* Glauben möchte ich nicht gern verlieren. Aber schreiben Sie nur darüber, wenn Sie Gutes zu schreiben haben. Sonst will ich lieber nichts wissen. —

Ihre F. R.

Lieber Freund.

Vielen Dank für Ihre Zeilen. Daß die Adamsache gescheitert ist, hat mich ganz deprimiert. Wo soll denn der Arme es dann herkriegen? — Von mir heute nur folgendes (ich bin vor Hitze ganz faul). Ich brauche hierher kein Reisegeld mehr und komme mit dem, was ich habe, noch bis München zurück.

Ich habe damals von München mehr mitnehmen können, wie ich erwartete, dafür aber dort noch ein paar kleine Schulden zurückgelassen, etwa um 50,— M., die ich dann bei meiner Rückkehr dort in Ordnung bringen muß. Vielleicht komme ich schon etwas vor dem 11ten dorthin — ich denke schon Anfang der Woche hier wegzufahren und hoffe, Sie werden nicht böse sein und es für Fahnenflucht halten. Aber es ist wirklich recht ungemütlich. Ich möchte dann noch irgendwo, wo es schön ist, wahrscheinlich am Bodensee, ein paar ruhige Tage bleiben, auch in Zürich einen kleinen Aufenthalt machen, denn ich sehne mich sehr danach, mal wieder alleine zu sein. Wollen Sie bis zum 4. Juni noch ein paar Zeilen schreiben, nach Zürich postlagernd. Wahrscheinlich werde ich dort Langen treffen, was mir sehr lieb ist. Auf das Fichtelgebirge freue ich mich jetzt schon förmlich, nachdem es mir anfangs ein solcher Schreckgedanke war und trotzdem ich mich schon jetzt sehr wohlfühle. —

Lieber Freund, denken Sie bitte nicht, daß ich hier aus Opposition nicht so besonders gern bin, ich wollte es Ihnen eigentlich gar nicht aussprechen und tue es jetzt nur, um zu motivieren, wenn ich etwas früher wie vorgesehen abreise. Das Klima tut auch viel dazu, denken Sie sich 3 Wochen strömenden Regen und jetzt eine wahrhaft beklemmende Hitze ohne einen Luftzug, selbst auf dem See im Boot ist es wie in einem Dampfbad. Was wohl von den hohen Bergen ringsum kommen mag, denn ich bin sonst der Hitze nicht abgeneigt.

Die richtige Zeit für Montreux ist wohl mehr im Frühling und Herbst. Außerdem bin ich recht froh, dem Familienleben wieder zu entrinnen, der Begriff Kuranstalt ist nämlich etwas naiv, aber davon will ich Ihnen später erzählen.

Also für heute leben Sie wohl. Grüßen Sie Helene.

Ihre F. R.

Sollten Sie Noorden[1] zufällig treffen, so bitte nichts von alledem. — Jetzt habe ich die Hauptsache vergessen. Das Baschl bat mich, ihm auf 10 Tage 100 M. zu leihen, die sie ihren Eltern vorzeigen muß als Ersparnisse und die ich dann sicher zurückbekomme. Läßt es sich machen, so geben Sie es ihr vielleicht und ich bekomme es dann in Steben von ihr zurück. Habe ihr geschrieben, sie soll bei Ihnen deswegen vorfragen. — Natürlich nur, wenn es ohne Schwierigkeiten geht.

[Zürich, Anfang Juni 1902]

Mein lieber Freund.
Haben Sie vielen Dank für Ihren Brief und im voraus für das Geld. — Denken Sie nur bitte nicht solche Sachen, daß es mir nicht lieb wäre, es durch Sie zu bekommen. Daran hab ich nie auch nur im Entferntesten gedacht.
Ich habe noch ein paar wundervolle Tage in Genf und Basel verlebt, in Basel die herrlichen Böcklins und Holbeins gesehen, bin sehr froh, daß ich dort war. Jetzt hier hängengeblieben statt am Bodensee — etwas gelähmt vom Heuschnupfen. Werde wohl auch deshalb nachts zurückfahren und wahrscheinlich Sonntagfrüh zurückkommen.
Es ist unmöglich, hier im Café und neben der Maus zu schreiben. Darum für heute nicht mehr.
Leben Sie wohl, viele Grüße an Sie und Helene.

Ihre F.

Steben, 21. 6. [02]
Villa Synderkauf

Mein lieber Freund —
Da wären wir also, und nachdem ich anfangs wieder etwas zum Spinnen aufgelegt war, denke ich, die Sache wird sich schon machen — der Ort ist sehr hübsch und ich habe ein ganz nettes Zimmer gefunden, das zugleich billig ist. Wir essen bei der Frau Goldberg, bei der ich nach Noorden wohnen sollte, abends und morgens zu Hause. Ich möchte deshalb Sie oder den Matz bitten, mir etwas Futter zu schicken — etwa 2 harte Würste, die sich am

---

[1] Dr. von Noorden — Frauenarzt, der F. R. bei der Geburt ihres Sohnes Rolf beigestanden hatte.

besten halten, und einige Tafeln Kochschokolade. Können Sie es einstweilen auslegen und mir später abziehen? Ferner möchte ich Sie bitten, den Woja[1] um baldige Sendung des Geldes zu veranlassen. Ich kam von München nicht so glatt wie erwartet fort und hier gab es gleich im Anfang alle möglichen Ausgaben, Kurtaxe etc. Es ist mir sehr lieb, daß ich nicht in die Villa gezogen bin, die Sache wäre zu teuer gewesen. So wird es aber gehen, im Juli auch noch etliche Schulden zu zahlen.

Den Roman bekomme ich nächstens hierher, aber mit dem Arbeiten wird es wohl wieder nicht viel werden. Der Doktor – der übrigens sehr nett ist – sagte mir, daß die erste Zeit sehr angreifend sei. Bis jetzt merke ich noch nichts davon, nur daß mir das Frühaufstehen zum Brunnentrinken etwas schmerzlich ist. – Bubi ist den ganzen Tag mit mir und so lieb wie er nur sein kann. Es sind nur ein paar unangenehme Bengel im Haus, mit denen ich ihn nicht gern zusammen habe.

Lieber Freund, meine »Seele« ist sehr stumpf und ich wollte, sie wäre noch viel stumpfer gegen alle Heimwehs und Sehnsüchte – Samos – München – Schäftlarn – das wirbelt noch alles etwas durcheinander, auch in meinen Träumen. Ich möchte jahrelang schlafen. –

Sonst ist mir körperlich sehr wohl, es ist hier eine wundervolle Luft ohne Kopfweh.

Schreiben Sie bald einmal, ich will auch bald vernünftig schreiben. Grüßen Sie den Matz, es war mir leid, daß ich ihn verfehlte.

Viele, viele Grüße von

Ihrer F.

[Steben, ca. 23. Juni 02]

Mein lieber Freund,

nun komme ich schon wieder mit meinen ewigen Bitten, aber ich muß Sie schon damit plagen, da Sie doch ein bissel mein Vermögenskurator sind.

Lesen Sie bitte den Brief von meiner Hausfrau, und wenn Adam das Geld nicht abgeschickt hat (an mich), so nehmen Sie bitte

---

[1] Kosename für Adam.

das Nötige, 80,— M., davon und lassen es durch die Flingelli zustellen. Ich bin für April 40,— M. schuldig, für Mai und Juni je 20,— ...

Es liegt mir daran, daß es *vor* dem ersten geschieht —, ich glaube, sie hat dann nicht das Recht, Räumung zu verlangen, da der zweite Termin noch nicht verstrichen ist. (Nach Abmachung zahle ich den Zins erst am letzten des Monats.) Heben Sie den Brief aber bitte auf und schreiben Sir mir, wenn die Sache in Ordnung ist. Viele Grüße

Ihre F.

Steben [Ende Juni 02]

Mein lieber Freund.

Zuerst meinen besten Dank für alles, die angenehme Futter-sendung freut mein und der Maus Herz, vor allem auch die Gutis. Wir leben jetzt sehr bon und ziemlich billig, essen bei der Frau Goldberg ausgezeichnet zu Mittag und ich konstatiere im Spiegel — ohne Scherz —, daß ich enorm wohl aussehe, habe es jetzt sogar zu roten Backen gebracht. Überhaupt — ich glaube, daß Sie sich darüber ganz beruhigen können, ich bin jetzt in der richtigen Erholungsstimmung angelangt. Man soll während der ersten 14 Tage den sogenannten Brunnenrausch haben, der sich vor allem in Nervosität etc. äußert. Der Doktor erzählte mir, daß die meisten nach 8 Tagen wieder abreisen wollten, weil ihnen so fad wäre, und ist ganz enttäuscht, daß ich bis jetzt nichts davon merke. Nur schlafen möchte ich immerzu und schlafe, was grade kommt, im Wald oder auf dem Sofa.

Wenn ich nicht schlafe, bin ich fortwährend an der Luft, die hier übrigens ganz besonders schön und frisch ist, ich habe noch keinen Tag Kopfweh gehabt. Der einzige Tropfen Gift in mei-nem Wohlbefinden ist der Heuschnupfen, kleine Waldflecke ab-gerechnet, besteht die Gegend nur aus Wiesen, die gefährliche Zeit ist nun bald herum.

So weit Gesundheitsbericht — zweitens die Wohnungsfrage. Die Flingelli soll mir meine Sachen hinüberräumen, aber so, daß die Betten im größeren Zimmer stehen (ich kenne die Räume) und daß man eventuell ein paar Nächte auf der Durchreise drin wohnen kann. (Übrigens weiß ich nicht, ob die Frau M. zu ihrem

Vorgehen berechtigt ist, wenn sie mich nicht *einmal* zur Zahlung aufgefordert hat und das ist nicht geschehen.) Wenn es geht, die Sachen ohne Zahlung der übrigen 40 M. wegzuschaffen, so lassen Sie das bitte geschehen. Die Flingelli soll die 40 M. *nicht* auslegen, natürlich nichts zahlen.

Lieber Freund, Sie brauchen mir nicht noch 40 M. zu schicken, ich werde hier am ersten alles zahlen, was ich bis dahin schuldig bin, und am zehnten, wenn das große Geld kommt, was sich bis dahin ansammelt. Wenn Sie es aber doch schicken, ziehen Sie es mir bitte dann nachher ab. Ferner damit ichs nicht vergesse, schicken Sie das große Geld (überhaupt lieber alles) im eingeschriebenen Brief. Wenn ich 400 M. geschickt bekomme, wird man mir natürlich mehr aufrechnen.

Die aufgegebene Wohnung ist mir auch ganz lieb, wenn ich sie sonst allein zahlen müßte.

Das ist nun auch der reine Geschäftsbrief geworden. — Ich lege Ihnen einen von der Paula bei, mir scheint auch, wir haben nichts zu fürchten.

Daß Bubi absolut einen Paß haben muß, ist sehr dumm und wird eventuell längere Schererein geben. Denn ob die ganze Geschichte mit Vormund etc. bis dahin im reinen ist, bezweifle ich. Noch ist nicht einmal die Sache am Standesamt erledigt.

Die Maus ist jetzt von wahnsinniger Süßigkeit, wir feiern förmliche Flitterwochen, einmal wieder so ganz allein miteinander. Er führt mich zum Brunnen und übt strenge Kontrolle, daß ich das vorgeschriebene Maß trinke. — Wir schwelgen in Märchen. — Nun leben Sie wohl, lieber Freund, ich werde Ihnen nicht allemal so blöd schreiben wie heute, momentan wills aber nicht anders. Viele, viele Grüße.

Ihre F. R.

[Steben] 5. Juli 1902

Lieber Freund,

noch einmal muß ich Sie mit der Wohnungsgeschichte elenden. Ich wußte nicht, daß doch gepfändet worden ist. — Wollen Sie nun auch noch das in Ordnung bringen — Sie müssen sich erkundigen, welcher Gerichtsvollzieher es ist und zu diesem gehen und die Sachen auslösen, es werden dann wohl noch einige Nebenkosten sein. Wenn es Ihnen/lästig ist, können Sie es ja auch dem Rechtsanwalt geben — aber schnell, damit es nicht zu spät wird. Haben Sie auch das Geld — ich habe noch 70 M., also im Notfall könnte ich es jetzt schicken, aber einfacher wär's, wenn Sie es derweil auslegten und in Abzug bringen.

Sollten Sie die Bande selbst zu Gesicht bekommen, so verfehlen Sie bitte nicht, ihr einige Grobheiten zu sagen.

In Eile, damit der Brief gleich wegkommt.

Ihre F

Steben, 7. 7. [02]

Mein lieber Freund.

Haben Sie vielen Dank für Ihren Brief — es war so lange her, daß ich einen von Ihnen bekam. Also erst das Geschäftliche — ich bin Ihnen sehr dankbar, daß Sie meine Sachen vor dem Untergang retten wollen. Ich weiß die Adresse der Flingelli nicht — wollen Sie sie bitte auch fragen, ob sie meine Pfandscheine hat umschreiben lassen, am 8. ist der Termin. Wenn mir Adam das Geld nicht zurückgelassen hat, müssen wir es wohl von dem nächsten abziehen. Natürlich schicke ich es Ihnen, wenn es an mich direkt kommen sollte . . .

Wegen der Bubisache werden Sie nichts anderes tun können, als sich erkundigen, ob das Standesamt bereits Schritte getan hat, eine »Pflegschaft« einzuleiten, und andernfalls bitten, daß es sofort geschieht. Ich werde wohl doch etwas früher nach München kommen in den letzten Julitagen, denn ich bezweifle sehr, daß diese Sache vorher erledigt sein wird und muß es dann auf andere Weise versuchen.

Es hat mich so gefreut, was Sie über Putti schreiben und daß Sie sie jetzt wiederhaben. Aber eigentlich habe ich es mir schon lange gedacht, daß Sie das . . . wiederfinden würden und daß Ihre Empfindungen damals in Paris nur schuld der ungünstigen Umstände waren. —

Ich bin doch recht froh, daß mein hiesiger Aufenthalt nun schon zur Hälfte überstanden ist — ich glaube, es ist überhaupt besser, wenn ich möglichst wenig von mir rede. Ich denke manchmal ernstlich darüber nach, ob ich nicht am Ende auf dem Wege bin, verrückt zu werden, und zwar in der Form eines apathischen

Trübsinns. Selbst voriges Jahr noch war mir ganz anders zu
Mut — der allmähliche innere Umschlag datiert seit dem letzten
Frühjahr, ich glaube sogar genau zu wissen seit wann, nämlich
der Krankenhauszeit, als ob ich seitdem die innere Freudigkeit
nicht mehr finden könnte — die mich sonst doch selbst in schwerer
Zeit im letzten Grunde nie verlassen hat.
Es liegt fortwährend wie ein schwerer Berg auf mir. Wer weiß
was die Träume alles bedeuten, mir kehrt immer der eine wieder,
daß man mir Nägel in den Kopf schlägt — manchmal sogar im
Wachen dieselbe Empfindung.
Vielleicht komme ich nach Frau Richter nur noch auf eine kurze
Zeit nach München zurück und gehe dann für den ganzen Win-
ter in den Süden, weit weg, das ist ein Gedanke, den ich oft im
Stillen liebkose. Ich glaube auch, Sie würden es jetzt anders
empfinden wie früher und ich kann nicht mehr unter euch allen
leben, ehe ich mich selbst wieder ganz beisammen habe. — Viel-
leicht dauert es noch sehr sehr lange.
Dabei geht es mir körperlich sehr wohl, ich schlafe und schlafe.
Wenn Bubi nicht wäre, würde ich gar nicht mehr aufstehen. —
Über Adam bin ich ganz ruhig, er könnte mir auch nicht helfen
— nur die Stimmung von dem einstigen Tigani möchte ich wie-
derfinden — wenn die noch einmal wiederkäme. — Aber — »laßt
den kranken Mann mit den Phantasmen — einsam kämpfen«. —
Kurzum ich spinne ziemlich heftig, wie Sie wohl aus meinem
Brief sehen — aber vielleicht lache ich bald selbst wieder darüber.
Grüßen Sie den Matz und Putti und vielen Dank für alle Mühen.
Ihre F.

[Steben, 14. 7. 02]
Pas encore d'argent — je n'ai plus rien du tout. S'il ne vient pas
encore vous pouvez peut-être me prêter un peu. Viele Grüße.
F.

Steben, 15. 7. [02]
Mein lieber Freund.
Haben Sie vielen Dank für Ihren Brief wie für das Bild. Putti
hätte ich nicht wiedererkannt — sie hat einen ganz andern Mund
wie früher oder liegt das an der Photographie. Übrigens liegt

auf dem Ganzen ein Ausdruck von Lebensfreude, den ich damals nicht an ihr gesehen habe. — Es ist doch schön, daß Sie sie wiederhaben und an einem Menschen Freude haben. Ich denke mir, Ihr Leben zu dreien muß wirklich jetzt etwas Sonniges haben.

Ich fange allmählich auch wieder etwas an aufzuatmen und zu ahnen, daß es anders werden kann. Lieber Freund, mein letzter Brief war töricht und albern, und man sollte sich nicht so weit gehenlassen, solches zu schreiben. Aber glauben Sie mir, es waren auch für mich böse Zeiten, dieses Frühjahr und Sommer. Sie mögen recht haben, es ist etwas in mir, das vielleicht nie mehr durch einen Menschen ausgelöst werden kann. Das war nicht immer so, aber seit langer Zeit. Aber manchmal lastet doch das Alleinsein entsetzlich auf mir, und der Gedanke, immer einsamer zu werden. Ich habe in diesem letzten Jahr an Menschen viel verloren und vielleicht nicht mehr so wie früher die Kraft, darüber hinwegzukommen. Manchmal sehnt man sich danach aufzutauen, und dann ist nichts Warmes da. — Aber schlimmer noch wie das ist das Verzagen an der eigenen Kraft, an der Möglichkeit des Gesundens, der Gedanke, ob man nicht vielleicht doch besiegt und erlahmt ist.

Mir ist oft diesen Sommer der Gedanke gekommen, ob — nicht die körperliche Gesundheit — aber die Nerven —, ob nicht die doch endgültig zerstört wären, wenn sie nach so langer Erholung immer noch beben.

Ein Wunder wär's ja nicht. —

Ich habe geradezu gute Vorsätze gefaßt, mich an all diesen Orten wohlzufühlen, aber ich habe selten an solchem Heimweh gelitten, nach den Orten, wo mir wohl und friedlich war, z. B. Samos und Schäftlarn. Aber Sie sollen von all diesen Torheiten nichts mehr von mir hören; ich glaube auch, daß es Sie nachgerade tatsächlich langweilt und Ihre Geduld auf die Probe stellt.

In 14 Tagen bin ich nun wohl wieder in München. — Dann Frau Paula. —

Wenn ich nur noch genau wüßte, was ich geschrieben habe. — Ich meine im Anschluß an die Verstimmung zwischen Ihnen und ihr habe ich etwa gesagt: Klages, den ich letzter Tage noch sah, sprach ganz mit der alten Anhänglichkeit von Ihnen. —

Sie wird jetzt am Ende an meiner »Aufrichtigkeit« zweifeln! —
Gott, wenn nur das Geld noch käme, die Alexeltern drangen
darauf, daß ich dem neuen Hauswirt gleich die 12 M. Miete
zahlte, da derselbe sonst unter dem Einfluß meines gewaltsamen
Auszugs bei der Frau Meier verstimmt sein würde. —
Ferner hatte ich der Flingelli 20 M. zu zahlen, so bin ich schauderhaft abgebrannt und mußte schon meine Mittagstischdame
anpumpen. Schreiben Sie mir bitte auch, ob die Reise nach Lodz
von diesem Geld zu bestreiten ist.
Dem Matz werde ich nächstens schreiben und für seine sehr
hübschen Bilder danken, schade, daß ich ihn in München nicht
mehr treffe.
Herrgott, wenn ich dies Menschenpack hier nicht mehr sehen
müßte. —
Nun leben Sie wohl und viele Grüße an Helene und Putti.

Ihre F.

[Steben, 22. oder 23. Juli 02, Vermerk v. Klages]
Lieber Freund,
eben kommt Ihre Sendung mit der Hiobsbotschaft[1] — der
Schrecken ist mir ordentlich in die Glieder gefahren, aber einstweilen besten Dank, auch für Ihren vorigen Brief. —
Ich werde morgen nun direkt nach München fahren und komme
vielleicht abends zu Ihnen. Natürlich mußten Sie es so machen,
lieber Freund, daß wir ... retten, ist vorläufig das Notwendigste — mir liegt einstweilen nur daran, nach München zu kommen. Von da werden wir schon weitersehen, vor allem die Reise
nach Glynik. Wenn die noch zustande kommt, ist mir um nichts
bange. — Können Sie nicht an ... durch Ihre Schwester schreiben?
Na, wir können ja alles mündlich bereden und wollen uns nur
vorderhand keine grauen Haare wachsen lassen. Viele Grüße
und auf Wiedersehen.

Ihre F.

---

[1] Hiobsbotschaft — Frau Richter stellte plötzlich ihre Unterstützung
für F. R. ein.

Mein lieber Freund.

Heut will ich nur kurz melden, daß wir, wenn auch bei strömendem Regen, hier angekommen sind und daß ich sehr froh darüber bin. Der Himmel scheint wohlwollend, denn die Regina teilte mir mit, daß ich in einigen Tagen mein altes Zimmer bekommen kann. Ich bin dadurch direkt »gehobener Stimmung«.

Für einstweilen hause ich noch im Gasthaus, da nichts anderes zu haben war, aber für ein paar Tage kommt es nicht darauf an. Und das ganze Schäftlarn gibt mir ein Heimatsgefühl, ein endliches Aufatmen nach diesem konfusen und zerfetzten Sommer. Bubi scheint es auch zu finden, er war still und selig, während wir im Regen durch den Wald gingen und alte Plätze aufsuchten. Es ist doch immer das beste, ganz allein mit ihm zu sein.

Ich habe Ihnen viel noch zu schreiben, aber allmählich, jetzt will ich erst wieder in den Roman hineinsinken.

Ob wir ihn wohl doch noch zusammen lesen werden können? —

Aber für heute gute Nacht, ich fühle auch schon die Landmüdigkeit. — Auch noch Dank für Ihre Abschiedszeilen, mir war am letzten Tag so, als ob doch wieder etwas Helligkeit zwischen den Wolken durchschimmert. —

Ihre F.

Da ich den Rucksack doch nicht brauche, habe ich hinterlassen, daß man ihn mit dem Manuskript Ihnen schickt.

Mein lieber Freund,

wie in alter Zeit komme ich heute wieder mit einer gewohnten Bitte. Ich habe mich nur mit einem Zigarettentabak versehen, der mich ganz melancholisch macht. Könnten Sie mir nicht eine Schachtel Zuban-Zigaretten zu 2 Pf. schicken, ich glaube es gibt sogar welche zu 1 Pf., damit ich wenigstens abwechseln kann.

Denken Sie sich meinen Schrecken, als vorgestern plötzlich aus dem Walde Suchocki[1] auftauchte — er wollte mir ursprünglich mein Gepäck an die Bahn helfen, dann für den Nachmittag hinausfahren, was ich durch mühelos simulierte Unschlüssigkeit,

---

[1] Bogdan von Suchocki — Pole, Kunstgewerbler und Glasmaler.

einen Zug zu bestimmen, abwinkte. So machten wir gestern früh einen bei dem Herbstwetter allerdings wundervollen Spaziergang nach Wolfratshausen, dann kehrte ich mittags hierher zurück und er verschwand wieder in den Büschen um zu schlafen. — Und ich tröstete mich damit, wenigstens dem Schäftlarner Festtagsrummel entkommen zu sein. Sollte er, was seine Absicht war, Helene zu einer gemeinsamen Herfahrt auffordern, so möge sie bitte ablehnen.

Übrigens ein Mensch, mit dem ich doch auf die Länge absolut nichts anfangen könnte, man muß ihn nur hier und da einmal auftauchen sehen, in seinem Atelier oder im Karneval, aber im übrigen ist er völlig passé, ein verblühter Bohémien, er ist eine Art von Menschen, die *nur* eine Jugend und nur *eine* Jugend haben. —

Mir ist hier immer noch etwas ungemütlich — erst Samstag bekomme ich mein schönes Zimmer. Das jetzige Quartier ist etwas arg, ich habe nur ein Bett mit Bubi und wir werden nachts von bösen W.tieren halb aufgefressen, habe infolgedessen noch keine Nacht ordentlich geschlafen. Dazu ärgert mich die Mehrausgabe, denn ich komme trotz eherner Sparsamkeit auf 3 M. täglich. Aber es macht mir jetzt förmlich Spaß, fürchterlich zu knausern und zu rechnen. Nun, in 4 Tagen bin ich erlöst, ich habe so Sehnsucht nach dem Zimmer, daß ich jeden Augenblick hinübergehe, um wenigstens eine Viertelstunde in der Küche zu sitzen.

Wenn ich nach Weihnachten nicht nach dem Süden gehen kann, lasse ich mich ganz hier nieder, anstatt in München Wohnung zu nehmen. Mir ist doch hier zu Mut, als ob die Welt weit fort wäre, ja fast als ob alle Empfindungen zu Menschen andere würden — auch so weit weg. In München fühlte ich mich diese Woche verlassen, beinahe verstoßen und überflüssig und dabei so viel unruhige Wehmut, die kommt auch hier manchmal, aber nur von weitem.

Ich bin jetzt nur ungeduldig auf die Arbeit, aber möchte erst einmal ausgeschlafen haben, bin tagsüber ganz abgeschlagen, und fast immer mit Bubi im Freien.

Nun aber leben Sie wohl, an Helene viele Grüße.

Ihre F.

Mein lieber Freund.

Ich hatte schon einen Brief an Sie angefangen, aber wartete immer auf Nachricht von Ihnen, die nun heute endlich kam — ich hätte Sie gern etwas froher gewußt, aber mir geht es ähnlich oder noch viel ärger — bis zur schwärzesten Deprimiertheit. Es mag wohl daher kommen, daß ich mich körperlich nicht wohlfühle und immer wieder drängt sich mir der Gedanke auf, wenn ich dieses Handwerk noch ein paar Jahre weitertreiben muß, ist es aus mit mir. Seit ich wieder an der Arbeit bin, ist die alte Nervosität wieder da, ewiges Kopfweh, ich muß jeden Augenblick wieder aussetzen. Trotzdem ist schon einiges geschafft, ich denke in höchstens 3 Wochen mit der Durcharbeitung fertig zu sein. Dann bleibt nur noch das Abschreiben. — Wie lange ich mich mit Geld halten werde, ist eine andere Frage, bis 15. Okt. jedenfalls. Eventuell muß ich also dann nach München zurück oder gleich nach Leipzig. Die Frau Goldberg in Steben hat mich auch eingeladen.

Ja, lieber Freund, in diesem Winter werden wir uns wohl kaum zu sehen bekommen — mir schiene es gar kein übler Gedanke, wenn Sie sich in Glynik[1] niederließen — d. h. ich an Ihrer Stelle täte es mit Wonne. Mir graut vor dem Herumfahren und Herumhospitieren, aber trotzdem möchte ich doch versuchen, die Aussichten in Leipzig und Berlin wahrzunehmen. Bei der Glyniker Idee tauchte mir der Gedanke auf, wenn ich Ihnen dort Gesellschaft leisten könnte — Sie müßten das Schulerbuch schreiben und ich würde malen.

Das eine weiß ich doch immer klarer, das Glück *meines* Lebens hängt daran, das könnt ihr andern nicht so fühlen. — Wenn ich noch die Kraft hätte, neben anderer Arbeit es durchzusetzen, aber ich habe sehr wenig Kraft mehr, sie müßte geschont und erhalten werden und dieser letzte Stoß, nach dem ich alles erfüllt glaubte, hat mir viel Hoffnungsmut genommen. — Das fühle ich grade hier in Schäftlarn. Mir war doch voriges Jahr noch ganz anders zu Mut, als ich hier an diesem Tisch saß.

---

[1] Glynik oder Glinnik — Industrieort in der Nähe von Lodz, wo Richters einen Landsitz besaßen, den sie Klages anscheinend als zeitweiligen Wohnsitz angeboten hatten.

Wenn ich für mich nichts mehr will, bleibt immer noch das Lebensprogramm Bubi, *nur* Bubi. — Ach lieber Freund, ich spinne bis dahinaus, aber vielleicht würde ich nicht mehr spinnen, wenn ich alles aufgebe. Aber dann würde auch etwas in mir tot sein.

Inzwischen wollte man mir auch mein Schäftlarn rauben, die Weiber, die hier oben wohnen, haben sich über Herrenbesuche beklagt und mir wurde gekündigt. Ich bin nur unter der Bedingung geblieben, daß ich versprochen habe, keine mehr zu empfangen. Aber ob meines Bleibens hier in Zukunft noch sein wird, ist sehr fraglich.

Nun aber leben Sie wohl — wann werden Sie denn wiederkommen? Die Bäume fangen schon an rot zu werden. Ich fahre morgen für einen Tag nach München — dann beginnt der letzte Sturm. Werde auf eine Übersetzung schauen. — Schreiben Sie doch einmal etwas ausführlicher... Von mir und Bubi viele Grüße.

Ihre F.

[Schäftlarn, 11. Okt. 02]

Mein lieber Freund.

Haben Sie Dank für Ihren Brief. Ich bin ganz froh, daß Sie jetzt aus dieser Umgebung heraus sind, die Sie sichtlich bedrückt. Mein Gott, Sie dürfen nicht so mut- und freudlos sein. Das dürfen wir alle nicht »wir Wenigen«. Wir haben uns doch — oder sollte es denn wirklich alles verloschen sein. Warum geben Sie mir immer wieder bittere Worte von verschmähen u. a. — und soll ich Ihnen immer wieder dasselbe sagen. Lieber Freund, ich glaube nicht, daß Sie sich jemals in einen anderen Menschen hineinfühlen, sonst hätten wir uns wenigstens *verstanden* und wären nicht so fern voneinander. — Ich denke hier oft an das vorige Jahr — vieles möchte ich zurückrufen, vieles unwiderruflich begraben. Aber nun still davon.

Ich schrieb Ihnen neulich auch in einer schlimmen Stimmung, aber bei mir sind das doch nur Wolken, die ab und zu den Himmel verdüstern. Sonst war es doch eine gute Zeit, die mich den zerrissenen Sommer verwinden hat lassen. Wenn ich mich nicht selbst darüber täusche, so ist der Roman viel besser geworden. Ich habe viel gestrichen. In gut 14 Tagen hoffe ich wirklich fertig zu sein.

Ich rechne noch die erste Novemberwoche hier zu bleiben und erst am ca. 15. nach Leipzig zu fahren. Sowie ich ganz fertig bin, lese ich es euch vor. Mir kam eine böse Kopfwehzeit dazwischen, sonst wäre es wohl schon so weit. Aber ich scheue jetzt ängstlich jede Anstrengung, da ja nachher keine Ruhezeit folgt. So hat sich alles etwas verschoben, ich werde erst Mitte Dezember nach Berlin kommen — Frau Richter hat mir auch zweimal geschrieben, aber darüber mündlich.

Es kommt mir ganz sonderbar vor, daß Sie wirklich wiederkommen; so lange ist's schon her. — Adam wird nun wohl auch bald zurückkommen, ich habe kein Wort mehr von ihm gehört. — Dann seid ihr alle wieder in München und ich gehe fort, wer weiß, wann ich wiederkomme und wann wir uns in Ruhe wiedersehen. —

Schrieb ich Ihnen, daß man mir hier verboten hat, Herrenbesuche in meinem Zimmer zu empfangen — so können wir nicht einmal den Roman hier lesen. — Es scheint mir auch sehr fraglich, ob ich hier später wieder Wohnung bekommen werde, und ich sehe Schäftlarn jetzt immer mit etwas Wehmut. Zauberhaft schön ist es jetzt, wo die Blätter sich färben. Ach lieber Freund, es ist doch strahlend schön das Leben, wenn man nur aufatmen und ausruhen dürfte. Und trotzdem so viel Hoffnung zergangen ist, habe ich doch viel mehr Lebensmut wie im vorigen Jahr. Nun leben Sie wohl, und schreiben Sie mir bald, wann Sie kommen. Viele viele Grüße.

Ihre F. R.

Solln, Heinrich-Vogel-Str. 156
[Sommer 1903]

Lieber Klages —

Ich sagte Ihnen neulich, daß wir die Subskription doch machen — sie ist bereits gedruckt und jetzt wird angefangen, sie zu versenden. Sie sagten einstmals, daß Sie allerhand graphologische Leute wüßten, an die man sie senden könnte. Würden Sie uns vielleicht die Adressen angeben? — Ferner möchte ich Sie bitten, an die Geyso[1] — wenn Sie es für angebracht halten — eins zu schicken. Ich sende Ihnen für alle Fälle einige Stücke mit. Machen

---
[1] Die Malerin Marie von Geyso, mit Klages befreundet.

Sie sich aber keine Mühe damit, wenn es Ihnen irgendwie lästig fällt. — Adam wird Ihnen resp. Busse wohl mitgeteilt haben, daß wir die Rückantwort an letzteren haben adressieren lassen. Er braucht nur die etwa einlaufenden auf einen Haufen zu legen, bis sie abgeholt werden. — Ich bin sehr neugierig, wie es werden wird.

Mit herzlichen Grüßen

Ihre F. R.

München, Kaulbachstr. 63 [Anfang Mai 04]

Lieber Klages.

Ich kann momentan nicht dazu kommen, mir die Briefe selbst abzuholen, die Sie mir jetzt zurückgeben wollten, und möchte Sie deshalb bitten, mir dieselben zu schicken. Es liegt mir viel daran, sie zu haben, ehe ich demnächst vielleicht auf sehr lange Zeit von München fortgehe und ich bitte Sie recht dringend, mir diese Freundschaft noch zu gewähren, wenn es auch vielleicht für Sie nur Sentimentalität ist. Und da möchte ich mir gleich noch eine durchgehen lassen — ob Sie mir nicht auch ein Bild von Ihnen schenken wollen?

Viele Grüße.

Ihre F. R.

[München, Mitte Mai 1904]

Lieber Klages.

Vielen Dank — ich habe damals, als Sie Ihre Briefe haben wollten, verschiedene auch aus früherer Zeit zurückbehalten und sende Ihnen das ganze Paket. — Wenn Sie mir diese bis etwa 5.—6. Juni zurückstellen wollen, ist es zeitig genug, da meine Abreise sich noch verschoben hat.

Wegen der Vormundschaft[1] dürfte ich Sie dann vielleicht bitten, selbst zu dem Amtsrichter zu gehen und die Übertragung an meinen Bruder zu veranlassen (ev. an mich selbst). Es war da die Rede davon, daß ich die Vormundschaft vielleicht allein bekomme, wenn ich den Namen des Vaters angebe, was ja geschah — ich habe nur Angst, man bestellt vielleicht irgend einen Amts-

---

[1] Vormundschaft — Klages hatte auf Bitten von F. R. die Vormundschaft über ihren Sohn Rolf übernommen und trotz gelegentlicher Unstimmigkeiten bis zu dessen Volljährigkeit 1918 beibehalten.

richter oder dergl. zum Vormund, was mir sehr unangenehm wäre, und glaube übrigens, daß man Sie schwerlich jemals mit Bubis Angelegenheiten behelligen wird. Ich habe ja auch im vorigen Jahr die Schulangelegenheit selbst geordnet. Schließlich kommt sie erst wieder in Frage, wenn ich wieder in München bin — vor Weihnachten wohl kaum —. Aber wie Sie wollen, wenn es Ihnen irgendwie unangenehm ist, möchte ich Sie natürlich nicht weiter damit belästigen.
Viele Grüße.

Ihre F. R.

[München, 30. Mai 04]

Lieber Klages.
Dürfte ich Sie bitten, mir doch abreisehalber schon bis Mittwoch die Sachen zurückzustellen, am besten vormittags zwischen 11 und 12 Uhr.
Besten Gruß

F. R.

München [Anfang Juni 1904]

Lieber Klages,
verzeihen Sie, daß ich das Buch nicht eher schickte, ich war auf dem Lande.
Wegen der Vormundschaft werde ich nächstens selbst hingehn und sehen, eine Änderung zu veranlassen, werde Ihnen dann die notwendigen Mitteilungen machen.
Das Briefpaket habe ich erhalten. Bei dem Zusammenlegen der ersten und zweiten Sendung fiel mir aus den Büchern beigelegter Bleistiftzettel, datiert vom Dezember 1903, in die Hände. Zu dem Inhalt desselben möchte ich noch folgendes bemerken:
Mit welcher Berechtigung Sie mir die etwaige Absicht unterlegen, Ihre Briefe (resp. eine Photographie) zu einer Karikierung des Urhebers zu benützen, weiß ich nicht. Sie dürfen in der Beurteilung und Wertung von anderer Leute Gesinnung manchmal ein wenig vorsichtiger sein, auch wenn die Betreffenden für Sie »erledigt« sind.
Ich wünschte Ihre Briefe lediglich des Erinnerungswertes, den sie für mich haben, wieder in Händen zu haben und halte es beinahe

für lächerlich, Ihnen zu versichern, daß jeder Ge- oder Mißbrauch derselben selbstverständlich ausgeschlossen ist.

Im übrigen kann ich Ihnen für diesen Bleistiftzettel eigentlich nur dankbar sein, da er sehr geeignet ist, gegen etwaige Sentimentalitäten als hülfsames Ernüchterungsmittel zu dienen. —

Mit bestem Gruß Ihre F. R.

[München, 3. August 1904]

Lieber Klages,

geben Sie mir bitte bis heute abend Bescheid, wegen der Vormundschaftssache, nämlich ob Sie die Niederlegung der Vormundschaft beantragt haben, zweitens mit welchen Motiven, drittens was bisher darauf erfolgt ist. —

Ich möchte morgen noch einmal in dieser Sache aufs Amtsgericht gehen und muß darüber orientiert sein.

Mit Gruß
F. R.

[München, kurze Zeit später]

Lieber Klages —

1. Meine gegenwärtige Wohnung ist Kaulbachstr. 63, die ich auch bei Abreise beibehalte.
   Ich gehe jetzt nach Oberitalien, Ort noch unbestimmt, und werde wahrscheinlich auch den Winter resp. das ganze nächste Jahr dort bleiben (Rom oder Florenz).
2. Rolf ist geboren 1. September 1897.
3. Einnahmequellen: Übersetzungen und andere literarische Arbeiten (Einnahmen aus dem Roman).
4. Vom Schulbesuch ist Rolf für das Jahr 1903 auf 1904 zurückgestellt worden. Ich habe jetzt um Genehmigung nachgesucht, ihn selbst zu unterrichten, schon des wechselnden Aufenthalts wegen. Wird das Gesuch nicht genehmigt, so werde ich an meinem jeweiligen Aufenthaltsort für Schule oder Privatunterricht sorgen.
5. Vermögen ist ihm keines zugefallen.

Wollen Sie mir bitte gleich mitteilen, ob Sie wegen Niederlegung der Vormundschaft schon Schritte getan haben? Ich möchte eventuell dieser Tage dann noch selbst mit dem Amtsrichter Rücksprache nehmen.

Ich reise Sonntag oder Montag und werde Ihnen meine Adresse für etwaige Mitteilungen schreiben, sobald ich eine feste habe.

Mit bestem Gruß

F. R.

[München, wenige Tage danach]

L. Kl. — Sie würden mir einen großen Gefallen tun, wenn Sie morgen mit mir zum Amtsgericht gingen, vielleicht vormittag 11 Uhr. Ich war heute dort und es schien mir, daß sich die Sache leicht erledigen läßt. Nur wurde gewünscht, daß wir beide zusammen erscheinen. Warum ich — auch in Ihrem Interesse — es jetzt beeilen möchte, mündlich. Habe angegeben, daß, weil ich ins Ausland gehe, die Vormundschaft selbst übernehmen wollte. Wollen Sie mich also wissen lassen, ob Sie bereit sind, sich morgen um 11 Uhr dort einzufinden, Zimmer 29. Ich werde dann um dieselbe Zeit pünktlich kommen.

Mit bestem Gruß
F. R.

[München, Herbst 1906]

Lieber Klages.

Es tut mir sehr leid, Ihnen so viele Mühe gemacht zu haben — übrigens habe ich mir Briefe von Winkl hierher senden lassen und der Ihre war nicht dabei.

Mein Aufenthalt ist zur Zeit Schloß Winkl in Übersee, in München habe ich *keine* Wohnung mehr, da ich den Winter verreise (Herzogstr. 52 ist nicht meine Wohnung).

Ich weiß nicht, ob zu erwähnen ist, daß mir beim Tode meiner Mutter 8000 M. zugefallen sind, von denen ich jetzt unseren Unterhalt bestreite.

Erziehung und Unterricht: 1903 bis 04 ist Rolf von der Schule zurückgestellt worden. 1903 bis jetzt habe ich ihn selbst mit Genehmigung der Schulbehörde unterrichtet und er hat die Prüfungen für Klasse 1 und 2 bestanden. Auch jetzt wird er weiter von mir unterrichtet. Das war wohl alles. Von morgen ist meine

Adresse wieder Winkl bei Übersee. Ich werde Ihnen von jetzt an jeden Wechsel mitteilen.

Mit bestem Gruß

F. Reventlow

Noch eine persönliche Bitte. Würden Sie mir das Buch mit Gedichten von mir leihweise für kurze Zeit überlassen, ich möchte mir einiges herausschreiben, da ich meine Kopie derselben verloren habe und manches einen Erinnerungswert für mich hat. Ich verpflichte mich, es in 14 Tagen zurückzustellen.

Ascona bei Locarno, 30. 4. [1914]

Lieber Klages, ich habe ein vormundschaftliches Anliegen an Sie – es handelt sich darum, Rolf in der Schweiz zu naturalisieren, was für uns aus verschiedenen Gründen ungemein nützlich wäre. Die anliegende Auskunft, die mir Herr Professor Weber[1] verschafft hat, sagt Ihnen alles Nähere. Würden Sie nun so freundlich sein, das betreffende Gesuch möglichst bald einzureichen? Als Grund denke ich, gibt man an, daß es in unserem wirtschaftlichen Interesse liegt, hier, wo wir uns dauernd niedergelassen haben (seit 3 Jahren), ein Bürgerrecht zu erwerben, insbesondere für Rolf, der hier seinen Beruf erlernen und ausüben wird (Photograph) – vielleicht auch, daß die pekuniäre Lage eine Rückkehr nach Deutschland in absehbarer Zeit nicht gestattet.

Übrigens sah ich Sie vor 14 Tagen in Locarno, wollte Sie aber nicht ansprechen, da Sie in Gesellschaft waren. Professor Weber, der auch hier war, bedauerte sehr, Sie nicht getroffen zu haben – als er in das Café kam, waren Sie schon gegangen – und hat mir herzliche Empfehlungen an Sie aufgetragen – er erwähnte dabei, daß er Ihnen schon lange für ein Buch hätte danken wollen, aber immer noch nicht dazu gekommen sei.

N. B. Sollte man Näheres über die Vermögensverhältnisse wissen wollen – von Rechenbergscher Seite[2] bestehen keine weiteren Chancen für den Rolf. – Es wäre das auch nicht anders gewesen, wenn Rechenberg ihn adoptiert hätte. Der alte Herr ist voriges

---

[1] Max Weber (1864–1920), Sozialökonom und Soziologe, Professor an der Universität München 1903–1920.

[2] Baron Alexander von Rechenberg-Linten, ehemals Kaiserlich russischer Gesandter in Madrid, Schwiegervater von F. R.

Jahr gestorben, hat ihn aber auf das Pflichtteil gesetzt und ihm außerdem eine Rente ausgesetzt, die mit seinem Tode erlischt. — Also einstweilen mit bestem Gruß und Ihren Mitteilungen entgegensehend

Ihre F. Reventlow

Ascona bei Locarno [8. Mai 1914]

Lieber Klages, man schreibt mir eben noch, es sei gut, wenn das betreffende Gesuch gleichzeitig von Ihnen und von Rolf selbst resp. von mir eingegeben würde. Wollen Sie mir sagen, was Sie für besser halten, daß ich es mache oder Rolf? Und wie man es adressiert. Ich habe die diesbezüglichen Stellen aus dem Schreiben des Anwalts nicht mehr im Kopf und bin mir überhaupt etwas unklar, wie man so etwas aufsetzt.

Mit bestem Gruß
Ihre F. Reventlow

Ascona bei Locarno [Mai 1914]

Lieber Klages,

ich habe Ihren Brief wie das Dokument gestern erhalten und sende Ihnen umgehend das Gesuch ein. Vor allem bitte ich aufs dringendste, was möglich ist, zur Beschleunigung der Sache zu tun, da wir bereits jetzt einen ganzen Monat darüber verloren haben. Hätten Sie mir nur mitgeteilt, daß *ich* das Gesuch einzureichen habe, so wäre das längst geschehen. — Sie müssen bedenken, daß erst nach der eventuellen Bewilligung des Vormundschaftsgerichts die Eingabe an die Regierung gemacht werden kann,· was unbedingt vor dem 17. Geburtstag geschehen muß.

Ich erwähnte schon einen weiteren Bescheid von Prof. Weber und möchte die Stelle noch einmal wörtlich zitieren:

»Dr. Rheinstrom[1] schrieb noch, nach gepflogener Rücksprache (mit dem Vorstand des Vormundschaftgerichts) sei er sicher, daß auch V. G. München den Antrag auf Entlassung, falls er *gemeinsam* von Herrn Dr. Klages und Ihrem Sohn oder Ihnen selbst gestellt, genehmigen werde.«

---

[1] Dr. Rheinstrom — Rechtsanwalt in München.

Es scheint also, daß der Vorstand des V. G. die Sache anders beurteilt als der Vormundschaftsrichter, von dem Sie sprachen, wie überhaupt nach dem Gutachten des Rechtsanwalts R. die ganze Sache nicht so ungeheuer schwierig erscheint. Wäre es nicht am besten und auch für Sie weniger zeitraubend, wenn Sie sich mit diesem Anwalt (Rheinstrom) in Verbindung setzten? Wir müssen vor allem auch wissen, wo nachher die Eingabe zu machen ist, in Bayern oder in Preußen. Ich war bis zur Heirat mit Rechenberg in Preußen staatsangehörig, so nehme ich an, daß Rolf es auch ist. Oder sollte er es durch Geburt in Bayern sein? Übrigens hätte ich durchaus nichts dagegen, wenn er sein Militärjahr gemacht hätte, falls es pekuniär möglich wäre. Um aber einjährig zu dienen, müßte er erst noch das betreffende Examen machen, was ebenso wie das Militärjahr selbst einen Haufen Geld kosten würde. Das zweijährige Dienen würde wiederum 2 Jahre Zeit kosten, während er so tatsächlich binnen kurzem selbst verdienen kann und hier viel rascher zu etwas kommen wie in Deutschland. —

Ich hatte die Absicht, nach München zurückzukehren, eben des Einjährigen wegen, wenn nicht die an sich schon ziemlich bescheidene Erbschaft des alten Herrn in den Locarnesischen Bankkrächen wieder untergegangen wäre und wohl nur ein spärlicher Rest auftauchen wird.

Dadurch ist es vollends unmöglich geworden. Die Bemerkung über Rechenberg habe ich hinzugefügt, da man sich eventuell zunächst erkundigen würde resp. geltend machen, daß er mich als Ehemann zu unterhalten hätte. Oder halten Sie es für besser, sie wegzulassen — dann schicken Sie es mir postwendend zurück. Mit bestem Gruß

Ihre F. Reventlow

Ascona bei Locarno, 27. 5. [1914]

Lieber Klages,
der Monat geht nun zu Ende und ich möchte Sie nochmals dringend bitten, das Gesuch baldmöglichst einzureichen, da nur noch 3 Monate bis zu Rolfs *17.* Geburtstag sind. Mit Bezug auf meine letzte Mitteilung, daß man es für angebracht hält, wenn auch ich ein Gesuch einreiche, bitte ich Sie um Nachricht, ob Sie mei-

nen, daß ich es gleichzeitig mit dem Ihren tun soll und mir das
Gutachten des Rechtsanwalts zu diesem Zweck rückzusenden.
Mit bestem Gruß und Ihrer Antwort entgegensehend

Ihre F. Reventlow

Ascona [Juni 1914]

Lieber Klages —
mit bestem Dank für Ihre Karte möchte ich anfragen, ob Sie
vielleicht vor Ihrer Abreise noch Zeit zu einer mündlichen Be-
sprechung hätten, in welchem Fall man sich am besten in Locarno
im Café Scheurer träfe. Wenn nicht, möchte ich Sie noch
dringend bitten, das Gesuch zu beschleunigen, da es wichtig
wäre, die Angelegenheit *möglichst* bald zu erledigen.

Mit bestem Gruß
Ihre F. Reventlow

[München November/Dezember 1914]

Lieber Klages, Ihre Karte nach Ascona erhielt ich erst jetzt
nachgesandt. Wie Sie inzwischen ja schon wissen werden, ist Rolf
jetzt hier und wohnt Römerstr. 37/IV bei Herrn Güttner.
Auch in der Militärangelegenheit muß ich Sie noch einmal bemühen. Das Wehramt verlangt, daß Sie sich dort persönlich
einfinden mitsamt Ihrer Vormundsbestallung, um *mündlich* Ihre
Einwilligung zu geben. Hoffentlich ist es Ihnen möglich, dies
Montag oder Dienstag zu tun. Wehramt, Winzererstr., I. Stock,
Zimmer Nr. 15. Es eilt, da Rolf sonst eventuell nicht mehr bei
der gewünschten Truppe (Funker oder Telegraphen) ankommen
würde. Falls noch etwas zu bereden wäre, rufen Sie mich bitte
an bei Dr. Wahl, Praterstr. 2, Tel. 40405.
Mit bestem Gruß

Ihre F. Reventlow

München [November/Dezember 1914]

Lieber Klages,
da Rolf als Freiwilliger nicht angekommen ist, werden wir demnächst in die Schweiz zurückkehren und ich möchte Sie bitten,
ihm einen Reisepaß, nicht Paßkarte, für diesen Zweck zu besorgen. Außerdem bitte ich Sie, den Paß auf Graf R. ausstellen zu

413

lassen — Sie erinnern sich wohl noch, daß der Vormundschaftsrichter ihn so eingetragen hat mit dem Bemerken, daß er Namen
und Stand der Mutter zu führen habe. Und da der Titel immer
von Nutzen ist, möchte ich das festhalten. Den Paß bitte ich auf
so lange Zeit auszustellen wie möglich, da man vorläufig ja bei
jeder Gelegenheit einen braucht.
Mit bestem Dank für Ihre Mühe

Ihre F. Reventlow
bei Herrn Förster, Tel. 4 20 42, Maria-Theresia-Str. 13

[Ascona, Ende Dezemb. 1914/Anfang Januar 1915]

Lieber Klages —
haben Sie vielen Dank für den Paß und Ihre Mühe und entschuldigen Sie, daß ich das vorige Mal die Empfangsbestätigung
versäumte.
Ihre Auslagen schicke ich in Umtauschcoupons.

Mit bestem Gruß
Ihre F. Reventlow

[Locarno, 22. Mai 1916]

Lieber Klages,
ich wüßte gern, wo Sie jetzt sind. Wenn dies Sie erreicht, geben
Sie mir doch Ihre Adresse.

Viele Grüße
F. R.

Locarno, Via Ticino 8 [Ende Mai 1916]

Lieber Klages,
vielen Dank für Ihr Billett. Wenn Sie noch länger in der Schweiz
bleiben, hoffe ich, Sie doch noch hier zu sehen. —
Gibt es denn von Winterthur aus Existenzmöglichkeiten? Im
allgemeinen kommt es einem wirklich vor, als ob alle guten
angenehmen Zeiten gänzlich untergetaucht wären — Rolf ist nun
auch einberufen und ich »kann« es absolut nicht.
Denke in 4 Wochen noch einmal nach München zu fahren, um
ihn zu sehen, wenn ich die Erlaubnis erhalte. Aber mir graust
ein wenig vor Menschen und Zuständen.
Leben Sie recht wohl.

Ihre F. Reventlow

Locarno, 8, Via Ticino [Anfang Juni 1916]

Lieber Klages,

haben Sie vielen Dank für Ihren lieben Brief, den ich erst heute beantworte, weil ich zugleich wegen meiner Reise schreiben wollte. Sie haben mich ganz neugierig gemacht auf Ihren dortigen Aufenthaltsort, in dem sich so wilde Filme abspielen — die bis zum Irrsinn der Beteiligten führen. Nicht etwa deshalb, sondern überhaupt möchte ich Sie sehr gerne doch auf einen Tag besuchen, wenn ich von München zurückkomme. Rolf hat Pfingsten Urlaub, und so denke ich am 8. hinzufahren — ich habe als gefährliche Russin nur 16 Tage Erlaubnis, muß also am 24. zurück sein. Sie könnten mir vielleicht schon jetzt sagen, ob es Ihnen passen wird.

Wird das nicht sehr merkwürdig sein, nach so vielen Jahren sich einmal wieder auf dem Lande zu treffen.

Augenscheinlich mußte der liebe Gott dazu erst einen Weltkrieg inszenieren. Ja und einstweilen viele herzliche Grüße.

Ihre F. Reventlow

[Locarno, 7. 6. 1916]

L. Kl.

Dank für Ihren Brief. Eventuell werde ich früher von München zurückkommen und Ihnen dann von dort aus Nachricht geben. Selbstverständlich in M. nichts von Ihrer Existenz erwähnen. Viele Grüße und hoffentlich auf Wiedersehen.

Ihre F. Reventlow

Münchner Adresse: Verlag Albert Langen, Hubertusstr. 27

[München, Juni 1916]

Lieber Klages,

Mittwoch, 22., oder Donnerstag, 23., denke ich abzufahren. Von hier aus eine bestimmte Nachricht zu melden, hat keinen Zweck, da es an der Grenze leicht Verzögerungen gibt; so telegraphiere ich von Lindau. Geben Sie Nachricht nach Zürich, Hotel Simplon. Falls es Ihnen nicht paßt, hierher bei Frau Drobner, Siegfriedstr. 18.

Herzlichen Gruß

Ihre F. Reventlow

Lieber Klages,
jetzt bin ich schon wieder ganz in meinem sehr stillen Locarno untergesunken und so ausgeschlafen, wie ich es in Zürich gern gewesen wäre. Ich denke oft an Ihren Park mit heimatlicher Abendstimmung — es wäre recht schön gewesen, noch etwas zu bleiben. — Aber ich hoffe, man sieht sich in nicht allzu ferner Zeit wieder.

Sehr arg sind jetzt die Bubigedanken — nach Hause kommen und ihn nicht mehr finden.

Leben Sie recht wohl und viele herzliche Grüße.

Ihre F. Reventlow

An Karl Wolfskehl

1903—1904

Februar 1903 München,

Du[1], ich bin aufgewacht in einem goldnen Frühlingsmorgen, die
Fenster weit auf und lange dagelegen mit Deinen zwei Briefen,
all Deinen geliebten Worten, die über mich herströmen wie ein
breiter, gewaltiger Strom von allem Tiefsten und Schönsten und
wunderbar Süßen. Gestern sah ich einen Baum schon mit grünen
Knospen nach dem langen Winter und trotz dem langen Winter
— das ging mir durchs Herz, daß mir beinah Tränen in die
Augen kamen und ich Deinen Namen hätte rufen mögen, um
Dir zu sagen »so ist es mit mir, es wächst und glüht und treibt
in mir, es ist ein Taumel von Frühling um mich und in mir eine
Fülle von Leben, von lauter und stiller Freude, die alles weckt,
was lange und todähnlich schlief«. Du, Carlo, mir ist, als ob wir
beide das allererste Erwachen miteinander erlebten, den frühe-
sten Frühling, der so leise und zaghaft ist und auch so schwül
und reif und golden wie glühender Sommertag, so voll und
sehnsuchtsvoll.

Ich habe nie so gelebt, in solchem Reichtum, jeder Tag ist gewesen wie schweres Gold, seit Du kamst. Erst wußte ich's kaum
und war halb im Traum, jetzt sind meine Augen offen und
trinken am Licht. Du, Du mir ist noch nie so geschehen — ich
sehe Dich immer, wenn Du nicht da bist und höre Deine Stimme,
die Ellen sagt. Ich sehne mich, Dich zu sehen und zu fühlen, aber
ich bin nicht traurig und unruhig, wenn Du ferne bist, weil Du
immer um mich bist und die Sehnsucht so unendlich süß. —

Heute bin ich zum erstenmal wieder ganz wach, die letzten acht
Tage waren so, daß man Tag und Nacht nicht unterschied, nicht
wahr? Bald waren wir zusammen im Festjubel zwischen den
Tausenden andern oder Seite an Seite im Tageslicht und immer
unser, immer, immer. Ja, Du, ich wußte auch, daß das eine
Schicksalsstunde war vorgestern nacht, als Du das zu mir sagtest — unser Schicksal ist über uns mit seinen unergründlichen

---

[1] Dr. Karl Wolfskehl (1869—1948), Schriftsteller und Dichter. Er gehörte zum Kreis um Stefan George und bildete mit Schuler und Klages
um 1900 den »Münchner Kosmikerkreis«. Werke u. a. »Ulais«, »Ge-
sammelte Dichtungen«, »Saul« (lyrisches Drama), »Mysterien«, »An
die Deutschen«, »Sang aus dem Exil«.

Augen und wir wollen vor ihm knien und es anbeten. Du und ich! —

Lebe wohl, Du Geliebtester Du, hast Du wohl heute meinen Gutenmorgen bekommen? ich habe mich drum gebangt, als ob es nicht sein dürfte, daß er einen Augenblick zu spät käme. Aber mein treuer Bote, der Such — war gestern, ohne daß ich es wußte, hier am Sofa eingeschlafen und lag noch bewußtlos da, als ich früh ins Zimmer kam. So wollte ich ihn Dir jetzt selbst in den Kasten werfen — ach Du, ich möchte, daß keine Menschenseele um unser Geheimnis wüßte, oder es nur ahnte, aber ich dachte nur daran, daß Du beim Erwachen von mir geküßt sein wolltest. Und diese Menschenseele ist so sehr mein stummer Freund, daß nie ein Wort oder ein Blick unser Heimlichstes anrühren würde, selbst wenn er etwas ahnte. — Nun habe ich so lange geschrieben, daß Du dies wohl erst nachmittag bekommst, aber dazwischen gehen so viele Gedanken hin und her von Dir zu mir. Und morgen bist Du bei mir. — Es ist so, weil ich heute nicht gewußt hätte, den Bubi unterzubringen, und nun noch ein anderer Tag uns heilig wird.

[Ende Februar 1903]

— An solchen Nachfesttagen bin ich immer in einer so wundervollen Stimmung — leicht umschleiert und mit vielen Träumen — habe den ganzen Tag zwischen Wachen und Schlafen am Diwan gelegen — unserem Diwan. Und war so glücklich — es scheint mir alles so reich und hell. Muß es nicht doch etwas Vorherbestimmtes sein, etwas »Notwendiges«, daß Du gerade jetzt gekommen bist zu mir — an einer Lebenswende nach langem Hin- und Herzittern. Denn hätten wir uns wohl so gefunden, wenn Du nur um ein weniges früher gekommen wärst? Wo ich noch Lasten schleppte, die zu schwer für mich waren und mich so ganz anders machten, wie ich eigentlich bin. Jetzt bin ich so gesund und ungequält — Schau, das empfinde ich jeden Tag mit neuem Glück und wie eine neue Jugend — wie war es gestern abend schön, daß Du hier warst — die raschen gestohlenen Augenblicke — und nachher sah ich immer die weißen Blumen von Dir und denke daran, daß Du mir Dein Buch gebracht hast. Und in der Kirmesnacht habe ich viel an Dich gedacht — Du brauchst gewiß nie eifersüchtig zu sein, ist der Becher, aus dem wir trinken, nicht tief und voll genug?

Ach Du, das Leben ist so unendlich reich. — Jetzt ist es Abend und ich werde sehr müde schlafen, wie in einen tiefen Brunnen hinuntersinken.

München, 2. März 1903

Liebster, Du sehr Liebster!

Dank Dir für Deine Nachmittagszeilen und für alles von heute morgen — die Worte und daß Du kamst. Ich bin immer von Dir umgeben und dank es Dir viel tiefer, wie Du ahnst. Als ob ich einen Zauberstab hätte, mit dem ich mir jeden Augenblick glücklich wünschen kann, ich brauche nur daran zu denken, daß Du bist. Du — ich weiß, daß ich noch nie so gefühlt habe: wir gehören zusammen, wo wir auch sind. Wie war es schön, daß Du heute kamst, ich bin so mit Freude aufgestanden, weil ich es wußte — und muß lächeln, wenn ich an Deine »Schelte« denke. — Liebster Du, wenn Du aber jemals im Ernst böse auf mich wärest, das könnte ich nicht ertragen — nicht Dir weh zu tun mit der kleinsten Kleinigkeit. Du brauchst es mir nur zu sagen, ich will gern jeden Knaben aus meinem Kreise verbannen, wenn Du willst. Wirklich, ich habe im Ernst darüber nachgedacht, denn sieh, ich möchte nicht, daß Du nur einen Augenblick durch mich verstimmt sein könntest, glaub mir, ich habe nicht diese Art von Launen, die das gern haben. —

Heute hätte ich so gerne lange mit Dir reden mögen, aber wieder sitzt mein Zimmer voll liebender Kinder, diesmal Putti und die »große Krabbe« — jetzt wird aber nächstens gewaltig ausgefegt, daß ich meinen Tag und meinen Abend wieder ganz für mich habe. — Aber morgen sehen wir uns, Du bist doch auf mich nicht böse? Aber Du sollst mich auch viel ansehen und lieb ansehen, Du, Carlo — Du, ich sag mir oft Deinen Namen, wenn ich allein bin. Hab mich lieb, Du, so unendlich lieb — denkst Du an unseren Abend — nur einer ist noch dazwischen, und die Zeit, bis Du kommst, möcht ich nur verschlafen —

München, 5. März 1903

— Weißt Du, was Du noch angerichtet hast mit dem unseligen Schlüssel? Es mußte gerade gestern der unselige Herbert[1] zum Abendessen kommen, und der Such, der den 2. Schlüssel hat, ausbleiben, und ich ihm auf meinem Sofa ein Nachtlager bereiten. Mit der schriftlich hinterlassenen Versicherung, ausgezeichnet geschlafen zu haben, ist er diskret in aller Frühe verschwunden. Und — sei nicht böse — ich mußte eigentlich furchtbar darüber lachen, wollte es Dir aber heut morgen in Bubis Gegenwart nicht erzählen —

München, 7. März 1903

Wie ist Dir der heutige Tag vergangen? Ich möchte wissen, ob alle Falten von Deiner Stirn fortgeweht sind? Ach Du, ich wollte Dich immer froh wissen und nie wenigstens in Zweifeln. Aber ich dank es Dir so, daß Du gleich zu mir kommst — dann müssen die »Dämonen« fortgehen, das weiß ich, sieh Du Lieber, Du darfst doch meiner so sehr sicher sein. Du dürftest Dir selbst die ungeheuerlichsten Sachen ausmalen, die geschehen könnten, und doch wissen, daß Du mich hast. Gerade wie ich mit Dir. Ich denke eigentlich nie darüber nach, was kommen und geschehen oder daß irgend etwas »zwischen uns treten könnte« — ich fühle nur und weiß es, daß unsere Liebe ist und daß wir ineinander leben, was wir auch leben. Und Du bist der allererste Mensch, der das kann, denn das weiß ich auch selbst, wenn solche Momente kommen. — Morgen seh ich Dich, ach Du, ich habe ja oft solche Sehnsucht, daß wir auch im äußeren Leben mehr miteinander sein könnten, ungehemmter, denn es ist immer wie tausend Ringe um uns her, zwischen denen sich einmal unsere Hände und Lippen finden dürften —

München, Ende März 1903

All diese Tage sind mir so viele Gedanken durch den Kopf gegangen, daß ich bei nichts dabei war. Ja, Du, es sind Gespenster, die zwischen uns rücken wollen, ich wollte, ich könnte sie fassen und erwürgen. Aber dabei zittert eine solche Angst in

---

[1] Prof. Herbert Koch vom Deutschen Archäologischen Institut in Rom.

mir, daß Du nicht Herr über sie wirst, eine entsetzliche Angst seit neulich nachmittag — deshalb wollt ich auch allein sein. Aber ich bin nicht damit fertig geworden. — Schau, ich weine sonst fast nie und diese Tage konnte ich es kaum ertragen, daß mich jemand anredete, ohne daß Tränen mir in die Augen kamen. Ich habe so Sehnsucht nach Dir, so wehmütig brennende Sehnsucht, aber dann fürcht ich mich wieder. Darum sag ich Dir noch einmal, komm nur, wenn Du willst und magst nur eine Weile bei mir sein und mir ein gutes Wort sagen und meine Hand halten. Ich möchte Dich so gern wieder ruhig und froh machen — aber wie kann ich es? — Das sollst Du mir sagen. Willst Du?

München, 25. April 1903

Liebster — einen einzigen Tag habe ich nicht geschrieben, weil mir wirklich sehr schlecht war, sonst jeden. — Du mußt also inzwischen wieder meinen Brief bekommen haben. Ich habe auch deshalb nicht zurücktelegraphiert. Schau, sei doch nicht so ein Baby, um was beunruhigst Du Dich denn? — Daß ich Dich am Mittwoch nicht so lieb hätte wie am Dienstag? —

Nun hast Du aber nichts geschrieben, ob Du noch in Neapel bleibst, drum schreib ich weiter dorthin — Du wirst es Dir wohl auch sonst nachschicken lassen. Die Pensionsadresse konnte ich nicht genau lesen und bin deshalb bei postlagernd geblieben, Du wirst ja auch dort nachschauen. Habe Dank für die Karte, Du Lieber. Es ist so lieb, jeden Morgen etwas von Dir zu bekommen, und ich finde es selbst bös von mir, daß ich einen Tag versäumte, aber ich konnte wirklich nicht. — Überhaupt ist mir immer nicht recht gut, und ich habe dabei soviel zu tun, daß ich abends wie eine tote Fliege ins Bett falle. — Wenn ich einmal ein bissel Ruhe für Gedanken hab, bin ich immer mit Dir im Süden — vorgestern war ich bei euch, Bubi und Nazel[1] krochen am Boden herum, und die Nazel sah Dir so gleich, daß ich ganz viel Sehnsucht bekam. — Gestern in der Abendstunde kam Klages. Mir ist doch so eine Ahnung, als ob wir uns wieder näher kämen. Doch es müßten wohl viele allmählich entstandene Härten und Bitterkeiten erst wegschmelzen. Aber mir wäre es das Er-

---

[1] Nazel — Wolfskehls Tochter.

füllen einer sehr schmerzlichen Sehnsucht, wenn ich ihn wiederhätte. Er ist das einzige, was mir noch fehlt, um an Wärme, Liebe, Liebesgehalt und allem, was man innerlich braucht, ganz ausgefüllt und unendlich reich zu sein. Und Du brauchst mir nicht böse zu sein, daß da noch dies eine fehlt, zu Klages steht doch wohl jeder, der ihn gekannt hat, so, daß eine Leere ist, wenn er fehlt. Gerade weil ich Dich habe und wir uns haben, möchte ich auch alles andere besitzen. Mein Leben hat noch nie so vollen Glanz gehabt, das weißt Du —

München, Anfang Mai 1903

Es ist so schön, Dich im sonnigen Süden zu wissen, ich sehe Dich in Gedanken herumgehn, um Dich schaun und entzückt sein — umsomehr, wenn ich dran denke, daß mir zum Schluß noch das Schöne aufgehoben bleibt. Du, wenn es nur wird — und wenn wir dann nacheinander die H.s, C.s, Schm. und die Sp. treffen — die alle in Italien sind — Überleg's Dir noch, denn wenn ich mit Dir bin, darfst Du einmal gar keine Ängste und Nervositäten haben — hörst Du?

Und komme mir nicht als »Homo« wieder — erstmal hab ich sehr wenig Sympathie dafür (was gewiß sehr wenig enorm ist) und dann kann ich beim besten Willen kein Bub mehr werden. — Sonst freue ich mich nur, wenn Du irgend etwas Hübsches erlebst.

— Ich sitze über einer Diskussion für Panizza, die ich dieser Tage fertig machen möchte, aber bei so was kommt's mir immer vor, als ob ich die Gedanken nur in Händen, Füßen etc. hätte statt im Kopf, und ich möcht jemand anders, der für mich dächte. Solche Sachen könnte ich gewiß sehr schön mit Dir machen. —

Dann denke ich Samosreisebilder zu machen, dabei hilfst Du mir vielleicht, wenn Du wieder da bist. Ach du lieber Gott, das Schreiben freut mich absolut nicht, aber bei den schlechten Zeiten muß man wohl —

München, 26. Mai 1903

Es ist ein ganz sonderbares Gefühl, wieder hier zu sein und wirklich dort gewesen zu sein, bei Dir im Süden. Wie viel hab ich hier am Schreibtisch vorher daran gedacht, geschwankt —

nein gesagt, und schließlich doch ja gesagt, und nun kommt es mir wirklich wie ein Traum vor, ein ganz rascher, aber nicht »flüchtiger« Traum. Und ich fühle mich so reich dadurch, daß er wirklich war. Aber ich kann mich noch gar nicht recht in die Münchner Wirklichkeit zurückfinden. — Fand hier in meinem Briefkasten noch einen Ravello-Brief von Dir vor — das kam mir ganz sonderbar vor. Nun kann ich Dir vorläufig nur schreiben, aber nichts schicken, muß es wohl liegen lassen, bis Du kommst. Du sagtest mir, nach Mittwoch nichts mehr abzuschikken. Ich möchte einmal dasitzen und in Ruhe zurückdenken, nachdenken über vieles. Wir waren doch zum erstenmal ganz allein zusammen, tagelang, und wie lang schienen uns die Tage, nicht wahr? Bei aller Kürze nichts Eiliges, Gehastetes darin. Ich seh euren Albergo wieder um mich, die Terrasse und das Meer — den langen Spaziergang mit den vielen Blumen und die Fahrt, die so voll eigener Stimmung war in dem südlichen Sommerabend, und wie wir so vieles sprachen. Hast Du auch gemerkt, wie sehr uns das früher hier in München gefehlt hat, die Zeit, in Ruhe ineinander hineinzuschauen?

Samstag

Hier fehlt sie gleich wieder, die Ruhe — und ich will so ungern mir die Bilder, die immer noch vor meiner Seele sind, verscheuchen. Zum Glück ist wenigstens Sonnenwetter, flimmernde Sommerwärme. Das ist wie ein Geschenk der Erinnerung, das sie lebendig erhält. Habe Dank für Deine beiden Briefe, ich glaub, es war der längste, den ich je von Dir bekommen und so unendlich vieles darin, ich habe ihn oft gelesen — Du, ich habe förmliches Heimweh gehabt nach den Tagen in Ravello, nach der Reise, nach allem. Und wieder zurückgerechnet, dann war das, und dann war das. Und das war alles so schön, selbst die Rückfahrt mit alledem im Gefühl, was es uns gebracht hatte, und der letzte »Rückblick« in Venedig, wo man sich noch einmal so ganz verzaubert vom Süden vorkam wie in einem Märchen. Und dann das Heimkommen zum Bubi, der den ganzen Tag so seltsam bewegt war, nicht in lauter Freude, aber ein stilles Anklammern an mich und jeden Augenblick in Tränen. Wir waren diese Tage so ganz stillglücklich zusammen.

Sonst ist es mir ein bissel schlecht gegangen. Die Mund- und

Halsgeschichte wieder recht arg, ich hoffe aber, daß es nur ein kleiner Rückfall, der bald wieder vorbei, nur bin ich momentan ganz elend davon und ruhe mich einmal aus und schlafe die durchreisten Nächte aus.

Du, denke Dir nur, was Du ja hier auch hören wirst, daß Rodi und Herbert den Tag nach mir aus Verona zurückkamen nach achttägiger Radtour, — und das Tollste, daß H. im selben Zug wie ich fortgefahren, ohne mich zu sehen. Es fuhr mir ordentlich durch — der Gedanke, wenn wir uns um diese Zeit in Oberitalien getroffen hätten! — Es ist doch überhaupt recht gut, daß ich auch noch in Venedig war und gegebenenfalls davon erzählen kann. Bisher ist noch niemand auf den Gedanken gekommen, ich könnte anderswo als in Berlin gewesen sein.

Sonntag

Wieder solch lieben Brief von Dir — nur konnte ich den einen nur halb lesen — also jetzt bist Du schon unterwegs — Du, es kommt mir ganz sonderbar vor, Dich hier wiederzusehen. Gerade jetzt vor acht Tagen fuhren wir durch den Abend nach Vietri, ich weiß noch so jeden Moment — wie wir zuletzt am dunklen Bahnhof standen. Und nun so ein Münchner Sonntagabend — mit den Wiesen und Kindern vorm Fenster, ich weiß nicht, welches mir unwahrscheinlicher vorkommt, das Damals oder Jetzt.

[München, Frühsommer 1903]

Gestern schon hättest Du einen Brief haben sollen, aber da kamen die Landshoffs[1] mit Hessel[2] und der Nachmittag war hin. — Hab nur soviel Dank, so vielen für Deine lieben Briefe, die mir eine große Freude waren.

Wenigstens wird, wenn ich da draußen sitze, die Hetzerei ein wenig aufhören, alles sich in Ordnung und Ruhe schieben. Und das ist auch nicht übel — hier hat man immer um irgend etwas zu laufen. Kurz, ich versuche mir die guten Seiten möglichst glänzend vorzustellen. Man erträgt es doch schrecklich schlecht, jetzt nicht ganz sein eigener Herr zu sein.

---

[1] Der Kapellmeister Ludwig Landshoff und seine Frau, die Sängerin Philippine L. — Lutz und Fädchen.

[2] Der Schriftsteller Franz Hessel — Franzl.

Übrigens mußt Du Dich trösten — die Strindberg[1] ist doch nicht gekommen, bis jetzt wenigstens ist nichts verlautet, ich hätte sie auch furchtbar gern wiedergesehen. Du, Liebster — schreib aber bitte keine Aufsätze, Du sollst Dich nicht plagen, und vielleicht werd ich bald mit dem Roman reich, er wird jetzt nächstens zu drucken angefangen.

München [Juni 1903]

Liebster Du, hab tausend Dank für Deinen lieben Brief, der mir froh und lieb klingt, trotzdem Du Dich langweilst. Ich suche mir Dich in Deinem Darmstadt vorzustellen, komm aber zu keinem rechten Bild, weil mir die Szenerie fehlt. Nicht wahr, Du freust Dich mit mir, das seh ich, daß die Maul- und Klauenseuche endlich schwindet, das neue Mittel scheint doch Wunder zu wirken. Denn auch der Hals ist plötzlich ganz heil. Nur ergreift mich jetzt wie gewöhnlich bei Genesung eine unglaubliche Mattigkeit und Schlafsucht, der ich denn auch in weitestem Maße fröhne, das heißt, heute bin ich schon um $1/2$ 6 aufgestanden und mit dem Hessel-Franz nach Solln gefahren, um Wohnung zu suchen, dabei merke ich erst, wie ganz ich mir in all den Wochen das Spaziergehen abgewöhnt habe, mir ist heute nach einem gewaltigen Mittagsschlaf viel frischer.

... Denke einmal, die Frau Strindberg ist hier und hat mich auf morgen zu sich bestellt, gesehen hab ich sie noch nicht, freu mich aber furchtbar darauf. Zu schade, daß Du gerad fort bist und ich sie Dir nicht vorführen kann — Die zweite Neuigkeit — daß wir die Subskription wahrscheinlich doch unterlassen, Marchlewski[2] will es auch so übernehmen und dann sofort mit dem Druck beginnen.

Übrigens ist das ganz sonderbar, wenn ihr nicht in München seid und euer Haus verschlossen. Ach Du, ich habe Dich sehr lieb — Deine Blumen stehen immer noch da, und ich kann jetzt endlich die römischen Bonbons essen.

Bekomm ich nicht auch Dein Buch — Du glaubst gewiß, ich

[1] Frida Strindberg, die geschiedene Frau des Dichters August Strindberg.

[2] Dr. Julian Marchlewski-Karski, poln. Sozialist aus dem Kreis um Karl Radek und Rosa Luxemburg.

lese es dann gar nicht, ich habe in »Ulais« oft gelesen. Gestern
war ich etwas eifersüchtig, als ich es bei Klages stehen sah.

Du, ich schreibe recht dumm heut, aber ich bin wahrhaftig schon
wieder müde, und die Sehnsucht nach dem Bett mischt sich in
meine Gedanken. Sei froh, daß Du dies jetzige Stadium an mir
nicht miterlebst —

Solln [Juli 1903]

Bei gutem Wetter mache ich morgen mit Such die Tour, von ...
Schliersee über Wendelstein nach Brannenburg und zurück. Wir
wollen den Bergstieg bei Nacht machen, zum Sonnenaufgang
droben sein und ich freue mich sehr darauf, mich einmal auszu-
laufen, mir ist der Kopf ein wenig wüst von Menschen und
Schreiberein. Gestern war ich in M., auch bei Wedekind wegen
weiterer Subsen[1]. Er war sehr entzückend, Du, ich »schwärme«
doch mächtig für ihn und freue mich, daß Du es auch tust. Gestern war ich wieder ganz hin — er lieh mir seinen Regenschirm,
den ich eigentlich mit einer Rose zurückschicken wollte, hab's
aber doch nicht getan aus Angst vor Hildegard. —

Du, vielen Dank für Deine Subsen — sehr viele sind noch nicht
gekommen — hab nur so entsetzlich viel Briefe deswegen zu
schreiben, immer wieder neue, der Kaffeetisch im Hofgarten ist
sehr aktiv dafür —

Inzwischen hab ich nun auch Schritte getan, um den Bubi von der
Schule loszueisen, vorerst auf 1 Jahr zurückzustellen auf ein
Attest. Es wird wahrscheinlich gehen, ich auch später Erlaubnis
bekommen, ihn selbst zu unterrichten. Ebenso der Austritt aus
der protestantischen Kirche. Ich wäre so froh, wenn es alles
gelänge. —

Solln, 27. Juli 1903

Du hast zuletzt wieder einen ziemlich flüchtigen Brief von mir
gekriegt — ich weiß nicht, dieser Sommer ist mir so verfahren,
seit ich hier bin. Immer wirbeln eine Menge Dinge um einen
herum, und es gibt keine Ruhe. — Es reut mich doch manchmal
hierher gegangen zu sein, statt in der Dietlindenstraße zu
sitzen und meine Ruh zu haben. Samstag war ich dort in meiner Wohnung, die etwas verödet ist und gewöhnlich mit ge-

---

[1] Subsen — Subskriptionsliste für den Roman »Ellen Olestjerne«.

schlossenen Jalousien ruht. Aber mir war da so wohl wie lange
nicht, und ich habe so viel Heimweh gekriegt. Am Abend kamen
die Schweden, Such und Herbert, und wir saßen bis 2 Uhr zusammen. Dann bin ich gestern ganz wehmütig wieder hierher.
Wenn ich nur wirklich bis 1. September fortkann. — Du, im
August werden wir uns noch recht oft sehen, ich werde oft hin-
einfahren und zu euch kommen. Und dann nach dem Schloß am
Chiemsee, wo der Such haust — darüber mußt Du ja nicht traurig sein und Dich mit mir freuen! Denn es wird doch sehr schön
werden. Der »polnische Graf«[1], dem das Gut gehört, ist nicht
dort, will aber später eine Art Malerkolonie dort einrichten, mit
Ateliers etc. Im späten Herbst kommt er vielleicht auch hin —
ich werde dem Such angeblich bei Ausmalung und Einrichtung
des Schlosses helfen, und es möchte sich vielleicht etwas Günstiges
für die Zukunft daraus machen. Zudem werde ich dort wie
ganz allein leben können, und danach lechze ich geradezu nach
dem hiesigen Aufenthalt . . .
Du, und für den Winter haben sich mir auch »Aussichten er-
öffnet«, und es wird vielleicht doch werden, daß ich malen kann.
Darüber will ich Dir aber erst mündlich erzählen. Seit der
Richterschen Geschichte bin ich mit allen Erwartungen etwas
zaghafter geworden, aber die Grundlagen hier sind sicherer,
wenn auch weniger glänzend, und kein Vermittler dazwischen
— wenn ich nur daran denke, kommt mir soviel Zukunfts-
freude und Befreiung — weißt Du, ich muß meinem Leben
noch die Krone aufsetzen, was vielleicht pathetisch klingt und
wozu Klages die innere Notwendigkeit wahrscheinlich nicht
mehr anerkennen wird.
Noch vor einem Jahr wäre mir ohne seine Anerkennung und
sein Mitteln alles nur halb vorgekommen — jetzt nicht mehr.
Er ist für mich doch wie gestorben — ich meine von mir aus —
seine Göttlichkeit kommt mir überlebt vor, ich kann sie nicht
mehr empfinden, und das hat er selbst mir genommen. — Aber
rühren wir lieber nicht mehr an. Ich hoffe selbst, daß Du es nicht
auch einmal empfindest.
Erfreulicher ist es, daß bis jetzt 95 Subsen papierlich festge-

---

[1] Franz Xaver Graf von Orlowski, Pole, Eigentümer des Gutes Winkl
bei Übersee, Chiemgau, Ritter des bayerischen Ordens vom Hl. Georg.

nagelt sind und noch manche ausstehen, die volle Listen verhei-
ßen — so soll die Brockdorffsche 16 haben, Dr. Rosenthal 8,
das Wimerchen hat noch mehr Listen verlangt. — Es scheint also
doch Aussicht, daß wir die 200 zusammenbekommen. Du, und
ich habe es bis heute verbummelt, Dir noch zwei zu schicken, wie
Du es wünschtest. — Hab Dir auch noch nicht für die Bubi-
Schweinchenkarte gedankt, die ihn sehr beglückte.

Heute abend will Schmitz[1] herauskommen, und ich werde mit
ihm irgendwo Abendessen gehen, da es hier zu ungemütlich ist.
S. will demnächst wieder verreisen, wie überhaupt München sehr
leer von Bekannten ist — am Samstag traf ich Rodi bei seinem
letzten Mittagessen in München, ganz melancholisch — man hat
ihn doch immer sehr gern, ich hatte so das Gefühl, ihn den letzten Monat schlecht behandelt zu haben und verzog ihn noch ein
bißchen. — Die junge Schmitzin habe ich nicht kennengelernt,
nur die älteren, die ich ganz nett und schmitzisch fand.

Du, wie ist's denn mit euren Landplänen, oder wollt ihr nun
doch in M. bleiben? Die Brannenburger Gegend könnte ich euch
sehr empfehlen. Als ich neulich dort war, hätte es mich sehr ver-
locken können, sich dort niederzulassen, es gibt wirkliche
Bauernhäuser, wo neben den Schlafzimmern Heuboden ist, und
wo man Buttermilch zu trinken bekommt. — Übrigens im Dorf
ein gutes Wirtshaus — ist auch billig. Der Jockisch baut sich dort
ein eigenes Haus, ich könnte ihn leicht um Erkundigung nach
Wohnung etc. bitten.

Solln, 10. August 1903

Ich bin überhaupt jetzt, wo die Zeit kürzer wird, nicht mehr
so ungeduldig und hab mich mit der Sollnerei mehr ausgesöhnt.
Es war alles in allem doch sehr nett, und vor allem Bubi hat
Gutes davon gehabt. Überhaupt wird man zum Schluß und
nachträglich immer milder gestimmt. Übrigens glaube ich auch,
daß das neuliche Kranksein schon längere Zeit »in mir gesteckt
hat«, denn ich war immer ziemlich matt und schlechter Laune,
während mir jetzt sehr leicht und wohler zumute ist. Allerdings erst seit vorgestern. Ich dachte ein paar Tage, ernstlich

---

[1] Der Schriftsteller Oskar A. H. Schmitz (1873—1931).

krank zu werden, und das war mir ein greuliches Gefühl — so, als ob man schlimme Gespenster früherer Zeiten wiedersähe.

Der Such kam vorigen Sonntag in Lederhosen und mit einem mächtigen Rucksack, um mich zur Gebirgswanderung abzuholen, denke Dir, wie schmerzlich, da nicht mitzukönnen, sondern sich auf das Sofa zu legen und Betrachtungen über die menschliche Hinfälligkeit zu machen. Hoffentlich können wir nun nächster Tage die Tour noch machen, da es keine anstrengende ist. Das Wetter war dieser Tage so wundervoll, die Sonne glüht nur so, ich liege viele Stunden mit Bubi im Wald an einem sonnigen Abhang und dehne mich vor lauter Faulheit. Das ist doch das eigentlichste Leben, wenn man so ganz in sich hineinsinkt und das, was um einen her ist, und alles Reden und Tun einem wie ein lästiger Krampf vorkommt. Es ist ein Teil meines Lebens, zu dem ich selten komme. Wenn ich dann etwas denke, so denke ich an alles, was ich möchte und was Schönes geschehen könnte.

Montag

Gestern nachmittag war ich mit Bubi zu Fuß nach Höllriegelskreuth gegangen, um Böhlaus[1] zu besuchen, traf sie nicht, aber es war ein wundervoller Weg in der glühenden Hitze mit dem Bubi an der Hand und einem echten Sonntagnachmittags-Gewitter auf dem Heimweg. Heut früh nach München, um etwas zu besorgen — es ist immer ein sonderbares Gefühl, in mein Dietlindenheim zu kommen, in die schwülen eingeschlossenen Zimmer, die einem ganz tot vorkommen, bis man die Läden heraufgezogen hat. Und dann bekomm ich jedesmal ein elendes Heimweh nach meiner eigenen Atmosphäre. Es ist mir doch recht lieb, in einer Woche hier fort zu sein, und ich freue mich so sehr auf den Chiemsee. — Was Du wohl zu meinem Winterplan sagen wirst — ich hoffe, er wird Dir lieb sein, wenn auch vielleicht nicht auf den ersten Moment. Denn mir ging es ebenso, ich habe mich erst recht lange besonnen — aber der Gedanke, daß ich dann malen kann, überwiegt alles. Da ich jetzt aber schlüssig bin, möcht ich's Dir schon jetzt erzählen — wir drei wollen zusammenziehen, Such, Hessel und ich, mit möglichst separierten Räumen, eventuell sogar verschiedenen Wohnungen im selben

---

[1] Die Schriftstellerin Helene Böhlau und ihre Familie.

Haus, aber gemeinsame Küche, der Such und ich abwechselnd vorstehen werden etc. — Mit dem, was Hessel besitzt und Such verdient, kommen wir so heraus, daß ich ganz umsonst lebe und nichts zu tun brauche, wie dem Haushalt etwas auf die Finger zu sehen. Wenn Du ganz ermessen kannst, was das für mich ist, das nicht müssen — so etwa, als wenn man die Waffen weglegt und die Rüstung in den Schrank hängt — und Du kannst es sicher, dann mußt Du auch begreifen, daß ich nach langem Schwanken Ja gesagt habe und mich jetzt wirklich darauf freue. Ich bin sicher, mit diesen beiden meine Alleinheit wahren zu können, wie ich's brauche, und mich dabei recht gründlich verwöhnen zu lassen, überhaupt es sehr schön zu haben. Und sonst hätte mich diesen Winter wieder das alte Gfrett mit Arbeit und Geld erwartet und wär wieder ein Jahr verlorengegangen etc. Sieh, einmal mit dem Malen etwas wieder anzufangen, was von jeher als schönster Traum des Lebens im Apfelbaum hing, dazu muß man noch jung sein — jetzt fühl ich mich noch jung, habe noch Zukunftsgefühl — aber dabei auch das: bald muß es sein. —

Schreib mir, was Du zu dem Plan sagst, — ich meine innerlich sagst — Ich glaub's wohl, daß Du von aller Unruhe müd sein mußt, dachte nur immer, viele Menschen und solches könnte Dir nichts anhaben — mich würde es zermalmen. Andererseits aber, Du gehörst mir in Gedanken so sehr in Dein Münchener Haus, wo doch neben den vielen Menschen sehr viel Ruhe ist.

Morgen fahr ich nach Starnberg zur Brockdorff, werde dann auch erfahren, wieviel Subsen sie hat. 140 sind in meiner Hand, Bierbaum[1] hat eine Notiz in der Zeit darüber gebracht — daß eure und mein Name garantierten, daß das Buch literarischen Wert hätte . . .

Solln, 26. August 1903

Sei nicht böse über die lange Nachrichtlosigkeit und hab Dank für Deine heutigen Worte, inzwischen hast Du nun auch mein Gestriges bekommen — ich hatte bis Samstag wie verrückt gearbeitet, war dann etwas kopflahm und in der Stadt, um bei Marchlewski abzuliefern. Romankonferenz mit M. und die

---

[1] Der Schriftsteller Otto Julius Bierbaum (1865—1910).

Dir so lieben Sollner Besorgungen. Heute in aller Früh war ich auch schon wieder zur Stadt, um Bubis Freunde, Franz und Grethe, zu holen, die heute hier zusammen Bubis Geburtstag vorfeiern. Eigentlich ist es das Gepräge dieses ganzen Sommers und kommt davon, wenn man nicht allein ist. Du kannst Dir nicht denken, wie ich mich danach sehne, einmal gar nicht nach außen zu leben. Aber das wird ja nun bald. — Ja, was jetzt überhaupt alles werden soll. Ich habe selbst zu Zeiten des Richterschen Glanzes nie so fest an die Zukunft geglaubt wie jetzt. Jetzt sehe ich sie sich formen, vor allem in mir. —

Der Such arbeitet am Titelblatt für den Roman — zwei verschiedene Entwürfe, mit Marchlewski gestern alles festgestellt — und noch einen schriftlichen Kontrakt gemacht. Ich kann mir nicht helfen, ich habe Zutrauen zu der Sache, was auch die andern sagen und abraten. Er rechnet 33 bis 40% auf die Buchhändler, 10% für Unkosten des Verlags, 50% als Reingewinn für mich. An einer Auflage à 1000 also 2000 M. zu gewinnen.

Na, ich will Dir keinen Rechnungsbericht schreiben — es sitzt mir halt nur etwas im Kopf jetzt —.

Bist Du mir gut? Bist Du nicht müde geworden, mit mir zu gehen? Ich möchte Dir oft vieles sagen und ich kann nicht reden, ich bin ein sehr stummer Mensch, es spielt sich bei mir eigentlich immer alles ab wie beim Erdbeben. Man fühlt wohl etwas davon, aber sieht nicht, woher es eigentlich kommt. Und ich bin bei Dir immer ganz sicher, daß Du vieles weißt und fühlst, worüber wir nie sprechen. Es sind manche Erschütterungen durch mein Leben gegangen, dies Jahr wieder, das mit einer großen Ruhe anfing. Manchmal fühle ich mich aufgewühlt und dann wieder ganz still und mag in keine Tiefen sehen und sehne mich nur nach Sonnenschein und ganz, ganz mildem Himmel —

München, 12. September 1903

Du, ich fühlte mich Dir so sehr nahe, als Du neulich hier warst — und war so viel bei Dir in diesen Tagen, es kann sich nichts zwischen uns verbiegen oder zerreißen. Wäre nur alles Äußere jetzt nicht so verzwickt und zerfetzt und durcheinander. Ich wollte Dich so gern in Ruhe sehen — vielleicht begegne ich Dir heute nachmittag in der Leopoldstraße, gegen 6 Uhr mache ich meine Abendbesorgungen und schaue dann immer aus, ob Du nicht des Weges kommst.

Schloß Winkl, 23. September 1903

Du, ich hab Deinen Brief mit so viel Freude gelesen heut morgen beim Aufstehen im schimmernden Herbstmorgen, Du machst Dir keinen Begriff von diesem Morgenglanz zwischen den Bergen. Ich sehe schon das erste Morgenrot vom Bett aus, dann schwingt alles im Nebel, und dann kommt die Sonne durch, und im Nebel wird alles blendend hell. Ums Haus herum ist ein kleiner bunter, üppiger Garten mit einer friedlichen weißen Mauer herum, dahinter Wiesen, Wälder und dann die blauen Berge. Samstag bin ich eingezogen, Sonntag den ganzen Tag allein daheimgeblieben und nur immer vom Garten in die Zimmer und wieder hinausgegangen, so wohl war mir, hier in dieser Abgeschiedenheit zu sein. Bei dem Umherwandern hab ich meine Malsachen ausgepackt und verheißungsvoll aufgebaut in allem Zukunftsreichtum, der endlich kommen soll und mir gehören und mir alles krönen. Aber ich will noch nicht überhastig dranstürzen, erst noch eine gute Zeit mich nur ausdehnen in der Ruhe, die mir hier gehört. Vor München fürcht ich mich fast jetzt, es wird wieder eine kurze Unruhe sein, aber ich seh Dich doch – nur in meine Wohnung mag ich gar nicht hinein und habe große Angst vor der Zahnexekution. –

Hier draußen fallen noch gar keine Blätter, es ist noch ganz, als ob Sommer wäre, und dafür bin ich so dankbar, als ob der Sommer sich für mich noch aufgehoben hätte. – Vorgestern sind wir durch Schilf und Moor in einem kleinen Fischerkahn auf dem See gefahren, zurück konnten wir uns nicht wieder zurechtfinden und irrten stundenlang im Sonnenuntergang zwischen dem Schilf herum, bis wir endlich im Stockfinstern irgendwo ans Land kamen. Aber es war eine unglaubliche Stimmung, und ich habe wieder Bilder gesehen – die rote Sonne über schwarzen Schilfmassen. Wenn ich wieder zurück bin, versuche ich mich daran –

Du, hab soviel Dank für Deinen Brief, es macht nichts, wenn Du selten schreibst, Du schreibst ja immer so lieb, daß es mich froh und warm macht.

Ich mal jetzt den Bubi, und die Malwollust ist über mir, es ist mir wirklich eine tiefe und große Wollust, mit der ich aufsteh und mich niederlege, aber ich lasse sie langsam über mich kommen, ganz langsam und vorsichtig — sammle und trainiere meine Kräfte, um mich erst ganz in die Balance zu bringen. Denn ich spüre manchmal noch gewaltige Nerven, und obgleich ich gar kein Hygienemensch bin, treibe ich jetzt alle möglichen systematischen Hygienen. — Merkwürdig, daß eigentlich immer nur Menschen auf mich zerrüttend wirken, während sie z. B. bei Dir Landschaft sind und notwendig. Ich habe mich noch immer von diesem Sommer zu erholen, und nur weil ich unter Menschen war. Ich meide selbst soviel wie möglich das Dorf, bloß um nicht angesehen, gegrüßt oder angesprochen zu werden. — Das ist das erste Stadium nach langer Uneinsamkeit, und dann kommen die besseren, wo mir wieder etwas mehr äußere Haut wächst. Aber ich möcht dahin kommen, daß ich immer stark bin und Außenhaut habe. Einstweilen bin ich noch so nervös, daß ich z. B. nicht radeln kann, ohne aus bloßer Zwangsvorstellung öfters umzuwerfen, meine Glieder sind auch deshalb in einem unbeschreiblichen Zustand und voll handgroßer blauer Flecken. Mit dem Reiten ist's bisher noch immer nicht gegangen, einmal lahmt das Pferd, ein andermal muß es Milch fahren, ich glaube, der Such steckt dahinter und will es hintertreiben, weil er es riskant findet. Und ich warte noch, bis ich mich meiner Zwangsnerven etwas sicherer fühle. — Aber das wird auch bald sein, ich fühle täglich in mir neue Kräfte wachsen und neue Heiterkeit und immer mehr Raum um mich her. Bisher gab's immer noch wegzuräumen. Mittags machten wir eine Bergtour, sind über zehn Stunden gelaufen, aber besonders bergab einen wundervoll einsamen Weg durch Geröll, Tannenwald an herbstlichroten Abhängen hin. Und hier in unserer unmittelbaren Nähe gibt es Wälder wie ein Märchen, ich war heut nachmittag mit Bubi und der kleinen Maja[1], die ich jetzt hier hab, Brombeeren suchen, solchen

---

[1] Die Kunstgewerblerin Maja Klett.

Wald hab ich noch nie gesehen, so dicht verwachsen, daß kaum durchzukommen, nie ein Mensch zu sehen und ganz tiefes Moos. – Dazwischen kommt man dann wieder durch ein Moor mit niedrigen Fichten, wo man knietief einsinkt. Auf den hohen Bergen liegt schon ziemlich viel Schnee – ja, ich denke auch gern an den Winter. Das Haus gibt mir wieder ein ganz anderes Gefühl zur Stadt, mir schaut überhaupt die ganze Welt anders aus, seit ich die Staffelei wieder aufgerichtet habe, als ob die ganze Welt meiner Jugend wieder da wäre und neu aufblühte, hundertmal schöner als damals. – Aber für heute gute Nacht – Du, ich gehe hier 1/2 8 oder 8 zu Bett, stehe um 6 auf mitten im Morgenrot, wenn unten den Knechten zum Frühstück geläutet wird. Die Tage sind so wundervoll lang, dreimal so lang wie in München –

Marchlewski scheint doch etwas zu bummeln, ich habe noch gar nichts wieder gehört, und zum 15. sollte es doch fertig sein. Aber eigentlich ist der Roman mir jetzt ganz gleichgültig, und ich denke kaum daran.

Schloß Winkl [Oktober 1903]

Du Lieber, ich will Dir noch rasch schreiben, damit Du es noch in München bekommst. Ich hatte schon nach einem Brief recht ausgesehen, aber der heutige gab mir um so mehr. Hab Dank, daß Du mich teilen läßt, was Dich bewegt – Du hast so unglaublich viel Leben und Bewegung in Dir, ich glaube, mehr wie irgendeiner von uns anderen. Ich habe Deinen Brief sehr langsam und mehrmals gelesen, es war so viel von Dir darin, man fühlte es förmlich, wie Dein Leben so viel Kreise zieht – Du, wir haben uns eigentlich lange nicht gesehen, bei andern Menschen hab ich nie so das Gefühl gehabt, wie ich's bei Dir habe – daß Du mir doch immer absolut nah und erreichbar bist. Die meisten vergeß ich einfach, wenn sie nicht da sind, aber wenn von Dir ein Wort kommt, ist es ganz wie unmittelbare Gegenwart.

Die Russin möchte ich auch sehen, weil sie für Dich ein so großes Erlebnis ist – es ist doch eigentlich furchtbar selten, daß Menschen einem das sind, und immer ein tiefes Glück.

Ich muß heute etwas kurz schreiben, damit's noch mitkommt, ich freue mich auf den wundervollen Herbst, der mir schon das dritte Jahr immer meine beste und alleinste Zeit ist, aber die

zwei vorigen Male rang ich mit dem Buch und kam nicht ganz zum Herausatmen, und meine Glauben und Hoffnungen standen auf schwachen Füßen. Ich möchte fast noch alleiner sein, gerade jetzt, obgleich der Such ein guter und sehr stiller Gefährte ist und jeder ganz seinen Weg geht, d. h. er geht eigentlich gar keinen Weg, hat gar keinen Weg, und das wirkt manchmal als arge Dissonanz auf mich. Ich bin eigentlich stark beeinflußbar, vor allem in Stimmungen, und muß mich sehr in mich selbst verhärten gegen alle menschliche Nähe, die wenig oder gar nichts mit meinem tieferen Leben zu tun hat. Und das wieder wirkt auf die anderen wie ganz falsche Beleuchtung zurück. —
Du, vorgestern hab ich zum erstenmal auf dem Pferd gesessen, konnte fast gar nichts damit machen, das wird aber schon kommen, wenn ich's öfters tue. Aber es ist wieder eins meiner typischen Erlebnisse dazwischen gekommen, ich hatte mich vor acht Tagen am Rad ziemlich heftig verletzt, trotzdem Berg gestiegen und gestern leichtsinnigerweise mit schon ziemlich entzündetem Bein um den Chiemsee herumgeradelt, so daß ich jetzt ganz lahm bin und verschwollen und wieder mit Reiten aussetzen muß und zudem greuliche Schmerzen habe. Die Tour gestern war aber trotzdem sehr schön, rings um den See herum durch entzückende Wälder, ein paarmal bin ich allein ein langes Stück zu Fuß gegangen. Seit ich den Bubi habe, gehe ich so selten allein, und es ist mir doch etwas so Liebes. Heut hätten wir nach Reichenhall wollen und morgen wieder auf einen Berg, nun geht es nicht, ich bin aber auch wieder des Heimbleibens froh und will im Garten Herbstfarben malen. Noch habe ich darin fast gar nichts getan, ich lasse es langsam und mit Genuß angehen —

Schloß Winkl [Oktober 1903]

Du, hab tausend Dank für Deinen lieben heutigen Brief, der so froh und voll war. München scheint jetzt so bewegt, daß es doch ein klein wenig in mir zuckte — gegen Ende Oktober will ich auf einen Sprung kommen, aber nicht eher, und dann noch mal hierher — nicht wahr, das ist Dir nicht unlieb. Es muß hier eine volle lange Zeit sein wie ein tiefer Trunk — es ist ein gewaltiger Übergang für mich, was jetzt anfangen soll, und es müssen mir noch viele neue Kräfte wachsen. Daß sie wachsen, weiß ich mit einer Sicherheit, die mir lange abhanden war. Dann aber freue ich mich auch so sehr auf den Winter und auf München — Du wirst wohl schon wissen, daß wir das Haus doch kriegen, ist es nicht wundervoll, man kriegt doch immer alles, was man haben will. Gestern kam ich mit Bubi in eine Kapelle am Weg, wo ich eine entzückende Wetterfahne sah, und beschloß gleich, sie zu stehlen in Gedanken an das Haus, und heute kam der Brief, daß wir es bekommen. Nun werde ich den Raub nächster Tage mit aller Vorsicht begehen. Du — ich habe neulich einen ganz sonderbaren Traum gehabt, es war wieder Sylvesterabend bei euch, und ich kam wieder da her, wo ich das letztemal herkam, und ihr saht mich alle so sonderbar an, und dann sagte Klages, ich sähe aus, als ob ich mit einem Gespenst zusammengewesen und es seine kalten Finger auf mich gelegt hätte. Du weißt, es gibt einen Menschen, der tief in mein Leben eingegriffen hat, durch Jahre hindurch, der für mich ganz entschwindet lange Zeit und dann auf einmal wieder irgendwo aufgeht und sich immer durch Träume anzeigt, überhaupt durch alle mögliche Unruhe und Umherwälzung in mir. Ich glaube immer aufzuatmen, wenn er mir fern ist, und doch, wenn ich ihn wieder fühle, ist alles tief und wundervoll bewegt. Dabei ist er mir eigentlich ganz gleichgültig, es ist alles etwas, was ich nie begreife. Darf ich Dir das alles sagen? Siehst Du, mit unserer Liebe hat es nichts zu tun, kann ihr nie etwas tun, im Gegenteil, ich lebe in allem voller und tiefer, wenn er wieder auftaucht wie irgendein Gestirn, das all meinem Leben günstig ist und es vermehrt. Ich verlange auch gar nicht ihn selbst zu sehen, habe nur das Gefühl, daß er wieder da ist, und das ist jedesmal dasselbe, auf die weiteste Entfernung hin. Es ist überhaupt seltsam, Du, wie plötzlich zuzeiten alles »Mystische« in einem aufwacht, und mit dem was davon in mir ist, muß dieser Mensch irgendeinen Zusammenhang haben. Es ist Dir doch nicht unlieb, wenn ich Dir soviel davon schreibe, es bewegt meine Gedanken so stark, mir bewegt sich jetzt überhaupt alles. Mein Leben will emporsteigen, das fühle ich so deutlich, es will jetzt alles gelingen — das mit dem Haus ist mir wie ein gutes Omen, als ob man doch alles herbei*wollen* könne, und das Haus selbst wie eine gewaltige Steigerung aller möglichen Dinge. Glaubst Du nicht auch, daß man darin zaubern kann? Du, ich bin wirklich nicht aus gutem Ton abergläubisch, sondern fast malgré moi und um so mehr — z. B. werfe ich sehr oft meinen Spiegel hin, und früher ist er immer zerbrochen, jetzt schon sechsmal ganz geblieben —

Forte dei Marmi, 29. September 1904

Wie hab ich mich über Deinen Brief gefreut und zu fühlen, wir haben uns immer. Es war mir wie ein langentbehrter Strom von neuem und so alt vertrautem Empfinden. Du bist wieder da, ich halte Deine Hand wieder, kann Dir wieder alles sagen, was mich bewegt. Das alte Gefühl aus Dietlindenzeit, daß Du soviel Sonne in mein Leben bringst — die meisten andern Menschen machen es gerade umgekehrt, laufen einem vor der Sonne vorbei und bringen Flecken darauf. Ich bin dies letzte Jahr so abgeschreckt und verstimmt von allen Menschen, wie es mir noch nie im Leben gewesen ist — so als ob man keinem mehr die Hand geben möchte. Da mag es auch deshalb sehr gut sein, dem schlimmen München sehr lange fern zu bleiben, und erst nach einer gründlichen Häutung wiederzukommen.

Den neuesten Schwabinger Streich finde ich auch enorm und dachte auch, die sind doch zu allerhand imstande, wenn sie auch hier nicht einmal fertiggebracht haben, einen Knaben zu verhauen. Übrigens muß dieser Beobachter[1] wohl ein trauriges Elaborat von Takt- und Geschmacklosigkeit gewesen sein, ich habe ihn leider nicht bekommen.

In diesem Winter wird nun aber wohl alles mal zum Schweigen kommen. Dir wollte ich es vor allem wünschen, daß Du einmal rechte Ruhe hättest und nichts an Dir zerrt. Schade, daß Du den Endell nicht mehr dort hast, ich habe mich immer über Dich und alles so beruhigt gefühlt, wenn der um Dich war.

Du, heut hätt ich noch eine Menge Bitten an Dich — erstens mir mit Deiner Romkenntnis etwas zu raten — wo für kürzere Zeit

---

[1] Der »Schwabinger Beobachter« war eine in nur vier Folgen erschienene anonyme Zeitschrift, die interne Vorgänge und Auseinandersetzungen in den Kreisen um George, Wolfskehl, Klages und Schuler ironisch glossierte. Die ersten drei Nummern hat mit Hilfe von Franz Hessel wahrscheinlich Franziska Reventlow geschrieben, die vierte Nummer allein Roderich Huch. Diese Nummer löste heftigste Kritik in den oben genannten Kreisen aus.

billig zu wohnen etc. — ich habe mich nämlich umentschlossen, Rom statt Florenz für den Winter, und bei meinem jetzigen etwas defekten und unsicheren Zustand ist mir jeder Anhaltspunkt von Wert. — Ich bin nämlich letzte Woche recht krank geworden aus blauer Luft, bis dahin war mir so sehr wohl — Gott sei Dank scheint es aber noch gut zu gehen, ich liege ganz still im Bett mit einigen Schmerzen. Es war mir ein schreckliches Gefühl, daß einem dies kleine Leben wieder entweichen wollte, aber es scheint ja die Gefahr überstanden zu haben. Nur ist jetzt zu befürchten, daß es mit sieben Monaten zur Welt kommt — das wäre schon Ende Oktober, und ich will übersiedeln, sobald ich die Fahrt riskisieren kann, hoffe in 10 bis 14 Tagen[1]. Hier wäre alles derartige schrecklich schwierig — alles so primitiv, nichts zu haben. Man brachte einen ganz unmöglichen Arzt, den ich nach einer Konsultation wieder entließ, und nur durch glücklichen Zufall habe ich einen bekommen, der als Badegast hier ist. Aber ich sehne mich jetzt danach, mich wenigstens in einer Stadt geborgen zu wissen.

Das Wetter ist auch nicht mehr schön, stürmisch und Regen, ich liege hier ganz wie in einem Schiff, mein Zimmer ist sehr niedrig mit weißer Balkendecke und niedrigem Fenster, und man sieht direkt auf das Meer, und der Wind bläst und heult.

Zweite Bitte: Ich möchte so gern ein richtiges altes Traumbuch haben — könntest Du mir das nicht auftreiben?

3. möchte ich gern so eine kleine runde Sterntafel, wie die Leute sie manchmal neben dem Ofen hängen haben, die man verstellen kann, weißt Du, was ich meine? Und solltest Du ihn haben, einen Bädeker von Unteritalien. Oder plag ich Dich mit alledem? —

Wär ich nur erst in Rom, mir ist hier gar nicht recht geheuer mehr —

---

[1] Am 30. September verlor F. R. durch eine Fehlgeburt ihre Kinder. Es waren Zwillinge, die nur wenige Stunden lebten.

An Roderich Huch

1904—1906

Mein lieber Rodi[1],

Ihren lieben Brief fand ich hier vor – die Zigaretten scheinen zurückgegangen zu sein, da ich noch nicht hier war, was mich sehr betrübt, aber es war sehr nett von Ihnen, welche zu schicken. Ich habe mich aber erschrocken, daß Fritz von Forte weiß. Aber wie kommt er dazu? – Vielleicht durch die Mutter vom Dohrn, die, wie ich zufällig hörte, auch dort gewesen ist. Oder kennt er vielleicht die Florentiner Bruckmanns? Die wohnten dort neben mir. Es ist mir sehr unangenehm, denn nun wird's sicher bald in Schwabing herum sein, und das ist mir sehr zuwider. Sie hätten ihm antworten sollen, Sie glaubten, es wäre nicht wahr. Aber das konnten Sie nicht wissen. Adam habe ich noch nicht gesehen, auch nichts von ihm gehört. Auf Alternativen lasse ich mich natürlich nicht ein. Gott – in München wohlfühlen – wenn ich gesund bin, Bubi habe und malen kann, so fühle ich mich in meinem Leben für mich wohl und von den Münchner Menschen erwarte ich mir gar nichts mehr, weder im Guten noch im Bösen. Einige sehe ich ganz gern manchmal, die andern sind mir schrecklich gleichgültig. Und in Italien könnte ich doch nicht leben – es hat es mir nicht besonders angetan, in Forte schon, danach sehne ich mich sogar manchmal, aber nur nach der Landschaft und nach der Ruhe. Die Menschen sind mir widerwärtiger wie irgendwo anders und es sind eben überall Menschen. –

Es mag auch etwas in meiner Stimmung liegen, ich war nach Forte zu nichts mehr aufgelegt, nur die Radtouren waren wunderschön. Wir sind von Forte über Pisa, Lucca, Pistoja nach Florenz und von dort über Ravenna, Ferrara, Padua nach Venedig. In Venedig war nur der erste Tag sehr schön, dann war schlechtes Wetter und ich hatte einen wahnsinnigen Katarrh und Bubi war magenleidend und ist auch noch nicht ganz wieder wohl. Ich hatte so Heimweh nach München, daß ich glücklich war, als wir über den Brenner fuhren. Hier ist mir nun doch auch nicht ganz gut, es kommt mir so sonderbar vor, daß nicht mehr Sommer ist. Dieser Sommer ist mir in der Erinnerung so besonders

---

[1] Roderich Huch (1880–1944), Vetter der Dichterin und Schriftstellerin Ricarda Huch und des Schriftstellers Friedrich Huch.

schön und reich mit der Vorfreude und so viel Stimmungen, die ich wieder haben möchte. Als ich kam, mußte ich viel an den letzten Abend damals denken, ich glaube uns beiden war so weich zu Mute. —

Ihr Traum kommt mir vor, als ob ich ihn mitgeträumt hätte, er hat etwas so durchaus Mögliches und Wahres, wie Träume manchmal haben, besonders das im Parkhotel zu Abend essen. — Ich würde doch an Ihrer Stelle ruhig wieder nach München kommen und es auf alles ankommen lassen. Sie können ja doch immer einen Revolver haben. Na und — meine Phantasie verirrt sich. — Ich begegnete heute Helene, und wir gingen mit schnippischem Gruß aneinander vorüber. —

Wissen Sie, Rodi, gefallen hat mir der Beobachter auch nicht, wenn ich ehrlich sein soll, bis auf Bix und die Zigarettenbänder, aber für die Keferstraßen-Affaire, finde ich, sollte die Welt Ihnen dankbar sein. Aber ich bin erst mal nicht dabei betroffen, und dann würde ich mich überhaupt nicht leicht über Sie ärgern, weil ich Sie sehr gern habe und mir manchmal einbilde, ich kenne Sie im Grunde viel besser wie die anderen, die sich so oft über Sie ärgern. Gott — wie oft ist mir etwas erzählt worden, was Sie über mich gesagt oder von mir erzählt haben sollen, und es ist ja auch manchmal vorgekommen, daß ich mich dann gekränkt habe und eine Zeitlang retirierte. Aber das sind längst tempi passati. Sie sehen doch auch, daß ich sehr viel Zutrauen zu Ihnen habe, trotz der übrigen bösen Welt. Ich würde z. B. keinen Moment glauben, daß Sie Fritz etwas gesagt haben. — Können Sie ihm nicht übrigens anraten, nicht weiter davon zu sprechen? Wie stehen Sie sich eigentlich mit Koch — hat er von der Beobachter-Affaire gehört, und was sagt er dazu? —

Nun leben Sie wohl, Rodi, ich wollt', ich hätte Sie manchmal hier und wir könnten einen Abend zusammen sentimental sein, ich bin es jetzt so sehr und habe niemanden, der es mit mir sein kann. —

Ich will sehr gern im März irgendwo mit Ihnen hin, auf etwa 8 Tage könnte ich schon, die Maus ist großartig geradelt, mit 80 km, läßt Sie sehr grüßen.

Schwabingina habe ich noch keine gehört, man scheint sich jetzt möglichst wenig um niemanden zu kümmern. Wenn ich Geld hätte, würde ich diesen Monat auf ein paar Tage nach Berlin, um meinen Bruder zu sehen, aber ich hab keins, da hätten wir uns vielleicht ein Rendez-vous geben können.

Aber nun wirklich adieu und 1000 Grüße.

Ihre F. R.

München [Febr. 1906]

Lieber Rodi,

jeden Tag habe ich Ihnen schon schreiben wollen, ich habe mich so über Ihren Brief gefreut, wir beide bleiben doch wenigstens die alten, man merkt es jedesmal, wenn man wieder zusammenkommt.

Ach Gott, die Wedekindkarte, mir wird auch wehmütig, wenn ich an die Zeiten denke und wie die Jahre weiterrasen. Es ist doch so viel Schwabinger Schicksal, daß man immer auf Trümmerhaufen sieht und an Gewesenes denkt. Wir sind aber auch im Grunde rettungslose Schwabinger und werden dies nie los.

Grade heute bin ich Helene und Fritz begegnet und wurde auch wieder sentimental. München kommt mir dann manchmal schrecklich verödet vor, es ist tatsächlich kein Mensch mehr da, der einem wirklich etwas wäre. Mit dem Neuen ist man immer schnell fertig und was von dem Früheren noch besteht, wird monoton.

Armer Rodi, und Sie in Braunschweig, das ist eigentlich doch ganz unmöglich. Gibt es denn absolut keinen Ausweg. An Ihrer Stelle tät ich Ihr Cello nehmen und wandernder Musikant werden. Gehen Sie mit mir nach dem Süden durch und wir fristen unser Leben mit allerhand Gaukeleien. Ich kanns hier ja auch nicht mehr aushalten, und München ist doch noch kein Braunschweig. Aber hier stößt einen die Sentimentalität um alles, was gewesen ist und die Sehnsucht nach ganz neuen Sachen. Nun ist wieder Karneval und ich habe eine ziemliche Deprimierie, wollte gar nichts mitmachen, aber ich bring's doch nicht fertig und werde nächste Woche mit der Nachkirchweih anfangen. Gelt, unsere Karnevälle, der Verbrecherball — erinnern Sie noch den Abend, wo wir mit Schmitz zu dreien knäuelten? Überhaupt der vor 3 Jahren, wie wir immer wieder unsere schwarzen Trikots anzogen. Diesmal hab ich schon 3 Feste vor-

übergehen lassen, heute abend auch eins, und alle sind hin. —
Es wäre eigentlich entzückend, wenn Sie doch noch herkämen,
schön sein würde es ja doch wieder, und ich würde für einige
handfeste Kerle sorgen.

Adam soll gesagt haben, daß er auf Sie losgehen werde, wo er
Sie nur träfe. Das würde der Sache aber doch grade einen Reiz
mehr geben, alle die Listen, Ränke und vielleicht eine große
Keilerei im Luitpold. Was meinen Sie?

Die Enormen sind neulich auf dem Gauklerfest gewesen, ich
habe geflucht, daß ich nicht da war, ich möchte einmal wieder
das schöne Gemisch von Haß und Liebe haben. Ich glaube, Rodi,
man wird es nie los. Und hätte es nicht einen fabelhaften Reiz,
wenn z. B. Sie und ich zusammen auf einem Fest die anderen
träfen. Da fällt mir eben das berühmte Gerücht von neulich ein
mit der Belohnung. Am Ende glauben Sie, ich wolle Sie locken
dazu. — N. B. Haben Sie es wirklich geglaubt? Das Komische ist
nämlich, daß alle sich sehr darüber aufgeregt haben und meinen,
ich hätte es verbreitet, um die Landstraße[1] zu diskreditieren. Ich
hätte doch gedacht, daß Sie Ihren Manno besser kennten, er
reussiert doch immer glänzend mit seinen Geschichten. — Sagen
Sie ihm aber nicht, daß ich Ihnen davon geschrieben, sonst krieg
ich's auch noch von ihm. —

Übrigens hab ich Manno lange nicht gesehen, nachdem Sie da
waren, hab ich ihm einmal Rechnungen geschrieben, und er war
sehr nett. Ich mag ihn überhaupt gern, Ricarda[2] kam auch einmal
hin, ich habe noch oft an all die Geschichten gedacht, es ist doch
sehr merkwürdig. Nun kann ich mir denken, was Sie alles darunter zu leiden haben, und unter anderer Leute Geschichten
leiden, ist beinahe schlimmer wie eigene. —

Nach Süden werde ich doch erst im Herbst fahren, ich möchte
den Sommer noch nach Winkl am Chiemsee, wo man einfach
leben kann, um nachher mehr gebrauchen zu können. Geht das
nicht, so gehe ich doch schon Frühjahr, sonst im September, und

---

[1] Landstraße — gemeint ist die Schwabinger Landstraße (heute Leopoldstraße) Nr. 30, wo Klages wohnte.

[2] Die Schriftstellerin und Dichterin Ricarda Huch (1864—1947), verheiratet mit dem Zahnarzt Ermanno (Manno) Ceconi.

zwar nach Griechenland. Ich muß doch etwas für meine Lungen
tun und dann gleich gründlich. Mir geht's doch auch sonderbar,
immer wenn ich denke, nun ist alles gut, kommt wieder etwas.
Ich habe doch gar keine Lust, Schwindsucht zu mimen.
— Aber dann will ich ein ganzes Jahr dort in der Sonne liegen.
Können Sie nicht mitfahren — mit Ihrer römischen Liebe. Es ist
ja nicht so arg viel weiter weg.
Aber nun leben Sie wohl, lieber Rodi, ich habe ja einen entsetzlich langen Brief geschrieben. Die Maus schläft schon, und die
anderen sind auf dem Böcklinfest.
Kommen Sie doch in den letzten Faschingstagen, dann gehen wir
noch auf einen Bal paré. Ich liefere Sie nicht aus, im Gegenteil.
Und schreiben Sie einmal wieder. Viele herzliche Grüße.

Ihre F. R.

An Oskar A. H. Schmitz

1900—1909

Konstantinopel [Juni 1900]

Wir reisen scheußlich legitim. Par exemple il m'a conduit hier dans une maison publique à Bukarest. C'étaient des heures inoubliables mais pourtant c'était bien sale de sa part, n'est-ce pas? ... Tout à vous   F. R.
Je vous aime toujours.

Lesbos, Ende Juni 1900

Soweit ist es jetzt mit mir gekommen. Adam in Smyrna auf der hohen Schule — ich auf Lesbos — unsere Wirtin heißt Messalina — auch das noch. — Montag auf Samos, wo hoffentlich ein Lebenszeichen vorzufinden — Tausend Grüße von Bubi und seiner Mama.

Tigani, Juli 1900

Lieber Herr Schmitz[1]!

Besten Dank für Ihren Brief. Es war uns beiden eine große Freude, endlich einmal von Ihnen zu hören. Und von »Don Juan«, dessen Ruhm wir auch hier im Orient verbreiten. Übrigens müssen Sie jedem von uns ein Exemplar schicken, hören Sie. An Langen habe ich gleich heute geschrieben und ihn möglichst gespannt gemacht.

Frau Aventiure schrieb uns auch, daß sie noch einmal in M. gewesen und Sie besucht hätte.

Wir sind erst am 3. Juli in Samos angelangt, und vor acht Tagen haben wir hier in einem kleinen Fischerdorf unser Quartier aufgeschlagen—ein kleines Häuschen mit Balkon—mit drei Zimmern, drei Betten, zwei großen Tischen und etlichen Kisten — dagegen sehr vielen Ameisen, Tausendfüßen, Spinnen, Mücken und noch viel peinlicheren Tieren. Wir sind alle drei in einem Zustand von Zerstochenheit, der ans Märchenhafte grenzt, und die Nächte verlaufen meist als Hunting-parties. Das ist aber auch die einzige Schattenseite. Die Gegend ist wenigstens für meinen Geschmack entzückend, vor allem das Meer mit teilweise felsigem, teilweise auch Sandstrand, und dann landeinwärts die-

---

[1] Oskar A. H. Schmitz (1873—1931), Schriftsteller. Werke u. a. »Wenn wir Frauen erwachen«, »Brevier für Weltleute«, »Don Juan«, »Melusine«, »Der gläserne Gott«.

ser sonnige, »wolkenlos blaue« Himmel, der bekanntlich über Griechenland lacht. Der Bubi ist gehörig verbrannt, während ich mir vergeblich Mühe gebe, braun zu werden. Ich denke es mir so hübsch, in Paris mit orientalischem Teint aufzutreten. Adam wird nun wohl nächster Tage mit seinen Expeditionen beginnen, ich allmorgendlich mit Bubi in das Meer steigen, am Strand liegen und wirklich mit meinem blöden Roman beginnen. Irgend etwas muß ich doch vor mich bringen in diesem Sommer, denn wenn er vergangen ist, fängt der Ernst des Lebens wieder an.

Ja, was ist mit Marseille? — Schreiben Sie mir doch einmal Näheres über Ihre Pläne. Ich möchte solange wie möglich hierbleiben, aber Ende September muß ich doch wohl an Paris denken. Wissen Sie, Sie sollten mich hier abholen. Ich fürchte allerdings, daß mit Babys zu reisen für jemand, der es nicht gewohnt ist, ziemlich hart ist. Der arme Adam konnte ein Lied davon singen. — Übrigens hat er dabei eine fabelhafte Selbstverleugnung an den Tag gelegt.

Der Stumpfsinn, über den Sie klagen, ist momentan auch mein Frauenschicksal, deshalb will ich für heute lieber Schluß machen und mit der nächsten Post fortfahren. Es ist außerdem spät, und Adam will morgen früh die Briefe mitnehmen. Er wird Ihnen auch noch schreiben.

Wenn ein Brief kommt oder fortgeht, will mich doch manchmal ein leises Heimweh beschleichen. Aber im ganzen ist mir seit vielen Jahren nicht so wohl und aufatmend zumut gewesen.

Tigani, 5. September 1900

Lieber Herr Schmitz!

Wenn wir Sie jetzt derwischen könnten, würde es Ihnen sehr schlecht gehen. Wenn man doch schon einmal auf den Weißen Hirsch[1] gekommen ist, kann man auch mal einen anständigen Brief schreiben. Aber wir werden hier förmlich ausgehungert, nur Marie und Flingelli lassen von sich hören. — Hoffentlich ist das kein Zeichen dafür, daß es Ihnen schlecht geht? Aber auch das möchten wir wissen. Also seien Sie ein Mann und schreiben

[1] Weißer Hirsch — Höhenvorort bei Dresden und dort feudales Hotel (Sanatorium).

Sie einmal ausführlicher. Wir haben inzwischen sehr viel Pech gehabt, ich wurde krank, und so mußten wir ausgerechnet vier Wochen im Hotel zu Vathy hocken. Einmal, gelegentlich einer heftigen Ohnmacht, glaubten wir sogar beide, ich wäre schon tot, und berieten ernstlich, was nun zu tun sei. Seit 14 Tagen sind wir wieder hier in Tigani, und ich bin gestern zum erstenmal wieder ausgegangen. — Der arme Adam hat infolgedessen sehr viel Zeit verloren und wird noch zwei Monate hier brauchen. Also bis Ende Oktober. Ich habe aus diesen und noch anderen Gründen, wenn auch mit etwas schwerem Herzen, Paris aufgegeben. a) möchte ich eben diese zwei Monate noch hierbleiben, weil es wunderschön und zur Nervenerholung der geeignetste Ort ist, den man sich denken kann,

b) weil Paris sehr viel Geld kosten würde,

c) weil ich jetzt glücklich meinen Roman angefangen und das Gefühl habe, damit in Zug zu kommen. Paris würde mich wieder gründlich herausbringen.

Schmerzlich ist es trotz alledem, aber ich baue meine Zukunftspläne zum großen Teil auf das Gelingen des Romans. Und damit werde ich jedenfalls weiter kommen, wenn ich noch zwei Monate hier und dann den Winter in München in möglichster Zurückgezogenheit daran arbeite.

Übrigens denken wir stark daran, die Rückreise zur See zu machen. Da es nun um die Zeit manchmal sehr stürmisch sein soll, ist es nicht ausgeschlossen, daß wir irgendwo unterwegs aussteigen und einen kleinen Abstecher über Paris machen. Mitte November werden Sie wohl schon wieder in München sein? —

Schade ist es, aber schwerlich zu ändern, besonders auch wegen dem Geld. Ich muß dann ja gewissermaßen von vorn wieder anfangen. Bis der Roman fertig, brauche ich lange noch, und so lange ich an ihm arbeite, würden mir anderweitige Übersetzungen kaum etwas helfen. Sollten Sie in Paris irgendwelchen glänzenden Aussichten für mich begegnen, so müssen Sie's mir schreiben, dann komme ich vielleicht doch noch auf der Heimreise. — Wir sind sehr gespannt, von »Don Juan« zu hören. —

Im übrigen befinden wir uns alle drei jetzt sehr wohl und sind sehr fleißig. Sehr angenehm ist es, daß die Hitze anfängt abzunehmen. Abends und nachts kann es schon recht kühl sein.

Damit aber für heute Gott befohlen, für einen anständigen Brief werden Sie auch wieder mit einem längeren belohnt. Tausend Grüße von mir, Adam und Bubi.

Vathy, 8. November 1900

Lieber Herr Schmitz!

Jetzt endlich sollen Sie den Dank für Ihren »Pariser Brief« haben. Wenn man zugleich an zwei Orten sein könnte, wäre ich arg gern auch dort gewesen. Aber aufgeschoben ist bekanntlich nicht aufgehoben. Hoffentlich hat Ihre Unterredung mit Langen im Gehrock en forme de madrigal Erfolg gehabt. Ich habe ihm einen sehr eindringlichen Brief geschrieben. –

Nun sind Sie also wieder in M. Wir werden wohl die letzten sein, die dort wieder einziehen. Und trotz allem, worauf man sich freut, wird's mir sehr schwer, von diesem Sommer Abschied zu nehmen. Am 1. Dezember wollen wir spätenstens hier abfahren, dann noch Smyrna und Athen.

Der Neid der Götter, siehe Polykrates, hat auch uns nicht verschont. Tigani entpuppte sich als einigermaßen ungesundes Nest, der arme Bubi hat sich eine elende Dysenterie dort geholt, ich gleichzeitig die mit Recht so beliebte ägyptische Augenentzündung, so daß ich drei Wochen ausschließlich halbblind in dunklen Zimmern hausen mußte und dann erst mit ihm hierher gehen konnte, wo er nun seit dreieinhalb Wochen im Bett liegt. Jetzt endlich scheint es besser zu werden, d. h. sehr krank war er eigentlich nicht, er ist immer kreuzfidel und hat kein Fieber, aber es will halt nicht aufhören. Vielleicht reise ich schon früher mit ihm ab, sobald es geht. Ich bin mir selbst nicht recht darüber klar, ob es besser wäre, ihn jetzt den Reisestrapazen auszusetzen.

Adam arbeitet in Mytilini, und ich bin schwer geknickt, daß ich nicht mit dort sein kann. Das Hotelhocken hat überhaupt auf die Länge etwas Deprimierendes. Ich lerne aus Verzweiflung mit großem Eifer Griechisch und übe mich in Seelenstärke gegen allerhand Anfechtungen in Gestalt des Doktors – nebenbei gesagt, der einzig mögliche Mensch hier. Unglücklicherweise haben wir ihm erzählt, daß wir nicht verheiratet sind, und seitdem »taut er auf«. Und der elende Adam sucht auf jede Weise meinen Untergang zu beschleunigen. Er scheint es stillos zu finden, daß ich ihm »bis jetzt noch« treu geblieben bin. Möge er es nicht zu bereuen haben!

Im ganzen weht hier in Samos eine unangenehm moralische Luft. Gestern entdeckten wir zum erstenmal in einer Kaffeecke etwas, das wie ein Liebespaar aussah und geradezu erlösend auf uns wirkte. Überhaupt ist besonders die Einwohnerschaft in Vathy eine unsympathische Bande — Leute, die weder lieben noch lachen (denn auch letzteres sieht man fast niemals).

Damit für heute Gott befohlen — darf ich Ihnen noch etwas ans Herz legen? Wenn Sie *zufällig* eine mietbare Wohnung sehen sollten, dieselbe für mich im Auge zu behalten. Es reut mich jetzt, daß die andere aufgegeben, weil es immerhin sehr ungemütlich ist, obdachlos anzukommen. Also die herzlichsten Grüße von mir, Adam und dem Bubi.

Wenn Sie es nicht aushalten, ohne uns noch einmal zu schreiben, so bitte deutsches Konsulat Athen.

[Telegramm, aufgegeben in Athen]
4. Dezember 1900, 5^{30} vorm.

verarmte landsleute die in die heimat zurückkehren wollen bitten verzweifelt um telegraphisches darlehen 260 mark durch bayerische filiale deutschbank an hiesigen vertreter den fröhlichen geber hat gott lieb.

Evadam Athen, Hotel Minerva.

München, 23. Dezember 1900

Lieber Herr Schmitz!

Besten Dank für Telegramm und Karte. — Wir haben geradezu vor Wut geschnaubt, als wir erfuhren, daß Sie erst Sonntag fort seien. Samstag früh kamen wir an und erfuhren von Baschl, Sie müßten schon seit zwei Tagen fort sein. Ist das nicht elend?

Der Adam fährt heute nach Berlin, es ist schade, daß wir uns so immer wieder aus dem Wege laufen. Sie werden hier einstweilen mit mir vorliebnehmen müssen, um sich unsere Erlebnisse erzählen zu lassen, gegen die S. nicht mal ein Waisenknabe ist.

Last not least, noch einmal den glühenden Dank für die rettende Spende, deren Rückzahlung sofort nach Neujahr erfolgt. Lassen Sie mich Ihre Ankunft gleich erfahren, ich finde München einstweilen noch sehr fad und unangenehm und besonders wenn der Adam nun erst fortgeht.

Also auf Wiedersehen mit besten Grüßen von A., Bubi und mir.

Alsbach bei Darmstadt [Mai] 1905

Lieber Schmitz!

Vielen Dank für Ihre freundlichen Auskünfte und Ihrer Frau einen ebenfalls für das Lebenszeichen. Ich bin seit gut acht Tagen hier, war die ersten Tage noch mit Kubins[1] zusammen. Übrigens finde ich ihn persönlich sehr nett, man hat halt doch immer noch zu viele Vorurteile, die zu nichts führen, als daß man sie schließlich aufgibt. Man kam sich hier ganz wie in Schwabing vor, und wir haben auch oft mit Schwabinger Zungen geredet.

Wie lange wollen Sie denn noch Hochzeitsreisen? Wirklich ein ganzes Jahr? — Ich finde, Sie sollten den Winter doch wieder in München sein. Ich werde wohl auch erst im Herbst zurückkommen, Mitte Juni an die Nordsee fahren und dort ein paar Monate bleiben. Hier ist es sehr nett und wohltuende Ruhe nach der obligaten langwierigen und lärmenden Abreise von München. Ich will jetzt sehr viel malen und mit meinem demnächstigen Geburtstag einen neuen Lebenswandel beginnen mit ganz neuem Programm, das mehr auf Selbsterhaltung gerichtet sein wird. Vor allem beabsichtige ich pedantisch ordentlich zu werden, um nicht mehr soviel Zeit zu verlieren. Ist das nicht sehr anerkennenswert?

Schloß Winkl bei Übersee [Sommer 1906]

Lieber O. A. H.

Da Sie so schön bitten, sollen Sie auch gleich einen Brief haben, ich habe Ihnen sowieso schon lange einen zugedacht. Man hört so selten voneinander, daß es eine Schande ist. Ihr jetziges Gehäuse ist gewiß sehr nett auf der Adamsinsel[2], schade, daß man nicht einmal auf einen Sprung herüberkommen kann. Ihre Ge-

---

[1] Alfred Kubin (1877—1959), Zeichner.
[2] Adamsinsel — Isle Adam, Seine et Oise.

schwister sah ich neulich in München und habe mich bei ihnen um Ihre Hand beworben, die mir bereitwillig zugesagt wurde. Also! Franzl schreibt, daß Sie im Oktober wieder nach M. kämen. Es ist auch wirklich Zeit. Wie lange ist es her, daß wir am Vorabend Ihrer Hochzeit Arm in Arm durch die Leopoldstraße zogen.

Eigentlich ist das ja sehr stilvoll, daß Sie nun als Junggeselle wiederkommen (oder ist es taktlos, davon zu sprechen, dann bitte Entschuldigung). Hoffentlich bringen Sie wieder etwas Bewegung in die Gemüter. Schwabing ist verschlafen und friedlich geworden.

Ich geh nun ja leider gerade diesen Winter fort, habe mich jetzt ziemlich fest für Sizilien entschlossen. Was meinen Sie dazu? Sie kennen es ja doch? Mein Doktor will mich in einen richtigen Kurort jagen, Davos oder Riviera. Aber dazu habe ich keine Lust. Außerdem geht es mir jetzt soviel besser, daß es eigentlich nur noch Pose ist. Trotz dem richtigen bayerischen Sauwetter, das man diesen Sommer mit vollen Zügen genießt. Es regnet seit Mitte Mai fast ununterbrochen. Sagen Sie doch Franzl, die Maja käme ab 1. August hierher. Er wollte ihre Adresse haben. Ich hörte neulich, daß »der gläserne Gott« erschienen wäre, schicken Sie ihn mir doch. —

Aber ich schreite jetzt zum Lebewohl, es ist ein richtiger Landbrief mit Klecksen und Fettflecken, aber es ist hier auch eine Begebenheit, wenn man einen Brief schreibt, man muß alles erst suchen —

München [Herbst] 1906

Lieber Herr Schmitz!

Vielen Dank für Ihre Karte — es ist Ihre eigene Schuld, wenn ich Ihnen heute mit einer Bitte komme, denn bei der Karte fielen Sie mir plötzlich als rettender Engel ein. Erschrecken Sie bitte nicht, ich will Sie nur auf kurze Zeit und auf wohlgegründete Sicherheit anpumpen: ich habe noch den Rest meiner Erbschaft bei der Frau meines verstorbenen Bruders[1] stehen. Sie hat mir jetzt brieflich zugesagt, mir einen Teil davon jetzt sofort herauszugeben, es handelt sich nur darum, eine Unterschrift beglaubigen zu lassen, was ich krankheitshalber acht Tage lang

---

[1] Benedicte Gräfin zu R., verheiratet mit F. R.'s im Mai 1906 verstorbenem Bruder Ludwig.

verbummelt habe, und die also erst heute abgegangen ist. Da sie auf dem Lande wohnt etc. etc., wird es wohl dadurch etwas verzögert werden, und ich bin dabei in greuliche Verlegenheit geraten und weiß den Belagerungszustand nicht mehr so lange hinzuhalten. Um nun zu dem schwungvollen Schluß zu kommen, könnten Sie mir, bis ich das kriege, 200 leihen? Ich schreibe Ihnen einen Schuldschein und gebe es umgehend zurück, sobald die 500, die sie mir schickt, da sind. Darf ich Sie auch noch bitten, mir im Ja-Fall ein zusagendes Telegramm zu schicken, damit ich am 1. den Sturm wenigstens mit Verheißungen abwehren kann. Daß Sie es sicher und baldigst wiederkriegen, brauche ich wohl nicht nochmal zu sagen.

Ich glaube jetzt überhaupt wieder an eine glänzende Zukunft, mit dem zu Erwartenden kann ich mich für einige Zeit arrangieren und die Glasbranche in Szene setzen, dafür sind schon viele Aussichten und ich bin mächtig dabei, um so mehr, als ich wieder krank bin und kaum ausgehe. —

Ich wollte Ihnen eigentlich sagen, Sie sollten doch auch meinen Bruder[1] besuchen, aber ich fürchte, ich habe dort etwas angerichtet, und man ist mir nicht mehr gut gesinnt, denn trotz mehrfachen Schreibens habe ich noch kein Wort von dort gehört, nur meine Briefe als einziges Lebenszeichen nachgeschickt bekommen. So lassen Sie es lieber, bis es sich aufgeklärt hat. Ich fürchte nämlich, etwas sehr Kompromittierendes dort liegen gelassen zu haben, was mein mühsam gewahrtes gutes Benehmen gänzlich zerstören würde. Und sage, wie Sie auch manchmal: so etwas kann nur mir passieren. Ihr Fexil ist sogar nichts dagegen. — Na, ich erzähle es Ihnen später einmal, die Feder sträubt sich.

Gott, ich käme doch gerne im Frühling wieder hin, aber ob's sich macht. Wenn ich halbwegs das Geld zusammenscharre, doch noch lieber nach dem Süden. In Korfu Landschaften zu malen, wäre jetzt gewiß eine gute Spekulation. Vielleicht bringt der Karneval noch eine Wurzen. Ich habe einen glänzenden Kerl kennengelernt, der mir allerhand Leute bekanntmachen will, und hoffe bis Ende des Karnevals einen anständigen Domino zu

---

[1] Der Bruder Graf Ernst zu R., politischer Schriftsteller, Reichstagsabgeordneter 1924—1943.

haben und auf sämtliche Parés zu gehen. Möchte nur der liebe Gott mir die Gesundheit wiedergeben.

Vergessen Sie übrigens nicht den zu kreierenden Kommerzienrat (50 000) resp. Baron (200 000) ich 10 000. Das Verlangen, aus dieser gottsverfluchten Existenz herauszukommen, wird bei mir immer heftiger, und das »wie« immer egaler.

Aber Schluß, ich bin heute, scheint's, ungewöhnlich schreibselig. Grüßen Sie Gaupp und Dr. Meyer, dem es doch hoffentlich besser geht, sehr. Dülberg auch. Viele herzliche Grüße.

München [März 1909]

Lieber Schmitz!

Gott sei Dank, daß sich der Brief bei Ihnen gefunden hat. Ich hatte greuliche Angst, er wäre an einen »Dritten« gelangt, wo er großes Unheil angerichtet hätte. An den hatte ich nämlich den für Sie geschickt – kurz, es war ein reizendes Durcheinander, und ich habe mir geschworen, nie wieder so zerstreut zu sein.

Jetzt habe ich mich doch nur bei Ihnen kompromittiert, und das war wohl wieder eine kleine Bosheit vom lieben Gott, der veranlaßte, daß, nachdem der rote Faden immer wieder abriß, ich Ihnen wenigstens einmal einen zärtlichen Brief schrieb.

Ja, der rote Faden – als wir ihn das letztemal knüpfen wollten, gelegentlich Ihrer Scheidung, bekam ich eine geschwollene Backe, und als ich von Korfu zurückkam, hatte ich das deutliche Gefühl, nun sei es wieder Ihrerseits zu spät – es ist wirklich wahr, die beiden Königskinder sind Waisenkinder dagegen.

Verzeihen Sie diese Abschweifung – ich wollte nun doch lieber einen neuen Brief schreiben, und die Folge davon ist, daß ich mich auf Gebiete verirre, welche –

Übrigens ist es gar nicht ausgeschlossen, daß ich im April auf einen Sprung nach Berlin komme, trotz dem Bruderzwist. Wir stehen am Vorabend großer pekuniärer Ereignisse, und beinah wär ich diese Woche hingefahren, aber es wurde dann so, daß jemand anders es übernahm. (Es handelte sich um die Adelsgeschichte, von der ich Ihnen erzählte und die zu gelingen scheint. Noch ist es nicht sicher.)

Ich bin übrigens aus diesem Karneval als ein anderer Mensch

hervorgegangen und habe mein besseres Ich vollständig abgelegt: ich will nicht mehr malen und will keine wirklichen Lieben mehr, weder romantische, noch tragische etc., womit ich wirklich viel kostbare Zeit meines Lebens vertan hab. Im Grunde liegen mir ja all diese seriösen Sachen auch gar nicht, sie sind mir wie die Krankheiten immer etwas aufoktroyiert worden. Jetzt wird nur auf Wurzen und Pläsier ausgegangen, und das ist bedeutend lustiger. Ich habe heuer sehr komische Sachen erlebt, aber die muß ich Ihnen einmal mündlich erzählen. Es ist auch noch allerhand in Sicht, aber man soll den Tag nicht vor dem Abend loben.

Denken Sie, bei einem Bal paré sagt plötzlich jemand neben mir »Herrin«, und Severin 5 stand in seiner ganzen Gräßlichkeit neben mir und fragte, ob ich jetzt einen andern Sklaven hätte.

Übrigens, was haben Sie jetzt für Pläne, bleiben Sie noch in Berlin? Und wie lange? Schreiben Sie bald einmal etwas von sich. Für Ihren nächsten Artikel in den M.N.N.[1] schlage ich Ihnen vor: das »saubere Kamel« und das »kalte Schwein«, wozu ich Ihnen das Material liefern werde. Das erste stammt von einem Botaniker, der mich zum Tee einlud und u. a. sagte, man wäre ja manchmal im Leben ein Kamel, aber es wäre dann doch schön, sich sagen zu können, man wäre wenigstens ein sauberes, anständiges Kamel gewesen. —

Also leben Sie recht wohl, ich fühle mich heute so angenehm sicher, daß ich diesen Brief nicht wieder verwechseln werde, denn »jener Glückliche« ist leider nicht mehr hier. Das war übrigens doch wieder eine romantische Affäre, indem wir gegenseitig nicht ahnten, wer wir waren, und uns erst morgens um 10 beim Abschied einander vorstellten. Er ist dann sehr erstaunt gewesen, daß ich eine Gräfin war, und man erinnerte sich an den Bibelspruch: »Seid gastfrei ohne Murren, denn manche haben schon ohne Wissen Engel beherbergt«. Nochmal Adieu — ich bin heute sichtlich geschwätzig aufgelegt. Und viele herzliche Grüße.

Ihre F. Reventlow

---

[1] M.N.N. = Münchner Neueste Nachrichten — Vorläuferin der Süddeutschen Zeitung.

An Franz Hessel

1903–1913

Frühling 1903

Nur einen Gruß und Dank für das seltsame Kind Ihrer Nacht. Es hat recht lieb zu mir gesprochen — an einem Tage, wo manches andere unlieb zu mir sprach und ich mich sehr von allen Menschen fortsehnte.

Solln [Hochsommer 1903]

Lieber Franz[1]!

Ich hatte schon gestern einen Brief an Sie angefangen, war aber infolge nochmaligen Schwedentrunks so blöd, daß er nicht zusammenging. Ihr Vetter hat auch eine zwölffache gesubste Liste aus Hamburg geschickt — überhaupt haben wir jetzt 95 feste und noch manche ausstehende. — Axel Juncker[2] hat um spätere Bücherexemplare zum Vertrieb ersucht und will auch Listen haben — aber voilà Landstraße! Busse[3] ist »nicht damit einverstanden«, daß an Buchhändler verschickt wird! Wegen der Mängel der Liste — und läßt überhaupt nicht ungefragt über sich verfügen — hat auch an den in Hamburg keine geschickt, sondern an Markiewicz! ich werde ein Schweinehuhn mit ihm rupfen! —

Samstag aber hatte ich die Schwedin, ihren Landsmann, der sehr nett ist, der Blonde — und mit dem sie nach Art des Zigarettenanzünders auch amourös zu sein scheint — ferner Such und Koch zum Souper in der Dietlindenstraße eingeladen. Es war sehr hübsch, schade, daß Sie nicht da waren — die Schwedin ist wirklich wundervoll und eine Schmach, daß wir sie nicht dabehalten, ich werde sie wahrscheinlich noch einmal sehen. —

Nun aber das Wichtigste, was ich mir bis zuletzt aufgehoben habe — ich habe mir den Winterplan[4] noch sehr eingehend überlegt, und die »innere Stimme«, die anfangs nicht recht wollte, sagt nun doch ein lautes freudiges Ja — wenn Sie nach meinem Gezappel noch wollen. Habe sehr viel darüber nachgedacht,

---

[1] Franz Hessel (1880–1941), Schriftsteller. Werke u. a. Gedichte, »Verlorene Gespräche«, »Münchner Novellen«.

[2] Axel Juncker — Verlagsinhaber.

[3] Busse wohnte 1903 im gleichen Haus wie Klages, Schwabinger Landstraße 30.

[4] Winterplan — Plan einer gemeinsamen Wohnung in der Schwabinger Kaulbachstraße mit Hessel und Suchocki.

ich glaube doch, wir könnten uns mit vereinten Kräften das Leben sehr angenehm machen, also kurz, lieber Franz, ich bin bereit und male mir schon alles aufs schönste aus.

Wenn ich nur hier mit Anstand bis September loskomme, dann möchte ich noch zwei Monate in Winkl sein, also bis November, und dann könnte unser Dreigestirn zu leuchten beginnen.

Schloß Winkl [Oktober 1903]

Mein lieber Franz!

Also nun doch nach Berlin — und wie lange? Das ist wohl alles ganz unbestimmt. Ich kann mir sehr denken, wie sehr fad es Ihnen ist, ich kenne das München-Heimweh, und von München muß man gerad immer fort, wenn es am schönsten ist. — Also Sie werden wiederkommen, wenn es noch viel schöner ist und wir rabenumkrächzt im tiefen Schnee in der Kaulbachstraße einziehen. Wir sprechen hier oft davon — Hans Huckebein ist hier etwas schlimm zu haben, indem er sich etwas unsalonfähig benimmt, rote und schwarze Tinte, Milch, Kaffee etc. umwirft, aussäuft und noch verschiedene andere Untugenden nicht ablegen will. Wir wollen ihn aber jetzt auf den Speicher quartieren. Ist die Russin mehr als die Schwedin? Bleibt sie in M. — so daß ich sie auch noch zu sehen bekomme? Ach, guter Franz, ich bin dem schwarzen Raben vergleichbar, der immerfort etwas haben will, aber ich will Ihnen auch im Winter lauter Leibgerichte kochen. Würden Sie mich auch noch einmal mit Zigaretten versehen, aber bitte die ganz billige Sorte zu 1½ Pfennig, die sehr gut ist.

Schloß Winkl [Oktober 1903]

Gestern folgenden Vers bei einer Bergtour gefunden:

Dies ist mein Haus und doch nit mein,
Es wird auch nit des Zweiten sein,
Dem Dritten geht es auch wie mir,
Wann der Tod kommt vor seine Tür.
Und kommt der Tod, muß ich heraus,
Nun sag mir, wem gehört dies Haus? —

— den ich in mein Gedächtnis hereingraviert hab und unserm Haus bestimmt.

Das Haus beschäftigt meine Gedanken viel und angenehm —

vorgestern ließ ich ein Hufeisen am Wege liegen, beim Radeln, dachte, es auf dem Rückweg mitzunehmen, fand es aber nimmer, und bin zur Strafe wieder mit dem Rad umgesegelt. Und überhaupt, ich kann wohl aufsteigen, bilde mir aber jeden Moment ein, ich könnte es doch nicht und fliege dann hin. Rad ist entschieden ein Objekt, das mir schlecht liegt und feindlich ist.

Schloß Winkl [November 1903]

Lieber Franz!

Haben Sie Dank für Ihren Brief, ich will Ihnen doch gleich ein paar Zeilen in Ihre Krankenbett-Einsamkeit schicken. Von mir aus denk ich es mir entsetzlich, so ein Sterben mitzuerleben und abwarten zu müssen — könnte es überhaupt nicht, denn ich habe ein unglaubliches Grauen vor allem, was mit Tod zusammenhängt.

Ich hoffte, Ihnen den Roman schicken zu können, aber Marchlewski bummelt immer weiter, und wenn ich nicht hier so weit von allem weg wäre, würde ich mich gewaltig darüber ärgern. Aber wir haben jetzt das hellste Sonnenwetter, und ich möchte jeden Tag festhalten, weil es gar so schön ist. Ich male jetzt mit einiger Wut aber wenig Glück, Finger und Augen sind mir noch so ungeschmeidig — habe ein großes Kuhstallgemälde gemacht, das unglaublich wüst geworden ist, und einen Such im Cowboykostüm angefangen. — Such führt morgens den Stier spazieren, und Bubi sitzt oben drauf. Einmal wollte ich mich auf ihn setzen, was er aber sehr übel nahm und ich mich schnell wieder herunterbegab.

Lieber Franz, Sie sollen gern ein Bild von mir haben — tun Sie's aber bitte nicht auf Schreibtische stellen, wenigstens in München nicht (hm, hm — je n'aime pas cela! schreib er's sich fein hinter die Ohren).

München [Januar 1904]

Lieber Franz!

Bin alle Tage nicht zum Schreiben gekommen[1], nun wird's wohl einmal ruhiger werden — Bubi hätten Sie gestern abend sehen sollen, das Kasperltheater war ein Glanzeffekt »aller-

---

[1] Umzug nach Kaulbachstr. 63 Anfang November 1903.

465

ersten Ranges« — er gab mir und Such spät abends noch eine Vorstellung. Das eine Stück hieß »Fädchen und Lutz« mit vorhergehender Personalbeschreibung: Lutz: schwarze Haare, schwarze Augen, schwarze Nasenlöcher, schwarze Zähne.

Lutz (sehr liebenswürdig): Nicht wahr, Fädchen, in Solln ist es sehr schön?

Fädchen (noch liebenswürdiger): Ja, ja, Lutz — etc.

2. Stück: »Wolfskehl«. Beschreibung: schwarze Haare, weiße Augen, roter Mund, großer schwarzer Bart. Tritt auf: Trallala, der Jour ist schön, — nun muß ich fliegen — er fliegt in die Höh und befindet sich plötzlich auf dem Dach etc. etc. Dann gibt's noch eine Unterhaltung zwischen Tod und Gerichtsvollzieher. — Die gute Maus war überhaupt sehr selig und entzückend. — Lieber Franz, es wird Ihnen schon wieder ganz wohl werden, das Haus hat schon sehr viel Leben. Mir war bisher auch nicht sehr froh, aber die Ruhe kommt allmählich wieder — ich bin ein bissel stumpf und müde und möchte endlos schlafen, habe aber immer viel zu tun.

München [Januar 1904]

Lieber Franz!

In aller Eile — kommen Sie nicht so deprimiert zurück, es reut mich fast, daß ich Ihnen solche Stimmungen gemacht habe. Aber es hat mich zu arg hin und her gerissen — zwischen der Parteien Haß und Gunst, und Sie werden es ganz wohl begreifen später, daß ich die Schachzüge so schieben mußte. Sie sollen es hier nicht unfreundlich und trübselig finden, wenigstens in unserem Hause nicht.

München [Juli 1904]

Lieber Franz!

Ich glaube, es wäre besser, wenn Sie noch nichts fest nehmen, bis wir alle beisammen sind. Meinen Sie nicht, daß es gut wäre, möglichst weit südlich in der Nähe von Pisa, so daß man schnell nach Florenz kommen kann — übrigens scheint es mir, als ob jetzt vorläufig keine Gefahr einer Katastrophe vorliegt, da es mir bis auf blödsinniges Kopfweh recht gut geht. Ach, Kinder, ihr werdet aber ziemlich viel Nachsicht üben müssen, denn man ist so leicht matt und nervös. Und unglaublich apathisch, es fällt mir schon schwer, den Reisevorbereitungen nur einigermaßen nachzugehen. Aber ich bin recht froh, wenn man sich keinen Zwang mehr antun muß, normal zu erscheinen, das ist jetzt wirklich ziemlich unbequem, und ich glaube auch, man wird besserer Stimmung dann. Mir ist so auf stilles Duseln am Meer.

Forte dei Marmi, 27. Oktober 1904

Lieber Franz!

Such ist heute nach Pisa und Livorno, Maus schon im Bett, die Hozu[1] gähnt wie ein Menschenfresser, und ich sitze in der Küche auf dem Suchbett mit der Lampe neben mir, es ist gerade so eine schöne Stimmung zum Schreiben. Mir ist doch ganz sentimental, in ein paar Tagen von hier fortzugehen und wieder in die Unrast der Welt hinein. Der ganze Sommer kommt mir vor wie ein großes Stück Leben und war es auch für mich, ein wunderbar schönes und tieftrauriges[2] – ich sitze jetzt ganz still und denke daran. Ja, lieber Franz, man will nach außen immer nicht zeigen, wie einem zumut ist, und behält sein Alltagsgesicht, aber ich hab doch das Gefühl, daß ihr beiden es alles miterlebt habt, und das hat mir viel geholfen. An dem Morgen, als ihr beide wegginget, war mir ganz gottverlassen zumut, und es ist mir trotz Bubis Hilfe schwer geworden, mich gegen alle melancholischen Gedanken zu wehren. Gerade so dies erste Aufstehen und Wiederhinausgehen und ins Leben Zurückkommen, wo alles verändert ist. Ich muß immer wieder und wieder dran denken, wie dieser Sommer erst so reich war und auch nach außen so heiß und sonnig hier am Strand und unsere Entdeckungstouren von Bocca aus, wie wir hierher übersiedelten, und wie es später alles geworden wäre. Es ist mir alles noch so, daß ich manchmal kaum begreifen kann, daß es *wirklich* vorbei ist. Eigentlich ist es auch nicht vorbei — von dem, was man dabei erlebt, bleibt viel zurück. Es ist vielleicht etwas Ähnliches, wie wenn man einen Menschen liebt, den man nie bekommt, man hat ihn aber doch geliebt, und das bleibt so eine wollüstige Wehmut, in der doch auch viel Reichtum ist.

---

[1] Hozu – die Wirtin in Forte dei Marmi.

[2] Fehlgeburt der Zwillinge.

Mir sind die beiden Babys gewissermaßen als Vision geblieben, die ich nicht hergeben möchte und mich auch nicht mit Vernunft und solchen Sachen darüber hinwegsetzen, daß sie nicht Wirklichkeit wurden. Das hilft so gar nichts, es ist viel besser, sich wehrlos daran hinzugeben. Ich denke gern an die Zeit des Krankenlagers, und sie ist mir eine friedliche gute Erinnerung, auch die Nacht und der übernächtige Tag, wo wir um das kleine Sybillchen saßen, und ich bin froh, daß es doch wenigstens den einen Tag da war. Wenn ich noch einmal ein Kind habe, wird es mir immer vorkommen, als ob dieses wiedergekommen wäre. Bis jetzt habe ich noch fast jede Nacht geträumt, daß ich ein drittes bekäme, und das ist jedesmal schon so groß wie mit einem Jahr und ganz angezogen, aber wie ein Kind von armen Leuten.

Aber die Träume werden allmählich friedlicher und nicht mehr so beängstigend —

Rodi schrieb mir einen Brief mit »glänzenden« Schwabingiana — mein Gott, die Leute sind mir doch jetzt arg gleichgültig. —

Und nun für heute gute Nacht. Es fängt an spät zu werden, und ich habe Angst vorm Gruseln, wenn ich allein hier oben bin. Mir ist jetzt überhaupt immer so, daß ich Lebendiges um mich haben muß, und ich bin unglücklich, wenn ich ganz allein bin.

Florenz, 10. November 1904

Hier ist mir einstweilen nicht wohl zumut. Aus der wundervollen Stimmung und den Hozzimmern zwischen Himmel und Meer in die greulichen Hotels und Straßenlärm, ich komme mir vor, als ob ich zerhackt würde, und alle Nerven tun weh. Ich muß auch soviel dran denken, wie ich damals die zwei Tage hier war, das macht mich traurig, und mit all dem Gedenken möcht ich nicht in einer lauten Stadt sein. Das ist Florenz doch. Schön ist's, wenn man in die Kirchen hereingeht oder es droben von der Höhe liegen sieht, — aber ich bin ins Anschaun noch nicht hineingekommen, war heut zu müde. Aber die Maus ist entzückend, ziemlich Quälgeist und unruhig, aber in einer mächtigen inneren Aufregung über alles, was er sieht. Und das gefällt mir immer so an ihm. Im Bett und wenn man nicht mit ihm spricht, schnarrt er abwechselnd vor sich hin: der schiefe Turm von Pisa! Vittorrrio Emanuele und dann auf einmal Marrrburg an der Lahn — dann verlangt er wieder, ich soll auf alle Türme steigen, redet über Christen- und Heidentum, treibt einen stillen Marienkult und beschäftigt sich mit dem Jüngsten Gericht und dem Kindermord in Bethlehem.

Ich möchte etwas Florenzstimmung bekommen, aber ich glaube, ich werde alles wunderschön finden, solange ich davor bin, und im Herzen froh sein, wenn wir wieder zum Tor hinausfahren. Der moderne Mensch muß überall hinaus, dann wäre es überall wundervoll.

Alsbach bei Darmstadt, 27. April 1905

Es regnet und ich habe miserables Heimweh. Trotzdem hier alles nach Wunsch ist und ganz schön zum Bleiben, bin ich in der richtigen Spinnverfassung, wo man an vorigen Sommer denkt und an Forte. Ich weiß nicht, ob es die Kaulbachstraße selbst ist oder ihr Leute, ich habe ganz elend Zeitlang nach einem Abend oder Mittag auf der Küchenbank und einem großen Geschwätz. Hier schwätzt man ja auch, und beim Bergsteigen begegnet man Petrich im grünen Gewande und mit frischer Fröhlichkeit. Die Kubins sind noch etwas tröstlich und ein Stück München (das man ja immer so liebt, wenn man fort ist).

Mit dem Maxl[1] haben Sie ziemlich recht gehabt. Er ist ungefähr wie sein Bild. Er holte uns von der Bahn mit einem eingewik- kelten Blumenstrauß, führte uns in sein Haus, ein ganz altes Haus am Schloßplatz, wo uns im Parterre ein Zimmer bereitet war. In seinem Zimmer, das nach »eigenem Geschmack« rot ta- peziert war, wurde traulich soupiert mit einer großen Suppen- terrine auf dem Tisch, er hatte sich in seinen »Schlafrock«, eine abgesetzte Amtsrobe, geworfen, und Hausschuhe (gelbbraune). Nachher Tee und Literatur, schließlich las er mir 15 Gedichte von Mombert vor, wobei ich tatsächlich vor Müdigkeit mit einer Ohnmacht kämpfte, faßte manchmal meine Hände, lehnte ein- mal das Haupt an meine Schulter (aber alles ganz niedlich und diskret) und erklärte mich für »fabelhaft«. Am Morgen durch- wanderten wir Würzburg. Aber man mußte der Stimmung

---

[1] Maxl — der Dichter Max Dauthendey (1867—1918).

wegen »wandern«, um Gottes willen nicht so schnell gehen, man will doch gehen und auch seine Gedanken haben, wissen'S.

Gegen Mittag begann er mir stark auf die Nerven zu gehen, und ich trieb zum Aufbruch und fühlte mich etwas erleichtert, als Bubi und ich zu sämtlichen Toren der Stadt hinausradelten, bis wir das Richtige gefunden hatten. Im ganzen war's ziemlich hart, aber er hatte schließlich auch seine ganz netten Momente, z. B. wenn er praktisch war und mir beim Einpacken half, und wenn er mir meine Fabelhaftigkeit auseinandersetzte.

Na, und jetzt sind wir hier, und ich bemühe mich, mich äußerst wohl etc. zu fühlen. Nur gelingt's noch nicht recht. Ich habe allerdings ein sehr nettes Häuschen ganz für mich und zehn Minuten von der Anstalt[1], unten wohnt die sogenannte Bäcker-Marie, ein dralles Schwabenmädchen, die am Montag ihre Hochzeit feierte und sich den Tag vorher schon »kaputtlachte«. Vor der Trauung riß sie bei mir die Tür auf und schrie hinein: »Ach, gnädige Frau, jetzt geht's los, ich fürcht' mich so«, und am nächsten Morgen: »So, jetzt ist's vorbei, aber es war doch recht schön!« — außer der ist da noch ihr Vater, ein alter Säufer, den ich als erstes Modell engagieren werde. Ach Gott, ach Gott — P. hat schon dreimal von der Medea gesprochen. Wenn er sie verkaufte, wollte er sich hier ein Haus bauen mit einem Ateliermineh! Ich habe ihn dann gefragt, was so'ne Medea kostete, und hoffe, er hat jetzt genug von mir. Übrigens hocken diese Greuler in einem Extrahaus, man sieht sie nur unterwegs. Zum Überfluß haben sie ein Bams, das Lucas heißt, und sind beleidigt, wenn man ihm das nicht sofort ansieht.

O Gard — ich brauche nur mittags und abends ins Sanatorium zu gehen zum Futter, die Kubins und ich essen extra für uns, man muß aber bei den Idioten durchgehen, die dann Frau Laudenheimer fragen, ob sich alle in München so anzögen wie ich, und »hämische Bemerkungen« über die »Künstler« auf der Veranda machen.

Es ist eine grausliche Bande von alten Jungfern, gebrochenen Existenzen und älteren Herren, einer kam heute an unsern Tisch mit dem Bild eines Mannes, der zuerst die Bierbrauerei in wissenschaftliche Bahnen geleitet hätte. Dann ist da eine ältliche

---

[1] F. R. war Gast des Sanatoriumsleiters Dr. Laudesheimer.

Dame, die neulich eine Palme mit ihrem Schwamm abgewaschen hat, sich dann den Schwamm aufs Herz legte, um sich zu kühlen, und darauf behauptete, sie hätte rote Bläschen unter dem Herzen bekommen. —

Ihr sollt mir doch schreiben — wenn ich's auch durch meine letztzeitige Grantigkeit nicht verdient habe, aber mir ist schlimm, mir ist weh. Und bitte, schicken Sie mir doch gleich in einem kräftigen Kuvert meinen Zigarettenstopfer, sonst ist es aus mit mir.

Alsbach, 10. Mai 1905

Diese Nacht habe ich so intensiv von Husum geträumt, daß ich am liebsten gleich gefahren wäre. Ich kam in ein kleines Fischerdorf, der Fischer sagte etwas von Koch und ich fragte ihn, ob der hier gewohnt hätte. Dann war K. selbst da, und ich mußte nach seinem Diktat in einem Heft von Bubi schreiben, dabei hatte er etwas von Klages. Schließlich zankten wir uns, und ich ging durch die Straßen und war selig, wieder da zu sein, sah alles ganz deutlich, zuletzt auf den Deich hinaus durch einen Tunnel mit lärmender Musik. Am Deich waren die Farben ganz anders, tiefes Grün und Gelb wie in einem Meer. Koch hatte mir eine kleine Figur geschenkt in Papier gewickelt, die mir ins Wasser fiel. Als ich sie aufsammeln wollte, geriet mir das Kleid und die Füße immer tiefer ins Wasser, und ich wachte auf —

Alsbach, 14. Juni 1905

Die Reise nach Holland war ein wundervoller Sprung hinaus, ich habe selten eine Reise so ohne störende Begleiterscheinungen genossen, selbst die Gesellschaft war nicht im Wege, nur manchmal von großer Komik, er mit seinem Oberlehrerexterieur und der schwerfälligen norddeutschen Reiseart, sie mit der Breite des Reptils als eine ganz angenehme Ruhe. Bubi mit lautem Freudengeschrei über jedes »Kätzchen« und ich in grauem Samt mit der Reitpeitsche, um der Sache nach Möglichkeit einen etwas leichteren Anstrich zu geben. — Wir fuhren den ganzen Rhein hinauf, nach meinem längst ersehnten Plan, auf einem Holländerfrachtboot, das an jedem größeren Ort große Kisten

Quakeroats und Kakao einnahm, alles mit schönster Langsamkeit. Aus Billigkeit nahm man keine Kabinen, sondern gruppierte sich mit einigen alleinreisenden jungen Damen und einem verunglückten Matrosen auf die Kajütenbänke, wo mir allerhand böse Tiere so zusetzten, daß ich bald wieder verzweifelt aufs Deck ging. Dort saß eine einsame schwarze Irländerin, mit der ich mich bald »in lange Gespräche« verwickelte. Ab und zu erschienen die Petrichs[1] in weißwollene Decken gehüllt, da sie auch nicht schlafen konnten, nur der verunglückte Matrose schnarchte unentwegt weiter. Die Nacht war einfach wundervoll, all die Fabrikstädte mit ihren Eisenwerken wie brennende Paläste. Man hätte zehn Nächte so dasitzen können und schauen. »Dann ging ein Frösteln durch die Natur« und es wurde hell, die Irländerin wurde in der Helligkeit immer weniger schön, und die Landschaft wurde Husumer Marsch mit Windmühlen und Ochsen. Mich hat seit zwölf Jahren zum erstenmal eine Landschaft wieder »ergriffen«. Der ganze Kitschrhein von Mainz bis Köln nichts dagegen mit seinen Drachenfelsen und stolzen Burgen, die wir übrigens beständig verwechselten, und immer am ganz falschen Ort versuchten, uns zu begeistern. So haben wir sechsmal den Mäuseturm, fünfmal die Lorelei etc. konstatiert.

Gegen Nachmittag kam man dann in Rotterdam an, und es gab eine blödsinnige Fahrt durch die Stadt. Frau P. und Bubi mit ihren Rädern auf einem Wagen — er und ich hinterher. Der Kutscher fuhr uns beständig verkehrt, bis wir endlich auf dem Weg nach Delft waren, d. h. vorher sahen wir Rotterdam noch ein paar Stunden an. Der Weg nach Delft ganz wundervoll, mitten durch die Marschen und unzählige Mühlen und blitzblanke Bauernhäuser. Delft selbst wie eine ganz alte Stadt, Haarlem und Leyden ziemlich trivial danach, auch Amsterdam, trotzdem es als Stadt sehr schön ist, besonders einige alte Straßen mit Giebelhäusern. Die Menschen dasselbe Kroppzeug wie überall, wenig Typisches, großes Blondes, nur manchmal auffallende alte Männerköpfe.

Nur auf der Insel Marken, wo sie alle noch Kostüm tragen und nur untereinander heiraten, das ist wirklich eine Welt für sich,

---

[1] Familie Petrich — Bekannte F. R.'s aus München.

nur schade, daß täglich der Fremdendampfer mit Führer kommt und alle schon ihre Faxen machen. Aber alle mit breiten rosigen Gesichtern und goldblonden Haaren, die Buben tragen bis acht Jahre langes Haar und Mädchenkleider auch mit den Hauben, den Mädchen werden mit 18 Jahren die Haare abgeschnitten bis auf zwei Schraubenzieherlocken auf der Seite. Einige Buben hatten sich noch nicht ganz entpuppt, trugen oben ein buntes Leibchen und lange Haare und unten schon Hosen.

Fabelhaft ist in Amsterdam der Zoologische Garten, besonders die Vögel und Fische, so viel Sonderbares und Buntes, daß man ganz verwirrt und verzaubert wird, und beinah unheimlich das Judenviertel, alles kroch und wälzte sich dicht in den engen Straßen, Bettler, die nicht einmal loszuwerden waren, und triefäugige alte Weiber, dazwischen richtige Wucherertypen, kleine verhutzelte Kerle mit Zylindern. Alles blieb stehen und johlte hinter uns her. Die Frau P. hat es so gegruselt, daß sie kaum durchzukriegen war.

Die Galerien im Haag und Amsterdam haben wir auch pflichtschuldig betrachtet, aber niederländische Kunst muß man lieber vereinzelt und auswärts sehen, es ist so en gros doch zu viel verfressener Stumpfsinn drin. Nichts von Kultur oder Enormem. — Aber sehr fein die kunstgewerblichen Sammlungen mit viel japanischen entzückenden Sachen.

Vom Haag bin ich dann allein zurückgefahren, in Köln noch Fuldas[1] besucht, die gerade Mumps hatten und sehr komisch aussahen. Hier war es sehr nett, wieder in Alsbacher Frühling zu kommen.

Seit Holland bin ich ganz rabiat auf Nordsee. Vielleicht sterbe ich nächstes Jahr, weil ich so absolut das Gefühl habe, ich mußte diesen Sommer dorthin. Ich glaube wirklich, ich hätte Heimweh und solche Sachen abgetan, aber jetzt ist's noch viel ärger geworden —

Herrgott, da hab ich was vergessen — meine Pfandscheine bei Fischer, Hohenzollernstr. neben dem Leihhaus umschreiben. Wahrscheinlich ist's schon zu spät. Bitte, lieber Franz, schauen Sie einmal hin, Such vergißt's doch.

---

[1] Fuldas — der Schriftsteller und Übersetzer Ludwig Fulda (1862—1939) und seine Familie.

Es wollte gerade alles so recht schön sein, Sommer und malen, und dann wird man plötzlich wie in eine schwarze Höhle[1] hinuntergeworfen und kommt erst langsam wieder daraus hervor. Aber ich will davon nicht mehr sprechen. Aber Sie können sich denken, daß ich ein so rasendes Heimweh bekommen hab, wie seit zehn Jahren nicht mehr. Ich bekomme jetzt manchmal Briefe von meiner Schwester[2], und sonderbarerweise tragen gerade die eine solche Husumatmosphäre mit sich, daß ich sie abends überhaupt nicht lesen kann.

Ich möchte doch wissen, wie Ihnen in Paris ist, schreiben Sie doch einmal davon und wie Ihnen jetzt München aussieht. Kommt Ihnen auch die Kaulbachzeit so lange her vor? Ich möchte manchmal gern einen Sommerabend wieder dort in der Küche sitzen, die letzte Zeit war so unruhig, daß man zu keiner rechten Stimmung mehr kam, und das war vielleicht gut. Und dann kam eben gleich alles andere, und nun liegt es so weit fort. Mir ist es eigentlich lieber, alle solche Sachen und Sentimentalitäten bis auf diese Hefe auszukosten. Aber Sentimentalität ist schlimm, wenn man sie allein hat. Ich lese jetzt wieder Jean Paul, und dann wünsche ich mir immer solche Leute, die »aneinander zerfließen« und wundervollen Klimbim um jede Empfindung machen — aber es müßte eben jemand mittun.

Ach Gott, ich sehne mich jetzt vor allem nach jemand, der die Gabe hätte, einen froh zu machen, und das ist vielleicht noch seltener.

Im Herbst fort von München, mutterseelenallein, Gottes Mühlen malen langsam, bis jetzt wenigstens. Aber nachher muß alles um so schneller gehen, trotz aller ungläubigen Schwabinger — ich bin neugierig, wie der liebe Gott sich jetzt verhalten wird. Mit der Lunge richtet er nichts mehr aus, da ich vorsichtig geworden bin.

Mein neuester Plan ist eigentlich, nach Monte Carlo im Winter zu gehen und den abergläubischen alten Herrn zu finden, der mich für sich spielen läßt.

Also Franzl, jetzt schreiben Sie einmal, machen Sie mir recht

---

[1] Der Tod ihres Lieblingsbruders Ludwig im Mai 1906 hatte F. R. schwer erschüttert.

[2] Die älteste der fünf Geschwister, Agnes Gräfin zu R., Stiftsdame in Kloster Preetz.

verlockende Schilderungen, ich möchte auch einmal nach Paris. Wer weiß, ob ich nicht am Ende statt Süden den Winter dorthin komme. Ich weiß ja vor lauter Plänen nicht, was ich will. Manchmal zittere ich davor, doch wieder hocken zu bleiben, aber das darf absolut nicht sein, man muß einmal von München heraus. Gibt es nicht herrliche Lebemänner in P.? und überhaupt die Amour! Also addio und viele herzliche Grüße.

Schloß Winkl [August 1906[1]]

Ich fange jetzt an, mich auf den Winter in Sizilien zu freuen, trotzdem es hier wunderschön ist und ich, wenn's Sommer bliebe, noch endlos da sein möchte. Aber es gibt in diesem traurigen Deutschland ja keinen Sommer.

An Regentagen wimmelt unser Zimmer von Fröschen, Kröten, Schlangen als Modell. Bubi fährt Heu ein und ist wahnsinnig vergnügt dabei. Gott, wenn man doch solch ein Gut hätte. Es ist abscheulich, wieder an gemietete Wohnungen und »Buden« denken zu müssen.

Außerdem trifft man an Münchner Sommertagen immer seine alten Lieben und mag sie nicht mehr. Die Welt nimmt immer ab, Lola und Noeck werden ein Paar und haben dadurch den ganzen Bal paré nachträglich entwertet. Den Strich[2] hat der liebe Gott, d. h. seine Familie wieder zu sich genommen. Ach Gott, Franzl, es ist immer un peu d'amour et puis bonjour.

Schloß Winkl, 5. Oktober 1906

... Anfang September ist Such fort, und Mitte des Monats war ich 14 Tage in München, hatte während dieser Zeit drei Umzüge zu bewältigen. Suchte ein Unterkommen für meine Sachen und zog ein, zwei leere Zimmer bei zwei alten Damen, mit denen ich schon während des Einzugs solchen Krakeel bekam, daß die Sache sofort wieder gelöst wurde. Die eine zitterte mit Kopf und Händen, die andere hatte einen Buckel, und sie benahmen sich derartig molochitisch, daß es eben nicht ging.

---

[1] Die Wohngemeinschaft im Haus Kaulbachstr. 63 zwischen F. R. Hessel und Suchocki hatte sich im Juni 1906 aufgelöst.

[2] Dr. Walter Strich, der jüngere Bruder des Literaturhistorikers Prof. Fritz Strich.

Gott, ist mir manchmal Kaulbachwehmütig geworden, wenn aus irgendeiner Kiste das Schwein herauslugte, es hatte ein Ohr und ein Bein verloren und sah mich vorwurfsvoll an. Dann mußte ich mal einen Tag hereinfahren eines Projektes wegen. Aber vor der Absicht erschien hier der Gerichtsvollzieher und pfändete mir meine ganze »bewegliche« Habe auf eine alte Rechnung hin. Ich empfing ihn erst mit einer großen Geste, weil ich dachte, es gelte Orlowski, mußte dann aber zu Kreuz kriechen. Beinah hätte er mich nicht fahren lassen, weil »Fluchtverdacht« vorliege. Herrgott, dieses typischen Erlebnisses bin ich nun allmählich müde und dachte wieder mit Wehmut an den, der in der Kaulbachstraße an Karnevalsmorgenden kam. Neulich war es auch wieder ein schlechtes Omen, denn das große Projekt ist sehr fraglich geblieben.

Montag. Nein, nun wird's nicht mehr, zu spät. Aber eigentlich genießt man solche Pseudoreise nach Mexiko fast wie die wirkliche. Ich habe in Gedanken schon Hamburg wiedergesehen, auf dem Schiff gesessen, bin durch die Steppen geritten, auf der Farm angekommen, und der Kompagnon fing gerade an, mir langweilig zu werden. Da ist der Traum schon zu Ende. —

Nach Monte Carlo, das ist einer von meinen Lieblingsträumen. Ich bin sicher, daß ich dort mein Genre in Lebemännern mit gebrochenem Deutsch finden würde. Ginge auch jetzt diesen Winter hin, wenn ich einiges Geld für Kleider ausgeben könnte und meinen Katarrh los wäre, der schon wieder chronisch zu werden beginnt. Aber für jetzt lockt mich mehr im Winter die Wärme und abgeschiedene Ruhe ohne Menschen.

Korfu, 8. Dezember 1906

Der Mensch denkt und Gott lenkt, und ich bin in Korfu statt in Dalmatien. Mit einem möglichst langsamen Dampfer, der alle Inseln befährt, heruntergefahren. Als ich dann an die von mir ins Auge gefaßte Lesina kam, sagte ich nein, und fuhr noch zwei Tage weiter bis Ragusa, wo ich eine bleibende Statt zu finden hoffte. Ragusa ist sehr, sehr schön, ganz altes Nest mit bunten Dalmatinern, malerischer Lage, Palmen etc., aber voller Felsen, nirgendwo kann man direkt ans Meer herunter und am Strand hocken. Und Wohnungen unerschwinglich. Da hab ich

eine Woche sitzen müssen, bis der Dampfer ging, und konnte nur über Brindisi nach Italien oder hierher. Es ist hier ganz unglaublich schön, Gott, ist das eine Landschaft, jetzt im Dezember überall grün, und zwischen manchmaligem Regen sommerwarm. Mit Hilfe Dhesyllas'[1], Kätchens einstigem Spezi, hab ich hier in Gasturi ein Zimmer gefunden für 45 Drachmen, während hier überall 60—80 gefordert werden, auch noch eine Küche. Die Kocherei mit Holzkohlen und dem Bild eines griechischen »Patrioten« als Fächer zum Heizen erinnert mich oft an Forte. Das Zimmer sehr klein, ohne Schubladen, es sieht aus wie eine Dultbude. Aber mir ist so wohl hier unter dem griechischen Geschwätz und den Ölbäumen und nach der Herumfahrerei. Die Seefahrten waren sehr schön, aber teilweise sehr stürmisch, die Maus hat ziemlich leiden müssen, während ich auf Seekrankheit ganz talentlos bin. Von Ragusa hierher war ich der einzige aufrechte Passagier, sogar der Arzt kroch nur bei den Haltestationen aus seiner Kabine, um festzustellen, daß alles wohl sei.
In München sah ich diesmal die Bekannten recht wenig.
Maja haust fröhlich bei Fürmann[2], Lisa behütet die Brockdorff-Ehe vor zu großer Langeweile.
Was macht John Jack, hoffentlich finde ich den nächstes Jahr noch vor, ich denk ihn mir in Paris sehr reizvoll.

Korfu, 21. Januar 1907

Nun, so Gott will, sieht man sich nächstes Jahr in Paris wieder. Ich hoff mir vieles davon. Eben das, was in München nicht mehr zu finden ist: »Leben«. Ich lechze manchmal nach neuen Menschen, d. h. hier nicht, hier ist man wie die Treue sich selbst genug, und das ist ein wundervoller Zustand, bis man wieder in die Welt kommt. Ich komme allmählich zu einer stillen Glückseligkeit. Man hat eben Griechenland und Süden gefühlt, das ist wie ein Stück innerer Heimat. — Gott, ich red schon so daher, als ob mir ein Strahl von Hellas aufs Haupt gefallen wäre. Aber wenn blauer Himmel ist und ich einen Haufen zerlump-

---

[1] Dhesyllas — ein griechischer Bekannter vom Aufenthalt in Kleinasien 1900 und auf Korfu 1907.

[2] Pension Fürmann, bekannter Künstlertreffpunkt in München, Belgradstraße 57.

ter Griechen vor einem Kafenion oder Eselsjungen sehe, wird mir heimatlich wie in Samos, wo ich am liebsten gar nicht mehr fortgegangen wäre. Die Leute sind bei all ihren üblen Seiten immer vergnügt und immer liebenswürdig. Warum nur hat man immer Wolken über den Seelen, wenn man unter Menschen lebt, und das dauert eine ganze Zeit, bis sie weg sind. Und dann wird man erst der richtige Mensch, und die Brille auf alles wird rosig. Ich hab immer das Gefühl, so war man ursprünglich, eh die Legionen über einen wegtrampelten, und würde es auch wieder, wenn die Leut wenigstens andere Stiefel anhätten. Über dieses Thema ließe sich viel reden, wenn wir in Kaulbach auf der Bank säßen oder mit der Lampe in der Hand vorm Zubettgehen.

30. Januar. Gestern kam eure Bauernballkarte. Ach Gott, ich käme gern einmal auf einen Sprung in eure Mitte. —

Mein Brief schaut schon so aus, daß ich ihn kaum abschicken mag, aber das ist griechisch. Ach, es ist überhaupt so schön griechisch hier, und das entzückt mein Herz, nur sollte es Sommer sein, d. h. die Landschaft ist auch bei Unwetter schön, wundervolle Wolken, überhaupt hat sie etwas Leidenschaftliches bei aller Süße. Aber es ist fad, nicht mehr draußen sein zu können. Aber das gehört zu den Pestilzen[1]. Wenn ich übersetzte, würde das schönste Wetter sein. Neulich gab's sogar Schnee und Eis, seit dreizehn Jahren zum erstenmal — also extra für mich. — Haben Sie am Bauernball wieder unter den Tannen gepolstert?

Rom, 27. Februar 1907

Rom ist momentan noch eine große fremde Stadt, und ich habe elend Heimweh nach Gasturi. Gott, ich wär auch so gern noch geblieben, aber es ist mir andauernd schlecht gegangen. Ach, Franzl, der liebe Gott ist ein fabelhafter Mann — daß er mich da, wo mir sonst so wohl war, wieder fortsekkieren mußte.

---

[1] Pestilzen — Aus dem Tagebuch Fanny Reventlows: »Bubi las mir neulich vor: ›Gott schlug Ägyptenland mit Plagen: Heuschrecken, Pestilzen‹ usw. Dachte daran, wie Franzl mich oft mit Ägypten und seinen sieben Plagen verglich — ach ja, die Pestilzen — aber das Wort ist tröstlich.«

In Neapel wollte ich nur einen Tag bleiben, um Pompeiji zu sehen, aber es war den ersten Tag geschlossen, und so wurden es zwei, und ich lernte einen entzückenden Engländer kennen, der mich spät abends, als alles im Hotel schlief, in ein eigens zu diesem Zwecke gemietetes Bubenkostüm steckte und dann mit mir in ein Homolokal ging — aber um Gottes willen dieses nur für Ihre Ohren — es war ein wenig schlimm, aber fabelhaft komisch, ich kam mir so schön karnevalistisch vor. Ich hatte eine schwarze Perücke auf und war so zurechtgeschminkt, daß ich mich selbst gar nicht mehr erkannte. Es war Musik da und andere Mignons, die tanzten. Drei alte Herren haben mir ihre Adresse gegeben und eine Stunde zum Kommen. Und der eine drückte mir im voraus 50 frcs. in die Hand. Der Englishman hatte eine wahnsinnige Freude und wich Gott sei Dank nicht von meiner Seite und erklärte mich energisch für seinen Boy.

Den nächsten Tag bin ich dann nach Pompeji, das wirklich fabelhaft ist, und ließ mich in Anbetracht der 50 Lire verleiten, auch noch nach dem Vesuv zu reiten. Aber das war eine böse Strapaze — ich hatte momentan ganz vergessen, daß mir alles mögliche fehlte, und bin heute noch ganz kaputt davon —

Tröstlich war es, daß die Pferde Beefsteak und Maccaroni hießen und oben mit Wein getränkt werden mußten. Dabei kam man sich vor wie ein römischer Kaiser. Dann kam noch eine tumultuarische Rückfahrt, der Kutscher war gänzlich betrunken und wollte mich nicht für den ausgemachten Preis fahren. Als ich energisch ablehnte und ihn ersuchte, schneller zu fahren, fuhr er zur Strafe 1½ Stunden im Galopp, so daß man an jeder Ecke seine Seele Gott befahl. —

Sollte ich den Sommer nicht in Winkl schinden können, so käme ich gar zu gern von da nach Paris. Vielleicht kommt inzwischen auch der Mann mit dem Kinematographen und fängt mich weg. Ich soll mit, um zu repräsentieren und Sprachen zu reden. Auch dieses Geheimnis, d. h. daß es sich um Kinematographen handelt. Mich lockt dabei, in lauter fremde Länder zu kommen, zuerst nach Kreta, Malta, Zypern, Smyrna etc. Was könnte man da alles malen und sehen. Und dabei noch verdienen, was man braucht. Die Sache ist nur noch unsicher, weil er durchaus möchte, ich sollte 1000 M. hineinstecken, was ich weder kann, noch will. Engagieren sie mich trotzdem, so tu ich es natürlich auf ein bis zwei Jahre.

Morgen abend sitze ich schon in meinem Zimmer mit lauter Majolikavasen und bin so neugierig, wie die Zeit hier wird, ob mit Menschen oder ohne, und ob man Rom »erleben« wird. Am Neapel vedere bin ich nicht gestorben und hab gedacht: tant de bruit pour une omelette, nur Pompeji, der Abend auf dem Vesuv und die Diana von Ephesus im Museum waren »fabelhaft«. Aber die Stadt an sich — Gasturi ist tausendmal schöner.

Rom, den 6. März 1907

Eigentlich finde ich es ja dumm, daß ich hier sitze und Geld brauche, d. h. wenn man erst etabliert ist, lebt man billig, aber unter uns gesagt, Rom ist doch nicht Rom, wenn man auch manchmal einen Charcutier findet, der aussieht wie die alten Kaiser. Man wird wieder so deprimiert über den modernen Menschen — in Paris denke ich mir, wird man ihn gerade umgekehrt lieben.

Es ist ja schön und mir auch lieb, es nun einmal zu sehen, aber es reut mich ein wenig, daß ich nicht allen Pestilzen zum Trotz in Gasturi geblieben bin.

In meiner Bude ist es sehr wohlig und sympathisch, und man kann hier zu schön im Pincio und im Borghese-Park lustwandeln. Das freut mich vorläufig am meisten und kommt mir am Romsten vor. Und die Peterskirche, na ja, wenn ich nicht an Gasturi denke, bin ich doch recht gern eine Zeitlang hier. Aber zum Hierleben würde ich nicht hergehen, ich würde mich immer ärgern, daß nicht einer von den alten Palazzos mir gehört und ich nicht die Radler und Fußballeute — denken Sie einen Fußballklub im Borgheseschen Park — hinausteufeln könnte. —

Franzl, der Kinematographenmann heißt Kunibert Koralewski, man kommt sich dabei vor, als ob man noch 17 Jahre alt wäre. Übrigens ist frühestens im Herbst davon die Rede, und nur, wenn er mich richtig engagiert und mir die Reise zahlt.

Noch hat es Zeit.

Ach, und überhaupt der Neapel-Engländer hat mir geschrieben, ich sollte nach Alexandrien kommen; hätte ich ihn nur besser aufgeklärt, aber ich habe ihm alles mögliche vorgekohlt, und er hält mich für wohlhabend und extravagant. Und gerade der hätte mir gefallen. Wenn ich ihm nun schreibe, daß ich eine brotlose Gräfin bin, ist er natürlich enttäuscht — was würden Sie tun? — Es ist wirklich nicht leicht, nach Kuniberts und diesen englischen Lockungen wieder sang- und klanglos in München zu sein. Ach, Franzl, das Leben ist wirklich Melange und ein merkwürdiger Charakterzug meines Schicksals, daß immer ein Zipfel vor einem auftaucht, den man hätte erwischen können.

Aber ich glaube, der Englishman war homo. —

Und hier treten einem langweilige Italiener nach, die so gar keinen Charme haben — o quelle vie et quel monde, wie einst das Reptil ausrief, als ganz Paris ihm zu Füßen lag. —

Es ist komisch, aber wahr, bei mir hängt der Unternehmungsmut immer mehr vom Geld ab! Man geht nicht mehr mit Todesverachtung mit kaputten Stiefeln durch große Städte, und die Energielosigkeit gegen Kleinigkeiten nimmt zu. Das ist in München so befreiend, daß alles egal ist. —

— Und Kunibert verheißt mir »elegantes Leben« — aber ich muß abends Billetts verkaufen.

Gott, ich schreibe heute soviel Blödsinn zusammen und werde so intim.

Ach, Franzl, es ist immer zu wenig Wärme und zu viel Mißverstehen und zu viel Nervosität zwischen uns heutigen Menschen. Man merkt's erst wieder, wenn man wieder allein und weit weg ist, und begreift es dann gar nicht mehr.

Alle haben zu wenig Platz und zu viel Schwierigkeiten, und dann kriegt man Nerven.

Auf die schieb ich alle Bitternis des Lebens und zwischen Menschen. Ich fühle manchmal, daß ich ein Engel wäre, hätte ich bessere.

Rom, 18. März 1907

Ich habe neulich gelästert. Rom ist doch wundervoll, ich schlinge es jetzt in mich hinein mit dem aufregenden Gefühl der kurzen Zeit, momentan jeden Vormittag in die Sixtinische und sonst zu den Antiken in den Museen oder in die Kirchen. Sonntag war ich auf der Via Appia, und Bubi hopste zwischen Gräbern und gruselte sich vor Cäcilia Metella.

Man fängt wirklich an, das moderne Rom zu vergessen, von dem mich nur die vielen Pfaffen freun. —

— Bams und Majas Erscheinen waren sehr überraschend — das Telegramm war verkorkst in: Maria e Bambo vengono — und ich meinte zuerst, es wäre die Muttergottes, die käme.

Rom, 23. März 1907

Lieber Franzl, muß ich wirklich als böse weiße Katze in der Kaulbachstraße spuken? Ach Gott, wenn ich an die Jahre denke, die mit Klagesbruch und dem Debakel des großen Schwabing anfingen und mit manchem andern weitergingen, dann denke ich manchmal, wie ungünstig der liebe Gott sein Programm macht. Manches sollte zu ganz andern Zeiten geschehen, wie es wirklich tat. Z. B. Kaulbach fiel in meine ungünstigste Zeit hinein, nicht äußerlich, aber innerlich, nämlich nach einer langen Alleinigkeit, und nicht gerade nach großen Stürmen. Was für ein Sturm die Klageszeit war, habe ich erst lange nachher gemerkt, als es ganz vorbei war. Überhaupt tausend Sachen, die mir damals den Kopf schwer machten, sind jetzt erst glücklich entschlummert, und mir ist jetzt so ungeheuer sturmfrei zumut nach diesem Winter, daß es tatsächlich ein fortwährendes inneres Vergnügen ist. Ich wollte nur noch einmal vier Monate so allein sein — na, aber jetzt gedenke ich es auch in München durchzuführen und mit einem »gesammelten« Fleiß hinzugehen, der fabelhafte Früchte tragen soll. —

Lotte Pritzel[1] habe ich auch sehr gerne mögen — wenn sie nur nicht noch von Schwabing verdorben wird — aber ich glaube, bei ihr hat's keine große Gefahr.

Ach, dieses München, das nichts tut als Herzen zerbrechen und Nerven verwirren.

München [Sommer 1907]

Ach Franzl, bei mir ist jetzt ein komisches Gemisch von himmelhochjauchzend und zu Tode betrübt, so geladen auf lauter schöne Lebensmöglichkeiten und so viel Müdigkeit abgeschüttelt — und

---

[1] Lotte Pritzel — Kunstgewerblerin, bekannt durch ihre bizarren Wachspuppen.

so viel lieber Gott. Denken Sie nur, ich bin wieder krank, richtig krank mit inneren Geschichten. Es spielte schon den ganzen Winter in Korfu, aber ich hoffte immer, es wäre nur Regen und Bagatellen, nun scheint es aber doch ziemlicher Ernst zu sein. Ich muß alle Tage ins Krankenhaus gehen zu einer langwierigen Behandlung, im übrigen liegen, sich schonen, alles, was das Herz erfreut, verboten, Wein, Weib, Gesang, radeln, tanzen, gehen und die angenehme Aussicht, daß es doch mit einer nochmaligen großen Operation endet, wenn die Behandlung nach einem Monat nicht genug wirkt. Ist das nicht ein Blitz aus heiterem Himmel? Ach, Franzl, fluchen Sie etwas mit mir — was soll ich nun mit meiner ganzen Lunge, die war so viel tröstlicher. Denken Sie nur, wenn er mich jetzt wirklich endgültig vernichten will und mit dieser teuflischen Bosheit, mich den Winter ahnungslos reisen zu lassen, wo ich Geld und Zeit lieber hierauf hätte verwenden wollen, wenn ich's gewußt hätte. Das Schlimme ist, daß es so recht wirklich und wahr ist.

Aber Schwabing gegenüber nichts erwähnen, Franzl, wie überhaupt, wenn ich Ihnen irgend etwas schreibe. Ich bin hier schon ganz elend auf die Stürme, die jedes gleichgültige Wort, das man fallen läßt, hervorruft, sofort schwirren zwanzig Klätsche einem in die Ohren. Es ist die einzige Existenzmöglichkeit, sich um niemand zu kümmern und nie ein Wort zu sagen.

Ich gehe zu niemandem hin und sehe nur, wer zu mir kommt, Stern[1], Roché[2] und die Lotte, die mir immer lieber wird. R. auch, ich bin sehr traurig, wenn er wieder fortgeht. Dann bleib ich hier recht alleine mit den ganzen 70 Pfund Elend. Ich möchte jetzt viel lieber wahnsinnig verliebt sein und bin es eigentlich auch »trotz allem«. Nur wenn ich manchmal sehr arge Schmerzen habe, bin ich etwas geknickt, aber sie dauern Gott sei Dank nie lange.

Schön war das »Korallenkettlein«, wo absolut alles versammelt war, Schuler, Klages, Helene, die Adams und Unzählige. Mir gefiel das Stück, es ist so wundervoll Dülbergisch[3], daß man seine anderen Seiten ganz vergaß. Und er selbst, wie er als Autor er-

---

[1] Der Privatgelehrte und Philosoph Paul Stern.
[2] Der französische Schriftsteller Pierre Henri Roché.
[3] Franz Dülberg (1873—1934), Kunstschriftsteller.

schien, war direkt zum Umarmen — ganz aufgelöst, als der Vorhang etwa zum dritten Male aufging, fiel er Falckenberg vor Begeisterung um den Hals.

Aber Gott weiß, warum ich Ihnen von München schreibe, wo Sie doch in Paris sind. — Schreiben Sie doch wieder einmal, und seien Sie mir ein bissel gut, ich glaube, Sie traun mir im Grunde nicht recht, und das ist auch meine eigene Schuld, aber mich reut manches Vergangene, ich habe lange auf der falschen Seite gelegen, und deshalb auch war die falsche nach außen. Man ist manchmal wie ein verstimmtes Instrument, wenn lange schlecht auf einem gespielt wird, und ich kann jetzt erst wieder richtig sein, weil es mir wieder richtig ist.

München, 10. Juni 1907

Ich grolle nicht — (die Schlangen, die mir am Herzen fressen, kennen Sie ja. Nur Sie haben mir nie geschrieben und ich Ihnen mehrmals. — Und ich habe auch keine Attentate mehr auf Sie — erst wollte ich Sie nämlich bitten, statt der treulosen Maja mich diesen Sommer mitzunehmen, oder habe ich Ihnen das damals überhaupt geschrieben?)

Ich dachte wirklich, ich könnte es hier nicht aushalten und wäre gern mit Ihnen zusammen gewesen. Kriegen Sie nur keinen Schrecken, das »Wahnsinnige meines Unterfangens« ist mir schon selbst klar geworden, nämlich Ihnen so mir nichts dir nichts zuzumuten, noch einmal meine scheiternde Existenz ins Schlepptau zu nehmen. — Ich werde auch ohne das noch einmal Gelegenheit finden, daß Sie mich »ganz verstehen«.

Ich fühle mich heuer so angenehm vogelfrei in jeder Beziehung und bin dahintergekommen, daß das meine eigentliche Bestimmung ist. Manchmal hab ich beinah Angst, daß ich wieder zu jung werde, ich ertappe mich in allen möglichen Sachen darin. Wenn ich ganz gesund wäre, möcht's recht schlimm werden, aber noch bin ich es nicht ganz, trotzdem es mir viel, viel besser geht. Ach, Franzl, das Leben ist wirklich eine Kuchenbude, in der man geprügelt wird. Aber die Kuchen sind doch auch da.

Leider gibt's gar keine Schwabingiana zu erzählen. Warum denn schreiben Sie mir gar keine richtigen Franzl-Briefe mehr — nur weil, wie Sie schreiben, alles immer zu spät zu Ihnen kommt? Dummer Franzl, es gibt überhaupt kein Zuspät, wenn etwas früher nicht kam, so war damals eben nicht die richtige Zeit dazu. Diese Weisheit hab ich auch noch nicht lange gelernt, aber jetzt hab ich sie.

Gute Nacht, ich fange mich an zu gruseln, weil's schon spät ist und immer knarrt. — Wie man jetzt im Sommer an die Kaulbachstraße denkt —

München, 3. Juli 1907

Ich hatte schon einen langen Brief an Sie geschrieben, aber er war zu — zu, na, zu herzausschüttend, und so zerriß ich ihn wieder. Ich weiß nicht, was mit mir los ist dieses Jahr, oder nur inzwischen mit mir los war. Mir ist ungefähr so wie einem Wasser mit lauter Eisschollen, ich fühle mich so aufgetaut und immer ärger auftauen, alles poltert durcheinander, kurz, na, ich will nicht wieder einen Zerreißbrief schreiben. Sie mögen mich ja auch viel lieber in gefrorenem Zustand und verstehen »dies andere« — was ja doch schließlich viel wirklicher ist — glaube ich, bei mir kaum. Das Leben ist so besoffen, ach, Franzl, man glaubt, man wäre nun eigentlich beim Dessert, und auf einmal fängt man wieder an in sich hineinzuschlingen, als ob das ganze Diner nicht gewesen wäre, und wieder gerade dann der rächende Gott — es ist direkt ungeheuerlich, wie er diesen Sommer auf meine Gesundheit losgeht. Es hat wirklich den Anschein, als ob er endgültig demolieren wollte, und ich habe jetzt nur wilde Auflehnung dagegen.

Ach Gott, nur still davon, aber mir scheint, es ist vorbei mit den Zeiten, wo ich stumm alles hineinschluckte, ich möchte jetzt immer in alle Gefühle, gute und schlimme, ausbrechen, kann absolut nicht allein sein und mich vornehm verschließen, auch nicht arbeiten . . .

Gott, Franzl, manchmal könnte ich Sie beneiden um Ihre ganze Verfassung dem Leben gegenüber — bis auf die platonischen Harems, aber sagen Sie nicht wieder solche Sachen von Komischfinden — dummer Franzl, das ist nicht wahr.

6. Juli. Ich komme nie zum Schreiben, bin diese letzte Woche total verbummelt. Immer nur ein paar Stunden geschlafen — heute ist wieder ein Fest. Jetzt ist wieder sommerliches Leopold,

wo man allabendlich strandet. In meiner Wohnung kann man vor Hitze überhaupt nicht existieren.

Mitte Juli gehe ich nach — Ascona, um mit Mühsam gemeinsame Raubzüge zu machen. Er hat dort schon eine Art festes Engagement für mich. Mein Traum ist, diesen Sommer so viel zusammen zu bringen, daß ich nach Schleswig-Holstein fahren kann, und es scheint diesmal gelingen zu wollen.

Arbeiten tu ich überhaupt nicht mehr, das soll nun einmal nicht mehr sein, aber ich hab oft Heimweh danach. Nur lernt man allmählich alles so zu nehmen, wie es kommt.

10. Juli. Gottes Mühlen mahlen langsam mit diesem Brief, nicht wahr? Und mit mir auch.

Nachdem ich diese endlose Kur durchgemacht habe, erklärt mir der Doktor, daß ich mich doch operieren lassen muß. — Aber ich schiebe es bis zum Herbst hinaus, wenn ich auch nicht recht gesund bin. Schon wegen Geld, bis dahin hoffe ich bedeutend reicher zu sein und Sie auch davon zu überzeugen, daß ich es doch noch einmal fertigbringe. Ich bin diesen Sommer schon ziemlich tief gesunken und ganz stolz darauf. Und Ascona mit Mühsam als Impresario —

Ich werde mich am 10. Oktober im Krankenhaus stellen — oder ich müßte jetzt gleich dran, aber ich kann einfach nicht.

München, Ende August 1907

Schreiben Sie mir doch recht oft und trösten Sie mich etwas in meiner Bresthaftigkeit. Ich war schon ziemlich auf dem Damm, aber bei der Übersiedlung hab ich mich wieder zu viel bewegt. So liege ich nun wieder mit Bauchweh herum und fürchte, die Ärzte, die gleich ein langes Nachspiel weissagten, haben recht, die verdammten Unglücksraben.

Jetzt lebe ich friedlich hier oben unterm Dach, bei blödsinniger Hitze, zwischen Diwan und Schaukelstuhl und bin trotz allem Kreuz und Ungemach sehr vergnügt. Im Allgemeinbefinden fühl ich mich doch bedeutend wohler wie in diesem üblen Sommer, wo mich wirklich eine gelinde Verzweiflung befiel, was eigentlich mit mir los sei. Es ist wirklich mein Pech, daß ich mich zu wenig krank gebärde, sonst hätte man die Sache schon vier Monate früher gemacht. Der Doktor war nachträglich sehr entsetzt, daß ich mit der Geschichte so lange herumgelaufen wäre, und ich sehr erstaunt, nachdem ich mich auf eine Bagatelle gefaßt gemacht hatte, als Schwerpatient von langen Gesichtern umgeben zu erwachen. Nach den ersten Tagen, die wirklich sehr arg sind, und wo einem Leben oder Sterben absolut gleichgültig ist, war es dann eigentlich eine ganz stimmungsvolle Zeit, von der ich fast ungern Abschied nahm.

Gehen Sie nun direkt nach Paris zurück? Ach Kinder, ich käme so gern auch hin. Überhaupt wären jetzt so schöne Reisemöglichkeiten gewesen. Holland oder Südfrankreich, und ich muß zu allem nein sagen, weil die dummen Kerle mich nicht schon im Frühjahr geschlachtet haben.

Ich fange erst an, mich zu finanzieren. Ich finde, das Leben macht immer mehr Vergnügen statt weniger.

2. September

Heute bin ich anderer Ansicht. Dieses Schreiben besteht nämlich schon seit 4, 5 Tagen und der liebe Gott schlug mich wieder mit elenden Schmerzen, Hiob ist ein Waisenknabe gegen mich, Franzl. Ich dachte schon, es würde ein ernstlicher Rückfall, und dann wäre guter Rat billig gewesen, aber nun macht es sich schon wieder, hoffe ich. Ach, guter Franzl, es ist einfach entsetzlich, so viel Geduld »üben« zu müssen, wenn man sie im Grunde gar nicht hat. Nach diesem ganzen Schweineschlachten möcht es nun doch genug sein. Aber ich fange an zu fürchten, daß die Sache endlos wird und ich mich ins Morphium stürze.

Aber genug davon, brechen wir dieses Thema ab.

Ich lese jetzt aus Verzweiflung den ganzen Shakespeare durch und Plutarch. Von »Antonius und Kleopatra«, wie sie den Klub der unnachahmlich Lebenden gründeten, ganz Schwabing!

München, 7. Oktober 1907

Ihr Champagner-Brief war ein richtiger Franzl-Brief, ich saß in dem Augenblick, obgleich es Sonntag morgen war und Sie längst nicht mehr tranken, mit dabei mit euch beiden, und hörte Sie sagen: »wie er moussiert und doch nicht moussiert.« Guter Franzl, ich hab Sie doch sehr gern, und Sie haben mir oft gefehlt. Ich hab oft gedacht, wie nett es wäre, wenn Sie jetzt hier

wären, gerade jetzt. Sie müßten recht viel bei mir sitzen, und
wir würden endlos schwätzen.

Guter Franzl, Sie fehlen mir wirklich, es war eine recht schöne
Zeit, wie wir abwechselnd in dunkler Jägerstraße und hellem
Hofgarten hockten. Denken Sie nur, die Chysanthemen vom
Leopold-Nachmittag blühen noch immer.
Heute ist der erste Tag, wo ich in etwas menschenwürdiger
Verfassung bin, ach, Franzl, der liebe Gott, der liebe Gott. Die
Woche hat mich gründlich vorgehabt. Donnerstag sollte Alter-
Herren-Abend sein und Er hat die ganze Naturgeschichte abge-
ändert, damit ich nicht hinkönnte. Und derweil ist er jetzt auf
drei Wochen verreist (nicht der liebe Gott, leider!) und ich sitze
in der wahnsinnigsten Tinte . . .
Kurz, es war einfach abscheulich, aber wenn es so ganz wüst ist,
kommen gewöhnlich bessere Zeiten. Einstweilen wird nun auf
Ausruhen und Tugend trainiert, um in drei Wochen zu siegen.
Manchmal möcht ich mich doch am liebsten totschießen, wenn der
Betrieb nicht einmal anders wird. Ich werde doch mein ganzes
Leben wie in einem verhexten Kreise herumgetrieben, wenn etwas Angenehmes kommt, weiß ich schon vorher ganz totsicher,
daß der liebe Gott seine Pfoten wieder dazwischen steckt.
Ja, Franzl, ich bin nun neugierig, ob Sie im Karneval kommen
werden. Da ist eigentlich gar nicht mehr lang hin. Da wollen
wir einmal ganz heimlich und abseits auf schofle Redouten gehen und neue Karnevalsreize erfinden. Ich mag überhaupt weder mehr etwas tun, noch an irgend etwas denken müssen. Ich
möchte nur herumtreiben, sich lieben lassen und vergnügt sein.
Alles andere ist von Übel und ist lieber Gott.

Heut morgen, gerade als ich den ungeheuren Karnevalskater
ausgeschlafen hatte, kam Ihr Brief. Ach Gott, das war wieder
einmal so schön. Aber sonst ist alles recht mies. Bubi drei Wochen
mit Scharlach im Bett und etc. Überhaupt, Franzl, ich will nicht
mehr und mag nicht mehr. Die ganze Sache muß einmal gründlich auf den Kopf gestellt werden. Ich habe mich mit schwerer

Mühe entschlossen, Bubi fortzugeben. Was ich mit mir selbst vorhabe, wird vorläufig noch verschwiegen, vielleicht wird es sehr nett, vielleicht sehr greulich und ein Ende mit Schrecken. Kurz, es wird jetzt einmal gründlich va banque gemacht. Wahrscheinlich bis 1. April. —

Mir ist so sehr bange, und mein Herz ist ganz in Fetzen.

Wenn Bubi erst fort ist, werde ich mich ganz in den Schlamm der Welt werfen, und der schöne Gott wird einigermaßen tot sein.

Aber ich muß von hier fort — München mordet uns alle.

Und bitte zu niemand etwas von meinen Plänen sagen, ich will mit einemmal fort sein.

Ascona, 28. November 1910

Da sind wir, gestern abend angekommen. Die Ankunft war etwas unheimlich, alles stockfinster, und man kannte sich nicht aus. Erst gerieten wir dann in ein Restaurante al Lago, wo man uns ein ziemlich übles Zimmer gab. Dann zogen wir im Dunklen los und entdeckten den Albergo Quattrini, zogen noch selbigen Abend um, und da ist es wirklich sehr nett. Ascona heut morgen bei Tageslicht war eine freudige Überraschung, es ist sehr schön und sehr sympathisch. Wir wanderten zum Monte Verità, wo die Vegetarianer hausen. Die erste Begegnung war ein alter Russe, der berlinisch sprach, in einem Glashaus wohnte und Pfefferminztee kochte und mich über Wohnungen orientierte. Die zweite — Yello Wagner mit Weib und Kind. Die dritte ein Bergesalter, der jetzt Behausung für uns sucht. Wahrscheinlich bekommen wir ein Häuschen für uns, und ich habe das Gefühl, daß es sich hier sehr nett bleiben läßt. Propheten sind hier im Winter fast gar keine da.

Der Idiot — ich habe noch gar keine Lust, ihn zu interviewen, aber schon in Erfahrung gebracht, daß er ziemlich verkommen sein soll und ganz taub. Es ist auch noch ein Bruder von ihm da, welcher nach Aussage des Bergesalten ein sehr feiner Herr ist. Na, man wird sehen, ich gewähre mir noch eine Frist von drei Tagen. Aber was soll ich tun, wenn er zu wüst ist? Schreiben Sie bald, Franzl, es kommt mir immer noch unwahrscheinlich vor, daß ich nicht mehr in Paris bin — aber weit lieber hier wie in München.

Ascona, 9. Dezember 1910

Ich habe jetzt geradezu Lust, etwas zu tun, erst die Übersetzung und dann Selbstgeschriebenes. Ich glaube, ich werde die Briefe an Franzl zwar an Franzl schreiben, aber sie dann in »Teegespräche«[1] umtaufen. Was meinen Sie?

Heut las ich im Bädeker von Paris, den Gaupp mir geliehen, den ich dort nicht ein einziges Mal angesehen habe — das und der Detektivroman, den ich übersetzen soll, ist die ganze Bibliothek. Bubi muß ich endlos von Paris erzählen, vor allem von der Baltin-Katze, und der schwarze chat sitzt neben ihm und macht glühende Augen und eine pose principale.

Leben Sie wohl, Franzl, hier kann man so schön Briefe schreiben, und es ist auch sehr nett, welche zu kriegen, wenn morgens der hinkende Postbote den Berg heraufgekrochen kommt.

Ascona, 5. Januar 1911

Ich habe lange mit Schreiben gezögert, die Übersetzung verbrannte mir das Hirn und der Ofen die Pfoten. Und mir war überhaupt sehr ungemütlich. Hier ist mir so fad, es hatte nur auf den ersten Anblick allerhand Charme. Aber ich mag schon Ascona nicht mehr, und mir gruselt vor dem Frühjahr, wo gewiß die greulichsten Leute herkommen. Na item, wie Sie zu sagen pflegen.

Aber ich habe inzwischen große Energie entfaltet. Idiot[2] hat gar nicht gestimmt. Es ist ein Seeräuber. Wettergebräunt, angezogen wie ein russischer Matrose oder ähnliches. Reithose und russische Bluse, versoffen und tatsächlich ganz taub. Man verständigt sich nur schriftlich oder brüllt einzelne Worte. — Aber ein netter Kerl, anständiger Charakter, chevaleresk, was bei diesem Aufzug sehr komisch wirkt, ziemlich verrückt, hat Angst vor Frauen, weil er fürchtet, sie möchten ihm den Kopf abreißen, und vergewaltigt sie dann aus Angst.

(Dies aus Erzählungen, nicht aus eigener Erfahrung.) Sehr pri-

---

[1] »Teegespräche« — Der endgültige Titel des Buches hieß dann »Von Paul zu Pedro«.

[2] Der russische Baron von Rechenberg-Linten. Die Trennung der Formalehe fand wenige Monate später statt.

mitiv, sein Traum ist, in Sibirien wieder Goldwäscher zu sein. So Sachen hat er in seiner Jugend getan.

Unsere ersten Rendezvous fanden im Albergo vor dem Kamin statt, und ich hatte immer das Gefühl, es sollte ein Verbrechen begangen werden. Alle Vereinbarungen wurden mit wilden Schwüren und Händedrücken bekräftigt. Für Bubi schwärmt er, und Bubi hat es sehr imponiert, wie er eines Nachmittags mit einem großen roten Regenschrim aus dem Dickicht hervorbrach und erklärte, er würde ihn als seinen »Blutssohn« annehmen und zu seinem Erben einsetzen.

Kurz, wir sind ein Herz und eine Seele, nur wie gesagt, ist es ungemein schwierig, Gespräche zu führen.

Dann stellte sich heraus, daß sein Vater zur Zeit in Locarno ist. Und ich mußte mich einem Interview mit dem Schwieger-vater unterziehen. Er schien zwar etwas erstaunt und anfangs leise mißtrauisch, aber ich habe doch mit Glück den guten Engel posiert, und er mußte anerkennen, daß sein Sohn in letzter Zeit manchmal nüchtern gewesen wäre.

Das ist nämlich ganz komisch, er hat tatsächlich die Idee, daß er nicht mehr trinken will, weil er eine Frau und einen »Blutssohn« hat.

Ich wollte nur, der ganze Kelch wäre erst vorüber und es käme Geld, und ich könnte mich drücken.

Aber genug, genug — ich hoffe baldmöglichst nach Locarno überzusiedeln. Im Frühjahr soll es furchtbar sein, überall nackte Haarmenschen, die Sonne und Luft baden. Kurz, man ist krib-belig und möchte sich verändern.

Ascona, 2. Februar 1911

Gestern hab ich meine Papiere ans Konsulat zum Beglaubigen geschickt, das ist nun wohl der letzte Schritt. Das ganze Dorf gratuliert mir jetzt, und mir kommt diese Position als Bandi-tenbraut sehr komisch vor. Neulich begegnete uns der Seeräuber auf der Landstraße und erklärte, er habe für Bubi einen jungen Tiger gekauft. Wir zweifelten keinen Moment und waren et-was enttäuscht, daß es nur eine Tigerdogge war, noch ein ganz junges Tier, er hat sie dann im Dorf in Pension gegeben. Na-türlich will Bubi jeden Tag sie besuchen, wir sitzen dann am Kamin in einer Italienerstube, Bubi hält seinen Tiger stundenlang auf dem Schoß, und ich habe einen jugendlichen Verehrer aus dem Volk; es ist alles ganz schön, ein ganz guter Ruhepunkt, nach den letzten Jahren hier zu sitzen und Seeräuber zu heiraten, statt München mit Herzeleid, Glück und Zappelei.

Ascona, 1. April 1911

Ich wollte längst schreiben, aber es war wieder einmal Ägyptenland, und jetzt ist Übersetzung, Übersetzung. Ich bin ganz verzweifelt mit diesem Buch, und es läßt sich so gar nicht schwindeln dabei. Es macht mich schon ganz nervös, daß ich zwischendurch aufs Standesamt gehen muß, mich trauen lassen. Jetzt hat das Aufgebot in den Münchner N. N. gestanden. Man schreibt mir, daß es sehr feudal aussehe.

Mit dem promesso sposo bin ich ganz zufrieden, es entspinnt sich so etwas wie eine vage persönliche Beziehung. Wenn er sich sehr besauft hat, bringt er mir am lendemain Pralinés und Zigaretten und bittet, ich möge ihm nicht grollen. Und wenn mir etwas fehlt, bringt er Orangen – also ganz bestimmte Abstufungen. Überhaupt ist es etwa so wie ein wildes Volk, das seiner Gottheit Opfer bringt. Die merkwürdigste, aber sehr nützliche Gabe war eine ungeheure Säge, mit der man die dicksten Bäume absäbeln kann. Der Schwiegervater hat sie natürlich zahlen müssen, und die Kräche nehmen kein Ende. Es gibt überhaupt immer schöne Geschichten, neulich schwankte der Gatte schwerbetrunken durch Ascona, und der Dorfidiot (der Sohn einer Familie, wo die Lebewelt sich abends am Kamin versammelt) stand vor der Haustür und schrie laut: er würde es nie zugeben, daß die bella contessa diesen bollardo heirate.

Dann gibt es noch Wasja, einen melancholischen Russen, der natürlich in Sibirien gesessen hat, und den Rechenberg sich zum ständigen Gefährten erwählt hat. In der Früh weckt er ihn und fragt: »Wasja, glaubst du, daß meine Herrin immer gut gegen mich sein wird?« Wasja macht sich sehr nützlich, zimmert Tische und stiehlt Holz, wenn wir eins brauchen. Er kommt dann zum Abendessen mit zwei Äpfeln in der Tasche, und nachher ziehen wir unsere Mäntel an, nehmen die Laterne und gehen stehlen. Wasja und der Impresario schleppen die ungeheuersten Balken und zersägen sie dann bei Laternenschein in der Küche. Kurz, man wird von dem kleinen, aber konzentrierten Hofstaat »auf Händen getragen«.

Unser Turm ist berauschend, ich werde gelegentlich mal eine Zeichnung davon schicken. Ach, ich wollte nur, das abscheuliche Buch wäre fertig und ich könnte in vegetativer Ergriffenheit draußen unter dem Lorbeerbaum sitzen. Ich hab jetzt so viel Seelenruhe und kein Gezappel, und das muß ich mir durch die Hetzerei wieder verschandeln. — Nur aus dem fernen München klingen dramatische Töne herüber — Adam kämpft immer noch mit meinem Hausherrn um meine Möbel, die inzwischen an ihren eigentlichen Bestimmungsort, die Pfandkammer, gewandert sind, und der Verlag Axel Juncker protestiert gegen das Erscheinen von »Ellen Olestjerne«, weil ich ihm bisher die Restexemplare noch nicht abgekauft habe. Und ich habe das angenehme Gefühl, daß sich die andern zerfleischen ohne mich. Hier vergiftete sich inzwischen ein Mädchen, das mit Dr. Gross[1] hier war, und das war große Panik, Prozesse etc. Auch Bubi fängt schon an, von Unterbewußtsein zu reden. Na ja, Franzl, Ascona gehört entschieden zur Biographie, aber ich sehe vom Turm aus Locarno und die Ecke, wo die Bahn in die Welt hinausgeht, und es wird sehr schön sein, nach einem faulen Sommer da hinaus zu fahren.

Die Briefe an Franzl wachsen schon in meinem Unterbewußtsein, und so wie ich Zeit habe, wird es sehr schnelle gehen.

Ascona, 31. August 1911

Es freut mich sehr, daß das »Männchen«[2] Ihnen gefiel — ich habe es an den Simpl[3] geschickt, aber immer noch keine Antwort. Ich schreibe erst heute, weil ich ganz kaputt war — der liebe Gott scheint immer noch nicht zufrieden, trotzdem ich schreibe — ich war so schön drin, und dann hat er mich die letzten zwei Wochen so zugerichtet mit Halsgeschichten und dergleichen, daß ich nichts hab tun können. Jetzt geht es wieder und die Teegespräche wachsen — aber ich hätte jetzt schon damit fertig sein

---

[1] Dr. Gross — Psychologe und Freud-Schüler.

[2] »Das Männchen«, Novelle von F. R.

[3] Simpl = Simplicissimus, politisch-satirische Wochenschrift, gegr. 1896 in München von Albert Langen und Thomas Theodor Heine.

wollen. In den Mußestunden segeln wir, Bubi und ich, allein. Ein Bekannter ist verreist und hat uns sein Boot hinterlassen. Ich tue, als ob ich etwas davon verstände, habe aber manchmal stille Angst, daß wir gelegentlich dummes Zeug damit machen — denken Sie, wie greulich, im Lago Maggiore zu ersaufen, trotzdem möchte ich furchtbar gerne einmal »kentern« und mit dem Leben davonkommen.

Ascona, 6. September 1911

Dürfte ich Sie bitten, mir das Manuskript vom polierten Männchen wiederzuschicken, der Simpl hat's genommen. Auch bei den Neuesten einen Artikel angebracht — na, man beginnt zu atmen! Franzl-Briefe immer noch nicht fertig — Anfrage: darf ich das Yvonne-Motiv darin verwerten?

Ascona, 14. Dezember 1911

Ihre Karte mit Wolfskehl war überraschend — erzählen Sie mir doch etwas davon. Wer war das englische? was mit geschrieben hat. Das Woho — Wohin trug mir einen bösen Traum ein: man schickte mir die Teegespräche zurück mit einem langen Brief von Thomas Mann, ich schreibe immer daha — daher und ja — jaha, deshalb könnten sie das Buch nur zu 5—6% nehmen. — Jetzt ist mir natürlich sehr bange — um Neujahr werde ich wohl Bescheid haben.

Gott, ich schimpfe auf Ascona, aber es ist jetzt eigentlich ganz gemütlich, mit einem schönen Kamin, und ich habe so viel zu tun, daß die Zeit rennt. Vor Weihnachten will ich noch ein paar kleine Geschichten machen, »Der schwarze Idiot« und »Frau Rabenschnabel«, es werden wieder Wir-Geschichten wie das Männchen. Dann werden die Schicksalsmacher als Novelle drankommen, aber in das »Diner« umgetauft werden.

Sie sehen, ich fasse meinen Beruf jetzt sehr ernstlich auf. Daß er mich freut, könnte ich nicht behaupten.

Ascona, 26. Dezember 1911

Franzl, Hurra, die »Teegespräche« sind angenommen, man hat es liebevoll zu Weihnachten mitgeteilt. — Ich bin himmelfroh. Nur ist der Kontrakt noch nicht ganz nach meinem Geschmack, man will jetzt die Hälfte und beim Erscheinen die Hälfte der ersten Auflage auszahlen, und die Hälfte würde wieder nicht zum Fortkommen reichen. Ich hoffe aber, ich werde die Herzen noch bewegen. Oder sie werden es sehr bald erscheinen lassen. Himmel, dann kann ich nach Rom. — Kommen Sie doch auf eine kleine Zeit hierher — ehe Sie verurteilt, nach Paris gehen. Sonst mache ich eine Geschichte aus Ihnen und Ihrer Biographie: der Verurteilte (er hat einen kleinen Diener, der »Chamotte« heißt und mitverurteilt ist und eine Nebenbiographie hat).

— Also —

»Frau Rabenschnabel« werde ich Ihnen schicken, bald — dann kommt der »Herr Fischötter«, und dann der »schwarze Idiot«, der von »uns« der einzige Intelligente ist. — Lauter ganz gehirnerweichte Geschichten, — ich glaube, meine Branche sind Wirgeschichten mit Gehirnerweichung, und ich bin jetzt entschlossen, Geld und Karriere zu machen.

Halt, Franzl, helfen Sie mir ... der Titel »Teegespräche« ist Langen nicht recht — können Sie mir nicht einen andern finden, etwas mehr Sensation mit erotischem Hintergrund? ...

Ascona, 12. Juni 1912

Ich wollte überhaupt schon lange schreiben, aber seit ich aus dem alten Rom zurück bin, ist unbeschreibliche Situation, und Briefmarken bedeuten schon eine Ausschweifung. Es ist eine ganz große Pechserie, und deshalb denke ich, sie wird bald umschlagen. — Nein, Franzl — ich will Sie nicht wieder anpumpen — ich pumpe überhaupt nicht mehr, weil ich keine Wendungen mehr weiß, die ich nicht unzählige Male schon geschrieben habe. Ich bete nur, daß das Buch gehen möchte, einstweilen ist es sofort gepfändet worden, d. h. meine »Einnahme« bei Langen auf 700 M., und der arme »Fischötter«, den ich liebte und ganz gut fand, wird mir beständig zurückgeschickt. Er sieht mich schon ganz strafend an, und das Schwabinger Buch ist angefangen, das muß auch noch diesen Sommer fertig werden. Es wird kein Roman, einen Roman kann ich überhaupt nicht, sondern »Herrn Dames Aufzeichnungen oder Begebenheiten aus einem rätselhaften Stadtteil«. Schwabing heißt darin Wahnmoching — das ist eine Erfindung vom Bubi. — Herr Dame ist so eine Art Begleitdogge, die nach Schwabing kommt, fortwährend »verurteilt« wird und eine Biographie hat. Sie sehen, wie ich Sie ausschlachte. Hauptschwierigkeit Wolfskehl, Klages und die Meisterei nicht zu persönlich machen. — Da weiß ich nicht, wie ich's machen soll.

Ascona, 11. Juli 1912

Ich wußte gar nicht, daß Sie einen Roman schreiben — was für einen denn? Und wann gibt es ihn? Gar zu gern möchte ich mit Ihnen meinen Schwabinger konferieren — wäre es unausstehlich für Sie, ihn handschriftlich zu lesen, er ist ziemlich deutlich. Ich muß nämlich einstweilen den Anfang mit Stern hin und her schicken, weil er mir kosmische Sachen hineintun muß, die ich nicht kann. Von Ihnen möcht ich u. a. gerne das, wenn jemand Jupiter oder Venus oder dergleichen hat — Sie wissen schon, was ich meine. Können Sie mir das nicht etwas explizieren? Übrigens mache ich es sehr anekdotisch, ich glaube, es wird gehen, ist aber eine Schandarbeit. — Ich muß wieder einmal an das Schuler-Gedicht denken:
Wir kommen wieder, wir sind nicht tot —
Ich bin's beinah, eine Zeitlang hatte ich auch noch Bauchweh, und dann überleg ich mir manchmal ernstlich, ob es nicht besser wäre, die Welt zu verlassen. Aber einstweilen ist mir wieder wohler, und dann finde ich es ja doch wieder schön und glaube an Chancen. Ich habe beinah Angst davor, daß ich in sehr schlechten Momenten einmal plötzlich und desparat abdampfe. — Es liegt vielleicht am Klima und es wäre doch zu dumm. Bisher haben »Paul und Pedro« entschieden noch nicht eingeschlagen, aber ich hoffe, ich kann mit dem Schwiegervater eine Erpressung machen, ich drohe jetzt mit Scheidung, dazwischen passieren wieder so lustige Sachen. Ich habe hier einen Hausherrn für meinen Turm und einen für die Wohnung. Der Turm-Hausherr hat jetzt noch ein Häuschen gebaut und will durchaus, daß ich dort hineinziehe, er hätte es extra für mich gebaut, weil er mich liebte und ich so schöne Augen hätte. Neulich kam er wieder, kniete vor mir nieder und bat, ich sollte ihm erlauben, mir die Füße zu küssen, er wüßte, wie man mit einer so nobile Signora umgehen müßte. Diese Szene hat sich einige

Male wiederholt — der andere, ein Greis, aber sagt, er würde bald sterben, und solange möchte ich bei ihm bleiben. Können Sie sich denken, Franzl, daß es für mich ein erhebender Moment ist, wenn zwei Hausherrn sich um mich reißen und einer auf den Knien. Eine traumhafte Revanche für manche frühere Unbill. Ich hab auch seitdem wieder etwas Lebensmut.

Palma de Mallorca, Terreno,
den 10. November 1912

Ich bekam bald nachher einen Brief von Viktor[1], der mich hierher einlud, sagte den Umständen angemessen aber mit einigem contre coeur zu — und bin nun hier. Es ist ganz romantisch, aber recht hart, und ich befürchte, es nicht lange auszuhalten. Man tröste mich wenigstens mit Briefen. Einstweilen fällt er mir noch auf die Nerven und schaut so aus, daß ich eine Art Quarantäne habe, d. h. ich spiele krank und flüchte mich auf mein Bett, um nicht mit ihm auszugehen und allein zu sein. Und denke derweil nach, wie ich wieder entrinnen kann. Allein oder mit jemand Nettem wäre es ganz schön, hier zu sein, aber mir ist beschieden — na usw.

Inzwischen wurde auch der Schwabinger Roman fertig und angenommen und gepfändet und wieder freigegeben — ich war vierzehn Tage in München, habe dann in Ascona meine Schulden bezahlt und bin auf einem phantastischen spanischen Frachtdampfer von Genua hierher gefahren. Man brauchte volle fünf Tage, weil beständig sturmeshalber wieder umgekehrt oder wieder haltgemacht wurde. Es waren nämlich zwanzig Kühe an Bord, die an Seekrankheit zu verenden drohten, während ich mehr das Gefühl hatte, man könnte bei dem vielen Schütteln allmählich den Verstand verlieren und nie wieder in einem feststehenden Bett schlafen. Sehr schön war es dann, gehirnerweicht in Barcelona herumzulaufen, und in den Cinémas erschütternde Dramen anzusehen.

Hier stand dann plötzlich der Viktor endlos lang mit einem fuchsroten fächerförmigen Bart etwas unheimlich wie ein verrückt gewordener Schulmeister. Der Bart ist inzwischen auf mein Zureden zu einem Henriquatre geworden, aber es nützt

---

[1] Der Vetter Viktor v. Levetzow.

497

nicht viel, das Ganze ist etwas hoffnungslos und ich sehr deprimiert. Ich möchte so gerne sehr vergnügt sein, aber es fehlt an
Material, und ich grolle dem Dasein, daß es nichts Besseres lie-
fert. Ich bin eigentlich hergekommen, um eigentlich nicht mehr
schreiben zu müssen, aber es wird wohl so werden, daß ich wieder schreiben muß, um wieder fortzukommen.

In München hatte ich solche Lust, dortzubleiben, es war sehr viel
netter, aber pas moyen, und kaum war ich fort, so bekam ich
einen Brief, der vielleicht moyen gewesen wäre. — So geht's
immer.

Ich kann der Quarantäne wegen nur mit Blei schreiben — wie
soll das werden? Ich kann doch nicht ewig im Bett liegen, weil
ich den Viktor nicht aushalten kann.

Wieder Ascona, Januar 1913

Ich glaube, ich schrieb in den ersten Mallorca-Tagen — es
wird ewiger Jammer sein, daß ich Ihnen das nicht mündlich erzählen kann. Es war absolut fürchterlich, sehr komisch und
gänzlich gespenstisch. Der Viktor, Sie erinnern sich doch noch?
ist einfach ein Revenant geworden, und ein sehr schnöder. Es
endigte damit, daß ich entfliehen wollte und die Sache sich dann
aufs unwahrscheinlichste so drehte, daß der Viktor entwich, mir
ein Haus und alles mögliche hinterließ, was ich noch einige
Wochen mit sehr viel Vergnügen nutzgenossen habe. Ich hoffe
auch sehr, wieder hin zu können und dann lange dort zu
bleiben. Aber einstweilen war es wieder nicht aufrecht zu erhalten, und ich bin mit vielen Flüchen hierher, um eine Expedition
nach München zu unternehmen, was eigentlich dort geschehen
soll, weiß ich nicht. Aber gebe Gott, daß irgend etwas geschieht —

An Rolf von Hoerschelmann

1911—1917

Lieber Herr von Hoerschelmann[1].

Erschrecken Sie bitte nicht, daß ich Ihnen ein Manuskript schicke. Es ist diesmal eine ganz redliche Sache. Stern, der Sie übrigens sehr grüßen läßt, las die Geschichte bei mir und riet mir, Sie zu fragen, ob Sie nicht Lust hätten, sie zu illustrieren. Er meinte, sie sei besonders dazu geeignet. Wir dachten dabei, die Sache bei LICHT UND SCHATTEN[2] anzubringen. Haben Sie zu denen Beziehungen und würden Sie, falls Sie überhaupt Lust dazu haben, sich die Mühe machen, es dorthin zu geben? JUGEND[3] und SIMPL haben es leider nicht wollen — mit der JUGEND habe ich bisher gar keine Fühlung und den SIMPL im letzten Jahr etwas ...... Grade für den »Herr Fischötter« ist es gar nicht so leicht, ein Blatt zu finden, trotzdem er allen, die ihn gelesen haben, gut gefiel.

Natürlich möchte ich auf keine Weise damit plagen, falls Sie keine Lust zum Illustrieren hätten, und in dem Fall schicken Sie es mir bitte gleich zurück. Man hat ja leider immer Eile, etwas anzubringen. Übrigens kommt nächstens, wahrscheinlich noch in diesem Monat, ein Buch von mir bei Langen heraus, das könnte man bei etwaiger Einreichung des »Fischötter« erwähnen.

Es wäre sehr nett, wenn Sie mir bald antworten, und wie geht es Ihnen immer? — Ich möchte ganz gerne einmal wieder nach München, es wird allmählich etwas langweilig, in der Verbannung zu leben.

Einstweilen herzlichen Gruß.

Ihre F. Reventlow

---

[1] Rolf von Hoerschelmann (1885—1947), Schriftsteller, Graphiker und Maler.

[2] »Licht und Schatten«, eine Literatur- und kulturelle Zeitschrift München-Berlin, die Hanns von Gumppenberg herausgab.

[3] »Die Jugend«, humoristisch-satirische Wochenzeitschrift für Kunst, Literatur, Leben und Politik, gegr. von Georg Hirth 1896 in München.

[Ascona, 1911]

Lieber Herr von Hoerschelmann,
besten Dank für Ihre freundliche Karte, es ist zu nett von Ihnen,
daß Sie den »Fischötter« weiterbefördern wollen. Nur habe ich
ein schlechtes Gewissen, daß Sie noch Mühe davon haben sollen.
Also nochmals herzlichen Dank und viele Grüße.

Ihre F. Reventlow

Bitte bei Adressen auch Reventlow, der Gatte wird nur manchmal mit Bindestrich angehängt, weil es sonst zu viel Konfusionen
gibt.

[Ascona, Sommer 1912]

Lieber Herr von Hoerschelmann,
Sie haben mir einen riesig netten Brief geschrieben, der mich
wirklich freute — und für den ich herzlich danke.
Ob das Buch »geht«, habe ich einstweilen keine Ahnung, auch
nicht, ob und wie es kritisiert worden ist. Bisher war der einzige
handgreifliche Erfolg, daß die Honorare bei Langen im voraus
gepfändet sind. Jetzt schreibe ich ein zweites Buch — aber ich
täte viel lieber schwarze und weiße Kleckse machen. Das Schreiben ist ein unangenehmes Handwerk und ich möchte es sehr
gerne mit einem anderen vertauschen — besonders wenn es so
heiß ist wie jetzt. —
Also leben Sie wohl und recht schöne Grüße.

Ihre F. Reventlow

[Ascona, 1. Sept. 1912]

Lieber Herr von Hoerschelmann,
vielen Dank für Ihren freundlichen Brief — ich merke es mir für
später. Jetzt mache ich grade eine größere Arbeit fertig und der
Gedanke, dann noch jemals wieder eine Zeile schreiben zu müssen, verursacht mir beinahe eine Ohnmacht.
Besteht Ihr Idyll am See noch, dann grüßen Sie die andern recht
schön. Ich hoffe Sie alle demnächst wiederzusehen. Also viele
herzliche Grüße und vielen Dank.
Sehr in Eile

Ihre F. Reventlow

Locarno, Via Ticino 8 [15. 7. 1917]

Lieber Herr von Hoerschelmann,

ich habe unter meinen Vorräten noch eine kleine Geschichte entdeckt, die vielleicht für die Korrespondenz Ihres Bruders zu verwerten ist, und schicke sie Ihnen, da ich die Adresse nicht weiß.
Locarno kommt mir jetzt ein wenig schwer an, man kann sich
erst allmählich wieder daran gewöhnen. —
Grüßen Sie alle Bekannten und Ihnen selbst herzliche Grüße.

Ihre F. Reventlow

An Paul Stern

1904—1917

Lieber Stern[1].

Über Ihren Brief habe ich mich sehr gefreut und vielen Dank dafür.

Nun sind Sie wohl schon in Berlin, ich wollte eher schreiben, hatte aber eine kleine Übersetzung, die rasch fertig werden sollte, weil ich dann ans Malen will. Da ist hier fabelhaft viel zu finden, und jetzt soll's ordentlich losgehen, ich denke mit einer »wohlgefüllten Skizzenmappe« wieder nach München zu kommen. Überhaupt ist mir hier sehr wohl und vergnügt — aber wir haben recht viel schlechtes Wetter und ich habe geglaubt, das gäbe es überhaupt nicht, und dann ist es gleich so durchnäßt, daß man nur im Badeanzug und barfuß gehen kann.

Vor 10 Tagen besuchten uns Lutz und Fädchen, die Sie inzwischen wohl auch noch gesehen haben. Übrigens, lieber Geheimrat — am nettesten wäre es, sich Anfang November in Florenz zu treffen. Ich bleibe den Winter dort und gehe vielleicht schon Ende Oktober hin. Hier ist fast zu sehr Kaulbachstraße, ich meine, man hat mehr davon, wenn man sich nicht in corpore sieht, und die andern sehen Sie ja in München. —

Ich sehne mich überhaupt sehr danach, einmal wieder allein zu hausen, daher auch dieser Winterplan.

Nehmen Sie Ihr Problem doch mit. — Was macht denn München? — Sind Wolfskehls wieder da? Man hört bis hier von niemanden, aber durch eigene Schuld, denn ich bin sehr schreibfaul gewesen und habe dabei unendlich viel Briefe, die geschrieben sein möchten, daß es ganz aus ist. Und eigentlich läßt es sich hier unten am Meer vor der Strandhütte sehr schön schreiben. Ich kriege hier sonderbarerweise oft Heimweh nach der Nordsee. Das Meer kommt mir hier nicht so wirklich vor, selbst bei Sturm immer noch etwas dolce und ohne Ernst. Und trotzdem es sehr bitter schmeckt, hat es kein Salz und keinen Tanggeruch. —

Nächstens geht es nun auch wirklich einmal in die Berge, bisher sind wir immer noch nicht dazu gekommen. Man gerät hier

---

[1] Paul Stern wählte 1933 den Freitod, um der nationalsozialistischen Rassenverfolgung zu entgehen. Privatgelehrter und Philosoph.

leicht in eine hingebende Faulheit hinein, weil im allgemeinen die Wege zum Gehen und Radeln sehr abraten. Rad ist jedesmal Lebensgefahr.

Nun aber leben Sie wohl, lassen Sie einmal wieder hören von sich. — Sind Sie einverstanden, massenhaft Tabak mitzuschmuggeln? Viele herzliche Grüße auch von den andern und Bubi.

Ihre F. Reventlow

Forte dei Marmi bei Seravezza [Ende Okt. 1904]

Lieber Stern,

verzeihen Sie diesen Fetzen, ich hab im Moment nichts anderes da. Sie haben nichts mehr von sich hören lassen und ich möchte Ihnen vor allem mitteilen, daß meine Pläne sich verschoben und ich doch den Winter nach München zurückkomme. Hessel ist schon fort, Such, Bubi und ich gehen etwa am 24. von hier per Rad nach Florenz, auf 8 Tage (Adresse dort postlagernd bis 3. Nov.) Venedig etc., so daß wir etwa am 20. Nov. zurück sind. Wie steht es mit Ihren Plänen — kommen Sie nach Italien, wo und wann? Ich bin doch nicht auf der Tanburra gewesen, habe die ganze Zeit hier still gesessen und meine Venen kuriert, die nun tüchtig aushalten müssen bis München. Übrigens — die letzten Schwabingia sind ja wieder berauschend — man hat uns auch den Beobachter hergeschickt, nun, Sie und andere haben uns diesmal hoffentlich nicht im Verdacht, denn mit solchen *Geschmack-und Taktlosigkeiten* möchte ich nicht gerne identifiziert werden. Haben Sie eine Ahnung, wer's gemacht hat? Er heißt Rodi?!?

Und ich höre von Prügelaffären, na, mein Gott, man lächelt in der Ferne in dem Gedanken, daß die Leute sich nun wirklich bei den Ohren kriegen und fühlt sich angenehm hors concours. — Aber dieser Beobachter hätte nicht sein dürfen — es war auch kein gutes Haar daran. —

Nun leben Sie wohl und seien Sie herzlich auf Wiedersehen gegrüßt.

Ihre F. Reventlow

Auch von Bubi und Such.
Hessel ist schon fort.

Lieber Stern.

Sehr schade, daß Sie nicht hierher kommen, wir dachten Sie vorzufinden — aber Sie haben recht, es wäre etwas kurz und flüchtig
gewesen. — Wir gehen etwa Mittwoch weiter über Ravenna,
Ferrara, Venedig. Bubi macht sich sehr gut, hat es auf 50 km an
einem Tag gebracht — also in 14 Tagen Wiedersehen in München.
— Ich habe nur Angst von Adam auf etwaigen Verdacht hin ge-
ohrfeigt zu werden.

Herzliche Grüße und Dank für Ihren Brief.

Ihre F. R.

Ihr Radschloß begleitet uns treulich.

[Schloß Winkl, Ende Mai 1906]

Lieber Stern,

ob man Sie jetzt wohl noch in Paris erreicht? Ich habe Ihre Karte
durch alle Umzugswirren hindurch gerettet und bin nun ganz
stolz, daß ich die Adresse weiß. Jedenfalls kommen Sie doch
bald zurück — Heimweh nach München werden wir alle nicht
los, glaub ich —

Mir ist der vorläufig definitive Abbruch[1] auch melancholisch gewesen. Wir konnten uns nicht entschließen und haben es endlos
hinausgebummelt, sind erst seit gestern hier. Such hat noch die
Nacht nach dem Umzug auf der Küchenbank gepennt. Ich und
meine Sachen hausen jetzt in der Brockdorffschen Wohnung, d. h.
wenn ich in München bin. Ich denke aber diesen Sommer recht
oft hereinzukommen.

Sie sind hoffentlich nicht böse, daß ich jetzt erst schreibe, aber
die letzten 14 Tage waren ein beständiger Tumult. —

Nun hausen wir wie die Götter, morgen fange ich an zu malen
und dann wird diesen Sommer entsetzlich gestrebt. Es ist jetzt
einmal alles gut darauf eingestellt und ihr ungläubigen Schwabinger sollt noch blaue Wunder erleben.

Schreiben Sie sobald Sie in München sind, da ich, wie gesagt,
öfters hineinkomme, wüßte ich's gern.

---

[1] Aufgabe des mit Hessel und Suchocki gemeinsam bewohnten Hauses
Kaulbachstraße Nr. 63

Also addio, Sie müssen mir viel von Paris erzählen, wenn Sie noch dort sind, grüßen Sie Franzl und O. A. H. Viele herzliche Grüße.

Ihre F. Reventlow

[Schloß Winkl, Okt. 1906]

Lieber Stern,

vielen Dank für Ihren Brief. Sie sind ja ein Engel, daß Sie den Ofen angebracht haben, ich kann die 16 M. sehr gut brauchen, denn es ist tiefe Ebbe. Die Bücher lassen Sie vielleicht vorläufig bei sich liegen, ich hatte nur Angst, daß sie bei der Frau Wagner verschlampt würden und konnte mich nicht mehr erinnern, was für welche es waren. Über die Widmung Dohl an Klages habe ich mich sehr gefreut — und dachte wehmutsvoll an die schöne Zeit, wo diese Bücher ihre Wanderung antraten. Ach Paulchen — es ist immer nur einmal im Jahr Mai. —

Ich komme jetzt vorläufig doch nicht herein, weil meine Bühnenpläne sich zerschlagen haben, ich merke überhaupt schon längst, daß heuer ein Pechjahr ist. Ich wäre beinahe auch nach Mexiko gefahren, aber alles ging schief, Geld etc., etc. So mußte ich den eigens zu diesem Zweck aufgetriebenen Glücksjäger allein fahren lassen — der eigentlich mit nach Monaco sollte. Allein bin ich auch dazu nicht kapitalkräftig genug. Nein, es will alles nicht gehen wie es soll, und das wird bis Neujahr dauern. So lange darf man nun auch keine Pläne machen, sondern muß so tun, als ob nichts wäre. Ach, die Erkälterei fängt nun wieder an, wird aber ebenfalls vornehm ignoriert. Ich bin wieder schrecklich fleißig und bleibe jedenfalls noch bis Ende Oktober. Kommen Sie nicht noch einmal heraus, dann steigen wir auf den Hoch Gern.

Aber ich schreibe heute solchen Blödsinn zusammen, daß ich besser aufhöre. Also wieder herzliche Grüße und auf Wiedersehen. Neulich war ich nur einen Tag und so eilig in München, daß ich gar keine Zeit hatte.

Ihre F. R.

Gastouri, Korfu, November 1906
Restaurant Bella Vienna
(schönes Wien, so genannt zum Andenken an die
Kaiserin Elisabeth, von der Nähe gesehen ein
trauriges Καφ. νιον).

Liebster Stern,

nein, das wäre doch zu herausfordernd, darum habe ich das
wieder gestrichen.

Ich habe mich sehr über Ihren Brief gefreut und danke Ihnen
sehr. Schreiben Sie doch recht oft in meine siebenfache Einsamkeit, wie einst Derleth sagte. Man ist wirklich sehr aloanig hier
und es gibt Tage, wo ich mich nach einem herzhaften deutschen
Wort sehne und statt Callima Grüß Gott sage. Bubi lacht sich
schief über die alten Weiber, die sich bekreuzigen ὦρα Καγή
kreischen, an die zwanzig Mal, dann dreimal spucken und um
einen Obulus betteln, aber nie einen kriegen. Wenn wir durchs
Dorf gehen, reißt man Fenster und Türen auf und drängt sich
uns zu betrachten, trotzdem wir jetzt 3 Wochen da sind. Die
Leute sind furchtbar kitschig in ihrer malerischen Tracht mit
Tonkrügen auf den Köpfen, besonders wenn sie sich abends um
den Brunnen drängen. Im ganzen kultivierter wie in Samos,
stehlen nicht unbedingt wie dort, aber auch nicht so liebenswürdig und haben auch nicht so schöne Namen. Kein Zimmer-
mädchen heißt Penelope, kein Onkel Aristoteles und kein Pferde-
bub Adonis.

Da all diese Reize der Bevölkerung fehlen, muß man sich mehr
an die Landschaft halten, und die ist auch jedesmal ein Vergnügen. Nur dürfte besseres Wetter sein. Anfangs war es etwas
schlimm, da wir nur mit Lebensgefahr in unsere Küche gelangen
konnten und jedesmal durch und durch naß wurden, Lichter und
Lampen erloschen etc., jetzt haben wir ein anderes Zimmer
erkämpft. Ein unglücklicher Franzose mußte jedesmal vor uns
weichen und zog mit seinem Kleiderschrank und einem Riesen-
haufen von Zeitungen in die von uns verschmähte Bude. Jetzt
hat er endlich Ruh und die mörderische Tierwelt, die uns mit
aus dem ersten Zimmer vertrieb. Er scheint aber schon immun
zu sein. —

Also Sie muß man sich jetzt im verschwabingerten Berlin denken, ich käme auch gerne auf ein paar Tage hin. — Wissen Sie, es ist doch ganz gut, wenn man sich einmal aus München rettet, aber etwas schwer wird's einem doch.

In Ragusa wäre ich beinahe umgekehrt, aber jetzt bin ich schon ziemlich eingewöhnt und sehne mich nur danach, draußen malen zu können. Im Januar soll das schlimme Wetter aufhören, jetzt pendelt es zwischen Sturm, absolutem Regen und starkem Gewitter hin und her. Man ist selig, wenn wieder ein sonniger Tag kommt, denn Kleider und Stiefel halten kaum Stand gegen diese Bäder. Ich habe mich glücklicherweise auf alles vorgesehen und brauche nicht wie einst in Athen mit Staubmantel und seidener Bluse zu gehen. Jede Woche wandere ich zur Stadt — zwei Stunden um Einkäufe zu machen, da mein Hausherr o Janni mir seine Waren bedeutend teurer anhängt, und der Rucksack erregt berechtigtes Staunen. Fremde kann man sich hier nur zu Wagen vorstellen.

Grüßen Sie Ihre Familie sehr und alle berliner Münchner, vielleicht sehen Sie zufällig auch meinen Knaben — ach Gott, der Carneval. Zu denken, daß man einen Carneval unwiederbringlich versäumt. Aber ich halt es doch wohl aus. — Wie schön, daß man sich in Schwabing zu Tisch führt, auch das hab ich versäumt. Bubi arbeitet an einem Weihnachtsgeschenk für mich. Wir möchten eine große Feier veranstalten, aber es kommt einem hier etwas komisch vor. Ich werde sicher sentimental.

Im April möchte ich nach Rom und dort ein bis zwei Monate noch bleiben, 4 Monate hier sind genug, und dann wirds voll von Fremden. Wenn nur das Geld noch langt, die Reise war etwas außerhalb des Rahmens, aber hier lebt man billig und ich hoffe es. Könnten Sie mir nicht für Piper[1] eine Übersetzung verschaffen, ich wäre recht froh darum, vielleicht gibt's eine von Langen, dann wäre Rom gerettet. Dies alles im strengsten unter uns. — Denn in den Sommer blicke ich mit etwas Sorge. —

Gesundheitlich geht es mir glänzend, die Lunge rührt sich nicht, trotz der Kälte und Nässe. —

Also, teures Paulchen, bleiben Sie mir treu und lassen Sie recht oft von sich hören. Sie glauben nicht, wie sehr man Briefe hier genießt.

---

[1] Die Münchner Verlagsbuchhandlung R. P. Piper & Co.

Viele viele Grüße auch von Bubi, der sich eine Lanze gemacht hat und in den Kaktusbüschen nach Schakalen sucht.

Ihre F. Reventlow

[Gastouri, 10. Dez. 1906]

Paulchen,

hier ist es einfach göttlich — endlich, und ich werde wirklich dableiben. Bubi läßt grüßen und Ihnen sagen, wir wären im Lande der Phäaken. Haben eine sehr nette, wenn auch enge Wohnung, 1 Zimmer und 1 Küche und zahllose Weiber zu netter Bedienung. Am schwersten zu verstehen sind die alten Zahnlosen. Meine Zunge ist überhaupt etwas in Verwirrung, zum Glück kann der Hausherr etwas italienisch. Heute bekam ich Ihre Sollner Postkarte nachgeschickt und war sehr gerührt. Ich werde jetzt einen wahnsinnigen Fleiß entfalten, man wartet schon begierig darauf, nachdem man begriffen hat, daß ich hier photographieren will. Was macht München? Ich bin ganz stolz, daß ich nicht zurückgekommen bin, in Ragusa war's drauf und dran. Schreiben Sie bald einmal, Corfu Poste restante. Mit 1000 herzlichen Grüßen

Ihre F. R.

[Gastouri, Ende Dezember 1906]

Lieber Stern,

wollen Sie ein rechter Engel sein? Ich möchte so gern einen Baedeker von Rom und von Unteritalien haben. Von Unterhab ich einen, der sich bei Such befindet, welcher ihn aber nie schicken wird. Vieleicht könnten Sie ihn dort rauben. Ich weiß aber nicht, ob Rom mit drin ist. Ich werde wahrscheinlich doch schon Anfang März mich aufmachen, Neapel mit Zubehör ansehen und dann nach Rom. — Unser Wetter ist wieder andauernd fürchterlich, d. h. die Stürme sind eigentlich wundervoll, aber man kann nichts tun. Schreiben Sie bald einmal, seit Karneval ist ganz München verstummt, oder die Postschiffe untergegangen. Wir sind beide sehr fröhlich und denken sehr ungern ans Fortgehen, aber einmal muß es ja sein. Viele herzliche Grüße.

Ihre F. R.

Lieber Stern.

Nun will ich Ihnen endlich für Ihren lieben Brief danken. Wie Sie sehen, bin ich schon beim griechischen Dorfpapier angelangt, wie mich das an Samos erinnert. Auf solchem Papier schrieben Adam und ich endlose Eingaben an den Fürsten und auf solchem ich die Anfänge meines Romans (Gott hab ihn selig), die dann mit dem Revolverkoffer[1] konfisziert wurden. Ich wurde ganz gerührt, als o Janni es zwischen Zwiebeln und Salami hervorholte. Überhaupt ist es doch nett, wieder unter Griechen zu sein, ich mag dieses Volk doch viel lieber wie die Italiener, sie haben eine so angenehme Fröhlichkeit und Liebenswürdigkeit und sind lange nicht so zudringlich. Das andachtsvolle Staunen, womit sie uns Fremden begegnen, würde manchem Schwabinger wohltun. Ich wollte nur, es wäre Sommer, dann wäre es einfach ein Traum, hier zu sein. Aber die letzten 14 Tage war wenigstens Frühling, bis vorgestern dicker Schnee fiel. Das war wirklich stillos, Eis auf den Pfützen und eine greuliche Kälte. Die Leute liefen in Ölmänteln wie Nordseefischer und Strohhüten und wußten sich nicht zu benehmen.

Heute ist es wieder schön und nur die Berge noch weiß. Na, überhaupt das nächste Mal suche ich mir doch eine andere Jahreszeit aus, wenn es auch ganz lustig ist, einmal diese Art von Winter kennenzulernen. Das einzige, was mich wirklich ärgert, ist nicht draußen malen zu können. Der Boden ist derartig kalt und feucht, daß man es nicht lange aushält. Aber es wird schon noch kommen.

Vor 14 Tagen fiel eine deutsche Rotte in meine Einsamkeit und schleifte mich für einen Tag in die Stadt, eine Konsulatsfamilie aus Albanien und ein dicker Kapitän aus Bremen, der auch noch Petersen hieß und jeden Satz damit schloß: »Und dann frühstücken wir bei mir.« In dem Wort lag eine ganze Welt von Schnäpsen. Das Frühstück — auf dem Schiff — dauerte dann auch

---

[1] Revolverkoffer — Die Anfänge des Romans »Ellen Olestjerne« lagen zusammen mit einem geladenen Revolver in dem Koffer, den F. R. bei der Rückkehr aus Kleinasien vorausgeschickt hatte. Bei der Zollkontrolle in Brindisi war der Revolver losgegangen. Es gab einige Schwierigkeiten, bevor der Koffer herausgegeben wurde.

4 Stunden, und jeder schauderte vor dem Moment, wo man die Schiffstreppe wieder hinuntersteigen mußte. Der Kapitän stieg nach und gab noch ein »zweites Frühstück« in der deutschen Bierhalle. Der einzige Trost war noch ein Herr Schoneboom aus Köln, der Luftröhrenschwindsucht und einen wundervollen Kragen hatte, und später ein dicker Paul mit steifem Hut im Nacken, Typus Paul aus der Rheingegend, der besserer Reisender oder Gründer ist und Erinnerungen aus der Jugendzeit weckt.

Paul und Schoneboom wechselten sich dann mit Besuchen hier draußen ab, bis das Wetter sie vertrieben hat wie Fliegen und ich weiß nicht, was aus ihnen geworden ist. Aber der Sch. war ganz niedlich mit schnoddrigem Weltschmerz und so schön schwindsüchtig. Die Leute gründen ein Kasino in Korfu mit Roulette — ich bin zum Einweihungssouper eingeladen, kann aber leider nicht hingehen, da ich kein hochzeitlich Gewand habe. Beten Sie nur für mich, daß ich das Rückreisegeld nicht verjeue, es lockt fürchterlich. Aber der Gedanke an Rom wird mich davor bewahren.

26. Januar

Gräßlich faul macht dieses Klima, man lernt wirklich das Wesen der Südländer begreifen. Wenn es kalt ist, hockt man in der Küche am Feuer und bei schönem Wetter sucht man nach sonnigen Plätzen. Die Sonne ist hier sehr schlecht angebracht, vormittag dauert es lange, bis sie zu uns kommt, nachmittag ist wieder ein hoher Berg davor. Wir gehen deshalb hier nach Tisch auf einen kleinen Berg mit Kapelle hinauf, wo sie länger und intensiver zu haben ist. Ich lese Bubi dann Homer vor, und er macht ein Feuer und opfert den Göttern Kräuter und Milch. Da oben ist es unglaublich schön, kein Mensch kommt hinauf, viele Zypressen und vor allem das Meer mit den egirischen Bergen, die jetzt ganz weiß von Schnee sind. Heute morgen sitzen wir auch draußen im Park in *bella Vienna*. Er besteht aus einigen Tischen, vielen Hühnern und schwarzen Tafeln mit Versen aus Dante. Über dem »Hotel Bella Vienna« prangt die Inschrift γφονογ — Geduld und nicht mit Unrecht, denn man wartet hier beständig — auf alles — auf Wärme, schönes Wetter, auf Fische, Kartoffeln, Post etc. Aber es ist doch sehr schön, ich fühle mich immer wohler und zu Hause, bin aber auch ganz froh, daß die zwei bisherigen Monate überstanden sind und immer bessere Aussichten werden. Aber ich glaube, manchem wäre die γφονογ lange gerissen.

Noch standhafter als ich ist augenscheinlich der Franzose, der das ganze Jahr hier sitzt, um von o Janni sein geliehenes Geld wiederzukriegen, respektive abzuwohnen. Übrigens heißt er Mouton, man kann also auf ihn zurückkommen.

— Es ist komisch, zu denken, daß ihr Münchner jetzt im Karneval seid. Ich träumte neulich, daß ich mit Achilles tanzte, und plötzlich wirbelte Maja im grünen Kleid an mir vorüber.

Eben haben wir einen schauderhaften Polypen zum Zeichnen gekauft, und nachher frißt ihn die Familie. Es ist immer ein großes Vergnügen, die Fischerkörbe durchzuwühlen nach »seltsamem Getier«. Jetzt wird es aber so kalt, daß ich aufhöre. Leben Sie recht wohl und schreiben bald wieder. Was haben Sie für Frühlingspläne, vielleicht begegnen wir uns in Italien, ich hoffe noch 1—2 Monate in Rom zu sitzen. Also viele herzliche Grüße.

Ihre F. Reventlow

[Gastouri, 8. Febr. 07]

Lieber Stern —

Nun sind Sie wohl wieder in München und sollen vielen Dank für Ihren lieben Brief empfangen. Ich wandelte im Geist mit Ihnen durch das geschwabingerte Berlin. Dafür ist nun wohl München wieder sehr vollzählig und auch gefranzelt, und ich denke mir mich selber in der Kaulbachküche mit furchtbarem Katarrh und Kostümfragen. — Na, doch besser hier, die Passionszeit scheint vorüber, das Wetter wird schöner und dann ist alles entzückend, Alpenveilchen und Iris blühen und man friert nicht mehr so. Ich habe keinen Husten und einen »Kurgast« kennengelernt, der sogar Blut spuckt, muß demnächst einen Ring ins Meer werfen, damit's nicht nachkommt. Denn einstweilen freue ich mich jetzt wirklich, hier zu sein und die anfängliche Spinnerei verwandelt sich immer mehr in eine rosige Brille. Manchmal kann man schon draußen malen, sogar mit Petroleum, da nichts anderes aufzutreiben. Somit Gott befohlen und nächstens mehr auch über die hiesigen verwandten Seelen, unter denen es einen dicken Paul gibt. Na! —

Viele herzliche Grüße.

Ihre F. R.

[Gastouri, 14. Febr. 07]

Lieber Stern.

Vielen herzlichen Dank für Ihren lieben Brief und nächstens ausführlicher. Ich fahre den 19. hier ab nach Rom. Sollten Sie erbetene Bücher noch nicht abgeschickt haben, so bitte dorthin postlagernd, sonst würde ich sie Montag noch hier bekommen. Unteritalien ist dann nicht mehr notwendig.

Es regnet namenlos und unbeschreiblich, aber ich gehe eigentlich doch sehr ungern fort, freue mich aber doch auf Rom. Die Leute hier weissagen den Weltuntergang.

Ihre Münchneriana freuten mich sehr, nur der teure Name hat meine Brust mit neuem Gram genährt und mit schönen Erinnerungen. Viele herzliche Grüße und von Rom aus mehr.

Ihre F. R.

Rom, Piazza di Spagna 71/IV
[Anfang März 1907]

Lieber Stern,

vielen Dank für Ihren Brief und lassen Sie sich — wie Bubi sagt — keine krummen Haare wachsen wegen dem Buch. Ich hab jetzt eins.

Rom ist sehr schön, das Wetter schön, meine Wohnung ideal und ich fühle mich körperlich hier viel wohler. Aber meine Seele ist dafür ziemlich in Gastouri geblieben. Hätt ich mehr Geduld, kein Fieber und mehr Geld vor allem gehabt, so säße ich noch endlos dort unter den Ölbäumen. Aber ich hatte mir — außer den anderen Gründen — in den Kopf gesetzt, Neapel und Rom zu sehen, und nun bin ich halt da. Und in einem Monat, also Anfang April, werde ich wohl still auf gerettetem Boot in den Hafen treiben und die Globetrotterei des Winters mit einem arbeitsvollen Sommer büßen.

Eigentlich hatte ich ja gedacht, bedeutend länger fort zu sein, aber dann hätte ich Rom aufstecken müssen. —

Haben Sie mir nicht einmal von einer Vesuvbesteigung erzählt oder hab ich es verwechselt? Ich hatte zuerst nicht wollen, als ich aber in Pompeji war, bekam ich unwiderstehliche Lust. Aber der Ritt — im Herrensitz auf einem wahnsinnigen Damensattel und ohne Bügel auf einem Gaul, gegen den der geringste bei Mengele[1] noch ein Rennpferd ist — nahm meine Kräfte so in Anspruch, daß ich nicht mehr hinauf kam. Wir versuchten ca. eine Stunde die knietiefe Asche zu überwinden und kehrten dann mit der Erleichterung eines aufgegebenen Entschlusses wieder um. Mich überläuft's heute noch, wenn ich an die Waterei denke, wo man bei jedem Schritt 10 Meter zurückrutschte und einem jeder Rest von Luft ausging. Dann kam ein erhabener Moment, wo ich bleich und gefaßt am Boden saß und ein Haufen Kerle um mich herum, die diesen Verzicht auf den Krater nicht fassen konnten und uns für schweres Geld hinaufschleppen wollten. Ich habe noch nie so viel Charakterfestigkeit an den Tag gelegt und bin selten mit so maßlosem Staunen betrachtet worden. Der Führer barst einfach vor Empörung, daß ich, ohne eigenhändig ein Stück Schwefel aus dem Krater zu pflücken, wieder nach Germania zurück wollte. Na, und etc. Aber schön war es doch. Zu Anfang brachen die Gäule beständig aus und wollten heimrasen, dann konnte der arme Bubi mit seinem nicht fertigwerden und meiner folgte ihm getreulich. Dann ging es mit Galopp aufwärts, und das war wirklich schön, in der Abenddämmerung auf dem schwarzen Berg und wieder zurück. — Die Pferde hießen Beafsteak und Maccaroni und mußten aber mit Wein getränkt werden, weil es kein Wasser gab und das Ganze hatte viel Stimmung und Heiterkeit.

München, 28. Okt. 09

Liebster Stern.

Ich habe mich sehr über Ihre Karte gefreut, hatte schon lange keine Ahnung mehr, wo Sie stecken. Kommen Sie denn nun bald wieder?

Schreiben Sie mir doch bitte Franzl's Adresse, ich konnte die letzte nicht lesen und wollte ihm schon lange schreiben. Es ist

---

[1] Mengele — Reitinstitut in München.

gewiß sehr schön in Paris und gar nicht nett von Ihnen, daß Sie mich nicht einmal mitnehmen.

München hat zwar jetzt auch seine Reize, Adam ist hier und erzählt wundervolle Boliviana und sieht aus wie Goethe als Minendirektor.

In Winkl war es herrlich, ich war die ganzen 6 Wochen wunschlos glücklich, aber hier hat mich der liebe Gott sofort wieder am Wickel gehabt. Das Geld ist alle, ich platze vor Husten und man hat mir die Wohnung gekündigt, weil „Mißstände darin herrschten, die man nicht dulden könne"!

Da nun absolut nichts zu finden war um diese Zeit, habe ich eine etwas größere Wohnung genommen und werde Zimmer vermieten. Wie ich aber aus dieser herauskomme und in die neue hinein, ist mir einstweilen noch ganz unklar. Ich warte einfach auf das Wunderbare, bis 1. Dez. ist ja noch viel Zeit.

Inzwischen wird auch der Glasprospekt steigen und ich denke Sie als Inhaberin eines blühenden Geschäftes hier zu empfangen.

Damit für heute addio, viele Grüße an Franzl und Roché, ich freue mich sehr darauf, Sie wiederzusehen.

Ihre F. R.

Ascona bei Locarno, Villa Monescia
[Herbst 1910]

Liebes Sternchen.

Ich bin ganz böse auf mich, daß ich Ihnen immer noch keinen menschenwürdigen Brief geschrieben habe und für Ihren gedankt. Aber da soll man zum Schreiben kommen — ich muß kochen, Zimmer aufräumen, bügeln — Bubi unterrichten und »daneben« in 14 Tagen eine endlose Übersetzung herunterraspeln, dazwischen war ich noch 1 Woche krank und — na davon nachher.

Aber es ist ein rauhes und beschwerliches Dasein und mein anfängliches Plaisier an Ascona ist längst verflogen. Ich sah es eben die ersten Tage vom Faulenzerstandpunkt an und fühlte mich nach Paris und Reise angenehm ausgeruht. Der liebe Gott hatte mich auch in Paris aus dem Auge verloren und erst hier wieder entdeckt.

Sie sind sicher noch in Berlin, ich weiß, es gibt irgendeinen Termin, bis zu dem Sie immer bleiben. Und dann gehen Sie weder nach München und dann ist Karneval und Eis. Ich habe manchmal elendiges Heimweh und möchte wieder Menschen sehen. Hier gibt es keine, nur Narren und Propheten.

Na, ich bin in Bauchweh- und Übersetzungsstimmung und außerdem auf dem Wege, wahnsinnig sparsam und pedantisch ordentlich zu werden. Das alles wirkt ungemein niederdrückend und denken Sie nur, nicht zu wissen, wie lange dieser anmutige Zustand dauern wird und wie der endet.

Es war *doch* in München noch besser, muß ich reuig bekennen. Hier hat man so das Gefühl, daß gar keine schönen Zufälle geschehen können. Hol's der Teufel.

So und nun brenne ich schon die ganze Zeit darauf, Ihnen ein süßes Geheimnis anzuvertrauen. — Natürlich dürfen Sie's nur denen erzählen, die schon davon wissen.

— Ich bin eigens nach Ascona gekommen, um mich mit einem heruntergekommenen baltischen Baron zu verheiraten. Er verfolgt dabei den Doppelzweck, seine Familie zu schikanieren und ihr zu imponieren, und hat als Belohnung für die mutige Tat die Hälfte seiner Erbschaft ausgesetzt. (Der Vater ist schon 78.)

Dies wurde mir schon in München mitgeteilt, in Paris hab ich mir's überlegt und schriftlich mein Ja-Wort gegeben. Und dann bin ich hergefahren und mußte mich dann natürlich gleich hier niederlassen, weil ein vorübergehender Aufenthalt und dann Weiterfahren meinerseits nicht möglich gewesen wäre. Jetzt sind wir uns völlig einig, ich habe sogar den Segen des Schwiegervaters errungen, der sich momentan in Locarno aufhält.

Besagter Schwiegervater ist ein etwas strenger aber sympathischer alter Herr und etwas unglücklich über seine Kinder, die allesamt spinnen. Die Tochter frömmelt und hat's mit den Pfaffen, der eine Sohn ist Tolstoj und Abstinenzler und der meinige säuft.

Er sieht aus wie ein Seeräuber, zieht sich an wie ein russischer Matrose, hat Wahnvorstellungen, z. B. Angst, daß man ihm den Kopf abreißen würde, ist aber daneben ganz Kavalier und ein guter Kerl.

Die Ehe ist natürlich nur als Scheinehe beabsichtigt, keiner hat persönliche Ansprüche an den anderen zu stellen, trotzdem beabsichtigt er dadurch ein »anderer Mensch« zu werden und das Saufen zu lassen. Dem Schwiegervater hat es sehr imponiert, daß er tatsächlich 14 Tage lang ziemlich nüchtern gewesen ist. Der ernste Hintergrund ist, daß er mir tatsächlich seine halbe Erbschaft abtritt, die nicht arg groß, aber für mich ganz respektabel ist (falls ich den Alten überlebe) und daß er Bubi adoptiert. Bei Lebzeiten des Alten nützt es mir vorläufig nichts, schadet aber auch nichts, da von Zusammenleben etc. nicht die Rede ist und ich mich absolut nicht um ihn zu kümmern brauche.

Zuerst war es sehr unheimlich, Zusammenkünfte in einem düsteren Albergo und dann mit diesem Seeräuber nach Locarno zu wandern und feierlicher Eidesschwur, er würde Bubi, den er sehr liebt, als seinen »Blutssohn« betrachten. Aber jetzt hab ich mich dran gewöhnt und werde mit Todesverachtung mit ihm zum Standesamt ziehen.

Könnte ich dann nur bald von hier weg, denn ich glaube, selbst in Ascona wird man mehr wie erstaunt sein, während Schwabing denken wird, ich habe eine gute Partie gemacht.

Eigentlich hab ich es ja auch. Der Gedanke, daß wenigstens Bubi dermaleinst etwas Geld haben wird, ist ungemein angenehm.

So, jetzt habe ich Ihnen mein Herz ausgeschüttet und hoffe, Sie werden mir Ihren Segen nicht vorenthalten. Ich hoffe jetzt auf einen recht langen Brief von Ihnen und hoffe nur, daß ich irgendwann einmal wieder auftauchen kann.

So, heute nur noch viele, viele Grüße auch an die Ihrigen, wenn Sie wirklich noch in Berlin sind.

Ihre F. R.

Ascona bei Locarno, Villa Monescia
[9. Dez. 1910]

Lieber Stern.

Lassen Sie doch endlich einmal etwas von sich hören. Ich wüßte vor allem gern, ob es Ihnen gesundheitlich wieder ganz besser ist. — Ja, in Berlin werden wir uns nun leider nicht treffen, um große Werke zu vollbringen. Und nach München werde ich wohl auch nicht so bald wiederkommen, sondern einfach hier bleiben, bis Blätter und Zeiten sich wenden. Ich glaube, es war ausnahmsweise eine praktische Idee, sich hier anzusiedeln — d. h.

eigentlich war es ein Spiel des Zufalls, ich habe nicht umsonst in Paris neben HASARD gewohnt. Paris war sehr schön, anstrengend, ungewohnt und dabei sehr gemütlich. Ascona ungeheuer ruhig und sehr sympathisch, eigene Wohnung, Weinberge-Gegend, maßloser Regen und wundervolle Luft. Ich habe hier viel, viel vor und mit meinen Münchner Angelegenheiten beschäftigen sich derweil die Auskunftei Merkur und der Verein Kreditreform. O, Sternchen, das Leben ist doch schön. Mir gefällt es jetzt wirklich wieder. Sie müssen mich im Frühjahr hier besuchen, ja? Bubi grüßt Sie sehr, er bekommt jetzt ein ganz richtiges Schnurrbärtchen. Sie gehen nun wohl bald nach Berlin. Könnten Sie sich nicht für mich erkundigen, was eine Schreibmaschinenschrift (300 Druckseiten) 2 Abzüge, kosten würde? Ich soll eine Übersetzung in 3 Abzügen liefern und kann auf meiner Maschine nur einmalig schreiben. Für heute nun noch viele und herzliche Grüße.

Ihre F. Reventlow

Ascona bei Locarno, Villa Monescia
[Januar 1911]

Lieber Stern,
haben Sie recht schönen Dank für Ihren Brief — ich hab mich so gefreut, etwas ausführlicher von Ihnen zu hören. Nur höre ich ungern, daß Sie immer noch oder vielmehr wieder Patient sind. Gehen Sie nicht nach St. Moritz, sondern leben Sie vernünftig in München und kommen Sie im März nach Locarno, das wäre so nett, und da Sie selbst keine Lust haben, jetzt fortzugehen. — Überwintern tut man wirklich am besten zu Hause, jedesmal, wenn man im Winter auswärts ist, wird diese Überzeugung befestigt. Aber selbst wenn Sie ins Engadin gehen, müßten wir uns treffen. Ich habe schon die Karte studiert und gefunden, daß es gar nicht weit ist. Geht es Ihnen denn momentan gut oder spüren Sie viel davon?
Dank auch für die Auskunft, inzwischen hat mir jemand die Abschrift besorgt, da es sehr eilte.
Wenn Sie nochmal mit einem Anwalt über die Erbsache sprechen wollten, wäre es mir sehr angenehm, vorausgesetzt, daß es Ihnen keine Mühe macht. Die Sache ist so: Der Alte hat schon sein

Testament gemacht und jedes seiner Kinder hat eine Kopie davon in Händen. Das väterliche Gut hat der jüngste Sohn bekommen, der nach dem Tode des Vaters die andern auszahlen muß, und dann ist noch ein Familiengut, welches mein Gatte als Ältester bekommen *muß*. Er hat sich erkundigt, und nach russischem Recht braucht er Bubi nur zu *legalisieren,* dann gilt er für seinen rechtmäßigen Sohn und ist erbberechtigt. Die Auskunft ist von der russischen Gesandtschaft, muß also wohl stimmen. Ferner hat er jetzt ein Testament gemacht, worin er mich zu seiner Erbin einsetzt, und das ich in Händen habe. Bleibt noch der Fall, daß er vor dem Alten stirbt, dann erbe ich einen sogenannten Tochterteil, d. h. ¼ von dem, was meinem Mann zugefallen wäre. — Der schlimmste Fall wäre, daß der Schwiegervater vor der Hochzeit abkratzen würde, deshalb eilen wir uns jetzt sehr, es muß nur noch aufgeboten werden, was nächste Woche geschieht, und dann die Bewilligung aus Rußland abwarten.

Der Alte scheint sogar sehr froh über die Sache, weil er dann sicher ist, daß der Sohn dann nichts Unmögliches mehr heiraten kann — er war schon einmal mit einer italienischen Kellnerin verheiratet und man hat ihn mit vieler Mühe davon befreit. Er ist wirklich ein ganz verrücktes Huhn, aber von ungemein anständigem Charakter — na, Sternchen, Sie müssen unbedingt herkommen und ihn sich ansehen. Die Szenen beim Notar und auf dem Standesamt von Ronco waren großartig. Er schlägt auf den Tisch und flucht auf die Bürokraten: Ich hab nur Angst, daß er den Pfaffen — man muß sich wegen irgendwelcher russischer Notwendigkeiten kirchlich trauen lassen — einfach totschlägt oder anbrüllt. Das Merkwürdige ist ferner, daß er diese Ehe, die doch persönlich gar keine Rolle spielt, noch spielen wird, als eine Art Heiligtum betrachtet und daraufhin ein neues Leben anfangen will —, ferner daß der Gedanke, daß Bubi ihn beerben wird, ihn geradezu begeistert. Ach, ich möchte so inzwischen mal einen Abend mit Ihnen in der Neuen Börse oder sonstwo sitzen und mit Ihnen ratschen. Eine solche Häufung von Situationskomik ist mir lange nicht vorgekommen.

Ich nehme gleich den heutigen Tag zum Schreiben wahr, denn ich bin einmal wieder lägerich, d. h. soweit man sich es hier gestalten kann, man muß halt doch inzwischen wieder aufstehen und über die je nachdem schnee- oder regenbedeckte Altane in die Küche gehen. Ja, es geht mir ziemlich übel, bäuchlich ist irgend etwas los, was ich nicht recht entziffern kann und ich habe Kehlkopfohren (wissen Sie was das ist, zwischen Ohr und Hals tut es weh und ist wie zugestopft). Immerhin ist es schon besser wie vor Weihnachten, wo mir ganz kreuzmiserabel war und trotzdem die Übersetzung mit 30 Seiten pro Tag gemacht werden mußte. Wenn ich das Notwendigste erledigt habe, lege ich mich hin und wenn es mir inzwischen gut geht, gehe ich mit Bubi Holz sammeln. Ich habe auch so ein Gefühl, daß es jetzt besser wird. Nächsten Monat hoffe ich nun, auch Wohnung zu wechseln. Diese ist ungemein unkomfortabel und der Weg bergab und -auf sehr übel. Vielleicht bekomme ich jetzt eine unten am See, etwas seitab von Ascona, die auch billiger ist und ganz für sich. Dann will ich mich gern darin ergeben, vorläufig ganz hier zu bleiben.

Guter Stern — noch eine Bitte, es ist zwar eigentlich recht taktlos — aber würden Sie mir nicht jetzt meinen Dollar-Talisman, den ich Ihnen letztes Jahr verpfändete — also jetzt mir das Pfand selbst pumpen? Es eilt nicht, ich habe diesen Monat noch de quoi existieren, durch die Übersetzung, die zwar durch die Abschrift und einige andere Kosten arg reduziert wird. Dann bekomme ich wieder eine zu machen, die am 1. März fertig sein wird, aber nicht gleich gezahlt wird. Bis dahin geht es. — Ich hoffe nun von Franzl etwas zu erringen, und wenn Sie die Dollars beisteuern, so kann es grade gehen. Ich bin wahnsinnig haushälterisch geworden und komme mit 100 Lire inkl. Heizung durch den Monat. Von der nächsten Übersetzung habe ich dann 3 Monate vor mir, in denen ich selbst schreiben werde. — (Ich hätte jetzt tatsächlich Lust und verschiedene Themen, aber neben Übersetzen und Hausarbeit und Bubi-Unterricht und Bauchweh und Heiraten komme ich natürlich zu nichts.

(Dummerweise haben nun dieses Weihnachten sowohl Schwägerin wie jüngster Bruder, die sich sonst immer betätigen, es anscheinend vergessen, worauf ich stark gerechnet hatte.)

Sternchen, wenn ich erbe, lade ich zu einem Souper ein, wo die Zigaretten mit Dollarscheinen angezündet werden. — Ich fürchte nur, der Schwiegervater überlebt mich doch noch. Aber wie dem auch sei, ich habe dieser Tage, wo ich viel ruhig gelegen und nachgedacht habe, so ein Gefühl, als ob ich bei etwas Ruhe, die in einigen Monaten zu erwarten ist, ungemein wieder aufleben könnte. Die letzten Jahre waren etwas über unsere Kraft. Übrigens möchte ich Ihnen — ich weiß nicht warum mir das grade einfällt — gelegentlich mal einige Briefe von Jaffé[1] schicken (mit dem ich mich, wie ich glaube Ihnen erzählt zu haben, definitiv verkrachte). Er braucht nämlich wiederholt den Ausdruck: Gelegenheiten — sollte er Ihr Buch gelesen haben? Ich möchte gerne wissen, was Sie dazu sagen etc. Sie begreifen, daß seine Schriftstücke mich zu ganz ungewohnter Grobheit hingerissen haben.

Aber adieu, adieu, mir kommt vor, als ob ich abends gegen 7 bei Ihnen sitze und Cherry Brandy trinke und immer noch nicht gehe. Statt dessen werde ich jetzt die Kombination von Klappstuhl und Handkoffer verlassen, die den Diwan ersetzt, und mit dem Bett vertauschen.

Also viele, viele herzliche Grüße.

Ihre F. Reventlow

Ascona bei Locarno, Villa Monescia [Februar 1911]

Lieber Stern.

Vielen Dank für Ihre beiden lieben Briefe und die Dollars — ich habe nur mit Schreiben gewartet, bis ich Ihre Adresse hatte. Denken Sie nur, die Dollars legitimierten sich sofort als Talisman — als sie kamen, hatten wir noch 80 Cent. Und ich wollte sofort nach Locarno um sie zu wechseln. Aber Bubi bat und flehte und wir machten ein Orakel — wenn bis übermorgen kein Wunder geschieht, werden sie gewechselt — ich hatte inzwischen meinen Bruder gebeten, meine »Monatsrente« diesmal früher zu schicken. Das geschah aber nicht, sondern es kamen unerwartet 50 Frcs. und der Talisman war gerettet. Dann ist noch ein verspätetes Weihnachtsgeschenk erschienen, so daß wir wieder für einen Monat schwimmen. So hoffe ich mit meiner Übersetzung rechtzeitig fertig zu werden und dann ein paar Monate ganz Ruhe zu haben.

---

[1] Professor Edgar Jaffé, Nationalökonom, 1918 Finanzminister der Eisnerschen Revolutionsregierung in Bayern.

Hören Sie, wenn Sie bis April in Davos bleiben, werden wir Sie vielleicht wirklich per Fußtour besuchen. Wir haben uns gleich auf die Landkarte gestürzt und ausgerechnet, daß man es mit 30 Frcs. machen könnte, hin und zurück. Aber bleiben Sie bitte über den 1. April da. Wir tauchen dann eines schönen Tages zum Mittagessen auf und gehen nach dem Café wieder heim. Zu dumm, daß wir die Räder nicht hier haben, dann wär's ein Katzensprung. —

Armer Stern, das Liegen muß gräßlich langweilig sein, ich bewundere, daß man es fertig bringt. Aus Liege-veranden habe ich erst »Liegeranden« gelesen und dachte, das sei ein Fachausdruck. Hoffentlich wird es Ihnen nun aber bald ernstlich besser gehen. Wissen Sie, ich glaube, wenn man etwas für seine Gesundheit tut, Kur oder dergleichen, geht es einem zuerst immer miserabel und in Ihrem Fall macht der Luftwechsel doch auch etwas aus und geht vor allem auf die Nerven. Man atmet in höherer Luft auch anders und fühlt die etwaigen Stellen oder Gereiztheiten der Atmungsorgane mehr. Spinnen Sie mir ja nicht, sondern tun Sie lieber etwas Unvernünftiges. Ich finde es überhaupt unerhört, daß Sie krank sind, und ich wünsche Ihnen wirklich, daß Sie alles gründlich loswerden.

Hier ist es mit dem Wetter ähnlich, die geweissagten Schnee- und Regenfälle bleiben aus, es ist nachts greulich kalt — die Sonne geht für uns erst um 9 auf und tags meist ganz schön warm. Eigentlich das gegebene Wetter um sich zu erkälten mit schlechten Öfen und Türen direkt ins Freie, aber ich habe mich entschieden durch die bäuchlichen Übel losgekauft und meine Lunge benimmt sich ungewöhnlich gebildet. Ich muß aber offen sagen, daß mir »ersteres« viel unangenehmer ist, d. h. jetzt bin ich wieder ganz wohl, aber durch 2 Monate hindurch war es recht peinlich und ich habe manchmal greuliche Schmerzen an der Stelle des seligen Blinddarms. Aber sie vergehen immer wieder und ich sehe sehr gesund aus.

Ich habe mich wahrscheinlich mit der häuslichen Arbeit gelinde überanstrengt, allmählich gewöhnt man sich besser daran. Jetzt kam noch »Holzarbeit« dazu. Oben am Berg ist nämlich ein großes Holzlager am Wege, da geht man im Dunkeln hin und trägt einige Balken heim, sägt sie und spaltet sie. Das ist zeitraubend und unbequem, aber sehr ökonomisch. Man muß doch immer noch von Morgen bis Abend heizen, auch wenn es draußen warm ist.

Ich bin froh, wenn ich aus dieser verfluchten Bude heraus bin. Am 1. März ziehe ich um und wohne dann so viel billiger, daß ich mir eine Zugeherin erstehen kann. Nach den bisherigen Strapazen wird das einfach sein wie im Himmel. Ich habe eine sehr schöne Kombination gefunden, einen alten Turm, d. h. ein Gebäude mit 3 kleinen Räumen übereinander, die durch Leiter und Luke verbunden sind, drum herum große Lorbeerbüsche und Weinberge, ganz allein, und ein möbliertes Zimmer ca. 4 Minuten davon. Dort wird man schlafen und tagsüber im Turm hausen. Im untern Raum wird gekocht, im mittleren arbeite ich und im oberen treibt Bubi sein Wesen. Ich freue mich sehr darauf, meine jetzige Bude ist einfach unausstehlich, und es ist erlösend, endlich einmal wieder umzuziehen. (Adresse genügt Ascona bei Locarno, durch die Heirat mit dem Rechenberg bin ich hier bekannt wie ein bunter Hund.) — Meine Papiere hab ich jetzt noch wieder an die Schweizer Gesandtschaft in Berlin schicken müssen. Dann ist wohl alles erledigt und ich werde von meinem Turm zum Standesamt herabsteigen.

Inzwischen hab ich mit Erfolg das Herz des Schwiegervaters erweicht, und er hat die Schulden seines Sohnes gezahlt. Aber die Folge ist, daß mein Gatte sich fortwährend besäuft und total unzurechnungsfähig ist. Ich zittere, daß der Alte ihn am Ende noch enterbt, sie haben seit diesem Rückfall fortwährend Krach.

Ach Stern, in München ist jetzt Karneval — am Faschingsdienstag möchte ich doch gerne auf ein paar Stunden dort sein. Sonst nicht, ich freue mich, daß ich endlich von München losgekommen bin und hoffe, nicht so bald rückfällig zu werden. Übrigens hat der gute Adam meine Habe jetzt in der Leopoldstraße ausgelöst, ich hatte sie längst für verloren gegeben. Es scheint ihm also gut zu gehen.

Aber für heute Schluß, da Sie jetzt so billig sind, werde ich Ihnen recht oft schreiben. — Was haben Sie nach Davos vor? Nachkur in Locarno? Grüßen Sie Hoerschelmann, wenn er wirklich kommt — und wenn's irgend geht, besuche ich Sie, ich möchte gerne einmal gehörig laufen. — Sie haben so viel Zeit, stellen

Sie mir doch einmal die Tour zusammen, wie man am besten gehen würde, sonst gehe ich sicher aus Versehen über ganz unnötige Berge, wie z. B. den Gotthard.

Viele und herzliche Grüße und vor allem gute Besserung und angenehme Stimmung.

Ihre F. R.

[Ascona, März 1911]

Lieber Stern,

haben Sie jetzt endlich vielen Dank für Brief und Karte. Verzeihen Sie, daß ich nicht eher schrieb und glauben Sie bitte nicht, daß ich mit einem Zündholz schreibe, es ist ein ungehorsamer Füllfederhalter. Ich war sehr unzufrieden über Ihre anfänglich nicht guten Nachrichten — aber ich glaube, wenn man sich um seine Gesundheit kümmert, hat man immer eine Menge Enttäuschungen. Gehen Sie aber doch ja nicht direkt nach München zurück, machen Sie noch Ihre Nachkur in Locarno. Ich würde es enorm übelnehmen, wenn Sie mich ganz schneiden und Sie kommen immer noch rechtzeitig als Trauzeuge. Der Gatte war eine Zeitlang so besoffen, daß er nicht vernehmungsfähig war, jetzt hat er gänzlich dem Trunk entsagt und war deshalb wieder nicht vernehmungsfähig. Aber es ist nur noch eine Frage von Tagen, Priester etc. ist schon beordert und ich gehe heute zum Notar, um den pekuniären Kontrakt zu machen, der mir sehr am Herzen liegt.

Für Ihre guten Absichten betreffs Handschuhe vielen Dank, wenn Sie selbst in München noch welche finden, vergessen Sie es nicht.

Mir war in letzter Zeit alles Schreiben unmöglich, eineinhalb Monate habe ich zu dem verdammten Buch gebraucht — die vielen Fragen wurden glücklich durch Pierre und Franzl erledigt oder umgangen und seit gestern bin ich fertig — ich selbst aber vorläufig auch ganz erledigt. Wissen Sie, bei dem hiesigen Klima ist es eine enorme Leistung, mit dem Kopf zu arbeiten. Trotzdem will ich die freie Zeit jetzt benutzen, eine literarische Karriere zu beginnen. Man müßte nur hier und da etwas lesen, um Anregung zu bekommen, und seit ich hier bin, sehe ich nie ein Buch oder eine Zeitung. Überhaupt hat man das Gefühl, als ob die ganze Welt versunken und verschwunden wäre. Wie lange ich hier bleibe? Ach liebes Sternchen, das steht bei Gott. Bis ich irgend etwas Geld habe. Wenn es mir gelingt, in der Gnadenfrist von 3 Monaten, die ich mit dem Übersetzungsgeld zu erleben hoffe, etwas fertig zu bringen. — Sonst werde ich Hoteldame in Mailand — eine üble Sache, die ich durch Beziehungen bekommen kann — zum 1. August, brauche mich aber erst 1. Juli zu entscheiden.

Vielleicht geschieht bis dahin ein Wunder oder es glückt mir, Feuilletons en masse zu fabrizieren.

Sehr viel Schneid habe ich nicht, möchte sehr viel lieber gründlich faulenzen, der Winter war wirklich ein Konglomerat von Unbequemlichkeiten etc., das mir etwas in die Glieder gefahren ist. Jetzt ist es dafür sehr schön. Die Behausung ist fabelhaft angenehm und man ist phlegmatisch vergnügt und unnervös. — Die Bücher, die Sie schrieben, kenne ich alle nicht, weiß nur, daß »L'éducation sentimentale«[1] todsicher übersetzt. Überhaupt mit irgendwelchem Risiko zu übersetzen, ist viel zu unheimlich.

Eine kleine Geschichte denke ich an die JUGEND zu schicken, leider habe ich in München versäumt, den Sinsheimer[2] persönlich kennenzulernen.

Na und überhaupt's, es wird sich schon machen. Wenn ich denke, wie ich mit 50 M. von München fortfuhr, ist eigentlich seitdem alles merkwürdig gut gegangen. Nur über meinen irdischen Überresten in München waltet ein grausamer Unstern. Sie befinden sich heute noch in der Pfandkammer und man hat mich auf Zahlung von 200 M. verurteilt, die natürlich ganz ausgeschlossen ist. Ich würde all das Zeug schließlich ohne großen Schmerz fahren lassen, außer allerhand persönlichen Sachen in Schubladen etc. — Adam kämpft wie ein Löwe mit dem bösen Verwalter. — Ich muß mir heute noch einen komplizierten Brief an den Anwalt abringen und will jetzt schließen. Vergelten Sie mein langes Schweigen und diesen blöden Brief nicht mit gleichem, sondern bald schreiben, ob es Ihnen jetzt definitiv besser geht, ob und wann Sie schreiben und ob Sie mich noch besuchen. Wer weiß,

---

[1] Roman von Gustave Flaubert.
[2] Dr. Sinsheimer, Redakteur der »Jugend«.

wann wir uns sonst wiedersehen, ich komme in Ewigkeiten nicht
mehr nach München. Wenn es gut geht, werde ich in Rom enden,
und wenn schlecht, in Mailand. Also viele, viele Grüße.

Ihre F. R.

[Ascona, Spätsommer 1911]

Lieber Stern,
haben Sie Dank für Ihren Brief, also wieder einmal in der
Schweiz, ohne mich zu besuchen! Und immer noch nicht gesund,
das gefällt mir nicht — ich hoffe nur, Sie sind übertrieben ängstlich. Schreiben Sie doch mal ausführlicher, ob Sie den Winter in
München bleiben, aus Ihrem kurzen Brieflein bin ich nicht ganz
klug geworden, es klang beinah als ob Sie wieder nach Davos
wollten. — Ja, ich glaube, auch ich habe Ihnen mal gesagt, daß
Sie im Frühjahr manchmal hektisch aussähen. Ach ich glaubte
und glaube noch, daß Ihre Münchner Lebensweise sehr ungesund
war.
Ich habe nie geschrieben, weil der Sommer gar so schlimm war,
unmenschlich heiß und schwül heiß — ich kann sonst ein ziemliches Quantum vertragen. Aber ich wollte so fleißig sein und
war gerade in der heißesten Zeit sehr fleißig, dann aber gänzlich
zusammengeklappt. Jetzt laboriere ich seit beträchtlicher Zeit
an inneren Geschichten und weiß nicht was, aber es haut mich
ganz zusammen und ich kann nichts arbeiten und warte auf
Antwort und Honorare von drei weggeschickten Arbeiten, eine
Novelle und zwei Artikel, vor allem aber auf bessere Gesundheit. Ich glaube, Ascona ist wie ein Tropenklima, das einen
allmählich auffrißt. Man hat immer Blei in den Beinen und
im Kopf. Am besten läßt es sich noch auf dem See aushalten,
d. h. jetzt, wo es etwas kühler wird. Wir haben von einem ver-
reisten Bekannten jetzt ein kleines Segelboot zur Verfügung und
setzen täglich unser Leben aufs Spiel. Neulich habe ich meinen
Zahnarzt mitgenommen, der aufs Segeln brannte und damit er
mir keine Rechnung schickt, und hätte ihn beinah ertränkt. Wir
kamen in Sturm und strandeten schließlich. Dank meiner Gei-
stesgegenwart ging es aber noch gut ab, aber ich habe nun den
ganzen Abend von Kopf bis zu Füßen in nassen Kleidern gesessen, und das ist mir anscheinend nicht besonders bekommen,

um so mehr, als es zwei Tage hintereinander stattfand. Ja, so lebt man hier und ist trotz allen Übeln immer ganz vergnügt. — Hören Sie, Sternchen, es gibt so kleine Bücher »Anleitung zum Segeln« oder so etwas. Wollen Sie mir nicht ein solches nachträglich zum Geburtstag dedizieren. Zu Hause habe ich eines, aus dem wir am Chiemsee unsere Weisheit schöpften. Aber Sie wissen vielleicht, wo meine Habe einstweilen ruht und ich kann niemand hinschicken, um Bücherkisten zu durchwühlen.

Der Gatte ist schon lange vom Schauplatz verschwunden und von der ganzen Ehe nur der Schwiegervater in Locarno zurückgeblieben. Ich besuche ihn manchmal und konstatiere zu meiner Genugtuung, daß er recht gebrechlich ist.

An Rom ist leider einstweilen noch nicht zu denken, ich hoffe in den nächsten Monaten so viel zusammenzuschreiben, daß ich wenigstens gegen Weihnachten fort kann. Vielleicht wird man auch im Herbst etwas munterer.

Sind Lola und Felix zufrieden mit ihrer Scheidung?

N. B. Ist er immer noch in Marburg?

Ja, lieber Stern, ich werde Ihnen für heute lebewohl sagen — wie nett wäre es, einmal einen Münchner Abend mit Ihnen zu schwätzen, d. h. lieber anderswo, ich habe sehr das Verlangen, weit von München meine Wege zu wandeln.

Also viele, viele herzliche Grüße und bald einen schönen langen Brief.

Ihre F. R.

[Ascona, Ende September 1911]
Casa Abondio

Lieber Stern,

haben Sie vielen Dank für das Segelbuch, es war wirklich nett von Ihnen und ich bin sehr froh darüber. N. B. Schreiben Sie bitte immer Reventlow-Rechenberg, es gibt sonst immer Verwechslungen und ich will es überhaupt so behalten. Und schreiben Sie doch wieder einmal. Was machen Sie denn? Sind Sie in München? Wenn es Ihnen nicht bekommt, kommen Sie doch hierher, es gibt bequeme Wohnungen, und ich werde Sie behüten wie meinen Augapfel. Ich bin jetzt ins Dorf gezogen und schwelge in längst entbehrtem Komfort, z. B. einem Riesensofa, einem guten Kamin etc. Wir haben etwas Regenzeit und es ist wundervoll, nicht mehr mit nassen Füßen bergauf und -ab zu laufen. Auch gesundheitlich ist ein Aufschwung zu verzeichnen.

Na, und überhaupt, der SIMPL hat wieder eine Sache genommen und die MÜNCHNER NEUESTEN, so habe ich wieder zwei »sorgenfreie« Monate vor mir und komme hoffentlich allmählich weiter. Daß Sie in dem »Tot« einen seelischen Kraftaufwand entdeckt haben — ich fürchte es war mehr Gehirnerweichung, die mir die »Feder führte«. Siehe Klages: und die es schrieb, weiß nichts davon.

Sternchen, ich möchte Sie noch um etwas bitten, können Sie nicht Adam einmal sehen — ich möchte so sehr gerne wissen, was aus meiner Möbelaffaire geworden ist und er schreibt und schreibt nicht trotz mehrmaliger Briefe. Es sollte am 20. Sept. Verhandlung sein, und wir haben doch todsicher verloren. In dem Fall hoffe ich brennend, daß Adam die Sachen, wenigstens das, woran mir liegt, einsteigern lassen wird. Das wird sehr wenig kosten und ich kann es *vielleicht* sogar selbst aufbringen — wenn es nur nicht verbummelt wird.

Ich fürchte, unter uns gesagt, daß es dem Adam irgendwie schlecht geht und er darüber diese Sache vergessen könnte, schreibe ihm dieser Tage nochmal. — Aber ich wäre sehr froh, wenn Sie darüber etwas in Erfahrung bringen könnten. Es sind nur einige Sachen mit Erinnerungswert, die ich gerne gerettet wüßte, das andere ist mir egal. —

Von Fädchen hatte ich neulich einen Brief, sie kommen im Dezember zurück und Lutz will in Meiningen kapellmeistern.

Aber für heute leben Sie wohl und viele, viele Grüße, ich muß wieder fleißig sein.

Ihre F. R.

Eben Ihre Karte, besten Dank — schade, daß ich Ihnen nicht beim Umzug helfen kann. Ach bitte, behalten Sie die Such-Speichersachen bei sich.

[Ascona, Ende Dez. 1911]

Lieber Stern.

Vielen Dank für Ihren lieben Brief und Verzeihung, daß ich so lange nicht geantwortet habe. Die Sache mit meiner Versteigerung ist inzwischen »in Ordnung« gekommen. Adam hat die Hauptsachen gerettet – oder hab ich Ihnen das schon geschrieben?

Ich sitze seit 8 Tagen mit einem ganz wüsten Katarrh und kann mich kaum behaupten. Ich will Ihnen wünschen, daß Sie keinen solchen kriegen – Sie würden spornstreichs wieder nach Davos gehen und Ihr Testament machen. –

Übrigens freute mich sehr die Notiz, daß Sie auch an Rom denken – können Sie München auch nicht mehr? Ich glaube, es ist ein Fortschritt, wenn man es nicht mehr kann. – Ich schwimme übrigens in einem Freudenrausch, mein Buch ist von Langen angenommen und ich kann jetzt fort. Ende Januar gehe ich nach Rom und werde den Schwabinger Roman[1] anfangen. Kommen Sie doch hin und helfen Sie mir – ich will jetzt mit Sturm Karriere machen, um wirklich einmal faulenzen zu können. Arbeiten ist wirklich eine Erfindung des Teufels, und ich sehne mich manchmal nach der Glasmalzeit zurück, wenn man keine Aufträge hatte.

Also für heute nur noch viele Grüße und Neujahrswünsche. Ich bin sehr glücklich, aber gänzlich kaputt.

Ihre F. R.

[Ascona, Ende Januar 1912]

Lieber Stern –

Verzeihen Sie, daß ich erst heute auf Ihren lieben Brief antworte, ich habe so entsetzlich viel zu nähen etc., um nur halbwegs bekleidet von Ascona herauszukommen, daß ich zu gar nichts mehr komme. – Hören Sie, der Gedanke, daß Sie *jetzt* nach Locarno wollen, ist einfach empörend. Warum sind Sie nicht voriges Jahr gekommen? – Lieber Stern, gehen Sie doch lieber auch nach Rom, es ist gar nicht so arg schön in Locarno, gerade im Frühjahr, viel Wind und Regen. Die schönsten Monate sind hier Januar und Februar, d. h. heuer ist auch im Januar viel Sturm gewesen und alles, was husten kann, hustet und hat Influenza. – In Rom war es, wenigstens wie ich dort war (Februar bis April) viel schöner und frühlingsmäßiger. Wir haben

---

[1] »Herrn Dames Aufzeichnungen oder Begebenheiten aus einem merkwürdigen Stadtteil«.

hier voriges Jahr im April noch elend gefroren und geheizt und die Öfen sind miserabel. — Denken Sie wie nett es wäre, wenn Sie nach Rom gingen und man sich endlich einmal wiedersähe.

Ich *muß* fort, denn in ein paar Monaten würde ich wieder nicht mehr Geld genug haben um wegzugehen. Es geht zwar jetzt auch nur kaum, aber ich möchte doch einmal wieder den Sprung ins Freie tun. Momentan wirds mir sogar sehr schwer, ich habe mich hier eingewöhnt und die einzigen aber sehr netten zwei Leute, die es hier gibt, werden mir fehlen. Es sind Frau Dr. Gross und ein Herr Frick[1]. — Wenn Sie hergehen, sollten Sie die beiden auch kennenlernen. — Schrieb ich Ihnen eigentlich, daß mein Buch[2] bei Langen angenommen ist? Lieber Gott, wenn das gehen wollte, sonst wird es wohl wieder pekuniäre Katastrophen geben. Oder ich werde mich bei Nacht und Nebel nach Ascona zurückschleichen. — Übrigens habe ich kürzlich etwas an die JUGEND geschickt, können Sie den Dr. Sinsheimer — ich glaube zu erinnern, daß Sie mit ihm verkehren — nicht in meinem Namen etwas poussieren?

Ich bin heute wieder zu müde, um vernünftig zu schreiben, seit 4 Wochen habe ich überhaupt keine Feder in der Hand gehabt und weiß gar nicht mehr, wie man es macht.

Überlegen Sie sich's mit Rom — klimatisch haben Sie gewiß dasselbe davon. Ich habe es kürzlich mit Wunderheilung versucht und beim ärgsten Katarrh ein Bad im See genommen, es wurde sogar besser und vorher hatte ich das Gefühl, als ob ich mindestens eine Lungenentzündung bekäme. Es ist alles nur, wie man es nimmt.

Aber für heute leben Sie wohl und schreiben Sie noch einmal hierher über Ihre Absicht, vor dem 8. bis 10. Februar komme ich kaum weg. Sie wissen, ich überstürze die Abreise nicht gern und meine dauert erst seit Neujahr. Viele und herzliche Grüße.

Ihre F. R.

---

[1] Der Schweizer Maler Ernst Frick, als Anarchist bekannt, war in eine Zürcher Bombenaffäre verwickelt und wurde später zu einem Jahr Gefängnis verurteilt. Er war eng mit Frau Gross liiert, der Ehefrau des Psychoanalytikers Dr. Gross. F. R. verband mit Frau Gross eine enge Freundschaft.

[2] »Von Paul zu Pedro«.

Lieber Stern,

haben Sie vielen Dank für Ihre letzte Karte, die ich noch in Ascona bekam, und die nächste werde ich auch wieder in Ascona bekommen. Denn ich fahre schon Anfang der nächsten Woche wieder dorthin zurück, und möchte deshalb bemerken, daß das Klima in Locarno doch wahrscheinlich besser für Sie ist wie das römische und daß ich sehr hoffe, Sie dort zu begrüßen und Ihnen unter anderen Sehenswürdigkeiten auch meinen Schwiegervater vorzuführen. Hier ist es sehr schön und ich würde gern wie beabsichtigt länger bleiben etc. etc., aber es ist verdammt teuer. D. h. entweder war es früher billiger oder ich habe damals mehr Geld gehabt — kurz, es läßt sich nicht durchführen und wenn ich nicht auf wunderbare Weise zu einem Reisegeld gekommen wäre, hätte ich mich schon jetzt müssen abschieben lassen. Und wer weiß wohin das russische Konsulat mich geschickt hätte — ich bin ja jetzt Russin und habe sogar einen absolut unverständlichen Paß.

Stern, wenn Sie Adam sehen, geben Sie ihm einen Kuß von mir — er ist ein Engel und verdient, daß es ihm gut geht. — Ja, München, manchmal hab ich wohl etwas Heimweh, aber ich möchte doch nicht wieder hin. In Ascona flüchtet man sich in die offenen Arme eines liebevollen Hausherrn, der begeistert ist, wenn man sagt, man hätte keine Soldi mehr und einem dann noch Komplimente macht — badet mit dem Zahnarzt, damit er keine Rechnung schickt — in München möchte es wohl etwas anders sein.

Kurz, ich liebe Ascona, seit ich fort bin — aber schreiben Sie bald, ob und wann Sie kommen, es wäre wirklich lustig, sich wiederzusehen und wir hätten entsetzlich viel zu schwätzen. 1000 Grüße.

Ihre F. Reventlow

[Ascona, 29. März 1912]

Lieber Stern,

ich freue mich furchtbar, Sie wiederzusehen. Kommen Sie doch morgen, Samstagnachmittag, in die Conditorei Scheurer (Café Locarno), ich werde dann dort sein — Gott, wie ist es nett, daß Sie hier sein werden.

1000 Grüße. Ihre F. Reventlow

Lieber Stern.
wollen Sie bitte morgen, ehe Sie herauskommen, auf der Post
nachsehen, ob unter E. M. K. postlagernd ein Brief da ist? Und
wenn Sie ganz und gar ein Engel sein wollen, mir auch noch
einige Migräninpulver mitzubringen (Apotheke Vigerani an der
Piazza — migranina ¹/₂ Gramm)? — Den Mantel habe ich schon
gekriegt. 1000 Dank im voraus und viele Grüße.

Ihre F. R.

Lieber Stern,
für die geradezu beglückende Migräninspende vielen Dank und
für den Brief. — Morgen hoffe ich Sie bestimmt zu sehen, erwarte
Sie mit einem guten Kaminfeuer.
Wäre es Ihnen unangenehm, noch einmal auf der Post nachzusehen, es wird ein Brief erwartet. Ist es Ihnen aber im geringsten
unangenehm, so fahre ich Donnerstag selbst herein.
Heute bin ich ganz blödsinnig und sehr elend. 1000 Grüße.

Ihre F. R.

Lieber Stern,
kommen Sie heute lieber nicht zur Bahn, ich muß dort noch
jemanden auftreiben und evtl. mitbringen und werde deshalb
auch wahrscheinlich erst in letzter Minute kommen. Also auf
Wiedersehen morgen und herzlichen Gruß.

Ihre F. Reventlow

Lieber Stern,
es tut mir leid zu hören, daß das traurige Ereignis nun doch
eingetreten ist, sagen Sie vielleicht auch Ihrer Mutter und Schwester ein paar herzliche Worte in meinem Namen. Und daß Sie
nun so rasch fort sind — ich hätte sehr gerne noch einen richtigen
letzten Nachmittag mit Ihnen verbracht und die berühmte Bluse
war glücklich fertig, um nach Locarno zu wandern. —
Nun hoffentlich wird Ihnen der Aufenthalt nachträglich noch

einiges nützen, ich denke mir, momentan hat unsere schwere Luft Ihre Nerven nicht sehr günstig beeinflußt. Man fühlt sich hier nie sehr frisch und fühlt, was einem fehlt, dann mehr. Ich bin heute etwas unglücklich, der *schwarze Idiot* ist schon zurückgekommen, sie wollen nur kurze Geschichten. Das hätten die Schafsköpfe mir auch schon früher sagen können. —
So, nun muß ich Schwabing wieder liegenlassen und versuchen, rasch einige Kurzware zu fabrizieren.
Also einstweilen nur noch viele herzliche Grüße.

Ihre F. Reventlow

[Ascona, 14. 6. 1912]

Lieber Stern,
haben Sie vielen Dank für Ihre 2 Karten und vielen, vielen für die Jahrbücher. Mir fiel plötzlich ein, daß Sie Donnerstag verreisen und gewiß alles »Material« in München hätten, deshalb das Telegramm. Sie haben gewiß gedacht, ich bin verrückt geworden und ich wollte gar nicht, daß Sie sich in Unkosten stürzen sollten — ich dachte, Sie hätten welche liegen.
Es freut mich, daß das Buch Ihnen gefällt, ich finde es sogar selbst sehr nett. Übrigens wollte ich längst schreiben, aber es lieh mir keiner Briefmarken mehr — na, es ist immer noch ein netter Zustand. Und bei Langen hat man mich inzwischen um 700 M. gepfändet — das ist recht unangenehm. — Die Pechserie ist diesmal so exorbitant (ist das richtig?), daß sie zu den schönsten Hoffnungen berechtigt. Kläglich kam auch der »Fischötter« von LICHT UND SCHATTEN zurück. — Dank auch wegen Sinsheimer — wohin schreibt man an ihn persönlich? Ich habe hoffentlich bald wieder eine kleine Geschichte fertig und werde die hinschicken.
Man bete für mich! — Schwabing rückt vor[1]. Stern, können Sie mir nicht ein kleines Gespräch über schwarze und weiße Magie machen und etwas allgemein Orientierendes über Kreis und

---

[1] Schwabing rückt vor — F. R. arbeitet an dem Roman »Herrn Dames Aufzeichnungen, Begebenheiten aus einem merkwürdigen Stadtteil«. Stern gibt ihr ausführlich Auskunft über Begriffe und Sprache der »kosmischen« Kreise in Schwabing.

Meister? Situation eines der ersten Gespräche im Café, bei dem Herr Dame dabei ist und ein Philosoph (!). Der Philosoph streitet mit einem Jüngling erst über Magie, dann über Kreis. Ich dachte dann etwa so: Dame fragt, nachdem der Jüngling fort ist, was das alles heiße, und der Philosoph belehrt ihn scherzhaft. Dame wird konfus und hält den Meister für eine Art Zauberer. Dann gerät er einen Abend zu Klages und Fritz Huch, trifft nachts den Philosophen, der ihn wiederum über Schwabing im Allgemeinen belehrt, etwa: Schwabing nicht ein Stadtteil, sondern eine geistige Bewegung — und über den Unterschied zwischen dem Kreis und den Enormen (den weiß ich auch nicht recht zu formulieren).

Vielleicht schicke ich Ihnen diesen Anfang, Bubi muß ihn mir diese Tage tippen und wenn Sie dann etwas ergänzen wollten — selbstverständlich nur bei Zeit und Lust. Weiter lernt er die Leute im »Eckhaus« kennen (Kaulbachstraße). Die schleppen ihn auf ein Fest, wo dann Gespräche über die Geste stattfinden. — N. B. Erwägen Sie doch noch einmal die Frage, ob man den Meister so nennen kann oder nicht. — Kein Platz mehr, ich muß aufhören — verzeihen Sie, daß ich nur fachsimple. Bis Ende Juli *muß* es fertig werden. Und 1000 herzliche Grüße auch an die Ihren.

Ihre F. R.

[Ascona, Ende Juni 1912]

Lieber Stern,

haben Sie vielen und herzlichen Dank für Ihren lieben Brief und seine Einlage — es war wirklich *zu* nett von Ihnen und hilft wieder einen Monat durch die Brandung. — Gestern war das *zehnte* Pech in der diesmaligen Serie und heute Ihre Sendung — nun wendet es vielleicht wieder. — Und es freut mich auch persönlich, wenn man meiner gedenkt.

Für die Winke zum Schwabinger bin ich Ihnen sehr dankbar — könnten Sie vielleicht auf dem Manuskript anmerken, wo Sie meinen, daß es deutlicher sein muß — ich habe einen Komplex der Kürze und immer Angst, etwas zu ausführlich zu machen. Zweitens — den Philosophen denke ich mir *milde* überlegen, nicht ganz so mokant wie das Urbild (und wie man es auch gerne ist

538

und gerne hat), weil ich es technisch für besser halte, daß der Blödsinn des Betriebes mehr aus Konstatierungen hervorgeht als aus Meinungen.

Stern, den Traum habe ich auch das Gefühl etwas verstümmelt zu haben, aber die kappadozische Dame kann ihn nicht so ironisch träumen wie Sie — vielleicht läßt es sich noch besser ergänzen durch Zwischenfragen. —

Plag ich Sie nicht damit? Wirklich nicht? Denn ich werde sonst, fürchte ich, noch arge Ansprüche stellen — nämlich schon ist vorgesehen, ein Abschnitt Gespräche mit dem Philosophen, worin eine ziemlich gründliche Belehrung über weitere kosmische Sumpfgeschichten etc. erfolgt.

Mit dem Meister haben Sie recht, ich habe inzwischen selbst gesehen, daß es nicht anders geht.

— Von der Frick-Affaire sind jetzt gute und hoffnungsvolle Nachrichten. Die Revision des Prozesses ist *vor*läufig abgewiesen und es soll erst die Dame abgeurteilt werden, die wegen falscher Aussage mitverhaftet war. Aus der Untersuchungshaft ist *sie* schon entlassen und es ist zu erwarten, daß bei ihrer Verhandlung alles ziemlich ins Wasser fällt. Der Denunziant ist psychiatrisch zwar für »glaubwürdig« erklärt worden, hat aber widerrufen. —

Frau Gross ist grade wieder in Zürich — es stand in der letzten Zeit ziemlich übel mit ihr, aber sie läßt sich jetzt wieder aufleben. — Übrigens hat sie mir neulich noch Grüße an Sie aufgetragen und war ganz gerührt, daß Sie nach der Sache gefragt haben. Hier geht's überhaupt immer her. Mein Gatte macht allerhand unangenehme Geschichten, er will sich von mir scheiden lassen und behauptet, ich wäre schon mit jemand anders heimlich verheiratet. Hoffentlich werde ich nicht noch wegen Bigamie belangt. Die Klage wurde nämlich auch ihm zugestellt und es wurde darin behauptet, daß er ein Deutscher sei und in München Vermögen habe.

Ich denke diesen Moment zu benutzen, um mich mit dem Schwiegervater über das Pekuniäre auseinanderzusetzen. — Er ist nicht mehr hier. — Ja, und in der Pfändungsgeschichte schreibt mir der Anwalt, daß man vorläufig nichts mehr machen kann, erst wenn pfändbares Geld da ist.

Übrigens schicke ich Ihnen nächster Tage ein weiteres Kapitel,

Bubi tippt es grade. Und ich lese fleißig in den Jahrbüchern, habe auch die berühmte Stelle mit Vergnügen gefunden. — Onkel Heros ist das Schönste, was ich seit langem gehört habe. — Bei diesem Buch bedaure ich doch manchmal, nicht etwas »intellektueller« zu sein, ich tu mich wirklich etwas schwer damit, weil mir immer im Moment alle möglichen Kenntnisse fehlen.

Auch die Vorrede werde ich Ihnen schicken, ich glaube sie motiviert für den Leser manches im voraus.

Wenn ich Sie noch in Berlin erreiche, grüßen Sie bitte Ihre Mutter und Schwester sehr.

Ja, lieber Stern, für heute leben Sie wohl und recht viele herzliche Grüße und Dank.

Ihre F. R.

[Ascona, Juli 1912]

Lieber Stern.

Dank für Ihre Karte, bitte, bitte seien Sie ein Engel und schicken Sie bald etwas (ich *muß* im August fertig werden, sonst geht's mir auch hier an den Hals). Mit Stil brauchen Sie sich keine Mühe zu machen, wenn es nur das Inhaltliche ist. Ich schicke dann das Weitere, wo ich auch noch Hilfe brauche. Eigentlich müßten Sie wieder herkommen. Jetzt wird Dame durch einen Kaulbach-Karneval geführt, da möchte ich brennend gerne noch einen Jour oder Privattee bei Wolfskehls machen, aber *ich* kann nicht. Und jetzt soll er Schuler kennenlernen, auch da bin ich ratlos, ich weiß nicht weiter als: Wissen Sie, daß bei den alten Römern —

Nun, es ist hart bei dieser Hitze — sie beginnt unwahrscheinlich zu werden, und von dem Staub machen Sie sich keinen Begriff. Es ist mir leid, daß es Ihnen nur mäßig geht — Sie sollten doch sicher aus der Stadt herausgehen.

Denken Sie, der Frick ist wieder hier, es steht zwar noch allerhand bevor, aber er ist haftentlassen und es hat wohl keine Not mehr. Wir prunken jetzt mit ihm in Locarno.

Ich bin ganz blödsinnig und vergesse alles, was ich schreiben wollte. — Daß der Philosoph Dame die Sachen auseinandersetzt, geht im *Buch* doch sehr gut. Es ist doch weder ein wirklicher Stern, noch ein wirklicher Dame, und noch eine Zwischenperson wäre wirklich zuviel, wo der arme Dame schon vom Zusehen und Zuhören lebt. Ich dachte nur, man könnte das eine Mal — da, wo sie es jetzt haben — Schuler dazukommen lassen, dann könnten Philosoph und Schuler etwas diskutieren und Schuler wäre eingeführt. —

Haben Sie übrigens von dem andern Buch etwas gehört — gibt es Kritiken — ich weiß von nichts als von der Pfändung, und sich durch ein Büro die Kritiken verschaffen ist jetzt zu kostspielig.

Sternlein, plag ich Sie sehr mit Schwabing? Ich hab ein ganz schlechtes Gewissen dabei, denn ich werde Sie noch Unendliches fragen müssen. Für heute leben Sie wohl und erbarmen Sie sich meiner recht bald. —

Daß der teure Jaffé sich nach mir erkundigt, finde ich frech. —

Also 1000 Grüße — auch von Frau Gross einen recht herzlichen, sie freut sich jedes Mal sehr, wenn ich sie von Ihnen grüße.

Ihre F. R.

Glauben Sie, Franzl würde es übelnehmen, wenn man ihn im Buch »Hans, mein Igel« nennte.

[Ascona, Juli 1912]

Lieber Stern,

haben Sie vielen Dank, aber Sie bekommen noch lange keine Ruhe. Ich schicke Ihnen heute ein weiteres Stück. — Nun denke ich so: zwischen Fest und abermaligem Eckhaus müßte jetzt die Hauptsache eingeschoben werden. Ich dachte, Dame geht mit dem Philosophen auf den Jour, und da finden ganz bedeutende Gespräche statt. Schuler doziert, und man redet über kosmisch und Blutleuchte — da könnte auch die Geschichte mit der Tiberiusblume (die ich natürlich nicht mehr kann) stattfinden. Nachher könnte dann noch eine kurze Belehrung unter 4 Augen stattfinden. —

Die Magiegeschichte ist sehr schön und das Kapitel ist dadurch angenehm lang geworden.

Von dem andern hab ich bei dem Nachtgespräch erstmal nur Begegnung mit Schuler und die Substanzengeschichte genommen (Arier und Semiten, denk ich, muß man noch etwas zurückstellen, bis der Krach sich zu entwickeln beginnt).

Kosmisch, lieber Stern, verlieren Sie nicht die Geduld, müssen

Sie *mir* noch etwas deutlicher erklären. Ganz einfach: kosmisch bedeutet — — — im Gegensatz zu — — — und irgendwelche Beispiele, was für Dinge kosmisch sind. N. B. Kann man sagen, kosmische Kräfte? Ich weiß bei Gott nicht, warum ich gerade für dieses ein solches Brett vorm Kopf habe, aber es ist mir immer noch nicht klar, wo man es anwendet, wenn ich mich selbst darüber ausdrücken soll. —

(Urschauer hab ich auch noch aufgehoben, das muß der indiskrete Sonnenknabe gelegentlich als Anekdote erzählen, etwa in Gegenwart von Adrian-Schmitz, der dann auch welche erleben will.) Alles mit Ur- überhaupt müßte ich auch noch etwas wissen — warum die Urzeit so enorm ist? Und alles mit Blut — wissen Sie, ich werde jetzt beim Schreiben immer einen Fragebogen anlegen, wie den beifolgenden.

Nach dem, was ich Ihnen schicke, kommt ein Gespräch, worin Willi ihm von dem Mutter-Hetärentum erzählt — gibt es darüber auch noch etwas Bemerkenswertes zu sagen — Ausführliches?

Ferner — haben Sie oder Bekannte vielleicht das Klagesbuch über George? Ich habe es, aber in München, aber unerreichbar. — Und glauben Sie, daß aus Ricardas Schwabinger Buch, von dem, glaube ich, Sie mir erzählten, etwas zu schinden wäre?

Wissen Sie, Stern, es ist eine gräßliche Arbeit, aber ich hoffe, es wird schließlich ganz lustig, nur *muß* es jetzt vor dem 1. September fertig werden.

Können Sie mir deshalb auch das Manuskript recht bald zurückschicken und sehr schonend behandeln, ich denke es teilweise nicht noch einmal abzuschreiben. So, jetzt bin ich ganz dumm vor lauter Fragen und Sie werden manchmal gründlich seufzen.

[Ascona, Ende Juli 1912]

Lieber Stern,

Ihre Ergänzungen sind glänzend, die Verbrecher in der Gräberstraße entzücken mich —

1. *Zum Einführen des Wortes kosmisch könnte vielleicht die Hausfrau bei der Tiberiusgeschichte Delius fragen — ist das nicht wirklich kosmisch?* Vergessen Sie nicht, diese Frage extra zu beantworten (feuchte Wiese, Urschauer etc. möchte

ich später als indiskrete Erzählungen des Sonnenknaben verwerten. Es muß dann allmählich schon auf seinen molochitischen Niedergang vorbereiten).

2. Cesare Borgia und Wedekind finde ich enorm, aber es hätte persönlich etwas gegen sich, des letzteren Namen so direkt anzuwenden, vielleicht könnte man ihn sehr durchsichtig umschreiben?

3. Noch ein Bedenken — nämlich die Hanna zu arg mitzunehmen, für uns hat es natürlich mehr Reiz, wenn sie die ganz schlimmen Blödheiten sagt, aber für den gebildeten Laien, der es liest, kommt das persönlich Komische doch nicht so heraus, und ich meine ob man wirklich kompromittierende Dummheiten nicht lieber der kappadozischen Dame in den Mund legt, die Wolfskehl ja schließlich auch ebenso anschmachten kann.

4. Wie nennen Sie diesmal den Gedankenleser — lese ich richtig Psychometer? Das wäre ein schönes Wort.

5. Wissen Sie den ersten Heinzbesuch, d. h. das darauffolgende Nachtgespräch habe ich durch Begegnung mit Schuler und Erklärung über seine und Klages' Substanz erweitert. — Das andere über kosmisch etc., etc. kommt unzerpflückt in das Soupergespräch nach dem Jour.

6. Mit Fritz Huch treffen Sie wohl nicht im Café zusammen, er weiß unendlich Schuleriana, die man ihm leicht entlocken kann.

7. Weiter was ich heute schicke
a) Morgenbesuch bei Adrian, b) Kostümverhandlung mit Delius, das ist etwas matt, wenn Sie an den angedeuteten Stellen noch etwas auffärben könnten (oder soll ich es ganz weglassen?) Vielleicht fällt mir auch noch etwas dazu ein, es munterer zu machen.

Nun wird dann das Fest selbst kommen. Details: Schuler als Matrone (Mama, die darüber klagt, daß sie ihren eigenen Sohn nicht mehr erkennen kann.) Der Umzug mit dem Cabyrenlied — Dame versteht nicht, weshalb die Völker des Altertums des Ruhmes ermangeln. — Der Privatumzug des Cäsar, den Schuler nicht mitmacht — man sieht sich zu den Füßen des Meisters und wird photographiert. Irgendwo wird geknäuelt und Adrian sagt zu einem Franzosen: c'est une orgie! Tanz der Wurra — das ist ungefähr alles was ich weiß. — Waren Sie eigentlich damals dabei?

Adrian muß irgendeine Taktlosigkeit begehen, damit er später geschwenkt wird.

Mir schwirrt der Kopf ein wenig. Erst werde ich wohl die von Ihnen zurückbekommenen Kapitel complettieren und sie dann noch einmal schicken. Ich bin etwas krank und heute zum ersten Mal wieder oben im Roccolo[1]. Darum heute nur Sachliches. Hat jemand das Georgebuch/Klages? Es wäre sehr gut für einige heidnische Redensarten. — Inzwischen Brief von Haas — Ach, Kinder — ich bin gerührt, daß man das sinkende Schiff nicht verläßt. Dank für alles, lieber Stern.

Ihre F. R.

[Ascona, Anfang August 1912]

Lieber Stern.

Wie immer vielen Dank. Die Ziegenbock-Schulergeschichte ist *namenlos* schön und ich muß sehen, wo sie sich am besten hineintun läßt — vielleicht vom Sonnenknaben erzählt. In Verbindung mit der Tiberiusblume wäre es zuviel. Alles Zwischengeschriebene sehr schön zu brauchen.

Heute schicke ich Ihnen nun das ganze Bisherige, um es noch einmal im Zusammenhang zu lesen, was eine Beschäftigung für Ruhestunden ist. Aber bitte recht bald zurück, da vieles noch einmal abgeschrieben werden muß.

Frau Gross gab ich es zu lesen — sie (unparteiisch, etwas intellektuell, kennt Wolfskehlkreis vom Hörensagen und Wolfskehls flüchtig persönlich) meinte, ich nähme W.'s sehr arg mit, Behandlung des Meisters aber wäre sehr diskret — ferner fand sie es beinahe schon zuviel Theoretisches. — *Sie* werden hoffentlich nicht finden, daß es zu wenig ist, es ist fast alles darin, was Sie mir aufgeschrieben haben, nur die Parallele mit der Chemie und den Säuren nicht, darüber werden Sie nicht böse sein. Frau G. sagte, was der Philosoph sagt, wäre so nett und liebenswürdig wie Sie selbst. Auch für mein Gefühl darf er gar nicht scharf

---

[1] Roccolo, kleiner Turm auf der Collina in Ascona, in dem F. R. mit ihrem Sohn wohnte.

werden, schon weil der languissante Dame-Ton dann schwer festzuhalten ist. Na, Sie werden ja sehen, ob Sie zufrieden sind.

Das Georgebuch las ich gestern wieder durch und wurde ganz sentimental. Kl. schrieb es, als wir zusammen in Wildenroth waren, 1902 — ich möchte noch etwas Heidentum daraus saugen. Der Stil ist mir auch greulich. Den persönlichen Klages möchte ich ganz draußen lassen, nur in den Erzählungen der andern — ich bringe es noch heute nicht übers Herz — lachen Sie nur.

Adam wird sich nicht ärgern — ich hab schon vor 2 Jahren mit ihm davon gesprochen. N. B. Er weiß sehr viel Schuler — ist er übrigens in München?

Folgende Notiz beunruhigt mich und ich muß noch einmal »saudumm« fragen — brauchte man in Schwabing das kosmisch im anderen Sinne wie man es sonst braucht?

Ja nun kommt noch ein Fragezettel — schreiben Sie womöglichst nichts ins Manuskript hinein.

Wenn man nur bald fertig wäre — es geht mir nicht sehr gut und ich möchte Ferien haben.

Viele herzliche Grüße, nächster Tage schicke ich das Fest — den Cabyrengesang brauche ich noch, Dülberg weiß ihn jedenfalls.

Mir schien, es ist fast zu oft: Mirobuk! Frau Gross dagegen schwärmt so für Mirobuk, daß sie es nicht zuviel findet.

[Ascona, August 1912]

Lieber Stern.

Mein Dank wird demnächst alle Grenzen übersteigen, das gestrige gibt wieder einen ganzen Haufen Material. Über das Sachliche nachher.

Wenn Sie die erwähnten 30 Fr. gegen den Ersten schicken könnten, wäre es sehr herrlich. Bis dahin geht es noch so einigermaßen. Ich bin überhaupt sehr vergnügt, mir scheint, es naht eine Glücksserie. Auf München zurückkommend schreibe ich an Haas, will Ihnen aber auch erzählen, weshalb es vorläufig wohl noch nichts sein wird. Man hat mich jetzt eben vor ein paar Tagen eingeladen für einige Monate auf eine spanische Insel zu kommen, und das möchte ich wohl erst absolvieren, wenn die Bedingungen: Reisekosten und nötige Aussteuer erfüllt werden. Dort würde ich dann eine Zeit ganz umsonst leben. Dann allerdings möchte ich sehr gerne nach M. Ich bin sehr kaputt und lechze nach einer intensiven Ausspannung. —

Nun zu Schwabing (ich bin jetzt so umnebelt, daß es ganz schwer ist, einen Brief zu schreiben). Gleichzeitig oder morgen schicke ich Ihnen ein Kapitel nach dem Fest, der Stil ist noch ruppig, aber ich glaube sonst ist es ganz gut und notwendig.

Auf dieses soll nun noch ein Stück letzter Karneval folgen. Dabei dachte ich noch ein Zusammensitzen von Philosoph, Dame und dem Panther (Adam), wobei der Philosoph die sehr schöne Sache mit dem späteren durchbrechenden Dionysoskult sagt und der Panther sich über seinen Skeptizismus ärgert, denn er ist auf dem Wege »hineinzugeraten« und man wird in ihm Wikingersubstanz entdecken.

Sie sehen schon aus diesem letzten Kapitel, wie man es weitermachen kann. Ihre glänzende Idee, daß Wolfskehl jetzt im Zionismus Blutleuchtemöglichkeiten entdeckt (gab es damals nicht einen Rabbi Meyer? Könnte man den nicht verwerten, ich meine als Rabbi, und die Manja, die Wolfskehl zu Füßen saß und sich von ihm Kosmisches erzählen läßt?).

Dann beginnt die Scheidung, indem alles Zweifelhafte beseitigt werden soll, damit der Zauber glückt. Der Panther wird als »zugehörig« aufgenommen, der Sonnenknabe herausgeworfen, Maria angezweifelt, auch Susanna etwas (durch den Panther) hineinverwickelt. Und dann als großer Knalleffekt, Wolfskehl entlarvt, nachdem er gerade dachte, etwas gut gemacht zu haben, Willi als Vampir gebrandmarkt und deshalb auch die Mädchen verworfen.

Und dann wird es aus sein — der Philosoph sagt noch einmal Mirobuk —, das Eckhaus geht auf Reisen und Dame beklagt Schwabings Ende.

Übrigens werde ich entschieden mit Bindestrich Wahn-Moching akzeptieren. Es wirkt viel besser, ich habe es in diesem Kapitel eingeführt. Vielleicht eine Nuance — es Waan-Moching zu schreiben und Dame fragen zu lassen, ob man es mit h schreibt, wie Wahn — Philosoph antwortet: »nein, aber es tut dasselbe«. Bitte nicht vergessen, hierauf zu antworten. —

Alles Angegebene werde ich noch ändern. Das über Nietzsche ist leicht noch einzuflechten — es war übrigens nur ein Satz und ich fürchtete es etwas, weil so oft in der modernen Literatur Nietzsche alle die Verirrungen junger Leute in die Schuhe geschoben werden. Übrigens spielte er gerade bei Klages *keine* große Rolle; man erkannte nur an, daß er auch einiges wisse. Überlegen Sie das noch einmal und antworten Sie ja *bald* darauf, es wird jetzt das Fertige nebenbei abgeschrieben. N. B. Man kann die Papiere ruhig als Drucksache schicken, und dieses lassen Sie nur liegen, bis das Nächste kommt.

Sonntag

Früh kam das kosmische Fest und Ihr Brief, immer neue Herrlichkeiten — ich habe nun gleich den Philosophen doch noch auf dem Fest zitiert und in Zwischengesprächen Urmutter und anderes mit hineingebracht. Das Kapitel wird dadurch entschieden zu einem Kulminationspunkt. Übrigens, weitere Deliusgeschichten sind tatsächlich nicht mehr nötig.

Hol's der Teufel, ich glaube, man wird doch noch bis 1. September fertig.

Schuler schickte bekanntlich seinen Absagebrief an Wolfskehl durch einen Soldaten (in Ermangelung eines Söldners). Der Brief war auf was für Papier? Daran erinnere ich mich nicht mehr. Soll es schwarz, rot oder wie sein, mit einer Schnur umwunden, die auch eine besondere Farbe hatte und mit einem Wachssiegel, das an der Schnur hing?

Das möchte ich verwerten, aber die Farben sind sicher sehr wichtig?

So, jetzt bekomme ich eine absolute Gehirnerweichung. Also addio und 1000 Grüße. Bitte begeistern Sie sich für Wahn-Moching, es gefällt mir so.

[Ascona, Ende August 1912]

Lieber Stern —

ich war eine ganze Woche nicht wohl, daher alle Verzögerung und das letzte Kapitel ist mißglückt, ich muß es ändern. Haben Sie tausendmal Dank für die schönen und ausführlichen Briefe. Sie schütten ganze Füllhörner aus. — Der Adrian-Morgenbummel war noch nicht getippt und wird noch auf Ihren Rat erweitert. — Mit dem Schicken wird's jetzt schwierig — um so mehr als es nach Tirol langsamer gehn würde und ich Ende nächster Woche fertig werden *muß*. Es dauert dann noch einen Monat, bis ich Entscheid von Langen haben werde und — hoffentlich — das Honorar. Die Leute hier fangen allmählich auch schon an, ungeduldig zu werden und die hiesige Auslösung kann der Reisekompagnon nicht mit übernehmen, nur die Reise. (Sie werden sehr lachen, wer es ist, müssen aber raten.) Wie lange bleiben Sie denn dort? Ich denke nämlich so, ich mache es jetzt einfach fertig, tippe es doppelt und schicke Ihnen den einen Abzug kapitelweise. Dann kann ich immer noch im letzten Moment ändern, selbst nachträglich, wenn es schon bei Langen ist. Ich hoffe doch auch bestimmt, daß ich Sie in München treffe und wir könnten dort das Ganze im Zusammenhang noch durchsprechen, da ich ja ein Duplikat habe.

Last not least — Dank für die 30, die mir angenehm aus dem Manuskript entgegenlachten.

Was Sie über die Münchner Möglichkeit schreiben — Thoma? — den Simpl. Thoma?

Kurz, ich kenne mich nicht recht mehr aus, ich bin überhaupt im allerletzten, äußersten, ungeheuren Stadium von Gehirnerweichung, und es ist Zeit, daß die Schreiberei zu Ende geht. Nehmen Sie mir bitte keine Konfusion noch irgend etwas übel, ich bin sehr glücklich, wenn ich denke, es kann irgend eine anständige Zeit kommen, aber dieses letzte halbe Jahr ist ein wenig viel gewesen, ich träume beständig, daß ich stehle.

Für heute noch sehr viele Grüße, und bitte sein Sie nachher in München, ich hoffe etwa 10—18.

Herzlichst
Ihre F. R.

P. S. Ich schicke doch das letzte Kapitel, das ich heute umgearbeitet habe, aber bitte recht, recht schnell zurück.

[Ascona, Anfang Sept. 1912]

Lieber Stern —

einen gestern geschriebenen Brief an Sie kann ich nicht mehr auffinden, so muß ich noch einmal schreiben, trotzdem ich abends stark zerrüttet bin. Ich habe nicht eher geschickt, weil ich nichts fertig hatte — es wollte nicht recht, aber ich hoffe, nun geht es wieder. Dank für alle Ihre Winke, Mitteilungen und last not least sehr nützlichen Ausstellungen, die sehr richtig sind. Ich werde die faden Stellen streichen. Es ist ja nur immer meine Besorgnis, daß es zu kurz wird, aber schließlich ist die Güte wichtiger. Sie werden sehen, daß ich schleunigst verwertet habe, was Sie noch wollten. Sie helfen mir wirklich wundervoll. Ich glaube ich habe jetzt alles, worauf Sie Wert legten, hineingeschoben (die Stelle vom simplen Philosophen wird ins Frühere kommen). Auch mein Gedanke war es, daß der Philosoph erst am Schluß noch einmal erscheint — er hat nur eine Frühlingsreise gemacht. —

Lieber Stern, erbarmen Sie sich und sagen Sie mir, daß nun eigentlich nichts mehr zu kommen braucht, als noch einzelne Auflösungen, z. B. daß Maria abgetan wird, Susanna sich mit dem Panther brouilliert und das Eckhaus überhaupt boykottiert. Susanna und Maria werden sich darüber aussprechen, daß sie es fortan nur mit Zinnsoldaten halten wollen.

Ferner — geht das oder wird es sehr Kolportage — daß Maria in letztem Zorn noch einmal zu Hallwig geht in der Absicht, ihn zu erschießen — Revolver im Handtäschchen, aber sie tut es nicht, sondern geht nachher mit Georg ins Café und kommt erst den andern Tag wieder, nachdem alle sich sehr um sie geängstigt haben. Den Revolver schenkt sie dann an Hoffmann, und eben dieser geht später aus Versehen los.

Ich fürchte ja überhaupt, daß die Geschichte mit dem Revolver etwas riskiert ist (Gott und ich habe schon eine Geschichte mit einem selbstschießenden Revolver an die »Jugend« geschickt). — Für den Laien wird sie etwas unwahrscheinlich wirken, vielleicht schwächt man es mindestens auf irgend ein Dolchmesser, vielleicht noch mit einer besonderen Bewandtnis, ab.

Können Sie es mir ganz schnell zurückschicken? Ich möchte es wenn irgend möglich schon Montag haben. Bis dahin hoffe ich den Rest zu haben und dann an Langen zu expedieren. Wir können trotzdem am Schluß, den ich Ihnen natürlich auch sende, noch ändern und ich ihm das später liefern. Es kommt nur darauf an, daß Langen nur (4 Wochen Entscheidungsfrist) baldmöglichst entscheidet, ob er es nimmt. So würde es ca. 8. bis 10. Okt. werden. Denn um die spanische Sache antreten zu können, muß ich die hiesigen Schulden tilgen. Übrigens ist es der Levetzow, den Sie doch auch Kaulbachstraße kennenlernten, aber bitte nur für *Sie*.

Er schrieb mir plötzlich diesen Vorschlag. Übrigens ist er wohl sehr verrückt und hat nicht viel Geld, aber eine Villa und eine Haushälterin und ich brauche nichts zu tun, bin ja auch auf Mallorca nicht aus der Welt, wenn sich etwas anderes bietet. Mir ist auch vorläufig alles egal, nur Ruhe und keine Arbeit mehr.

Meine Münchner Reise hat sich verschoben, es wird erst um den 23. – Ich hoffe dann 14 Tage bleiben zu können. Dann sehe ich Sie doch sicher – anderenfalls fahre ich über Innsbruck.

Es ist mir auch lieb, vorher noch etwas Ferien hier zu machen, denn ich bin wirklich momentan etwas herunter und mag dort nicht zu sehr als Leiche erscheinen.

Aber der Gedanke, daß dann eine endlose Faulheit kommt, macht alles gut.

Also leben Sie wohl, endlosen Dank – und dies können Sie ruhig hineinschreiben, ich mache jetzt immer doppelte Abschrift und bringe die übrige auch mit nach München.

Jetzt gehe ich zu Tal und tröste Frau Gross, das ist abends die Erholung.

1000 Grüße.

Ihre F. R.

Ich finde aber, Schuler braucht keinen Honig – er ist doch sehr sympathisch.

[Ascona, Sept. 1912]

L. St.

Ich denke, es geht nun so dem Schluß entgegen: Konstantin und Maria gehen aufs Land, Dame begleitet sie, und die weitere Entwicklung wird ihnen von Susanna und Willi mitgeteilt, die sie draußen besuchen.

(Nein, erst kommt Adrian noch einmal ins Eckhaus und erzählt Geschichten wie auch, daß er selbst geschwenkt wurde. Man vernimmt von Hoffmanns Sturz und die Gründe, der Panther, immer als Manager, stellt dann die Alternative, daß, wer noch mitwolle, mit Eckhaus brechen müsse.

Irgendwo muß noch eingefügt werden, daß der Philosoph leider gerade jetzt verreist ist, er kommt dann erst am Ende zurück –

was soll er dann aber sagen — vielleicht ein letztes Mirobuk?
O, ich bin so konfus und möchte so gern fort sein, aber ich hoffe,
es kommt eine letzte Inspiration und es geht dann auf einmal.
1000 Grüße.

Ihre F. R.

[Ascona, Sept. 1912]

Lieber Stern —

Bitte sagen Sie Mirobuk, denn es ist fertig. Dank für Ihr letztes
Schreiben — ich stieg verzagt damit zum Roccolo und dachte,
nun muß ich gewiß noch vieles ändern. Dann aber machte es
mich sehr glücklich, und ich hoffe nun, der Schluß ist dadurch
ganz gut zusammengegangen. Nur Marias Mordabsicht habe ich
doch gelassen, um die Komplikation mit dem Dolch zu haben
und nach vielem Brüten schien mir der Dolch doch besser. Revolver ist für das *Publikum* doch etwas zu — na, ich weiß nicht, wie
ich sagen soll. N. B. Man kann es immer noch erwägen und
immer noch ändern. Es schien mir auch zuviel, wenn der Revolver erst gekauft wird etc. (Es kommt schon einmal einer vor.)
Gott, Sie sind ein absoluter Engel gewesen, und daß das auf die
Entfernung so ging, spricht für uns beide.

Letzte Sendt-Szene habe ich auch anders gemacht, weil es unwahrscheinlich ist, daß er nach einem Bahnhofabschied noch eine
Tagebucheintragung macht, nicht wahr?

Hoffentlich sind Sie zufrieden. Sonst ändern wir noch in München, ich bringe es jedenfalls mit. Heute abend geht es an Langen
ab — und ich bin mindestens so verdattert wie Dame. 1000 Grüße
und nächstens mehr. —

[Ascona, 20. Sept. 1912]

Lieber Stern —

Eben schreibt mir Holm[1] — daß »Herr Dame« schon gelesen und
angenommen ist, und ich erhebe mich gleich von meinem Nachmittagsschlaf, um es Ihnen mitzuteilen, damit Sie mit mir froh-
locken.

---

[1] Korfiz Holm war Chefredakteur des »Simplicissimus« und Chef-
lektor des Verlages Albert Langen.

Aber wir werden es sonst noch verschweigen, da man irgendein kompliziertes Arrangement wegen der Pfändung treffen muß. Nur Haas werd ich's erzählen.

Himmel, bin ich froh! Und ich überschütte Sie nochmals mit Dank, ohne Sie wäre es ja nie zustande gekommen, und ich hoffe, Sie fühlen sich jetzt als mein Mäzen.

Gestern hab ich die zwei Kapitel an Sie abgeschickt und wir können es dann in München nochmals zusammen durchgehen. Ich denke, am 1. Okt. dort zu sein.

Also 1000 Grüße, jetzt leg ich mich wieder schlafen.

Ihre F. R.

[Genua, 31. Okt. 1912]

Lieber Stern,

Dank für Ihre Karte und bitte seien Sie nicht bös, daß ich nicht geschrieben habe. Ich meinte es gleich nach München getan zu haben, hab aber den Brief in meiner Mappe liegen lassen und nachher war es nicht mehr aktuell. Na, und die letzte Ascona-woche kam man zu nichts mehr. — Morgen geht es nach Barce-lona weiter mit einem spanischen Dampfer über Livorno. Die Adresse ist dann: Palma de Mallorca, Terreno Dos de Mayo 17, Espana. Vergelten Sie nicht, sondern schreiben Sie recht bald. Ich freue mich sehr auf und über die jetzt herrschende Ruhe, bin aber einstweilen so müde, daß es ganz aus ist. Wir mußten dum-merweise 1 ½ Tage hier warten, d. h. eigentlich ist es ganz sym-pathisch zur Abwechslung von Ascona. — Nach München wäre ich beinahe noch einmal zurückgekommen, aber dann wurde es doch nichts. Wenn's Ihnen diesen Winter nicht gut geht, fahren Sie nach Mallorca. Friert man immer noch so in München? Übri-gens das Buch des O. A. H. — ist u. a. K. Das werden Sie sich wohl übersetzen können. Als Konkurrenzunternehmen ganz egal. 1000 Grüße und nächstens mehr.

Ihre F. R.

[Auf der Fahrt nach Mallorca, Anfang Nov. 1912]

Lieber Stern,

der erste Unterwegsbrief sei Ihnen gewidmet, um den nicht ab-geschickten nachzuholen. — Es will mit der Reise nicht recht vorwärts gehen — das eigentliche Schiff ist uns ausgekommen, da nur noch eine Luxuskabine übrig war. So mußte man 2 Tage warten und hat sich einem spanischen Frachtdampfer anvertraut. Wir sind gestern abend in See gestochen, aber mitten in der Nacht stach man wieder zurück, weil das Meer zu unruhig war und die 20 Kühe es nicht ertragen konnten. Den ersten Teil der Nacht ist man beinahe aus dem Bett gefallen und mußte sich krampfhaft festhalten, während an Bord sämtliche leeren Weinfässer einen großen Tanz aufführten. Dann schlief man endlich ein und wähnte morgens in Livorno zu sein. Ich wollte gerade an Land, um es anzuschauen, als man mich belehrte, wir wären wieder in Genua. Da haben wir nun den ganzen Tag an Bord gehockt und auf Telegramme über das Wetter gewartet, und die Kühe haben sich wieder erholt. Heut abend — in einer halben Stunde wird es nun noch einmal probiert, aber ich bin ganz darauf gefaßt, morgen wieder in Genua aufzuwachen und überhaupt's kann die Reise auf diese Art hübsch lange dauern. —

Sonntag

Inzwischen ist gutes Wetter geworden, in Livorno hat man nun wieder einen ganzen Tag im Hafen zugebracht und jetzt nähert man sich allmählich dem Golf von Lyon und wird, wenn es so weitergeht, morgen abend in Barcelona sein. — Es ist ganz lustig auf dem Schiff, etwas primitiv, aber es geht. Man ißt um 10 Uhr zu Mittag und um 5 zu Abend — das wäre etwas für Sie. — Übrigens sind wir die einzigen Passagiere und ich begreife es jetzt, nachdem ich erfuhr, daß man bei schlechtem Wetter eventuell 8 Tage unterwegs ist.

Mir kommt es ganz sonderbar vor, daß wir heute vor 4 Wochen in Ihrem Atelier waren, und mich überkommt manchmal einiges Heimweh nach München — und auch nach Ascona. Man ist doch eigentlich etwas reichlich obdachlos auf der Welt.

Und ein wenig Angst, wie es auf Mallorca und mit dem Viktor sein wird —

Frau Gross wird wahrscheinlich nachkommen mit oder ohne den Frick, der Prozeß wird Anfang Dezember sein — es war ein schändliches Gefühl, sie dort allein zu lassen, und wenn's zu machen ist, fahre ich dann noch einmal hin. —

Ich möchte Ihnen doch gar zu gern etwas von dem Schmitzbuch

erzählen, aber Sie dürfen es ja niemand sagen, daß ich davon
erzähle, ich habe natürlich tiefe Diskretion gelobt. Vor allem
habe ich daran gesehen, wie ungemein taktvoll unser Buch dagegen ist. Schmitz verwahrt sich in einem Vorwort dagegen, daß
er lebende Vorbilder kopiert hätte, feiert dafür aber Orgien von
Taktlosigkeit in bezug auf Wolfskehls und Fuchsens und die
einzige Frau, die er anerkennt, ist sichtlich Käthchen Brauer.
Das Treiben bei Künstlerfesten wird sehr hübsch als »Schwabinger Ferkelei« bezeichnet. Kurz, die ganze Sache ist sehr übel,
wird aber gewiß gelesen werden. Am Schluß gibt es eine schöne
Anmerkung: Dieser Roman wurde 1907 in Paris begonnen, 1908
fortgesetzt, 1910 in Berlin verworfen und 1911 unter der Mitter-
nachtssonne vollendet.
Na, das Schiff fängt wieder an zu »rollen« und mit dem Schreiben wird's gleich vorbei sein. Also leben Sie wohl, lieber Stern,
und schreiben Sie bald. Noch eins, was ich Ihnen schon in München sagen wollte, können Sie sich nicht der einstigen »Häsin«
etwas annehmen, sie sagte mir, daß sie so gerne etwas mehr
Menschen sehen möchte und sehr allein wäre. Sie würde sich
sicher freuen, wenn Sie sie gelegentlich mal zum Tee einlüden.
Übrigens grüßen Sie alle Bekannten sehr, ich wollte, ich könnte
bald einmal wiederkommen. Viele, viele Grüße.

Ihre F. R.

Adresse: Palma de Mallorca, Terreno 17, Dos de Mayo

[Palma de Mallorca, Nov. 1912]

Lieber Stern,
vielen Dank für Ihren lieben Brief, es ist so tröstlich, Briefe zu
bekommen und mir ist einstweilen recht fad. Ich bin doch das
Fürsichleben zu sehr gewöhnt und werde es sicher auf die Länge
nicht können, um so mehr, als der arme Viktor wirklich schwer
zu ertragen ist. – Na, ich werde halt versuchen, mich etwas zu
erholen und dann schauen, daß ich wirklich nach München zurück kann. Ich hatte dort so sehr das Gefühl, daß es Menschen
gibt, und danach sehne ich mich recht sehr.
Die Reise war recht lustig und wir haben tatsächlich eine ganze
Woche gebraucht, für Seekranke wäre es sicher der Tod gewesen.
Fabelhaft sind übrigens die Schiffe von Barcelona hierher, blen-

dend elegant und sauber und man konnte den ganzen Tag unbehelligt darin wohnen und sich Barcelona anschauen.

Mallorca scheint mir bis jetzt ziemlich langweilig, aber das Innere der Insel soll sehr schön sein. Terreno ist ein Vorort mit kleinen toten Straßen, beständig geschlossenen Fensterläden, viereckigen Häusern und ebenso viereckigen Gärten. Unser Haus ist sehr nett, aber enorm zugig – für Sie wär's nichts, bei jedem Windstoß fliegen sämtliche Türen auf und zu. – Es soll zwar meist schönes Wetter sein, aber man geht doch mit dem Gedanken um, einen Gasofen anzuschaffen. Man ißt sehr gut und die Lebensbedingungen sind überhaupt sehr zivilisiert – nur die Zigaretten fürchterlich, daran geht man beinahe zugrunde. –

Nun aber zu Ihrem Brief. Ich werde gleich an Holm schreiben, der sich dann vielleicht mit Sinsheimer in Verbindung setzen wird und ein Kapitel auswählen. Nachdem ich in punkto Roman so wenig nett war, traue ich mich nicht, Sie zu bitten, einmal deswegen bei Holm vorzusprechen. Bin Ihnen aber für den Sinsheimer sehr dankbar, ich hätte ihm auch schon sonst etwas geschickt, aber mein ganzer Vorrat ist in der Frachtkiste, die niemals anzukommen scheint. –

Ich hoffe hier recht viele Artikel mit Photographien machen zu können, da ein Apparat vorhanden ist, aber wohin damit? Überhaupt denke ich doch schon wieder ernstlich ans Geldverdienen, denn ich werde dies Ensemble sicher nicht lange aushalten. –

Also Schmitz ist schon heraus – es ist ein unerhörtes Machwerk und auch als Buch so schlecht, wie ich es S. gar nicht zugetraut hätte. Sie müssen es spaßeshalber doch einmal lesen, vor allem die Vorrede, die durch das Buch glänzend dementiert wird. Na, Sie wissen, daß ich der Füchsin gern etwas Übles gönne, aber die Art, wie sie hier vorgenommen ist, ist einfach ordinär.

Aber ich denke, unserem Buch wird es nur nützen, man wird neugierig auf das zweite Schwabinger sein etc. Wolfskehl schrieb mir übrigens noch nach Ascona einen sehr netten Brief, etwas beleidigt, daß ich ihn in München nicht gesehen hatte, und ich werde ihm wohl schonend mitteilen, daß »Herr Dame« sich mit Schwabing beschäftigt hat.

Ach lieber Stern, ich mopse mich eigentlich grenzenlos und

wollte, es könnte einmal wirklich so sein, wie man es haben möchte, und heimlich sehne ich mich nach dem Roccolosommer zurück. Jedenfalls möchte ich hier nicht wieder jahrelang festsitzen. Aber für heute leben Sie wohl — und endlos viele Grüße auch an die Bekannten. —

Bubis Bücher sind immer noch nicht festgestellt oder könnten Sie vielleicht erfahren, was für Rechenbücher (resp. Arithmetik, Geometrie und wie die Sachen heißen) er für die Realschule braucht und welche für deutsche Grammatik. Das wäre die Hauptsache. Der unselige Bubi hat mit der Quinta abgeschlossen.

Halt — lieber Stern, könnte man Sinsheimer eventuell das zweite Manuskript überantworten, es muß noch bei Adam oder Haas sein — es ist zwar wohl recht wüst.

[Palma de Mallorca, Dez. 1912]

Lieber Stern,

es ist abscheulich, daß ich noch nicht schrieb, und Ihr zweiter Brief beschämt mich wirklich. Vor allem möchte ich noch einmal auf unsere Streitaxt zurückkommen — bitte, lieber guter Stern, lassen wir es einfach keine sein, dann brauchen wir sie nicht einmal zu begraben. Es war wirklich nicht nur Faulheit, sondern mir haben die Änderungen »literarisch« nicht gefallen wollen — ich fürchte zwar, daß wir uns darüber nicht verständigen können, weil Ihre Ansicht eben die gegenteilige war — aber Sie dürfen mir deshalb nicht böse sein. Die eine Stelle mit der unsichtbaren Urmutter *habe* ich geändert. — Sehen Sie, es braucht Sie doch wirklich nicht zu stören, wenn der Buchphilosoph mir etwas zu doktrinär ist, andere Leute werden das überhaupt nicht merken. Bitte, bitte lassen wir es gut sein, ich bin überzeugt, wenn Sie es gedruckt lesen, finden Sie es selbst belanglos, und es ist wirklich nichts, wenn wir zwei uns zanken. Holm will Sinsheimer etwas vorlegen, sobald die Korrekturbogen da sind, ich bekam diese Antwort erst gestern und werde noch an S. schreiben.

Und vielen, vielen Dank für Ihr Bücherbemühen, ich hab nun inzwischen noch näheren Bescheid über die bloße Einjährigenprüfung bekommen und schreib Ihnen ausführlich — sobald ich weiß, was aus mir wird.

Hier ist es nämlich so geworden, daß ich den armen Viktor vor

14 Tagen schon an die Luft gesetzt hab — es war eine ganz unmögliche Affaire, nur wie's sich praktisch weitergestaltet, ist noch die Frage. Seit er fort ist, finde ich Mallorca entzückend und würde gern noch bleiben.

Mittwoch

Ja — da kommt heute die böse Nachricht, daß der Frick doch verurteilt ist — zu einem Jahr. Es ist ganz schauderhaft, und ich bin an diesem Tag ganz konfus — nun wird es wahrscheinlich so, daß ich bald nach Ascona zu Frau Gr. gehen werde — und dann nach München, um irgend ein Geld aufzutreiben — ich weiß wirklich nicht —

Es ist so lieb von Ihnen, daß Sie an die Bücher gedacht haben, aber ich werde Sie dann bitten, sowie ich oder Bubi wieder einen Standort haben. Haben Sie vielen Dank und 1000 Grüße.

Ihre F. R.

[Palma de Mallorca, Dez. 1912]

Lieber Stern,

ich bitte Sie wirklich noch einmal recht herzlich, mich richtig verstehen zu wollen. Sie müssen mir doch wenigstens glauben, was ich sage: ich fand diese Änderungen von Anfang an nicht gut und die ursprüngliche Fassung besser und finde es auch noch. Von einem »Stimmungsumschlag« kann überhaupt nicht die Rede sein, wenn ich in einem oder zwei Punkten etwas anders empfinde und anderer Meinung bin, nachdem wir in allen anderen einig waren. Mit der Annahme des Buches hat es gar nichts zu tun, denn ich habe nicht nur das Manuskript, nachdem Sie die Änderung fixiert, sondern auch die Korrekturbogen nochmals gründlich überlegt, und wenn es sich nur darum gehandelt hätte, Ihnen einen Gefallen zu tun — was um Gottes willen sollte es mir für Vergnügen machen, Sie zu ärgern? Wo Sie doch sehr gut wissen, daß das gar nicht in meiner Art liegt, und wie ich zu Ihnen stehe. Auch wievel ich Ihnen in diesem Fall zu danken habe. Aber Sie können deshalb nicht verlangen, daß ich in dem Buch, das immerhin unter meiner Flagge segelt, etwas mache, das mich direkt stört — weil der andere es besser findet, während ich finde, daß er sich irrt.

Es muß doch möglich sein, daß man in einer Sache verschiedener

Meinung ist, und ich kann absolut nicht verstehen, warum es Ihnen so viel ausmacht, daß ich die Szene gerne so behalten will und daß Sie es jetzt wirklich persönlich nehmen. Das wäre, glaube ich, nicht nötig, wenn Sie mir nur einräumen wollten, daß ich in diesem Punkt anderer Ansicht sein darf und mir nicht so ganz kindische Motive unterlegen.

Damit genug — wollen Sie mir nicht doch die 2 von Holm gegebenen Bogen zuschicken, da ich diese noch nicht korrigiert habe. Mit vielen Grüßen

Ihre F. R.

[Palma de Mallorca, 25. März 1913]
Calle Dos de Mayo 6

Lieber Stern,

ich bin schreibfaul und möchte doch gerne schreiben — wie macht man das? Ich bin nach einigen Schmerzen um München wieder sehr froh, hier zu sein. Man war eben gleich wieder da, als ob nichts vorgefallen sei, hatte im Handumdrehen ein Haus und einige Korbstühle. Überall ist es eine Qual, eine Wohnung zu haben, nur hier ist es ein Vergnügen. Ich weiß nicht, wie das kommt. Gern würde ich Ihnen schreiben, daß Mallorca der einzige Frühlingsaufenthalt für Sie wäre, aber an Staub ist Locarno dagegen ein Waisenknabe. Zu Fuß kann man überhaupt nicht mehr in die Stadt gehen, sondern wartet gelassen auf die Maultiertram. Im Winter kam es mir so vor, als ob er nie ginge, jetzt merke ich, daß er doch manchmal geht.

Nun leben Sie recht wohl und schreiben Sie einmal. Grüßen Sie Ihren Kaffeetisch und viele herzliche Grüße.

Ihre F. R.

[Palma de Mallorca, 6. April 1913]

Cher Philosoph —

eben Karte aus Berlin, aber dann ist W. wirklich ein falsches Luder, mir gegenüber nur »Bedenken« geäußert, daß die Enormen Krach machen wollen. Am lustigsten ist entschieden, daß alles falsch sein soll. Ich sehe jetzt, daß Sie insofern recht hatten, als wenigstens dieser Leser den Philosophen nicht als einen Philosophen in einem Buch auffaßt, der einem jungen Mann etwas erzählt.

Ich muß aber doch die Schuld auf Dülberg wälzen, der daran hätte denken können. Übrigens wußten doch schon so viele Leute um die Mitarbeiterschaft als ich nach München kam. — O mei, das nächste Buch also »Der Philosoph vor Gericht«. D. h. Wolfskehl nimmt wohl an, daß Klages und Schuler ein Gericht veranstalten werden, und hat Angst, daß *er* für den Inspirator gilt.

Ist das Buch denn schon da? Meine Freiexemplare gehen an Wahl[1], und er hat eine Liste, wer welche haben soll. Ich habe Ihnen 2 notiert, Sie können aber so viele haben, wie Sie wollen, brauchen es dann aber nur dem Wahl zu telefonieren.

Bubi ist in Ascona. Die Testamentseröffnung ist erst in einem Monat. Langweilig, hier allein zu sein, aber ich übersetze den ganzen Tag. Leben Sie recht wohl und bald schreiben, man bleibe mir gewogen! Wie ist Haas' Adresse?

1000 Grüße.   Ihre F. R.

Hier ist ein Ort — Val de Mosa —, der *hervorragend* für Lungenpatienten sein soll.

[Ascona, Juni 1913]

Lieber Stern,

es ist wohl an der Zeit, daß ich endlich einmal wieder schreibe, wir haben schrecklich lange nichts voneinander gehört. Und wie ich hierher zurückkam, fand ich auf meinem Nachtkastl eine Postkarte von Ihnen vom vorigen Herbst, das stimmte mich ganz wehmütig.

Aber ich weiß gar nichts mehr von der Welt, höre von niemandem und kann nicht mehr Briefe schreiben. Vielleicht wird das hier wieder besser. In Mallorca fing es im Mai an, ganz bodenlos heiß zu werden, so tröste ich mich damit, daß man es im Sommer schwer ausgehalten hätte. Denn es war mir ein ziemlicher Schmerz fortzugehen und ein ungeheurer Betrieb, bis es gelang — pekuniär. Die Anwesenheit hier war aber sehr notwendig — ich hoffe nur,

1. daß das Geld wirklich existiert und
2. daß man es kriegen wird.

Ja, lieber Stern, hätte der Schwiegervater uns nicht zum Pflicht-

---

[1] Der Journalist und Schriftsteller Fritz Wahl, Korrespondent der Frankfurter Zeitung in München und Madrid.

teil verurteilt, so wären wir jetzt Rentiers. So wird es wohl auf ca. 20 000 M. hinauslaufen, was auch ganz angenehm ist. Rechenberg hat außerdem eine lebenslängliche Rente, der Alte hat es ganz geschickt gemacht.

Ich trample nur vor Ungeduld, daß es endlich ausgezahlt wird, und möchte dann nach Tirol oder so gehen, sagen Sie mir doch, wohin, ich glaube Sie kennen viele Orte. Hauptsache, daß es hoch ist und man Touren machen kann. Was machen Sie denn diesen Sommer und wo sind Sie jetzt? Ich übersetze mit großem Ungestüm, denn wenn die andere Sache sich noch in die Länge zieht – ich möchte doch auf jeden Fall nicht noch monatelang hier sitzen.

Hören Sie, von Mallorca aus schrieb mir einmal Preetorius wegen einer Müllerangelegenheit. Könnten Sie nicht einmal hinhorchen, ob er es bekommen hat. Es ist zwar jetzt hinfällig, aber ich möchte wissen, ob er damals mit Müller gesprochen hat.

Ja, so ist es alles – Himmel – wenn man nur erst weiterkönnte. – N. B. Erinnern Sie sich noch an das Auto, mit dem man nach Locarno fuhr und das Sie für ziemlich lebensgefährlich hielten? Kurz ehe wir herkamen, ist es nun endlich wirklich in den See gefallen von 20 m Höhe – Gott sei Dank, daß Rechenberg nicht darin saß. Ich bin jetzt sehr um sein Leben besorgt. Übrigens ist er sehr nett und es ist ein Vergnügen, mit ihm beim Notar zu sitzen, den er laut und fröhlich für einen Banditen, Räuber, Schuft etc. erklärt.

Also, lieber Stern, leben Sie wohl, ich schreibe heute nur, um einmal wieder zu schreiben und bin sehr vertrottelt.

Viele Grüße von mir und Bubi.

Ihre F. R.

[Ascona, Juni 1913]

Lieber Stern, vielen Dank für Ihre Karte und da Sie, wie ich gar nicht mit Vergnügen höre, Patient sind, will ich gleich einen guten Anfang mit größerer Schreibseligkeit machen. Was ist denn das wieder für eine Geschichte? Es klingt so, als ob es sehr schmerzhaft sein müßte. Andererseits finde ich es einen tröstlichen Gedanken, daß Ihr Fieber davon gekommen sein wird. – Wie dumm, daß man nicht in München ist und Sie besuchen kann. Wer weiß, ob es Ihnen nicht überhaupt sehr gut tut, eine Zeitlang bei glänzender Pflege (gibt es die?) im Bett zu liegen. Wie lange wird man Sie denn dort behalten?

Es wäre sehr nett, sich in Oetz zu treffen — nur hängt noch alles davon ab, ob ich nur mit Übersetzungsgeld oder mit Erbgeld reisen kann. In ersterem Falle würde ich mich eben doch etwas einrichten müssen, im zweiten nicht. Aber auf jeden Fall im Juli von hier fort. Rechenberg hat jetzt nach Rußland telegraphiert und man wird bald wissen, wie lange es noch dauert. Außerdem bin ich in ca. 10 Tagen mit der zweiten Übersetzung fertig.

Übrigens der Müller[1] macht mich andauernd etwas ratlos. Das erste Mal·hatte er vergessen, das Geld in seinen Brief zu tun, und es dauerte 3 Wochen, bis ich es endlich bekam. Auf das Ersuchen um einen Vorschuß auf das zweite Buch hat er überhaupt nicht geantwortet. Inzwischen habe ich ihm dann wieder 9 Bogen (à 30 M.) geschickt und auf 2 Briefe und 2 Telegramme schickt er wieder nur 150 M. statt 270. Auf meine sofortige Reklamation wieder keine Antwort.

Wir haben — zwar nur mündlich — ausgemacht, daß er 30 für den Bogen und zwar nach dem französischen Text zahlt. Die Rechnung müßte also ganz klar sein. Natürlich mag ich den Preetorius[2] nicht fortwährend belagern, aber ich bin ein wenig nervös darüber und sehe kommen, daß ich noch endlos warten muß, bis ich für dies zweite Buch, das beinahe fertig ist, das Geld hereinbekomme. Kurz, man kommt aus der Verlegenheit nicht heraus, in Mallorca war sie geradezu grotesk, und es gelang nur durch einen zufälligen Pump zu entfliehen.

Um so mehr sehne ich mich nach Ferien. — Sie können sich ja Ascona im Sommer vorstellen, es ist eine Art Selbstmord. Aber durch das Herkommen ist viel Unheil verhütet worden. Rechenberg hatte auf einmal den Wahn, das Geld für Bubi deponieren zu wollen, das ist nun glücklich redressiert worden.

Vielen Dank für die angegebenen Orte, ich möchte vor allem jeden Tag 10 Stunden laufen und irgendeine Pension um ca.

---

[1] Der Verleger Georg Müller.

[2] Der Graphiker und Bühnenbildner Emil Preetorius.

5 M. finden.

Schreiben Sie doch, wann Sie denken fortzugehen — vor allem aber, ob es Ihnen gut und besser geht.

Sehr viele Grüße.

Ihre F. R.

[Ascona, Sommer 1913]

Liebster Stern,

immer schon wollte ich Ihnen schreiben und hoffe Sie schon wieder ganz gesund. Über das Schicksal, das Sie so übel mitnimmt, bin ich ganz empört. Sie sind doch gar nicht gewöhnt, Schmerzen zu haben, und ich bewundere Sie aufrichtig, daß Sie es — wenigstens schriftlich — mit Philosophenwürde tragen. Ich käme ja gleich Sie besuchen, wenn dasselbe schon da wäre, aber es ist noch nicht da. — Sind Sie denn noch im Krankenhaus und wie steht es mit den Schmerzen? Was ist denn eine Stirnhöhle, wo sitzt die? Hoffentlich wird es nicht so weit kommen, daß Sie sich nun noch weiter auseinandernehmen lassen und Sie können sich bald richtig erholen. Seien Sie froh, daß Sie ein Mann sind, der Narben wegen, so wird man Sie für einen raufboldigen Korpsstudenten halten. Geben Sie doch öfter Nachricht, wie's geht. Ich finde ja nur immer wieder tröstlich, daß Ihr Übelbefinden vom letzten Jahr vielleicht nur hierauf beruht hat und Sie dann bombengesund werden. Na, überhaupt — gesund werden ist nachher so schön, daß es sich beinahe lohnt, fürchterliche Sachen zu haben.

Daß Sie trotz Ihrem Leiden sich um meine Müllerei bekümmert haben, war zu nett von Ihnen. Und Preetorius scheint dann auch gezaubert zu haben, denn Müller hat sich auffallend gebessert, und sogar der jammernde Jaffé ist gestillt worden. Ihnen beiden vielen Dank.

Und das Erbgeld zögert sich immer noch hinaus, es ist langweilig, daß man hier sitzen muß. Ich erwarte aber jetzt einen Brief von dem Testamentsexekutor über das Wann. Und der Sommer ist dieses Jahr sehr schön. Man geht wieder tagsüber zum Roccolo und ich tue nichts, absolut nichts. Der Müller, glaub ich, war ganz verzweifelt, daß ich die Übersetzungen so schnell gemacht habe, ich übrigens auch, aber nun hat man wenigstens Ferien.

Lieber Stern, werden Sie nur bald gesund, es geht gar nicht, daß man Sie so lange krank weiß. Und viele, viele herzliche Grüße.

Ihre F. R.

Grüßen Sie den Preetorius schön.

[Ascona, Febr. 1914]

Lieber Stern,

Ihre Bauernball-Karte war sehr erfreulich, und da ich einen heroischen Moment habe, will ich gleich antworten. Sonst habe ich mir das Briefschreiben eigentlich ganz abgewöhnt. — Das mit einem weiteren Ohrenarzt ist ein Mißverständnis, ich war damals bei dreien, die mir alle dasselbe sagten, und erst der Prof. Müller führte es auf Halsgeschichten zurück. Der aber praktiziert nicht mehr, soviel ich weiß.

Halt — nein — ich erinnere mich, doch auch einmal wegen eines Ohrs bei Dr. Hübler (Theresienstraße) gewesen zu sein, der es mir mit Spülungen behandelte und vor allem ein reizender Mensch ist. Glaube aber, es war nicht dieselbe Geschichte, die Scheibe für angehende Taubheit erklärte. — Scheibe ist ja jedenfalls ein Roß. Sagen Sie Gottlieb einen schönen Gruß und ich wollte ihm seit 1 1/2 Jahren schreiben.

Mir geht es eigentlich ganz gut — wir haben jetzt beschlossen, Bubi zum Schweizer zu machen, um auf diese Weise militärfrei zu werden. Man hat in Erfahrung gebracht, daß die Entlassung aus dem deutschen Staat vor dem 17. Jahr ohne Schwierigkeit gehen soll. Na, hoffentlich wird's glücken und dann ist der Bankkrach ziemlich repariert, das Militärjahr und die Vorbereitung hätten jedenfalls ebensoviel gefressen und ich finde es sehr erheiternd, im Ausland zu bleiben, nur werde ich zum Winter nach Locarno ziehen.

Und was machen Sie? Und München? Ich weiß von nichts und niemand, was aber wohl meine eigene Schuld ist.

Also leben Sie für heute recht wohl, sagen Sie auch Dr. Sinsheimer einen Gruß, er war damals so nett, während Sie durch eine Teeeinladung oder ähnliches präokkupiert waren, daß wir uns kaum gesprochen haben. 1000 Grüße.

Ihre F. Reventlow

[Muralto, Jan./Febr. 1916]

Lieber Stern,

haben Sie Dank für Ihre letzte Karte, in der ich gerade das Interessanteste nicht lesen konnte, nämlich *wer* eine reiche Heirat gemacht hat.

Inzwischen haben Sie Rolf wohl schon öfters gesehen, und es wäre sehr nett, wenn Sie sich ein bißl um ihn kümmern. Er hatte bekanntlich von Kindesbeinen an eine besondere Sympathie für Sie.

Hören Sie, wenn Sie nach Berlin gehen, könnten Sie sich nicht ein bißl umhören, ob es irgendwo etwas zu übersetzen gibt? Kennen Sie Leute von den Weißen Blättern? Und was machen Sie sonst? Mündlich gäbe es natürlich Unendliches zu erzählen, mit dem Schreiben hapert es in großen Zeiten etwas. Sehen Sie Adam und sein Geschlecht manchmal?

Für heute nur noch viele und herzliche Grüße.

Ihre F. Reventlow

[Muralto, Juli/August 1916]

Lieber Stern —

vielen Dank für Ihre Karte. Wer dieser Prinz Lippe ist, ahne ich nicht. Ist er nett, hat er Geld — dann geben Sie mir doch seine Adresse. —

Wie ist es sonst auf der Welt? Ich bin ein wenig verzweifelt — hoffe bis Weihnachten ein neues Geschmier fertigzubringen, aber bis dahin? —

Lieber Stern, Sie planten damals, die Annette[1] für mich zu erschlagen — könnten Sie nicht jetzt etwas derartiges versuchen? Nur daß sie nicht ahnt, daß wir davon gesprochen. Ich weiß nicht mehr, wie die Sache weitergehen soll. —

Bubi ist noch in Neuburg und kommt wohl schwerlich mehr auf Urlaub nach München.

Leben Sie wohl, lieber Stern, und viele Grüße.

Ihre F. R.

---

[1] Die Schriftstellerin Annette Kolb (1875—1967).

[Muralto, Okt. 1916]

Lieber Stern.

Es ist schon eine ganze Weile, daß ich für Ihren Brief danken
will. Ach Stern, erwischen Sie die Annette, sei es auch nur wenig.
— Es hagelt Unannehmlichkeiten und ich möchte so gern lustig
sein. Geld ist jetzt das einzige, was einen noch lustig macht — ich
weiß nicht, ob Sie als kinderloser Philosoph sich meine Gefühle
in bezug auf Bubi vorstellen können — momentan eine kleine
Entspannung, er war ca. 14 Tage draußen und ist jetzt im Lazarett, soweit ich sehe eine Ohrengeschichte. Aber auch das ist nicht
rein beglückend, denn wenn es nur eine Bagatelle wäre, hätte
man ihn wohl nicht gleich abtransportiert. Ich habe gar keine
Begabung zur Heldenmutter und lern's auch nicht.
Wie geht es in München? Kommen Sie nicht einmal zur Erholung hierher?
Und wie geht's Ihnen? Kennen Sie sich mit Ihren Karten aus?
Schreiben Sie einmal wieder, lieber Stern, Sie wissen, man soll
die Witwen und Waisen in ihrer Trübsal trösten. Viele und herzliche Grüße.

Ihre F. Reventlow

[Muralto, November 1916]

Lieber Stern,
vielen Dank für Ihren Brief, tun Sie das öfters, es freut mich so.
Ich fange an, vollkommen melancholisch zu werden, was mir
sehr schlecht steht. Manchmal nützt selbst der Mario[1] nichts mehr,
der fett und fröhlich neben mir durch Locarno trabt, immer mit
einer Blume im Knopfloch.
Was hat denn Annette ungefähr geantwortet? Ich habe noch
nichts von ihr gehört. Dem Prinzen habe ich geschrieben und auch
in dieser Richtung, mir ist schon alles egal. Manchmal ist so etwas falsch und manchmal ist es grade richtig, und man wird allmählich etwas zügellos in dieser Beziehung.
Mit dem Buch werde ich bis Weihnachten nicht fertig und werde
dann versuchen, es erst bei der Neuen Deutschen Rundschau anzubringen, so wird es vielleicht nicht einmal im Frühjahr erscheinen können. Es wird diesmal nicht lustig und ziemlich fad,

[1] Der Rechtsanwalt Mario Paspini-Orelli.

aber vielleicht hat es dann bessere Chancen. Wenn ich sehr unglücklich bin, gehe ich nach Ascona und lasse mich von Soldaten umwerben. Einer, welcher Metzger und Gastwirt in St. Gallen ist, hat mir einen Heiratsantrag gemacht. Es wäre vielleicht wirklich das Beste, was meinen Sie dazu? Von sich schreiben Sie gar nichts? Geht's Ihnen gut und werden Sie jetzt auch Hilfsdienst machen?

Viele und herzliche Grüße.

Ihre F. R.

[Muralto, Dez. 1916]

Lieber Stern,

zugleich mit Ihrem Brief kam auch Ihre Sendung — haben Sie vielen, vielen Dank. Es ist wirklich lieb von Ihnen, daß Sie an mich denken. Auch für Annettes Sendung habe ich Ihnen zu danken. Es waren gerade sehr beklemmende Tage mit schauderhaftem Wetter und Daheimhocken. Aber wenn man Geld sieht, ist man doch gleich wieder lustiger. — Soweit es überhaupt noch mit Lustigsein geht. — Der Bubi, Stern, der Bubi! Jetzt ist er ganz richtig draußen — »in Stellung«, muß man da nicht den Verstand verlieren? Ich weiß nicht, wie andere das aushalten — aber basta, wie der Mario zu sagen pflegt, wenn ich zu viel spinne.

Es ist geradezu Wohltat, einen Menschen um sich zu haben, der so absolut nicht sensibel ist, außer wenn ihm selbst etwas passiert, in welchem Fall ich dann wieder ein Mordsvergnügen habe. Also Ihnen geht's nicht so übertrieben gut. Sie sollten doch im Frühjahr hier herunterkommen. Also Fädchen singt und Wolfskehl ist herunter, beides kann ich mir recht wohl vorstellen. — Hier haben wir einen ganz deutschen Winter mit hohem Schnee, wobei manchmal Lichter und Öfen verlöschen, welches dann eine trübe Situation ist.

Ja, lieber Stern, leben Sie recht wohl — ich lege mich schon um 9 mit einem Roman ins Bett und das sind weitaus die besten Momente, im Schlaf ist alles wieder gut, kein Krieg mehr und der Bubi noch klein.

Viele, viele Grüße und nochmals vielen Dank.

Ihre F. R.

Lieber Stern.

Vielen Dank für Ihre Karte, es freute mich sehr, wieder von Ihnen zu hören. Armer Stern, Sie bringen wohl auch wenig angenehme Zeiten zu — ich denke oft daran und wünsche mir und Ihnen oft, daß Sie etwas hierher kämen. Aber es ist wohl wenig Aussicht.

Das Bild von Bubi hab ich auch, aber ich kann seine Photographien nur in sehr starken Momenten anschauen, sonst verstecke ich sie meist vor mir selbst. Das ganze Leben ist jetzt nur ein System, möglichst wenig nachzudenken, sonst ist es unaushaltbar. Ich habe sogar hier gekarnevalt und das tat wohl. —

Mit Geld steht es trübe, da es leider auch anderen Leuten damit nicht gut geht. Ob wohl der Prinz meinen Brief damals überhaupt gekriegt hat, ich glaube beinahe, Pumpbriefe werden nicht durchgelassen. Auch auf einen an Strich habe ich nie Antwort erhalten, was dem gar nicht ähnlich sieht. Oder sind die Leute jetzt alle so?

Leben Sie für heute recht wohl und lassen Sie manchmal ein Wort hören. Herzlichst

Ihre F. Reventlow

[Muralto, 7. 11. 1917]

Lieber Stern,

ich will doch nach endloser Zeit einmal wieder ein Wort schreiben und um eines bitten. Wie mag es Ihnen und allen anderen gehen? Ich dachte immer, Sie würden einmal hier erscheinen, um sich zu erholen. —

Ich bin sehr zufrieden — Rolf hat seine bisherige Stellung aufgegeben[1], die ihm nicht mehr gefiel und mir ein großer Dorn im Auge war. Jetzt ist er für dauernd hier in der Nähe. Ich fürchte zwar, manche Bekannte werden ein wenig die Achsel zucken (z. B. Fädchen) — eigentlich muß ich furchtbar lachen, wenn ich daran denke. Es war wieder einmal ein Film zum Filmen, am filmsten.

Also viele Grüße und schreiben Sie bald einmal.

Ihre F. R.

---

[1] Flucht Rolfs aus dem Kriegsdienst in die Schweiz.

An Friedel und Friedrich Kitzinger

1911—1916

Meine lieben guten Freunde![1]

Haben Sie vor allem vielen und herzlichen Dank für alles, für meine alten Leute, die ganz begeistert schreiben, und für die heimatlichen Zweige zu Weihnachten und für Ihre lieben Briefe.

Ich habe bis heute mit Schreiben gewartet, um Ruhe dafür zu haben, vor Weihnachten war ich krank und lag eine ganze Woche herum und dann immer noch die Übersetzung, die mich ganz umnebelte und gestern glücklich fertig war. —

Hoffentlich sind Sie nun wenigstens wieder gesund, liebe »Frau Professor«, es klingt gar so schön und würdig, und ich werde nicht lassen können, es manchmal zu sagen. Ich denke so oft daran, wie es Ihnen geht und ob Sie die Ungemütlichkeit der letzten Zeit gut überstehen. Sagen Sie mir doch, wann das Familienereignis[2] sein wird. Februar? Ach Gott, ich hatte gehofft, dann doch wieder in München zu sein, aber es ist alles noch blödsinnig unsicher. Ich warte immer noch auf Nachricht von einem Verleger über mehrere Übersetzungen, und da keine kommt, wird es wohl wieder mal nichts sein.

Inzwischen gehen andere und große Dinge vor, von denen ich Ihnen schon längst erzählen wollte. —

Hören und staunen Sie: mir wurde schon in München der Vorschlag unterbreitet, einen baltischen Baron zu heiraten, der seit einigen Jahren hier lebt resp. säuft und eine Frau behufs Scheinehe sucht, um a) sich bei seiner Familie zu rehabilitieren, b) seine spätere Erbschaft der Familie zu entziehen. Der Frau wollte er dafür die Hälfte eben dieser Erbschaft geben (herzlose Nebenbemerkung: der Vater ist 78 Jahre alt).

Ja nun, und deshalb bin ich nach Ascona gekommen und werde mich demnächst in Locarno vor Gott und den Menschen mit ihm trauen lassen.

Der Mann ist ein sehr merkwürdiger Typ, sieht aus wie ein Seeräuber, hat sich früher als Matrose und Goldwäscher herum-

---

[1] Friedrich Kitzinger (geb. 1872), a. o. Professor für Strafrecht an der Universität München, emigrierte 1934 mit seiner Frau Friedel nach Israel. Dort sind beide verstorben. Verfasser zahlreicher Abhandlungen über juristische und kriminalistische Probleme.

[2] Familienereignis — die erwartete Geburt des Kindes.

getrieben und sitzt seit Jahren hier und trinkt. Dabei aber nicht unsympathisch, ein guter Kerl und trotz des rauhen Äußeren durchaus Gentleman. Nun hat er sich ungemein für Bubi begeistert und will ihn adoptieren und zu seinem Erben einsetzen. Und hat die Idee, daß die bloße Tatsache, Frau und Kind zu haben (die Ehe versteht sich ohne irgendwelches Zusammenleben etc.) ihn tatsächlich veranlassen würde, nicht mehr zu saufen und irgend etwas Vernünftiges anzufangen. –

Übrigens scheint die ganze Familie zu spinnen, ein Bruder ist Vegetarianer, Theosoph etc., und die Schwester ist fromm und trägt eine blaue Brille.

Nachdem wir uns über alle Punkte geeinigt haben, wurde ich heute dem Schwiegervater vorgeführt, der sich zur Zeit in Locarno aufhält.

Es war schlimmer wie zum Zahnarzt gehen, lief aber sehr glänzend ab, die Sache wurde ihm als ernste Neigung mit Tendenz zum guten Engel dargestellt, und er erteilte seinen Segen. Da saß man mit seiner schwarzen Seele und antwortete ausweichend auf verfängliche Fragen, z. B. ob ich Vermögen habe und wovon wir gedächten, einen Haushalt zu gründen.

Der sehr ernste Hintergrund der Sache ist aber, daß für Bubis Zukunft doch einigermaßen gesorgt ist.

Du lieber Gott, wenn Sie mich hier an der Seite dieses Gatten wandeln sähen, aber ich war wenigstens beruhigt, daß es kein Vegetarier mit langen Locken war, davon gibt es hier böse Exemplare. Überhaupt man geniert sich etwas, in Ascona zu sein. Gott gebe, daß ich bald auswandern kann.

Bubi läßt Sie sehr grüßen – er ist doch sehr froh, wieder bei mir zu sein, nachdem er an seinem vorigen Aufenthalt für seine Begriffe etwas zu viel erzogen wurde.

Ja, und nun leben Sie wohl, seien Sie beide viele, viele Male gegrüßt. Ich freue mich so sehr, wenn ich von Ihnen höre.

Ascona, Januar 1911

Liebe »Frau Professor«, lieber Herr Professor!

Vielen, vielen Dank für Ihre lieben Briefe, die mein Herz erfreuten. Ich seh mit Genugtuung, daß meine Ehe bei Ihnen lebhaften Anklang findet. Nicht wahr, Sie hätten nicht gedacht, daß ich so bald Ihrem Beispiel folgen würde. Als ich Ihre beiden lieben Briefe las, kam es mir vor, als ob wir alle beisammen säßen und furchtbar zusammen lachten. Heute sollen Sie nun Fortsetzung des Seeräuberromans haben und hoffentlich, liebe Frau Friedel, dient dieselbe Ihnen wieder zur Erholung — d.'h. ich wollte lieber, es ginge Ihnen so gut, daß Sie es nicht nötig haben. Nun werden Sie bald die schlimme Zeit hinter sich haben, ich bin selber ganz ungeduldig darauf und denke so oft an Sie. Wenn Sie erst wissen, wie schön es ist, ein wirkliches Baby zu haben und all die arge Plage hinter sich. Ich habe es noch sehr gut in Erinnerung, wie man zuletzt gar nicht mehr mag, und all die schweren Stimmungen, die man nachher gar nicht begreift. Was ist denn nur mit Ihrem Fuß? Daß er Sie gar so sehr plagt? Und Ihnen sogar zu Kopf steigt? Soll ich Ihnen ein Mittel anraten? Wenn z. B. Bubi Halsweh hat, sage ich ihm: stell dir jetzt vor, daß du fünf Meter Stacheldraht verschlucken müßtest, und freu dich dann, daß du es nicht brauchst. Versuchen Sie's einmal auf ähnliche Weise, ich habe es immer sehr gut gefunden. Aber lieber wollte ich, es wäre inzwischen von selber wieder gut geworden und Sie hätten keine Schmerzen mehr.

Ja, lieben Kinder, das sind hier bewegte Zeiten. Wie schade, wie schade, daß Sie nicht zu meiner »Hochzeit« hier sein können und ich mir den Myrtenkranz selbst aufsetzen muß. — Es scheint, daß ich nie auf ganz normale Weise heiraten kann. — Übrigens kann die »Partie kaum mehr abgehen«, sondern in ca. vierzehn Tagen werden Sie das Aufgebot in der Zeitung finden. Unsere Beziehungen zu den hiesigen Behörden sind durchaus dramatisch. Neulich führte mich der Seeräuber zum Notar, um einen Kontrakt aufzusetzen. — Habe ich Ihnen erzählt, daß er beinah taub ist und wir uns auch im Gespräch nur schriftlich verständigen? Ein Hörrohr, das der Vater ihm gab, hat er sofort zerschmettert. — Also wir sitzen beim Notar, und der fragt, was er denn eigentlich wolle. Der Seeräuber haut mit der Faust auf den Tisch und sagt: »Ihr verfluchten Bureaukraten begreift auch nichts auf der Welt — ich will Kontrakt machen, daß meine Frau und ich gar nichts miteinander zu tun haben, jeder vollständig frei ist, außerdem bestimme ich, daß sie mein halbes Vermögen bekommt und sich verpflichtet, die andere Hälfte an das Kind einer Wäscherin in Ronco (seinem Wohnort) zu geben.« —

Notar schüttelt den Kopf und brüllt ihm in das Ohr: »Das können Sie nicht als Kontrakt machen.«

Der Seeräuber tobt, schlägt wütend auf den Tisch und beleidigt sämtliche anwesende Bureaukraten, bis man ihm klar macht, es sei am einfachsten, ein Testament zu machen. Dann setzte er sich hin und macht das Testament, wirft jeden Augenblick die Feder hin und flucht wahnsinnig. Nachdem der Notar es beglaubigt hat, überreichte er es mir, als ob es eine Schachtel Streichhölzer wäre.

In diesem Augenblick war er wirklich groß.

Acht Tage später. Er ist überhaupt groß, lieber Gott, sind das Tänze. Bei dem Bürgermeister in Ronco, wo er haust, kam es beinah zu Tätlichkeiten. Glücklicherweise haben wir einen Impresario, der beschwichtigend zu wirken versteht. Mein Seeräuber war nämlich schon einmal verheiratet, und zwar nur, um seine Angehörigen zu ärgern und nur vierzehn Tage lang. Nun liegen seine Papiere noch dort beim Standesamt, und die »Beamten«, ein paar italienische Strizzis, die man ohne weiteres auf den Bauernball mitnehmen könnte, behaupten, man müsse neue Papiere herbeischaffen. Kopien können sie nicht machen, weil sie nicht deutsch können. Mitten in der Verhandlung ergreift mein Gatte einen Besen, der in der Ecke steht, und zeigt mir auf der Landkarte, wo er früher in Sibirien Gold gewaschen hat. Dann führt er uns in seine Höhle und läßt uns ein rauhes Mahl mit hochzeitlichem Anstrich vorsetzen.

Nach mehrfachen Anständen sind wir jetzt etwas weiter gekommen, unsere Papiere müssen nur noch von allen möglichen Konsulaten beglaubigt werden, und der »Bürgermeister« von Ronco hat die Eheverkündigung mit unsäglicher Mühe aufgesetzt. Natürlich steht lauter Blödsinn darauf, meine Eltern sind in München gestorben usw. — Ferner: Beruf des Bräutigams: Baron, der Braut: Gräfin. — Nun weiß ich doch endlich, was mein Beruf ist.

Sowie die Papiere zurückkommen, wird das Aufgebot gemacht, ich fürchte nur, es muß noch etwas korrigiert werden. »Ihn« hat diese ungewohnte Tätigkeit so erregt, daß er nach Locarno ging und mit dem Schwiegervater Krakeel machte. Der Schwiegervater hatte mir einen Petroleumofen zu leihen versprochen, und der Seeräuber behauptete, er täte es nur, weil ich eine Gräfin wäre, seiner Wäscherin in Ronco würde er nie etwas geliehen haben. Dann sollte er den Ofen irgendwo abholen und mietete einen großen Leiterwagen, weil er meinte, es sei ein ungewöhnlich schwerer Gegenstand. Der Alte gab ihm dann 100 Francs, um irgendeine Rechnung zu zahlen, und aus Zorn über die Ofenaffaire betrank er sich und gab den Rest an die sogenannte »polnische Wanze«, einen Züricher Anarchisten.

Der Schwiegervater freut mich eigentlich an der ganzen Sache am meisten, es ist eine ganz neue Sensation, denn ich hab noch nie einen gehabt. Aber mit ihm über die Schulden seines Sohnes zu verhandeln, gehört nicht zu den angenehmsten Aufgaben. Aber der Räuber bat mich drum, und die beiden können sich durchaus nicht vertragen, wenn man sie sich selbst überläßt. Der Alte stellte erst die Bedingung, er wollte sie zahlen, wenn der Junge die Flitterwochen, resp. Monate in einer Trinkerheilanstalt zubrächte.

Da holte er mich zu Hilfe, und wir verbrachten zu dreien einen angenehmen Nachmittag. Ich muß offen gestehen, daß ich innerlich durchaus auf der Seite des Schwiegervaters stand und die Schwerhörigkeit des Gatten auch ziemlich in diesem Sinne ausnutzte. — Ja, ihr mögt es glauben oder nicht, der gute Engel steht mir sehr gut.

Ascona, 1. Februar 1911

Wieder eine lange Pause, ich schäme mich etwas, daß der Brief nicht schon lange abgeschickt ist und will deshalb gestehen, daß Briefmarken in letzter Zeit zu den unerschwinglichsten Luxusartikeln gehörten, und daß ich diesen Monat wirklich einmal gelernt habe, auf Dinge zu verzichten, die man nicht haben kann. Der Seeräuber hat sich zwar dem Impresario gegenüber zu der Behauptung aufgeschwungen, er wolle mir, solange ich hier sei, die Wohnung zahlen, aber ich fürchte, es wird nicht geschehen — die »polnische Wanze« wird mir immer zuvorkommen. Über den Schwiegervater habe ich einen glänzenden Sieg errungen, er zahlt jetzt sämtliche Schulden und gibt ihm 600 Fr. mehr pro Jahr, damit wir einen Hausstand gründen können.

Übrigens verloben wir uns fortwährend von neuem, jedesmal wenn die Papiere wieder unerledigt zurückkommen oder der Bürgermeister sich widerspenstig zeigt, beginnt der Seeräuber an meiner Beständigkeit zu zweifeln, tritt vollkommen erschüttert vor mich hin und fragt, ob es auch wirklich bei unserer »Abmachung« bliebe. Und ich versichere ihn meiner unwandelbaren Treue. Nun sind meine Papiere endlich an das Schweizer Konsulat in München gewandert, das ist hoffentlich die letzte Instanz. Mein Gott, ist das Heiraten kompliziert.

Inzwischen ist es hier natürlich ruchbar geworden, man beglückwünscht mich, ohne sich das Erstaunen anmerken zu lassen — da sieht man erst, wie die Menschheit gewohnheitsmäßig heuchelt. Eine dicke Beamtengattin aus München, die ich von früher her kannte, umarmte mich beinah und wünschte mir von Herzen alles Glück, das ich so lange entbehrt und doch so sehr verdient hätte.

Nein, wissen Sie, wenn es einem hier noch so übel ginge, es wäre unmöglich, melancholisch zu sein. Ich muß manchmal ganz allein furchtbar lachen, so daß Bubi angestürzt kommt und fragt, was los ist. Er selbst genießt die Situation sehr mit —

Heut soll nun mein Brief fort, sonst wird er noch endlos — ja und ich möchte so gerne auch baldigst von Ihnen wiederhören.

Ich weiß nicht, liegt es an dem Brautstand oder an der Ruhe hier, aber ich fange wirklich an, ein Gefühl von Wiederaufleben zu bekommen, habe sogar angefangen, einiges zu schreiben — es kommt nur nicht vom Fleck, weil ich zu viel sonst zu tun habe. Aber wir haben eine neue Wohnung auf 14. Februar (ich bin auch gar solange nicht mehr umgezogen!), die nur 25 Frcs. pro Monat kostet, was auch hier eine Seltenheit ist. Es ist ein alleiniges Holzhäuschen, wird anfangs noch etwas kalt, aber im Sommer sehr angenehm sein. Hier ist ja selbst das Wetter verrückt — wir hatten schon Tage, wo man in Sommerkleidern lief, und jetzt ist es wieder schneidend kalt.

Na, und wenn wir dieses Häuschen haben, kann ich mir endlich eine Zugelerin leisten und habe mehr Zeit. Im März gibt es eine Übersetzung — also in zwei Monaten wird alles ganz

menschlich werden. Sie sehen, ich habe mich ganz darauf eingestellt, hierzubleiben, bis ich Reichtümer gesammelt habe. Erst
dachte ich nur darüber nach, wie ich baldmöglichst wieder entrinnen könnte. Jetzt kommt es mir ganz möglich vor, einen stillen, weltfernen Sommer in einem friedlichen Holzkäfig zu hok-
ken, hier und da mit meinem Gatten ein Glas Wein zu trinken,
und so Gott will unendliche Feuilletons etc. herzustellen.
Und dann fort – und dann wird es mir sicher vorkommen, als
ob ich aus dem Narrenhaus entkommen wäre.
Ja und nun Schluß, es ist wirklich Zeit. Leben Sie recht, recht
wohl, lassen Sie mich bald von Ihnen hören und hoffentlich recht
Gutes und Schönes. Ich denke sehr oft an Sie.
Tausend herzliche Grüße, Ihr lieben Freunde.
Bubi wird jetzt mein Sohn zweiter Ehe –

Ascona, Juni 1911

Liebe Frau Friedel!
Es ist doch recht schändlich, daß wir so weit voneinander sind,
und wann wird man sich einmal wiedersehen. Ich glaube nicht,
daß ich in absehbarer Zeit nach München komme, vielleicht,
vielleicht auf ein bis zwei Tage im Herbst. Ich habe es hier so
viel besser als in München, es ist ein kolossales Ausruhen, wir
sind immer so eben durchgerutscht, und jetzt scheint es bergauf
zu gehen, ich habe ein paar freie Monate vor mir und in denen
sollen Wunder geschehen. Das erste Geschreibsel hat der Simpl
gleich angenommen, das ist doch ein gutes Omen, und ich werde
jetzt vieles zusammenschmieren.
Geheiratet haben wir auch – vor vierzehn Tagen, es war der
reinste Karneval. Kirchliche Trauung, die wegen Rußland sein
mußte. Vormittags fuhr man in das Felsendorf[1] zur Zivil-
trauung. Sämtliche Dorfbewohner standen mit ihren Kindern
am Arm um uns herum, und wir legten unsere Zigaretten nur
weg, um »Si« zu sagen. Dann über den See nach Locarno zur
Kirche. Keiner wußte, wo sie war, da wir alle auf die Orts-
kenntnis des Gatten gerechnet hatten. Eine halbe Stunde rannten wir durch die Straßen und fragten nach der Chiesa Prote

---

[1] Felsendorf – Ronco sopra Ascona.

stante, bis ein Fuhrmann sie uns zeigte. Vor der Kirche standen Schwiegervater und Schwester in tiefstem Schwarz — wir alle in hellen Sommerkleidern — sahen aus wie eine Tennispartie. Stummes Spiel. Ich ließ, von plötzlichem Entsetzen erfaßt, alles stehen und rannte in die Kirche, durch die Kirche durch bis zum Altar — die anderen behaupteten nachher, es hätte ausgesehen, als ob ich zu einem Bahnhofsbüfett stürzte, um noch rasch etwas zu trinken. Na, der Seeräuber fand sich dann auch ein, der Pastor hielt eine endlose Rede, und wir rangen unsere Heiterkeit nach besten Kräften nieder. Es kamen bedenkliche Stellen vor: Herr, Du wollest ihnen beistehen in all ihren rechtmäßigen Geschäften — und ich sollte von allem Schweren, was das Leben bringt, an seiner treuen Brust ausruhen.

Dann war es vorüber, der Alte wollte seinen Sohn segnend auf den Kopf pratzen. Der machte einen wilden Seitensprung, und die Schwester fiel mir um den Hals, hatte aber auch nicht viel davon.

Draußen zog der Alte mich beiseite, schwiegertochterte und duzte mich und überreichte mir ein Portemonnaie mit 100 Frcs. Dann schoben wir die Familie glücklich ab und gingen ins Café. Der arme Seeräuber sagte, ihm sei zumut gewesen, als ob er gehängt würde.

Der Schwiegervater machte mir am nächsten Tag einen Besuch und war etwas erstaunt, daß sein Sohn nicht da war. Mit ihm duze ich mich jetzt, mit dem Gatten nicht. Überhaupt, der Alte liebt mich und steigt mir direkt nach. Es ist sehr lustig. Ich kann nicht anders sagen, als daß ich mich in dieser Ehe durchaus glücklich fühle.

So und nun leben Sie recht wohl alle beide. — Was werden Sie diesen Sommer machen? Gehen Sie mit dem heranwachsenden Sohn aufs Land? Sie sollten hierher kommen, es ist ein Paradies, ich bin eigentlich recht froh, daß das Schicksal mich hierher verschlagen hat. Lebt wohl, Kinder, in alter Freundschaft

Ihre F. R.

Ich schreibe meinen alten Namen — Rechenberg

Liebe Freunde!

In bezug auf Briefschreiben habe ich allmählich ein miserables Gewissen, daß ich nicht einmal eine Entschuldigung wage. Lassen Sie sich in Kürze den letzten Film meines Daseins berichten, um Sie milde zu stimmen: Anfang Dezember die schmerzlich erwartete Erbschaft — man gab Auftrag, die Obligationen in Rußland zu verkaufen, bekam daraufhin Vorschuß von der Bank in Locarno und begab sich auf eine kurze Millionärsreise, kam zurück, um die inzwischen eingetroffenen Gelder zu erheben, gerade in dem Moment, wo der »Credito Ticinese« fallierte. Fuhr im Februar nach München, um dort wieder Existenz zu gründen, Rolf für das Einjährige pressen zu lassen, kehrte aber entsetzt sofort wieder um, um nun hier zu bleiben, Rolf zur Vermeidung des Militärs zum Schweizer zu machen und die Bankgeschichte abzuwarten, die sich langsam und nicht sehr glänzend entwickeln wird.

Habe ich recht mit dem lieben Gott oder nicht? —

Was aber machen Sie und der Hans? Im nächsten Herbst denke ich aber doch, Sie in München zu besuchen.

Sonst geht es mir glänzend, gesund und guter Laune. Der kurze Glanz war sehr schön, der Krach eigentlich auch ganz lustig, und der Entschluß, im Ausland zu bleiben, erlösend. — Kurz, der Herr hat's gegeben, der Herr hat's genommen, der Name des Herrn sei gelobt!

Und nun für heute nur noch viele und herzliche Grüße und bitte einmal eine Nachricht von Ihnen.

Lieber Freund!

Diesmal will ich postwendend antworten, man hat so schrecklich lange nichts voneinander gehört, und ich freute mich so über Ihre lieben Zeilen. Man sehnt sich ja nach Menschen und guten Worten, und die meisten schweigen und haben mit sich selbst zu tun. Wie lieb von Ihnen, daß Sie dem Bubi etwas schickten, und wie ärgerlich das wiederholte Zurückkommen. Ich weiß nicht, was da mit der Post gewesen, denn meine sämtlichen Briefe kamen ebenfalls über das Lazarett zurück. Jetzt ist er wieder bei der Kompagnie — lieber Freund, es wäre reizend von Ihnen, wenn Sie Weihnachten mit einer Kleinigkeit an ihn denken könnten, vielleicht auch etwas zu essen, wenn es mit andern Sachen schwierig ist. Ich kann ihm von hier überhaupt nichts schicken. — Überhaupt, seit er draußen ist — ich kann Ihnen nicht sagen wie mir ist. Ich hätte mir selbst doch etwas mehr »Seelenstärke« zugetraut. Aber ich bin einfach verzweifelt. Hoffen oder sich drein ergeben, ist ein reiner Unsinn, wenn man weiß, daß das Liebste auf der Welt in Gefahr ist und unerreichbar, und beides als chronischer Zustand. Probieren Sie nur einmal das von morgens bis abends immer zu wissen. Nachts träumt man wenigstens noch, daß es nicht wahr ist — aber man sollte weder darüber schreiben noch sprechen, denn wenn man den Mund auftut, fängt man eben an zu schreien.

Basta. — Schauen Sie Ihren Hansi an und danken Sie dem lieben Gott. — Daß es Ihrer Frau nicht gut geht, gefällt mir gar nicht. Sollte Sie nicht einmal etwas anderes probieren? Das Leben sollte sich gegen uns alle anständiger benehmen. — Denken Sie, ich wäre beinahe noch nach M. gekommen, um dem Bubi adieu zu sagen. Nun kam die Erlaubnis um eine Woche zu spät.

Hier ist es schön und sonnig und sehr langweilig, viel zu viel Zeit zum Nachdenken. Ich arbeite zwar an einem Roman mit zwei Selbstmorden[1], aber er geht langsam vorwärts. Das Geld ist vollkommen alle, und man muß wieder eins herschaffen. Diese Notwendigkeit ist vielleicht jetzt sehr heilsam, man würde sonst nur auf dem Sofa liegen und das Schicksal beschimpfen. — Und das hiesige Idyll[2] besteht immer noch — man wird alt und beständig. — Ja, leben Sie wohl und schreiben Sie einmal wieder. Und viele, viele Grüße Ihnen beiden und dem Hans.

Ihre F. Reventlow

---

[1] Roman mit zwei Selbstmorden — »Der Selbstmordverein« fand sich im Nachlaß von F. R. Er erschien 1925 in den »Gesammelten Werken« von F. R. im Verlag Albert Langen.

[2] Idyll — F. R.'s Freundschaft mit dem Locarneser Rechtsanwalt Mario Raspini-Orelli.

Anhang

Reventlow, Ludwig, Graf zu (1824–1893)
Landrat des Kreises Husum bis 1889,
verh. mit Emilie, Gräfin zu Rantzau (1834–1905)

Kinder:

Agnes,	1861–1946,	später Stiftsdame im Kloster Preetz
Ludwig,	1864–1906,	durch Heirat Gutsherr auf Wulfshagen, Reichstagsabgeordneter 1905/06
Theodor		1878 mit ca. 15 Jahren gestorben
Ernst,	1869–1943,	Marineoffizier, dann pol. Schriftsteller, Reichstagsabgeordneter 1924–1943
Fanny (Franziska),	1871–1918,	Schriftstellerin, *Romane:* Ellen Olestjerne / Der Geldkomplex / Von Paul zu Pedro / Herrn Dames Aufzeichnungen / Der Selbstmordverein *Novellen:* Das Logierhaus zur schwankenden Weltkugel *Tagebücher* 1895–1910, *Briefe* 1890–1917
Karl (Catty),	1874–1961,	durch Erbschaft Gutsherr auf dem adligen Gut Damp, königl. preuß. Major a. D.

Familie Fehling

Fehling, Dr. jur. Emil Ferdinand
seit 1896 Senator der Freien und Hansestadt Lübeck, Rechtsanwalt und Notar.

Kinder: Johannes Emanuel, geb. 1873
      Kurt   „ 1874
      Ferdinand   „ 1875

Wolfgang	„ 1877
Otto	„ 1878
Walter	„ 1880
Ada	„ 1881
Jürgen	„ 1885

(später der bekannte Regisseur)

| Maria | „ 1890 |

Fehling, Paul, Vetter von Emanuel F.

Fehling, Hermann Wilhelm, Kaufmann,
Kaiserlich österreichischer Consul.

Fehling, Johannes, Kaufmann,
Senator der Freien und Hansestadt Lübeck.

Reventlow, Georg, Graf zu,
Gutsherr auf Kaltenhof, durch Heirat mit F. R's Eltern und
damit auch mit F. R. verwandt.

Reventlow, Georg, Graf zu,
Sohn von Georg Graf zu R., in Lübeck Gymnasiast des Catha-
rineums, in Pension bei Pastor Bernhard, beging Selbstmord.

Reventlow, Benedicte, Gräfin zu,
verheiratet mit Ludwig R., Schwägerin von F. R.

Reventlow, Carmen zu, auf Noer

Reventlow, Detlev und Georg, Grafen zu

Reventlow, Rolf, Sohn von F. R. (Bubi)

Reventlow, Sybille, das nur wenige Tage alte Töchterchen F. R's.

Familie Rantzau

Rantzau, Auguste, Gräfin, geb. Hillmann (1841–1913), verheiratet mit dem 1871 verstorbenen Bruder von F. R.'s Mutter, Graf Christian Rantzau. Besitzerin des Gutes Scharstorff.
(F. R's Tante)

Rantzau, Agnes (Cousine)

Rantzau, Friedrich (Vetter)

Rantzau, Fanny (1844–1917), Schwester von F. R.'s Mutter,
unverheiratet, Stiftsdame im adligen Kloster Preetz (Tante
Fanny). Diese Tante wird auch in anderen Briefen als in
denen aus Scharstorff erwähnt.

NACHWORT
Von Wolfdietrich Rasch

»Ach, Leben, Leben, Leben, es ist doch göttlich.« Das ist ein Satz aus den Tagebüchern der Gräfin Franziska Reventlow, in denen es sehr viele ähnliche Sätze gibt. Das leidenschaftliche Bekenntnis zum »Leben«, die Äußerung der Lebenslust, des Lebensdranges ist eine Konstante in diesen Tagebüchern, die im ganzen eines der wichtigsten, unentbehrlichen Dokumente der Zeit um 1900 sind.

Die reiche Sammlung von Briefen der Reventlow, die ihre Schwiegertochter Else Reventlow aus dem Nachlaß der Gräfin zusammengestellt und mit Anmerkungen versehen hat, gesellen sich nun zu den berühmten Tagebüchern und sind von gleichem dokumentarischen Wert. Sie ergänzen die Aufzeichnungen nicht nur durch den Zuwachs an Material, sondern als Briefe, die, durch das angeredete Du mitgeformt, unmittelbare Zeugnisse menschlicher Beziehungen der Reventlow zu ihren Freunden sind. Da sie aber — das bestätigen diese Briefe — überaus stark in ihren Freundschaften lebte und sich in ihnen selbst verwirklichte, so geben die Briefe besonders reichen Aufschluß über ihre Person, die, von vielen gekannt und bewundert, geliebt und beschrieben, doch im Grunde schwer faßbar, kaum durchschaubar bleibt und immer wieder die Frage hervorlockt: Wer war Franziska Reventlow?

In ihren amüsanten, ohne großen literarischen Anspruch geschriebenen Romanen erscheint der gleiche Lebens- und Menschenkreis, den man in den Tagebüchern findet und den die Briefe der Münchner Zeit (1893—1909) und der darauf folgenden Jahre in Ascona wiederum sichtbar machen; die gleichen Personen, Vorgänge und Erfahrungen spiegeln sich darin. Die Briefe jedoch, weniger literarisch als die Romane, sind zumeist unmittelbare Zeugnisse der Lebensvorgänge selbst, nicht ihre auswählende und reflektierende nachträgliche Aufzeichnung wie die Tagebücher. So haben sie ihren besonderen Wert durch die Vermittlung von Einsichten in das Wesen der Reventlow selbst wie in ihren Lebenskreis und in die Bewußtseinslage der Epoche, die sie repräsentiert.

Der Briefband erhält eine innere, fast dramatische Spannung dadurch, daß die erste, aus der Jugend der (noch an ihre heimatliche Umwelt gebundenen) Gräfin stammende Hälfte der Briefe die mühsame innere und äußere Befreiung von der Familie schildert, in der Franziska sich wie in »Gefangenschaft« fühlte, und daß der zweite Teil der Briefe (seit 1893) erkennen läßt, wohin diese radikale Emanzipation geführt hat, was die Loslösung aus einer bürgerlich lebenden Adelswelt der Gräfin eingebracht und ermöglicht hat. Die Bilanz ist gewiß nicht rein positiv, schon weil ständige Geldnot, mühselige Brotarbeit durch schlecht bezahlte Übersetzungen, äußerste Unsicherheit ihrer ohnehin durch häufige, zeitweise schwere Krankheiten gefährdeten Existenz, Einsamkeit (inmitten der turbulenten Schwabinger Geselligkeit mit ihren endlosen Gesprächsrunden und ihren zahlreichen und wilden Festen) ihrer zum Rausch gesteigerten Lebenslust hinderlich im Wege standen. Aber trotz aller harten Daseinsnöte hat Franziska Reventlow den Bruch mit der Familie nie bereut.

Die argen Bedrängnisse und Leiden waren ihr eher willkommen als Möglichkeiten, ihre Freiheit, Selbständigkeit, Selbstverantwortlichkeit tapfer zu bewähren und so sich selbst, ihre eigenständige Existenz zu fühlen. Denn die Freiheit, die sie mit ihrer Emanzipation anstrebte, hat sie erreicht. Die Zwänge der Daseinsnot, die ihre Freiheit einschränkten, waren ihr nicht so verhaßt wie die Vorurteile und bürgerlichen Konventionen, die Verbote und engen Begrenzungen, unter denen sie in ihrem Elternhaus maßlos litt. Dieser Unterdrückung entkam sie in eine Freiheit zu jeglichem Abenteuer, eine Freiheit von traditioneller Moral und einengender Bindung.

Die ersten Schritte innerer Entfernung von ihrer Familie lassen sich in den Briefen aus Lübeck genau verfolgen. Der Jugendfreund Emanuel Fehling, ein Abiturient und Mitschüler Heinrich Manns, an den die oft leidenschaftlichen Liebesbriefe gerichtet sind, war ein wichtiger Helfer bei dieser Befreiung, er bestärkte durch sein Verständnis die Gesinnungen der Freundin, die auch ihr jüngster Bruder Karl (Catty) weitgehend teilte. Franziska Reventlow hatte zu ihrem Vater, einem strengen, oft von Vorurteilen bestimmten Mann, der als preußischer Landrat in Husum lebte und 1889 mit seiner Familie nach Lübeck übersiedelte, kein engeres Verhältnis und sah sich von ihrer Mutter hart, kalt und lieblos behandelt. Die Briefe geben ein genaues Bild von der Engherzigkeit der Erziehung junger Mädchen in der damaligen Oberschicht, von der heuchlerischen Moral, den leeren Konventionen, die Franziska als Unterdrückung empfand. »Ich will und muß einmal frei werden«, schreibt sie; »es liegt nun einmal tief in meiner Natur, dieses maßlose Streben, Sehnen nach Freiheit. Die kleinste Fessel, die andere gar nicht als solche ansehen, drückt mich unerträglich, unaushaltbar ... Muß ich mich nicht frei machen, muß ich mein Selbst nicht retten – ich weiß, daß ich sonst daran zugrunde gehe«. Auf diesen Grundton sind die Briefe gestimmt, wenn sie auch noch vieles »Jungmädchenhafte«, naiv Schwärmerische enthalten. Sehr deutlich wird – und das ist von höchstem Interesse – die Bedeutung der modernen Literatur für die Emanzipation von der Bürgermoral. Der kleine Bund junger Leute, der für neue Ideen offen ist, nennt sich »Ibsenklub«. Franziska liest mit Leidenschaft Ibsens Dramen, sie liefern ihr Argumente für die Kritik an den bürgerlichen Lebensformen, »diesem Schein- und Lügenwesen«. Franzika liest heimlich, die Mutter möchte ihr die Lektüre Ibsens verbieten, aber sie liest sehr viel: Strindberg, Tolstoi, Dostojewski, J. P. Jacobsen, Zola, G. Hauptmann, auch Bebel, Lassalle, Nietzsche, die Hefte der »Freien Bühne«. Nietzsches »Zarathustra« ist für sie »herrliche Wahrheit«. Sie schreibt 1891: »Es kommt mir überhaupt vor, wenn ich ihn lese, als ob vieles die Aussprache dessen sei, was ich in tiefster Seele fühle und wonach ich suche.« Später will sie »Zarathustra« dann »als Andachtsbuch gebrauchen, jeden Morgen und jeden Abend draus lesen«. Die Jugendbriefe dokumentieren besonders reich und genau, wie die moderne Literatur um 1890 auch in einer Provinzstadt, fern von den literarischen Zentren Berlin oder München, rezipiert wurde. Sie bestätigen im übrigen den autobiographischen Charakter von Franziska Reventlows erstem Roman »Ellen Olestjerne«, in dem sie 1903 ihre Jugendwelt darstellt.

1892 mündig geworden, verläßt sie das Elternhaus und geht auf Umwegen nach München, um Malerei zu studieren. Sie schrieb freilich schon in Lübeck: »Ich weiß, daß ich nicht viel Talent habe«, aber sie hat das unbedingte Bedürfnis zu malen und betreibt zeitweise auch mit Eifer die Malerei, ohne etwas Beträchtliches zu erreichen. Ihre produktive Begabung war nicht groß, auch literarisch hielt sie sich in den Grenzen unterhaltsamer, durch ironische Grazie reizvoller Schilderungen ihrer Lebenswelt. Eine große schöpferische Leistung, von der sie in der Jugend träumte, hat sie nicht vollbracht, sondern sie hat all ihre Kräfte für die Verwirklichung ihres Lebens in Freiheit und Selbständigkeit gebraucht. Hier ist sie konsequent, radikal im Ablehnen jeder dauernden Bindung, einer ehelichen oder beruflichen oder religiösen. Ständig gebunden hat sie sich nur an ihren leidenschaftlich geliebten und zärtlich umsorgten unehelichen Sohn Rolf, der 1897 geboren wurde. Aber gerade mit dieser Mutterschaft bewies sie ihre Selbständigkeit, sie hat den Vater des Kindes nie verraten, hat ihn aus ihrem Leben entfernt. In ihrem ersten Roman sagt Ellen, in der sie sich selbst schildert: »Mein Kind hat keinen Vater, es soll nur mein sein. Ich habe es selbst so gewollt. . . . »Nur dieses Kind bringt Kontinuität in ihr Dasein, das im übrigen, unruhig wechselnd, nur auf den Augenblick gestellt ist. Ellen Olestjerne sagt: »Aber immer noch könnte ich für einen Moment der Freude meine ewige Seligkeit verkaufen. Ich könnte es nicht nur, ich tue es.« Gewiß hielt die Reventlow treu zu ihren Freunden, das beweisen etwa die Briefe an Franz Hessel oder Paul Stern, dessen bedeutender Anteil an dem Roman »Herrn Dames Aufzeichnungen« aus diesen Briefen hervorgeht. Aber ihre innere Einsamkeit konnten auch die Freunde nicht aufheben. Sie vergaß diese nur im Taumel der permanenten Feste etwa zur Faschingszeit, und im erfüllten Augenblick, besonders dem des erotischen Glücks, das seine Intensität auch aus dem Bewußtsein gewann, daß es kaum ein Vorher und Nachher gab. Sie bekennt sich zu dieser Erlebnisweise besonders freimütig in den Briefen an Ludwig Klages, — die Beziehung zu ihm ist wohl die bedeutsamste unter denen, die durch erhaltene Briefe sich erschließen. Sie bewundert die geistige Aktivität von Klages und wird sich im Gespräch mit ihm ihrer selbst klarer bewußt. »Sehen Sie, bei mir steht und fällt alles mit dem Erotischen, ich fühle mich nur normal und lebensberechtigt, wenn das mein Leben erfüllt ...« Franziska Reventlow hat, so gewiß sie als Mutter ihre weibliche Erfüllung fand, zugleich — ähnlich wie etwa Wedekind — den Eigenwert des Erotischen begriffen, der unabhängig von seiner biologischen Funktion besteht. Diese Erfahrung war in solcher Bewußtheit und Entschiedenheit neu für eine Frau, es war schwer, sich damit in der Lebenswirklichkeit immer zurechtzufinden. Es bedeutete für die Reventlow den Verzicht auf dauernde Bindungen. Was Klages von ihr erwartete, nämlich »einem Menchen volle und ganze Liebe geben, das kann ich nicht«, so schreibt sie, »denn Beständigkeit kenne ich nicht ... Aber wenn man mich besitzen will, ... davor weicht es in mir zurück.« So zerbrach die Beziehung zu Klages, obwohl sie ihr sehr viel bedeutete, und sie flüchtete in die Liebesbeziehung zu dem ihr schon länger bekannten Karl Wolfskehl, wie die Briefe an ihn zeigen. Klages selbst schreibt, anfängliche »Seelenfreundschaft« mit Franziska habe sich verwandelt »in jene Leidenschaft auf Tod und Leben, die nur Wenigen beschieden und wahrscheinlich immer zur Tragik verurteilt ist.« Er schreibt ihr: »die Urseele wühlt in Ihnen empor und immer dünner erzittert über ihr die Hülle des täglichen Bewußtseins.« Klages sah in ihr eine Verkörperung des »Elementaren«, der Urkräfte, die er in seiner geistfeindlichen Ideologie am höchsten wertete. »In Ihnen pulst und gärt und kocht es ewig«, schreibt er ihr, und etwas später: »Ich fühle mit Bangen das tiefe, schwere Glück, daß ich Dich, Dich, Dich finden durfte!«

Die Antworten auf die Briefe der Reventlow stehen nicht zur Verfügung. Die brieflichen Äußerungen von Klages* zeigen wenigstens an einem Beispiel etwas von der faszinierenden Wirkung, die von ihr ausging. Sie war als Natur das, was der intellektuell gebrochene Klages gern sein wollte und nie erreichte. Franziska Reventlow lebte vieles von dem, was ihre Zeit wünschte, forderte, ersehnte, was in der wilhelminischen Ära aber auch auf viele Widerstände traf. Ihre Daseinsweise war nur

---

* Sie sind mitgeteilt in der Monographie von Hans Eggert Schröder, Ludwig Klages. Die Geschichte seines Lebens«, Bonn 1966, S. 286 ff.

in der Schwabinger Bohème denkbar, die sie deshalb geliebt, an der sie aber zugleich auch gelitten hat. Schon sehr früh und in zunehmendem Maße findet man in ihren Tagebüchern und Briefen Äußerungen der Distanzierung von dieser Welt, der Ermüdung an ihrer Münchner »Miß-Existenz«, wie sie einmal schreibt, des Versinkens in »apathischen Trübsinn«. Sie fand in ihrer Umwelt Verständnis und Bestätigung ihrer Opposition gegen die bürgerlichen Normen. Aber wenn hier fast alles schon deshalb als gut galt, weil es diesen Normen widersprach, so spürte sie doch bald, daß Solidarität im Negativen zu wenig war, daß sich hier kaum eine positive Alternative neuer, sinnerfüllter Lebensformen und Ordnungen herausbildete. So war sie in Schwabing heimisch und doch auch fremd, und im Rausch der Feste, in der Armut des Alltags, in allen schlimmen Bedrängnissen blieb sie »die Gräfin«, nicht im Sinne des Standes, sondern kraft natürlicher Noblesse, innerer Sicherheit, souveräner, wissender Menschlichkeit. Die Widersprüche, die sie zu bewältigen hatte, haben vielleicht ihre Anziehungskraft, der sich kaum jemand entziehen konnte, noch erhöht, jene Kraft der persönlichen Ausstrahlung, die auch von ihren Briefen ausgeht.

Franziska Gräfin zu Reventlow

•

Tagebücher
1895 - 1910

Herausgegeben von Else Reventlow

Sieben Jahre nach dem Tod der Gräfin
scheute man sich davor, die Tagebuchauf-
zeichnungen ungekürzt und unverschlüsselt
zu veröffentlichen. Nun erscheinen diese
Tagebücher in ihrer ursprünglichen Form.

496 Seiten, Leinen

•

Romane

Von Paul zu Pedro
Herrn Dames Aufzeichnungen
Der Geldkomplex – Der Selbstmordverein

Erstmals entschlüsselt –
die berühmten Romane in neuer Form.

528 Seiten, Leinen

LangenMüller

Literatur der Gegenwart

FISCHER
TASCHENBÜCHER

Literatur der Gegenwart

FISCHER
TASCHENBÜCHER

Biographie

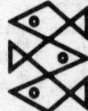

Theatertexte

Edward Albee
Wer hat Angst vor Virginia
Woolf...? (7015)
Alles im Garten. Alles vorbei
(7014)

Samuel Beckett
Fünf Spiele
Endspiel. Das letzte Band. Spiel.
Spiel ohne Worte 1 und 2.
Glückliche Tage (7001)

Günter Grass
Die Plebejer proben den
Aufstand (7011)

Hörspiele
Ilse Aichinger / Ingeborg
Bachmann / Heinrich Böll /
Günter Eich / Wolfgang
Hildesheimer / Jan Rys
Nachw.: Ernst Schnabel
Originalausgabe (7010)

Hugo von Hofmannsthal
Der Schwierige. Der Unbestech-
liche. (7016)
Jedermann (7021)

Arthur Miller
Hexenjagd. Der Tod des Hand-
lungsreisenden (7008)

Oskar Panizza
Das Liebeskonzil
Eine Himmelstragödie
in 5 Aufzügen (7024)

Arthur Schnitzler
Liebelei. Reigen
Nachw. v. Richard Alewyn (7009)

Carl Sternheim
Die Hose. Der Snob (7003)

Franz Werfel
Jacobowski und der Oberst
Komödie einer Tragödie
(7025)

Thornton Wilder
Unsere kleine Stadt (7022)

Tennessee Williams
Endstation Sehnsucht.
Die Glasmenagerie (7004)

Carl Zuckmayer
Der Hauptmann von Köpenick
(7002)
Der fröhliche Weinberg
Schinderhannes (7007)
Des Teufels General (7019)
Der Rattenfänger (7023)

FISCHER
TASCHENBÜCHER

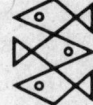

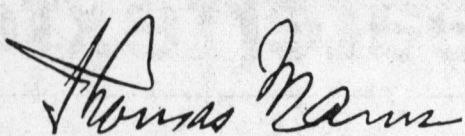

Luise Rinser

Septembertag.
Band 1695

Ein Bündel weißer
Narzissen. Erzählungen.
Band 1612

Abenteuer der Tugend.
Roman.
Band 1027

Daniela. Roman.
Band 1116

Gefängnistagebuch.
Band 1327

Die gläsernen Ringe.
Eine Erzählung.
Band 393

Hochebene. Roman.
Band 532

Ich bin Tobias.
Band 1551

Mitte des Lebens.
Band 256

Der Sündenbock.
Roman.
Band 469

Die vollkommene
Freude. Roman.
Band 1235

FISCHER
TASCHENBÜCHER

Die Welt der
Märchen

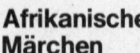

FISCHER
TASCHENBÜCHER

Die Welt der Märchen

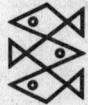